国家卫生健康委员会"十三五"规划教材
专科医师核心能力提升导引丛书
供专业学位研究生及专科医师用

临床营养学

Clinical Nutrition

主　编　于健春
副主编　李增宁　吴国豪
　　　　王新颖　陈　伟

人民卫生出版社
·北　京·

图书在版编目（CIP）数据

临床营养学 / 于健春主编 . —北京：人民卫生出版社，2021.5（2024.12 重印）

ISBN 978-7-117-31471-8

Ⅰ. ①临… Ⅱ. ①于… Ⅲ. ①临床营养–营养学 Ⅳ. ①R459.3

中国版本图书馆 CIP 数据核字（2021）第 073873 号

临床营养学

Linchuang Yingyangxue

主　　编：于健春
出版发行：人民卫生出版社（中继线 010-59780011）
地　　址：北京市朝阳区潘家园南里 19 号
邮　　编：100021
E - mail：pmph @ pmph.com
购书热线：010-59787592　010-59787584　010-65264830
印　　刷：北京盛通数码印刷有限公司
经　　销：新华书店
开　　本：850 × 1168　1/16　**印张：**27　**插页：**1
字　　数：762 千字
版　　次：2021 年 5 月第 1 版
印　　次：2024 年 12 月第 3 次印刷
标准书号：ISBN 978-7-117-31471-8
定　　价：129.00 元
打击盗版举报电话：010-59787491　E-mail：WQ @ pmph.com
质量问题联系电话：010-59787234　E-mail：zhiliang @ pmph.com

编　者（按姓氏笔画排序）

于　康　中国医学科学院北京协和医院
于健春　中国医学科学院北京协和医院
幺改琦　北京大学第三医院
王化虹　北京大学第一医院
王新颖　中国人民解放军东部战区总医院
韦军民　北京医院
田字彬　青岛大学附属医院
冯　雪　中国医学科学院阜外医院
朱明炜　北京医院
朱维铭　中国人民解放军东部战区总医院
朱翠凤　南方医科大学深圳医院
伍晓汀　四川大学华西医院
江志伟　江苏省中医院
安友仲　北京大学人民医院
孙文彦　中国医学科学院北京协和医院
孙建琴　复旦大学附属华东医院
李元新　北京清华长庚医院
李幼生　上海交通大学医学院附属第九人民医院
李增宁　河北医科大学第一医院
吴国豪　复旦大学附属中山医院
吴蓓雯　上海交通大学医学院附属瑞金医院
张　明　天津市第三中心医院
张抒扬　中国医学科学院北京协和医院
陈　伟　中国医学科学院北京协和医院
陈莲珍　中国医学科学院肿瘤医院
周业平　北京积水潭医院
孟庆华　首都医科大学附属北京佑安医院
秦环龙　同济大学附属上海第十人民医院
钱素云　首都医科大学附属北京儿童医院
高　岚　吉林大学第一医院
郭淑丽　中国医学科学院北京协和医院
唐　云　中国人民解放军总医院
黄迎春　中国人民解放军东部战区总医院
梅　丹　中国医学科学院北京协和医院
曹伟新　上海交通大学附属瑞金医院
龚剑峰　中国人民解放军东部战区总医院
康军仁　中国医学科学院北京协和医院
康维明　中国医学科学院北京协和医院
宿英英　首都医科大学宣武医院
彭　斌　中国医学科学院北京协和医院
彭南海　中国人民解放军东部战区总医院
蒋　奕　复旦大学附属中山医院
雷　敏　河北医科大学第三医院
蔡　威　上海交通大学医学院附属新华医院

主 编 简 介

于健春 中国医学科学院北京协和医院基本外科教授、博士生导师。主要从事普外科及肠外肠内营养的临床及基础研究工作。培养研究生 38 名，发表文章 200 余篇，主编及参编专业书 18 部、继续教育专著 7 本、科普专著 1 本。曾荣获 1996、2002 年度卫生部、北京市国家科技进步奖二等奖，2012 年度北京市科学技术成果奖三等奖，2013 年华夏医学科技成果奖二等奖，2018 年中国肠外肠内营养学会（CSPEN）杰出贡献奖。欧洲肠外肠内营养学会（ESPEN）荣誉会员，任中华医学会肠外肠内营养学分会主任委员（2014—2017）、中华医学会外科学分会营养支持学组副组长，国家卫生标准委员会营养标准专业委员会副主任委员，中国医师协会外科医师分会临床营养医师委员会副主任委员，北京市住院医师规范化培训外科委员会副主任委员；北京医学会肠外肠内营养学分会主任委员（2018—2021），北京医师协会临床专家营养委员会主任委员。担任《肠外与肠内营养》杂志副主编，*Journal of Clinical Nutrition Experiment* 副主编。

副主编简介

李增宁　主任医师，教授，博士生导师。河北医科大学第一医院副院长兼临床营养科主任，河北省营养专业质量管理与控制中心主任。任中国营养学会常务理事，中国营养学会社区营养与健康管理分会主任委员，中国医师协会营养医师专业委员会副主任委员，中国抗癌协会肿瘤营养专业委员会副主任委员，中国医促会营养与代谢管理专业委员会副主任委员，国家临床营养质控中心专家委员会委员。担任《中华预防医学》编委、《肿瘤代谢与营养杂志》副主编、《中国社区医师》编委等。

主持与参加原国家卫生与计划生育委员会《脑卒中患者膳食指导》等多项营养标准编写，参加《营养科建设与管理指南》等多项临床营养工作规范的制定。主编与参编临床营养学学科教材多部，承担国家自然科学基金课题等多项课题，在国内外发表论文百余篇。

吴国豪　主任医师，教授，博士生导师，外科学博士。复旦大学外科学系主任，复旦大学附属中山医院外科教研组主任、外科基地主任、普外科副主任兼营养科主任，复旦大学普通外科研究所副所长。现任中华医学会肠内肠外营养学分会副主任委员，中华医学会外科学分会临床营养学组副组长，中国医师协会外科医师分会临床营养委员会副主任委员，中国医药教育协会加速康复外科专业委员会副主任委员，上海市临床营养研究中心主任，上海市肠内肠外营养学会首届主任委员，欧洲营养学会委员，美国营养学会委员。

副主编简介

王新颖 医学博士，教授，博士研究生导师。中国人民解放军东部战区总医院普通外科主任医师，全军普通外科研究所副所长、临床营养治疗中心主任，长期从事战创伤和外科危重症营养与代谢的基础和临床教学、科研工作。

担任中国青年科技工作者协会常务理事，中华医学会肠外肠内营养学分会副主任委员，中国医师协会外科医师分会临床营养医师委员会副主任委员，中华医学会外科学分会营养支持学组委员，国家食品药品监督管理总局药品审评专家，军队后勤科技装备评价专家库专家，江苏省医学会外科学分会营养外科学组组长。任"国家级"规划教材《临床营养学》副主编、国家统计源期刊《肠外与肠内营养》杂志副主编、《中华胃肠外科杂志》《中华临床营养杂志》《中华损伤与修复杂志（电子版）》《中华结直肠疾病电子杂志》《肿瘤代谢与营养电子杂志》等杂志编委。

主持国家级、省部级科研课题16项。2015年被评为国家公益性行业科研专项首席负责人。参与制定了《成人围手术期营养支持指南》《肿瘤患者营养支持指南》《成人补充性肠外营养中国专家共识》《成人家庭肠外营养中国专家共识》《成人口服营养补充专家共识》等多项营养指南共识。发表论文150余篇，其中SCI收录60余篇；参编专著17本，其中主编1本，副主编3本；获得授权专利9项。研究结果作为主要内容曾获国家科技进步奖一等奖、江苏省科技进步奖一等奖、江苏省科技进步奖二等奖、全军医疗成果奖二等奖和科技进步奖二等奖等。

陈　伟 中国医学科学院北京协和医院临床营养科副主任，博士，主任医师，博士生导师。现任中国营养学会临床营养分会主任委员，中国医师协会营养医师专业委员会总干事，中国医疗保健国际交流促进会营养与代谢管理委员会主任委员，中华医学会肠外肠内营养学分会委员和老年学组副组长。北京糖尿病防治协会理事长。参加国家多项课题研究工作，获得省级科技奖3项。发表学术论文74篇，第一作者及通讯作者身份发表SCI收录论文21篇，撰写科普书籍17部。致力于临床患者各种类型营养不良的防治工作，从事人工营养支持的适应证把握、支持途径的建立与选择、营养支持实施全过程以及终末期营养支持的缓和医学工作。

全国高等学校医学研究生“国家级”规划教材
第三轮修订说明

进入新世纪，为了推动研究生教育的改革与发展，加强研究型创新人才培养，人民卫生出版社启动了医学研究生规划教材的组织编写工作，在多次大规模调研、论证的基础上，先后于 2002 年和 2008 年分两批完成了第一轮 50 余种医学研究生规划教材的编写与出版工作。

2014 年，全国高等学校第二轮医学研究生规划教材评审委员会及编写委员会在全面、系统分析第一轮研究生教材的基础上，对这套教材进行了系统规划，进一步确立了以“解决研究生科研和临床中实际遇到的问题”为立足点，以“回顾、现状、展望”为线索，以“培养和启发读者创新思维”为中心的教材编写原则，并成功推出了第二轮（共 70 种）研究生规划教材。

本套教材第三轮修订是在党的十九大精神引领下，对《国家中长期教育改革和发展规划纲要（2010—2020 年）》《国务院办公厅关于深化医教协同进一步推进医学教育改革与发展的意见》，以及《教育部办公厅关于进一步规范和加强研究生培养管理的通知》等文件精神的进一步贯彻与落实，也是在总结前两轮教材经验与教训的基础上，再次大规模调研、论证后的继承与发展。修订过程仍坚持以“培养和启发读者创新思维”为中心的编写原则，通过“整合”和“新增”对教材体系做了进一步完善，对编写思路的贯彻与落实采取了进一步的强化措施。

全国高等学校第三轮医学研究生“国家级”规划教材包括五个系列。①科研公共学科：主要围绕研究生科研中所需要的基本理论知识，以及从最初的科研设计到最终的论文发表的各个环节可能遇到的问题展开；②常用统计软件与技术：介绍了 SAS 统计软件、SPSS 统计软件、分子生物学实验技术、免疫学实验技术等常用的统计软件以及实验技术；③基础前沿与进展：主要包括了基础学科中进展相对活跃的学科；④临床基础与辅助学科：包括了专业学位研究生所需要进一步加强的相关学科内容；⑤临床学科：通过对疾病诊疗历史变迁的点评、当前诊疗中困惑、局限与不足的剖析，以及研究热点与发展趋势探讨，启发和培养临床诊疗中的创新思维。

该套教材中的科研公共学科、常用统计软件与技术学科适用于医学院校各专业的研究生及相应的科研工作者；基础前沿与进展学科主要适用于基础医学和临床医学的研究生及相应的科研工作者；临床基础与辅助学科和临床学科主要适用于专业学位研究生及相应学科的专科医师。

全国高等学校第三轮医学研究生“国家级”规划教材目录

1	医学哲学（第2版）	主　编	柯　杨　张大庆
		副主编	赵明杰　段志光　边　林　唐文佩
2	医学科研方法学（第3版）	主　审	梁万年
		主　编	刘　民　胡志斌
		副主编	刘晓清　杨土保
3	医学统计学（第5版）	主　审	孙振球　徐勇勇
		主　编	颜　艳　王　彤
		副主编	刘红波　马　骏
4	医学实验动物学（第3版）	主　编	秦　川　谭　毅
		副主编	孔　琪　郑志红　蔡卫斌　李洪涛　王靖宇
5	实验室生物安全（第3版）	主　编	叶冬青
		副主编	孔　英　温旺荣
6	医学科研课题设计、申报与实施（第3版）	主　审	龚非力　李卓娅
		主　编	李宗芳　郑　芳
		副主编	吕志跃　李煌元　张爱华
7	医学实验技术原理与选择（第3版）	主　审	魏于全
		主　编	向　荣
		副主编	袁正宏　罗云萍
8	统计方法在医学科研中的应用（第2版）	主　编	李晓松
		副主编	李　康　潘发明
9	医学科研论文撰写与发表（第3版）	主　审	张学军
		主　编	吴忠均
		副主编	马　伟　张晓明　杨家印
10	IBM SPSS 统计软件应用	主　编	陈平雁　安胜利
		副主编	欧春泉　陈莉雅　王建明

11	SAS 统计软件应用（第 4 版）	主　编	贺　佳
		副主编	尹　平　石武祥
12	医学分子生物学实验技术（第 4 版）	主　审	药立波
		主　编	韩　骅　高国全
		副主编	李冬民　喻　红
13	医学免疫学实验技术（第 3 版）	主　编	柳忠辉　吴雄文
		副主编	王全兴　吴玉章　储以微　崔雪玲
14	组织病理技术（第 2 版）	主　编	步　宏
		副主编	吴焕文
15	组织和细胞培养技术（第 4 版）	主　审	章静波
		主　编	刘玉琴
16	组织化学与细胞化学技术（第 3 版）	主　编	李　和　周德山
		副主编	周国民　肖　岚　刘佳梅　孔　力
17	医学分子生物学（第 3 版）	主　审	周春燕　冯作化
		主　编	张晓伟　史岸冰
		副主编	何凤田　刘　戟
18	医学免疫学（第 2 版）	主　编	曹雪涛
		副主编	于益芝　熊思东
19	遗传和基因组医学	主　编	张　学
		副主编	管敏鑫
20	基础与临床药理学（第 3 版）	主　编	杨宝峰
		副主编	李　俊　董　志　杨宝学　郭秀丽
21	医学微生物学（第 2 版）	主　编	徐志凯　郭晓奎
		副主编	江丽芳　范雄林
22	病理学（第 2 版）	主　编	来茂德　梁智勇
		副主编	李一雷　田新霞　周　桥
23	医学细胞生物学（第 4 版）	主　审	杨　恬
		主　编	安　威　周天华
		副主编	李　丰　杨　霞　王杨淦
24	分子毒理学（第 2 版）	主　编	蒋义国　尹立红
		副主编	骆文静　张正东　夏大静　姚　平
25	医学微生态学（第 2 版）	主　编	李兰娟
26	临床流行病学（第 5 版）	主　编	黄悦勤
		副主编	刘爱忠　孙业桓
27	循证医学（第 2 版）	主　审	李幼平
		主　编	孙　鑫　杨克虎

28	断层影像解剖学	主　编	刘树伟　张绍祥
		副主编	赵　斌　徐　飞
29	临床应用解剖学（第2版）	主　编	王海杰
		副主编	臧卫东　陈　尧
30	临床心理学（第2版）	主　审	张亚林
		主　编	李占江
		副主编	王建平　仇剑崟　王　伟　章军建
31	心身医学	主　审	Kurt Fritzsche　吴文源
		主　编	赵旭东
		副主编	孙新宇　林贤浩　魏　镜
32	医患沟通（第2版）	主　编	尹　梅　王锦帆
33	实验诊断学（第2版）	主　审	王兰兰
		主　编	尚　红
		副主编	王传新　徐英春　王　琳　郭晓临
34	核医学（第3版）	主　审	张永学
		主　编	李　方　兰晓莉
		副主编	李亚明　石洪成　张　宏
35	放射诊断学（第2版）	主　审	郭启勇
		主　编	金征宇　王振常
		副主编	王晓明　刘士远　卢光明　宋　彬　李宏军　梁长虹
36	疾病学基础	主　编	陈国强　宋尔卫
		副主编	董　晨　王　韵　易　静　赵世民　周天华
37	临床营养学	主　编	于健春
		副主编	李增宁　吴国豪　王新颖　陈　伟
38	临床药物治疗学	主　编	孙国平
		副主编	吴德沛　蔡广研　赵荣生　高　建　孙秀兰
39	医学3D打印原理与技术	主　编	戴尅戎　卢秉恒
		副主编	王成焘　徐　弢　郝永强　范先群　沈国芳　王金武
40	互联网+医疗健康	主　审	张来武
		主　编	范先群
		副主编	李校堃　郑加麟　胡建中　颜　华
41	呼吸病学（第3版）	主　审	钟南山
		主　编	王　辰　陈荣昌
		副主编	代华平　陈宝元　宋元林

42	消化内科学（第3版）	主　审	樊代明　李兆申
		主　编	钱家鸣　张澍田
		副主编	田德安　房静远　李延青　杨　丽
43	心血管内科学（第3版）	主　审	胡大一
		主　编	韩雅玲　马长生
		副主编	王建安　方　全　华　伟　张抒扬
44	血液内科学（第3版）	主　编	黄晓军　黄　河　胡　豫
		副主编	邵宗鸿　吴德沛　周道斌
45	肾内科学（第3版）	主　审	谌贻璞
		主　编	余学清　赵明辉
		副主编	陈江华　李雪梅　蔡广研　刘章锁
46	内分泌内科学（第3版）	主　编	宁　光　邢小平
		副主编	王卫庆　童南伟　陈　刚
47	风湿免疫内科学（第3版）	主　审	陈顺乐
		主　编	曾小峰　邹和建
		副主编	古洁若　黄慈波
48	急诊医学（第3版）	主　审	黄子通
		主　编	于学忠　吕传柱
		副主编	陈玉国　刘　志　曹　钰
49	神经内科学（第3版）	主　编	刘　鸣　崔丽英　谢　鹏
		副主编	王拥军　张杰文　王玉平　陈晓春　吴　波
50	精神病学（第3版）	主　编	陆　林　马　辛
		副主编	施慎逊　许　毅　李　涛
51	感染病学（第3版）	主　编	李兰娟　李　刚
		副主编	王贵强　宁　琴　李用国
52	肿瘤学（第5版）	主　编	徐瑞华　陈国强
		副主编	林东昕　吕有勇　龚建平
53	老年医学（第3版）	主　审	张　建　范　利　华　琦
		主　编	刘晓红　陈　彪
		副主编	齐海梅　胡亦新　岳冀蓉
54	临床变态反应学	主　编	尹　佳
		副主编	洪建国　何韶衡　李　楠
55	危重症医学（第3版）	主　审	王　辰　席修明
		主　编	杜　斌　隆　云
		副主编	陈德昌　于凯江　詹庆元　许　媛

56 普通外科学（第3版） 主 编 赵玉沛
副主编 吴文铭 陈规划 刘颖斌 胡三元

57 骨科学（第2版） 主 编 陈安民
副主编 张英泽 郭 卫 高忠礼 贺西京

58 泌尿外科学（第3版） 主 审 郭应禄
主 编 金 杰 魏 强
副主编 王行环 刘继红 王 忠

59 胸心外科学（第2版） 主 编 胡盛寿
副主编 王 俊 庄 建 刘伦旭 董念国

60 神经外科学（第4版） 主 编 赵继宗
副主编 王 硕 张建宁 毛 颖

61 血管淋巴管外科学（第3版） 主 编 汪忠镐
副主编 王深明 陈 忠 谷涌泉 辛世杰

62 整形外科学 主 编 李青峰

63 小儿外科学（第3版） 主 审 王 果
主 编 冯杰雄 郑 珊
副主编 张潍平 夏慧敏

64 器官移植学（第2版） 主 审 陈 实
主 编 刘永锋 郑树森
副主编 陈忠华 朱继业 郭文治

65 临床肿瘤学（第2版） 主 编 赫 捷
副主编 毛友生 于金明 吴一龙 沈 铿
马 骏

66 麻醉学（第2版） 主 编 刘 进 熊利泽
副主编 黄宇光 邓小明 李文志

67 妇产科学（第3版） 主 审 曹泽毅
主 编 乔 杰 马 丁
副主编 朱 兰 王建六 杨慧霞 漆洪波
曹云霞

68 生殖医学 主 编 黄荷凤 陈子江
副主编 刘嘉茵 王雁玲 孙 斐 李 蓉

69 儿科学（第2版） 主 编 桂永浩 申昆玲
副主编 杜立中 罗小平

70 耳鼻咽喉头颈外科学（第3版） 主 审 韩德民
主 编 孔维佳 吴 皓
副主编 韩东一 倪 鑫 龚树生 李华伟

71	眼科学（第3版）	主　审　崔　浩　黎晓新 主　编　王宁利　杨培增 副主编　徐国兴　孙兴怀　王雨生　蒋　沁 　　　　刘　平　马建民
72	灾难医学（第2版）	主　审　王一镗 主　编　刘中民 副主编　田军章　周荣斌　王立祥
73	康复医学（第2版）	主　编　岳寿伟　黄晓琳 副主编　毕　胜　杜　青
74	皮肤性病学（第2版）	主　编　张建中　晋红中 副主编　高兴华　陆前进　陶　娟
75	创伤、烧伤与再生医学（第2版）	主　审　王正国　盛志勇 主　编　付小兵 副主编　黄跃生　蒋建新　程　飚　陈振兵
76	运动创伤学	主　编　敖英芳 副主编　姜春岩　蒋　青　雷光华　唐康来
77	全科医学	主　审　祝墡珠 主　编　王永晨　方力争 副主编　方宁远　王留义
78	罕见病学	主　编　张抒扬　赵玉沛 副主编　黄尚志　崔丽英　陈丽萌
79	临床医学示范案例分析	主　编　胡翊群　李海潮 副主编　沈国芳　罗小平　余保平　吴国豪

全国高等学校第三轮医学研究生“国家级”规划教材评审委员会名单

吴忠均　吴雄文　邹和建　宋尔卫　张大庆　张永学　张亚林
张抒扬　张建中　张绍祥　张晓伟　张澍田　陈　实　陈　彪
陈平雁　陈荣昌　陈顺乐　范　利　范先群　岳寿伟　金　杰
金征宇　周天华　周春燕　周德山　郑　芳　郑　珊　赵旭东
赵明辉　胡　豫　胡大一　胡翊群　药立波　柳忠辉　祝墡珠
贺　佳　秦　川　敖英芳　晋红中　钱家鸣　徐志凯　徐勇勇
徐瑞华　高国全　郭启勇　郭晓奎　席修明　黄　河　黄子通
黄晓军　黄晓琳　黄悦勤　曹泽毅　龚非力　崔　浩　崔丽英
章静波　梁智勇　谌贻璞　隆　云　蒋义国　韩　骅　曾小峰
谢　鹏　谭　毅　熊利泽　黎晓新　颜　艳　魏　强

前　言

临床营养从20世纪至今已走过50余年的历程，特别是肠外肠内营养支持治疗的理念和技术，已挽救了无数肠功能衰竭或疑难重症患者的生命，创造了医学史的奇迹。进入21世纪以来，随着经济的快速增长，现代化、工业化、城市化和老龄化社会的来临，人民工作和生活习惯的改变，带来了新的疾病谱的改变。随着急性病与传染性突发疾病，特别是慢性病的增长，疾病相关营养不良导致的不良临床结局已成为消耗医疗和社会资源最多、制约我国走向健康幸福社会的障碍。

尽管临床营养的理论和技术成熟，部分发达国家开展家庭肠外营养已有几十年，但在我国临床营养还处于起步阶段，与国外还存在较大差距。面对21世纪的挑战，临床营养专业的人才培养是关键！需要我们从教育、医疗、政策及国家经济发展等多个层面审视过去，并采取相应对策。过去由于受到我国经济实力及传统观念的限制，既往医学院课程设计中，临床营养课时过少，住院医师及专科培训中缺乏临床营养知识和技能的培训，临床营养学科尚未融入整体医疗体系。受医保支付方式所限，临床医生更注重本专业专科，导致分科过细，临床营养问题常不被医院临床医师认识或重视。正是缘于营养教育投入不足，而临床实际需求巨大带来诸多的临床问题，疾病相关营养不良导致的不良临床结局增加了并发症、住院时间、死亡率和医疗护理费用，降低了患者的生活质量，增加了家庭、政府和社会负担。

随着慢性病合并肠功能障碍或衰竭的营养高风险患者或营养不良患者的增长，患者生存期和生活质量需求的增加，亟须建立多学科临床营养专业人才的培养教育、长期人才管理和营养管理体系的，推动营养产品的保障以及卫生经济学研究。因此，临床营养教育，特别是在医学院校的研究生、住院医师及临床医务工作者的临床实践和培训中进行医学营养教育，势在必行。

过去几十年，分子学将整体医学带入狭窄的专科，然而，临床营养和代谢治疗涉及几乎所有学科的整合。学科的不断发展要求不仅要认识机体营养与代谢的基础状况，更要认识疾病状况下的营养代谢变化。临床营养支持治疗是医学领域的必要组成部分，为临床营养医师、临床营养师、临床营养护师及临床营养药师及管理师的培训和转型发展，提供了学科融合发展的新机遇和前景。

临床营养支持治疗将为医学领域的整合提升带来新的医疗模式。《临床营养学》作为研究生规划教材为临床营养医师、临床营养师和临床药师等的培训和转型发展，提供了基础与临床的系统理论和临床研究与实践的教材，为学科融合发展的新机遇和前景奠定继续教育的基础。临床营养将在慢性疾病的预防、治疗和管理中起到重要作用。

《临床营养学》凝聚了中国和世界几代外科人及多学科医务工作者艰辛努力的历史，展示了当今多学科同道们对于临床营养事业的不懈追求和积极贡献，是爱与智慧的结晶，也是我国走向繁荣富强、经济腾飞、医疗技术及医药企业蓬勃发展的新时代的呼唤，是开启中国医疗健康事业、引领中国家庭肠外肠内营养事业发展的序曲，将要开启疾病治疗与营养干预管理的新时代。

在此，我由衷感谢本书所有参编专家作者的积极支持、智慧分享和无私奉献！特别致敬致谢长期以来热忱引领、帮助和支持中国临床营养事业的国内前辈大师黎介寿院士、蒋朱明教授、吴肇汉教授、李宁教授和蔡威教授！特别感谢欧洲、美国、日本等肠外肠内营养学会及世界著名临床营养专家对中国临床营养事业的引领、支持和贡献！非常感谢副主编李增宁教授、吴国豪教授、王新颖教授和陈伟教授的辛勤付出！致敬致谢人民卫生出版社的新时代担当和专业指导！感谢国内外医药企业的支持！深深感谢我的家人的支持！没有你们的支持和帮助，临床营养事业是无法成功的，编书也不例外。

"合理营养，患者受益"。愿本书作为我国临床营养学科的研究生教材，开启中国临床营养的新时代！让我们携手努力，为"健康中国"培育多学科临床营养专业人才，促进规范疾病相关营养不良的预防、营养干预治疗、功能康复与家庭长期治疗管理的起步，进一步促进多学科临床营养研究及中国临床营养事业的发展。

于健春

中国医学科学院北京协和医学院

2021 年 1 月 10 日

目　录

第一篇　基本理念

第二篇　营养代谢与营养评定

第三篇　肠外营养

第四篇　肠内营养

第五篇　医院膳食营养

第六篇 创伤性疾病的营养支持治疗

第七篇 特殊疾病的营养支持治疗

第一篇　基本理念

第一章　临床营养支持治疗的历史与发展

一、临床营养的概念

临床营养与麻醉技术、抗生素、微创手术、器官移植技术已成为20世纪国内外公认的、现代外科的五大进展。临床营养支持治疗技术包括肠外营养、肠内营养和医学营养，已经应用50多年，挽救了无数胃肠功能衰竭或障碍的危重患者的生命。近20年来，人们对临床营养的研究越来越深入，认识到营养不良可以影响认知功能、肌肉功能、心血管功能、肾功能、呼吸功能、胃肠功能、体温调节功能、免疫功能、伤口愈合功能以及生活质量。营养不良增加并发症的发生，延长住院时间，增加医疗费用和死亡率。因此，营养支持治疗有很强的必要性，特别是对于危重病救治和慢性病伴有胃肠功能衰竭或严重障碍的患者，肠外营养和肠内营养凸显了其他疗法所不可替代的支持治疗作用。

肠外营养（parenteral nutrition，PN）是经静脉途径（非胃肠道途径）供应患者所需要的营养要素，包括提供双能量热卡来源的碳水化合物和脂肪乳剂，以及必需和非必需氨基酸、水溶性和脂溶性维生素、水、电解质及微量元素。目的是使患者在无法正常进食的状况下仍可以维持营养状况、体重增加和创伤愈合，幼儿可以继续生长、发育。肠外营养分为完全肠外营养（total parenteral nutrition，TPN）和部分补充肠外营养（supplementary parenteral nutrition，SPN）。

肠外营养不但能够有效救治外科手术、创伤、烧伤、肠功能障碍或衰竭的危重症患者，在许多肿瘤、慢性病、老年病等疑难病治疗中也将发挥越来越重要的作用。

肠内营养（enteral nutrition，EN）是一种采用口服或经胃肠道导管途径提供代谢需要的能量及营养基质的营养喂养支持治疗方式。对于那些存在营养高风险或营养不良的患者，只要其胃肠道有功能，在安全的前提下应首选肠内营养支持。

临床营养照护（clinical nutrition care）理念包括膳食营养宣教咨询指导、部分口服补充、经导管喂养途径的肠内营养、肠外营养疗法的预防营养教育与营养治疗管理体系。从预防、治疗、功能康复到临终关怀，临床营养支持治疗已成为许多疾病治疗的重要组成部分，已从传统意义上的补充、支持，发展到治疗，被临床各个学科逐步认识并接受。临床营养支持治疗理念和技术帮助外科和多学科提高了临床医疗水平，降低了并发症发生率、死亡率和医疗费用，提高了患者生存期和生活质量。

二、营养支持团队的组建和发展

营养支持团队（nutrition support teams，NST）的建立，是患者接受安全合理的营养治疗和照护的必要保证。

随着肠外肠内营养技术的发展，营养支持团队需要为各病种的住院患者或居家患者提供理想的营养照护。同时对健康工作者提出了更高的要求和挑战，因而，促进了临床营养方法的发展和专业细化。

肠外营养应用不规范、操作或治疗管理不当，可能带来严重的代谢性、感染性以及输注途径等相关的并发症；肠内营养喂养过度或操作或治疗管理不当，也可能导致并发症，如：误吸、肺炎、腹泻、制剂污染、导管移位或堵塞等。要做到有效、安全地实施肠外营养或肠内营养，必须建立多学科营养团队（multidisciplinary team）模式进行营养支持。

NSTs为需要肠外营养或肠内营养的患者提供特殊的营养支持治疗干预，并为其主管临床医师提供咨询服务。营养支持团队基本组成包括：

1~2 位专业的高年资临床医师、注册临床营养师、临床护师及临床药师，为临床治疗提供临床技术和营养知识。NSTs 的领导是临床营养整体成功至关重要的因素。

多学科模式的营养支持团队成员的作用：

1. 临床医师的作用 多学科营养支持团队中的临床医师需要熟悉患者的营养筛查、评估、营养计划的制定和实施与使用时间，选择合适的肠内或肠外营养支持治疗途径，掌握医保政策，熟悉在营养治疗实施过程中的个体化教育、经费预算、生活质量改善的工作计划和实施。

2. 临床营养护师的作用 在医疗机构中直接观察肠内或肠外营养输注治疗实施过程中患者的反应；并与患者原治疗单位的护师与照护机构的服务者形成照护联盟。临床营养护师应是多功能的，不但直接为患者实施营养治疗和照护，还要完成相关医护人员及患者及其家属的教育、咨询以及研究工作。

3. 临床营养师的作用 临床营养师为患者提供营养筛查、评估，制订和实施特殊的肠内或肠外营养治疗计划，监测营养疗效，教育和培训患者和护理人员及健康工作者进行家庭肠外肠内营养支持治疗及研究。

4. 临床营养药剂师的作用 药剂师对于肠内营养实施患者的作用在于，从药代动力学的知识、药物的代谢，药物 - 药物及药物 - 营养素相互作用的角度，在对患者的直接治疗、教育以及进行临床研究，确定有效的治疗评价方面发挥专业作用。

每一名团队成员均能从基线到专科角度评估与监测患者。营养支持团队在一起分享数据和经验，提出患者问题，预测和制订综合治疗计划。因此，患者的治疗决策是团队的产物，而不是某个专科的片面决策。监测患者全程治疗，NST 应明确营养治疗目标，但切忌将不切实际的患病率和死亡率纳入目标。

20 世纪 80 年代以前，国内外只有极少数营养团队（美国仅占 8.3%），而 80 年代以后，国内外 60% 的医院均建立了营养团队。进入 21 世纪以来，美国已由原重点照护住院患者，转变为 50% 以上团队照护家庭肠外营养和家庭肠内营养患者。我国的临床营养需求很大，特别是在医院和家庭开展肠外肠内营养患者的治疗和照护体系的建立，需要医院、政府、社区、医保等多方面的关心和支持。NSTs 临床工作者共同合作，需要临床营养支持的共同知识、理念和精准技术，以保证提供安全、有效的营养支持治疗。

三、国家级营养支持学会组织的创建和资格认证

美国肠外肠内营养学会（American Society for Parenteral and Enteral Nutrition，ASPEN）创建于 1975 年，这是一个多学科、专业与科学组织委员会，旨在促进患者的诊疗护理治疗、临床营养教育和研究。自 ASPEN 成立以来，制定了营养支持实践的标准，完成了肠外肠内营养指南更新。1984 年，美国国家营养支持认证包括注册营养师、护师、临床医师和药剂师，需要 2~5 年的时间，包括考试通过肠外肠内营养知识、临床实践，申请资格认证。2016 年以来，中国的注册营养师、营养专科护师、临床营养专家及临床营养药师的资格认证工作正在创建或注册中。

欧洲肠外肠内营养学会（European Society for Clinical Nutrition and Metabolism，ESPEN）接受了时代的挑战，近 30 多年来将营养和代谢贯穿整合于各学科，推进了该领域的科学研究、临床实践与继续教育，并组织了基础临床营养（basic in clinical nutriution）与高级临床营养的终身教育课程[life-long learning（LLL）programme]，值得我国学习借鉴。

四、营养及其相关代谢紊乱的疾病诊断分组影响医疗付费

家庭护理是由家庭成员或经过培训的职业护理人员来提供健康相关的技术服务和舒适环境。2010 年美国家庭护理协会统计约 12 000 000 人需要家庭护理，其中医疗护理作为最大单项支出约占 41%。营养及其相关的代谢紊乱的疾病诊断分组（diagnosis related groups，DRGs）在 2000—2004 年均占前 10 位。家庭营养支持使许多慢性病患者得以在院外成功管理、治疗纠正营养紊乱。

自 1968 年首例家庭肠外营养“高技术”输注模式问世以来，家庭肠外营养患者由每年 120/10 万

人增长至约 415/10 万人。

美国肠外肠内营养学会标准特别规定：家庭营养支持应用于不能满足口服营养需求、能够接受安全治疗的成年患者。

家庭肠内和肠外营养支持的优点与生存率、卫生经济学和生活质量相关。家庭肠外营养或家庭肠内营养支持的优越性在于：家庭护理技术的进步，允许患者在家庭进行营养治疗，避免延长住院时间或反复入院。家庭输注营养使患者及其家庭成员在营养治疗中发挥积极主动作用。

医保费用的增长带来住院患者医疗报销体系和法规的改变，DRGs 使医院重新审视评价医院提供的医疗服务。最初美国有些医院集中 NST 作为咨询服务；由于有调查研究证实 NST 明显节省了医疗费用，之后医疗健康保险更加注重 NST 带来的获益 - 节省费用、影响临床结局。随着"健康中国"理念和实施进程，营养支持服务和健康管理将逐步推进我国临床营养的合理规范应用。2019 年 11 月我国银保监会发布新版《健康保险管理办法》，较 2016 版新增了健康管理服务，有利于合理营养的实施。

五、营养支持服务

临床实践的研究证明：营养支持干预可以降低健康医疗总体费用、减少患者的并发症、改善患者临床结局和疾病的预后，这些临床研究证据对于营养支持服务（nutrition support service）的发展至关重要。

如将传统的住院患者优先诊疗，扩展为开展院前筛查评估，并将营养高风险患者纳入医保或健康保险，实现和实施肠外肠内营养、置管、护理及营养支持全程管理覆盖的理念，将使患者和医保双重获益。

慢性病患者（短肠综合征、肝病、肠梗阻、吞咽困难、恶性肿瘤等）需要长期营养支持治疗管理，即家庭肠外营养（HPN）及家庭肠内营养（HEN）。因此，需要临床营养的继续教育，组建由临床医师、营养师、护理师、药剂师与健康工作者们联合的多学科临床营养团队；并创建长期营养管理和质量控制管理体系，推动医疗保险报销政策的支持和社会与疗效评价，进一步促进临床效果评价、管理共识与指南以及生产、学习、研究的进步。

六、职业挑战：临床专业性及跨界培训与家庭营养支持

多学科临床营养团队的临床营养医师、临床营养师、营养护理师、营养药师与健康工作者必须经过统一的临床营养培训，包括大学课程或研究生课程及临床实践培训课程。尽管以往对于多学科临床营养团队的建立颇有争议，但对于健康医疗资源的长期管理和支持，是每个国家面临的难题，需要不断学习、改进和完善。

随着我国工业化、城市化、现代化的进程，老龄化社会的来临，慢性病患病率的增长，疾病相关营养不良导致的并发症、死亡率、住院时间及医疗护理费用的不断增长，已成为消耗我国社会资源、加重家庭个人负担的突出问题，也成为影响我们进入小康和幸福社会的瓶颈。

我国医务工作者承担了全世界最多人口的健康医疗事业，我们需要不断学习，提高临床营养的知识、技术、理念及管理水平，通过对住院和社区患者的营养筛查、评估，诊断营养不良或营养高风险患者、确定临床营养干预的适应证和实施计划，改善营养状况、机体成分、功能恢复及临床结局，促进临床营养的继续教育事业和医疗护理康复事业的发展。

建立临床营养的管理体系，以及家庭临床营养治疗管理体系，开展多学科团队临床医师、护师、营养师、药师的继续教育、交流与合作，开展临床专业性与跨界培训，使临床营养与临床专业相结合，进一步开展疾病相关临床营养的研究，解决临床难题。同时，建立患者与家属的教育与管理体系，将临床疾病与营养评估、营养预防干预与疾病治疗、家庭照护等相结合。开展家庭营养支持，将使许多患者回归家庭，既可以继续临床营养治疗、照护与监测，也可以兼顾工作和生活，进一步提高医疗水平，减少患者的并发症、改善患者的预后与生活质量，降低医疗健康总体费用，提升中国临床营养支持治疗服务水平，为政策法规提供卫生经济学研究证据。

（于健春）

参考文献

1. Sobotka L. Basics in Clinical Nutrition[M]. 5th ed. Prague: Galen, 2019.
2. Matarese LE, Gottschlich MM. Comtemporay Nutrition Support Practice: A Clinical Guide[M]. 2nd ed. Philadelphia: Saunders, 2003.
3. Rolandelli RH. Clinical Nutrition Enteral and Tube Feeding[M]. Philadelphia: ElsevierInc, 2005.
4. 李宁,于健春,蔡威.临床肠外肠内营养支持治疗学[M].北京:中华医学会电子音像出版社,2012.
5. Bozzetti F, Staun M, Van Gossum A. Home Parenteral Nutrition[M]. 2nd ed. Wallingford: CABI, 2014.
6. Baxter JP, Fayers PM, Federico B, et al. An international study of the quality of life of adult patients treated with home parenteral nutrition[J]. Clinical Nutrition, 2019, 38(4): 1788-1796.

第二章　临床营养的作用和挑战

临床营养从20世纪至今，已经走过50余年的历程，挽救了无数患者的生命，创造了医学史的奇迹。进入21世纪以来，随着全球经济的快速发展，现代化、工业化、城市化和老龄化社会的来临，人民工作和生活习惯的改变，带来新的疾病谱的改变。慢性病的增长已成为制约我国走向健康幸福社会的障碍，临床营养将在疾病预防和治疗管理中将起到重要作用。

面对21世纪的挑战，需要我们审视过去并提出相应对策。由于国家经济实力及传统观念所限，既往我国医学院课程设计中，临床营养课时过少，住院医师及专科培训中缺乏临床营养知识和技能的培训；加上受过去的医疗体系以及医保支付方式所限，临床注重专科，导致分科过细，追求住院时间及周转率等指标，不重视临床营养的问题凸显。尽管许多有合并症的患者存在营养不良或营养高风险状态，也有各种肠外肠内营养制剂、临床营养应用指南和共识，但往往被临床医师忽略。疾病相关营养不良及疾病治疗导致患者出现医源性营养不良，疾病治疗效果差，增加并发症、住院时间或再入院次数，增加死亡率及医疗费用和社会成本，患者生活质量下降。

医学教育缺乏临床营养课程、临床医护专科培训缺乏临床营养人才，营养相关诊疗不足，医疗保险报销比例不合理，临床营养研究投入不足，肠外肠内营养产品不足，临床医务工作者及患者和家属认识不足等，制约了临床营养在慢性病管理中的作用。中华医学会2004年12月成立了肠外肠内营养分会，作为多学科的分会，开展了肠外肠内营养的指南、规范的制定和多学科的营养调查工作，加强了多学科学组的建立，推动了肠外肠内营养学会的工作。学会注重临床科研和青年人才培养及国际交流，在继续教育课程、更新指南共识、加强人才培养，建立了与美国肠外肠内营养学会、欧洲肠外肠内营养学会及日本肠外肠内营养学会的国际友好交流合作。我国几代外科人与医务工作者努力在临床营养的实践中，不断发现问题、提高认识和治疗及研究水平，凝聚智慧和力量，促进了临床营养在多学科的蓬勃发展。

一、建立多学科模式的营养支持团队

1. 临床医师的作用　临床医师需要熟悉患者的特点、病程、预期和制订治疗目标，能够进行营养筛查、评估、制订和实施计划；选择合适的肠内或肠外营养支持治疗途径并进行定期复查和评价，调整治疗计划；掌握医保政策，在营养治疗实施过程中进行患者及家属和护理人员的个体化教育、经费预算、生活质量改善的评估。

2. 临床营养护师的作用　临床营养护师不但要直接为患者实施营养治疗和照护，还要进行相关医护人员和患者及其家属的教育、咨询、监测以及研究工作。

3. 临床营养师的作用　临床营养师为患者提供营养筛查、评估，能制订和实施特殊的肠内或肠外营养治疗计划，制订并指导膳食营养的添加和过渡转换过程，监测营养疗效，教育和培训患者和护理人员及健康工作者进行家庭肠外肠内营养支持治疗及研究。

4. 临床营养药剂师的作用　药剂师从药代动力学的知识、药物代谢、药物-药物及药物-营养素相互作用的视野，在营养团队中发挥对患者的直接治疗、教育以及从事临床研究，以确定有效的治疗与评价。

二、临床营养专业人员的资质认证工作

经过临床营养标准课程的培训和认证，是作为临床营养医师、营养师、护师、药剂师的必备条件。一些欧国家和日本等发达国家已有几十年的

经验，各个国家的经济状况和教育水平及医疗体系，直接影响临床营养的专业人员的资质认证及继续教育。我国临床营养师的培训及登记注册工作刚起步，临床营养医师、护师、药剂师的注册培训及注册工作将逐步开展。

三、建立临床营养教育与管理体系

目前临床营养教育不足，而需求巨大带来诸多临床问题，为我们带来机遇和挑战，任重道远。亟须在医学院医学专业、住院医师培训及临床实践等各层次进行医学营养教育，这是保障住院患者和家庭病人综合治疗和慢性病管理的基础。力求能在传统医学教育和培训体系的基础上，促进继续教育、推广指南共识、加强青年人才培养和国际交流合作，强化中国临床营养的基础理论与临床实践，建立以临床营养为核心的继续教育和临床培训，建立临床营养支持治疗与管理体系。并将公共营养与临床专业营养体系相结合，将现代网络教育与医疗健康服务管理相结合，促进临床营养在多学科慢性病相关营养不良的预防、干预与管理方面的应用，进一步提高疾病相关营养不良的治疗疗效、降低费用、提升生活质量及进行卫生经济学评价，促进产学研以及健康保险与管理体系的完善，让临床营养在健康中国的进程中发挥更大的作用。

（于健春）

参考文献

1. Sobotka L. Basics in Clinical Nutrition[M]. 5th ed. Prague: Galen, 2019.
2. Bozzetti F, Staun M, Van Gossum A. Home Parenteral Nutrition[M]. 2nd ed. Wallingford: CABI, 2014.
3. Bischoff SC, Austin P, Boeykens K, et al. ESPEN guigeline on home enteral nutrition[J]. Clinical Nutrition, 2020, 39: 5-22.

第三章 临床营养专业团队的建立

临床营养科建立后，团队的建设是学科发展的核心，也是基础。团队的人员布局需要根据临床营养科的职能制定。参照国外相关团队的经验，制定我国自己的，适应社会需要的临床营养团队。

1980 年起，欧美发达国家率先建立了团队合作的管理模式，即营养支持团队（nutritional support team，NST），以充分利用医疗资源、提高医疗质量。至 1983 年，全美已有 521 家医院成立了 NST。2001 年起，日本开始建立以静脉营养为主的营养支持团队。2011 年日本已有超过 1 600 家的大型医院开展 NST 活动，占日本大型医院的 20% 以上。营养支持团队工作已延伸至日本老年患者日常活动能力的康复方面。国外的相关研究及临床实践表明，通过营养支持团队的工作模式，使营养治疗规范化，可以明确降低营养支持过程中的静脉导管相关败血症，以及机械性和代谢性并发症的发生率，降低住院患者的医疗费用，缩短了患者的住院时间。

中国的临床营养支持起步并不晚，南京、北京和上海等地在 20 世纪 70 年代初就已经开展临床营养支持并取得了一定成绩。但是经过多年发展，推行并不顺利，很多三甲医院因为营养师管理的制度、法律法规、薪酬待遇等一系列问题，并未组成营养支持团队，发展相对缓慢而滞后。但是，营养支持团队是国际上公认的有效的团队合作模式，建立营养支持团队是临床营养科有效开展工作的大势所趋。

一、临床营养科的职能

（一）负责规范的肠内肠外治疗

1. 制订营养治疗规范　制订院内统一的营养治疗规范、流程及肠内肠外治疗相关制度，质控制度与流程等。

2. 完成全院营养会诊　营养筛查与评定：临床营养科需要担负医院各临床科室患者规范的肠内肠外的治疗。首先需进行营养状况的筛查、评定，确认是否存在营养风险或已经存在营养不良。确认需要营养支持的患者。制订规范的营养治疗处方：需要治疗的患者，需要由营养支持团队专业人员，制订规范的肠内或肠外营养支持处方，包括处方的审核，肠内肠外营养制剂的配制，最后将配制好的制剂进行输注。故需要医师、临床营养师、药师、护师共同参与。若有固定的团队，会大大提高效率，同时提高疗效。

3. 指导并执行家庭肠内肠外营养支持　患者出院后的健康教育，延续的营养计划的实施，随访，疗效的评价，营养状况的监测等。

4. 开设营养门诊　提供营养咨询。

5. 负责其他科室医护人员的规范营养治疗相关知识的培训。

（二）科普及健康教育

临床营养科除了院内外的肠外肠内营养治疗，还会负责医院其他医师的营养知识培训，患者的健康教育，面向社会大众的科普等。

二、营养支持团队的建立和人员职能

规范的营养支持团队包括固定的医师、临床营养师、药师、护师等。同时还可以包括社会工作者、呼吸疾病专家，医院的行政管理人员以及到 NST 轮转受训的人员等。各类人员的具体职责分工不同。

（一）医师

医师负责并领导整个 NST 的活动。需要对营养素在健康和疾病情况下的不同代谢特点十分了解，知道营养不良在病理生理和临床上的所有不同表现形式，具有处理一些其他疾病的临床经验。在实行过程中，对患者的营养状况和风险进行具体的评定，判断患者是否需要必要的营养治疗，决定营养治疗的适应证、方针、处方（特别是静脉营养和肠内营养）。选择合适的营养治疗方式、途径，进行与营养相关必要的医疗操作（如插管等），进行营养治疗相关的咨询。对NST中组员的教育和其他医师的启蒙。在临床营养治疗的实施过程当中，无论是对患者采取经口饮食，肠内、肠外营养治疗的方式，或由肠外营养向肠内营养过渡及停止营养支持等，都由营养医师实施或在监控下完成。营养医师还必须随时对营养支持的效果进行评估，以随时调整营养计划，以求治疗的个体化、规范化和有效性的最大化。

（二）营养师

营养师承担的工作主要有入院后基本的营养筛查，营养状态评估，包括患者的身体测量和营养评估，计算患者的营养必需量和营养摄取量（包括经口摄入），并负责肠内营养剂的选择和制作，患者的健康教育和营养指导等，提供包括肠内肠外营养治疗的价格、制剂作用等问题的咨询。

（三）药剂师

药剂师负责参加静脉营养处方的确定和审核以及静脉营养制剂的制作，指导患者的输液和内服药。核对和检查静脉营养剂。对患者及医护人员提供药物相互作用、配伍禁忌等相关问题的咨询。

（四）护师

护师负责营养治疗患者的日常护理和心理护理，并负责静脉营养制剂的输入操作和管理，同时对患者进行的营养支持方式方法的说明和帮助。

三、营养支持团队的运作

美国的营养支持团队大概可以分为两种运行模式，集中管理制和非集中会诊制。

集中管理制指的是建立独立的提供营养支持服务的部门，从营养途径的建立、维护、制剂的配制、输注，营养治疗的疗效评估与监测，处方的调整等，到出院后的家庭营养治疗计划，营养治疗的全程均由NST负责，承担营养治疗所有的责任。优点在于对肠内肠外治疗管理严格、规范、一体化，营养治疗的疗效评估更全面。发生相关并发症的机会减少，即使发生也能得到及时有效的控制。缺点在于需要独立的病房，可能造成空间的浪费。同时与其他科室人员沟通较少，可能缺乏其他方面的全面医疗和整体护理。患者接受相对困难。对于那些患有慢性病、特殊疾病，需要长期肠外肠内营养治疗，特别是肠外营养治疗的患者，可能更有利。

分散管理模式是NST采用会诊的形式进行工作，主要在营养治疗的初期参与营养风险的筛查和营养状况的评估，指导相关的临床营养处方的制订，具体执行由临床主管医师执行。在这期间会定期进行随访，并向主管医师提供治疗和监测的相关建议，由主管医师做决策，也是主管医师承担所有相关的责任。这种运行管理的模式，优点在于全面医疗和整体护理更完善，患者容易接受，没有过多空间的浪费。缺点在于肠内肠外营养支持过程中，可能存在相对不规范，随访、监测不及时等问题。

两种运作模式各有优缺点，我国目前的运作模式更偏向于第二种。在运行过程当中，要善于与各科室、各部门人员沟通协调，获取他们的信任与理解。做到每天定时的查房，随访，监测营养治疗相关的数据变化，了解患者的病情变化，并及时在病程中进行记录。同时将相关数据登记录入系统，包括肠内肠外营养液配制数、营养支持产生的费用、每天会诊及随访的患者数，营养治疗的相关并发症等。这些既是营养科对自身运作情况的了解，可以用于科研统计，也可以证明自身的临床和经济价值。

四、营养支持团队的教育与培训

国内外目前有针对营养师、临床药师的培训教程，包括资格考试、研究生培训、规范化培训等。临床营养医师并没有特定的培训教程，主要通过临床经验的积累，参加专题报告、临床研讨会、各级各类学术会议等进行学习。如国际上的美国肠外肠内营养协会（American Society for Parenteral and Enteral Nutrition，ASPEN）、欧洲肠外肠内营养协会（European Society of Parenteral and Enteral Nutrition，ESPEN），国内的中华医学会肠内肠外营养学分会等。关于护士的培训，1988年3件事的发生（《临床营养支持护士核心课程》一书的出版、国家临床营养支持资格认定委员会开始举办临床营养支持护士资格考试、ASPEN出版了《临床营养支持护士的工作标准》)标志着临床营养护士成为一个法定的临床专业。

五、国内营养支持团队发展现状及面临的问题

国内的临床营养治疗经过30多年的发展,已经在国际上占领了一席之地。但是NST的建立却阻碍重重,与临床营养治疗的发展极不相称。

目前国内临床营养治疗小组,没有统一的配备标准,尽管国家可能有关于三甲医院的床位数与营养从业人员的配比要求,但很少能有医院可以达标。从事营养支持的固定人员,主要在营养科,但是大部分营养科只有营养师,科室主任、医师多为兼职,且大部分医师并没有经过规范的培训。临床营养科空有形式,缺少实在的内涵。

造成这种情况的原因,主要有以下几点:

1. 医院管理者、临床医师以及患者等对营养不良可能对疾病转归造成的影响认识不足,对NST的建设重视程度不够。

2. 临床营养支持团队的绩效问题没有政策支持,同时临床科室因利益问题,拒绝请营养科会诊。

3. 临床营养支持团队成员的人事管理制度不明确,临床医师转为专业的临床营养医师没有政策保护,顾虑较多,导致医师很难专心的从事NST相关工作。

4. 临床药师在药剂科工作,且缺少临床营养药师的相关培训制度,参与NST时,更像是借调人员,归属感差,参与少。

面对这些问题,处理的对策是借鉴国内外相关NST的成功经验,逐步推广,提升目前临床营养从业人员自身的业务水平,总结工作中取得的效果,提高临床营养在各方的认可程度。争取相关政策。逐步形成全国统一的营养支持标准和管理流程。

(陈 伟)

参考文献

1. Cong MH, Li SL, Cheng GW, et al. An interdisciplinary nutrition support team improves clinical and hospitalized outcomes of esophageal cancer patients with concurrent chemoradiotherapy[J]. Chin Med J(Engl), 2015, 128(22): 3003-3007.
2. Sakai T, Maeda K, Wakabayashi H, et al. Nutrition support team intervention improves activities of daily living in older patients undergoing in-patient rehabilitation in japan: a retrospective cohort study[J]. J Nutr Gerontol Geriatr, 2017, 36(4): 166-177.

第二篇　营养代谢与营养评定

第四章　营养物质代谢

人体在正常生命活动过程中需要不断摄取各种营养物质，通过转化和利用以维持机体的新陈代谢。临床营养支持所需的营养底物包括糖、脂肪、蛋白质、水、电解质、微量元素和维生素，这些营养物质进入人体后，参与体内一系列代谢过程，通过合成代谢使人体结构得以生长、发育、修复及再生。这些营养物质在体内氧化过程中产生能量，成为机体生命活动必不可少的能源，所产生的代谢废物则排出体外。本章主要介绍宏量营养素（糖、脂肪、蛋白质）和微量营养素（矿物质、维生素、微量元素）消化代谢途径及生化过程。

第一节　糖　代　谢

糖类物质是人类食物的主要成分，糖在生命活动中的主要作用是提供能源和碳源。食物中的糖是机体的一种重要的能量来源，人体所需能量的 50%~70% 来自于糖。糖不仅是机体的主要供能物质，它还是机体重要的碳源，糖代谢的中间产物可转变成其他的含碳化合物，如氨基酸、脂肪酸、核苷等。此外，葡萄糖的某些代谢产物可为机体其他代谢途径提供必需的物质，如 NADPH、磷酸核糖等。另一方面，糖也是组成人体组织结构的重要成分。例如，蛋白聚糖和糖蛋白构成结缔组织、软骨和骨的基质；糖蛋白和糖脂是细胞膜的构成成分，糖与蛋白质、脂类的聚合物还在调节细胞间或细胞与其他生物物质的相互作用中发挥着重要作用，糖作为调节细胞相互作用的介质的优越性在于这类物质具有丰富的结构多样性。体内还有一些具有特殊生理功能的糖蛋白，如激素、酶、免疫球蛋白、血型物质和血浆蛋白等。

一、糖的消化吸收

人类食物中的糖主要有植物淀粉、动物糖原以及麦芽糖、蔗糖、乳糖、葡萄糖等。食物中的糖以淀粉为主，糖类只有分解为单糖时才能被小肠上皮细胞所吸收。各种单糖的吸收速率有很大差别，己糖的吸收很快，而戊糖则很慢。在己糖中，又以半乳糖和葡萄糖的吸收为最快，果糖次之，甘露糖最慢。唾液和胰液中都有 α- 淀粉酶，可水解淀粉分子内的 α-1，4 糖苷键。由于食物在口腔停留的时间很短，所以淀粉消化主要在小肠内进行。在胰液 α- 淀粉酶作用下，淀粉被水解为麦芽糖、麦芽三糖（约占 65%）及含分支的异麦芽糖和由 4~9 个葡萄糖残基构成的 α- 极限糊精（约占 35%）。寡糖进一步消化在小肠黏膜刷状缘进行。α- 糖苷酶（包括麦芽糖酶）水解麦芽糖和麦芽三糖。α- 极限糊精酶（包括异麦芽糖酶）可水解 α-1，4 糖苷键和 α-1，6 糖苷键，将 α- 糊精和异麦芽糖水解成葡萄糖。肠黏膜细胞还存在蔗糖酶和乳糖酶等分别水解蔗糖和乳糖。有些人因乳糖酶缺乏，在食用牛奶后发生乳糖消化吸收障碍，而引起腹胀、腹泻等症状。因为人体内无 β- 糖苷酶，所以不能对食物中含有的大量纤维素进行消化、吸收利用，但纤维素却具有刺激肠蠕动等作用，也是维持健康所必需的。

糖被消化成单糖后才能在小肠被吸收，再经门静脉进入肝脏。单糖的吸收是消耗能量的主动过程，它可逆着浓度差进行，能量来自钠泵，属于继发性主动转运。在肠黏膜上皮细胞的纹状缘上存在着一种转运体蛋白，它能选择性地把葡萄糖和半乳糖从纹状的肠腔面运入细胞内，然后再扩散入血。小肠黏膜细胞对葡萄糖的摄入是一个依赖特定载体转运的、主动耗能的过程，在吸收过程中同时伴有 Na^+ 的转运。这类葡萄糖转运体称为 Na^+ 依赖型葡萄糖转运体（sodium-dependent glucose transporter，SGLT），它们主要存在于小肠黏膜和肾小管上皮细胞。葡萄糖吸收入血后，在体内代谢首先需进入细胞，其进入细胞依赖一类葡萄糖转运体（glucose transporter，GLUT）才能实现。目前已发现有 5 种葡萄糖转运体（GLUT-1~GLUT-5），它们分别在不同的组织细胞中起作用。如 GLUT-1 存在于脑、肌肉、脂肪组织等各组织中，GLUT-2 主要存在于肝脏和胰腺的 β 细胞中，GLUT-4 则主要存在于脂肪和肌组织。转运体蛋白在转运单糖的同时，需要钠的存在。一般认为，一个转运体蛋白可与两个 Na^+ 和一个葡萄糖分子结合。由此可见，钠对单糖的主动转运是必需的。各种单糖与转运体蛋白的亲和力不同，从而导致吸收的速率也不同。

二、葡萄糖的有氧氧化

葡萄糖在有氧条件下彻底氧化成水和二氧化碳的反应过程称为有氧氧化。有氧氧化是糖氧化的主要方式，绝大多数细胞都通过它获得能量。肌肉等进行无氧分解生成的乳酸，最终仍需在有氧时彻底氧化成水和二氧化碳。

葡萄糖的有氧氧化反应分为三个阶段。第一阶段葡萄糖经酵解途径分解成丙酮酸。第二阶段丙酮酸进入线粒体内氧化脱羧生成乙酰 CoA，第三阶段为三羧酸循环及氧化磷酸化。糖的有氧氧化是机体获取能量的主要方式，1mol 葡萄糖完全氧化成为二氧化碳和水可释放 2 840kJ/mol（679kcal/mol）的能量，其中约 34% 转化为 ATP，以供应机体生理活动所需的能量。1mol 的葡萄糖彻底氧化生成 CO_2 和 H_2O，可净生成 30mol 或 32mol 的 ATP。糖的有氧氧化的调节是为了适应机体或器官对能量的需要，有氧氧化全过程中许多酶的活性都受细胞内 ATP/ADP 或 ATP/AMP 比例的影响，因而能得以协调。当细胞消耗 ATP 以致 ATP 水平降低，ADP 和 AMP 浓度升高时，磷酸果糖激酶 -1、丙酮酸激酶、丙酮酸脱氢酶复合体及三羧酸循环中的相关酶，乃至氧化磷酸化反应的酶均可被激活，从而加速有氧氧化，补充 ATP。反之，当细胞内 ATP 含量丰富时，上述酶的活性降低，氧化磷酸化亦减弱。

三、葡萄糖的无氧氧化

在缺氧条件下，葡萄糖经无氧氧化分解、生成乳酸。此代谢过程可分为两个阶段：第一阶段是糖酵解（glycolysis），即一分子葡萄糖裂解为两分子丙酮酸的过程；第二阶段为乳酸生成，这一反应由乳酸脱氢酶催化，丙酮酸还原成乳酸所需的氢原子由 NADH 提供。糖的无氧氧化途径的全部反应在细胞质进行，其中糖酵解是糖代谢的核心途径。

糖无氧氧化最主要的生理意义在于迅速提供能量，这对肌肉收缩更为重要。肌肉内 ATP 含量很低，仅 5~7μmol/g 新鲜组织，只要肌肉收缩几秒钟即可耗尽。这时即使氧不缺乏，但因葡萄糖进行有氧氧化反应过程比糖酵解长，来不及满足需要，通过糖无氧氧化则可迅速得到 ATP。当机体缺氧或剧烈运动肌肉局部血流不足时，能量主要通过糖无氧氧化获得。红细胞没有线粒体，完全依赖糖无氧氧化供应能量。神经元、白细胞、骨髓细胞等代谢极为活跃，即使不缺氧也常由糖无氧氧化提供部分能量。糖无氧氧化时每分子磷酸丙糖有 2 次底物水平磷酸化，可生成 2 分子 ATP。因此 1mol 葡萄糖可生成 4mol ATP，在葡萄糖和果糖 -6- 磷酸发生磷酸化时共消耗 2mol ATP，故净得 2mol ATP。1mol 葡萄糖经糖无氧氧化生成 2 分子乳酸可释放 196kJ/mol（46.9kcal/mol）的能量。

四、糖原的合成与分解

糖原是人体内糖的储存形式。摄入的糖类除满足供应外，大部分转变成脂肪（甘油三酯）储存于脂肪组织内，只有一小部分以糖原形式储存。糖原作为葡萄糖储备的生物学意义在于当机体需要葡萄糖时它可以迅速被动用以供急需，而脂肪则不能。肝和骨骼肌是贮存糖原的主要组织器官，但肝糖原和肌糖原的生理意义不同。肌糖原主要供肌肉收缩的急需，肝糖原则是血糖的重要来源。这对于一些依赖葡萄糖作为能量来源的组织，如脑、红细胞等尤为重要。

糖原合成的代谢反应主要发生在肝和骨骼肌，葡萄糖在葡糖激酶作用下磷酸化成为葡糖 -6-磷酸，后者再转变成葡糖 -1- 磷酸。这是为葡萄糖与糖原分子连接作准备。葡糖 -1- 磷酸与尿苷三磷酸（UTP）反应生成尿苷二磷酸葡糖（uridine diphosphate glucose，UDPG）及焦磷酸。UDPG 可看作“活性葡萄糖”，在体内充当葡萄糖供体。最后在糖原合酶作用下，UDPG 的葡萄糖基转移给糖原引物的糖链末端，形成 α-1，4 糖苷键。上述反应反复进行，可使糖链不断延长。在糖原合酶的作用下，糖链只能延长，不能形成分支。当糖链长度达到 12~18 个葡萄糖基时，分支酶将一段糖链，约 6~7 个葡萄糖基转移到邻近的糖链上，以 α-1，6 糖苷键相接，从而形成分支。分支的形成不仅可增加糖原的水溶性，更重要的是可增加非还原端数目，以便磷酸化酶能迅速分解糖原。

糖原分解（glycogenolysis）是指肝糖原分解成为葡萄糖。由肝糖原分解而来的葡糖 -6- 磷酸，除了水解成葡萄糖而释出之外，也可经酵解途径或戊糖磷酸途径等进行代谢。但当机体需要补充血糖（如饥饿）时，后两条代谢途径均被抑制，肝糖原则绝大部分分解成葡萄糖释放入血。

糖原的合成与分解不是简单的可逆反应，而是分别通过两条途径进行，这样才能进行精细的调节。当糖原合成途径活跃时，分解途径则被抑制，才能有效地合成糖原，反之亦然。这种合成、分解分别经两条途径进行的现象，是生物体内的普遍规律。糖原合成途径中的糖原合酶和糖原分解途径中的糖原磷酸化酶都是催化不可逆反应的调节酶。这两个酶分别是二条代谢途径的调节点，其活性决定不同途径的代谢速率，从而影响糖原代谢的方向。

糖原合成与分解的生理性调节主要靠胰岛素和胰高血糖素。胰岛素抑制糖原分解，促进糖原合成，其具体机制尚未确定，可能通过激活磷蛋白磷酸酶 -1 而加速糖原合成、抑制糖原分解。胰高血糖素可诱导生成 cAMP，促进糖原分解。肾上腺素也可通过 cAMP 促进糖原分解，但可能仅在应激状态发挥作用。骨骼肌内糖原代谢的两个调节酶的调节与肝糖原不同。这是因为肌糖原的生理功能不同于肝糖原，肌糖原不能补充血糖，仅仅是为骨骼肌活动提供能量。因此，在糖原分解代谢时肝主要受胰高血糖素的调节，而骨骼肌主要受肾上腺素调节。骨骼肌内糖原合酶及磷酸化酶的别构效应物主要为 AMP、ATP 及葡糖 -6- 磷酸。AMP 可激活磷酸化酶 b，而 ATP、葡糖 -6- 磷酸可抑制磷酸化酶 a，但糖原合酶有激活作用，使肌糖原的合成与分解受细胞内能量状态的控制。当肌肉收缩、ATP 被消耗时，AMP 浓度升高，而葡糖 -6- 磷酸水平亦低，这就使肌糖原分解加快，合成被抑制。而当静息状态时，肌肉内 ATP 及葡糖 -6- 磷酸水平较高，有利于糖原合成。

Ca^{2+} 的升高可引起肌糖原分解增加。当神经冲动引起细胞内 Ca^{2+} 升高时，因为磷酸化酶 b 激酶的 δ 亚基就是钙调蛋白，Ca^{2+} 与其结合，即可激活磷酸化酶 b 激酶，促进磷酸化酶 b 磷酸化成磷酸化酶 a，加速糖原分解。这样，在神经冲动引起肌肉收缩的同时，即加速糖原分解，以获得肌肉收缩所需能量。

五、糖异生

体内糖原的储备有限，正常成人每小时可由肝释出葡萄糖 210mg/kg 体重，照这样计算，如果没有补充，10 多小时肝糖原即被耗尽，血糖来源断绝。事实上即使禁食 24 小时，血糖仍保持正常范围。这时除了周围组织减少对葡萄糖的利用外，主要还是依赖肝将氨基酸、乳酸等转变成葡萄糖，不断补充血糖。这种从非糖化合物（乳酸、甘油、生糖氨基酸等）转变为葡萄糖或糖原的过程称为糖异生（gluconeogenesis）。糖异生的主要器官是肝，肾在正常情况下糖异生能力只有肝的 1/10，长期饥饿时肾糖异生能力则可大为增强。

糖异生的主要生理意义是维持血糖浓度的恒定。空腹或饥饿时依赖氨基酸、甘油等异生成葡萄糖，以维持血糖水平恒定。正常成人的脑组织不能利用脂肪酸，主要依赖氧化葡萄糖供给能量。红细胞没有线粒体，完全通过糖无氧氧化获得能量。骨髓、神经等组织、由于代谢活跃，经常进行糖无氧氧化。这样，即使在饥饿状况下机体也需消耗一定量的葡萄糖，以维持生命活动。此时这些葡萄糖全部依赖糖异生生成。

此外，糖异生是肝补充或恢复糖原储备的重要途径，这在饥饿后进食更为重要。长期饥饿时，肾糖异生增强，有利于维持酸碱平衡。发生这一变化可能是饥饿造成的代谢性酸中毒所致，此时体液 pH 降低，促进肾小管中磷酸烯醇式丙酮酸羧激酶的合成，从而使糖异生作用增强。另外，当肾中 α- 酮戊二酸因异生成糖而减少时，可促进谷氨酰胺生成谷氨酸以及谷氨酸的脱氨反应，肾小管细胞将 NH_3 分泌入管腔，与原尿中 H^+ 结合，降

低原尿 H^+ 浓度，有利排氢保钠作用的进行，对防止酸中毒有重要作用。

肌肉收缩通过糖无氧氧化生成乳酸。肌肉内糖异生活性低，所以乳酸通过细胞膜弥散进入血液后，再入肝、异生为葡萄糖。葡萄糖释入血液后又可被肌肉摄取，这就构成了一个循环，称为乳酸循环，又称 Cori 循环。乳酸循环的形成是肝和肌肉组织中酶的特点所致。肝内糖异生活跃，又有葡糖-6-磷酸酶可水解葡糖-6-磷酸，释出葡萄糖。肌肉除糖异生活性低外，又没有葡糖-6-磷酸酶，肌肉内生成的乳酸既不能异生成糖，更不能释放出葡萄糖。乳酸循环的生理意义就在于既避免损失乳酸，又可防止乳酸堆积引起酸中毒。乳酸循环是耗能的过程，2 分子乳酸异生成葡萄需消耗 6 分子 ATP。

六、血糖及其调节

血糖指血中的葡萄糖。正常情况下，机体血糖恒定维持在 3.89~6.11mmol/L 的水平，这是进入和移出血液中的葡萄糖平衡的结果。血糖来源于食物中糖的消化和吸收、肝糖原分解和肝糖异生生成葡萄糖释入血液内。血糖的去路则为周围组织以及肝脏的摄取利用、糖原合成、转化为非糖物质或其他含糖物质。血糖水平保持恒定是糖、脂肪、氨基酸代谢协调的结果，也是肝脏、肌肉、脂肪组织等器官组织代谢协调的结果。

血糖水平的平衡主要受到激素调节，调节血糖水平的激素主要有胰岛素、胰高血糖素、肾上腺素和糖皮质激素等，血糖水平的恒定是这些激素联合作用的结果。胰腺的 β 细胞产生胰岛素，α 细胞产生胰高血糖素。当食用高碳水化合物饮食时，葡萄糖从肠道进入血液使血糖升高，导致胰岛素分泌增加。胰岛素可促进血糖进入组织细胞氧化分解、合成肝糖原和转化成非糖物质，它还可通过抑制胰高血糖素的分泌抑制肝糖原分解和糖异生，从而达到迅速降血糖的效果。当机体消耗血糖使其浓度降低时，胰岛素分泌减少而胰高血糖素分泌增加，从而促进肝糖原分解，升高血糖。但是胰高血糖素的分泌增加又对胰岛素的分泌起促进作用，胰高血糖素促进肝糖原分解的同时，胰岛素分泌增加很快发挥相反的降血糖作用。这样，通过拮抗作用使肝糖原分解缓慢进行，使血糖在正常浓度范围内保持较小幅度的波动。

胰岛素是降低血糖的唯一激素，胰腺释放的胰岛素主要受血液供给胰岛的血糖水平的调节。当血糖升高时，GLUT-4 载体将葡萄糖运输至 β 细胞，被己糖激酶Ⅳ（葡萄糖激酶）转化为葡糖-6-磷酸后进入糖酵解。葡萄糖代谢活跃使 ATP 增加，导致细胞膜上 ATP 调控的 K^+ 通路关闭。K^+ 外流减少使细胞膜去极化，导致细胞膜上电压调控的 Ca^{2+} 通路开放。Ca^{2+} 流入触发细胞外排释放胰岛素。副交感神经和交感神经的刺激也能分别增加或者抑制胰岛素的释放。一个简单的反馈回路控制着激素分泌：胰岛素通过刺激各组织的对葡萄糖摄入来降低血糖；而血糖的降低，可使己糖激酶所催化反应减弱而被自身细胞检测到，从而减少或者停止胰岛素的分泌。这个反馈调节持续不断地维持血糖浓度相对恒定。胰岛素刺激骨骼肌和脂肪组织的葡萄糖摄入，葡萄糖转化成葡糖-6-磷酸。在肝内，胰岛素激活糖原合酶，使糖原磷酸化酶失活，促进糖原合成。

胰岛素还能刺激过剩燃料的储存。在肝中，胰岛素可激活糖酵解途径将葡糖-6-磷酸氧化成丙酮酸，也可促进丙酮酸氧化成乙酰 CoA。如果不需要进一步氧化分解供能，乙酰 CoA 在肝中就被用于合成脂肪酸，这些脂肪酸再生成甘油三酯以血浆极低密度脂蛋白（VLDL）的形式输出至全身组织。在脂肪细胞中，胰岛素通过来源于 VLDL 甘油三酯释放的脂肪酸来刺激 TAG 的合成。简单地说，胰岛素的效果就是使多余血糖更利于转变成两种储存形式——糖原（存在于肝和骨骼肌）和甘油三酯（存在于在脂肪组织）。

胰高血糖素是升高血糖的主要激素，血糖降低或血内氨基酸升高可刺激胰高血糖素的分泌。当饮食中碳水化合物摄取几个小时后，大脑和其他组织氧化葡萄糖的作用可导致血糖水平轻微降低。血糖降低触发胰高血糖素的分泌并减少胰岛素的释放。高蛋白食物也可刺激胰高血糖素的分泌。胰高血糖素可通过几个方面的作用升高血糖。①它能通过激活糖原磷酸化酶和使糖原合酶失活来刺激肝糖原的分解，这两种效应均是由 cAMP 调节酶的磷酸化来实现的；②胰高血糖素在肝中可抑制葡萄糖分解（糖酵解），促进葡萄糖（糖异生途径）合成；③胰高血糖素也可通过依赖

cAMP的磷酸化抑制肝内丙酮酸激酶的活性，从而阻止磷酸烯醇式丙酮酸转化为丙酮酸及丙酮酸进入三羧酸循环被氧化，而磷酸烯醇式丙酮酸的累积有利于糖异生。胰高血糖素通过刺激参加糖异生作用的磷酸烯醇式丙酮酸羧激酶的合成而使得这种效果增强。总之，在肝中胰高血糖素通过刺激糖原分解，促进糖异生及阻止糖酵解来输出葡萄糖，从而使血糖恢复到正常水平。

尽管调节的主要靶器官是肝，胰高血糖素也能作用于脂肪组织。它通过引起cAMP依赖的甘油三酯脂肪酶磷酸化，促使甘油三酯释放。活化的脂肪酶释放游离脂肪酸，这些脂肪酸被运送至肝和其他组织、提供能量，以满足脑组织对葡萄糖的需求。胰高血糖素的作用就是通过肝刺激葡萄糖的合成和释放，动员脂肪组织释放脂肪酸来作为葡萄糖的替代品给除了大脑以外的其他组织提供能量。

机体升高血糖的激素还有肾上腺素和糖皮质激素。肾上腺素是强有力的升高血糖的激素，肾上腺素的作用机制是通过肝和肌肉的细胞膜受体、cAMP、蛋白激酶级联激活磷酸化酶，加速糖原分解。在肝糖原分解为葡萄糖，在肌肉则经糖无氧氧化生成乳酸，并通过乳酸循环间接升高血糖水平。肾上腺素主要在应激状态下发挥调节作用，对进食情况引起的血糖波动没有生理意义。

糖皮质激素可升高血糖，其作用机制有两方面：①促进肌肉蛋白质分解，分解产生的氨基酸转移到肝进行糖异生。这时，糖异生途径的调节酶，磷酸烯醇式丙酮酸羧激酶的合成增强。②抑制肝外组织摄取和利用葡萄糖，抑制点为丙酮酸的氧化脱羧。此外，在糖皮质激素存在时，其他促进脂肪动员的激素才能发挥最大的效果。这种协助促进脂肪动员的作用，可使得血中游离脂酸升高，也可间接抑制周围组织摄取葡萄糖。

第二节　蛋白质和氨基酸代谢

蛋白质是构成生物体的重要组成成分，在生命活动中起着极其重要的作用。各种生命形式均与蛋白质相关，生命物质中的蛋白质以酶、激素、细胞结构、信使及抗体的形式发挥作用。蛋白质的主要生理功能是参与构成各种细胞组织，维持细胞组织生长、更新和修复，参与多种重要的生理功能及氧化供能。正常情况下，人体内蛋白质含量为16%~19%，始终处于动态平衡中，人体每日更新体内蛋白质总量的1%~2%，其中主要是肌肉蛋白质。70%~80%释放的氨基酸被重新利用、合成蛋白质，剩下的20%~25%被降解。

一、蛋白质的消化吸收

饮食中的蛋白质是人体蛋白质和氨基酸的主要来源。从食物蛋白质中获取氨基酸是人体氨基酸的主要来源。蛋白质的消化还可以消除食物蛋白质的抗原性，避免食物蛋白质引起的过敏反应和毒性反应。由于口腔的唾液中没有水解蛋白质的酶类，食物中的蛋白质的消化首先在胃内开始，而主要的消化过程是在小肠进行。食物蛋白质进入胃后，经胃蛋白酶进行部分消化。食物可刺激胃黏膜分泌胃泌素，胃泌素则促进胃黏膜壁细胞分泌盐酸、主细胞分泌胃蛋白酶原。胃蛋白酶原在经盐酸或胃蛋白酶的自身催化作用下，水解掉酶原N端碱性前体片段，生成有活性的胃蛋白酶。胃蛋白酶的最适pH是1.5~2.5，酸性的胃液能使蛋白质变性，有利于蛋白质的水解。胃蛋白酶主要识别和水解由芳香族氨基酸的羧基所形成的肽键，因而只是将蛋白质部分降解。食物在胃中停留的时间短，蛋白质消化不完全，只产生少量氨基酸，主要的产物是多肽。此外，胃蛋白酶还具有凝乳作用，使乳中的酪蛋白与Ca^{2+}凝集成凝块，使乳汁在胃中的停留时间延长，有利于乳汁中蛋白质的消化。

小肠是食物蛋白质消化的主要部位，无论是食入的蛋白质或内源性蛋白质，经消化分解为氨基酸后，几乎全部被小肠吸收。经煮过的蛋白质因变性而易于消化，在十二指肠和近端空肠就被迅速吸收；未经煮过的蛋白质和内源性蛋白质较难消化，需进入回肠后才基本被吸收。胰和肠黏膜细胞分泌的多种蛋白酶和胰酶在小肠内将食物中的蛋白质进一步水解成氨基酸二肽和三肽食物蛋白质在小肠内的消化主要依靠胰酶完成，这些酶的最适pH为7.0左右。胰液中的蛋白酶基本上分为两类，内肽酶和外肽酶。内肽酶包括胰蛋白酶、糜蛋白酶和弹性蛋白酶，这些酶主要识别和水解由特定氨基酸形成的肽键，因而可以特异性地水解蛋白质内部的一些肽键，使较大的肽链断裂成为较小的肽链。外肽酶包括羧基肽酶A及羧基肽酶B两种。前者主要水解除脯氨酸、精氨酸、赖氨酸以外的多种氨基酸残基组成的C端肽键，后者主要水解由碱性氨基酸组成的C端肽键。因此，外肽酶自肽链的羧基末端开始，将氨基酸残基逐个水解下来。

胰腺细胞所产生的各种蛋白酶和胰酶都是以无活性酶原的形式分泌，这些酶原进入十二指肠后被肠激酶激活。由十二指肠黏膜细胞分泌的肠激酶被胆汁激活后，水解各种酶原，使之激活成为相应的有活性的酶。其中，胰蛋白酶原激活为胰蛋白酶后，又能激活糜蛋白酶原、弹性蛋白酶原和羧基肽酶原。食物蛋白经胃液和胰液中蛋白酶的消化后，所得到的产物中仅有1/3是氨基酸，其余2/3是寡肽。寡肽的水解主要在小肠黏膜细胞内进行。小肠黏膜细胞的胞质中存在两种寡肽酶：氨基肽酶和二肽酶。氨基肽酶从氨基末端逐步水解寡肽，最后剩下二肽。二肽再经二肽酶水解成氨基酸。

氨基酸的吸收是主动性的。目前在小肠壁上已确定出3种主要的转运氨基酸的特殊运载系统，它们分别转动中性、酸性或碱性氨基酸。一般来讲，中性氨基酸的转运比酸性或碱性氨基酸速度快。与单糖的吸收相似，氨基酸的吸收也是通过与钠吸收偶联的，钠泵的活动被阻断后，氨基酸的转运便不能进行。氨基酸吸收的路径几乎完全是经血液的，当小肠吸收蛋白质后，门静脉血液中的氨基酸含量随即增加。

肠黏膜细胞膜上具有转运氨基酸的载体蛋白，能与氨基酸和Na^+形成三联体，将氨基酸和Na^+转运入细胞，Na^+则借钠泵排出细胞外，该过程与葡萄糖的吸收载体系统类似。具有不同侧链结构的氨基酸二肽和三肽通过不同的载体转运吸收。在小肠黏膜的刷状缘转运蛋白包括中性氨基酸转运蛋白、碱性氨基酸转运蛋白、酸性氨基酸转运蛋白、亚氨基酸转运蛋白、β-氨基酸转运蛋白。结构相似的氨基酸由同一载体转运，因而在吸收过程中相互竞争结合载体。含量多的氨基酸，转运的量就相对大一些。氨基酸的转运是耗能的过程。氨基酸的主动转运不仅存在于小肠黏膜细胞，类似的作用也存在于肾小管细胞、肌细胞等细胞膜上，这对于细胞浓集氨基酸具有重要作用。

曾经的理论认为，蛋白质只有水解成氨基酸后才能被吸收。但近年来的研究发现，小肠黏膜细胞上还存在着吸收二肽或三肽的转运体系。因此，许多二肽和三肽也可完整地被小肠上皮细胞吸收，而且肽的转运系统吸收效率可能比氨基酸更高，此种转运也是一个耗能的主动吸收过程。进入细胞内的二肽和三肽，可被细胞内的二肽酶和三肽酶进一步分解为氨基酸，再进入血液循环。二肽和三肽的吸收作用在小肠近端较强，故肽吸收入细胞甚至先于游离氨基酸。肠道黏膜对寡肽的吸收在蛋白质的吸收中占有重要或可能是主要的地位。

在食物通过小肠的过程中，并非所有的蛋白质都被彻底消化和完全吸收。肠道细菌的蛋白酶可将残留的蛋白质水解成氨基酸，肠道细菌即可利用这些氨基酸进行代谢并获取能量。肠道细菌对这部分蛋白质及其消化产物的代谢，称为腐败作用。因为，这些蛋白质和氨基酸被肠道细菌代谢的过程中，会产生许多对人体有害的物质；但在此过程中，也会产生少量脂肪酸及维生素等可被机体利用的物质。

二、蛋白质代谢及平衡

所有生命体的蛋白质都在不断更新。体内蛋白质的不断降解与合成的动态平衡，称为蛋白质转换。人体每日更新体内蛋白质总量的1%~2%，其中主要是肌肉蛋白质。70%~80%释放的氨基酸被重新利用、合成蛋白质，剩下的20%~25%被降解。机体蛋白质合成和降解两部分的相互协调对维持机体各组织、细胞功能、调节生长和蛋白质的质量以及控制体内各种酶的生物活性起着十分重要的作用。

（一）蛋白质的合成代谢

蛋白质生物合成过程又称翻译。该过程是以氨基酸为原料，在由3种RNA、多种酶、蛋白质/因子组成的蛋白质合成系统中进行的。mRNA是蛋白质合成的模板，它的三联体密码子决定蛋白质氨基酸的排列顺序。遗传密码具有通用性、方向性、连续性、简并性和摆动性。tRNA是氨基酸的转运工具，氨基酰-tRNA合成酶决定tRNA与氨基酸的特异识别。rRNA组成大亚基的核心结构，蛋白质分布在大亚基表面。核糖体大、小亚基吻合形成裂隙，翻译时核糖体沿 mRNA 移动，使 mRNA 通过裂隙。

蛋白质合成过程分为氨基酸活化、肽链合成起始、肽链延长、肽链合成终止及肽链释放、翻译后加工（肽链折叠、修饰或聚合）5 个阶段。此外，翻译后新生的蛋白质 / 多肽链尚须经历转运，才能在细胞特异区间行使功能。

在翻译过程中，核糖体从可阅读框的 5'-AUG 向 3' 阅读，mRNA 的三联体密码指导蛋白质从 N 端向 C 端合成，直至终止密码。翻译起始过程就是形成翻译起始复合物的阶段，即在起始因子作用下，将起始 -tRNA 和 mRNA 结合到核糖体上的步骤。原核生物有 IF-1，IF-2 和 IF-3 三种起始因子，真核生物起始因子包括 eIF-1、eIF-2、eIF-3、eIF-4、eIF-5 和 eIF-6。肽链延长就是在核糖体上连续地、循环地进行核糖体循环（进位、成肽和转位），每循环一次肽链延长一个氨基酸残基，直至肽链合成终止。真核、原核生物肽链延长过程相似。核糖体对肽链延长过程有校读功能，肽链合成终止包括终止密码的识别、从肽酰 -tRNA 水解出肽链、从核糖体分离出 mRNA 和大、小亚基拆开。终止过程需要释放因子。

从核糖体释放的多肽链不一定是具备生物活性的成熟蛋白质，在细胞内新生肽链只有经过各种修饰处理才能成为有活性的成熟蛋白，该过程包括蛋白质折叠、翻译后加工 / 修饰和聚合。

细胞内蛋白质 / 多肽链的生物合成受细胞内 DNA 的指导，通过 mRNA 将 DNA 携带的遗传信息传递给蛋白质 / 多肽链，所以以 mRNA 为模板、指导的蛋白质 / 多肽链的合成。

（二）蛋白质的分解代谢

体内的任何一种蛋白质都不会长期存在而不被降解，只是不同蛋白质的降解速率不同，因而在细胞内有长寿蛋白质和短寿蛋白质。蛋白质降解的速率用半寿期（half-life，$t_{1/2}$）来表示，半寿期是指将其浓度减少到开始值的 50% 所需要的时间。不同蛋白质的半寿期不同。在人体的生命活动中，蛋白质被不断地降解和重新合成。因此，机体氨基酸代谢库亦包含由体内蛋白质降解所产生的氨基酸。

尽管细胞内存在与肠道消化食物蛋白质的酶相似的酶，如内肽酶、氨基肽酶和羧基肽酶。然而，这些酶并不能任意水解细胞内的蛋白质，否则细胞将被迅速破坏。机体有两条蛋白质降解途径：一条是溶酶体蛋白水解酶的降解途径，另一条是胞质内的依赖 ATP 和泛素的蛋白酶体降解途径。体内蛋白质在不同因素的控制下被降解。

细胞内蛋白质降解是个主动调节过程，主要通过两条途径来降解细胞内蛋白质，即不依赖 ATP 的溶酶体降解途径和依赖 ATP 的泛素 - 蛋白酶体途径。①外在和长寿蛋白质在溶酶体通过 ATP- 非依赖途径降解：细胞内的溶酶体的主要功能是进行细胞内消化，可降解从细胞外摄入的蛋白质、细胞膜蛋白和胞内长寿蛋白质。溶酶体含有多种蛋白酶，称为组织蛋白酶。根据完成生理功能的不同阶段可将其分为初级溶酶体、次级溶酶体和残体。初级溶酶体由高尔基体分泌形成，含有多种水解酶原，只有当溶酶体破裂，或其他物质进入，酶才被激活。初级溶酶体内的水解酶包括蛋白酶（组织蛋白酶）、核酸酶、脂酶、磷酸酶、硫酸醋酶、磷脂酶类等 60 余种，这些酶均属于酸性水解酶，反应的最适 pH 为 5 左右。初级溶酶体膜有质子泵，将 H^+ 泵入溶酶体，使其 pH 降低。次级溶酶体是正在进行或完成消化作用的消化泡，内含水解酶和相应底物，异噬溶酶体消化外源的物质，自噬溶酶体消化来自细胞本身的各种组分。残体又称后溶酶体，已失去酶活性，仅留未消化的残渣。残体可通过外排作用排出细胞，也可能留在细胞内逐年增多。具有摄入胞外物质能力的细胞，可通过内吞作用摄入胞外的蛋白质，由溶酶体的组织蛋白酶将其降解。溶酶体亦可清除细胞自身无用的生物大分子、衰老的细胞器等，即自体吞噬过程，并将所吞噬的蛋白质降解。②异常和短寿蛋白质在蛋白酶体通过需要 ATP 的泛素途径降解：细胞内的异常蛋白质和短寿蛋白质主要通过依赖 ATP 的泛素 - 蛋白酶体途径降解。降解过程包括两个阶段，首先是泛素与被选择降解的蛋白质共价连接，然后是蛋白酶体识别被泛素标记的蛋白质并将其降解。泛素（ubiquitin）是一个由 76 个氨基酸残基组成的肽链，因其广泛存在于真核细胞而得名。泛素与底物蛋白质共价连接，使底物蛋白质带上了泛素标记，称为泛素化。泛素化是通过 3 个酶促反应而完成的。第一个反应是泛素C末端的羧基与泛素激活酶（ubiquitin-activating enzyme，E_1）的半胱氨酸通过硫酯键结合，这是一个需要ATP的反应，此反应将泛素分子激活。在第二个反应中，泛素分子被转移至泛素结合酶（ubiquitin-conjugating enzyme，E_2）的巯基上。随后，由泛素-蛋白连接酶（ubiquitin-protein ligase，E_3）识别待降解蛋白质，并将活化的泛素转移至蛋白质的赖氨酸的ε-氨基，形成异肽键（isopeptide bond）。而此泛素分子中赖氨酸的ε-氨基又可被连接上下一个泛素，如此重复反应，可连接多个泛素分子，形成泛素链。

蛋白酶体是存在于细胞核和胞质内的ATP-依赖性蛋白酶，由核心颗粒和调节颗粒组成。当泛素化的蛋白质与调节颗粒的泛素识别位点结合后，调节颗粒底部的ATP酶水解ATP获取能量，使蛋白质去折叠，去折叠的蛋白质被转位至核心颗粒的中心腔，自亚基内表面的活性部位水解蛋白链的特异肽键，产生一些约由7~9个氨基酸残基组成的肽链。多肽被进一步水解生成氨基酸。

三、氨基酸代谢

食物蛋白是体内氨基酸的重要来源，食物提供足够蛋白质以获得机体所需的氨基酸，对儿童正常生长、发育，患者康复以及维持各种生命活动十分重要。体内每时每刻都在发生氨基酸的分解代谢，使体内的氨基酸减少，每日进食又可补充体内的氨基酸。通过消化食物蛋白质而吸收氨基酸（外源性氨基酸）、体内组织蛋白质降解产生氨基酸以及少量合成氨基酸（内源性氨基酸），是体内氨基酸的主要来源。所有这些来源的氨基酸混在一起，分布于体内各处，参与代谢，称为氨基酸代谢库。氨基酸代谢库通常以游离氨基酸总量计算。由于氨基酸不能自由通过细胞膜，所以氨基酸代谢库在体内的分布是不均一的，肌肉中氨基酸占代谢库的50%以上，肝约占10%，肾约占4%，血浆占1%~6%。

（一）体内氨基酸的来源

人体的氨基酸主要来自食物蛋白质，体内氨基酸的主要功能是合成蛋白质和/或多肽。用于合成蛋白质的氨基酸有20种，人体不能合成其中8种氨基酸：缬氨酸、异亮氨酸、亮氨酸、苏氨酸、甲硫氨酸、赖氨酸、苯丙氨酸和色氨酸。这些氨基酸只能从食物蛋白质中获取，因而称为营养必需氨基酸（nutritionally essential amino acid）。其余的12种氨基酸均可以在人体内合成，称为营养非必需氨基酸（nutritionally nonessential amino acid）。其中，组氨酸和精氨酸虽能在人体内合成，但合成量不多，需要从食物中补充，这两种氨基酸被视为营养半必需氨基酸（nutritionally semiessential amino acid），也有人将其归为营养必需氨基酸。营养必需氨基酸实际上都是结构较为复杂的氨基酸，合成这些氨基酸所需酶的数量比合成营养非必需氨基酸的多。

从食物蛋白质中获取氨基酸是人体氨基酸的主要来源。根据氮平衡实验计算，在不进食蛋白质时，成人每天最低分解约20g蛋白质。然而，摄入20g食物蛋白质却不能补充体内分解的蛋白质。由于食物蛋白质与人体蛋白质中氨基酸组成的差异，人体需要摄入更多的食物蛋白质才能获得足够的营养必需氨基酸。就食物蛋白质的营养价值而言，含有营养必需氨基酸种类多、数量足的蛋白质，其营养价值高，反之则营养价值低。由于动物性蛋白质所含营养必需氨基酸的种类、比例与人类需要相近，故营养价值高。营养价值低的蛋白质混合食用，则营养必需氨基酸可以互相补充，从而提高营养价值，称为食物蛋白质的互补作用。不过，即使是混合食用，也需要较多的食物蛋白质才能满足机体的需要。成人每天最低需要30~50g蛋白质，才能使摄入的各种氨基酸都达到人体所需量。为了长期保持氮平衡，我国营养学会推荐成人每天的蛋白质需要量为80g。

（二）氨基酸的生理功能

氨基酸在人体内不仅可作为蛋白质合成的原料，还能转变成一些不用于蛋白质合成的氨基酸或多种重要的生理活性物质。氨基酸在机体的物质代谢和能量代谢中具有重要的意义，与机体正常功能密不可分。体内氨基酸的主要功能是合成蛋白质/多肽，也可转变成其他含氮化合物。正常人体尿中排出的氨基酸极少，氨基酸代谢库中的氨基酸在体内能够被充分利用。机体主要在以下三个方面利用氨基酸。①大部分氨基酸用于蛋白质生物合成：从食物蛋白质消化、吸收的氨基酸大部分用于体内蛋白质的合成。体内组织蛋白质降解所产生的氨基酸大部分也被重新用于蛋白质合成。就数量而言,从食物获取的氨基酸主要是满足体内蛋白质合成的需要。②氨基酸的碳骨架可进入能量代谢:氨基酸不会随尿排出,但体内也不能贮存过多的氨基酸。当氨基酸代谢库中的氨基酸过多时,尤其是因食物蛋白质与人体蛋白质的氨基酸组成差异造成某些类型的氨基酸超过机体合成蛋白质的需要时,这些氨基酸就会进入分解代谢,彻底氧化,产生能量。机体每日产生的能量约有 18% 来自氨基酸的氧化分解。这也是机体维持氮平衡的一种机制。过量氨基酸的消耗并不会等量减少碳水化合物和脂类消耗。另一方面,当机体处于饥饿状态时,则会主动降解一些蛋白质,释放氨基酸。这些氨基酸并不直接氧化供能,而是转变成为葡萄糖或酮体,产生的葡萄糖则满足饥饿时机体对葡萄糖的需要,酮体也可进入能量代谢。③氨基酸代谢转换而产生多种物质:许多氨基酸还可通过代谢转变而产生多种物质含氮化合物,包括神经递质、核苷酸、激素及其他多种含氮生理活性物质,此外还可以产生一些重要的化学基团,具有重要调节功能,或者用于非营养物质的(转化)代谢。

(三)氨基酸的分解代谢

氨基酸通过适当的分解代谢,可转变成多种重要的生理活性物质。体内大多数氨基酸通过脱氨基作用生成氨及相应的 α- 酮酸,开始分解过程。在转氨酶的催化下,α- 氨基酸的氨基首先转移至 α- 酮戊二酸,生成 L- 谷氨酸。在 L- 谷氨酸脱氢酶的催化下,L- 谷氨酸进行氧化脱氨作用,生成氨和 α- 酮戊二酸。由于该过程可逆,因此也是体内合成营养非必需氨基酸的重要途径。在骨骼肌等组织中,氨基酸主要通过嘌呤核苷酸循环脱去氨基。

α- 酮戊二酸是氨基酸的碳骨架,部分可转变成氨基酸。有些可转变成丙酮酸和三羧酸循环的中间产物,称为生糖氨基酸,有些可转变成乙酰 CoA,称为生酮氨基酸。两者均可经三羧酸循环氧化,产生 CO_2、H_2O 和能量。

氨是有毒物质,体内的氨通过丙氨酸和谷氨酰胺等形式运至肝,大部分经鸟氨酸循环生成尿素,排出体外。鸟氨酸循环受到多种因素的调节。肝功能受损时可产生高氨血症和肝性脑病。体内少部分氨在肾脏以胺盐的形式排出。

体内某些氨基酸在分解代谢过程中产生具有生理活性的物质分子,或产生特殊的化学基团,作为合成核苷酸、某些神经递质和一氧化氮的原料,或在物质转化过程中提供修饰基团。

氨基酸的摄入和消耗的状态可用氮平衡(nitrogen balance)来描述。食物中的含氮物质绝大部分是蛋白质,即氨基酸。机体通过尿、粪所排出的含氮物质主要是由氨基酸分解代谢产生,或由氨基酸转换生成。因此,测定尿与粪中的含氮量(排出氮)及摄入食物的含氮量(摄入氮)可以反映体内氨基酸的代谢状况。氮的总平衡,即机体摄入氮 = 排出氮,氮的收支平衡是正常成人的氨基酸代谢状态。氮的正平衡,即摄入氮 > 排出氮,反映了摄入的氨基酸较多地用于体内蛋白质合成,而分解代谢相对较少,儿童、孕妇和恢复期患者属于此种情况。氮的负平衡,即摄入氮 < 排出氮,提示蛋白质摄入量不足或过度降解,氨基酸被过多分解而排泄,见于饥饿或消耗性疾病患者。

第三节 脂类代谢

脂质分为脂肪和类脂两类。脂肪(甘油三酯)是机体重要的能量物质,胆固醇、磷脂及糖脂是生物膜的重要组分,参与细胞识别及信号传递,还是多种生物活性物质的前体。脂肪是临床营养中重要的营养物质,其主要生理功能是提供能量、构成身体组织、供给必需脂肪酸并携带脂溶性维生素等。

一、脂质的消化吸收

膳食中的脂类是人体脂肪的主要来源,根据其来源脂肪可分为动物性脂肪和植物性脂肪。动物性脂肪又可分为两大类:一类来源于鱼、虾、海豹等水产品,其中的脂肪酸大部分是不饱和脂肪酸;另一类是动物脂肪,其中含有大量饱和脂肪酸和少量不饱和脂肪酸。植物性脂肪多来源于豆油、棉籽油、花生油、菜籽油、橄榄油等,其脂肪中多数主要含有多不饱和脂肪酸,橄榄油为单不饱和脂肪酸,椰子油中则主要为饱和脂肪酸。脂类不溶于水,不能与消化酶充分接触。胆汁酸盐具有较强的乳化作用,能降低脂 - 水相间的界面张力，将脂质乳化成细小微团(micelles)，使脂质消化酶吸附在乳化微团的脂-水界面，极大地增加了消化酶与脂质的接触面积，促进消化道内脂质的消化。因为含胆汁酸盐的胆汁、含脂质消化酶的胰液分泌后直接进入十二指肠，所以小肠上段是脂质消化的主要场所。

胰腺分泌的脂质消化酶包括胰脂酶、辅脂酶、磷脂酶A2(phospholipase A_2, PLA_2)和胆固醇酯酶。胰脂酶特异水解甘油三酯1,3位酯键，生成2-甘油一酯及2分子脂肪酸。辅脂酶在胰腺泡中以酶原形式存在，分泌入十二指肠腔后，辅脂酶原被胰蛋白酶从其N端水解、移去五肽而激活。辅脂酶是胰脂酶发挥脂肪消化作用必不可少的辅助因子，辅脂酶通过疏水键与甘油三酯结合，通过氢键与胰脂酶结合。辅脂酶将胰脂酶锚定在乳化微团的脂-水界面，使胰脂酶与脂肪充分接触、发挥水解脂肪的功能。此外，辅脂酶还可防止胰脂酶在脂-水界面上变性、失活。胰磷脂酶A_2催化磷脂2位酯键水解，生成脂肪酸和溶血磷脂。胆固醇酯酶水解胆固醇酯，生成胆固醇和脂肪酸。溶血磷脂、胆固醇可协助胆汁酸盐将食物脂质乳化成更小的混合微团。这种微团体积更小(直径约20nm)，极性更大，易穿过小肠黏膜细胞表面的水屏障被黏膜细胞吸收。

脂质及其消化产物主要在十二指肠下段及空肠上段吸收。食物脂质中含有的短链(2~4个碳原子)和中链(6~10个碳原子)脂肪酸构成的甘油三酯，它们经胆汁酸盐乳化后可直接被肠黏膜细胞摄取，继而在细胞内脂肪酶作用下，水解成脂肪酸及甘油(glycerol)，通过门静脉进入血液循环。脂质消化产生的长链(12~26个碳原子)脂酸、L甘油一酯、胆固醇和溶血磷脂等，在小肠进入肠黏膜细胞。长链脂肪酸在小肠黏膜细胞首先被转化成脂酰CoA，再在滑面内质网脂酰CoA转移酶催化下，被转移至2-甘油一酯是羟基上，重新合成甘油三酯。后者再与糙面内质网上合成的载脂蛋白及磷脂、胆固醇共同组装成乳糜微粒，被肠黏膜细胞分泌、经淋巴系统进入血液循环，完成脂质的吸收。

在小肠内，脂类的消化产物脂肪酸、甘油一酯、胆固醇等很快与胆汁中的胆盐形成混合微胶粒。由于胆盐有亲水性，它能携带脂肪消化产物通过覆盖在小肠绒毛表面的非流动水层到达微绒毛上。在这里，甘油一酯、脂肪酸和胆固醇等又逐渐地从混合胶粒中释出，它们透过微绒毛的脂蛋白膜而进入黏膜细胞(胆盐被遗留于肠腔内)。

长链脂肪酸及甘油酯被吸收后，在肠上皮细胞的内质网中大部分重新合成为甘油三酯，并与细胞中生成的载脂蛋白合成乳糜微粒(chylomicron)。乳糜微粒一旦形成即进入高尔基复合体中，乳糜微粒被包裹在一个囊泡内。囊泡移行到细胞底-侧膜时，便与细胞膜融合，释出乳糜微粒进入细胞间隙，再扩散入淋巴。中、短链甘油三酯水解产生的脂肪酸和甘油一酯，在小肠上皮细胞中不再变化，它们是水溶性的，可以直接进入门脉而不入淋巴。由于膳食的动、植物油中含有15个以上碳原子的长链脂肪酸很多，所以脂肪的吸收途径仍以淋巴为主。

小肠的脂质消化、吸收能力具有很大可塑性。脂质本身可刺激小肠、增强脂质消化吸收的能力，这不仅能促进摄入增多时脂质的消化吸收，保障体内能量、必需肪脂酸、脂溶性维生素供应，也能增强机体对食物缺乏环境的适应能力。小肠脂质消化吸收能力调节的分子机制可能涉及小肠特殊的分泌物质或特异的基因表达产物，这是当前的研究热点，可能为预防体脂过多、治疗相关疾病、开发新药物、提出膳食干预措施提供新靶标。

肠道的胆固醇主要有两下来源：一是食物中来的，一是肝分泌的胆汁中来的。由胆汁来的胆固醇是游离的，而食物中的胆固醇部分是酯化的。酯化的胆固醇必须在肠腔中经消化液中的胆固醇酯酶的作用，水解为游离胆固醇后才能被吸收。游离的胆固醇通过形成混合微胶粒，在小肠上部被吸收。被吸收的胆固醇大部分在小肠黏膜中又重新酯化，生成胆固醇酯，最后与载脂蛋白一起组成乳糜微粒经由淋巴系统进入血液循环。

胆固醇的吸收受很多因素的影响。食物中胆固醇含量越高，其吸收也越多，但两者不呈直线关系。食物中的脂肪和脂肪酸有提高胆固醇吸收的作用，而各种植物固醇(如豆固醇、β-谷固醇)则抑制其吸收。胆盐可与胆固醇形成混合微胶粒而助于胆固醇的吸收，食物中不能被利用的纤维素、果胶、琼脂等容易和胆盐结合形成复合物，妨碍微胶粒的形成，从而能降低胆固醇的吸收；最后，抑制肠黏膜由细胞载脂蛋白合成的物质，可因妨碍乳糜微粒的形成，减少胆固醇的吸收。

二、甘油三酯代谢

甘油三酯是机体储存能量的形式。机体摄入糖、脂肪等食物均可合成脂肪并在脂肪组织中储存，供禁食、饥饿时的需要。肝、脂肪、小肠是合成甘油三酯的主要场所，以肝脏的合成能力最强。另一方面，甘油三酯分解氧化产生大量ATP供机体需要。

（一）甘油三酯合成代谢

肝、脂肪组织及小肠是甘油三酯合成的主要场所，以肝合成能力为最强。甘油三酯合成在胞质中完成。肝细胞能合成甘油三酯，但不储存甘油三酯。甘油三酯在肝细胞内质网合成后，与载脂蛋白及磷脂、胆固醇组装成极低密度脂蛋白分泌入血、运输至肝外组织。

脂肪组织是机体合成脂肪的另一重要组织，在脂肪代谢中占有重要地位。脂肪组织可水解食物源性乳糜微粒甘油三酯和肝合成的极低密度脂蛋白甘油三酯，将释放的脂酸摄入脂肪细胞，用于合成甘油三酯。更重要的是可以葡萄糖分解代谢的中间产物为原料合成甘油三酯。所以脂肪组织是机体储存甘油三酯的“脂库”，当机体需要能量时，储存在脂肪组织的甘油三酯通过脂肪动员将甘油三酯分解成游离脂肪酸及甘油，释放入血液，运输至全身，以满足骨骼肌、肝、肾等组织/器官的能量需要，所以脂肪组织在脂肪代谢中具有重要作用。

小肠黏膜细胞主要利用摄取的甘油三酯消化产物重新合成甘油三酯，并与载脂蛋白、磷脂、胆固醇等组装成乳糜微粒，经淋巴管-胸导管进入血液循环，运送至其他组织、器官利用。

甘油和脂肪酸是合成甘油三酯的基本原料。小肠黏膜细胞可直接利用食物甘油三酯消化吸收后的脂肪酸作为原料再合成甘油三酯，当其以乳糜微粒形式运送至脂肪组织、肝等组织/器官后，脂肪酸亦可作为这些组织细胞合成甘油三酯的原料。

甘油三酯合成有甘油一酯和甘油二酯两条途径。小肠黏膜细胞以脂酰CoA酯化甘油一酯合成甘油三酯，肝细胞及脂肪细胞以脂酰CoA先后酯化甘油-3-磷酸及甘油二酯合成甘油三酯。脂肪酸合成的主要场所是肝，基本原料乙酰CoA需先羧化为丙二酸单酰CoA。在胞质脂肪酸合酶体系催化下，由NADPH供氢，通过缩合、还原、脱水、再还原4步反应的7次循环合成16碳软脂酸。更长碳链脂肪酸在肝内质网和线粒体通过对软脂酸加工、延长完成。脂酸脱氢可生成不饱和脂肪酸，但人体不能合成多不饱和脂肪酸（必需脂肪酸），只能从食物摄取。花生四烯酸可衍生成前列腺素、白三烯等生物活性物质。

脂酸合成受代谢物和激素调节。ATP、NADPH及乙酰CoA是脂肪酸合成原料，可促进脂肪酸合成，脂酰CoA是乙酰CoA羧化酶的别构抑制剂，抑制脂肪酸合成。凡能引起这些代谢物水平有效改变的因素均可调节脂肪酸合成。例如，高脂膳食和脂肪动员可使细胞内脂酰CoA增多，别构抑制乙酰CoA羧化酶活性，抑制脂肪酸合成。进食糖类食物后，糖代谢加强，NADPH、乙酰CoA供应增多，有利于脂肪酸合成。糖代谢加强还使细胞内ATP增多，抑制异柠檬酸脱氢酶，导致柠檬酸和异柠檬酸蓄积并从线粒体渗至胞质，别构激活乙酰CoA羧化酶，促进脂肪酸合成。

胰岛素可通过刺激一种蛋白磷酸酶活性，使乙酰CoA羧化酶脱磷酸而激活，促进脂肪酸合成。此外，胰岛素可促进脂肪酸合成磷脂酸，增加脂肪酸合成。胰岛素还能增加脂肪组织脂蛋白脂酶活性，增加脂肪组织对血液甘油三酯和脂酸摄取，促使脂肪组织合成脂肪贮存。

胰高糖素能增加蛋白激酶活性，使乙酰CoA羧化酶磷酸化而降低活性，抑制脂肪酸合成。胰高糖素也能抑制甘油三酯合成，甚至减少肝细胞向血液释放脂肪。肾上腺素、生长激素能抑制乙酰CoA羧化酶，调节脂肪酸合成。

（二）甘油三酯分解代谢

甘油三酯分解代谢从脂肪动员开始。脂肪动员是指储存在脂肪细胞中的脂肪在脂肪酶的作用下，逐步水解释放出游离脂肪酸和甘油供其他组织细胞氧化利用的过程。脂肪动员第一步是甘油三酯水解成甘油二酯及脂酸，催化该反应的酶是脂肪细胞内的一种甘油三酯脂（肪）酶，是脂肪动员的调节酶，其活性受激素敏感性脂（肪）酶（hormone sensitive lipase，HSL）的调节。HSL催化甘油三酯分解、产生的甘油二酯被甘油二酯酶进一步水解成脂肪酸和甘油一酯，甘油一酯被甘油一酯酶水解成甘油和脂肪酸。

甘油可直接经血液运输至肝、肾、肠等组织，经活化、脱氢、转化成磷酸二羟丙酮后，循糖代谢途径代谢。

脂肪酸活化后进入线粒体，经脱氢、加水、再脱氢及硫解 4 步反应的重复循环完成 β 氧化，生成乙酰 CoA，并最终彻底氧化，释放大量能量。肝 β- 氧化生成的乙酰 CoA 还能转化成酮体，经血液运输至肝外组织利用。

三、脂肪酸代谢

脂肪酸是具有长碳氢链和一个羧基末端的有机化合物的总称。自然界有 40 多种不同的脂肪酸，它们是脂类的关键成分。许多脂类的物理特性取决于脂肪酸的饱和程度和碳链的长度，其中能为人体吸收、利用的只有偶数碳原子的脂肪酸。

（一）脂肪酸的分类

脂肪酸根据其碳链长度、碳氢链饱和与不饱和状况以及营养角度进行不同的分类。

1. 根据其碳链长度分类 脂肪酸根据其碳链长度的不同又可将其分为短链脂肪酸（short chain fatty acids，SCFA），其碳链上的碳原子数为 4~6 个碳原子），也称作挥发性脂肪酸（volatile fatty acids，VFA）；中链脂肪酸（mid chain fatty acids，MCFA），指碳链上碳原子数为 8~12 的脂肪酸，主要成分是辛酸（C8）和癸酸（C10）；长链脂肪酸（long chain fatty acids，LCFA），其碳链上碳原子数大于 12，通常长链脂肪酸含 14~18 个碳原子，也有含 20 个或更多碳原子的超长链脂肪酸。

2. 按照饱和度分类 脂肪酸根据其碳氢链饱和与不饱和的不同可分为三类：①饱和脂肪酸（saturated fatty acids，SFA），碳氢上没有不饱和键；②单不饱和脂肪酸（monounsaturated fatty acids，MUFA），其碳氢链有一个不饱和键；③多不饱和脂肪（polyunsaturated fatty acids，PUFA），其碳氢链有二个或二个以上不饱和键。富含单不饱和脂肪酸和多不饱和脂肪酸组成的脂肪在室温下呈液态，大多为植物油，如花生油、玉米油、豆油、坚果油（即阿甘油）、菜子油等。以饱和脂肪酸为主组成的脂肪在室温下呈固态，多为动物脂肪，如牛油、羊油、猪油等。但也有例外，如深海鱼油虽然是动物脂肪，但它富含多不饱和脂肪酸，如 20 碳 5 烯酸（EPA）和 22 碳 6 烯酸（DHA），因而在室温下呈液态。

3. 按营养角度分类 按照对机体的需求角度脂肪酸可分为必需脂肪酸（essential fatty acid，EFA）和非必需脂肪酸（non essential fatty acid，NEFA）两类，EFA 是指人体健康和生命所必需、机体自己不能合成、必须通过食物供给的脂肪酸。主要有亚麻酸（linolenic acid）和亚油酸（linoleic acid），都是不饱和脂肪酸，均属于 ω-3 族和 ω-6 族多不饱和脂肪酸。NEFA 是机体可以自行合成，不必依靠食物供应的脂肪酸，它包括饱和脂肪酸和一些单不饱和脂肪酸。此外，花生四烯酸（arachidonic acid）在体内虽能以亚油酸为原料合成，但不能满足机体的需要，一般也属于必须脂肪酸。常见的脂肪酸见表 4-3-1。

（二）脂肪酸的代谢

脂肪细胞中的脂肪在脂肪酶的作用下，逐步水解释放出游离脂肪酸和甘油供其他组织细胞氧化利用的过程。脂肪动员第一步是甘油三酯水解成甘油二酯及脂酸，催化该反应的酶是脂肪细胞内的一种甘油三酯脂（肪）酶，是脂肪动员的调节酶，

$$\text{甘油三酯}\xrightarrow{\text{脂酶}}\text{甘油二酯}\xrightarrow{\text{脂酶}}\text{甘油一酯}\longrightarrow\text{甘油}+\text{脂肪酸}$$

肝和肌肉是进行脂肪酸氧化最活跃的组织，其最主要的氧化形式是 β- 氧化。此过程可分为活化，转移，β- 氧化共三个阶段。

1. 脂肪酸的活化 脂肪酸参加代谢前也先要活化，其活化形式是硫酯——脂肪酰 CoA，催化脂肪酸活化的酶是脂酰 CoA 合成酶（acyl CoA synthetase）（图 4-3-1）。

活化后生成的脂酰 CoA 极性增强，易溶于水；分子中有高能键、性质活泼；是酶的特异底物，与酶的亲和力大，因此更容易参加反应。

脂酰 CoA 合成酶又称硫激酶，分布在胞质中、线粒体膜和内质网膜上。胞质中的硫激酶催化中短链脂肪酸活化；内质网膜上的酶活化长链脂肪酸，生成脂酰 CoA，然后进入内质网用于甘油三酯合成；而线粒体膜上的酶活化的长链脂酰 CoA，进入线粒体进入 β- 氧化。

表 4-3-1　常见的脂肪酸

名称	代号
丁酸（butyric acid）	C4：0
己酸（caproic acid）	C6：0
辛酸（caprylic acid）	C8：0
癸酸（capric acid）	C10：0
月桂酸（lauric acid）	C12：0
肉豆蔻酸（myristic acid）	C14：0
棕榈酸（palmitic acid）	C16：0
棕榈油酸（palmitoleic acid）	C16：1，n-7，cis
硬脂酸（stearic acid）	C18：0
油酸（oleic acid）	C18：1，n-9，cis
反油酸（elaidic acid）	C18：1，n-9，trans
亚油酸（linoleic acid）	C18：2，n-6，9，all cis
α- 亚麻酸（α-linolenic acid）	C18：3，n-3，9，12，15，all cis
γ- 亚麻酸（γ-linolenic acid）	C18：3，n-6，6，9，12 all cis
花生酸（arachidic acid）	C20：0
花生四烯酸（arachidonic acid）	C20：4，n-6，9，12，15 all cis
二十碳五烯酸（timnodonic acid，EPA）	C20：5，n-3，6，9，12，15 all cis
芥子酸（erucic acid）	C22：1，n-9 cis
二十二碳六烯酸（docosahexenoic acid）	C22：6，n-3，6，9，12，15，18 all cis
二十四碳单烯酸（nervonic acid，神经酸）	C24：1，n-9 cis

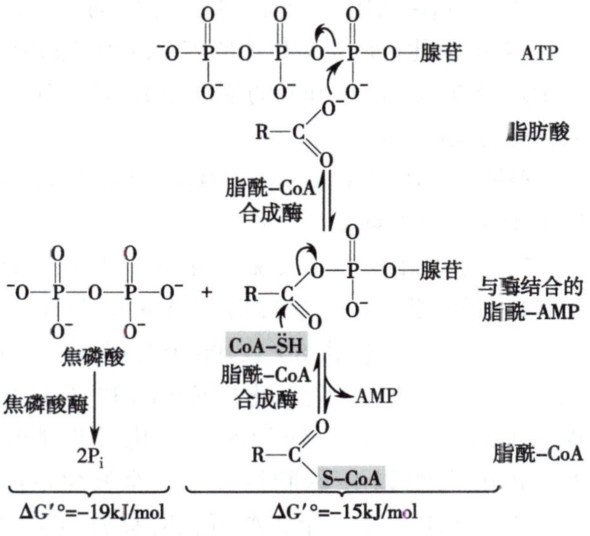

图 4-3-1　脂肪酸的活化过程

2. 脂酰 CoA 进入线粒体　催化脂肪酸 β- 氧化的酶系在线粒体基质中，但长链脂酰 CoA 不能自由通过线粒体内膜，要进入线粒体基质就需要载体转运，这一载体就是肉毒碱（carnitine），即 3- 羟 -4- 三甲氨基丁酸。

长链脂肪酰 CoA 和肉毒碱反应，生成辅酶 A 和脂酰肉毒碱，脂肪酰基与肉毒碱的 3- 羟基通过酯键相连接。催化此反应的酶为肉毒碱脂酰转移酶（carnitine acyl transferase）。线粒体内膜的内外两侧均有此酶，系同工酶，分别称为肉毒碱脂酰转移酶Ⅰ和肉毒碱脂酰转移酶Ⅱ。酶Ⅰ使胞质的脂酰 CoA 转化为辅酶 A 和脂肪酰肉毒碱，后者进入线粒体内膜。位于线粒体内膜内侧的酶Ⅱ又使脂肪酰肉毒碱转化成肉毒碱和脂酰 CoA，肉毒碱重新发挥其载体功能，脂酰 CoA 则进入线粒体基质，成为脂肪酸 β- 氧化酶系的底物。

长链脂酰 CoA 进入线粒体的速度受到肉毒碱脂酰转移酶Ⅰ和酶Ⅱ的调节，酶Ⅰ受丙二酰 CoA 抑制，酶Ⅱ受胰岛素抑制。丙二酰 CoA 是合成脂肪酸的原料，胰岛素通过诱导乙酰 CoA 羧化酶的合成使丙二酰 CoA 浓度增加，进而抑制酶Ⅰ。可以看出胰岛素对肉毒碱脂酰转移酶Ⅰ和酶Ⅱ有间接或直接抑制作用。饥饿或禁食时胰岛素分泌减少，肉毒碱脂酰转移酶Ⅰ和酶Ⅱ活性增高，转移的长链脂肪酸进入线粒体氧化供能。脂酰 -CoA 的跨线粒体内膜的转运如图 4-3-2 所示。

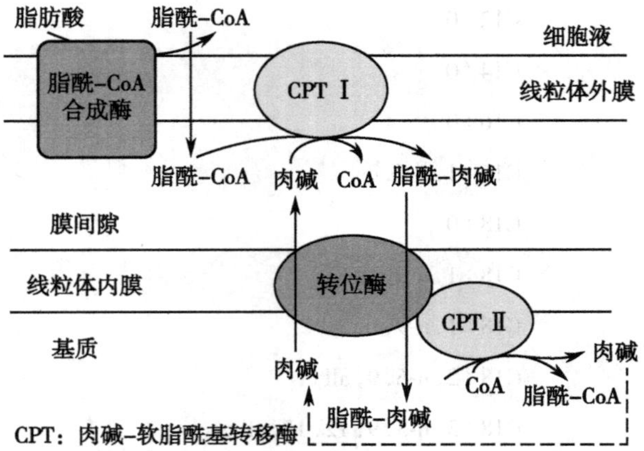

图 4-3-2 脂酰 -CoA 的跨线粒体内膜的转运

3. 脂肪酸的 β- 氧化过程 脂酰 CoA 在线粒体基质中进入 β 氧化要经过四步反应，即脱氢、加水、再脱氢和硫解，生成 1 分子乙酰 CoA 和 1 个少两个碳的新的脂酰 CoA。第一步脱氢反应由脂酰 CoA 脱氢酶活化，辅基为 FAD，脂酰 CoA 在 α 和 β 碳原子上各脱去一个氢原子生成具有反式双键的 α，β- 烯脂肪酰辅酶 A。第二步加水反应由烯脂酰 CoA 水合酶催化，生成具有 L- 构型的 β- 羟脂酰 CoA。第三步脱氢反应是在 β- 羟脂酰 CoA 脱氢酶（辅酶为 NAD^+）催化下，β- 羟脂肪酰 CoA 脱氢生成 β 酮脂酰 CoA。第四步硫解反应由 β- 酮硫解酶催化，β- 酮脂酰 CoA 在 α 和 β 碳原子之间断链，加上一分子辅酶 A 生成乙酰 CoA 和一个少两个碳原子的脂酰 CoA。

上述四步反应与 TCA 循环中由琥珀酸经延胡索酸、苹果酸生成草酰乙酸的过程相似，只是 β- 氧化的第四步反应是硫解，而草酰乙酸的下一步反应是与乙酰 CoA 缩合生成柠檬酸。脂酰 CoA 在线粒体基质中 β 氧化过程如图 4-3-3 所示。

4. 脂肪酸 β- 氧化特点及生理意义 从上述内容可以看出脂肪酸的 β- 氧化过程具有以下特点。首先要将脂肪酸活化生成脂酰 CoA，这是一个耗能过程。中、短链脂肪酸不需载体可直接进入线粒体，而长链脂酰 CoA 需要肉毒碱转运。β- 氧化反应在线粒体内进行，因此没有线粒体的红细胞不能氧化脂肪酸供能。β- 氧化过程中有 $FADH_2$ 和 $NADH+H^+$ 生成，这些氢要经呼吸链传递给氧生成水，需要氧参加，乙酰 CoA 的氧化也需要氧。

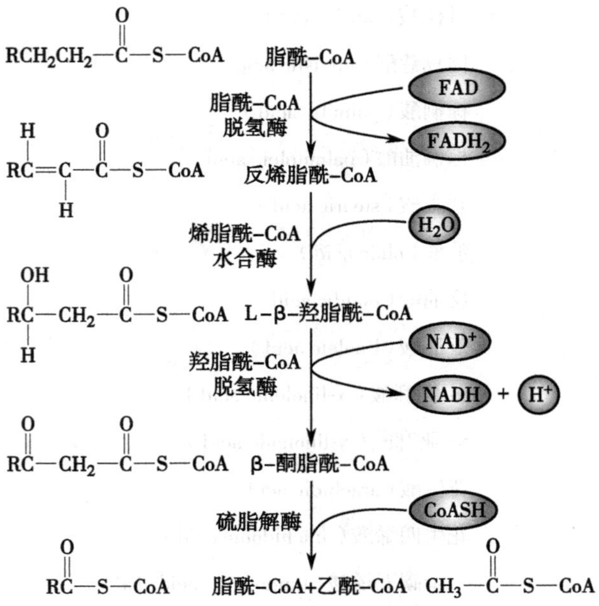

图 4-3-3 脂肪酸 β- 氧化的反应过程

长链脂酰 CoA 经上面一次循环，碳链减少两个碳原子，生成一分子乙酰 CoA，多次重复上面的循环，就会逐步生成乙酰 CoA

脂肪酸 β- 氧化是体内脂肪酸分解的主要途径，脂肪酸氧化可以供应机体所需要的大量能量，以十六个碳原子的饱和脂肪酸软脂酸为例，其 β- 氧化的总反应为：

软脂酰 $CoA+7FAD+7NAD^++7H_2O \rightarrow 8$ 乙酰 CoA+$7FADH_2+7NADH+H^+$

7 分子 $FADH_2$ 提供 7×2=14 分子 ATP，7 分子 $NADH+H^+$ 提供 7×3=21 分子 ATP，8 分子乙酰 CoA 完全氧化提供 8×12=96 个分子 ATP，因此 1g 软脂酸分子完全氧化生成 CO_2 和 H_2O，共提供 131g 分子 ATP。软脂酸的活化过程消耗 2gATP 分子，所以 1g 软脂酸分子完全氧化可净生成 129gATP 分子。脂肪酸氧化时释放出来的能量约有 40% 为机体利用合成高能化合物，其余 60% 以热的形式释出，热效率为 40%，说明机体能很有效地利用脂肪酸氧化所提供的能量。

脂肪酸 β- 氧化也是脂肪酸的改造过程，机体所需要的脂肪酸链的长短不同，通过β-氧化可将长链脂肪酸改造成长度适宜的脂肪酸，供机体代谢所需。脂肪酸β-氧化过程中生成的乙酰CoA是一种十分重要的中间化合物，乙酰CoA除能申请进入三羧酸循环氧化供能外，还是许多重要化合物合成的原料，如酮体、胆固醇和类固醇化合物。

第四节　体液、电解质代谢及内环境稳定

保持机体正常的体液容量、渗透压及电解质含量具有重要意义，是物质代谢和各器官功能正常进行的基本保证。

一、体液及机体的内环境稳态

（一）体液的组成

人体内含有大量液体，机体内的液体称为体液（body fluid）。正常成年人的体液量约占体重的60%，其中约2/3（约占体重的40%）分布于细胞内，称为细胞内液（intracenular fluid，ICF）；其余约1/3（约占体重的20%）分布于细胞外，称为细胞外液（extracellular fluid，ECF）。细胞外液中约3/4（约占体重的15%）分布于细胞间隙内，称为组织间液（interstitial fluid，ISF）或组织液（tissue fluid）；其余约1/4（约占体重的5%）则在血管中不断地循环流动，即为血浆（plasma）。此外，还有少量的淋巴和脑脊液等。某些体液虽属无功能性细胞外液，但其变化仍会导致体机水、电解质和酸碱平衡的明显失调。最典型的就是胃肠消化液，其大量丢失可造成体液量及其成分的明显变化，这种病理变化在外科很常见。

人体各部分体液彼此隔开，因而各部分体液的成分有较大的差别，但各部分体液又相互沟通。细胞膜既是分隔细胞内液与组织液的屏障，又是两者之间相互沟通的渠道，有些物质可自由通过细胞膜的脂质双分子层结构，但有些物质则须经膜上镶嵌的特殊蛋白质才能从膜的一侧转移到另一侧，水的跨膜移动主要受细胞膜两侧渗透压和静水压梯度的驱使。同样，毛细血管壁既是分隔血浆与组织液的屏障，也是两者之间相互沟通的桥梁，体液跨毛细血管壁移动也取决于管壁两侧的渗透压和静水压梯度。血浆是沟通各部分体液并与外界环境进行物质交换的重要媒介，因而是各部分体液中最为活跃的部分。

体液的主要成分是水和电解质，其量与性别、年龄及胖瘦有关。肌肉组织含水量较多（75%~80%），而脂肪细胞则不含水分。由于男性的体脂含量少于女性，因此成年男性的体液量约为体重的60%，而成年女性的体液量约占体重的50%。两者均有±15%的变化幅度。小儿的脂肪较少，故体液量所占体重的比例较高，新生儿可达体重的80%。随着年龄增大，体内脂肪也逐渐增多，14岁之后体液所占比例已与成年人相差不多。超过60岁男性、女性的体液量均减少，约降至54%及46%。

细胞外液和细胞内液中所含的离子成分有很大不同。细胞外液中最主要的阳离子是Na^+，主要的阴离子是Cl^-、HCO_3^-和蛋白质。细胞内液中的主要阳离子是K^+和Mg^{2+}，主要阴离子是HPO_4^{2-}和蛋白质。细胞外液和细胞内液的渗透压相等，为正常血浆渗透压290~310mOsm/L。保持渗透压的稳定，是维持细胞内、外液平衡的基本保证。

（二）内环境稳态

人体内绝大多数细胞并不与外界环境相接触，而是浸浴于机体内部的细胞外液中，因此细胞外液是细胞直接接触和赖以生存的环境。生理学中将围绕在多细胞动物体内细胞周围的体液，即细胞外液称为机体的内环境（internal environment），以区别于整个机体所处的外环境。

稳态（homeostasis）也称自稳态，是指内环境的理化性质，如温度、pH、渗透压和各种液体成分等的相对恒定状态。稳态是生理学中最重要的基本概念之一，内环境的相对稳定是机体能自由和独立生存的首要条件。

稳态的维持是机体自我调节的结果。在正常情况下，由于细胞的代谢，机体将不断消耗氧和营养物质，并不断产生CO_2和H^+等代谢产物，外界环境因素，如高温、严寒、低氧或吸入过多CO_2、饮食不当引起腹泻或呕吐等也会干扰稳态。但机体可通过多个系统和器官的活动，使遭受破坏的内环境及时得到恢复，从而维持其相对稳定。例如，

通过加强散热或产热可调节体温；经由呼吸系统的活动可摄入氧和排出 CO_2；依靠消化系统的活动可补充各种营养物质；通过泌尿系统的活动则能将 H^+ 与多种代谢产物排出体外。在这些系统的功能活动中，血液和循环系统参与多种物质的运输。稳态的维持还有赖于运动系统的活动，使机体得以觅食和脱离险境。神经和内分泌系统则通过调节各系统的活动，使稳态的调节更趋协调和完善。因此，稳态的维持需要全身各系统和器官的共同参与和相互协调。

稳态具有十分重要的生理意义。因为细胞的各种代谢活动都是酶促生化反应，因此，细胞外液中需要有足够的营养物质、氧和水分，以及适宜的温度、离子浓度、酸碱度和渗透压等。细胞膜两侧一定的离子浓度和分布也是可兴奋细胞保持其正常兴奋性和产生生物电的重要保证。稳态的破坏将影响细胞功能活动的正常进行，如高热、低氧、水与电解质以及酸碱平衡紊乱等都可导致细胞功能的严重损害，引起疾病，甚至危及生命。因此，稳态是维持机体正常生命活动的必要条件。

（三）体液及内环境稳态的调节

作为一个有序的整体，人体具有较完备的调节系统和控制系统，能对各系统、器官、组织和细胞的各种生理功能进行有效的调节和控制，维持机体内环境乃至各种生理功能活动的稳态；也能适时地对外界环境变化做出适应性反应，调整机体各组成部分的活动，以应对外界环境所发生的改变。

机体生理功能的调节方式有：

1. **神经调节** 神经调节是通过反射而影响生理功能的一种调节方式，是人体生理功能调节中最主要的形式。反射是指机体在中枢神经系统的参与下，对内、外环境刺激所做出的规律性应答。反射的结构基础是反射弧，由感受器、传入神经、神经中枢、传出神经和效应器五个部分组成。感受器是指接受某种刺激的特殊装置；效应器则为产生效应的器官。神经中枢简称中枢，是指位于脑和脊髓灰质内的调节某一特定功能的神经元群。传入神经是从感受器到中枢的神经通路；而传出神经则为从中枢到效应器的神经通路。反射须在反射弧的结构和功能完整的基础上才得以正常进行；反射弧的任何一个环节被阻断，反射将不能完成。

2. **体液调节** 体液调节是指体内某些特殊的化学物质通过体液途径而影响生理功能的一种调节方式。一些内分泌细胞分泌的激素可循血液途径作用于全身各处的靶细胞，产生一定的调节作用，这种方式称为远距分泌。有些细胞产生的生物活性物质可不经血液运输，而是在组织液中扩散，作用于邻旁细胞，这种方式称为旁分泌。一些神经元也能将其合成的某些化学物质释放入血，然后经血液运行至远处，作用于靶细胞，这些化学物质被称为神经激素，神经激素分泌的方式称为神经分泌。人体内多数内分泌腺或内分泌细胞接受神经的支配，在这种情况下，体液调节成为神经调节反射弧的传出部分，这种调节称为神经-体液调节。

3. **自身调节** 自身调节是指组织细胞不依赖于神经或体液因素，自身对环境刺激发生的一种适应性反应。

上述三种调节方式中，一般认为，神经调节比较迅速、精确而短暂，而体液调节则相对缓慢、持久而弥散；但并不绝对，有些神经调节活动，若经过中枢神经元的环状联系或发生突触可塑性改变时，也可产生较持久的效应。自身调节的幅度和范围都较小，但在生理功能调节中仍具有一定意义。神经调节、体液调节和自身调节相互配合，可使生理功能活动更趋完善。

体液及渗透压的稳定由神经-内分泌系统调节。体液的正常渗透压通过下丘脑-垂体后叶-抗利尿激素系统来恢复和维持，血容量的恢复和维持则是通过肾素-醛固酮系统。此两系统共同作用于肾脏，调节水及钠等电解质的吸收及排泄，从而达到维持体液平衡、保持内环境稳定之目的。当血容量下降或平均动脉压下降 10%，即可刺激抗利尿激素的分泌，使水、钠的吸收增加，以恢复血容量。血容量与渗透压相比，前者对机体更为重要。所以当血容量锐减又兼有血浆渗透压降低时，前者对抗利尿激素的促进分泌作用远远强于低渗透压对抗利尿激素分泌的抑制作用，其目的是优先保持和恢复血容量，使重要器官的灌流和氧供得到保证。

在体内丧失水分时，细胞外液的渗透压则增

高，可刺激下丘脑-垂体-抗利尿激素系统，产生口渴反应，机体主动增加饮水。抗利尿激素的分泌增加使远曲小管和集合管上皮细胞对水分的再吸收加强，于是尿量减少，水分被保留在体内，使已升高的细胞外液渗透压降至正常。反之，体内水分增多时，细胞外液渗透压即降低。口渴反应被抑制，并且因抗利尿激素的分泌减少，使远曲小管和集合管上皮细胞对水分的再吸收减少，排出体内多余的水分，使已降低的细胞外液渗透压回升至正常。抗利尿激素分泌的这种反应十分敏感，只要血浆渗透压较正常有 ±2% 的变化，该激素的分泌亦就有相应的变化，最终使机体水分能保持动态平衡。

此外，肾小球旁细胞分泌的肾素和肾上腺皮质分泌的醛固酮也参与体液平衡的调节。当血容量减少和血压下降时，可刺激肾素分泌增加，进而刺激肾上腺皮质增加醛固酮的分泌。后者可促进远曲小管对 Na^+ 的再吸收和 K^+、H^+ 的排泄。随着 Na^+ 再吸收的增加，水的再吸收也增多，这样就可使已降低的细胞外液量增加至正常。

酸碱度适宜的体液环境是机体进行正常生理活动和代谢过程的需要。通常人的体液保持着一定的 H^+ 浓度，亦即是保持着一定的 pH（动脉血浆 pH 为 7.40±0.05）。但是人体在代谢过程中，不断产生酸性物质，也产生碱性物质，这将使体液中的 H^+ 浓度经常有所变动。为了使血中 H^+ 浓度仅在很小的范围内变动，人体对酸碱的调节是通过体液的缓冲系统、肺的呼吸和肾的排泄而完成的。

血液中的缓冲系统以 HCO_3^-/H_2CO_3 最为重要。HCO_3^- 的正常值平均为 24mmol/L，H_2CO_3 平均为 1.2mmol/L（HCO_3^-/H_2CO_3 比值=24/1.2=20∶1）。只要 HCO_3^-/H_2CO_3 的比值保持为 20∶1，即使 HCO_3^- 及 H_2CO_3 的绝对值有高低，血浆的 pH 仍然能保持在 7.40。从调节酸碱平衡角度，肺的呼吸对酸碱平衡的调节作用主要是经肺将 CO_2 排出，使血中 $PaCO_2$ 下降，即调节了血中的 H_2CO_3。如果机体的呼吸功能失常，就可引起酸碱平衡紊乱，也会影响其对酸碱平衡紊乱的代偿能力。另一方面，肾脏在酸碱平衡调节系统中的重要作用是通过改变排出固定酸及保留碱性物质的量，来维持正常的血浆 HCO_3^- 浓度，使血浆 pH 不变。如果肾功能有异常，可影响其对酸碱平衡的正常调节，而且本身也会引起酸碱平衡紊乱。肾脏调节酸碱平衡的机制为：Na^+-H^+ 交换，排 H^+；HCO_3^- 重吸收；产生 NH_3 并与 H^+ 结合成 NH_4^+ 排出；酸化尿液，排出 H^+。

二、电解质代谢及平衡

（一）钠

钠是细胞外含量最丰富的阳离子，钠离子的最主要功能是参与维持和调节渗透压，此外，钠离子可加强神经肌肉和心肌的兴奋性。由于钠在细胞膜的跨膜转运中发挥重要作用，故机体钠的平衡失调可影响所有细胞功能的正常发挥。钠在许多食物中广泛分布，奶类、乳制品、乳酪、面包、谷类中富含钠，水果、蔬菜中含量稍低，人们摄入的钠主要来自食盐。摄入的钠几乎全部经小肠吸收，钠主要经肾脏随尿排出，摄入多，排出也多，摄入少，排出也少，而肾小球滤过的钠 99% 被重吸收。正常情况下，钠的排泄与摄入量几乎相等，营养不良患者，机体钠的总量增加。正常情况下，机体大部分钠在细胞外液，其浓度为 140mmol/L。由于细胞外液约占体重的 20%，所以细胞外液中总的钠含量约 2 000mmol。细胞内液中钠的浓度仅为 5~10mmol/L，而细胞内液约占体重的 50%，所以细胞内钠含量仅为 175mmol 左右。成人机体总的钠含量平均为 30mmol/kg。目前，我们尚无法知道维持细胞外液稳定钠的最低需要量，有人估计最少需 200mg/d，美国科学院推荐的正常情况下每日饮食中钠的安全、足够的摄入量为 500~3 000mg。临床上各种疾病状态下，机体钠的需要量变化较大，需要个体化，应根据病史、血清钠水平、24h 尿钠排泄量和其他引流液中钠的丢失量而定，如有额外丧失，应及时补充。肠外营养时钠的确切补充量差异也很大，一般情况下标准的推荐量为 1~2mmol/（kg·d）。

（二）钾

钾是机体重要的矿物质之一，体内钾总含量的 98% 存在于细胞内，是细胞内最主要的电解质，参与糖、蛋白质和能量代谢，维持细胞内外液的渗透压和酸碱平衡，是多种重要生物酶系的组成部分，维持神经肌肉的兴奋性和心肌功能。细胞内钾主要存在于骨骼肌细胞内，少部分存在肝脏、骨骼、皮肤及红细胞中。细胞外液中的钾含量仅是总量的2%，但却十分重要。正常血钾浓度为3.5~5.5mmol/L。钾有许多重要的生理功能：参与、维持细胞的正常代谢，维持细胞内液的渗透压和酸碱平衡，维持神经肌肉组织的兴奋性，以及维持心肌正常功能等。

钾存在于各类食物中，尤其是奶类、乳制品、肉类、马铃薯及水果中。正常情况下食物中钾约90%通过消化道吸收，机体可通过肾脏或肾外机制保留食物中摄入的钾，过量的钾通过尿液排泄。临床上创伤、感染等应激状态下，机体瘦组织群大量消耗，钾从细胞内释出并随尿中排出。据估计，每消耗100g瘦组织，大约释出9~10mmol钾。当机体进入合成代谢阶段，细胞内对钾的需要量增加，一般认为，每增加100g瘦组织，需35~55mmol钾。此时，如无适量的钾补充，可引起低钾血症。此外，在蛋白质-热卡缺乏性营养不良患者，机体总体钾明显下降。

正常情况下，不同个体钾的需要量范围较大，一般膳食足以满足生理需要。肠外营养时，成人钾的推荐量为1~2mmol/(kg·d)。值得注意的是，临床上除按生理需要量及额外丢失补充钾外，还需考虑机体的代谢状态、酸碱平衡等各项内在因素。肠外营养时钾的需要量因葡萄糖的输入而增加，每克氮积累需3毫当量的钾。另一方面，细胞外液的钾一般需15h左右产能才能与细胞内液达到平衡。因此，临床上一次测定的血清钾不能准确反映体内当时钾的含量，而在缺钾的治疗过程中，也很难在短时间内达到平衡。

（三）镁

机体约半数的镁存在于骨骼内，其余几乎都在细胞内，细胞外液中仅有1%。正常血镁浓度为0.70~1.10mmol/L。

镁的主要作用是能激活ATP酶和其他多种酶的金属辅酶，参与多达300多种重要的代谢反应，对于维持各种生物膜的稳定性和细胞内电解质稳定起着重要作用。镁参与骨骼和牙齿的合成，是细胞能量代谢、DNA复制和转录、mRNA转录、细胞膜的稳定、心肌功能及钙离子通道活性所必需的。此外，镁对神经活动的控制、神经肌肉兴奋性的传递、肌肉收缩及心脏激动性等方面均具有重要作用。

镁是细胞内仅次于钾的阳离子。食物中的镁主要在空肠、回肠吸收，可通过被动扩散和主动转运两种机制吸收，其吸收量与摄入量有关。镁主要由尿中排出，体内镁的水平主要由肾脏调控。正常情况下，食物中含有丰富的镁，一般不会发生镁缺乏。胃肠功能紊乱、长期慢性腹泻、厌食、呕吐，消化液大量丢失时，可导致低镁血症。此外，长期静脉输液中不含镁，蛋白质-热卡缺乏性营养不良患者等常有镁缺乏。

镁缺乏临床表现有肌震颤、手足搐搦及Chvostek征阳性等。血清镁浓度与机体镁缺乏不一定相平行，即镁缺乏时血清镁浓度不一定降低，因此凡有诱因、且有症状者，就应疑有镁缺乏。治疗上，可按0.25mmol/(kg·d)的剂量静脉补充镁盐(氯化镁或硫酸镁)，60kg体重者可补25%硫酸镁15ml。重症者可按1mmol/(kg·d)补充镁盐。完全纠正镁缺乏需较长时间，因此在解除症状后仍应每天补25%硫酸镁5~10ml，持续1~3周。

体内镁过多主要发生在肾功能不全时，偶可见于应用硫酸镁治疗子痫的过程中。烧伤早期、广泛性外伤或外科应激反应、严重细胞外液量不足和严重酸中毒等也可引起血清镁增高。临床表现有乏力、疲倦、腱反射消失和血压下降等。血镁浓度明显增高时可发生心脏传导障碍，心电图改变与高钾血症相似，可显示PR间期延长，QRS波增宽和T波增高。晚期可出现呼吸抑制、嗜睡和昏迷，甚至心搏骤停。治疗上应经静脉缓慢输注10%葡萄糖酸钙(或氯化钙)溶液10~20ml以对抗镁对心脏和肌肉的抑制。同时积极纠正酸中毒和缺水。若疗效不佳，可能需用透析治疗。

（四）钙

机体内钙的绝大部分(99%)贮存于骨骼中，细胞外液钙仅是总钙量的0.1%。血钙浓度为2.25~2.75mmol/L，相当恒定。其中的45%为离子化钙，它有维持神经肌肉稳定性的作用。钙的主要生理功能是形成和维持骨骼、牙齿的结构，维持细胞的正常生理功能，参与凝血过程。

钙的主要来源是奶类和各种乳制品，在蔬菜中因为其与草酸盐或磷酸盐结合而含量少。钙的吸收主要在十二指肠和空肠上段，其吸收是主动耗能过程。此外，钙的吸收受消化道内容物的影响，胃酸使之离子化成为可吸收的盐酸盐，胆酸、氨基酸、糖及维生素 D 有利于其吸收。相反，肠道内高浓度的磷酸盐、脂肪酸、草酸盐则可阻止其吸收。钙主要经消化道排出，占钙排出量的 80%，另 20% 从肾脏排出，而经肾排出的钙绝大部分在肾小管重吸收，仅约 1% 随尿排出。

低钙血症可发生在急性重症胰腺炎、坏死性筋膜炎、肾衰竭、消化道瘘和甲状旁腺功能受损的患者。临床表现与血清钙浓度降低后神经肌肉兴奋性增强有关，有口周和指（趾）尖麻木及针刺感、手足抽搐、腱反射亢进、以及低钙击面征阳性。血钙浓度低于 2mmol/L 有诊断价值。

应纠治原发疾病。为缓解症状，可用 10% 葡萄糖酸钙 10~20ml 或 5% 氯化钙 10ml 静脉注射，必要时 8~12h 后再重复注射。长期治疗的患者，可逐渐以口服钙剂及维生素 D 替代。

另一方面，钙缺乏也是常见的营养性疾病，小儿缺钙时常伴随蛋白质和维生素 D 缺乏，可引起生长迟缓，新骨结构异常，骨钙化不良，骨骼变形，发生佝偻病，牙齿发育不良。成人缺钙时，骨骼逐渐脱钙，可发生骨质软化，骨质疏松。

高钙血症多见于甲状旁腺功能亢进症，如甲状旁腺增生或腺瘤形成者。其次是骨转移性癌，特别是接受雌激素治疗的骨转移性乳癌。早期症状无特异性，血钙浓度进一步增高时可出现严重头痛、背痛和四肢疼痛等。在甲状旁腺功能亢进症的病程后期，可致全身性骨质脱钙，发生多发性病理性骨折。甲状旁腺功能亢进者应接受手术治疗，切除腺瘤或增生的腺组织之后，可彻底治愈。对骨转移性癌患者，可给予低钙饮食，补充水分以利于钙的排泄。静脉注射硫酸钠可能使钙经尿排出增加，但其作用不显著。

（五）磷

磷是人体含量较多的元素之一，是机体所有细胞中的核酸组成成分，细胞膜的必需构成物质，也是物质代谢反应以及骨骼体液构成等不可少的成分。奶类、肉类及谷类食物中富含磷，食物中的磷 70%~90% 被吸收。因此，正常情况下，低磷血症罕见。磷主要在小肠中段通过载体转运主动吸收和通过浓度扩散被动吸收。磷除与钙共同参与骨骼形成之外，还以有机磷化合物的形式广泛分布于体内，它是磷脂、磷蛋白、葡萄糖中间代谢产物和核酸的组成部分，并参与氧化磷酸化过程，形成 ATP。磷是细胞内主要的阴离子，它是缓冲系统一部分，参与 ATP 能量储存、细胞膜组成、红细胞 2.3 磷酸葡萄糖转移酶的氧转运系统。机体约 85% 的磷存在于骨骼中，细胞外液中含磷仅 2g。正常血清无机磷浓度为 0.96~1.62mmol/L。

营养不良、甲状旁腺功能亢进症、严重烧伤或感染、大量葡萄糖及胰岛素输入使磷进入细胞内，以及长期肠外营养未补充磷制剂者，可出现低磷血症。此时血清无机磷浓度 <0.96mmol/L。低磷血症的发生率并不低，往往因无特异性的临床表现而常被忽略。低磷血症可有神经肌肉症状，如头晕、厌食、肌无力等。重症者可有抽搐、精神错乱、昏迷，甚至可因呼吸肌无力而危及生命。

采取预防措施很重要。长期静脉输液者应在溶液中常规添加磷 10mmol/d，可补充 10% 甘油磷酸钠 10ml。对甲状旁腺功能亢进者，针对病因的手术治疗可使低磷血症得到纠正。

高磷血症临床上很少见，可发生在急性肾衰竭、甲状旁腺功能低下等。此时血清无机磷浓度 >1.62mmol/L。由于高磷血症常继发性低钙血症，患者出现的是低钙的一系列临床表现。还可因异位钙化而出现肾功能受损表现。治疗方面，除对原发病作防治外，可针对低钙血症进行治疗。急性肾衰竭伴明显高磷血症者，必要时可透析治疗。

第五节　维生素代谢

维生素是维持机体正常代谢所必需的营养素，由于它们不能在体内合成或合成的量不足以满足机体的需要，因此必需要有外源性补充。维生素的每日需要量很少，它们既不是构成机体组织的重要原料，也不是体内供能物质。但是，在调节体内物质代谢、促进生长发育和维持机体生理功能方面却发挥着重要作用。如果长期缺乏某种维生素，就会导致维生素缺乏症。

一、水溶性维生素

水溶性维生素包括 B 族维生素（B_1、B_2、PP、B_6、B_{12}、生物素、泛酸和叶酸）和维生素 C。大多数水溶性维生素是辅酶的组成成分，在物质代谢过程中起着十分重要的作用。由于水溶性维生素在体内储存很少,供给不足时往往导致缺乏症。

（一）维生素 B_1

维生素 B_1（vitamin B_1）由含硫的噻唑环及含氨基的嘧啶环所组成,又称为硫胺素（thiamine）,主要在肝及脑组织中经硫胺素焦磷酸激酶的作用生成活性形式焦磷酸硫胺素（thiamine pyrophosphate,TPP）。TPP 是 α- 酮酸脱羧酶的辅酶,参与线粒体内丙酮酸、α- 酮戊二酸和支链氨基酸的氧化脱羧反应,可影响机体的蛋白质代谢。此外,维生素 B_1 对神经生理具有特殊作用,并参与色氨酸转化为烟酸和烟酰胺的过程。维生素 B_1 催化乙酰胆碱的水解而抑制胆碱酯酶的活性,因此具有维持正常的消化腺分泌和胃肠道蠕动的功能。成人维生素 B_1 缺乏有两个临床症状:①湿脚气病:表现为心脏肥大和扩张、心动过速、呼吸窘迫以及腿部水肿。②干脚气病:表现为多发性神经炎、腱反射亢进、四肢感觉障碍。此外,还有眼球震颤、眼肌麻痹、共济失调、精神疾病等。

（二）维生素 B_2

维生素 B_2（vitamin B_2）是核醇与 6,7 二甲基异咯嗪的缩合物,具有黄色,又称为核黄素（riboflavin）。维生素 B_2 在小肠黏膜黄素激酶的作用下转变成黄素单核苷酸（flavin mononucleotide,FMN）,后者在焦磷酸化酶的催化下生成黄素腺嘌呤二核苷酸（flavin adenine dinucleotide,FAD）,FMN 和 FAD 是维生素 B_2 的活性形式。核黄素的异咯嗪环上的第 1 和第 10 位氮原子与活泼的双键相连,可接受 2 个氢原子而成还原型,随后又释放 2 个氢原子成氧化型。FMN 和 FAD 是体内氧化还原酶的辅酶,起递氢体的作用,参与氧化呼吸链、脂酸和氨基酸的氧化和三羧酸循环。因此,核黄素的生理功能主要是以黄素辅酶参与体内多种物质的氧化还原反应,是担负转移电子和氢的载体,也是组成线粒体呼吸链的重要成员。维生素 B_2 缺乏症的表现是咽喉痛、口角炎、舌炎和脂溢性皮炎,也可引起骨髓发育不全和贫血。

（三）维生素 PP

维生素 PP（vitamin pp）包括尼克酸（烟酸,nicotinic acid）和尼克酰胺（烟酰胺,nicotinamide）,它们都是吡啶衍生物。尼克酸在体内可转变为尼克酰胺,后者是辅酶Ⅰ（尼克酰胺腺嘌呤二核苷酸,NAD^+）和辅酶Ⅱ（尼克酰胺腺嘌呤二核苷酸磷酸,$NADP^+$）的组成成分。NAD^+ 和 $NADP^+$ 是维生素 PP 的活性形式。NAD^+ 和 $NADP^+$ 是多种不需氧脱氢酶的辅酶。维生素 PP 是脂肪酸代谢所需的乙酰转移酶的组成部分,是辅酶转变成乙酰 CoA 的组成部分,因而在碳水化合物、蛋白质、脂肪代谢中起重要作用。维生素 PP 缺乏主要是摄入代谢拮抗物质所致。症状有头痛、失眠、疲劳、肌肉痉挛、易激动、共济失调、肢体麻木等。

（四）维生素 B_6

维生素 B_6（vitamin B_6）包括吡哆醇（pyridoxine）、吡哆醛（pyridoxal）和吡哆胺（pyridoxamine）,其化学结构多是吡啶衍生物,活性形式是磷酸吡哆醛和磷酸吡哆胺,两者可相互转变。

磷酸吡哆醛和磷酸吡哆胺是转氨酶的辅酶,起着传递氨基的作用。磷酸吡哆醛是某些氨基酸脱羧酶和半胱氨酸脱硫酶的辅酶,参与氨基酸脱氨基作用、鸟氨酸循环、血红素的合成和糖原分解等。另外,磷酸吡哆醛可以将类固醇激素 - 受体复合物从 DNA 中移去而终止这些激素的作用。

临床上维生素 B_6 的明显缺乏较罕见,摄入严重不足或吸收不良、慢性肝病、酒精中毒或尿毒症时可出现维生素 B_6 缺乏症,表现为:易激动、抑郁、脂溢性皮炎、舌炎、口角炎等。

（五）维生素 B_{12}

维生素 B_{12}（vitamin B_{12}）因含钴（Co）,又称为钴胺素（cobalamin）,是唯一含有金属元素的维生素。维生素 B_{12} 的化学结构十分复杂,分子中除含钴外,还含有三磷酸腺苷、氨基丙醇和类似卟啉环的分子。维生素 B_{12} 在体内存在的形式有氰钴胺素、羟钴胺素、甲钴胺素和 5′- 脱氧腺苷钴胺素。后两者是维生素 B_{12} 的活性形式。体内 5′- 脱氧腺苷钴胺素以辅酶的形式参与转甲基的反应,又称辅酶 B_{12}。维生素 B_{12} 参与一碳单位的代谢,它与四氢叶酸的作用常常是相互联系的,与多种化合物的甲基化有关。

维生素 B_{12} 和叶酸一样参与 DNA 的合成,因而影响叶酸的代谢。碳水化合物、蛋白质及脂肪代谢过程中都有维生素 B_{12} 的参与。维生素 B_{12} 缺乏罕见,几乎只发生于素食者中。另外,胃切除及远程回肠切除术后患者,由于缺乏内因子,可造成维生素 B_{12} 缺乏。维生素 B_{12} 缺乏症表现为巨幼红细胞性贫血、舌炎、白细胞和血小板减少,感觉异常、肌无力、易激动、抑郁和腱反射消失等神经系统症状。

（六）泛酸

泛酸（pantothenic acid）是由β-丙氨酸通过肽键与α，γ-二羟β，β二甲基丁酸缩合而成的一种化合物，因广泛存在自然界而得名。泛酸在肠道被吸收后，经磷酸化并与半胱氨酸反应生成4-磷酸泛酰巯基乙胺，后者是辅酶A（coenzyme A，CoA）和酰基载体蛋白（acyl carrier protein，ACP）的组成成分，在许多生物氧化还原反应中起电子受体或氢供体的作用。CoA和ACP是泛酸在体内的活性形式，构成酰基转移酶的辅酶，广泛参与糖、脂类、蛋白质代谢和肝的生物转化作用。食物中摄入不足或色氨酸转化成泛酸障碍等均可导致泛酸缺乏。临床表现为暴露部位皮炎、衰弱、失眠、表情淡漠、幻觉、定向障碍和精神障碍等。

（七）生物素

生物素（biotin）最初是从蛋黄中分离的一种结晶，能促进酵母生成而被称为生物素。生物素是构成羧化酶如丙酮酸羧化酶、乙酰CoA羧化酶等的辅酶，参与体内CO_2的固定和羧化过程。生物素对细胞生长、葡萄糖体内稳定、DNA合成和脱唾液酸糖蛋白受体的表达起着重要作用。此外，生物素还是碳链延长的羟化反应的辅基，参与脂肪酸和氨基酸的代谢。此外，已发现人类基因组中含有2 000多个依赖生物素的基因。生物素参与细胞信号转导和基因表达，可使组蛋白生物素化，从而影响细胞周期、基因转录和DNA损伤的修复等。

生物素缺乏常见于长期摄入生的卵蛋白、短肠综合征和其他肠功能衰竭在接受未补充生物素的全肠外营养的患者。临床表现为：口腔周围炎、结膜炎、脱发、皮炎及共济失调等。

（八）叶酸

叶酸（folic acid）因绿叶中含量丰富而得名，是由2-氨基-4-羟基-6-甲基蝶呤啶与对氨基苯甲酸及L-谷氨酸结合而成，又称蝶酰谷氨酸。在小肠黏膜上皮细胞二氢叶酸还原酶的作用下，生成6，7，8-四氢叶酸（tetrahydrofolic acid，FH_4），是叶酸的活性形式。FH_4是一碳单位转移酶的辅酶，是一碳单位的载体，参与嘌呤、嘧啶的代谢。正常情况下，人体肠道细菌利用对氨基苯甲酸合成叶酸，一般不易发生缺乏症。但吸收不良、典型代谢失常或组织需要量过多和长期使用肠道抑菌药物时，可导致叶酸缺乏症。叶酸缺乏时，嘌呤、嘧啶合成受阻，DNA合成受到抑制，骨髓幼红细胞DNA合成减少，细胞分裂速度降低，细胞体积变大，引起巨幼红细胞贫血。

叶酸结构类似物常用作抗肿瘤药物，如氨甲蝶呤（MTX）是二氢叶酸还原酶的有效竞争性抑制剂，减少四氢叶酸的合成而抑制胸腺嘧啶核苷酸的合成，起到抗癌作用。

（九）维生素C

维生素C（vitamin C）又称抗坏血酸（ascorbic acid），是一种多不饱和的多羟基化合物，以内酯形式存在。维生素C是一种强还原剂，在2位和3位碳原子之间烯醇羟基的氢可游离成H^+，故具有酸性。维生素C氧化脱氢生成脱氢抗坏血酸，后者又可接受氢再还原成抗坏血酸。

维生素C是一些是化酶的辅酶，维持着体内含铜羟化酶和α-酮戊二酸-铁羟化酶活性，在苯丙氨酸代谢、胆汁酸合成、肉碱合成等过程中起着十分重要的作用。维生素C还可影响含铁羟化酶参与的蛋白质翻译后的修饰作用，与胶原脯氨酸、赖氨酸的羟化相关。

维生素C作为抗氧化剂可直接参与体内氧化还原反应，具有保护巯基的作用，可使巯基酶的巯基保持在还原状态。维生素C在谷胱甘肽还原酶的作用下，将氧化型谷胱甘肽还原成还原型谷胱甘肽，还原型谷胱甘肽能清除细胞膜的脂质过氧化物，起到保护细胞膜的作用。

维生素C的抗氧化作用与血红蛋白、Fe离子处于还原状态密切相关。另外，还影响细胞内活性氧敏感的信号转导系统，从而调节基因表达和细胞功能，促进细胞分化。

当维生素C的缺乏时，作为骨、毛细血管和结缔组织的重要构成成分的胶原蛋白和黏多糖合成降低，导致微血管壁通透性和脆性增加，血管易破裂出血，出现创口且创口愈合延迟。骨骼和牙齿易折断或脱落，以及皮下、黏膜、肌肉出血等坏血病症状。

二、脂溶性维生素

脂溶性维生素（lipid-soluble vitamin）包括维生素A、D、E和K，是疏水性化合物。在食物中，常与脂类共同存在，并随脂类物质吸收，在血液中与脂蛋白或特异的结合蛋白相结合而运输，主要储存于肝脏。脂类吸收障碍或食物中长期缺乏可引起相应的缺乏症，某些脂溶性维生素摄入过多可发生中毒。脂溶性维生素除直接参与特异的代谢过程外，多半还与细胞内核受体结合而影响特定的基因表达。

（一）维生素A

维生素A（vitamin A）的化学本质是一个具有脂环的不饱和单元醇，由β-白芷酮环和二分子异戊二烯构成的多烯化合物。由于维生素A的侧链含有4个双键，形成了顺、反异构体。天然维生素A有A_1（视黄醇，retinol）和A_2（3-脱氧视黄醛）两种，前者主要存在于哺乳动物和咸水鱼的肝脏，后者存在于淡水鱼肝中。植物无维生素A，但含有维生素A原（provitamin A），其中以β胡萝卜素（β-carotene）最为重要。

维生素A的活性形式是视黄醇、视黄醛（retinal）和视黄酸（retinoic acid）。视黄醛在视网膜杆状细胞中与视蛋白结合发挥其视觉功能，并通过视循环进行转变。维生素A缺乏时，视循环中11-顺视黄醛补充不足，视紫红质合成减少，对弱光敏感度降低，暗适应视觉延长，严重时可发生“夜盲症”。

维生素A的另一重要作用是调控细胞的生长与分化。全反式视黄醛和9-顺视黄醛结合细胞内核受体，与DNA反应元件结合，调节某些基因的表达，对维持上皮组织的正常形态与生长具有十分重要的作用。

维生素A和胡萝卜素还具有抗氧化作用。在氧分压较低的条件下，能直接清除自由基，有助于控制细胞膜和富含脂质组织的脂质过氧化。

摄入减少、吸收不良、肝脏疾病、肾病综合征时尿中排泄增加等均可导致维生素A缺乏。当维生素A缺乏时，上皮细胞生长停滞，发育不良。上皮组织细胞干燥、增生、角化过度，其中以眼、呼吸道、消化道、泌尿生殖器官的上皮黏膜尤为显著。当眼结膜黏液分泌细胞不健全和角化时，眼泪分泌减少或停止引起角膜、结膜干燥、发炎，出现干眼病。

当维生素A摄入过多，超过视黄醛结合蛋白的结合能力，游离的维生素A可造成组织损伤，出现维生素A的中毒症状。

（二）维生素K

维生素K（vitamin K）的基本结构为甲萘醌。维生素K_1存在于植物中，维生素K_2由肠道菌群合成，在小肠被吸收，随乳糜微粒而代谢。人工合成的为维生素K_3。体内维生素K的储存量有限，脂类吸收障碍可引发的脂溶性维生素缺乏症首先是维生素K缺乏症。

肝细胞合成的凝血因子（thrombin）Ⅱ、Ⅶ、Ⅸ、Ⅹ和抗凝血因子蛋白C、蛋白S无活性前体在γ-羧化酶的作用下进行羧化，生成γ-谷氨酸残基才具有整合钙、促进凝血的生物学活性。维生素K是许多γ-谷氨酸羧化酶的辅酶，参与上述凝血因子的活化过程，因此具有促进凝血的作用。

人类一般不易发生维生素K缺乏，但脂类吸收障碍、长期应用抗生素时可导致肠道细菌变迁，引起维生素K缺乏，主要症状是易出血。临床主要症状是出血倾向，皮肤瘀点、瘀斑。严重时可出现血尿和胃肠道出血。肝脏疾病时由于维生素K合成障碍而出现维生素K缺乏症状。

（三）维生素E

维生素E（vitamin E）的化学本质是6-羟基苯骈二氢吡喃的衍生物，主要为生育酚（tocopherol），环上的碳原子都含有甲基和羟链。由于环上的甲基位置和数目的不同，有α-、β-、γ-、δ-共4种。自然界以α-生育酚分布最广、活性最高，主要存在于细胞膜、血浆脂蛋白和脂库中。

维生素E的主要生理功能是抗氧化作用，是体内最重要的脂溶性抗氧化剂和自由基清除剂。主要对抗生物膜上过氧化所产生的自由基，保护生物膜的结构与功能，使细胞膜维持正常的流动性。其作用机制是与过氧化脂质自由基形成反应性较低且相对稳定的生育酚自由基，后者可在维生素C或谷胱苷肽的作用下还原成非自由基产物生育酚。

维生素E可调控多种基因的表达，如生育酚代谢相关基因、与动脉粥样硬化发生发展相关基因、细胞黏附与抗炎的相关基因、细胞信号转导和细胞周期调节的相关基因等。因此，维生素E具有除抗氧化作用以外的多种功能，如具有抗炎、维持正常免疫功能和抑制细胞增殖的作用，预防动脉粥样硬化、抗衰老等作用。

临床上，脂肪吸收不良、严重腹泻、胆道疾病、短肠综合征等均可引起维生素E缺乏，儿童的维生素E缺乏与溶血性贫血有关。维生素E缺乏常表现出神经系统症状，包括：深层腱反射消失、震动和位感受损、平衡和协调改变、眼移动障碍、肌肉软弱和视野障碍。亚临床维生素E缺乏表现为红细胞溶血增加和血小板凝集增加。

（四）维生素D

维生素D（vitamin D）是类固醇的衍生物。天然的维生素D有D_2和D_3两种。植物中含有麦角固醇，在紫外线的照射下，分子内B环断裂转变成维生素D_2（麦角钙化醇），鱼油、蛋黄和肝富含维生素D_3（胆钙化醇），在人体皮肤可由胆固醇脱氢生成7-脱氢胆固醇，即维生素D_3原，在紫外线的照射下异构化为维生素D_3。

维生素D的活性形式是1，25-二羟维生素D_3。维生素D_3在血浆中与维生素结合蛋白结合而运输。在肝微粒体25-羟化酶的作用下被羟化为25-羟维生素D_3，在肾小管上皮细胞线粒体1α-羟化酶的作用下，生成具有生物学活性的1，25-二羟维生素D_3。25-羟维生素D_3经肾小管上皮细胞24-羟化酶催化生成无活性的24，25-二羟维生素D_3。1，25-二羟维生素D_3通过诱导24-羟化酶和阻遏是化酶的生物合成来控制其自身的生成量。

维生素D的主要生理功能是调节钙磷代谢和维持正常血钙水平。1，25-二羟维生素D_3在靶细胞内与特异性受体结合，进入细胞核，调节相关基因（如钙结合蛋白、骨钙蛋白等基因）的表达。1，25-二羟维生素D_3促进小肠黏膜对钙磷的吸收，增加肾小管对磷的重吸收，影响骨组织的钙代谢，从而维持血钙和血磷的正常水平，可在甲状旁腺素的协同作用下促进新骨和牙的钙化。

当维生素D缺乏时，儿童可引起佝偻病，成人可患软骨病。当肝、肾有严重疾病时，可影响1，25-二羟维生素D_3的合成，临床上治疗相关疾病时应给予具有生物学活性的1，25-二羟维生素D_3。过量服用维生素D可引起中毒。主要表现为高钙血症、高钙尿症、高血压和软组织钙化等。

第六节 微量元素代谢

占人体内含量体重万分之一以下，每日需要量在100mg以下的元素称为微量元素（microelement），绝大多数为金属元素。在体内一般结合成化合物或络合物，广泛分布于各组织中，含量较恒定。微量元素主要来自食物，动物性食物含量较高，种类也较植物性食物多。微量元素通过形成结合蛋白、酶、激素和维生素等在体内发挥多种多样作用。其主要生理作用为：①参与构成酶活性中心或辅酶：人体内一半以上酶的活性部位含有微量元素。有些酶需要微量元素才能发挥最大活性，有些金属离子构成酶的辅基，如细胞色素氧化酶中有Fe^{2+}，谷胱苷肽过氧化物酶（GPX）含硒。②参与体内物质运输：如血红蛋白含Fe^{2+}参与O_2的送输，碳酸酐酶含锌参与CO_2的送输。③参与激素和维生素的形成：如碘是甲状腺素合成的必需成分，钴是维生素B_{12}的组成成分等。

一、铁

铁（ferrum，Fe）是人体含量、需要量最多的微量元素，约占体重的0.005 7%，成年男性平均含铁量为50mg/kg体重，女性为30mg/kg体重。75%的铁存在于铁卟啉化合物中，25%存在于非铁卟啉含铁化合物中，主要有含铁的黄素蛋白、铁硫蛋白、铁蛋白和运铁蛋白等。成年男性和绝经后妇女每日约需铁10mg，生育期妇女每日约需15mg，儿童在生长发育期、妇女在妊娠哺乳期对铁的需要量增加。

铁的吸收部位主要在十二指肠及空肠上段。无机铁仅以Fe^{2+}形式被吸收，Fe^{3+}难以吸收。络合物中的铁的吸收大于无机铁，凡能将Fe^{3+}还原为Fe^{2+}的物质如维生素C、谷胱苷肽、半胱氨酸等及能与铁离子络合的物质如氨基酸、柠檬酸、苹果酸等均有利于铁的吸收。

吸收的Fe^{2+}在小肠黏膜细胞中被氧化为Fe^{3+}，进入血被与运铁蛋白结合而运输，运铁蛋白是运输铁的主要形式。当细胞内铁浓度较高时诱导细胞生成脱铁蛋白，并与其结合成铁蛋白而储存。铁也与血黄素结合成含铁血黄素。铁蛋白和含铁血黄素是铁的储存形式，主要储存于肝、脾、骨髓、小肠黏膜等器官。铁主要从粪便中排出体外，来自肠黏膜细胞的脱落。生殖期妇女由于月经失血可排出铁，而尿、汗、消化液、胆汁中几乎不含铁。

铁的生理功能主要是含血红素的化合物，27% 的铁组成血红蛋白，3% 的铁组成肌红蛋白，血红蛋白用于输送氧，肌红蛋白用于肌肉储氧。铁也是细胞色素系统、铁硫蛋白、过氧化物酶及过氧化氢酶等多种含铁蛋白和酶的重要组成部分，在气体运输、生物氧化和酶促反应中均发挥重要作用。当急性大量出血、慢性小量出血以及儿童生长期和妇女妊娠、哺乳期得不到铁的额外补充等情况下均可引起体内缺铁。由于铁的缺乏，血红蛋白合成受阻，导致小细胞低血色素性贫血，即缺铁性贫血的发生。

铁摄入过多或误服大量铁剂，可发生铁中毒。体内铁沉积过多可引起肺、肝、肾、心、膜等处的含铁血黄素沉着而出现血色素沉着症，并可导致栓塞性病变和纤维变性，出现肝硬化、肝癌、糖尿病、心肌病、皮肤色素沉着、内分泌紊乱、关节炎等。

二、锌

人体内含锌（zincum，Zn）约 2~3g，遍布于全身许多组织中。成人每日需要量为 15~200mg。锌主要在小肠中吸收。肠腔内有与锌特异结合的因子，能促进锌的吸收。肠黏膜细胞中的锌结合蛋白能与锌结合并将其转动到基底膜一侧，锌在血中与白蛋白结合而运输。血锌浓度约为 0.1~0.15mmol/L。锌与金属硫蛋白结合是锌在体内储存的主要形式。锌主要随胰液、胆汁排泄入肠腔，由粪便排出，部分锌可从尿及汗排出。

锌是 80 多种酶的组成成分或激动剂。如 DNA 聚合酶、碱性磷酸酶、碳酸酐酶、乳酸脱氢酶、谷氨酸脱氢酶、超氧化物歧化酶等，参与体内多种物质的代谢，在免疫调节、抗氧化、抗细胞凋亡和抗炎中起着十分重要的作用。锌还参与胰岛素合成。因此，缺锌会导致多种代谢障碍，如儿童缺锌可引起生长发育迟缓、生殖器发育受损、伤口愈合迟缓等。另外，缺锌还可致皮肤干燥、味觉减退、神经精神障碍等。

三、铜

成人体内含铜（cuprum，Cu）量约 50~100mg，在肝、肾、心、毛发及脑中含量较高。人体每日需要量约 1~3mg。食物中铜主要在十二指肠吸收，吸收后送至肝脏，在肝脏中参与铜蓝蛋白的组成。肝脏是调节体内铜代谢的主要器官，铜可经胆汁排出，极少部分由尿排出。

体内铜作为辅基参与多种酶的构成，如细胞色素 C 氧化酶、酪氨酸酶、赖氨酸氧化酶、多巴胺 β 羟化酶、单胺氧化酶、超氧化物歧化酶等。铜蓝蛋白可催化 Fe^{2+} 氧化为 Fe^{3+}，有利于铁的运输。因此，铜的缺乏会导致结缔组织中胶原交联障碍，以及小细胞低色素贫血、白细胞减少、动脉壁弹性减弱及神经系统症状等。体内铜代谢异常的遗传病目前除 Wilson 病（肝豆状核变性）外，还发现有门克斯病，表现为铜的吸收障碍导致肝、脑中铜含量降低，组织中含铜酶活力下降，机体代谢紊乱。

四、碘

正常成人体内碘（iodine，I）含量 25~50mg，大部分集中于甲状腺中。成人每日需要量为 0.15mg。碘主要由食物中摄取，碘的吸收快而且完全，吸收率可高达 100%。吸收入血的碘与蛋白结合而运输，主要浓集于甲状腺被利用。体内碘主要由肾排泄，约 90% 随尿排出，约 10% 随粪便排出。

碘主要参与合成甲状腺素，包括三碘甲腺原氨酸（T_3）和四碘甲腺原氨酸（T_4）。甲状腺素在调节代谢及生长发育中均有重要作用。成人缺碘可引起甲状腺肿大，称甲状腺肿。胎儿及新生儿缺碘则可引起呆小症、智力迟钝、体力不佳等严重发育不良。常用的预防方法是食用含碘盐或碘化食油等。若摄入碘过多可导致甲状腺功能亢进及一些中毒症状。

五、硒

硒（selenium，Se）在体内含量约 14~21mg，广泛分布于除脂肪组织以外的所有组织中。主要以含硒蛋白质形式存在。人体每日硒的需要量为

50~200μg。

硒是谷胱甘肽过氧化物酶及磷脂过氧化氢谷胱甘肽氧化酶的组成成分，该酶在人体内起抗氧化作用，能催化 GSH 与胞质中的过氧化物反应，防止过氧化物对机体的损伤，缺硒所致肝坏死可能是过氧化物代谢受损的结果。磷脂过氧化氢谷胱甘肽氧化酶存在于肝和心肌细胞线粒体内膜间隙中，作用是抗氧化、维持线粒体的完整、避免脂质过氧化物伤害。

近年来研究发现硒与多种疾病的发生有关。如克山病、心肌炎、扩张型心肌病、大骨节病及碘缺乏病均与缺硒有关。硒还具有抗癌作用，是肝癌、乳腺癌、皮肤癌、结肠癌、鼻咽癌及肺癌等的抑制剂。硒还具有促进人体细胞内新陈代谢、核酸合成和抗体形成、抗血栓及抗衰老等多方面作用。但硒过多也会对人体产生毒性作用，如脱发、指甲脱落、周围性神经炎、生长迟缓及生育力降低等。

六、铬

铬（chromium，Cr）在成人中总量为 5mg 左右，每日需要量为 30~40μg。铬是铬调素的组成部分。铬调素通过促进胰岛素与细胞受体的结合，增加胰岛素的生物学效应，对调节体内糖代谢、维持体内正常的葡萄糖耐量起重要作用。缺铬主要表现为葡萄糖耐量受损，并可能伴有高血糖、尿糖。缺铬导致脂质代谢失调，易诱发冠状动脉硬化导致心血管病。

细胞内的铬 50% 存在于细胞核内，23% 存在于胞质，其余部分均分布在线粒体和微粒体中，这表明铬在核酸代谢中起重要作用。铬是核酸类（DNA 和 RNA）的稳定剂，可防止细胞内某些基因的突变并预防癌症。

七、锰

成人体内含锰（manganese，Mn）量约 10~20mg，主要储存于肝和肾中。在细胞内则主要集中于线粒体中。每日需要量为 3~5mg。锰在肠道中吸收与铁吸收机制类似，吸收率较低。吸收后与血浆 β_1- 球蛋白、运组蛋白结合而运输。主要由胆汁和尿中排出。

锰参与一些酶的构成，如线粒体中丙酮酸羧化酶、精氨酸酶等。不仅参加糖和脂类代谢，而且在蛋白质、DNA 和 RNA 合成中起作用。锰在自然界分布广泛，以茶叶中含量最丰富。锰的缺乏较少。若吸收过多可出现中毒症状，主要由于生产及生活中防护不善，以粉尘形式进入人体所致。锰是一种原浆毒，可引起慢性神经系统中毒，表现为锥体外系的功能障碍。并可引起眼球集合能力减弱，眼球震颤、睑裂扩大等。

八、钴

钴（cobalt，Co）的作用主要以维生素 B_{12} 和 B_{12} 辅酶形式储存于肝脏发挥其生物学作用。人体对钴的最小需要量为 1μg，来自食物中的钴必须在肠内经细菌合成维生素 B_{12} 后才能被吸收利用。钴缺乏常表现为维生素 B_{12} 缺乏的一系列症状。钴可激活很多酶，如能增加人体唾液中淀粉酶的活性，能增加胰淀粉酶和脂肪酶的活性。钴参与造血，在胚胎时期就参与造血过程，可以治疗多种贫血症，最常见的是恶性贫血，但补钴不能得到纠正，必须增加肠道对维生素 B_{12} 的吸收才能有效。钴主要从尿中排泄，且排泄能力强，很少出现钴蓄积过多的现象。

九、氟

氟（fluorin，F）在人体内含量约为 2~3g，其中 90% 积存于骨及牙中。每日需要量为 0.5~1.0mg。氟主要经胃肠和呼吸道吸收，氟易吸收且吸收较迅速，吸收后与球蛋白结合而运输，少量以氟化物形式运输。氟主要经尿和粪便排泄、体内氟约 80% 从尿排出。

氟能与是磷灰石吸附，取代其羟基形成氟磷灰石，能加强对龋齿的抵抗作用。此外，氟还可直接刺激细胞膜中 G 蛋白，激活腺苷酸环化酶或磷脂酶 C，启动细胞内 cAMP 或磷脂酰肌醇信号系统，引起广泛生物效应。氟过多亦可对机体产生损伤，如长期饮用高氟（≥2mg/L）水，牙釉质受损出现斑纹、牙变脆易断。

（吴国豪）

参考文献

1. Hickson M, Smith S. Advanced Nutrition and Dietetics in Nutrition Support [M]. Oxford: John Wiley & Sons Ltd, 2018.
2. Arsava EM. Nutrition in Neurologic Disorders: A Practical Guide [M]. Cham: Springer International Publishing AG, 2017.
3. Burgos R, Breton I, Cereda E, et al. ESPEN Guideline Clinical Nutrition in Neurology [J]. Clin Nutr, 2018, 37 (1): 354-396.
4. Cederholm T, Barazzoni R, Austin P, et al. ESPEN Guidelines on Definitions and Terminology of Clinical Nutrition [J]. Clin Nutr, 2017, 36 (1): 49-64.
5. Volkert D, Beck AM, Cederholm T, et al. ESPEN Guideline on Clinical Nutrition and Hydration in Geriatrics [J]. Clin Nutr, 2019, 38 (1): 10-47.

第五章 水与电解质紊乱的营养支持治疗

第一节 概 述

肠外营养(parenteral nutrition, PN)临床应用五十年以来,已使无数患者受益。随着时间的推移,已发现不适宜的PN可能出现各种并发症,代谢并发症为常见的并发症之一。代谢并发症可分为短期并发症和长期并发症。短期并发症是PN的常见并发症,包括液体、电解质及葡萄糖代谢紊乱。可能在患者治疗期间任何时间发生。

体液的主要成分是水和电解质,其量与性别、年龄及胖瘦有关。肌肉组织含水量较多(75%~80%),脂肪细胞则含水量极为贫乏。男性的体脂含量少于女性,成年男性体液量约为体重的60%,成年女性体液量约占体重的50%。两者均有 ±15% 的变化幅度。60岁以后,男性、女性的体液量均减少,分别降至约54%及46%。

体液可分为细胞内液和细胞外液,男性细胞内液约占体重的40%,绝大部分存在于骨骼肌中;女性的细胞内液约占体重的35%。男性、女性的细胞外液均占体重20%,细胞外液又分为血浆和组织间液两部分,血浆量约占体重的5%,组织间液量约占体重的15%。另有一小部分组织间液仅有缓慢地交换和取得平衡的能力,它们具有各自功能,但在维持体液平衡方面的作用甚小,故可称其为无功能性细胞外液。结缔组织液和所谓"透细胞液",例如脑脊液、关节液和消化液等,都属于无功能性细胞外液。无功能性细胞外液约占体重的1%~2%,占组织间液的10%左右。某些体液虽属无功能性细胞外液,但其变化仍会导致体机水、电解质和酸碱平衡的明显失调。最典型的就是胃肠道消化液,其大量丢失可造成体液量及其成分的明显变化,这种病理变化在外科很常见。

细胞外液和细胞内液中所含的离子成分有很大不同。细胞外液中最主要的阳离子是 Na^+,主要的阴离子是 Cl^-、HCO^-_3。细胞内液中的主要阳离子是 K^+ 和 Mg^{2+},主要的阴离子是 HPO_4^{2+}。细胞外液和细胞内液的渗透压相等,为正常血浆渗透压290~310mOsm/L。保持渗透压的稳定,是维持细胞内、外液平衡的基本保证。

体液及渗透压平衡是由神经 - 内分泌系统调节。体液的正常渗透压通过下丘脑 - 神经垂体 - 抗利尿激素系统来恢复和维持,血容量的恢复和维持则是通过肾素 - 醛固酮系统。此两系统共同作用于肾脏,调节水及钠等电解质的吸收及排泄,从而达到维持体液平衡、保持内环境稳定的目的。

体内丧失水分时,细胞外液渗透压增高,可刺激下丘脑 - 垂体 - 抗利尿激素系统,产生口渴反应,机体主动增加饮水。抗利尿激素的分泌增加使远曲小管和集合管上皮细胞对水分的再吸收加强,尿量减少,水分被保留在体内,使已升高的细胞外液渗透压降至正常。反之,体内水分增多时,细胞外液渗透压降低,口渴反应被抑制,因抗利尿激素分泌减少,使远曲小管和集合管上皮细胞对水分的再吸收减少,排出体内多余的水分,使降低的细胞外液渗透压回升至正常。抗利尿激素分泌对于血浆晶体渗透压反应十分敏感,只要血浆渗透压较正常水平有 ±2% 的变化,该激素的分泌就会出现相应变化,最终使机体水分保持动态平衡。

肾小球旁细胞分泌的肾素和肾上腺皮质分泌的醛固酮也参与体液平衡调节。细胞外液(尤其是循环血容量)减少时,肾素分泌增加,刺激肾上腺皮质分泌醛固酮,促进远曲小管和集合管对 Na^+ 的重吸收和 K^+ 的排泄,肾小管对水的重吸收增多,同时肾滤过率相应下降,尿量减少,细胞外液增加。当循环血量增加,血压回升后,反馈抑制肾素的释放,使醛固酮分泌减少,减少对 Na^+ 的重吸收,使细胞外液量不再增加,达到内环境稳定。

第二节 液体代谢紊乱

一、水过多——水中毒

水中毒(water intoxication)又称稀释性低钠血症,是细胞外液体积的异常增加而造成的,通常发生在肾功能受损或接受过多的肠外补液时,机体的摄入水总量超过了排出水量,以致水分在体内潴留,引起血浆渗透压下降和循环血量增多。患有心脏和肝脏基础疾病的患者在接受 PN 时更容易出现这种症状。典型症状是呼吸急促、气喘、水肿(特别是在下肢)、急性体重增加、高血压和颅内压升高症状。实验室结果可能表现为低钠血症、血清白蛋白减少。

1. 病因 水中毒的病因有:①各种原因所致的抗利尿激素分泌过多;②肾功能不全,排尿能力下降;③机体摄入水分过多或接受过多的静脉输液。此时,细胞外液量明显增加,血清钠浓度降低,渗透压亦下降。

2. 临床表现 急性水中毒的发病急骤。水过多所致的脑细胞肿胀可造成颅内压增高,引起一系列神经、精神症状,如头痛、嗜睡、躁动、精神紊乱、定向能力失常、谵妄,甚至昏迷。若发生脑疝则出现相应的神经定位体征。慢性水中毒的症状往往被原发疾病的症状所掩盖。可有软弱无力、恶心、呕吐、嗜睡等。体重明显增加,皮肤苍白而湿润。当血浆渗透压降至 240~250mOsm/L(血钠 115~120mmol/L)时,会出现头痛、嗜睡、神志障碍、谵妄等神经精神症状。当血浆渗透压降至 230mOsm/L(血钠 110mmol/L)时,可出现抽搐或昏迷。

3. 诊断 实验室检查可发现:红细胞计数、血红蛋白量、血细胞比容和血浆蛋白量均降低,血浆渗透压降低,红细胞平均容积增加和红细胞平均血红蛋白浓度降低。提示细胞内、外液量均增加。

4. 治疗 水中毒一经诊断,应立即停止水分摄入。程度较轻者,在机体排出多余的水分后,水中毒即可解除。程度严重者,除禁水外还需用利尿剂以促进水分的排出。一般可用渗透性利尿剂,如 20% 甘露醇或 25% 山梨醇 200ml 静脉内快速滴注(20min 内滴完),可减轻脑细胞水肿和增加水分排出。也可静脉注射袢利尿剂,如呋塞米(速尿)和依他尼酸。

对于水中毒,预防尤为重要。有许多因素容易引起抗利尿激素分泌增加,例如疼痛、失血、休克、创伤及大手术等。对于这类患者的输液治疗,应注意避免过量。急性肾功能不全和慢性心功能不全者,更应严格限制入水量。

二、水过少——脱水

脱水是机体总水分的减少,由于肾、皮肤、呼吸、胃肠道、外科引流等造成机体水分的丢失增加。肾脏在控制身体的水分平衡中起着重要作用,水平衡主要由抗利尿激素调节。脱水时,血浆渗透压增加,刺激抗利尿激素升高和口渴。增加的抗利尿激素减少肾脏排泄水,尿浓缩。口渴的感觉对血浆渗透压的变化非常敏感,仅增加 2%~3% 就足以触发该机制。在细胞外液中,水和钠的关系非常密切,故一旦发生代谢紊乱,缺水和失钠常同时存在。不同原因引起的水和钠的代谢紊乱,在缺水和失钠的程度上会有所不同,既可水和钠按比例丧失,也可缺水少于缺钠,或缺水多于缺钠。这些不同缺失的形式所引起的病理生理变化以及临床表现也就不同,各种类型水、钠代谢紊乱的特征见表 5-2-1。

表 5-2-1 不同类型脱水的特征

脱水类型	丢失成分	典型疾病	临床表现	实验室检查
等渗性	等比丢失 Na^+、H_2O	肠瘘	舌干,不渴	血 Na^+ 正常
低渗性	失 Na^+> 失 H_2O	慢性肠梗阻	神志差,不渴	血 Na^+ 降低
高渗性	失 Na^+< 失 H_2O	食管癌梗阻	有口渴	血 Na^+ 升高

1. 等渗性脱水（isotonic dehydration） 又称急性脱水或混合性脱水。这种缺水在外科患者最易发生，此时水和钠成比例地丧失，因此血清钠仍在正常范围，细胞外液的渗透压也可保持正常。等渗性脱水可造成细胞外液量（包括循环血量）迅速减少。由机体对等渗性脱水的代偿机制是肾入球小动脉壁的压力感受器受到管内压力下降的刺激，以及肾小球滤过率下降所致的远曲小管液内 Na^+ 的减少。这些可引起肾素-醛固酮系统的兴奋，醛固酮的分泌增加。醛固酮促进远曲小管对钠的再吸收，伴随钠一同被再吸收的水量增加，从而代偿性地使细胞外液量回升。

（1）病因：等渗性脱水常见的病因有：①消化液的急性丧失，如肠外瘘、大量呕吐等；②体液丧失在感染区或软组织内，如腹腔内或腹膜后感染、肠梗阻、烧伤等。

（2）临床表现：临床症状有恶心、厌食、乏力、少尿等，但不口渴。体征包括：舌干燥，眼窝凹陷，皮肤干燥、松弛等。若在短期内体液丧失量达到体重的 5%，即丧失 25% 细胞外液，患者则会出现脉搏细速、肢端湿冷、血压不稳定或下降等血容量不足之症状。当体液继续丧失达体重的 6%~7% 时（相当于丧失细胞外液的 30%~35%），则出现严重休克表现。休克微循环障碍必然导致酸性代谢产物的大量产生和积聚，因此常伴发代谢性酸中毒。如果患者短期内快速丢失体液主要为胃液时，伴有 H^+ 的大量丢失，则可出现代谢性碱中毒。

（3）诊断：大多有消化液或其他体液大量丢失病史的患者，每日失液量越大、失液持续时间越长，症状就越明显。因此，依据病史和临床表现常可确定诊断。实验室检查可发现有血液浓缩现象，包括红细胞计数、血红蛋白量和血细胞比容均明显增高。血清 Na^+、Cl^- 等一般无明显降低，尿比重增高，动脉血血气分析可判别是否合并酸（碱）平衡紊乱。

（4）治疗：原发病治疗十分重要，若能消除病因，则脱水将很容易纠正。对等渗性脱水的治疗，是针对性地纠正其细胞外液的减少。可静脉滴注平衡盐溶液，使血容量得到尽快补充。对已有脉搏细速和血压下降等症状者，表示细胞外液的丧失量已达体重的 5%，需从静脉快速滴注平衡盐溶液约 3 000ml（按体重 60kg 计算），以迅速恢复血容量。注意所输注的液体应该是含钠的等渗液，如果输注不含钠的葡萄糖溶液则会导致低钠血症。另外，静脉快速输注液体时必须监测心脏功能，包括心率、中心静脉压或肺动脉楔压等。对血容量不足表现不明显者，可给患者上述用量的 1/2~2/3，即 1 500~2 000ml，以补充缺水、缺钠量。此外，还应补给日需要水量 2 000ml 和氯化钠 4.5g。平衡盐溶液的电解质含量和血浆内含量相仿，用来治疗等渗性脱水比较理想。目前常用的平衡盐溶液有乳酸钠与复方氯化钠（1.86% 乳酸钠溶液和复方氯化钠溶液之比为 1∶2）的混合液，以及碳酸氢钠与 0.9% 的生理盐水（1.25% 碳酸氢钠溶液和 0.9% 的生理盐水之比为 1∶2）的混合液两种，肝功能不全患者可使用醋酸平衡盐溶液等。如果单用 0.9% 的生理盐水，因溶液中 Cl^- 含量比血清 Cl^- 含量高 50mmol/L（Cl^- 含量分别为 154mmol/L 及 103mmol/L），大量输入后可能导致血 Cl^- 过高，引起高氯性酸中毒的危险。在纠正缺水后，排钾量会有所增加，血清 K^+ 浓度也因细胞外液量的增加而被稀释降低，故应注意预防低钾血症的发生。

2. 低渗性脱水（hypotonic dehydration） 又称慢性缺水或继发性脱水。水和钠缺失时，失钠多于缺水，故血清钠低于正常范围，细胞外液呈低渗状态。机体的代偿机制表现为抗利尿激素的分泌减少，使水在肾小管内的再吸收减少，尿量排出增多，从而提高细胞外液的渗透压。但这样会使细胞外液总量更为减少，于是细胞间液进入血液循环，以部分地补偿血容量。为避免循环血量的再减少，机体将不再顾及渗透压维持。肾素-醛固酮系统发生兴奋，使肾减少排钠，增加 Cl^- 和水的再吸收。血容量下降又会刺激神经垂体，使抗利尿激素分泌增多，水再吸收增加，出现少尿。如血容量继续减少，上述代偿功能无法维持血容量时，将出现休克。

（1）病因：低渗性脱水主要病因有：①胃肠道消化液持续性丢失，例如反复呕吐、长期胃肠减压引流或慢性肠梗阻，以致大量的钠随消化液而排出；②大创面的慢性渗液；③应用排钠利尿剂如氯噻酮、依他尼酸（利尿酸）等时，未主意补给适量的钠盐，以致体内缺钠程度多于缺水；④等渗性脱水治疗时补充水分过多。

（2）临床表现：低渗性脱水的临床表现随缺钠程度而不同。一般均无口渴感，常见症状有恶心、呕吐、头晕、视觉模糊、软弱无力、起立时容易晕倒等。当循环血量明显下降时，肾的滤过量相应减少，以致体内代谢产物潴留，可出现神志淡漠、肌痉挛性疼痛、腱反射减弱和昏迷等。根据缺钠程度，低渗性脱水可分为三度：轻度缺钠者血钠浓度在 135~130mmol/L，患者感疲乏、头晕、手足麻木。尿中 Na^+ 减少。中度缺钠者血钠浓度在 130~120mmol/L 以下，患者除有上述症状外，尚有恶心、呕吐、脉搏细速，血压不稳定或下降，脉压变小，浅静脉萎陷，视物模糊，站立性眩晕。尿量少，尿中几乎不含钠和氯。重度缺钠者血钠浓度在 120mmol/L 以下，患者神志不清，可出现肌痉挛性抽搐，腱反射减弱或消失；出现木僵，甚至昏迷。常发生休克。

（3）诊断：如患者有上述特点的体液丢失病史和临床表现，可初步诊断为低渗性脱水。进一步的检查包括：

1）尿液检查：尿比重常在 1.010 以下，尿 Na^+ 和 Cl^- 常明显减少。

2）血钠测定：血钠浓度低于 135mmol/L，表明有低钠血症。血钠浓度越低，病情越重。

3）红细胞计数、血红蛋白量、血细胞比容及血尿素氮值均有增高。

（4）治疗：应积极处理致病原因。针对低渗性脱水时细胞外液缺钠多于缺水的血容量不足情况，应静脉输注含盐溶液或高渗盐溶液，以纠正细胞外液的低渗状态和补充血容量。静脉输注原则是：输注速度应先快后慢，总输入量应分次完成。每 8~12h 根据临床表现及检测包括血 Na^+、Cl^- 浓度、动脉血血气分析和中心静脉压等，随时调整输液计划。

低渗性脱水的补钠量可按以下公式计算：

需补充钠量（mmol）=［血钠正常值（mmol/L）－血钠测得值（mmol/L）］× 体重（kg）×0.6（女性为 0.5）

临床上完全依靠公式计算补钠量是不可取的，公式仅用于补钠安全剂量的估计。一般先补充缺钠量的二分之一，以解除急性症状，使血容量有所纠正。

重度缺钠出现休克者，应先补足血容量，以改善微循环和组织器官的灌注。晶体液（复方乳酸氯化钠溶液、醋酸平衡液溶液、生理盐水）和胶体溶液（羟乙基淀粉、右旋糖酐和血浆）均可应用。但晶体液的用量一般要比胶体液用量大 2~3 倍。然后可静脉滴注高渗盐水（一般为 5% 氯化钠溶液）200~300ml，尽快纠正血钠过低，以进一步恢复细胞外液量和渗透压，使水从水肿的细胞中外移。但输注高渗盐水时应严格控制滴速，每小时不应超过 100~150ml，以后根据病情及血钠浓度调整治疗方案。

3. 高渗性脱水（hypertonic dehydration）又称原发性脱水。虽有水和钠的同时丢失，但因缺水更多，故血清钠高于正常范围，细胞外液的渗透压升高。严重的缺水、可使细胞内液移向细胞外间隙，结果导致细胞内、外液量都有减少。最后，由于脑细胞脱水而导致脑功能障碍之严重后果。机体对高渗性脱水的代偿机制是：高渗状态刺激位于视丘下部的口渴中枢，患者感到口渴而饮水，使体内水分增加，以降低细胞外液渗透压。另外，细胞外液的高渗状态可引起抗利尿激素分泌增多，使肾小管对水的再吸收增加，尿量减少，也可使细胞外液的渗透压降低和恢复其容量。如缺水加重致循环血量显著减少，又会引起醛固酮分泌增加，加强对钠和水的再吸收，以维持血容量。

（1）病因：高渗性脱水的主要病因为：①摄入水分不够，如食管癌致吞咽困难，重危患者的给水不足，经鼻胃管或空肠造瘘管给予高浓度肠内营养溶液等；②水分丧失过多，如高热大量出汗（汗中含氯化钠 0.25%）、大面积烧伤暴露疗法、糖尿病未控制致大量尿液排出等。

（2）临床表现：缺水程度不同，症状亦不同。可将高渗性脱水分为三度：轻度缺水者除口渴外，无其他症状，缺水量为体重的 2%~4%。中度缺水者有极度口渴。有乏力、尿少和尿比重增高。唇舌干燥，皮肤失去弹性，眼窝下陷。常有烦躁不安，缺水量为体重的 4%~6%。重度缺水者除上述症状外，出现躁狂、幻觉、谵妄，甚至昏迷。缺水量超过体重的 6%。

（3）诊断：病史和临床表现有助于高渗性脱水的诊断。实验室检查的异常包括：①尿比重高；②红细胞计数、血红蛋白量、血细胞比容轻度升高；③血钠浓度升高至 150mmol/L 以上。

（4）治疗：首先应去除病因。无法口服的患者，可静脉滴注 5% 葡萄糖溶液或低渗的 0.45% 氯化钠溶液，补充已丧失的液体。所需补充液体量可先根据临床表现，估计丢失水量占体重的百分比，然后按每丢失体重 1% 补液 400~500ml 计算。为避免输入过量而致血容量过分扩张及水中毒，计算所得的补水量一般可分为两天内补给。治疗一天后应监测全身情况及血钠浓度，酌情调整次日的补给量。此外，补液量中还应包括每天正常需要量 2 000ml。

高渗性脱水者实际上也存在缺钠，只是因为缺水更多，才使血钠浓度升高，补液后仍可能出现低钠血症。经上述补液治疗后若仍存在酸中毒，可酌情补给碳酸氢钠溶液。

第三节　电解质代谢紊乱

电解质（如钾、镁、磷）在机体的许多功能中起着重要作用，包括细胞代谢、神经和肌肉功能、骨组成和维持正常血液 pH。每个离子的要求是高度个性化的，取决于胃肠道损失、肾功能、其他临床基础疾病的急慢性变化。非处方药和处方药均可影响电解质平衡，在临床应用时均应考虑。本章着重讨论钾、镁和磷紊乱，因为这些电解质异常在临床患者中经常出现，并且可能危及生命。

一、体内钾的异常

钾是机体重要的矿物质之一，体内钾总含量的 98% 存在于细胞内，是细胞内最重要的阳离子电解质。细胞外液中钾含量仅是总量的 2%，但发挥着重要的生理功能。正常血钾浓度为 3.5~5.5mmol/L。钾有许多重要的生理功能：参与、维持细胞的正常代谢，维持细胞内液的渗透压和酸碱平衡，维持神经肌肉组织的兴奋性，以及维持心肌正常功能等。钾代谢异常有低钾血症（hypokalemia）和高钾血症（hyperkalemia），以前者更为常见。

1. 低钾血症　血钾浓度低于 3.5mmol/L 表示有低钾血症。

（1）病因：缺钾或低钾血症的常见原因有：①长期进食不足；②应用呋塞米、依他尼酸等利尿剂，肾小管性酸中毒，急性肾衰竭的多尿期，以及盐皮质激素（醛固酮）过多使肾排出钾过多；③补液患者长期接受不含钾盐的液体，或静脉营养液中钾盐补充不足；④呕吐、持续胃肠减压、肠瘘等，钾从肾外途径丧失；⑤钾向细胞、组织内转移，见于大量输注葡萄糖和胰岛素，或代谢性、呼吸性碱中毒者。

（2）临床表现：最早的临床表现是肌无力，先是四肢软弱无力，以后可延及躯干和呼吸肌，一旦呼吸肌受累，可致呼吸困难或窒息。还可有软瘫、腱反射减退或消失。患者有厌食、恶心、呕吐和腹胀、肠蠕动消失等肠麻痹表现。心脏受累主要表现为传导阻滞和节律异常。典型的心电图改变为早期出现 T 波降低、变平或倒置，随后出现 ST 段降低、Q-T 间期延长和 U 波。但并非每个患者都有心电图改变，故不应仅依靠心电图异常来诊断低钾血症。低钾血症的临床表现有时可以很不明显，特别是当患者伴有严重的细胞外液减少时。这时的临床表现主要是缺水、缺钠所致的症状。但当缺水被纠正之后，由于钾浓度被进一步稀释，此时即会出现低钾血症临床表现。此外，低钾血症可致代谢性碱中毒，一方面由于 K^+ 由细胞内移出，与 Na^+、H^+ 的交换增加（每移出 3 个 K^+ 即有 2 个 Na^+ 和 1 个 H^+ 移入细胞内），使细胞外液的 H^+ 浓度降低；另一方面，远曲肾小管 Na^+、K^+ 交换减少，Na^+、H^+ 交换增加，使排 H^+ 增多，这两方面的作用即可使患者发生低钾性碱中毒。此时，尿却呈酸性，即反常性酸性尿。

（3）诊断：根据病史和临床表现即可作低钾血症的诊断。血钾浓度低于 3.5mmol/L，有诊断意义。心电图检查可作为辅助性诊断手段。

（4）治疗：首先应积极处理造成低钾血症的病因。临床上判断缺钾的程度比较困难，虽然可以根据血清钾测定结果计算补钾量，但临床实用价值很小。临床通常采取分次补钾，边治疗边观察的方法。外科低钾血症患者常无法口服钾剂，都需经静脉补给。补钾量可根据血钾浓度降低程度，每天补钾 40~80mmol 不等。每克氯化钾相等于 13.4mmol 钾计算，约每天补氯化钾 3~6g。少数重点低钾血症患者，上述补钾量往往无法纠正低钾血症，需要增加补充的钾量，每天可能高达 100~200mmol。静脉补充钾有浓度及速度的限制，每升输液中含钾量不宜超过 40mmol（相当于氯化钾 3g），溶液应缓慢滴注，输入钾量应控制在 20mmol/h 以下。因为细胞外液的钾总量仅 60mmol，如果含钾溶液输入过快，血清钾浓度可能短期内增高，可有致命危险。如果患者伴有休克，应先输给晶体液及胶体液，尽快恢复其血容量。待尿量超过 40ml/h 后，再静脉补充钾。临床上常用的钾制剂是 10% 氯化钾。如上所述，低钾血症常伴有细胞外液的碱中毒，在补充氯化钾后，一起输入的 Cl^- 则有助于减轻碱中毒。此外，氯缺乏还会影响肾脏保钾能力，所以输注氯化钾，不仅补充 K^+，还可增强肾脏保钾作用，有利于低钾血症的治疗。由于补钾量是分次给予，因此要完成纠正体内的缺钾，通常需连续 3~5d 的治疗。

2. 高钾血症　血钾浓度超过 5.5mmol/L 即为高钾血症。

（1）病因：常见的原因有：①进入体内（或血液内）的钾量太多，如口服或静脉输入氯化钾，使用含钾药物，以及大量输入保存期较久的库存血等；②肾排钾功能减退，如急性及慢性肾衰竭；应用保钾利尿剂如螺内酯（安体舒通）、氨苯蝶啶等；盐皮质激素不足等；③细胞内钾的移出，如溶血、组织损伤（如挤压综合征），以及酸中毒等。

（2）临床表现：高钾血症的临床表现无特异性。可有神志模糊、感觉异常和肢体软弱无力等。严重高钾血症者有微循环障碍的临床表现，如皮肤苍白、发冷、青紫、低血压等。常有心动过缓或心律不齐。最危险的是高钾血症可致心搏骤停。高钾血症，特别是血钾浓度超过 7mmol/L，通常都会有心电图的异常变化。早期改变为 T 波高而尖，P 波波幅下降，随后出现 QRS 增宽。

（3）诊断：存在高钾血症可能病因的患者，当出现无法用原发病解释的临床表现时，应考虑到高钾血症的可能性。应立即作血钾浓度测定，血钾超过 5.5mmol/L 即可确诊。心电图有辅助诊断价值。

（4）治疗：高钾血症有导致患者心搏突然停止的危险，因此一经诊断，应予积极治疗。首先应立即停用一切含钾的药物或溶液。为降低血钾浓度，可采取下列几项措施：

促使 K^+ 转入细胞内：①输注碳酸氢钠溶液：先静脉注射 5% 碳酸氢钠溶液 60~100ml，再继续静脉滴注 100~200ml。这种高渗性碱性溶液输入后可使血容量增加，不仅可使血清 K^+ 得到稀释，降低血钾浓度，又能使 K^+ 移入细胞内或由尿排出。同时，还有助于酸中毒的治疗。Na^+ 可使肾远曲小管的 Na^+、K^+ 交换增加，使 K^+ 从尿中排出；②输注葡萄糖溶液及胰岛素：用 25% 葡萄糖溶液 100~200ml，每 5g 糖加入胰岛素 1U，静脉滴注。可使 K^+ 转入细胞内，从而暂时降低血钾浓度。必要时，可以每 3~4h 重复用药；③对于肾功能不全，不能输液过多者，可用 10% 葡萄糖酸钙 100ml+11.2% 乳酸钠溶液 50ml+25% 葡萄糖溶液 400ml，加入胰岛素 20U，作 24h 缓慢静脉滴入。

阳离子交换树脂：可口服，每次 15g，4 次 /d。可从消化道促进钾离子排出。为防止便秘、粪块堵塞，可同时口服山梨醇或甘露醇以导泻。

透析疗法：有腹膜透析和血液透析两种，用于上述治疗仍无法降低血钾浓度或者严重高钾血症患者。钙与钾有对抗作用，静脉注射 10% 葡萄糖酸钙溶液 20ml 能缓解 K^+ 对心肌的毒性作用，以对抗心律失常。

二、体内钙、镁及磷的异常

1. 体内钙的异常　机体内钙的绝大部分（99%）贮存于骨骼中，细胞外液钙仅是总钙量的 0.1%。血钙浓度为 2.25~2.75mmol/L，相当恒定。其中的 45% 为离子化钙，它有维持神经肌肉稳定性的作用。不少外科患者可发生不同程度的钙代谢紊乱，特别是发生低钙血症。

（1）低钙血症（hypocalcemia）：可发生在急性重症胰腺炎、坏死性筋膜炎、肾衰竭、消化道瘘和甲状旁腺功能受损的患者。后者是指由于甲状腺切除手术影响了甲状旁腺的血供或甲状旁腺被一并切除，或是颈部放射治疗使甲状旁腺受累。临床表现与血清钙浓度降低后神经肌肉兴奋性增强有关，有口周和指（趾）尖麻木及针刺感、手足抽搐、腱反射亢进以及 Chvostek 征阳性。血钙浓度低于 2mmol/L 有诊断价值。应纠治原发疾病。为缓解症状，可用 10% 葡萄糖酸钙 10~20ml 或 5% 氯化钙 10ml 静脉注射，必要时 8~12h 后再重复注射。长期治疗的患者，可逐渐以口服钙剂及维生素 D 替代。

（2）高钙血症（hypercalcemia）：多见于甲状

旁腺能亢进症，如甲状旁腺增生或腺瘤形成者。其次是骨转移性癌，特别是在接受雌激素治疗的骨转移性乳癌。早期症状无特异性，血钙浓度进一步增高时可出现严重头痛、背和四肢疼痛等。在甲状旁腺功能亢进症的病程后期，可致全身性骨质脱钙，发生多发性病理性骨折。甲状旁腺功能亢进者应接受手术治疗，切除腺瘤或增生的腺组织之后，可彻底治愈。对骨转移性癌患者，可给予低钙饮食，补充水分以利于钙的排泄。

2. 体内镁的异常　机体约 50% 的镁存在于骨骼内，其余几乎都在细胞内，细胞外液中仅有 1% 镁对神经活动的控制、神经肌肉兴奋性的传递、肌肉收缩及心脏激动性等方面均具有重要作用。正常血镁浓度为 0.70~1.10mmol/L。

（1）镁缺乏（magnesium deficiency）：饥饿、吸收障碍综合征、长时期的胃肠道消化液丧失（如肠瘘），以及长期静脉输液中不含镁等是导致镁缺乏的主要原因。临床表现与钙缺乏很相似，有肌震颤、手足搐搦及 Chvostek 征阳性等。血清镁浓度与机体镁缺，不一定相平行，即镁缺乏时血清镁浓度不一定降低，因此凡有诱因、且有症状者，就应疑有镁缺乏。镁负荷试验具有诊断价值。正常人在静脉输注氯化镁或硫酸镁 0.25mmol/kg 后，注入量的 90% 很快从尿中排出。而镁缺乏者则不同，注入量的 40%~80% 被保留在体内，尿镁很少。

治疗上，可按 0.25mmol/（kg·d）的剂量静脉补充镁盐（氯化镁或硫酸镁），重症者可按 1mmol/（kg·d）补充镁盐。完全纠正镁缺乏需较长时间，因此在解除症状后仍应每天补 25% 硫酸镁 5~10ml，持续 1~3 周。

（2）镁过多（magnesium excess）：体内镁过多主要发生在肾功能不全时，偶可见于应用硫酸镁治疗子痫的过程中。烧伤早期、广泛性外伤或外科应激反应、严重细胞外液量不足和严重酸中毒等也可引起血清镁增高。临床表现有乏力、疲倦、腱反射消失和血压下降等。血镁浓度明显增高时可发生心脏传导障碍，心电图改变与高钾血症相似，可显示 PR 间期延长，QRS 波增宽和 T 波增高。晚期可出现呼吸抑制、嗜睡和昏迷，甚至心搏骤停。治疗上应经静脉缓慢输注 10% 葡萄糖酸钙（或氯化钙）溶液 10~20ml 以对抗镁对心脏和肌肉的抑制。同时积极纠正酸中毒和缺水。若疗效不佳，可能需用透析治疗。

3. 体内磷的异常　机体约 85% 的磷存在于骨骼中，细胞外液中含磷仅 2g。正常血清无机磷浓度为 0.96~1.62mmol/L。磷是核酸及磷脂的基本成分、高能磷酸键的成分之一，磷还参与蛋白质的磷酸化、参与细胞膜的组成，以及参与酸碱平衡等。

（1）低磷血症（hypophosphatemia）：其病因包括甲状旁腺功能亢进症、严重烧伤或感染、大量葡萄糖及胰岛素输入使磷进入细胞内，以及长期肠外营养未补充磷制剂者。此时血清无机磷浓度 <0.96mmol/L。低磷血症发生率并不低，往往因无特异性的临床表现而常被忽略。低磷血症可有神经肌肉症状，如头晕、厌食、肌无力等。重症者可有抽搐、精神错乱、昏迷，甚至可因呼吸肌无力而危及生命。采取预防措施很重要。长期静脉输液者应在溶液中常规添加磷 10mmol/d，可补充 10% 甘油磷酸钠 10ml。对甲状旁腺功能亢进者，针对病因的手术治疗可使低磷血症得到纠正。

（2）高磷血症（hyperphosphaterma）：临床上很少见，可发生在急性肾衰竭、甲状旁腺功能低下等条件下。此时血清无机磷浓度 >1.62mmol/L。由于高磷血症常继发性低钙血症，患者出现的是低钙的一系列临床表现。还可因异位钙化而出现肾功能受损表现。治疗方面，除防治原发病外，可针对低钙血症进行治疗。急性肾衰竭伴明显高磷血症者，必要时可作透析治疗。

第四节　葡萄糖代谢的紊乱

一、高血糖

高血糖是 PN 最常见的并发症，特别是在治疗开始、患者病情严重时最容易发生。细胞因子和升血糖激素（例如皮质醇、肾上腺素、胰高血糖素、生长激素）在应激或炎症期间变化，升血糖激素增加会减少葡萄糖利用，肝脏糖异生增加。高血糖的短期后果包括尿糖增加、导致脱水、免疫功能受损和炎症反应增加。高血糖相关不良结果，包括败血症、急性肾衰竭、甚至死亡。在一项研究中，住院非危重患者 PN 输注期间的平均血糖水平为 >180mg/dl，与平均血糖为 <140mg/dl 的患者

相比，其死亡率风险为5.6倍。虽然在某些情况下提倡严格调控葡萄糖（80~110mg/dl），但由于医疗工作者可能更专注于避免低血糖，因此更可能导致高血糖。

二、低血糖

低血糖在PN患者中发生的频率低于高血糖，但后果可能危及生命。该类患者症状的严重程度范围从轻微症状，包括头晕、发抖、出汗、视物模糊、头痛和易怒，到严重症状，包括癫痫发作、昏迷和死亡等极端后果。低血糖通常是由于在PN中添加过多的胰岛素造成的。

反应性低血糖是PN患者低血糖的另一个原因。当PN输注突然停止时，可能会发生这种情况。因此通常建议所有患者使用PN应有一个减量期。减量就是输注速率逐渐降低，通常以小时为单位进行。内分泌系统通过增加分泌胰岛素的数量，以适应PN连续输注。如果输注突然停止，机体没有足够的时间进行调整，可能导致胰岛素过量，进而造成低血糖。同时接受高剂量胰岛素治疗的患者在这方面的风险则更大。

第五节 总 结

应用PN的患者需定期监测水、电解质、血糖和微量元素，一旦出现异常，应对营养液的配方进行及时调整。通过多学科营养支持团队在整个治疗过程中的密切监测，可以最大限度地减少治疗相关的并发症。多学科营养支持团队，包括医生、营养师、药剂师和护士，已被证明能够减少患者的代谢并发症。

（康维明）

参考文献

1. 陈孝平，汪建平．外科学［M］. 北京：人民卫生出版社，2015.
2. Andreoli TE, Safirstein RI. Andreoli and Carpenier's Cecil Essentials of Medicine［M］. 8th ed. Philadelphia: Saunders Elsevier, 2010.
3. Slotki IN, Skorecki KL. Brenner an Retor's The Kidney［M］. 9th ed. Philadelphia: Saunders Elsevier, 2011.
4. Spasovski G, Vanholder R, Allolio B, et al. Clinical Practice Guidelines on the Diagnosis and Treatment of Hyponatremia［J］. Intensive Care Medicine, 2014, 40(6): 924-924.
5. Arora SK. Hypernatremic Disorders in the Intensive Care Unit［J］. J Intensive Care Med, 2013, 28(1): 37-45.
6. Alshayeb HM, Showkat A, Babar E, et al. Severe Hypernatremia Correction Rate and Mortality in Hospitalized Patients［J］. Am J Med Sci, 2011, 341(5): 356-360.
7. Jensen HK, Brabrand M, Vinholt PJ, et al. Hypokalemia in Acute Medical Patients: Risk Factors and Prognosis［J］. Am J Med, 2015, 128(1): 60-67.
8. Felsenfeld A, Rodriguez M, Levine B. New Insights in Regulation of Calciumn Homeostasis［J］. Curr Opin Nephrol Hypertens, 2013, 22(4): 371-376.
9. French S, Subauste J, Geraci S. Caicium Abnormalities in Hospitalized Patients［J］. South Med J, 2012, 105(4): 231-237.
10. Marks J, Debnam ES, Unwin RJ. The Role of the Gastrointestinal Tract in Phosphate Homeostasis in Health and Chronic Kidney Disease［J］. Curr Opin. Nephrol Hypertens, 2013, 22(4): 481-487.

第六章　危重症的营养代谢需求

一、重症患者的代谢状态

急性重症患者往往会竭尽全力调动机体本身的力量以对抗病原体的侵袭和损伤，机体此时实际上处于一种强烈的代谢应激状态。包括：交感神经系统激活、下丘脑激素释放、外周组织对下丘脑激素及其他合成代谢激素的抵抗，促使能量物质向重要器官供给增加。能量产生路径发生改变，同时由于可用的能量底物发生改变导致动用其他物质进行能量代谢。应激引起的代谢反应将导致能量消耗改变、应激性高血糖、身体组分改变以及心理及行为问题。

（一）下丘脑 - 垂体 - 甲状腺轴

急性疾病时循环中甲状腺激素的水平会迅速发生变化。最典型的改变是由于肝脏等外周组织中 5'- 脱碘酶的缺乏，使得甲状腺激素转化障碍导致血浆 T_3 浓度降低而 rT_3 浓度升高，而术后 T_4 和 TSH 水平通常会迅速升高。之后血浆 TSH 和 T_4 浓度逐渐恢复正常，但 TSH 的昼夜节律消失。急性 T_3 水平下降的幅度与疾病严重程度及死亡风险相关。在重症疾病慢性期，入住 ICU 数周之后，将出现中枢性甲状腺功能减退，即 TSH、T_3、T_4 浓度均下降。有研究发现慢性重症患者下丘脑室旁核的 TRH 基因表达降低。

（二）下丘脑 - 垂体 - 肾上腺轴

一旦大脑感受到应激事件，下丘脑 - 垂体 - 肾上腺轴激活将导致下丘脑 CRH 及精氨酸加压素释放，刺激垂体前叶释放 ACTH。可的松水平升高可以保证为重要器官提供能量，同时通过调节血管内液体潴留和加强血管加压素等调节循环系统，另外通过抗炎作用预防炎症级联反应过度激活。但 Vermes 等研究发现在多发创伤和脓毒症中 ACTH 浓度升高仅仅是暂时的，也有研究证实入住 ICU 时重症患者的 ACTH 水平已经受到抑制。这种低 ACTH 伴随高可的松浓度的现象可以用细胞因子所致的非 ACTH 依赖可的松合成效应及可的松降解减低来解释。

（三）其他

近期有研究发现，由不同类型的脂肪细胞所释放的脂肪因子，包括瘦素、抵抗素、脂联素等在脓毒症相关代谢改变中起到一定的作用。而炎症成分在很大程度上通过细胞因子和炎症介质在中枢神经系统水平进行调节。免疫反应包括先天免疫和特异性免疫反应，并分为细胞介导和体液介导两种方式，分别释放抗体及细胞因子。这些细胞因子会损害某些机体的生理功能。氧化应激失控，即氧自由基产生与抗氧化剂水平失衡，也同样起到重要的作用。急性炎症反应，缺血再灌注，缺氧和氧过多将增加氧自由基产生、消耗抗氧化物质储备。而氧化应激反过来又将使炎症反应加剧，进而增加氧自由基产生，由此造成恶性循环。很多研究已证实休克、心脏停搏或急性呼吸窘迫综合征时，氧化应激程度与疾病严重程度相关。

二、代谢的结果

（一）能量消耗

在损伤后早期，能量消耗通常较损伤前降低或持平，而在损伤后晚期则比损伤前增高。在严重疾病慢性期，能量代谢的变化缺乏特异性。因此很难预测重症患者能量代谢的实际情况。确实，能量消耗不仅受到多种生理紊乱（发热、低体温、心率变化、颤抖、激惹）的影响，也受到例如镇静药物、非选择性 β- 受体拮抗剂和物理降温等治疗干预的影响。因此，方程计算不能代替通过间接测热法对能量消耗进行直接监测。

（二）能量底物的利用

应激的主要特征之一就是可代谢底物的利用失衡。重症疾病状态下，能量底物的利用绝大部分取决于在上述机制调节下内源性储备的利用。在疾病早期，虽然往往存在着一过性外周胰岛素受体表达下调，导致应激性血糖增高，但碳水化合物的氧化比例总体上大于脂肪及蛋白质的氧化。一段时间以后，随着肝糖原消耗，葡萄糖的供应和利用降低，脂肪转化增加，随着时间的推移肌肉及内脏蛋白体积减少。同时，由于肌肉、内脏的蛋白质分解，为机体的应激反应提供炎性介质细胞因子等"急性相蛋白"，使得"常相蛋白（肌肉、白蛋白等）"的分解代谢高于合成代谢从而导致负氮平衡。此期机体代偿性的增加各种急性相蛋白合成，但依照传统的氮平衡计算方法，无法改变负氮平衡的结果。因此，在重症患者的急性应激期，不宜追求传统的正氮平衡，而应该观察摸索此时各种炎性细胞因子的作用及其量效关系，再了解上述急性相蛋白的氨基酸组成，根据"补不足损有余"的原则，适当调整氨基酸供给的种类与剂量，籍以调节宿主炎性反应，减轻器官功能损伤。当然，适度增加蛋白质供应量，有可能抑制或减轻机体内脏和肌肉蛋白的分解丢失，保护瘦体组织群与内脏器官功能。

（三）碳水化合物

葡萄糖是重症疾病状态下优先利用的能量底物，通过无氧酵解产生 2 个 ATP，当线粒体功能正常时通过三羧酸循环产生额外的 36 个 ATP。在整个机体水平，碳水化合物的代谢变化主要包括动用糖原储备，结果导致由乳酸，甘油，肝脏、肾脏和肠道的丙氨酸大量合成内源性葡萄糖。由于糖原的转化增加，血浆葡萄糖浓度随之增加，而此时外周肌肉和脂肪细胞的胰岛素受体却表达下调，利用葡萄糖减少以节约给神经细胞、红细胞等更重要的组织细胞，导致典型的应激性高血糖。同时非氧化代谢（如糖原合成）受损，葡萄糖氧化代谢上调。此时饮食中碳水化合物的消化吸收也发生改变：一旦被摄入，多糖分子将被淀粉酶剪切成低聚糖（3~10 个糖）。生成的低聚糖将被小肠刷状缘的消化酶剪切。而在重症患者其中一种消化酶乳糖酶的活性将被抑制，从而导致肠道碳水化合物的吸收降低。

（四）应激性高血糖

2 型糖尿病高血糖的机制是胰岛素抵抗和 β 细胞分泌缺陷。而应激性高血糖的发生机制较之要复杂很多，与儿茶酚胺、生长激素及可的松等激素的反向调节有关，也与细胞因子导致的肝糖原大量产生和胰岛素抵抗有关。其中，肝脏通过糖原分解作用导致糖输出增加和外周肌肉与脂肪组织细胞胰岛素受体下调似乎是引起应激性高血糖最重要的原因。大量的研究证实入院血糖水平与患者预后之间呈 U 形曲线关系，即入室血糖过高或过低均与预后不良相关。入室血糖在 5.5~6.1mmol/l 死亡率最低。同样血糖波动大和低血糖与预后差相关。

（五）乳酸作为替代底物

应激代谢反应中最为突出的部分之一是乳酸的代谢异常。乳酸是无氧糖酵解时丙酮酸降解的生理产物。在稳态状态，乳酸的产生和消除是平衡的，每日 1 200~1 500mmol，血乳酸水平稳定在 0.8~1.2mmol/L。除少数不含线粒体的器官，大部分器官将自发释放和摄取乳酸，因此乳酸的净含量取决于其释放和摄取的差异，和不同器官及其能量状态也有关系。通常情况下，肌肉以及大脑和消化道产生乳酸，超过 70% 的乳酸在肝脏清除。血浆乳酸浓度代表了总体乳酸产生及清除的瞬时平衡，因此当血乳酸浓度在正常范围内时，无论乳酸的代谢是正常的、高的或低的，说明乳酸的产生和消除是平衡的。Cori 循环（乳酸 - 丙酮酸循环）证实了乳酸可以有效地在器官间穿梭，从而在各种应激状态下为器官提供能量。例如，红细胞不具有线粒体，只能通过无氧糖酵解产生 ATP 同时生成乳酸，而后者在肝脏有氧环境下进一步代谢。越来越多的证据证实，在应激状态下机体更多的发生这种代谢变化，而乳酸本身也是器官和组织有利用价值的一种底物，特别是在能量危机的情况之下，可以作为心脏和大脑等器官的部分能量来源。静息状态下，心脏 60%~90% 的能量来源于脂肪酸的 β 氧化。但在心肌缺血、氧耗增加、氧供减少等缺氧的情况下，代谢通路将转向优先利用碳水化合物氧化产生 ATP。已有实验室研究证实在脓毒症和失血性休克时心肌将利用乳酸作为能量来源。

（六）脂类

在重症疾病早期，动用脂肪作为能量底物较碳水化合物的程度要小。从脂质转化为 ATP 需要消耗大量的氧和功能良好的线粒体。由于损伤后普遍存在组织缺氧和线粒体功能障碍，无法满足动用脂肪的必要条件。在重症疾病期间，无论外源性脂质供给量如何，储存在脂肪组织中的内源性甘油三酯和由乳糜及其他脂蛋白释放的外源性甘油三酯迅速水解并向血液中释放游离脂肪酸和甘油。通过输注碳水化合物或外源性脂肪并不能有效地抑制上述脂质水解过程。在急性期，血浆甘油三酯廓清增加，由于脂质水解增加与游离脂肪酸最大利用率失衡所引起的脂质过氧化增强将导致器官损伤。后期外周组织游离脂肪酸氧化增加，而在肝脏内将转化为酮体或再脂质化为极低密度脂蛋白。血浆游离脂肪酸水平在疾病最初几天将显著增加。在重症患者慢性期，脂蛋白脂酶活性增强，而负责从脂肪组织释放游离脂肪酸的激素敏感脂酶水平处于较低或正常水平。总之，脂质代谢增加，但只有在线粒体功能完好的组织中才可以实现脂质氧化。同时胆固醇合成和转化受损。

有研究表明，在脓毒症患者中甘油三酯水平在一定范围内增加（不超过引起急性胰腺炎的水平）可能是有益的，因为富含甘油三酯的脂蛋白特别是乳糜微粒和极低密度脂蛋白可以与内毒素结合并中和其生物学效应，对脓毒症患者起到保护作用。近期的研究证实高密度脂蛋白可以通过多种机制起到控制感染和系统性炎症反应的作用。某些脂质紊乱参与了重症患者器官功能损伤和衰竭。游离脂肪酸可以诱发炎症反应对组织产生毒性。给予脂肪酸合成抑制物（C75），可以抑制脓毒症大鼠游离脂肪酸在肝脏聚集，并能够抑制炎症反应及器官损伤，进一步减低实验动物的死亡率。除此之外，C75 可以刺激肉毒碱棕榈酰转移酶 1，该酶是线粒体脂肪酸氧化的限速酶，因此 C75 可以通过抑制脂肪生成和促进脂肪酸氧化发挥保护作用。

有研究关注了一种特定的脂质分子溶血磷脂酰胆碱（LPC）对严重脓毒症患者预后的影响。磷脂酰胆碱在磷脂酶 A2 的作用下水解产生 LPC 和花生四烯酸，LPC 有潜在免疫调控作用。研究结果发现，死亡患者入 ICU 第 7 天的 LPC 浓度明显低于生存患者，且给予适当抗生素治疗的患者 LPC 水平随时间逐渐增加，而未给予适当抗生素治疗的患者则没有这种现象。

另外 ICU 长期存活患者普遍存在肉毒碱缺乏，这种改变与高甘油三酯血症有一定的相关性，原因可能与线粒体脂肪酸 β 氧化紊乱有关。

近期的研究表明由必需脂肪酸形成的多种脂质介质如花生四烯酸、二十碳五烯酸和二十二碳六烯酸（AA，EPA 和 DHA）可以调节免疫反应。如白介素或前列腺素等促炎脂质介质在炎症反应的启动中起到一定的作用。与此同时，脂质复合物［包括消退素、保护素和 maresins（MaR1）］在炎症过程中发挥作用。这些脂质复合物在抑制炎症部位中性粒细胞及中性粒细胞衍生物，以及增加巨噬细胞清除能力方面发挥关键的作用。实验室证据已经证实巨噬细胞 DHA 衍生因子 MaR1 可以介导 LPS 诱发急性肺损伤时的抗炎作用。MaR1 通过抑制中性粒细胞黏附和促炎因子释放起到延缓肺损伤的作用，因此 MaR1 有可能成为治疗急性呼吸窘迫综合征的一种新的手段。

（七）蛋白质

应激状态时，在激素和炎症介质的影响下，蛋白质分解与合成的速率均大大增加。不同的是常相蛋白质的分解大于合成，而参与炎性应激反应的急性相蛋白的合成则显著增加。大部分细胞内蛋白质通过泛素 - 蛋白酶体系统的激活被降解。应激状态的特点之一是泛素 - 蛋白酶体通路异常活化，导致肌肉、内脏蛋白质被大量降解和肌肉萎缩。蛋白质分解大幅增加用于合成炎症介质。蛋白质降解释放的氨基酸（主要是丙氨酸和谷氨酰胺）除了用于合成急性相蛋白之外，还可以通过转化为生糖氨基酸或氧化的方式再利用后产生尿素和氨等代谢废物。常相蛋白质由于降解速度大于合成速度从而导致负氮平衡。结果将导致骨骼肌迅速消耗可引起 ICU 获得性肌无力，这也是应激所致代谢反应中最不理想的结局之一。

重症患者代谢的特征之一就是体蛋白丢失，且绝大部分来源于骨骼肌，分解产生的氨基酸用于作为构成炎性细胞因子的急性相蛋白的底物，以及肝脏糖异生和其他蛋白质合成的前体物质，同时为免疫系统和肠道黏膜细胞更新提供底物。肝脏合成速率增加的蛋白质不仅仅包含急性相蛋白，也包括白蛋白。但由于白蛋白通过毛细血管转移速率增加最终导致血浆白蛋白浓度稀释性降低。在全部氨基酸中，骨骼肌释放谷氨酰胺的速率是最快的。谷氨酰胺是快速分化细胞和免疫系统主要的能量来源；也是糖异生，核酸合成和肾脏氨合成的重要前体物质。谷氨酰胺以游离氨基酸的形式储存在骨骼肌胞质中，在应激状态下迅速通过跨膜转运系统释放。其在肌肉内的浓度远高于其他氨基酸，在重症患者中由于迅速被消耗而导致匮乏。在应激状态下，肌肉谷氨酰胺重新合成的速度不足以弥补外周利用的速率，且肌肉谷氨酰胺缺乏与疾病严重程度及预后不良成比例相关。许多研究证明，在严重创伤、烧伤和脓毒症患者中经肠内和肠外补充谷氨酰胺可以降低感染发生率及死亡率。

合成代谢抵抗这一概念最早是由 David Cuthbertson 教授在 1930 年提出的，描述了疾病状态下蛋白质营养要素合成功能减退的现象，他观察到严重创伤的患者尿素氮产生量大概是氮质摄入量的 2 倍。其发生的机制包括细胞因子及应急激素的分泌、制动、能量摄入减少、血管收缩和滋养血管减少。

基于上述认识的进步，最近 20 年来所谓"代谢调理、营养治疗"的理念逐渐为广大同道所接受。即：通过营养底物的补充，刻意增加或限制某些炎性反应所必须的氨基酸（以及脂质）供应，补不足、损有余，调理机体的代谢应激反应，从而既减少内脏与肌肉蛋白的分解，同时又减轻机体过度的炎性反应，最终达到保护器官功能的代谢治疗之目的。

（安友仲　吴昆　刘丹）

参考文献

1. Boonen E, Vervenne H, Meersseman P, et al. Reduced cortisol metabolism during critical illness[J]. N Engl J Med, 2013, 368(5): 1477-1488.
2. Marques M B, Langouche L. Endocrine, metabolic, and morphologic alterations of adipose tissue during critical illness[J]. Crit Care Med, 2013, 41(1): 317-325.
3. Hillenbrand A, Weiss M, Knippschild U, et al. Sepsis-induced adipokine change with regard to insulin resistance[J]. Int J Inflam, 2012, 2012(4): 972368.
4. Fraipont V, Preiser JC. Energy estimation and measurement in critically ill patients[J]. J Parenter Enteral Nutr, 2013, 37(6): 705-713.
5. Hoffer LJ, Bistrian BR. Why critically ill patients are protein deprived[J]. J Parenter Enteral Nutr, 2013, 37(3): 300-309.

第七章　创伤、应激的营养代谢需求

据不完全统计，全世界每年有超过100万人死于创伤，其所致死亡率约占世界全因病死率的7%~9%。在我国，创伤久居死亡原因前5位，尤其是青年人群死亡的首要原因。重症创伤患者的救治是一个全球性难题，亟待解决，而创伤危重症的营养支持治疗也是其中的重难点之一，这需要我们临床医师对创伤应激状态下的代谢改变有更为深入的认识。

重症创伤患者在创伤早期往往处于严重应激状态，机体代谢改变显著，主要表现为分解代谢明显高于合成代谢，常伴随去脂体重（fat-free mass，FFM）的迅速减少，营养状况急剧下降，这种情况下，若未予以合理的营养支持，不仅无益于患者的康复，反而会进一步加重代谢负荷，造成机体代谢紊乱、免疫失衡，甚至导致多器官功能障碍综合征（multiple organ dysfunction syndrome，MODS）的发生。近年来，随着学者们对重症创伤患者代谢规律及其中的病理生理改变的深入认识，临床营养的概念逐步从“营养支持”向“营养支持治疗”转变，表明了现代临床营养更重视对应激后机体代谢改变的治疗。

第一节　创伤应激状态下影响机体代谢的因素

严重创伤患者的代谢分为两个不同阶段，因代谢状态的不同而分为早期短暂低代谢期——“低潮期”（ebb phase）及后期高代谢期——“涨潮期”（flow phase）。低潮期机体组织灌注显著减少，伴随体温下降、氧耗降低，代谢以低分解、低合成为特征，持续时间约为8~24h，这是机体应对创伤应激后的一种自我保护机制，此阶段的反应程度往往与创伤的严重程度相关。涨潮期，高分解代谢与高合成代谢并存，而且，分解代谢显著高于合成代谢。持续的代谢亢进伴随氧耗、能耗急剧增加，急性相蛋白的大量生成，机体易出现血清白蛋白的下降、反应性高血糖、免疫受抑等，继而出现严重并发症。这一系列的代谢改变受到神经、内分泌、免疫等因素的调节。

一、神经-内分泌调节

严重的创伤应激会引发体内显著的神经内分泌反应，主要以下丘脑-垂体-肾上腺皮质通路激活，以及交感-肾上腺髓质系统亢奋为特征，表现为肾上腺素、去甲肾上腺素、皮质醇、胰高血糖素、生长激素、醛固酮和抗利尿激素等多种应激激素分泌、释放增多。上述反应的程度及持续时间与机体遭受创伤的严重程度和应激程度密切相关。创伤后，大量的肾上腺素和去甲肾上腺素释放，严重抑制胰岛素的分泌，并且起到拮抗胰岛素的作用，引起高血糖；而糖皮质激素、肾上腺素及生长激素的升高可促进胰高血糖素的分泌，引起血糖进一步升高。机体神经内分泌的变化对机体宏量营养素代谢的影响首先是肝糖原、肌糖原分解加剧，血糖升高，保证以葡萄糖为主要供能物质的脑组织和外周神经、红细胞、肾髓质等组织和细胞在机体应激时的需求。随后是蛋白质和体脂分解，以保证机体其余组织细胞的能源供给，机体持续处于负氮平衡状态，创伤愈重，负氮平衡愈明显，即表现为明显的骨骼肌消耗。

二、免疫反应

创伤所致的组织损伤、炎症反应以及严重感染等应激会刺激免疫细胞释放多种体液性介质，包括细胞因子（TNF-α、IL-1、IL-6等）、前列腺素以及一氧化氮（NO）等，在局部或全身参与引起多种生理反应，特别是介导急性相反应（acute phase response）的出现。当创伤并发感染时，会促使各种炎性反应加重，伴随多种受体介导和细胞活性物质生成，效应细胞的反应呈“瀑布式”效应，逐级放大，出现线粒体能量代谢障碍，导致底物进入线粒体生成ATP的能力丧失，进而细胞受损甚至死亡，引起机体代谢异常。例如，前炎性因子TNF-α，在创伤应激后最先出现，可诱导IL-1和IL-6等多种炎性细胞因子的产生和释放。TNF-α可抑制脂肪酸合成通路中的关键酶，从而抑制游离脂肪酸向甘油三酯转变，另外，TNF-α还可激活组织脂肪酶活性，提高甘油三酯的水解水平，同时提高甘油和游离脂肪酸的转换率。TNF-α和IL-1可使得乙酰辅酶A合成酶活性下降，阻止游离脂肪酸转运至线粒体内，从而抑制脂肪酸氧化作用；而IL-6则具有促进脂肪降解的作用，同时增加脂肪在肝脏内的合成，进而增加血浆甘油三酯水平。目前，已有证据表明激素和细胞因子在多种水平具有协同作用，共同参与机体应激后的代谢调节。

第二节 创伤、应激后机体代谢改变

一、糖代谢改变

应激性高血糖是外科创伤中值得关注且十分重要的代谢异常表现之一，主要由应激激素、细胞因子及中枢神经系统等一系列应激反应所致，对正常糖代谢过程产生严重干扰。

创伤早期低潮期时，儿茶酚胺和交感神经兴奋直接刺激的肝糖原分解、葡萄糖释放增加，使得血糖显著升高，此时，胰高血糖素仍保持在正常水平。而与此同时，血清胰岛素水平因胰腺β细胞功能受损及胰腺α-肾上腺素能受体激活而低于正常水平。随后过渡至涨潮期，糖异生和胰岛素抵抗现象是应激性高血糖持续存在的关键因素。此时，胰高血糖素明显升高，促进肝脏糖异生，另一方面，大量分泌的皮质醇通过激素的“允许作用”使得胰高血糖素和肾上腺素不断刺激肝糖异生。肝脏糖异生底物主要来源于乳酸和丙氨酸。创伤应激时的胰岛素抵抗则包括两层含义，即胰岛素对糖异生的抑制作用下降和外周组织（如骨骼肌）的胰岛素介导的葡萄糖摄取能力减弱。这可能与严重创伤应激后，应激激素和细胞因子（TNF-α、IL-1、IL-6等）释放增加、抑制胰岛素受体（IR）表达、降低了葡萄糖转运体活性及部分阻断细胞内胰岛素信号通路（IR/IRS-1/PI3K/Akt）有关。胰岛素介导的葡萄糖激酶合成障碍和葡萄糖转运异常也可能是胰岛素抵抗现象发生的潜在机制。

二、脂肪代谢改变

在严重创伤应激下，重症患者主要依靠脂肪分解供能，受胰岛素、胰高血糖素、肾上腺素等多种内分泌激素的调控，激素敏感性脂肪酶（hormone-sensitive triglyceride lipase，HSL）作为脂解过程中的关键限速酶被激活，脂解作用增强，血清游离脂肪酸（FFA）增加。FFA迅速转变成脂肪酸-肉毒碱复合体并转运至线粒体内，经β-氧化生成ATP提供能量，同时产生酮体。酮体可抑制肌肉分解，起到节氮的作用。然而，在严重创伤应激患者血中肉毒碱水平不同程度下降，长链脂肪酸无法正常进入线粒体进行氧化代谢，脂肪氧化反应受到显著影响。

除了应激激素以外，细胞因子如TNF-α、IL-1β、IL-2等也参与脂肪代谢过程，其通过抑制脂蛋白酯酶活性，阻碍外周组织摄取脂肪酸；IL-2还可抑制脂肪细胞的肾上腺素能α受体，间接激活β_2受体，加剧脂肪分解代谢。

三、蛋白质代谢改变

创伤应激患者的蛋白质合成速率和分解速率均有上升趋势，但分解速率显著高于合成速率，主要表现为净蛋白丢失，即肌肉消耗和负氮平衡。有研究表明，严重创伤等高分解代谢下，每天的尿氮丢失可高达20g，而每克氮相当于6.25g蛋白质或27~30g瘦肉，即相当于600~700g骨骼肌，肌肉消耗十分严重。创伤应激患者的病情严重度、器官功能和疾病预后与持续的负氮平衡状态密切相关，单纯的营养支持常常难以有效逆转机体高分解代谢下的肌肉消耗。近些年有研究报道，胞内蛋白合成与分解信号平衡状态被破坏，蛋白分解效应分子（钙连蛋白酶、半胱天冬酶、E3连接酶和溶酶体蛋白酶等）的异常活化，以及系统性介质（神经内分泌激素、促炎细胞因子和蛋白水解因子）的异常表达均参与机体肌肉消耗过程。另外，笔者课题组通过系列创伤及腹腔感染重症动物模型探索重症应激下蛋白质代谢紊乱相关机制，首次发现严重应激后机体出现促蛋白质合成代谢的 GH-IGF-1 轴失衡，表现出获得性生长激素抵抗（acquired growth hormone resistance，AGHR）现象，蛋白质合成受抑制。同时发现蛋白质合成代谢中 mTOR 通路受抑制是重症应激时出现 GH-IGF-1 轴失衡，引发肌肉消耗的重要原因及关键治疗靶点，为解决重症骨骼肌消耗提供了新思路。深入研究应激状态下蛋白质消耗的分子机制，将为临床有效干预重症患者的肌肉消耗提供新的治疗靶点。

第三节　创伤、应激患者的营养支持

一、能量供给

合理的营养支持方案能够决定外科重症患者在营养支持治疗中的受益水平。由于创伤的严重程度、受伤时间、受伤部位、患者合并症及年龄的不同，创伤重症患者能量消耗的个体差异很大。既往的临床经验是通过现有预测性公式推算患者的日均能量需求量，从而拟定热量供给量。然而，最近的研究表明单纯依靠公式预测患者的能量需求是不精准的，可能会导致营养支持量的不合理实施，这就需要临床医师在临床实践过程中有所警觉，密切监测关注能量给予量是否合适。在病态肥胖人群中，体质指数越高，预测静息能量消耗越难；而在某些神经系统病变患者，如罹患脑卒中、脊髓损伤、侧索硬化症等，能量消耗并非升高而是降低。严重创伤早期存在低代谢反应，这种现象在重症患儿也较常见。因此，欧洲及美国临床营养学会均指出间接能量测定法是目前为止准确获取重症患者静息能量消耗的“金标准”，有条件的情况下，尽量通过间接能量测定法获得静息能量消耗水平，确保外科重症患者营养支持的精确与个体化要求。

二、营养素的供给

1. 宏量营养素的供给

（1）碳水化合物的供给：碳水化合物是主要供能物质，供能约占非蛋白质供能的 60%~75% 较为合适。严重应激状态下，容易出现应激性高血糖，高血糖会显著增加重症患者的感染发生率和死亡率，应注意避免葡萄糖的过量摄入。2018 年的欧洲临床营养与代谢学会（ESPEN）关于 ICU 临床营养指南建议：对于 ICU 患者，糖或碳水化合物供给量不要超过 5mg/（kg·min）。目前，指南推荐将血糖控制在 140~180mg/dl（7.8~10mmol/L），此举不仅能改善重症患者的预后，亦能避免由于严格控制血糖可能造成的低血糖风险。当血糖水平超 10mmol/L 时应予胰岛素治疗（证据等级 A），且应在进入 ICU 或启动人工喂养时注意监测血糖，通常前两天需间隔 4h 测量一次。

（2）脂肪的供给：脂肪是主要的供能物质，约提供 20%~40% 的非蛋白热量。与碳水化合物相比，脂肪乳剂具有能量密度大、等渗，具有节氮效应，可为机体提供必需脂肪酸，同时可减轻机体因高糖负荷所引起的多种不良反应。2018 年 ESPEN 指南建议：静脉使用脂肪（包括非营养脂肪乳来源）不应超过 1.5g/（kg·d），并应根据患者耐受情况及血液学中甘油三酯等指标进行调整。传统的以大豆油为主要来源的长链脂肪乳剂，因其代谢产物花生四烯酸具有促炎作用，且长链脂肪酸代谢速率较慢，并不利于创伤重症患者的脂肪代谢和炎症反应的控制，因此，促使了新型脂肪乳剂的开发应用，如物理混合的中、长链脂肪乳剂、结构脂肪乳剂和多种油脂肪乳，这些新型脂肪乳剂在临床的应用，具有节氮、下调炎性反应和维护脏器功能等作用，是创伤危重患者更理想的能源物质。

（3）蛋白质的供给：蛋白质或氨基酸是重要的生命物质，不仅可为机体提供氮源、起到维持瘦肉体量的作用，还参与构成细胞骨架、生成免疫球蛋白及代谢酶类，并起到运输体内物质的作用等。危重患者因疾病原因处于高分解代谢状态导致骨骼肌消耗，负氮平衡，这将明显增加危重患者的并发症发生率和病死率，在这种高分解状态下，仅以

15%~30% 能量消耗量确定蛋白质的摄入量并不科学。有研究表明，当能量和蛋白质均达到目标剂量时，临床预后明显改善，28d 病死率下降；但单纯能量达标，蛋白质不足 0.8g/(kg·d)时，对病死率并无影响。但目前仍需要高质量的随机对照研究进一步证实上述结论。因此，创伤应激患者的营养治疗中应及时关注蛋白质摄入量，以期达到最优化。

2016 年重症医学学会 / 美国肠外肠内营养学学会(SCCM/ASPEN，the Society for Critical Care Medicine /American Society for Parenteral and Enteral Nutrition)成人危重症患者营养支持治疗实施与评价指南建议为：除提供能量外，建议连续评估蛋白质供给的充分性。蛋白质补充充足与否与临床预后密切相关。蛋白质需求预计为 1.2~2.0g/(kg·d)(以实际体重计算)。而 2018 年 ESPEN 有关 ICU 临床营养指南则建议为：对于危重病患者，蛋白摄入量可逐渐增加至 1.3g/(kg·d)。目前，若无法通过监测氮平衡来判断患者蛋白质供给是否充足时，蛋白质补充量达到 1.2~2.0g/(kg·d)，比检测血清 ALB、PA 和 CRP 等对临床营养支持治疗方案的调整更有指导意义。指南建议的更新也进一步体现了学者对于蛋白质供给的关注。

2. 微量营养素的供给

(1) 电解质供给：严重创伤、应激患者，机体往往存在电解质紊乱的现象。因此在临床营养支持时除了给予足够的热量、氮量外，还需根据患者的具体情况，及时给予补充电解质，并根据电解质浓度的监测结果，及时调整供给电解质的量。2018 年 ESPEN 指南建议：在创伤患者进行营养支持治疗的前 1 周内，至少每天测一次电解质(钾、镁、磷)。并且对于存在再喂养低磷血症(血磷 <0.65mmol/L 或下降 >0.16mmol/L)的患者，需每日测量 2~3 次电解质，必要时予以补充。

(2) 维生素供给：维生素虽不是能源物质且体内含量很低，但其是细胞代谢过程中氧化 - 还原酶系统的主要辅酶，参与体内氧化还原反应，为合成高能磷酸化物质、葡萄糖酵解、丙酮酸代谢、甘油和脂肪酸以及蛋白质的分解代谢所必需。严重创伤、应激的危重患者，对各种维生素(水溶性、脂溶性维生素)的需求量明显增加，这与患者的高代谢状态密切相关。维生素 D 的缺乏在 ICU 中极为普遍，营养水平低下、炎症反应以及急性病严重期均存在维生素 D 的缺乏，Amrein 等人在一项包括 655 名 ICU 患者的观察性回顾性研究中发现，60.2% 的患者表现出 25(OH)D 水平 <20ng/ml，多达 86.5% 的患者表现出 <30ng/ml；在美国，Dickerson 等人对 158 名重症成人外伤患者进行了类似的分析，其中 121 例(77%)患者存在缺陷，其中严重缺陷 46 例(38%)，功能不全 31 例(20%)。维生素 D 的生物学效应是巨大的，远远超过其对骨骼和钙代谢的影响，除了心血管和自身免疫性疾病，维生素 D 还有助于免疫调节和感染控制，同时还会影响体内激素的分泌，这在危重症患者中是至关重要的。而维生素 A、维生素 E 与创伤的愈合、内脏损伤的修复及机体免疫功能相关，为提高机体抵抗力及创伤后机体的恢复，应保证充足维生素 A、维生素 E 的摄入量。

(3) 微量元素供给：微量元素是指含量低于体重 0.01%~0.005% 的物质，它们的含量虽然极低，但作为人体重要的媒介物质，与人体许多生理功能相关，参与多种酶的合成与活化，维持正常免疫功能，促进细胞的正常分化和发育等，是创伤危重患者营养支持治疗的重要组成部分。研究表明，在创伤应激状态下，通过尿液和皮肤丢失的微量元素如铜、铁、锌、硒等增加，另外，血浆中的转运蛋白浓度发生改变，从而使这些微量元素重新分布，导致体内微量元素的缺乏。但遗憾的是，目前临床上有关严重创伤、应激状态下如何合理补充微量元素、具体需要量是多少这方面的研究甚少。因此，目前大多数学者的观点是危重患者进行肠外营养支持治疗时，可以补充生理需要量的锌和硒，烧伤患者还需适当补充铜，除贫血外一般不常规补铁。然而，临床上具体补充方案还应依据病种、病情、基础营养状况来确定。

(4) 特殊营养物质的应用：在重症创伤患者，营养支持的目的已经从单纯的满足营养需要向营养治疗转变，合理的营养支持治疗不仅可改善患者营养状况，也能减少感染等并发症的发生，纠正免疫失衡，改善临床预后，起到药理作用。营养支持对重症患者的药理作用分为调控免疫和增强肠屏障功能两方面，由于多种特殊营养底物如谷氨酰胺、精氨酸、ω-3 多不饱和脂肪酸(ω-3 polyunsaturated fatty acid，ω-3 PUFA)等大多是通过调节免疫功能来发挥药理作用.故又将这些特殊营养素统称为免疫营养素。

在难以耐受EN的危重症患者中,由于免疫功能抑制、分解代谢增加、肠黏膜屏障功能受损等原因,谷氨酰胺相对缺乏,需要通过肠外营养支持额外补充。谷氨酰胺还能改善外科重症患者的胰岛素抵抗现象,提高机体的胰岛素敏感性,有利于应激性高血糖的控制。谷氨酰胺对机体免疫功能的调节机制,一是由于谷氨酰胺作为免疫细胞分化生长的能源物质,二是其可能参与应激时的细胞信号转导,参与调节多种代谢相关基因的表达、细胞防御及修复过程。但是,近年来也有一些高质量的临床多中心研究结果均出现使得对谷氨酰胺在危重症中的作用受到质疑,但也与这些研究本身存在的局限性有关,仍然需要进一步的高质量临床研究的验证。关于谷氨酰胺的使用,2018年的ESPEN危重症临床营养指南也给出了相应建议:对于烧伤体表面积>20%的患者,在启动EN时额外经肠内给予谷氨酰胺0.3~0.5g/(kg·d),疗程10~15d;对于重症创伤患者,可在入住ICU的前5d经肠内给予谷氨酰胺0.2~0.3g/(kg·d);对于存在复杂性创面愈合的患者,可延长使用至10~15d;对于除烧伤以及创伤患者外的其他ICU患者,不应额外经肠内给予谷氨酰胺;对于不稳定以及复杂的ICU患者,尤其是发生肝肾功能衰竭的患者,避免静脉使用谷氨酰胺二肽。

外科重症患者使用富含鱼油的脂肪乳剂能明显改善患者的肝功能及免疫状态。2016年,《成人危重症患者营养支持治疗实施与评价指南》建议:对严重创伤患者和需要EN治疗的SICU术后患者,建议给予富含精氨酸和鱼油(富含ω-3 PUFA)的免疫调节配方EN。新一代静脉脂肪乳剂(包括混合脂肪乳、长链脂肪乳、橄榄油脂肪乳和鱼油脂肪乳),比大豆油基础的静脉脂肪乳剂对预后影响更好。2018年的ESPEN的危重症临床营养指南则建议:对于进行PN的重症患者,可给予富含EPA+DHA[鱼油,0.1~0.2g/(kg·d)]的脂肪乳剂。

总之,创伤危重症患者的病情十分复杂,同时存在代谢紊乱与免疫失衡状态,营养支持治疗在这类患者的治疗中非常重要,但治疗上又困难重重,需要临床医师根据创伤严重度、疾病阶段、胃肠道实际情况等来选择合适的营养方案,以期达到预期的治疗效果,任重而道远。

(王新颖)

参考文献

1. Singer P, Blaser A R, Berger M M, et al. ESPEN guideline on clinical nutrition in the intensive care unit[J]. Clin Nutr, 2019, 38(1): 48-79.
2. Taylor B E, McClave S A, Martindale R G, et al.2016 ASPEN guidelines for the provision and assessment of nutrition support therapy in the adult critically ill patient: Society of Critical Care Medicine (SCCM) and American Society for Parenteral and Enteral Nutrition (A. S. P. E. N)[J]. Critical care medicine, 2016, 44(2): 390-438.
3. Calder P C, Adolph M, Deutz N E, et al. Lipids in the intensive care unit: recommendations from the ESPEN expert group[J]. Clin Nutr, 2018, 37(1): 1-18.
4. 王新颖.2016年成人危重症病人营养支持治疗实施与评价指南解读[J].肠外与肠内营养, 2016, 23(5): 263-269.
5. 王新颖.外科重症病人代谢变化及营养支持管理[J].中国实用外科杂志, 2014, 34(1): 63-66.

第八章　临床营养在慢性病管理中的作用

一、慢性非传染性疾病

慢性非传染性疾病(chronic non-communicable diseases)，简称“慢病”，是一类起病隐匿、病程长且病情迁延不愈、缺乏确切的传染性生物病因证据的疾病的概括性总称，是我国和世界目前主要的致死原因。随着人口老龄化、城市化快速发展、生活方式改变及环境污染日益严重，当前我国慢病流行趋势呈增长势态。WHO 统计数据显示，到 2030 年，国内 65 岁以上老年人数量将激增至近 2.4 亿，可能使慢病负担增加 40%。由慢病所导致的健康损失、伤残等将会使卫生系统、家庭及社会负担日益严重。

中国慢病占总死亡人数 86.6%，如心脑血管病、癌症、糖尿病、慢性阻塞性肺病等。慢病常合并营养不良，导致预后不良的临床结局，如：并发症增多、死亡率增加、住院时间延长、医疗费用增加，增加家庭社会负担、降低患者的生活质量。

二、慢病的临床营养管理

慢病管理是指组织慢病专业医生、药师及护理人员，为慢病患者提供全面、连续、主动的管理，以达到促进健康、延缓慢病进程、减少并发症、降低伤残率、延长寿命、提高生活质量并降低医药费用的一种科学管理模式。WHO 公布，心脑血管病、癌症、糖尿病、慢性阻塞性肺病是 4 类最主要的慢性疾病，与之相应的 4 类主要生物学危险因素包括：超重 / 肥胖、高血压、高血脂、糖代谢异常；而针对慢病最常见的可干预的健康危险因素也主要包括 4 种：吸烟、有害饮酒、缺少运动、不健康饮食。研究认为，如能控制慢性病的主要危险因素，至少可以预防 80% 的心脏病、脑卒中和 2 型糖尿病以及超过 40% 的恶性肿瘤。

目前，我国已经出台了一系列的政策、制度和规章，旨在规范我国慢病管理，很多社区卫生服务机构也普遍开展多项慢病管理工作，如针对高血压、糖尿病患者进行管理。但目前对于慢病患者的临床营养管理，问题日益凸显。中国临床营养联盟等机构公布的一项数据显示，在我国 1.6 亿名住院患者中，有 8 000 万 ~1 亿名患者需要临床营养诊断与治疗，而临床营养治疗率不到 3%，同时院外还有数以亿计的慢性病患者的营养问题未得到有效管理。营养相关问题在慢病患者中发生率高，其与并发症发生率、肿瘤复发风险、死亡率、住院时间、医疗费用及生活质量相关，是影响患者疾病治疗效果和整体预后的重要因素。因此，呼吁临床工作者重视慢病患者的临床营养治疗，最终建立系统、规范的慢病临床营养管理体系，极具临床与社会意义。

三、临床营养的作用和挑战

临床营养从 20 世纪至今已经走过 50 余年的历程，挽救了无数肠功能衰竭或疑难重症患者的生命，创造了医学史的奇迹。进入 21 世纪以来，随着经济的快速增长，现代化、工业化、城市化和老龄化社会的来临，人民工作和生活习惯的改变，同时也带来新的疾病谱的改变。慢性病的增长，已成为制约我国走向健康幸福社会的障碍。临床营养将在疾病预防和治疗管理中将起到重要作用。

在我国，肥胖症带来糖尿病、高血压、高血脂等代谢性疾病、恶性肿瘤、心血管系统疾病、呼吸系统、骨关节及泌尿生殖系统疾病，包括不孕不育及骨折等，在减重手术后仍继续存在营养不良风险。因此，肥胖症的营养管理至关重要。

面对 21 世纪的挑战，需要我们审视过去并提出相应对策。由于国家经济实力及传统观念所限,既往医学院课程设计中,临床营养课时过少,住院医师及专科培训中缺乏临床营养知识和技能的培训。且受过去的医疗体系和医保支付方式所限,临床注重分科,导致分科过细,侧重住院时间和周转率等指标,加重了不重视临床营养的问题。尽管许多有合并症的患者存在营养不良或营养高风险,也有各种肠外肠内营养制剂、临床营养应用指南和共识,但临床医师往往对此认识不足,导致患者出现疾病相关营养不良或医源性营养不良,治疗效果差,增加并发症的发生、住院时间或再入院次数、死亡率及医疗费用和社会成本,患者生活质量下降。

从临床营养角度整合医学,开展继续教育,建立临床营养多学科团队,进一步促进和提高我国临床营养专业人才的培养,将发挥临床营养在预防、治疗、功能康复及慢病管理中的重要作用。

四、临床营养管理将使慢性患者受益

炎性肠病是严重影响人类健康的慢性病之一。克罗恩病患者发病年龄早,因疾病相关营养不良往往影响患儿的生长发育,特别是长期应用糖皮质激素患儿。2006 年 ESPEN 指南已将肠内营养治疗作为儿童一线治疗,以及作为成人克罗恩病长期疾病治疗管理的推荐共识。我国于 2012 年多学科专家建立了成人克罗恩病长期疾病治疗管理的推荐共识,并进行临床营养研究,更新共识,使 IBD 患者获益,包括减少并发症,促进肠黏膜愈合,降低复发率和再入院率,降低医疗费用和死亡率,提高患者生活质量。

在恶性肿瘤治疗中,恶性肿瘤本身的代谢特点,导致机体营养底物的消耗,造成肿瘤相关营养不良,加上手术、化放疗、靶向治疗等医源性损害,进一步加重疾病相关营养不良或营养不良风险,如不进行临床营养管理,许多患者因疾病相关营养不良或医源性营养不良导致感染等并发症或手术、化放疗、靶向治疗等相关并发症,以及恶性肿瘤复发,而过早死亡。因此,国内外针对恶性肿瘤患者的指南、共识为肿瘤患者的营养管理提供了参考,同样获益,包括减少治疗肿瘤造成的并发症、促进患者身心康复、减少患者住院时间和医疗费用、降低再入院率和死亡率,提高患者生存时间和生活质量。

2001 年我国进入老龄化社会,我国和国际社会同样面临老龄化带来的难题和挑战。随着年龄增长,人体生理和生活方式的改变,代谢性疾病、恶性肿瘤、心血管系统疾病、呼吸系统、骨关节及泌尿生殖系统等功能障碍的多种慢性疾病的增长,共病老年患者因高龄、孤独或疾病本身、疾病治疗或有意限制饮食等因素导致进食减少,长期处于饥饿状态,老年患者往往慢性病多、用药多样性高、多器官功能障碍、恶性肿瘤发生率高,易加重营养不良的程度,手术、创伤、感染等危重应激也会导致高分解代谢状态及胃肠功能障碍,因此,老年患者成为慢性病合并营养不良或营养高风险人群。这些慢性病多、合并营养不良或营养高风险的老年患者往往治疗效果差,并发症、住院时间或再入院次数、死亡率及医疗费用和社会成本增加,患者生活质量下降。如反复肺炎、骨折、脑卒中、吞咽困难、认知功能障碍、骨折、肾功能障碍、泌尿系感染、排尿排便困难、生活不能自理等。如能及早进行营养宣教、营养筛查和营养干预管理,将预防营养不良和预防疾病并重,以临床营养的手段促进疾病治疗和治疗营养不良,并促进患者的功能康复,进一步提高医疗水平和全民健康理念,将促进和提高我国医疗健康水平和生活质量。

身为临床医师、护师、营养师及药师等健康工作者,终身学习将成为我们临床工作者的生活方式。如能将临床营养用于预防疾病与临床患者的治疗管理、功能康复,乃至临终关怀中,从生老病死、疾病治疗到重塑健康,临床营养将赋予我们健康工作者更多的责任和使命,也是提高慢病合并营养不良或营养高风险患者治疗效果、临床研究和管理水平及人文关怀的重要组成部分。

（于健春）

参考文献

1. Kondrup J, Rasmussen HH, Hamberg O, et al. Nutritional risk screening (NRS 2002): a new method based on an analysis of controlled clinical trials [J]. Clin Nutr, 2003, 22(3): 321.
2. Compher. C, Higashiguchi. T, et al. Does low body mass index predict the hospital mortality of adult western or asian patients [J]? Journal of Parenteral and Enteral Nutrition, 2018, 42(2): 467-472.
3. NCD Risk Factor Collaboration (NCD-RisC). Trends in adult body-mass index in 200 countries from 1975 to 2014: a pooled analysis of 1698 population-based measurement studies with 19.2 million participants [J]. Lancet, 2016, 387: 1377-1396.
4. 中华医学会肠外肠内营养学分会营养与代谢协作组，北京协和医院减重多学科协作组．减重手术的营养与多学科管理专家共识[J]. 中华外科杂志，2018，56(2): 81-90.
5. Sobotka M. Basics in Clinical Nutrition [M] 5th ed. Prague: Galen, 2019.
6. Cederholm T, Jensen GL, Correia MITD, et al. The GLIM criteria for the diagnosis of malnutrition——a consensus report from the global clinical nutrition community [J]. Clinical Nutrition, 2019, 38(1): 1-9.
7. Svolos V, Hansen R, Nichols B, et al. Treatment of active Crohn's disease with an ordinary food-based diet that replicates exclusive enteral nutrition [J]. Gastroenterology, 2019, 156(5): 1354-1367.
8. 田字彬，丁雪丽，荆雪．克罗恩病的营养评估及营养支持治疗[J]. 肠外与肠内营养，2019，26(5): 257-260.
9. Kirby DF, Corrigan ML, Hendrickson E, et al. Overview of home parenteral nutrition: an update [J]. Nutrition in Clinical Practice, 2017, 32(6): 739-752.

第九章 老年患者的营养代谢需求

第一节 老年人的人体组成

老年人的人体组成及生理功能与中青年相比有很大差异，如70~80岁健康男性的瘦体重（lean body mass，LBM）较20岁时减少约25%，其中，骨骼肌减少近50%，是构成LBM丧失的主要原因。年龄每增长10岁，LBM约减少6.3%。LBM的减少反映了人体内脏器官的减重。70岁后，人体肝脏重量可减轻约18%，肾脏减轻9%，肺减轻11%。在90岁时，男性骨密度损失12%，女性损失25%。另一方面，与中青年相比，老年人的体脂（total body fat，TBF）可增加35%，其中，腹部及臀部脂肪的增加较为显著，而面部、前臂及小腿的脂肪减少。各指标变化参见表9-1-1。

表9-1-1 老年人的人体组成及生理改变

人体组成	变化
总体水	减少
细胞内水分	减少
瘦体组织	减少
总体钾	减少
体脂	增加
骨量	减少
内脏血流量	减少
血浆蛋白	减少

成年人总体水量约占体重的比例在男性约为60%，成年女性约为50%（表9-1-2）；老年人均有所下降，老年男性总体水量约占体重的52%，老年女性约占42%。体液容量减少主要是细胞内液减少和血容量减少，组织间隙液容量变化不大。老年人的血容量可减少20%~30%。细胞内液减少直接与肌肉组织减少、细胞体积缩小有关。正常情况下，肌肉含水75%，脂肪含水仅5%~10%，故此瘦体组织（LBM）的减少是导致细胞内液减少、从而表现出总体水量下降的主要因素之一。老年人脂肪组织相对增加，非脂肪组织与水分相对减少，间接影响了体液总量；所以体瘦的老年人体内含水量较多，脂肪较少，能较好地耐受急性水、电解质丢失，但对慢性消耗性疾病的耐受则较差；而体胖的老年人则相反。

表9-1-2 成人的体液组成（成人70kg为例）

	占身体重量/%	体液容量/L
总体液量（TBW）	60	42
细胞内液（ICF）	40	28
细胞外液（ECF）	20	14
组织间液（IFV）	16	11
血浆溶液（PV）	4	3

第二节 老年人胃肠病理和生理

老年期后，消化器官逐渐衰退，包括口腔改变：黏膜萎缩、牙龈萎缩、牙齿松动脱落、舌黏膜变薄、舌乳头萎缩、味蕾减少、舌肌萎缩、运动能力下降、咀嚼及吞咽受限。食管蠕动能力减退，部分老年人出现第三蠕动波，这些均不利于食物入胃。胃肠黏膜萎缩，血管变性以致血液供应减少，胃肠肌松弛无力，胃肠蠕动能力减退，胃排空延迟。唾液、胃液、胰液、小肠液在质与量上均发生变化，唾液淀粉酶、胰脂酶、胰淀粉酶、胰蛋白酶、胃蛋白酶等消化酶活性下降。胆囊功能障碍，小肠黏膜表面积减少。这些变化均降低了对营养素的消化与吸收能力，再则老年人组织修复能力降低，术后或损伤后，胃肠蠕动恢复时间延长等，易导致维生素 B_{12}、铁、钙等吸收能力下降；乳糖酶的减少与缺乏，使得奶及乳制品的利用受到限制。肝脏是人体重要的代谢器官，对营养素的吸收和转化起着重要的作用。老年人的肝脏体积缩小，重量下降，70 岁以上尤为明显。老年人的肝脏一般有如下组织学的改变：①实质细胞减少，实质细胞体积、核的体积和核染色多呈变性，使肝脏重量减轻；②有巨大实质细胞，有巨大、深染、不规则的异形核；③在巨大的核中有多个核仁，核内有大的包涵体；④有双核细胞，有清晰的核周围带。此外，肾脏皮质萎缩及其代谢能力的减退，使排泄代谢废物能力下降。

老年人肝脏虽有上述的改变，在通常情况下仍能保持一定的功能，但在应激的情况下，则其代偿能力、解毒能力远不如青年人，特别是在营养不良的情况下，进行营养支持时，更应重点保护老年人的肝脏。在平时治疗中，对所有的药物应谨慎地考虑与肝脏的关系，以便能保障肝脏不受损，能担负营养代谢的需要。

由于上述因素，所以在病理因素下，老年人在摄取营养过程中，往往有下列情况发生：①吞咽困难：以往认为老年人吞咽困难与年龄有关，但近年来有人认为单纯年龄因素不会导致吞咽困难，而这是一种病理现象。其原因是多方面的，包括食管运动障碍，食管梗阻、食管外的因素如延髓麻痹、食管周围病变的压迫等。②便秘：老年人的大便次数和规律因各人的体质不同而有所不同，一般每日三次至每周三次大便尚属正常。但若在排便中存在便次太少，或排便不畅、费力、困难、粪便干结且量少，是便秘的主要表现。在了解便秘时，应首先了解近期大便习惯有无异常改变，便秘可能为功能性的或器质性的，其原因是多方面的，如食物中缺少纤维素、液体摄入量减少、精神因素、截瘫、经常用镇痛剂和降血压药物等，均能导致便秘。在器质性病变中，主要为结肠肿瘤、肠梗阻、肛门疾病、内分泌疾病等。便秘的发生必然影响老年人消化系统对营养素的吸收。③腹泻：老年人腹泻，除一般胃肠外，常见的原因有老年人吸收不良综合征，长期用抗生素，小肠、结肠病变如炎性肠道疾病、结肠癌、结肠息肉等。④上消化道出血：老年人上消化道出血可由胃溃疡、胃肿瘤、食管静脉出血、出血性胃炎、口服水杨酸类药物等引起。重要的是检查老年人慢性隐性上消化道出血的原发病灶。⑤便血：老年人便血的原因包括痔，结肠、直肠肿瘤，缺血性肠炎，肛裂外伤等。⑥急性与慢性腹痛：老年人急性腹痛主要有胆囊炎、阑尾炎、胰腺炎急性肠系膜血管栓塞。慢性腹痛常为胰腺肿瘤、肠道肿瘤早期症状，慢性血管供血不足也可以引起慢性腹痛。⑦黄疸：老年人出现黄疸，除肝炎外，常见为胆道阻塞性黄疸，如胆总管结石、胰腺肿瘤等，黄疸发生更加重老年人消化道对营养素吸收的障碍。

第三节 老年人营养素代谢特点

一、能量代谢特点

与成年人相比，老年人能量代谢有两大特点，一是基础代谢率（basic metabolic rate，BMR）降低。据研究，从 20~90 岁，随着年龄的增长，每增加 10 岁，BMR 约下降 2%~3%，60 岁以上 BMR 约为青年时期的 90%。二是能量浪费较大，利用率下降，但活动量减少，加上 BMR 下降等，总体来讲，老年人总能量消耗量是下降的。

二、脂肪代谢的特点

随着年龄的增长，老年人血清中低密度脂蛋白（LDL）水平增高，胆固醇浓度增高，女性尤为显著。20~70 岁血清胆固醇浓度约上升 0.3%~0.5%，饥饿时脂肪动员较慢，胆固醇中以胆固醇酸的增加较游离胆固醇明显。脂蛋白中，与动脉硬化有关的颗粒较大又较不稳定的 β- 脂蛋白也增高。血中甘油三酯增高较明显，其与胆固醇沉积于血管壁的量关系密切。

三、蛋白质代谢特点

老年人白蛋白的转化率、合成率及异化量均降低，半衰期亦延长。血中氨基酸模式改变，必需氨基酸含量下降，具有特殊功能的蛋白质含量下降，聚合胶原上升。蛋白质解毒和适应代谢酶的诱导时间延长。临床往往发现老年人血清总蛋白量及白蛋白降低，球蛋白与白蛋白比例上升。某些氮平衡实验结果亦显示，足以使年轻人保持正氮平衡的蛋白质供给量却导致老年人呈负氮平衡。随着年龄的增长，体内核酸总量降低。老年人的脱氧核糖核酸与脱氧核酸蛋白复合物中的蛋白质分子结合得更稳固，从而抑制基因的遗传特性表现。

四、碳水化合物代谢特点

老年人对碳水化合物的代谢率下降，虽然正常状态下空腹血糖水平可能是在正常范围，但糖耐量随着年龄的增长却逐渐下降，其转化为脂肪储存起来的能力亦相应减弱。葡萄糖耐量试验往往出现高糖曲线，这主要与胰岛素分泌不足、对胰岛素的敏感性降低及肝糖原分解能力提高有关；另一部分原因可能是因衰老而引起细胞膜与细胞内酶系统的改变。

五、水及电解质的变化

老年人体内的水分总量相对减少，主要为细胞内液的减少。老年人水的储备力减退，因此老年人在应激情况下容易发生脱水，特别是在腹泻、发热、出汗时更明显。发生脱水后易发生水、电解质的不平衡。当发生水和电解质缺少或过多时，由不正常恢复到正常所需的时间比年轻人为长，这种恢复能力下降的程度与肾功能减退相关。老年人易发生水、电解质失衡，主要因素有：①老年人尿浓缩能力减退，当摄入水分不足时易发生脱水；②老年人对轻度脱水状态缺乏敏感性；③老年人心功能不全、肾功能不全易发生水钠潴留；④老年人易发生抗利尿激素分泌过多综合征，引起低钠血症；⑤老年人精神不正常时，过度饮水，可引起水中毒；⑥老年人也可因神经性厌食、呕吐、滥用利尿剂及泻剂等多种因素而造成低钠血症。

第四节　老年人能量及营养素需要量

一、能量需要量

目前尚无大样本的关于老年人能量需要的研究，也无老年人能量消耗计算公式参考。能量的需要量应考虑手术、创伤等应激因素，无并发症大手术基础能量消耗（basic energy expendture，BEE）增加5%~10%，多发性创伤或合并有感染性并发症的老年外科患者增加20%~30%，大面积烧伤患者增加40%~100%。创伤早期，老年外科患者所需的能量可按15~25kcal/（kg·d）提供，恢复期所需的能量可升高1.3~1.5倍。能量的分配比例根据具体情况进行调整，基础比例：碳水混合物占55%~60%，脂肪占20%~25%，蛋白质占15%~20%。老年人短期肠外营养支持，可由脂肪提供35%~50%的能量；而长期营养支持，脂肪提供20%~30%的能量。低能量的肠外营养支持更符合老年外科患者的代谢特点，有利于应激反应的恢复，减少感染并发症的发生，缩短住院时间。

二、蛋白质的需要量

老年人胃肠生理发生退行性改变后，代谢受限。因此蛋白质的吸收率及利用率均较青壮年时期降低。目前主张老年人蛋白质供应量一定要充足，以维持其正氮平衡和肌肉状况，尤其强调应供给必需氨基酸齐全的高生物效价蛋白质，主张基础供给量为1.0~1.5g/（kg·d），提供总能量的10%~20%。

损伤及手术后患者处于高代谢应激状态，因此要求在损伤及手术后应根据情况提高蛋白质的供给。但是蛋白质供给过量又会增加代谢功能已降低的肾脏负担，为谨慎起见，供给老年患者蛋白质0.8~1g/（kg·d），或按老年患者肾功能改变的情况作相应调整。一般来说，动物蛋白如奶蛋白、卵蛋白、瘦肉蛋白都是完全蛋白质，含人体所需要的一切必需氨基酸，植物蛋白除大豆蛋白外，生物效价均较低，但掺杂食用可提高其生物效价。因此要求老年人一定要杂食，并给一定量的动物蛋白。高生物效价蛋白供给应占总蛋白质量的50%。在低能量供给时或能量供给不足时，老年人往往需要更高的蛋白质摄入量，以达到正氮平衡。

谷氨酰胺（glutamine）是小肠黏膜细胞的主要能量来源（约70%），能增加蛋白质合成、减少肌肉分解、增强免疫功能和促进伤口愈合。添加谷氨酰胺双肽的肠外营养，能减轻老年外科患者术后肠黏膜屏障的损害和内毒素血症，减少感染并发症，缩短术后住院时间，并有较好的安全性。临床推荐剂量为 0.35g/(kg·d)。

三、脂肪的需要量

由于老年人脂质代谢异常，一些常见老年慢性疾病又多与脂质代谢异常有关，因此，老年人脂肪供给较青年人严格：一是脂肪供给量不应超过供给总能量的 25%，高限不超过 30%。但低于总能量的 20% 会影响脂溶性维生素的吸收和必需脂肪酸的供给；二是调节脂肪类型，多不饱和脂肪酸及单不饱和脂肪酸的供给要充足，尽量减少饱和脂肪酸的摄入，即饱和脂肪酸 / 不饱和脂肪酸约为 1∶2。增加不饱和脂肪酸摄入的同时，应增加维生素 E 的摄入，否则过氧化脂质生成增加，同样会促使动脉粥样硬化的发生。另外老年人应适当限制胆固醇摄入，每天摄入量不高于 300mg，对血清胆固醇增高者，每天摄入量不高于 200mg。动物油除鱼油外含较多饱和脂肪酸；植物油除椰子油外，以含不饱和脂肪酸为主。因此老年人应采用植物油烹调。

由于脂蛋白酶和核蛋白脂肪酶的活性降低，对采用肠外营养支持输注脂肪乳的老年人，应定期检测血脂，根据血脂水平调整脂肪乳剂用量。注意输注速度，持续 18~20h 的输注可以达到较好的血浆廓清和耐受。若血清甘油三酯水平高于 3mmol/L 时应慎用脂肪乳剂，休克未获纠正或氧供不足情况下不宜应用脂肪乳剂。

中链甘油三酯(medium-chain triglyceride, MCT)在膳食供给中意义重大，尤其对消化吸收不良者及术后患者等。其代谢特点一是在肠道中分解快而完全，且吸收迅速，无胆汁时亦是如此；二是不经过淋巴系统而经门静脉系统从肠道运出；三是氧化快而完全；四是在机体中不蓄积，降低血浆中游离脂肪酸的含量，从而减少了胆固醇的合成；五是中链脂肪酸的吸收不需脂肪酶、甘油三酯再合成便能吸收；六是运输时不需与其他脂类物质形成乳糜微粒，也不易于蛋白质结合。

添加 ω-3 脂肪酸(omega-3 fatty acid)的肠外营养支持能调节老年患者术后白细胞膜脂质介导产物的产生，减少全身性炎性反应综合征的发生率和术后并发症的发生率，显著降低围手术期的死亡率和感染并发症发生率，缩短术后住院时间。基础推荐量 0.15g/(kg·d)，输注速度同脂肪乳剂。

四、碳水化合物的需要与供给

鉴于老年人对碳水化合物(carbohydrate)的代谢率下降，要求其摄入量亦应相应下降，目前建议每日葡萄糖的基础供给量为 2~4g/kg，碳水化合物供给量约占总能量的 50%~55% 为宜。以低浓度开始(10% 左右)，逐渐增加，达到估算的需要量。碳水化合物供给过多，易使内源性甘油三酯生成增多，尤其是单糖供给过多更易发生高甘油三酯及高胆固醇血症，而且可导致其他营养素不足等。单糖及低聚糖分子量低，渗透压较大(同等质量)，多糖则相反，老年人胃肠黏膜对高渗膳食供给时耐受性较差，因此应考虑增加多糖的应用，况且其对降低血清甘油三酯水平有利。膳食纤维有利于促进或刺激肠道蠕动，并有调节血糖和血脂的作用，但供给过量又可能影响微量营养素的吸收和利用，一般要求每日供给量 6~8g。肠内营养的碳水化合物应主要为单糖(葡萄糖)和部分多糖，但不应含乳糖，中国人对乳糖不易耐受，易发生腹泻。在老年人中，因胰腺功能的减退往往并发糖尿病，所以在提供碳水化合物时，应考虑到老年人对葡萄糖或蔗糖的耐受性。对老年糖尿病患者，应考虑适当配合应用胰岛素或其他降糖药，亦可改用糖尿病型肠内营养制剂。在老年患者中，若伴有重度外伤、胰腺疾病、肾脏疾病、肝脏疾病、重度感染等时，应考虑到老年患者对糖的利用受到一定限制，应适当调整碳水化合物糖的摄入量。

五、维生素的需要与供给

维生素作为某些酶的主要成分，在调节人体代谢和推迟衰老的过程中起着极其重要的作用。大多数维生素不能在人体内合成和大量储存，必须依靠食物或营养液供给。由于老年人胃肠功能的衰退，进食量的减少及饮食习惯的改变，造成维生素的摄入量及利用不足，出现维生素缺乏的临床表现，但如摄入量过多又易中毒以及影响其他维生素的吸收与利用，尤其是脂溶性维生素更易如此。例如维生素E摄入过量则阻抑维生素K发挥作用。目前关于老年人维生素的正常需要量尚无统一的国际标准，各家报道亦不尽相同，而且多根据正常成年人标准而定。一般认为老年人每日维生素需要量及供给量应高于青壮年人。在老年患者进行肠内营养支持时，一般商品营养液中的维生素含量大多能满足老年患者的需要，个别商品营养液中可能相应缺少某种维生素，则可另在配制肠内营养液时适当加入。

六、矿物质及微量元素的需要与供给

由于老年人特点，较青壮年更易出现矿物质和微量元素代谢异常。病理情况下更是如此。因此，老年人营养支持时，要特别强调矿物质和微量元素的供给及监测。

需要特别提出的是，关于老年人钠盐摄入量的问题，目前公认的观点是适当限制钠盐的摄入。特发性高血压患者对食盐负荷引起的升压反应随年岁增长而增强，而且水钠潴留加重心、肾负担，故在老年人肠内营养支持时应注意限钠摄入，检测血钠改变情况，以免超过其限量。

应注意监测老年人血磷的改变，在外科术后患者中约50%的老年患者出现低磷血症。低磷往往合并低镁、低钙血症。严重低磷血症削弱了红细胞2，3-二磷酸甘油盐产生红细胞和血小板的功能。因此，易致动脉血氧饱和度降低，出现缺氧综合征以及糖尿病酮症酸中毒等。老年人胃肠功能减退，对钙、磷的吸收能力减弱，钙、磷的吸收又密切相关，因此对于老年人要特别强调钙、磷的补给，目前推荐的钙、磷供应比为1∶1，这样有利于二者的吸收和利用。至于一般电解质维持和治疗的原则与成人无差异，但要及时监测，因老年人血内的电解质、矿物质的代偿能力不如中、青年人。

七、水的需要与供给

正常状态下，老年人排尿量较青年期成人为多，约25~30ml/(kg·d)，但不易察觉失水量则较少，估计为15ml/(kg·d)，内生水量每天约为350~450ml。处于病理情况老年患者，则需要加强监测和及时调整。肠内营养与肠外营养的供求量相似，总供水量(ml)与能量(kcal)供给比1∶1即可，或30ml/(kg·d)。正常成人每日需水约35ml/kg，但老年人多存在慢性疾病，如心功能不全，肾功能不良等，应依据情况适当限制和减少水摄入量。老年人术后所引起的应激反应，以及由此而致的ADH和醛固酮的分泌，体内出现水钠潴留比青壮年成人明显而且时间较长。一般术后2~3d无异常丢失时，水的补给量不应超过35ml/(kg·d)。应根据病者的具体情况，排出量及心肾功能等予以调整。总体上，老年人水平衡较为脆弱，因此要注意监测其每日进出，以求不致水平衡遭到破坏，而能满足老年人的营养需要。

（于 康）

参考文献

1. 钟华，于康，秦明伟，等．探讨老年人适宜的体质量指数[J]．中华临床营养杂志，2015，23(5)：313-316.
2. 谢海雁，于康，安奇志，等．代谢车间接测热法、公式推测法及人体成分测定法用于测定静息能量消耗的比较[J]．中华临床营养杂志，2018，26(2)：90-93.
3. Jensen GL, Cederholm T, MITD C, et al. GLIM criteria for the diagnosis of malnutrition: a consensus report from the global clinical nutrition community[J]. JPEN. 2019, 43(1): 32-40.
4. 杨剑，蒋朱明，于康，等．营养不良评定(诊断)标准沿革及目前存在问题的思考[J]．中华外科杂志，2019，57(5)：331-336.
5. 中华医学会．临床诊疗指南——肠外肠内营养学分册(2008版)[M]．北京：人民卫生出版社，2009.
6. White JV, Guenter P, Jensen G, et al. Consensus statement: academy of nutrition and dietetics and American Society for Parenteral and Enteral Nutrition: characteristics recommended for the identification and documentation of adult malnutrition

(undernutrition)[J]. JPEN, 2012, 36(3): 275-283.
7. 安奇志,马婧,于康,等. 老年人体质量指数、体脂总量及分布与血脂异常的相关性研究[J]. 中华临床营养杂志, 2015, 23(3): 131-136.
8. Cederholm T, Bosaeus I, Barazzoni R, et al. Diagnostic criteria for malnutrition-an ESPEN consensus statement [J]. Clin Nutr., 2015, 34(3): 335-340.
9. 崔敏,于康,李春微,等. 肌肉衰减综合征对老年人跌倒、骨质疏松症、骨折和全因死亡影响的前瞻性队列研究的荟萃分析[J]. 中华临床营养杂志, 2018, 26(5): 299-308.
10. 李春微,于康. 营养干预对老年人肌肉蛋白合成的影响: 系统综述[J]. 中华健康管理学杂志, 2017, 11(1): 34-39.

第十章　住院患儿营养筛查和评定

住院患儿营养不良主要指蛋白质能量摄入不足引起的营养不足。充足的营养不仅是维持机体生存的基础，也是儿童生长发育的基本要素。然而，无论是发达国家，还是发展中国家，疾病状态下住院患儿营养不良的现象仍普遍存在。儿童时期许多疾病如慢性腹泻、恶性肿瘤或外科手术等，均会引发营养不良，影响预后。一些国际性的大宗病例报道认为大多数儿童的死亡原因与营养不良相关，在死亡危险因素中营养不良的相对危险度值较高。儿童疾病相关的营养不良（disease-associated malnutrition）造成的原因可能有营养素的丢失，能量消耗的增加，营养物质摄入减少或营养素合成利用途径改变等。

关于住院儿童营养不良发生率的报道，绝大多数研究是根据体格测量的结果。据国外发达国家报道，住院儿童疾病相关性营养不良总体发生率在6%~51%。不同疾病间营养不良的发生率也各不相同：神经系统疾病为40%，感染性疾病34.5%，囊性纤维化33.3%，心血管疾病28.6%，肿瘤疾病27.3%，消化系统疾病23.6%。如果同时合并多种系统疾病，营养不良发生率可高达43.8%。2015年欧洲最新发表的一项多中心研究（14家医院，n=2 400）表明，根据体质指数（BMI）<-2标准差（SDS）的诊断标准，住院患儿入院时营养不良的发生率为7%（4.0%~9.3%），其中婴儿和1~2岁儿童发生率较高，分别为10.8%和8.3%。国内研究多为单中心研究，或者是同一地区不同家医院的多中心研究，缺少覆盖全国范围的多中心大样本流行病学研究数据结果。

营养筛查（nutrition screening）、营养评定（nutrition assessment）与营养治疗（nutrition therapy）是临床营养干预（nutrition intervention）的3个关键步骤。儿科营养状况和生长发育较成年人更应受到重视。有研究进一步表明，住院期间20%~50%患儿的营养状况会继续恶化。因此临床需要快速、简便、准确的营养筛查工具，对入院患儿快速完成营养不良风险的筛查，并在住院期间能定期复查，以提高临床医师对住院患儿营养状况的重视程度，使需要营养干预的患儿及时得到营养支持治疗。

一、营养筛查

营养筛查是指为判断个体是否已有营养不良或有营养不良的风险，以决定是否需要进行详细的营养评定的一种简易方法。应注意的是，营养不良风险与营养风险在内涵上有区别。营养风险这一概念来自于ESPEN提出的营养风险筛查2002（NRS 2002）工具，以Kondrup为首的专家组在基于128个随机对照临床研究的基础上，明确“营养风险”的定义为“现存的或潜在的与营养因素相关的导致患者出现不利临床结局的风险”。营养不良风险筛查的关注点在于判断发生营养不良的可能性存在与否。基于现有的儿科营养筛查工具的目标，尽管有些工具的名称包含“营养风险”，但本质上还是在于筛查营养不足的风险，而非筛查营养风险。营养不足不仅基于较低的体重或身高，同时也要考虑是否存在近期饮食摄入不足和近期疾病状态，这些指标也可反映营养不足，尤其对那些入院时体重尚处于正常范围的患儿。

（一）营养筛查工具介绍

迄今为止，有超过70种营养筛查工具问世，营养筛查在成人中已得到普遍应用。在儿科领域，近15年来，陆续在不同国家出台了多个针对儿科的营养筛查工具，如儿科营养风险评分工具（pediatric nutritional risk score），主观全面营养风险评价（subjective global nutritional assessment，SGNA），儿科营养不良筛查工具（screening tool for the assessment of malnutrition in pediatrics, STAMP),营养状况和生长发育风险筛查工具(screening tool for risk of nutrition status and growth, STRONGkids),儿科 Yorkhill 营养不良评分工具(pediatric Yorkhill orkhill malnutrition score, PYMS),简易营养筛查工具(simple pediatric nutrition screening tool, PNST)和儿科数字化营养不良风险筛查工具(pediatric digital scaled malnutrition risk screening tool, PeDiSMART)等(表 10-0-1)以下逐一简述之。

1. 儿科营养风险评分工具(pediatric nutritional risk score, PNRS) 2000 年 Sermet-Gaudelus 等提出一项儿科营养风险评分工具,并在法国一家医院儿科病区首次使用。该工具针对 296 例年龄 >1 个月的患儿入院后 48h 内完成评估,内容包括饮食情况(是否达到推荐量的 50%)、疼痛、消化系统症状(包括呕吐、腹泻等)和疾病严重程度等。根据收集资料评分,结果判断分为低(0 分)、中(1~2 分)、高(≥3 分)风险 3 组。提出,如果患儿处于中、高风险组则需采取不同层面的营养干预。Sermet-Gaudelus 等认为,这种采用综合评分的方法能很好地预测营养不良的风险,建议常规采用该工具对患儿入院时进行营养风险筛查。然而,评分工具需详细记录入院 48h 的膳食,因过于烦琐和费时使应用受限,直到 2006 年仍未在法国普及推广。

2. 儿科主观全面营养风险评定(subjective global nutritional risk assessment, SGNA) 2007 年由加拿大 Secker 和 Jeejeebhoy 学者将适用成人的主观全面评估(subjective global assessment, SGA)法经过修正改良后,提出了应用于儿科主观全面营养风险评定(SGNA)。适用于 31 天 ~18 岁的患儿。内容包括近期身高体重变化、父母身高、有无基础疾病、膳食调查(进食种类、量,固体和液体食物比例等)、胃肠道症状(包括恶心、呕吐、腹泻、胃纳情况等)、生理功能状况以及皮脂肌肉消耗程度(主要根据体检和体格测量结果判断)。然后综合上述几方面指标评估营养风险程度,分别为营养良好,轻中度营养不良和重度营养不良。但 SGNA 很大程度上依赖评定者对有关指标的主观判断,还需要回顾大量既往史,较费时费力,不能满足快速临床筛查的目的。

3. 儿科营养不良筛查工具(screening tool for the assessment of malnutrition in pediatrics, STAMP) McCarthy 等在 2008 年提出并于 2010 年修正的儿科营养不良评估的筛查工具(STAMP),适用于 2~17 岁患儿。内容包括三大参数:临床诊断和营养不良相关风险判断、住院期间膳食摄入调查及身高体重的测量和评价。评分标准:每项最高 3 分;总分 4~5 分:高度风险;2~3 分:中度风险;0~1 分:低度风险。随后 STAMP 在英国、西班牙包括国内部分医院进行有效性的验证,被认为是较为可靠的筛查工具。

4. 营养状况和生长发育风险筛查工具(screening tool for risk of nutrition and status and growth, STRONGkids) 2009 年荷兰学者 Hulst 等发表的营养状况和生长风险筛查工具(STRONGkids),内容包括 4 个方面:营养不良主观评估、疾病相关营养不良风险评估,营养摄入和丢失情况(摄入减少,腹泻,呕吐),体重丢失和增长情况。评分标准:每项最高 2 分;总分 4~5 分:高度风险;1~3 分:中度风险;0 分:低度风险。该筛查工具首次在荷兰 44 所医院内 424 例 >1 个月的患儿中成功应用,根据标准评分,结果分为低、中、高风险,并发现 62% 的儿童存在营养不良风险。存在高风险的儿童比无风险者 WHZ 评分更低,发生急性营养不良的比例更高,且住院时间延长。因其操作简便,耗时短,被多位学者推荐应用于临床。

5. 儿科 Yorkhill 营养不良评分工具(pediatric Yorkhill malnutrition score, PYMS) 2010 年,英国学者 Gerasimidis 等提出的儿科 Yorkhill 营养不良评分工具(PYMS)适用于 1~16 岁儿童。筛查分 4 个方面,包括体质指数(BMI)、近期体重变化、近期(过去 1 周)膳食情况、预计当前疾病对营养状况的影响。每项最高 2 分,总分 1 分提示中度营养不良风险,≥2 分则表示存在高风险。Gerasimidis 对该工具进行了多项临床验证,发现与作为“金标准”的全面营养评估(包括膳食调查、人体测量、营养相关生化指标、能量需要等)相比,Kappa 系数为 0.46。而护士和营养师评分者间一致性比较的 Kappa 系数为 0.53,一致性水平中等,说明其具有较好的临床可靠度和适用性。2014 年,Wonoputri 等人验证发现,以 SGNA 为参考标准,PYMS 较 STAMP 及 STRONGkids 具有更高的可靠性。

表 10-0-1 营养筛查工具评价

作者,年份	筛查工具	灵敏度 %	特异度 %	阳性预测值 %	阴性预测值 %	一致性(Kappa 值)	"金标准"
Gerasimides, 2010	PYMS	59	92	47	95	K=0.46(与"金标准"比) K=0.53(评分者间)	综合营养评定
McCarthy, 2012	STAMP	70	91	54.8	94.9	K=0.541(与"金标准"比) K=0.921(评分者间)	综合营养评定
Wong, 2012	STAMP	83.3	66.6	78.1	73.6	K=0.507(与"金标准"比) K=0.752(评分者间)	综合营养评定
Huysentruyt, 2013	STRONGkids	69 71.9	48.4 49.1	10.4 11.9	94.8 94.8	K=0.66(评分者间) K=0.61(评分者间)	HFA<-2SD WFH<-2SD
Wonoputri, 2014	PYMS STAMP STRONGkids	95.31 100 100	76.92 11.54 7.7	83.56 58.2 57.14	93.02 100 100	K=0.348(与"金标准"比) K=0.018(与"金标准"比) K=0.028(与"金标准"比)	SGNA(急性营养不良)
White, 2014	PNST	89.3 77.8	66.2 82.1	22.5 69.3	98.4 87.6	/	BMI≤-2SD SGNA

注:WFH 表示身高别体重,HFA 表示年龄别身高

6. 简易营养筛查工具（simple pediatric nutrition screening tool，PNST） 2014年澳大利亚学者White提出简易营养筛查工具（simple pediatric nutrition screening tool，PNST），包括4个方面的问题：近期体重是否有体重丢失；最近几个月内是否体重增加；最近几周是否有饮食摄入减少；患儿目前是否消瘦或肥胖。若2个及2个以上的问题回答是则考虑存在营养不良的风险。该工具和STRONGkids一样不涉及人体测量，不耗时，操作简便。

7. 数字化测量营养不良风险筛查工具（PeDiSMART） 2015年希腊学者Karagiozoglou-Lampoudi T提出的数字化测量营养不良风险筛查工具（PeDiSMART）。通过四个方面进行评估：①根据体重Z值评分得到营养状况的评价；②营养摄入水平；③影响膳食摄入的症状；④疾病整体的影响。每一项评分为0~4分，考虑到年龄越小，营养不良发生率越高，小于1岁的患儿有2分的调整范围，总分为0~18分，轻、中、重度营养不良风险分别为0~5分、6~8分、>8分。

（二）营养筛查工具评价

大多数国外出台的儿科营养筛查工具如STRONGkids，PYMS和STAMP均是基于ESPEN提出的营养筛查工具的原则开发构建的，即反映实际的营养状况（身高和体重）、体重的变化情况、疾病状况对营养状况的影响和饮食摄入情况。有些营养筛查工具则是从成人营养筛查工具改良而来的，如SGNA。由于不同的筛查工具设计有不同的筛查目的和适用范围，如何选择合适的营养筛查工具仍然困扰临床工作者。

就儿科筛查工具的筛查目标而言，除了SGNA和PNRS工具外，其余均在入院时即可完成。所有的筛查工具均以识别是否需要营养干预为目的，其中PeDiSMART、PYMS、STAMP和SGNA工具还具备营养评估的功能，可评估儿童住院时的营养状况，而STRONGkids和PNST不具备，因为这两项工具均不包含体格测量，仅通过筛查者的主观经验判断患儿是否有营养不良。PeDiSMART、PYMS、STRONGkids和PNRS工具一样，可预测无营养干预下的临床结局。

目前认为，评价一项筛查工具的临床有效性（usefulness）应具备四项基本原则：实用性（practicality）、可重复性（reproducibility）、一致性（concurrent）和预测效度（predictive validity）。决定筛查工具效度的好坏，重要的是要考虑灵敏度（sensitivity）和特异度（specificity），以便能对筛查结果准确的分类。灵敏度反映筛查工具正确识别营养不良或营养风险的概率，即真阳性率。特异度反映筛查工具正确识别未发生营养不良或营养风险的概率，即真阴性率。关于“金标准”的选择仍有争议。

论筛查工具的便捷性，STRONGkids由于不包括体格测量，所以相对花费的时间较少，平均为3~5min，仅0.4%患儿花费时间超过5min，被认为操作简便、实用性强。而STAMP需10~15min左右完成。然而也有作者认为，在临床实践中，身高和体重本身是临床常规监测的指标，不会过多增加临床工作者的负担，因此建议将体格测量包含入营养筛查评分中。

营养不良包括营养不足和营养过剩两个概念，几乎所有的儿科营养筛查工具只考虑了营养不足的问题。PNST工具虽包含营养过剩的筛查，然而其准确性似乎不令人满意。考虑到儿童超重和肥胖的发生率较以往明显增高，全面的儿科营养筛查工具应包含这方面的筛查。

由于合适的营养干预能影响临床结局，如住院天数或并发症的发生等，因此入院时对临床结局的预测能力，可能是一项营养筛查工具最有价值的部分，即预测效度高，将证明早期营养干预具有成本效益比。评价一种筛查工具的临床预测有效性，需观察经该工具筛查阳性的患者接受治疗后，能否改善临床结局。NRS 2002是唯一以发现医院内哪些患者可通过应用支持改善结局为目标的筛查工具。目前还没有一项儿科营养筛查工具完成预测效度的检验，即通过营养支持对有营养不良风险的患儿临床结局是否会产生影响。我们不能认为所有营养不足或有营养不足风险的住院患儿均能从营养支持中获益。某些患儿因疾病本身对病程产生巨大影响，营养支持带来的益处可能并不明显。仅基于观察性研究所获得的工具，其筛查阳性结果不足以反应对不良结局的预测。因此，国际上至今仍没有对儿科营养筛查工具的推荐达成共识。

（三）营养筛查工具的应用

近十年来，国际上关于住院患儿营养不良风险发生率见陆续报道，但由于使用的营养筛查工具及研究人群的不同，故发生率存在一定的差异，且研究的结果大多来自于小样本的研究。2000年法国Sermet等人通过PNRS筛查工具对法国一家儿童医院来自不同科室的296名患儿进行营养不良风险的筛查，约44.3%存在高度营养不良的风险，约40.9%存在中度营养不良的风险。2010年，Geradimidis等人应用PYMS筛查工具，调查发现约13.8%存在高度营养不良风险（n=247）。2011年，Hulst等人用STRONGkids工具对住院患儿进行评分，结果显示8%患儿存在高度风险，54%患儿存在中度风险。2012年西班牙学者Lama等人用STAMP对250名患儿进行营养筛查发现，48.4%患儿存在营养不足的风险。2014年澳大利亚学者White等应用PNST筛查结果表明295名住院患儿中37.6%存在营养不良风险。同年，新西兰学者Moeeni等人用STRONGkids筛查发现，162名患儿中84%存在营养不良的风险（护士执行）。土耳其学者Durakbaşa等人对儿外科患儿同样应用STRONGkids筛查发现，35.7%患儿存在中/高度营养不良的风险。2015年希腊学者Karagiozoglou-Lampoudi等提出并应用PeDiSMART，对500名住院儿童评分，结果6.6%患儿存在高度营养不良风险，26%存在中度风险。我国南京儿童医院采用STRONGkids工具对住院患儿进行营养风险筛查，发现1 325名住院患儿约9.1%存在高度营养风险，43.3%存在中度营养风险。同时，南京儿童医院研究证实心脏疾病、呼吸疾病和血液及肿瘤疾病居高度营养不良风险发生率前三位。此外，婴儿相较其他年龄段儿童营养不良风险发生的比例高。Cameron等人对先天性心脏病患儿调查发现，1岁以内患儿营养不良的发生率高达80%，显著高于其他年龄段的儿童（18%）。婴儿期生长发育迅速，而自身能量储备少、消化吸收功能不完善，吸收不良，易患肠炎等消化道感染性疾病。同时婴儿疾病谱多为发育畸形或慢性消耗性疾病如反复发作的肺炎，易影响食欲，导致摄入减少，增加了婴儿住院期间营养不良的风险。因此，婴儿是临床营养监测的高危人群。

二、营养评定

营养评定是指综合应用病史、营养史、用药史、体格检查、人体测量和实验室数据来诊断营养问题存在与否的一种方法。营养评定能全面了解住院患儿营养状况以及分析营养不良的病因，有利于实施个体化的营养干预。儿童营养评定的方法较多，但至今也没有统一的标准。传统的营养评定方法包括膳食调查、体格测量和实验室指标等，多由富有经验的营养师完成，记录烦琐，较为费时耗力。在繁重的临床工作中，医务人员通常先对住院儿童进行营养筛查，再进行更进一步综合的营养评价。

（一）病史分析

了解患儿是否存在急、慢性疾病及用药情况，评估疾病的严重程度。询问患儿生产史、喂养史、手术史、食物过敏史等。

（二）膳食调查

膳食调查是营养调查的基本组成部分之一。通过膳食摄入（喂养）量和种类的详细询问和记录调查对象每日每餐的所有食物的实际消耗量，再经食物成分表或营养软件计算和分析，将结果与相应性别与年龄组的每日膳食能量和营养素参考摄入量（DRIs）进行比较，得到的结果较为准确，有临床参考价值。针对住院患儿的膳食调查通常采用回顾记录法和称重法两种，可根据调查目的和实际条件选择单一或混合的方法，每次调查时间一般为1~7d。为了使所收集的资料和数据尽量准确完整，通常需配备一些食物模具或图谱，指导被调查者或其监护人能够准确描述摄入量。另外，因小儿的生长发育受到长期饮食习惯的影响，可在膳食回顾记录法的同时，通过询问既往半年或1年食物摄入种类、频数和估量来获得被调查对象的平时膳食构成和模式，即称为食物频数法。称重法是将被调查对象的每日每餐（包括零食或点心）每种菜肴的实际消耗量，通过各种食物的生重、熟重和剩余量的精确称重，计算出营养素的摄入量，此方法得到的结果较为准确，但较单纯的回顾记录法烦琐，且需一定的称重设备和条件。由于上述膳食调查方法记录烦琐，较为费时耗力，通常需富有经验的营养师完成。

（三）体格测量

体格测量因操作简便，又无创，能较客观地评估人体生长及短期和长期的营养状况，也是目前临床上常用的评价营养不良的方法。体格生长参数是评价小儿营养状况的重要指标，能快速评估人体生长及短期和长期营养状况。精确测量获取真实生长数据是正确评价的基本要素。体格测量指标包括体重、身高（长）、头围、胸围、肱三头肌皮褶厚度、上臂中围等。应用最广的人体测量学营养评定方法包括 *Z* 值评分法、生长曲线法等。

1. 参考标准选择 若要客观准确评价和比较儿科营养不良发生率，需要有一个统一的得到公认的参考标准。目前国内外评价儿童生长发育和营养状况常用的有 5 种参考标准，即：①2006 年世界卫生组织（World Health Orgnization，WHO）生长参考标准，此标准适用于 6 岁以下儿童；②美国国家卫生统计中心（National Center for Health Statistics，NCHS）和疾病预防控制中心（Centers for Disease Control and Prvention，CDC）2000 年建立的 CDC2000 生长曲线，适用于 0~18 岁儿童；③中国 2005 年九大城市体格发育参考值，适用于 7 岁以下儿童；④国际肥胖工作组（International Obesity Task Force，IOTF）建立的肥胖标准；⑤中国肥胖问题工作组（Working group on obesity in China，WGOC）推荐的中国学龄儿童青少年超重、肥胖筛查 BMI 值分类标准，适用于 7~18 岁肥胖人群。由于这些参考标准数据来源的人种、地区因素，使其在每个国家间，尤其是发展中国家的应用中存在局限性。因此，对儿童生长发育和营养状况进行评价时，需根据不同研究目的选择适当的评价标准，同时注意评价指标的选择，将年龄别身高（height for age，HFA）、年龄别体重（weight for age，WFA）、身高别体重（weight for height，WFH）、体重指数（body mass index，BMI）和腰围（waist circumference，WC）等指标综合运用。只有在了解各标准的优缺点后，才能合理解释选用不同评价标准和指标所得出的研究结果，最终得出正确结论。在儿童（<10 岁）的生长评价中将 *Z* 值为 -2 和 2 作为各指标的界值，即相当于百分位数法的 P3 和 P97。

2. 人体测量学营养评定方法

（1）*Z* 值评分法：通过评价年龄的身高（HAZ）、年龄的体重（WAZ）和身高的体重（WHZ）来判断儿童的营养状况，以 <-2 和 <-3 位界值点来分别判断儿童中度和重度营养不良。5 岁以下儿童常采用 WFH-Z、HFA-Z 和 WFA-Z 值这些指标来评估，5~19 岁儿童及青少年由于生长曲线参考值标准的限制（WFA 参考标准年龄上限为 10 岁），通常采用 BMI-*Z* 值进行评估。WAZ<-2 为低体重，是反应儿童急性营养不良的指标，也是评价 5 岁以下儿童营养状况的常规指标，WAZ>2 提示可能超重肥胖，但通常很少运用该指标进行评价，因为 WFH 或 BMI 指标比其更有价值。HAZ<-2 为生长迟缓，是慢性营养不良的指标。HAZ>2 提示身材高大，在临床上对某些内分泌疾病的诊断如分泌生长激素的肿瘤有意义。WHZ<-2 为消瘦，是判断儿童近期及长期营养状况的综合指标。WHZ>2 提示可能营养过剩即“超重”。需要注意的是，尽管高 WFH 与肥胖的脂肪组织间有较强的相关性，但瘦体块在高 WFH 中也占有较多的比重，因此，在个体评价中，通常不用高 WFH 来描述肥胖，而用“超重”一词较为恰当。*Z* 值评分法在一定程度上消除了种族、发育水平和地区差异，可比较不同年龄、不同性别儿童生长发育情况，是最常用的儿科营养不良评价方法。

（2）生长曲线法：对于儿科患者来说，由于机体营养状况对生长速度非常敏感，故采用生长曲线图来评估非常必要。对于早产儿 2 岁以内的体格生长指标的测量结果，应按校正年龄来对照生长曲线表。头围测量是筛查婴幼儿潜在脑发育或神经功能异常的常用指标，通过定期头围监测，可及时发现头围过大或过小的异常现象，以便及时进一步诊断和治疗。

肱三头肌皮褶厚度可以评估皮下脂肪消耗情况，上臂中围的测量可以间接反映人体骨骼肌消耗程度。

（3）中位数百分比法：也是目前医疗机构使用较为广泛的评价儿童营养不良的方法，其分级标准见表 10-0-2。

表 10-0-2 中位数百分比法评价营养不良的分级标准

	年龄别体重	年龄别身高	身高别体重
正常	90~110	≥95	≥90
轻度营养不良	75~<90	90~<95	80~<90
中度营养不良	60~<75	85~<90	70~<80
重度营养不良	<60	<85	<70

（4）体质指数法（BMI）：是另一种利用身高、体重评价营养的方法，其实际含义是单位面积中所含的体重值。由于 BMI 与身体脂肪存在高度的相关性，对青春期超重肥胖的判断好于 WHZ，而且是儿童期、青春期及成年期均可使用的营养监测指标。中国肥胖问题工作组建议将体质指数的 P85 和 P95 分别作为超重和肥胖的界值点，即体质指数大于或等于同年龄同性别人群 P95 值为肥胖，在 P85 和 P95 之间为超重。

需注意的是，如果患儿存在腹水或水肿情况时，体重的测量结果则会受到影响。

（四）实验室检查

由于营养缺乏症的各种临床症状和体征常常混杂在一起，通常需要根据疾病和膳食史的线索设定实验室检查项目。临床常用的生化检验内容包括：血浆（清）蛋白水平、免疫指标和各种营养素的测定。①血浆（清）蛋白测定：是临床评价蛋白质营养状况的常用指标，其灵敏度受半衰期、代谢库的大小影响。目前临床常用的指标有白蛋白、前白蛋白和视黄醇结合蛋白，其中白蛋白是目前评价蛋白营养状况的最常用生化指标，持续低白蛋白血症是判断营养不良可靠指标之一，但由于其半衰期较长，短期蛋白质摄入不足时，机体可通过分解肌肉释放氨基酸，提供合成蛋白质的基质，同时循环外白蛋白可向循环内转移，使血浆白蛋白维持在一定水平，因此，不能发现边缘性蛋白营养不良。前白蛋白和视黄醇结合蛋白的半衰期短，故对体内蛋白质的储备评价的敏感性更高，在疾病稳定期或长期营养支持时则是较理想的动态观察指标。视黄醇结合蛋白反映体内蛋白储存的敏感性强，维生素缺乏时下降。除了血浆蛋白外，还有氮平衡、血清游离氨基酸浓度、尿 3- 甲基组氨酸、尿羟脯氨酸、肌酐身高指数和血红蛋白等指标也可用于蛋白质营养状况的评价。②免疫指标测定：大多数营养素缺乏对免疫功能有着不可忽视的影响。当长期蛋白质 - 能量营养不良时，可表现为血清免疫球蛋白（如 IgA、IgG、IgM）和外周血总淋巴细胞计数下降，迟发性皮肤过敏试验反应低下等。③其他营养素指标：目前临床上已常规开展的其他营养素指标有血清总胆固醇、血清总甘油三酯、游离脂肪酸和磷脂；锌、铜、铁、硒等微量元素；维生素 B_{12}、叶酸、维生素 D_3、维生素 A、维生素 E 和 β- 胡萝卜素等的测定。

三、住院儿童营养管理信息化平台的构建

随着近年来临床医生对住院儿童的营养状况逐渐重视，国内一些的儿科医院或综合医院的儿科病区纷纷开始开展针对住院儿童营养不良的筛查 - 评定 - 干预的营养管理。然而，目前国内缺少通用、公认、规范的营养管理流程，每家医院均按自家标准和方法独立进行营养诊疗，不利于我国临床营养的整体发展。笔者所在的团队致力于住院儿童营养筛查和评估方法的研究，自 2018 年起联合专业的医疗信息技术公司，着手开发手机 App 营养管理系统，结合医院信息化建设的发展战略，构建营养诊疗的管理流程和支持手段，为今后的医疗、教学和科研提供帮助。

（一）项目组织人员

该系统分为业务组和技术组，业务组主要负责营养诊疗日常事务，人员包括：营养科主管、营养师、营养医师、护理人员。技术组负责软件的开发、系统测试、运行维护等技术工作。

（二）主要功能介绍

营养管理 App 功能现阶段主要分为两大模块：营养筛查模块和营养评估模块。营养筛查记录全院住院患儿的营养筛查情况，主要由护士执行筛查，营养评估主要由营养师和营养医师执行，同时营养师负责营养筛查的质控管理。此外，该项目系统还具有数据导出，数据统计、与医院电子病历系统对接实现数据同步等功能。

操作流程：住院患儿新入院后，所在病区的护士在营养管理 App 营养筛查界面，通过医院信息系统实时提取患儿基本信息，当护士完成饮食摄入情况的询问和生长指标的测量后，系统将自动评分和判定筛查结果，即有无营养不良风险。

营养筛查每周执行一次直至患儿出院。营养师在App上查看其负责的病区患儿营养筛查的结果，通过App营养评估界面，针对具有营养不良风险者完成营养评定，为后续开展营养教育和营养干预提供依据。

营养管理App的出现，改变了营养筛查和评估的传统手工模式，实现数字化、网络化，将计算机技术与应用管理紧密结合，充分利用资源共享，改善了管理工作的效率。目前国内先后有15家医院加入参与该项目的临床应用，反馈良好，相信还会有更多的医院加入其中。不久的将来，还将不断完善和增加营养管理App的功能，如营养干预、营养随访等，形成完整的住院儿童营养诊疗流程，使营养诊疗和临床治疗的信息充分利用，更好地为患者服务。

（蔡 威　王 莹　陆丽娜）

参考文献

1. Hecht C, Weber M, Grote V, et al. Disease associated malnutrition correlates with length of hospital stay in children[J]. Clin Nutr, 2015, 34(1): 53-59.
2. White M, Lawson K, Ramsey R, et al. Simple Nutrition screening tool for pediatric inpatients[J]. JPEN J Parenter Enteral Nutr, 2016, 40(3): 392-398.
3. Karagiozoglou-Lampoudi T, Daskalou E, Lampoudis D, et al. Computer-based malnutrition risk calculation may enhance the ability to identify pediatric patients at malnutrition-related risk for unfavorable outcome[J]. JPEN J Parenter Enteral Nutr, 2015, 39(4): 418-425.
4. Joosten KF, Hulst JM. Nutritional screening tools for hospitalized children: methodological considerations[J]. Clin Nutr, 2014, 33(1): 1-5.

第十一章　肠屏障与肠功能障碍相关研究进展

一、肠屏障的组成及功能

长久以来，人们对肠道功能的认识偏重于营养物质的消化与吸收，肠道作为人体重要的消化器官，是营养物质吸收的主要场所，在代谢过程的调节中起着十分重要的作用。因此，对肠功能的监测指标主要是针对肠道的消化、吸收功能。而近些年，许多医生在临床工作中已逐渐认识到肠黏膜屏障功能的重要性，特别是在危重患者后期出现的感染并发症中，感染源虽然可能来自其他部位，但肠道黏膜屏障功能因缺血、缺氧、再灌注等因素受损，进而出现肠道细菌易位被认为是感染的主要根源，肠道细菌易位在导致危重患者的病理生理改变中起着显著的影响。肠屏障（intestinal barrier）是指能够阻止肠腔内细菌、毒素等有害物质穿透肠黏膜进入人体肠外组织、器官及循环系统的结构和功能的总和，是一组由实质性因素组成的结构，选择性地调控肠腔内外物质的流向。当肠道屏障功能受到损伤时，肠腔内物质将失控地"逃逸"至肠腔外组织中，进而导致一系列病理生理变化，如细菌易位，更严重者会发生系统性炎性反应综合征（systemic inflammatory response syndrome，SIRS）和/或多器官功能障碍综合征（multiple organ dysfunction syndrome，MODS）等。由于肠屏障功能非常复杂，即使经过几十年来多方面、多角度、多学科的研究，至今其机制尚不能完全阐述清楚。

肠屏障组成部分主要包括：机械屏障、化学屏障、免疫屏障和生物屏障。

1. 机械屏障　亦称黏膜屏障，完整的机械屏障在防止有害物质进入全身血液循环中起到极其关键的作用，其主要包括细胞组分与非细胞组分，细胞组分包括肠黏膜细胞、巨噬细胞、上皮内淋巴细胞以及内分泌细胞，非细胞组分包括上皮黏膜细胞分泌的激素、酶和细胞间的紧密连接蛋白（tight junction，TJ）等。一旦TJ受损，肠上皮细胞间通透性增大，细菌、内毒素等有害物质就可通过细胞间紧密连接进入血液循环，进而诱发多种疾病。目前研究认为肠细胞间紧密连接的基本组成单位包括多种跨膜蛋白和胞质蛋白，跨膜蛋白主要有occludin蛋白、claudin蛋白家族，而细胞质蛋白主要包括闭锁蛋白（zonula occludens，ZO）-1、-2和-3等。当肠组织因缺血缺氧而灌注不良或肠腔绒毛细胞长时间无食糜等营养物质滋润时，肠道黏膜细胞发生萎缩、凋亡，细胞间紧密连接变宽、分离，细菌及内毒素等经细胞旁途径进入肠系膜淋巴结和门脉系统，进而导致肠道细菌易位。国内外研究显示，缺血再灌注损伤过程中，炎症介质如促炎细胞因子和一氧化氮的大量产生，以及转录因子如NF-κB的过度激活，都会加剧肠上皮组织炎症反应，导致紧密连接蛋白表达下降，肠上皮细胞坏死、凋亡并脱落，机械屏障受损。

2. 免疫屏障　主要包括肠腔内分泌型免疫球蛋白（secretory immunoglobulin A，sIgA）、富集在肠上皮细胞之间和黏膜下层的肠系膜淋巴结、淋巴细胞、淋巴滤泡和系统性的宿主防御，如网状内皮系统等，它们能够防止细菌对肠道细胞的黏附，预防细菌易位，维护肠道免疫功能。sIgA是一种免疫球蛋白，在体内分泌量大，其主要由肠上皮黏膜固有层中的B淋巴细胞分泌，通过阻止细菌在肠上皮表面的附着，中和腔内毒素、酶等生物活性抗原，在黏膜表面形成免疫屏障，对肠道菌群具有调节作用，并且它能有效的与补体系统协同发挥抗菌作用。固有免疫则是由潘氏细胞和杯状细胞分泌的黏液和非特异性抗菌肽组成，两者共同抵抗外来病原体分子及有害物质。化学屏障主要包括各种消化液（胃液、胆汁、胰液等）以及肠道寄生菌产生的抑菌物质等。肠黏膜细胞有一个特点，它需与食糜直接接触，方能增殖、修复，在机体遭受严重创伤、休克、肠道严重感染、脓毒血症、全胃肠外营养等应激状态下，胃肠道缺乏食糜及消化道激素的刺激，肠黏膜自我修复、更新能力下降，合并有消化液大量丢失或分泌减少的现象，上述因素均可破坏化学屏障，导致肠道细菌易位。此外由潘氏细胞分泌的肠碱性磷酸酶作为一种和多个肠道屏障都有紧密联系的蛋白，也逐渐进入人们的视野，它可以有效降解内毒素，维持肠道表面 pH，在肠道屏障的正常功能维持扮演着不可或缺的作用。

3. 生物屏障　即肠腔内正常寄生菌群，其与宿主形成了一个相互依赖又相互作用的共生系统。宿主可为肠腔内微生物提供相对稳定的生存环境及充足的营养物质，而肠道内微生物群除了帮助宿主消化，还能构成一个重要的对抗病原体的保护屏障。其不仅可竞争性抑制肠道中病原菌，还可有效维持肠道内其他屏障如免疫屏障的正常功能。许多应激性状态如休克、严重多发伤、重度烧伤、重大手术、脓毒症及 MODS 等均可出现肠道屏障功能异常，表现为肠道上皮细胞调亡增加、紧密连接缺失，肠相关淋巴组织（gut-associated lymphatic tissue，GALT）呈现选择性的抑制状态，sIgA 分泌减少，肠道内的微生态菌群发生改变，抵抗病原菌定植能力大幅下降，将导致肠道中潜在病原体（如条件致病菌等）的定植与入侵，从而加剧 SIRS 和 MODS 的发生发展，严重影响患者的临床预后。

二、肠功能障碍 / 肠衰竭

（一）定义

至今为止，肠功能障碍并没有十分明确的临床监测参数，至今尚缺乏普遍认可的肠功能障碍的完整定义。早在 1956 年由 Irving 首先提出“肠衰竭”概念，认为其是“功能性肠道减少，不能满足食物的消化吸收”，但当时并没有完整的定义。直到 20 世纪 80 年代，Fleming 和 Remington 提出了肠衰竭定义，“有功能的肠管减少至难以维持消化、吸收营养的最低限度”。2001 年，Nightingale 又再次更新肠衰竭的定义为：“由于肠道吸收能力的降低，需要补充营养和 / 或水分及电解质以维持患者健康和 / 或生长发育”。但上述定义中均未涉及肠衰竭的病因。创伤、肠道血管疾病、肠瘘等需要手术切除进而引起的肠道解剖结构的丢失（structural loss）和炎性肠病、放射性肠损伤等肠道疾病引起的肠功能丧失均可导致肠衰竭，不同病因引起的肠衰竭的治疗与预后亦有不同。2015 年 ESPEN 关于肠衰竭的指南中给出的肠衰竭定义为：“肠功能显著下降，吸收能力无法满足机体对于宏量营养素和 / 或水电解质的最低需要量，必须通过静脉补充来维持机体健康和 / 或生长发育”。但以上定义并没有考虑到免疫调节、激素分泌、黏膜屏障等功能，而这些肠道功能在许多疾病的发生发展中作用远超过肠道消化、吸收功能。显然，在肠功能障碍 / 肠衰竭的定义中包含上述功能更为合理。为达到及早诊断、治疗的效果，1991 年，美国胸科医师协会与危重医学学会经讨论研究后建议将“功能障碍”代替“衰竭”较为合适。2004 年，黎介寿院士首次在国内提出以“肠功能障碍”替代“肠衰竭”的理念，并将肠功能障碍定义为：“肠实质和 / 或功能的损害，导致消化、吸收营养和 / 或黏膜屏障功能产生障碍。”

（二）肠功能障碍 / 衰竭的病因及分类

肠功能障碍 / 肠衰竭的病因主要如下：

1. 肠道消化吸收功能障碍　如：短肠综合征、放射性肠炎、肠短路吻合、肠瘘、炎性肠病、肠道恶性肿瘤、重症胰腺炎、肠系膜血管病变等。

2. 肠道运动功能障碍　如：腹膜炎、大量腹水、肠梗阻、肠麻痹、假性肠梗阻、顽固性便秘，肠易激综合征等。

3. 肠道黏膜屏障功能障碍　如：感染、休克、缺血、缺氧、创伤、烧伤等。

因肠功能障碍 / 肠衰竭的病因繁杂，故目前学界尚无统一的针对肠功能障碍的分型方案。2015 年 ESPEN 指南中建议根据患者的发病情况、代谢状况及预期临床结局的评价，将肠衰竭分为三型。Ⅰ型多为急性、短期和通常自限性的症状；Ⅱ型为亚急性症状，通常发生于代谢不稳定的患者，需要复杂的多学科护理和静脉补充数周或数月；Ⅲ型为慢性症状，发生于代谢稳定患者，需要静脉补充数月或数年，可能为可逆或不可逆。

（三）肠功能障碍的诊断

目前肠功能障碍的诊断手段缺乏，诊断标准不甚确定，多以临床症状作为主要判断指标。在临床上，肠功能障碍除了原发病的各种表现外，主要表现为腹胀、腹痛、腹泻或便秘，严重者出现下消化道大出血、停止排气排便等肠梗阻表现，且常常伴有消化、吸收功能障碍，或不耐受特定食物等症状。根据中华医学会消化病学分会“肠屏障功能障碍临床诊治建议”，以下作为肠屏障功能障碍主要诊断依据：①患者存在可能导致肠功能障碍的危重疾病；②在原发病基础上出现腹痛、腹胀、腹泻或便秘或消化道出血、不能耐受食物等症状以及肠鸣音减弱或消失等体征（需排除麻醉和药物引起的肠鸣音变化）；③血浆内毒素水平增高［酶联免疫吸附法（ELISA）>55.34EU/L］；④通透性增加（高效液相色谱分析，L/M>0.178）或肠道低灌注（ELISA 法测尿液 24h I-FABP>17ng）；⑤血、腹水培养细菌阳性而无其他明确的感染病灶。其中，①+②项为诊断所必需条件，①+②+③+④项或①+②+⑤项可基本确诊，①+②+③项可作为拟确诊病例。目前还缺乏直接反映肠黏膜屏障功能的检测方法，临床多采用间接方法进行监测。反映肠通透性的检测指标包括：尿乳果糖和甘露醇比值，二胺氧化酶（diamine oxidase，DAO）活性，内毒素水平；反映肠黏膜损伤的指标如 D-乳酸含量，血清瓜氨酸水平；反映肠缺血缺氧的指标如肠型脂肪酸结合蛋白（intestinal fatty acid bindingtrogein，IFABP）和肠黏膜 pH。通过测定 T 淋巴细胞亚群、$CD4^+/CD8^+$ 比值和 sIgA 等细胞免疫和体液免疫指标，能一定程度上反映肠免疫屏障功能变化。肠道黏膜屏障功能障碍导致的肠道细菌易位在临床上的诊断较为困难，目前主要依靠血培养、腹水培养、淋巴结活检等手段。如果血培养或腹水培养结果提示细菌阳性，同时可排除其他明确的感染病灶，可考虑肠道细菌易位，尤其当危重患者发生原发性腹膜炎时，可应用 PCR 分子生物学方法进行细菌 RNA 的检查，以期得到快速、高效的诊断。

（四）肠功能障碍的治疗与维护

1. 积极处理原发疾病　积极处理引起肠功能障碍的各种原发疾病，纠正休克、控制感染、改善胃肠道缺血缺氧症状，尽早恢复组织有效灌注。对存在手术指征的患者应及时行手术治疗，合并 SIRS 或 MODS 者应尽可能给予重症监护病房内监护，加强重要脏器的对症支持治疗。在急性肠衰竭的管理中，根据病情所处阶段不同，其治疗目标也截然不同。在整个治疗过程中，应避免低血容量和高血容量的出现。在疾病的初始阶段，机体正处于状态不稳定的急性期，可观察到毛细血管泄漏，进而导致低血容量和组织水肿。目前并没有明确的生物标记物来量化液体位移的大小，且长时间的低血容量会加剧毛细血管泄漏。在受损伤的肠管中，过多的输液和高血容量更容易观察到肠水肿，主要是因为氧气和营养物质的局部运输存在障碍，并且会影响吻合口愈合。影响肠水肿发生的机制有：局部炎症引起的毛细血管渗漏；高血容量引起静水压力增加；机械通气引起肠系膜静脉压增高，腹内压增高或右心衰；低蛋白血症引起的低胶体渗透压；肠蠕动障碍、腹内压增高和机械通气导致肠淋巴流动障碍。

2. 维护肠黏膜屏障功能　肠黏膜屏障受损最主要的因素是肠黏膜组织灌注不足，有效血容量减少，肠黏膜细胞供血、供氧差，导致肠黏膜细胞萎缩、凋亡，细胞间紧密连接被破坏，肠壁通透性增加，为肠内细菌、内毒素等有害物质的通过提供可能性，同时免疫屏障也被破坏。因此，为维护肠黏膜屏障功能，首先是要调控整个机体循环与氧供，恢复有效循环血容量。待机体复苏后，肠道血液循环的恢复常滞后于全身循环的恢复，肠黏膜血供不足的时间越长，肠黏膜屏障功能的损害亦越重。因此，复苏后应注意促进肠黏膜功能的恢复。常用保护肠黏膜的方法有以下几点：

（1）早期肠内营养：当患者出现肠功能障碍时，其肠道的消化吸收功能明显减退，甚至呈完全丧失的趋势，从而导致机体的营养缺乏，由此可见，营养支持治疗作为肠功能障碍的一项治疗措施是不可或缺的。研究表明，肠黏膜细胞只有与食糜直接接触才具有增殖动力和活性，因此肠功能障碍患者在肠道休息时并不需完全禁食，有效的肠内营养治疗同样可使肠道得到充分休息，且有利于肠功能恢复。肠功能障碍患者经过早期有效的液体复苏后，血流循环动力基本恢复稳定，水、电解质及酸碱平衡严重失调得到初步纠正，此时应及早开始给予肠内营养。在肠衰竭的营养支持方面，首选的营养支持途径一般按照口服营养、鼻胃管营养、鼻空肠管营养、肠外营养的顺序进行选择。在大多数危重患者中，口服饮食并不能满足患者的能量需求，而且提高了误吸的风险。在肠衰竭的急性期，早期营养给予满足患者的全部热量需求被证明不利于患者的恢复，但在这一早期阶段所需的最佳热量和蛋白质量尚未确定。如果患者因肠内营养耐受不良等原因导致一周内肠内营养供给不能达到目标量，则应考虑给予肠外营养。通过肠内途径喂养有多种益处，其可以滋养肠上皮绒毛，防止黏膜萎缩，并帮助保存肠道微生物群，但在这种情况下很难监测吸收不良。然而，已知的综合喂养策略，如口服联合肠内营养或肠内联合肠外营养会增加过度喂养的风险。对于高输出瘘口和可达到远端通路的患者，应考虑造口液或食糜通过远端通路进行回输，以维持远端肠道的基本功能。

（2）免疫营养：谷氨酰胺作为人体含量水平最高的非必需氨基酸，其不仅为生长迅速的细胞（如淋巴细胞、肠黏膜细胞等）增殖分裂、修复提供特需能量，还对维护肠黏膜结构和功能的完整性发挥极其重要的作用。有临床研究表明，在肠外营养中添加谷氨酰胺强化，能明显降低重度创伤患者感染并发症的发生率、消化道出血发生率及死亡率。谷氨酰胺还能提高外科重症患者的胰岛素敏感性，有利于应激性高血糖的调控。最近的研究揭示，谷氨酰胺存在免疫调节作用，其机制可能不仅由于其作为免疫细胞分化生长的能源底物，还可能参与应激时的细胞信号转导，参与调节多种代谢相关基因的表达、细胞防御及修复过程。因此，在外科重症患者营养支持治疗中，应将补充谷氨酰胺作为常规措施。目前，ω-3多不饱和脂肪酸被认为是有效的免疫调节营养素，其主要作用机制包括下调促炎因子浓度，控制炎性反应过程中相关的基因表达，调整机体ω-6/ω-3多不饱和脂肪酸比例等。外科重症患者使用富含鱼油的ω-3脂肪乳剂能明显改善患者的肝功能及免疫状态。联合应用ω-3多不饱和脂肪酸、γ-亚麻酸和抗氧化剂等肠内营养制剂能明显降低ARDS或严重肺损伤患者ICU住院时间、机械通气时间、器官衰竭发生率和死亡率。

（3）选择性肠道去污（selective digestive decontamination，SDD）：目前对于肠道去污在治疗中的作用仍存在不同意见。有专家认为，危重症患者肠腔内细菌可发生易位并引发肠源性感染，包括肺炎、菌血症以及泌尿系统感染等多种感染并发症，治疗上可给予口服抗菌药物，亦可采用机械清洗的方法来清除部分细菌。但也有专家指出，口服抗生素缺乏明确的治疗靶向性，去污的同时也去杀灭了部分肠道正常菌群，特别是具有重要生理作用的乳杆菌、双歧杆菌等益生菌群，致使肠道内菌群失调，导致病情更为复杂。虽然选择性肠道去污染的疗效存在争议，但这类治疗方法仍被推荐用于临床。对于患者存在肠功能障碍，经细菌涂片等检验发现肠道内细菌繁殖紊乱现象，并伴有相关临床表现的患者，可采用胃肠道途径给予肠道抗菌药物如氟康唑、万古霉素、庆大霉素、甲硝唑等调节细菌的生长，降低肠细菌易位的发生率。

（4）微生态治疗：微生态制剂主要包括益生菌（活性乳酸菌、双歧杆菌等）、益生元（低聚糖、多糖、蛋白质水解物多元醇等）及合生元等。微生态制剂可以调节、补充肠道内正常菌群或选择性刺激正常菌群的生长繁殖，进而竞争性抑制外来菌的定植生长和内源性条件致病菌的过度繁殖，抑制肠道内菌群失调，修复肠道生物屏障，促进肠上皮细胞黏蛋白分泌及sIgA的分泌，纠正肠道微生态平衡，调节全身免疫系统功能，减少细菌易位。

（王新颖）

参考文献

Pironi L, Corcos O, Forbes A, et al. Intestinal failure in adults: Recommendations from the ESPEN expert groups[J]. Clinical Nutrition, 2018, 37(6): 1798-1809.

第十二章　肠道微生态与营养支持治疗

近年来，随着肠道微生态结构及功能研究不断加深，微生态紊乱与众多疾病密切相关，且患者常伴有不同程度的营养不良和营养风险。为合理指导临床营养支持治疗，改善疾病预后和转归，本章节将着重从肠道微生态生理功能、微生态促进营养素代谢吸收、临床营养支持联合微生态治疗等方面进行讲述。通过合理应用临床营养支持联合微生态治疗，可明显纠正患者营养状况及菌群紊乱，改善疾病预后和转归，将是一条很有前景的临床治疗路径。

第一节　肠道微生态生理功能及临床价值

一、肠道微生态生理功能

肠道微生态菌群是一个庞大复杂的生态系统，含有大约 10^{13}~10^{14} 数量的菌群，种类超过 1 000 种，占全身菌群总数 80% 左右，其基因总数超过 500 万，是人类基因总数的 150 倍。主要包括厚壁菌门、拟杆菌门、变形菌门、放线菌门及疣微菌门五大类和一类古生菌门。由于肠道蠕动及消化液影响，小肠近端菌群量很少且以需氧菌居多，而盲肠菌群量明显增多，达到 10^{8}CFU/ml（CFU：集落形成单位，colony-forming units），结肠菌群量则进一步增多，可达 10^{14}CFU/ml。其中以厚壁菌门和拟杆菌门为优势菌，占人结肠细菌总数的 99%，而放线菌门、变形菌门及疣微菌门数量则相对较少。如此庞大的微生态系统共同担负着机体营养消化吸收、维生素合成、胆固醇降解、免疫刺激及抑制病原体增殖等生理作用，其相对稳态对肠道功能正常发挥及机体稳态维持至关重要。最新研究表明，肠道菌群可降解饮食中多糖及抗性淀粉等来合成短链脂肪酸（short-chain fatty acid，SCFA），通过结合"代谢敏感型"G 蛋白偶联受体参与肠道黏膜上皮能量供应、免疫调控及肠屏障维持等生理过程，为进一步探讨肠道菌群如何影响营养物质代谢吸收及临床营养支持奠定了重要理论基础。

二、肠道微生态与营养素代谢吸收

（一）肠道菌群与糖类物质

人类饮食富含碳水化合物，即糖类物质，主要包括复合多糖、二糖和单糖。研究表明，微生态菌群的存在可显著改善肠道对糖类物质吸收，通过调控碳水化合物反应元件结合蛋白（ChREBP）和甾醇调节元件结合蛋白 1（SREBP1）转录因子，分别提升机体血清葡萄糖和胰岛素水平，并激活乙酰辅酶 A 羧化酶基因（Acac1）和脂肪酸合酶基因（Fasn），促进肝脏脂肪从头合成途径。肠道菌群还能增强机体钠 / 葡萄糖同向转运蛋白 1（Slc5a1）和葡萄糖被动转运蛋白 2（Glut2）基因表达，增加肠道对葡萄糖和半乳糖摄取并结合钠离子共同进入肠上皮细胞，促进糖类营养素吸收。在结肠菌群酵解中，厚壁菌门及拟杆菌门占肠道菌群绝大部分。厚壁菌门主要参与宿主膳食能量吸收，将多糖转换为可吸收单糖和短链脂肪酸，拟杆菌门主要负责糖类及类固醇物质代谢，增加基础营养素吸收。近期，Amy J. Glenwright 团队研究发现，肠道菌群对机体营养素获取可通过细胞膜上蛋白复合体完成，该复合体由一个底物结合蛋白（SusD）和通道转运蛋白（SusC）组成。SusCD 复合体发挥生物学功能时与脚踏垃圾桶类似，SusC 就像桶身，SusD 类似桶盖，当低聚糖等营养素作为底物出现时，桶盖打开，捕获底物，再通过桶身进入到细菌体内，进一步无氧酵解生成 SCFAs、三甲胺、胆汁酸等代谢产物。

（二）肠道菌群与膳食纤维

目前认为SCFAs生物合成是从葡萄糖到丙酮酸，再到乙酰辅酶A，最后到乙酸、丙酸及丁酸。同样，氨基酸也可作为SCFAs另类底物，但葡萄糖与氨基酸在抵达结肠前已被吸收，故膳食纤维是微生物产生SCFAs的主要来源。可溶性膳食纤维通过结肠菌群发酵产生SCFAs，不仅为肠上皮细胞及菌群生长提供能量，也能调节肠道pH促进乳酸杆菌及双歧杆菌等有益菌生长，达到抑制有害菌群纠正肠道微生态紊乱，也可作为血糖调控剂调节胰岛素分泌和利用。膳食纤维代谢生成SCFAs成分主要包括乙酸盐、丙酸盐和丁酸盐，三者均通过不同亲和力结合G蛋白偶联受体，对机体肠道稳态、免疫应答及能量代谢产生重要影响。其中丁酸盐可与G蛋白偶联受体-41（G-protein coupled receptor-41，GPR-41）结合调节机体交感神经系统，从而发挥调控机体能量稳态的生物学效应。进一步研究发现，丁酸同样能够通过阻断组蛋白脱乙酰基酶（HDAC）来抑制结肠肿瘤细胞增生增殖、促进肿瘤细胞凋亡、影响原癌基因表达，达到预防和治疗结肠癌的效果。乙酸盐作为体内含量最高SCFAs，在糖代谢过程中可通过促进肠道L型分泌细胞来增加胰高血糖素样肽-1（glucagon like peptide-1，GLP-1）分泌，促进胰岛素分泌并改善胰岛素抵抗和敏感性，同时参与调控机体脂肪及胆固醇代谢，在机体内发挥至关重要作用。

近年来，膳食纤维被广泛用于临床患者营养支持，起到调节能量代谢，维持菌群平衡，改善疾病预后效果。研究证实，肠道菌群通过发酵吸收膳食纤维可增加机体内胰高血糖素样肽分泌与表达，修复肠道细胞增殖，增强机体对疾病适应性，减少机体免疫及氧化因子释放，缓解炎症反应。与此同时，膳食纤维也能调节肠道菌群结构及相对丰度，增加肠道乳酸杆菌和双歧杆菌结构丰度同时，也能抑制肠杆菌及肠球菌生长，促进肠道健康。

（三）肠道菌群与脂肪及结构脂质

在膳食脂质溶解、消化吸收过程中，胆固醇、胆汁酸及肠道菌群占有非常重要作用。初级胆汁酸在肝脏内由胆固醇产生并分泌到小肠中，肠道菌群可通过表达羟化类固醇7α-脱氢酶作用将初级胆汁酸生成次级胆汁酸。在胆汁酸合成过程中，胆汁酸可激活法尼酯X受体（FXR）来诱导成纤维细胞生长因子19（fibroblast growth factor，FGF19）表达，通过负反馈抑制胆汁酸合成来动态调节机体代谢和生理功能。与此同时，肠道菌群可通过作用于胆汁酸促进FGF释放，激活下丘脑AGRP/NPY神经元受体后使AGRP/NPY神经元基因表达沉默，提高机体对葡萄糖的耐受性。研究还发现，胆汁酸在肠道菌群作用下其代谢产物可作用于肌肉及棕色脂肪细胞G蛋白偶联胆汁酸受体5（G protein-coupled bile acid recepter 5，TGR5），来显著提高环磷酸腺苷（cyclic adenosine monophosphate，cAMP）水平，促进Ⅱ型脱碘酶释放，增加体内甲状腺激素水平，提升脂肪代谢和能量消耗，改善并预防肥胖及胰岛素抵抗等疾病发生。Martinez-Guryn进一步研究发现，梭菌科成员可通过其代谢产物和生物活性因子增加对脂质的摄取吸收，增加二脂酰甘油酰基转移酶2（diacylgycerol acyltransferase 2，Dgat2）表达，促进甘油三酯合成。因此，肠道菌群虽促进脂肪代谢吸收，但随着高脂饮食进一步发展，会显著降低拟杆菌及双歧杆菌等肠道有益菌，增加厚壁菌、变形菌及梭形杆菌等潜在致病菌数量，使肠屏障通透性增强，机体内毒素及肠源性毒素水平增加，最终诱发细菌易位、胰岛素抵抗、肥胖、肠道肿瘤等疾病。为此一种全新的脂肪改良产品——结构脂质应运而生，富含大量多不饱和脂肪酸（polyunsaturated fatty acid，PUFA），通过酶法和化学方法来改变脂肪酸化学式和结构位置，具备特殊营养疗效和功能。有研究将富含ω-3 PUFA鱼油喂养小鼠后其肠道粪便测序显示厚壁菌门数量增高，螺杆菌、梭菌属及鞘脂单胞菌等潜在致病菌丰度显著下降，有利于益生菌生长，一定程度上减少胃溃疡和肥胖发生。Ghosh等学者通过向膳食中添加ω-6 PUFA和ω-3 PUFA，可显著增加肠道双歧杆菌及乳杆菌丰度，减少致病菌数量，促进肠道免疫细胞渗透，增加前列腺素表达，减少疾病发生。可见肠道菌群不仅能通过胆固醇代谢影响脂肪吸收代谢，还能缓解机体胰岛素抵抗，改善肥胖，增强机体免疫力。

（四）肠道菌群与膳食蛋白质及氨基酸

蛋白质经代谢生成的水解产物因具有低致

敏性、易吸收及生物活性等特点，常用于医疗、航天、食品等领域。传统观点认为，蛋白质进入人体后需被降解为游离氨基酸形式才能被小肠吸收。但随着进一步研究发现，寡肽也是蛋白质非常重要的吸收形式，即蛋白质由游离氨基酸及寡肽两种独立吸收机制组成。在转运过程中，肽类及氨基酸吸收均采用逆浓度梯度主动转运，转运系统由依赖 H^+ 浓度或 Ca^{2+} 浓度主动转运系统、pH 依赖性的非耗能性 Na^+/H^+ 交换转运系统及谷胱甘肽（GSH）转运系统组成。肠道菌群的存在对机体 H^+ 供给，维持最佳 pH 反应浓度及促进相关酶活性起到非常重要的作用。当存在高分解代谢、慢性疾病及自身免疫性疾病伴严重营养不良时，整蛋白营养制剂将成为最理想的肠内营养剂，其完整蛋白质可提供丰富氮元素，含有的谷氨酰胺也能为肠黏膜细胞增殖提供帮助，有效补充机体所需蛋白质，减少内毒素产生，缓解炎症损伤及肾脏负荷，改善临床症状及并发症，降低疾病风险。当上述膳食蛋白未经机体消化酶完全吸收，可运送至结肠末端进行菌群酵解，为菌群提供生物必需碳和氮，同时分解生成的 SCFAs、支链氨基酸、吲哚、酚、氨和胺等代谢产物，可进一步参与肠道屏障完整性维持和刺激机体免疫应答。同样宏基因组技术显示肠道微生物有着丰富氨基酸代谢能力，能合成苯丙氨酸、色氨酸、赖氨酸、亮氨酸、异亮氨酸等机体必需氨基酸。其中机体所需赖氨酸来源中，肠道菌群合成贡献占比为 2%~20%，亮氨酸甚至高达 20%。肠道菌群通过对不同种类氨基酸进行脱氨、转氨作用产生结构各异的 α- 酮酸或 α- 羟基酸，再经过氧化还原反应生成短支链脂肪酸，最后同 SCFAs 一起发挥生物学效应。

（五）肠道菌群与微量营养素

除常量营养素外，肠道菌群还可调节各种微量营养素的合成吸收和代谢。维生素，作为机体发育生长必须营养素之一，过量和不足均可导致机体代谢紊乱。人体日常所需维生素主要来源于食物摄取，少数可通过肠道菌群合成代谢提供，如维生素 B、C、D、K、生物素等。近期研究表明，维生素 B_2 可由大肠杆菌、枯草芽孢菌及沙门菌等合成，维生素 K 主要由大肠杆菌合成，而双歧杆菌及乳酸菌可在体内合成叶酸。与此同时，机体提供的几种维生素也有助于肠道菌群的组成并在菌群体内发挥重要作用。如核黄素可帮助菌群调节细胞外电子转移和维持氧化还原状态，维生素 D 及其受体可通过塑造肠道菌群及其微环境来调节肠道炎症。维生素通过代谢与肠道菌群间存在相互作用，共同促进机体良性发展。像维生素一样，矿物质（如铁、钙、镁、锌等）也是众多哺乳动物和细菌生理过程中重要的辅助因子，可以显著改变肠道菌群，其中关于铁对肠道菌群的种类及其分布影响的研究较多。铁是很多病原体生长必须的微量营养素，限制铁摄入可能是影响免疫功能的一种方式，研究结果也进一步证实，给婴儿补铁会显著促进病原体生长和增加肠道炎症风险。另外，肠道菌群所产生的有机酸可成为一种螯合剂，能促进机体内铁、钙、磷等矿物质的吸收和利用。因此，我们应针对不同患者群体需给予正确的膳食方式和临床营养支持。

（六）肠道菌群与生酮饮食

随着 Kroemer G 在 *Cell* 发表文章证实，碳水化合物可通过葡萄糖代谢物二羟基丙酮磷酸盐（DHAP）和甲基乙二醛形成糖基化终产物促进脂肪合成，加重胰岛素抵抗，并增加炎性及氧化应激反应，诱发动脉粥样硬化、肥胖、糖尿病等多种慢性疾病，促使人们重新增加对低碳水化合物饮食即生酮饮食的关注。生酮饮食特征在于非常低的碳水化合物消耗（总热量摄入的 5%~10%），足以增强酮体的产生。它最初是针对儿童难治性癫痫治疗方法开发的，随着研究不断深入，肠道菌群在此治疗过程发挥重要作用。研究表明，生酮饮食可通过调节特异性肠道细菌来增强海马体内氨基丁酸与谷氨酸水平的比例，达到神经保护效果，用于孤独症、线粒体脑病、帕金森病、阿尔茨海默病及神经胶质瘤等疾病辅助治疗。近期研究表明，生酮饮食同样能促进肠道 *A. muciniphila* 增殖，显著改善肥胖、糖尿病等代谢疾病，并表示坚持生酮饮食 6 个月，患者可恢复结肠微生物组健康水平。Peter A. Crawford 进一步证实，肠道菌群在营养缺乏或生酮饮食期间促进机体单糖吸收同时，也能增加过氧化物酶体增殖物激活受体 α（PPARα）调控表达，增强肝脏生酮及心肌酮体的利用，改善脏器健康代谢。然而，这些研究是在具有特定代谢条件的小群组中进行，限制了对更大群体的推广，但近年来生酮饮食改良模式迅速普及，有必要进一步探究生酮饮食对肠道菌群及饮食环境的长期安全和影响。

总之，肠道微生态在营养素代谢吸收及众多疾病发生发展中扮演着重要角色，肠道菌群的失衡会诱发患者出现营养不良及营养风险，同样肠道菌群紊乱也是众多肠道内疾病、慢性疾病及自身免疫性疾病发生发展的关键因素，合理应用临床营养联合微生态治疗将会明显纠正患者营养状况，改善肠道菌群紊乱及疾病预后。因此，临床营养联合微生态制剂调节肠道菌群将是一条很有前景的临床治疗路径。

第二节 临床营养支持联合微生态治疗的应用

肠道微生态与营养素吸收及其相互关系上文已作详细叙述，针对目前众多慢性疾病、肠道内疾病及自身免疫性疾病，临床主要采用药物及手术治疗，除此以外，近年来通过临床营养支持联合微生态制剂或粪菌移植（FMT）来达到促进机体营养素代谢吸收、纠正患者营养状况、增强胃肠黏膜屏障保护、调控机体免疫内分泌、改善疾病相关菌群紊乱的益处也越来越受到科研人员和临床医师的广泛认可和关注。

一、临床营养治疗概述

临床营养支持是指患者通过口、胃肠道或肠道外途径补充较为全面的营养素，来纠正或者预防营养不良或营养风险，维持患者最佳营养状态，降低疾病并发症及病死率，缩短住院时间，减少医疗费用，促进机体健康恢复。临床营养治疗主要包括肠内营养（enteral nutrition，EN）和肠外营养（parenteral nutrition，PN），EN指经消化道管饲及口服较全面的营养素，PN指经静脉输注糖、氨基酸、脂肪等三大类营养素、维生素以及矿物质，也称全肠外营养（total parenteral nutrition，TPN）。20世纪70年代后，便开始创用深静脉营养技术，所有患者均可采用静脉提供全部所需营养素，但随着时间的推移，肠外营养相关并发症不断出现，逐步引发人们对于EN治疗的探索。相比PN，EN能显著减少感染等其他并发症的发生，降低住院费用，增强肠道黏膜屏障保护作用。联合微生态制剂同时还能纠正肠道微生态紊乱，调节免疫内分泌，减少肠道细菌移位和肠源性感染的发生。回顾以往文献报道，对比PN支持，EN有更少并发症的发生率。当胃功能允许条件下，EN可以取得相同治疗效果，且更加安全可靠。当然，PN优势在于非常有利于胃肠功能障碍患者，且能在短时间内快速纠正患者水电解质与酸碱失衡，但当患者发生肝肾功能障碍时，其应用将受到明显限制。因此，在临床实践过程中，应根据患者病情来选择营养方式，当胃肠道功能允许时，优先选择EN，必要时肠内与肠外联合应用。同时根据病情需要，可联合微生态制剂或FMT来达到调节肠道代谢、改善肠道菌群结构、调控机体免疫内分泌功能的治疗目的。

二、微生态制剂的分类和作用

微生态制剂，是根据微生态原理来利用对宿主有利的微生物及代谢产物以及能够促进肠道有益菌群生长的物质所制成的制剂，包括益生菌（probiotics）、益生元（prebiotics）和合生元（synbiotics）。益生菌是指含活菌或包含菌体组分及代谢产物的死菌制成的生物制剂，进入宿主体内后能改善体内微生物及酶的平衡或刺激体内免疫系统，发挥生物效应。常见益生菌包括乳酸杆菌、双歧杆菌、肠球菌等。益生元是一类膳食补充剂，通过被正常菌群摄取利用后刺激一种或多种有益菌群的生长及活性，抑制有害菌群的生长繁殖，从而改善肠道菌群稳态。此类物质通常为寡糖类物质，包括乳果糖、果寡糖、半乳糖等。合生元又称合生素，是益生菌与益生元的混合制剂，发挥协同作用。微生态制剂通过改善肠道菌群失调、抑制有害菌生长、促进肠上皮细胞修复以及激活免疫系统来提高宿主健康水平或改善健康状况。尽管益生菌进入人体后会有消化液及胆汁屏障的阻碍，但部分益生菌仍然可以通过屏障到达肠道发挥生物效应。

三、粪菌移植（FMT）概述

粪菌移植是近年来兴起的一种能改变肠道菌群构成的方法，通过将健康人肠道菌群移植到患者体内，来帮助患者重新建立具有正常功能结构的肠道微生态。其发展史可追溯至1 700年前东晋时期，葛洪编著的《肘后备急方》中便记载有“饮粪汁一升，即活”，即用粪便来治疗多种疾病。但后来FMT并未受到世人重视，直到近年来FMT对难辨梭状芽胞杆菌感染（clostridium difficile infection，CDI）具有显著治疗效果且相对安全才逐渐受到大家关注。目前临床上FMT最常被用于治疗CDI，综合有效率可达90%，即使针对复发性CDI患者，*the New England Journal of Medicine*发表研究表明，输注捐献者粪菌液后其有效缓解率依旧高达81%。此外，研究不断表明，FMT不仅可以用于治疗抗生素相关性腹泻（antibiotic-associated diarrhea，AAD）、肠易激综合征（irritable bowel syndrome，IBS）、炎性肠病（inflammatory bowel disease，IBD）等胃肠道疾病，在代谢性疾病、自身免疫性疾病、肝性脑病等均有不同程度的改善。但由于我国在技术审核、法律法规、质量生产、安全应用等方面尚未形成统一标准，同时缺乏足够量的长期随访临床数据，本身还存在标本长期保存困难、供体筛查流程烦琐等众多缺陷，需要我们以后进一步去研究和解决。

四、临床营养联合微生态治疗的应用

微生态紊乱导致的疾病众多，且患者常合并有不同程度的营养不良或营养风险，通过临床营养支持联合微生态治疗，不仅能改善患者必要营养素吸收，同时也能维护患者胃肠黏膜正常生理功能，防止肠源性感染的发生。同时联合微生态制剂干预调控或FMT，可进一步增强胃肠黏膜屏障保护作用，改善肠道菌群紊乱情况，进而影响慢性疾病的发生、预后及转归。目前临床营养联合微生态治疗常用于肠易激综合征、炎性肠病、结直肠癌、代谢性疾病、抗生素相关性腹泻、幽门螺杆菌相关性胃炎、肝硬化等疾病的治疗。

（一）肠易激综合征

肠易激综合征（IBS）是以腹部不适伴有排便习惯改变为特征的功能性肠病，病因复杂，可能与内脏感觉过敏、胃肠道动力紊乱、菌群失衡、社会心理等因素相关。疾病持续反复发作可导致患者精神紧张、焦虑，营养消耗增加，同样也可造成胃肠道营养吸收不良，诱发水电解质及酸碱失衡，配合临床营养支持联合微生态治疗可在一定程度促进营养素吸收，缓解患者营养状况。同样，研究表明患者肠道菌群以大肠埃希菌增多，乳杆菌及双歧杆菌丰度减少。益生菌治疗IBS可以在一定程度上缓解腹胀、腹痛等不适。推荐选取乳杆菌及双歧杆菌等相对安全有效的益生菌制剂。

（二）炎性肠病

在炎性肠病（IBD）患者中，营养不良是IBD主要肠外表现之一，可有营养缺乏、超重或肥胖，而其营养不良或营养风险程度主要与疾病活动程度、病程、以及疾病累及部位有关，直接或间接影响患者疾病预后，增加住院频率和住院时间，且更易发生感染风险，降低患者生活质量。因此，营养支持在IBD患者治疗中显得尤为重要。同样，研究发现，补充双歧杆菌以及乳杆菌8周以后可明显降低患者血清中IL-1β、TNF-α和C反应蛋白，提升血清中IL-6和IL-10水平。另一研究表明，复合益生菌VSL#3用于IBD患者后不仅可以缓解肠道炎症反应，还能在一定程度上提升紧密连接蛋白水平，加强肠道稳定性。目前推荐益生菌作为IBD的辅助治疗。

（三）结直肠癌

结直肠癌（CRC）可伴有不同程度的食欲减退、恶心、呕吐等胃肠道不适，长期慢性便血、营养不良、局部糜烂以及感染毒素吸收可导致患者消瘦、萎靡、恶病质等，因此临床营养治疗显得非常重要。同样，近年来研究认为益生菌主要通过改善菌群结构、抑制致病菌生长、降解致癌代谢物、抑制酪氨酸激酶信号转导以及增强宿主免疫力等方面来达到防治肿瘤效果。研究表明，鼠李糖乳杆菌、双歧杆菌等可有效降低CRC的发病风险，并在一定程度上延缓肿瘤的扩散。

（四）代谢性疾病

代谢性疾病包含糖尿病以及肥胖，本身就伴有不同程度的营养风险，且与肠道微生态关系密切，动物实验表明，适当补充干酪乳杆菌可有效降低肥胖小鼠的糖尿病发病率，降低高脂饮食条件下小鼠体重的上升幅度。适量补充益生元膳食纤维及结构脂质还可以提高肠道内双歧杆菌的丰度，改善胰岛素分泌功能以及葡萄糖耐量程度。

（五）抗生素相关性腹泻

抗生素相关性腹泻（AAD）是指使用抗生素后发生用其他原因无法解释的腹泻，持续长时间腹泻可导致患者营养吸收不良，营养物质流失，伴有不同程度水电解质及酸碱失衡，而其本质上为抗生素诱发的肠道微生态失调，不同的抗生素发生AAD的概率不同，但国内外大量研究表明，使用临床营养治疗联合益生菌可有效促进营养素吸收，补充患者营养素缺乏，改善肠道菌群结构，减少AAD的发生概率，目前推荐使用双歧杆菌、乳酸杆菌、链球菌、肠球菌等来治疗AAD。

（六）幽门螺杆菌相关性胃炎

幽门螺杆菌（*Helicobacter pylori*，Hp）在胃肠道疾病演进和发展中起到重要作用，是诱发慢性胃炎、胃溃疡的主要因素，也是诱发胃癌的危险因素。其疾病伴随的胃肠道功能吸收障碍、食欲下降、腹泻、慢性上消化道出血等均可导致患者营养缺乏及免疫力下降，增加感染及并发症风险，应用临床营养联合微生态治疗可显著改善机体营养素吸收，纠正患者营养状况，保证治疗顺利进行。随着抗生素耐药率的不断提升，益生菌也为抗菌治疗提供了新的治疗思路。研究表明，乳酸杆菌以及双歧杆菌等可在一定程度上提升Hp根除率，纠正肠道菌群失衡，缓解胃肠道不适，提高治疗效果。

（七）肝硬化

肝脏是人体重要的代谢器官，我国作为一个乙型肝炎大国，慢性肝病一直是我国常见的消化系统疾病，慢性肝脏的损伤会导致机体营养素代谢改变和伴有不同程度营养不良或营养风险，而患者营养状况失衡同样也会反过来影响肝病的发展和转归。而肝硬化则是慢性肝病发生发展的终末阶段，肝硬化病程发展中常存在肠道微生态失衡和代谢紊乱，导致肠黏膜屏障功能受损，肠道通透性增加，诱发细菌移位。而肝门静脉系统主要接收来自肠道静脉血液汇总至肝脏，因而肠道与肝脏间存在紧密联系，即“肠-肝轴”。当发生细菌移位时，随着门静脉中内毒素水平增高，毒素直接作用于肝脏实质细胞、库普弗细胞、星状细胞及免疫细胞，促使体内中性粒细胞聚集释放一系列炎症因子及细胞因子，进一步加重肝脏损伤。而其伴随的众多并发症如肠源性内毒素血症、自发性腹膜炎、肝性脑病等与肠道菌群失调、定植能力下降、肠道细菌易位等均密切相关，直接影响着患者的生存质量和病情预后。使用含有双歧杆菌、乳杆菌、酪酸杆菌、乳果糖等微生态制剂可有效促使肠道乳酸生成，抑制致病菌生长，维持肠道厌氧环境，减少细菌移位和内毒素的生成，降低血氨，改善肝功能和预后。

第三节 总结及展望

肠道微生态是一个极其复杂的系统，涉及众多微生物，与多种疾病关系密切。对肠道微生态与营养素代谢吸收研究，不仅有利于我们进一步了解营养素在机体内如何消化吸收利用，更有助于了解膳食与肠道微生态及疾病对应关系，指导个体化膳食营养干预，预防和改善疾病健康状况。临床日常诊疗中，肠道微生态在营养素代谢吸收及众多疾病发生发展中扮演着重要角色，肠道菌群的失衡会诱发营养不良及营养风险。同样，肠道菌群的紊乱也是众多肠道内疾病、慢性疾病及自身免疫性疾病发生发展的关键因素。在临床治疗过程中，肠易激综合征（irritable bowel syndrome，IBS）、IBD、慢性肝病及结直肠癌等导致的营养吸收障碍及水电解质酸碱失衡，均可在一定程度上加重和影响疾病预后和转归。临床营养产品设计可采用均衡配比、低热量、低脂肪，增加膳食纤维、微量元素及不饱和脂肪酸。特殊人群如重度烧伤、外科创伤、肝硬化及晚期肿瘤等免疫力低下、全身炎症反应伴重度营养不良者，适当添加结构脂质、谷氨酰胺、精氨酸、生长激素等特殊营养素，有利于危重患者预后和恢复。消化功能耐受者可搭配整蛋白营养供给，消化功能低下者搭配寡肽及氨基酸营养配比，增加机体对膳食蛋白吸收和生物活性肽的利用。推荐优化特殊医学用途配方食品（food for special medical purpose，FSMP）在临床领域的应用，针对患者进行个体化营养治疗。逐步提倡生酮饮食，联合添加微生态制剂，改善肠道菌群及能量代谢，优化FSMP在维持肠道菌群稳态方面的不足。近年来以肠道菌群促进营养素吸收的产品呈指数增长，但关于肠道菌群与营养素及人类健康关系问题仍未得到根本解决，肠道微生态功能如何优化，如何科学指导营养治疗和产品设计，需要进一步去研究和探索。随着更准确的功能分析出现，将蛋白质组学及代谢组学与现有基于DNA的微生物群评估方法相结合，逐步提高我们将肠道微生态及营养素消化吸收应用于人类科学研究的能力，相信在不久将来，新的理论机制和临床实践将会为我们提供更多切实有效的预防和治疗方案。

（秦环龙　何继德　孔　程）

参考文献

1. Zhang J, Guo Z, Xue Z, et al. A phylo-functional core of gut microbiota in healthy young Chinese cohorts across lifestyles, geography and ethnicities[J]. ISME J. 2015, 9(9): 1979–1990.
2. Glenwright AJ, Pothula RK, Bhamidimarri SP, et al. Structural basis for nutrient acquisition by dominant members of the human gut microbiota[J]. Nature, 2017, 541(7637): 407–411.
3. Koh A, de Vadder F, Kovatcheva-Datchary P, et al. From dietary fiber to host physiology: short-chain fatty acids as key bacterial metabolites[J]. Cell, 2016, 165(6): 1332–1345.
4. Perry RJ, Peng L, Barry NA, et al. Acetate mediates a microbiome-brain-β cell axis promoting metabolic syndrome[J]. Nature, 2016, 534(7606): 213–217.
5. Buffie CG, Bucci V, Stein RR, et al. Precision microbiome reconstitution restores bile acid mediated resistance to Clostridium difficile[J]. Nature, 2015, 517(7533): 205–208.
6. Wahlström A, Sayin SI, Marschall HU, et al. Intestinal crosstalk between bile acids and microbiota and its impact on host metabolism[J]. Cell Metab, 2016, 24(1): 41–50.
7. Martinez-Guryn K, Hubert N, Frazier K, et al. Small intestine microbiota regulate host digestive and absorptive adaptive responses to dietary lipids[J]. Cell Host Microbe, 2018, 23(4): 458–469. e5.
8. Halmos EP, Gibson PR. Dietary management of IBD-insights and advice[J]. Nat Rev Gastroenterol Hepatol, 2015, 12(3): 133–146.
9. Wang J, Thingholm LB, Skiecevičienė J, et al. Genome-wide association analysis identifies variation in vitamin D receptor and other host factors influencing the gut microbiota[J]. Nature Genetics, 2016, 48: 1396–1406.
10. Jaeggi T, Kortman GAM, Moretti D, et al. Iron fortification adversely affects the gut microbiome, increases pathogen abundance and induces intestinal inflammation in Kenyan infants[J]. Gut, 2015, 64(5): 731–742.
11. Kroemer G, López-Otín C, Madeo F, et al. Carbotoxicity-noxious effects of carbohydrates[J]. Cell, 2018, 175(3): 605–614.
12. Olson CA, Vuong HE, Yano JM, et al. The gut microbiota mediates the anti-seizure effects of the ketogenic diet[J]. Cell, 2018, 174(2): 497.

第十三章　营养筛查与评定

营养筛查与评定，是临床营养诊疗过程中的第一道关卡，通过规范有效的营养筛查和评定，才能使营养治疗适宜并且准确。

一、营养筛查

营养风险（nutritional risk）是指“现存或者潜在的与营养因素相关的导致患者出现不利临床结局的风险”，不是指发生营养不良的风险。所谓的临床结局包括生存率、病死率、感染性并发症发生率、住院时间、住院费用、成本 - 效果比及生活质量等。存在营养风险的患者需要进行积极的营养干预。而确认是否存在营养风险，首先需要完善营养筛查与评定。营养筛查与评定是指运用一系列的量表工具，确定患者是否存在营养风险；对存在营养风险的患者，需实施进一步的营养评估，以尽早发现营养不良，制订营养干预方案，从而指导临床治疗、改善临床结局。

目前常用的营养筛查方法，针对不同人群经常采用的有主观全面评定法（SGA）、微型营养评定简表法（MNA-SF）、营养风险筛查 2002（NRS2002）、通用营养不良筛查工具（MUST）等，都是采用最简单的方法确定有无营养风险，并根据病情变化及胃肠道功能的评估，进一步着手营养支持计划的制订。

（一）营养风险筛查 2002

营养风险筛查 2002（nutritional risk screening, NRS 2002）是以 Kondrup 为首的 ESPEN 工作小组根据近 20 年来在国际发表的 128 个随机对照试验的系统评价而开发的营养风险筛查工具，是国际上第一个采用循证医学方法开发的、为住院患者行营养风险筛查的工具，其信度和效度均已得到验证，操作简单易行。适用对象根据 2013 年《中华人民共和国卫生行业标准　临床营养风险筛查（WS/T 427—2013）》规定为年龄 18~90 岁、住院过夜、入院次日 8 时前未进行急诊手术、神志清楚、愿意接受筛查的成年住院患者。欧洲肠外肠内营养协会（European society of Parenteral and Enteral Nutrition，ESPEN）和中华医学会肠外肠内营养分会（Chinese Society for Parenteral and Enteral Nutrition，CSPEN）均推荐在住院患者中使用 NRS 2002 作为营养风险筛查的首选工具（表 13-0-1）。

如果患者根据这个筛检表格得出的分数大于或等于 3 则需要积极的营养干预，根据患者具体情况制订营养支持方案。

（二）微营养评价简表

微营养评价简表（mininutritional assessment short form，MNA-SF）就是专用于老年人的营养筛查工具，是由 Rubenstein L Z 等人在传统 MNA 基础上进行设计而来。澳大利亚循证营养指南推荐 MNA-SF 作为居家老年患者的营养筛查工具。在 BMI 无法得到的情况下，可由小腿围代替（表 13-0-2）。

表 13-0-1　2002 营养风险筛查（NRS 2002）

	第一步：预筛检	是	否
1	BMI<20.5？		
2	病人在最近 3 个月内是否有体重减轻?		
3	病人在最近一周内是否有膳食摄入减少?		
4	病人的病情是否严重？（如正在进行强化治疗）		

如以上如何一个问题的回答为“是”，进行第二步筛检。
如每个问题的回答都为“否”，病人在以后每周进行一次初步筛检。

续表

第二步：正式筛检		
	营养状况	疾病状况（营养素需要量变化）
0 分	营养状况正常	营养素需要量和正常人一样
1 分	3 个月内体重减轻大于 5% 或在上周膳食摄入量减少 25%~50%	髋部骨折 经常会出现急性并发症的慢性疾病，如肝硬化或慢性阻塞性肺病 血液透析、糖尿病、肿瘤
2 分	2 个月内体重减轻大于 5% 或 BMI 为 18.5~20.5 或上周膳食摄入为正常摄入量的 25%~50%	胃部外科大手术 脑卒中 严重的肺炎、恶性贫血
3 分	1 个月内体重减轻大于 5%（3 个月内体重减轻大于 15%） 或 BMI<18.5 或上周膳食摄入为正常摄入量的 0%~25%	头部损伤 骨髓移植 重症护理病人
营养状况得分 + 疾病状况得分 = 总分		
年龄：如果年龄大于或等于 70 岁，总分加 1		
总分≥3：患者有营养不良的风险应进行营养干预 总分≤3：患者每周进行一次上述营养筛检。如患者准备进行大手术，应施行预防营养干预计划，这样可以减少营养不良的风险。		

表 13-0-2 MNA-SF

	筛查内容	分值
A	既往 3 个月内，是否因食欲下降、咀嚼或吞咽等消化问题导致食物摄入减少？ 0= 严重的食欲减退 1= 中等程度食欲减退 2= 食欲减退	
B	最近 3 个月内体重是否减轻？ 0= 体重减轻超过 3kg 1= 不知道 2= 体重减轻 1~3kg 3= 无体重下降	
C	活动情况如何？ 0= 卧床或长期坐着 1= 能离床或椅子，但不能出门 2= 能独立外出	
D	在过去 3 个月内是否受过心理创伤或罹患急性疾病？ 0= 是 1= 否	
E	有否有神经心理问题？ 0= 严重痴呆或抑郁 1= 轻度痴呆 2= 无心理问题	
F1	BMI（kg/m^2）是多少？	
F2	0= 小于 19 1=19~21 2=21~23 3= 大于或等于 23 小腿围 CC（cm）是多少？ 0=CC 小于 31cm 3=CC≥31cm	
合计	筛查分值（14 分）	

MNA-SF 评分分值≥12 分，无营养不良风险；分值≤11 分，可能存在营养不良，需要进一步进行营养状况评价

（三）MUST

MUST 是由英国肠外肠内营养协会多学科营养不良咨询组开发，于 2004 年正式发表（表 13-0-3）。主要用于蛋白质热量营养不良及其发生风险的筛查，主要包括三方面的内容：①BMI；②体重下降程度；③疾病所致的进食量减少。根据最终总得分，分为低风险、中等风险和高风险。

表 13-0-3 MUST 评分表

评分项目		
BMI	$>20kg/m^2$	0 分
	$18.5\sim20kg/m^2$	1 分
	$<18.5kg/m^2$	2 分
体重下降程度	过去 3~6 个月体重下降 <5%	0 分
	过去 3~6 个月体重下降 5%~10%	1 分
	过去 3~6 个月体重下降 >10%	2 分
疾病原因导致近期禁食时间	≥5d	2 分

MUST 评分≥2 分为高营养风险状态，需要制订营养支持方案

（四）主观全面评估

主观全面评估（subjective global assessment，SGA）既可以作为营养筛查的简单工具，也能够作为营养评定中的一项主观内容。SGA 通过 8 项问题的询问，分别从体重变化、膳食摄入改变、胃肠道症状、功能性改变、疾病对营养状态的影响询问以及体格检查（皮下脂肪、肌肉、水肿情况）综合评估营养状态。ASPEN 自 2002 年起推荐其作为营养评定工具之一。上述 8 项中，至少 5 项属于 C 或 B 级者，可分别定为重度或中度营养不良。A 级：目前患者无需干预，可定期在评估和常规治疗。B 级：目前患者存在中度营养不良或疑为营养不良，需要营养师、护士或其他医生分析症状和实验室数据后对患者及家属进行相应教育。C 级：目前患者存在重度营养不良，迫切需要营养师干预以及医生和护士的协助营养支持治疗（表 13-0-4）。

随着临床实践的深入，不断有学者在 SGA 的基础上进行修改和发展，如 PG-SGA，分为分类诊断和评分诊断两种。菲律宾外科学会提出将 SGA 结合人体测量 BMI、生化检查（ALB）、免疫功能（总淋巴细胞细胞计数）综合评分，最终判断患者的营养状况等。虽然不断有循证医学的证据支持这些方法的敏感性及特异性，但是仍没有一种方法能够以偏概全，适用于所有疾病和不同状态（表 13-0-5）。

二、营养评定

营养评定指通过膳食调查、人体测量、临床检查、实验室检查及多项综合营养评价方法等手段，判定人体营养状况，确定营养不良的类型及程度，估计营养不良的危险性，并监测营养治疗的疗效。

（一）临床检查

包括病史采集及体格检查。病史采集包括膳食调查、病史、精神病史、用药史及生理功能史等。

其中膳食摄入量的调查是营养评定的关键环节。常用的有：①24h 回顾法：要求患者回忆前一天 24h 摄入的所有食物。此方法易行、快速。然而多数患者可能很难准确回忆摄入情况，而且甜点、饮料和营养制剂易被遗忘。需要培训访谈者的能力，以便于了解全面而准确的信息。用标准尺寸的杯子、匙、盘子或模型有助于被访谈者更加准确地描述。②食物频率问卷法：收集患者每天、每周、每个月摄入某种食物的频次，有助于证实回顾的准确性，并能提供个人膳食摄入更全面的情况。此方法经济省时，但提供的信息有限。③营养计算法：利用食物成分表和计算机数据库中每一种饮食营养素的量进行计算，较准确地了解每日食物的营养摄入量，但可能受到摄入食物记录准确性的影响。

体格检查在于发现是否存在下述情况：①肌肉萎缩；②水肿或腹水；③毛发脱落；④皮肤损害；⑤维生素缺乏的体征；⑥必需脂肪酸缺乏的体征；⑦肝大；⑧常量或微量元素缺乏体征；⑨恶病质等。

（二）人体测量

人体测量主要包括体重、身高（长）、皮褶厚度、肌肉围度、握力等。

1. 体重 测定应保持时间、衣着、姿势等的一致，住院患者应选择晨起空腹、排空大小便、穿固定衣裤测定。体重计的敏感性应小于 0.5kg，测定前需先校正准确。3~6 个月内非自愿的体重减轻是评价机体营养状况的有用指标，较轻的体重下降为 <5%，严重体重下降为 >10%。

表 13-0-4　SGA 评价内容

评价内容					评价结果		
病史：							
体重	您目前体重是多少？				kg		
	与您 6 个月前的体重相比有变化吗？				A	B	C
	近 2 周体重变化了吗？不变　增加　减少				A	B	C
进食	您的食欲？　好　不好　正常　非常好				摄食变化		
	您的进食情况有变化吗？不变　增加　减少				A	B	C
	这种情况持续多长时间？				摄食变化的时间		
	您的食物类型有变化吗？没有变化　半流质　全流食　无法进食				A	B	C
胃肠道症状	近 2 周以来您经常出现下列问题吗？ ①没有食欲：从不　很少　每天　每周 1~2 次　每周 2~3 次；②腹泻；③恶心；④呕吐				A	B	C
活动能力	您现在还能像往常那样做以下的事吗？ ①散步：没有　稍减少　明显减少　增多；②工作：③室内活动：④在过去的 2 周内有何变化：有所改善　无变化　恶化				A	B	C
疾病和相关营养需求	疾病诊断 代谢应激：无　轻微　中等　高度				A	B	C
体检：							
皮下脂肪	下眼睑	良好	轻中度营养不良	重度营养不良	A	B	C
	二头肌 / 三头肌						
肌肉消耗	颞部	良好	轻中度营养不良	重度营养不良	A	B	C
	锁骨						
	肩						
	肩胛骨						
	骨间肌						
	膝盖						
	股四头肌						
	腓肠肌						
水肿		良好	轻中度营养不良	重度营养不良	A	B	C
腹水		良好	轻中度营养不良	重度营养不良	A	B	C
SGA 评分等级：A　B　C							

表 13-0-5 患者主观整体评估（PG-SGA）

第一部分 患者自评表	
1. 体重	
目前我的体重约为	kg
目前我的身高约为	cm
1 个月前我的体重约为	kg
6 个月前我的体重约为	kg
在过去的 2 周，我的体重： 减轻（1）；没变化（0）；增加（0）	
本项计分	
2. 进食情况	
在过去的 1 个月里，我的进食情况与平时情况相比： 没变化（0）；比以往多（0）；比以往少（1） 我目前进食： 正常饮食（0）；但比正常情况少（1）；软饭（2）；流食（3）；只能进食营养制剂（3）；几乎吃不下什么（4）；只能通过管饲或静脉营养（0）	
本项计分	
3. 症状	
近 2 周来，我有以下的问题，影响我摄入足够的饮食： 吃饭没有问题（0）；没有食欲，不想吃（3）；恶心（1）；呕吐（3）；便秘（1）；腹泻（3）；口腔溃疡（2）；口干（1）；感觉食品没味，变味（1）；食品气味不好（1）；吞咽困难（2）；一会儿就饱胀了（1）；疼痛（部位）（3）；其他（如抑郁，经济问题，牙齿问题）（1）	
本项计分	
4. 活动和身体功能	
在过去的 1 个月，我的活动： 正常，无限制（0）；不像往常，但是还能够起床进行轻微的活动（1）；多数时候不想起床活动，但卧床或坐椅时间不超过半天（2）；几乎干不了什么，一天大多数时候都卧床或在椅子上（3）；几乎完全卧床，无法起床（3）	
本项计分	
第二部分 医务人员评估表	
5. 疾病与营养需求的关系	
相关诊断（特定）： 原发疾病的分期：Ⅰ Ⅱ Ⅲ Ⅳ 其他 年龄 岁	
本项计分	
6. 代谢方面的需要	
无应激 低度应激 中度应激 高度应激	
本项计分	
7. 体格检查	
本项计分	

2. 身高　要求被测者赤足直立于地面上，两足跟靠紧，足尖呈 40°~60° 角，膝伸直，肩自然放松，上肢自然下垂，头正，眼耳在同一水平面上。由于骨关节病及某些神经系统疾病无法直立的患者，可用身长、坐高等来代替。

3. 体质指数　目前最常用的体重指数（BMI）是评价肥胖和消瘦的良好指标。BMI= 体重（kg）/[身高（m）]^2。我国推荐 18.5~23.9 为正常，>28 为肥胖，<18.5 为潜在营养不良或体重偏低。个体 BMI 与本人近期的数值进行比较，意义会更大。

4. 皮褶厚度与臂围

（1）三头肌皮褶厚度（triceps skinfold thickness，TSF）：被测者取立位，上臂自然下垂，取左或右上臂背侧肩胛骨肩峰至尺骨鹰嘴连线中点，测定者用两指将皮肤连同皮下脂肪捏起呈皱褶，捏起处两边的皮肤须对称，用压力为 10g/mm^2 的皮褶厚度计测定。连续测定 3 次后取平均值，计算实测值占正常值的百分比。

（2）上臂中点围（mild arm circumstance，MAC）臂中围是用卷尺测量肩峰和尺骨鹰嘴中点手臂的围长。软尺误差应小于 1mm。

TSF 和 MAC 都会受到体液平衡的影响，上臂肌围（arm muscle area，AMA）可以通过下式进行计算：

男性 AMA（cm^2）=[MAC（cm）−π × TSF（cm）]^2−104 × π

女性 AMA（cm^2）=[MAC（cm）−π × TSF（cm）]^2−6.54 × π

5. 围度

（1）胸围（chest circumference）：胸围是胸廓的最大围度，可以表示胸廓大小和肌肉发育状况，是评价人体宽度和厚度具有代表性的指标。

（2）腰围（waist circumference，WC）：在一定程度上反映了腹部皮下脂肪厚度和营养状况，是间接反映人体脂肪分布状态的指标。

（3）臀围（hipline）：不仅可以反映出人的体型特点，同时保持臀围和腰围的适当比例关系对成年人体质和健康及其寿命有着重要意义。

（4）腰臀比（waist to hip ratio，WHR）：反映了身体脂肪分布的一个简单指标。

6. 肌肉强度测定　通常使用握力计进行握力测定。正常男性握力≥35kg，女性握力≥23kg。

7. 人体成分生物电阻抗分析法　BIA 是一种通过电学方法进行人体组织成分分析的技术。BIA 可用于测定机体中体脂和瘦体组织量，细胞内、外液的变化情况及等多项内容。其测定原理主要利用人体瘦体重（lean body weight，LBW）和体脂（body fat，BF）的电流导向性差异对身体组成成分进行估测。

（三）实验室检查

1. 血浆蛋白　包括血浆白蛋白、转铁蛋白、前白蛋白、视黄醇结合蛋白等。尿液 3- 组氨酸排泄增加，提示骨骼肌代谢增加，营养风险增加。急性相反应蛋白，如 CRP 等升高，提示炎症较重，营养风险增加。

2. 肌酐身高指数（creatinine height index，CHI）是表示瘦体组织空虚程度的灵敏指标。机体 24h 内排出的肌酐可以用来计算肌酐身高指数（creatinine height index，CHI）：CHI（%）=24h 肌酐排泄量 /24h 同性别及身高的标准肌酐值 × 100。CHI 减少 5%~15% 属于轻微虚弱，15%~30% 属于中度，30% 以上为重度。其结果受 24h 尿量、发热、创伤、肾功能的影响。

3. 维生素及矿物质检测　通过实验室检测等手段，可以发现各种维生素、微量元素、矿物质等单独营养素的缺乏症。血清叶酸、维生素 B_{12} 等都有助于判断缺铁性贫血、叶酸缺乏及维生素 B_{12} 缺乏等。

4. 免疫功能　主要包括总淋巴细胞计数（total lymphocyte count，TLC）和迟发性超敏反应（delayed hypersensitive，DH）。TLC 是评价细胞免疫功能的简易方法，但应激、感染、肿瘤及免疫抑制剂的使用均会影响淋巴细胞计数，因此，TLC 并非作为营养评价指数的可靠指标。DH 也是评价细胞免疫的重要指标，但使用药物和某些疾病状态下也会影响结果。

（陈　伟）

参考文献

1. Cederholm T, Barazzoni R, Austin P, et al. ESPEN guidelines on definitions and terminology of clinical nutrition [J]. Clin Nutr, 2017, 36(1): 49-64.
2. Jensen GL, Cederholm T, MITD C, et al. GLIM criteria for the diagnosis of malnutrition: a consensus report from the global clinical nutrition community [J]. JPEN, 2019, 43(1): 32-40.
3. 石汉平. 营养筛查与评估[M]. 北京: 人民卫生出版社, 2014.

第三篇　肠外营养

第十四章　肠外营养的历史与发展

一、肠外营养概念

肠外营养(parenteral nutrition,PN)是经静脉途径(非胃肠道途径)供应患者所需要的营养要素,包括碳水化合物、脂肪乳剂、必需和非必需氨基酸、维生素、水与电解质及微量元素。目的是使患者在无法正常进食的状况下仍可以维持营养状况、体重增加和创伤愈合,幼儿可以继续生长、发育。肠外营养分为完全肠外营养(total parenteral nutrition,TPN)和部分补充肠外营养(supplementary parenteral nutrition,SPN)。

肠外营养不但能够有效救治外科手术、创伤、烧伤、肠功能障碍或衰竭危重症患者,在许多肿瘤、慢性病、老年共病等疑难病治疗中将发挥越来越重要的作用。

二、肠外营养的历史与发展

尽管肠外营养疗法创始于20世纪60年代初期,但追溯其发展却已有近400年的历史。1628年,William Harvey对循环系统的探索发现,确定了静脉输液的解剖学基础;1658年,克里斯托弗·雷恩爵士和他的同事们报道了给狗注射麦芽酒、葡萄酒、鸦片和油的研究效果,用中空的鹅毛笔充当针/导管,用猪膀胱充当储液器,探索了热卡与输注系统。表14-0-1总结了PN成功实施的一些关键历史事件,首先是在医院,然后是在社区。表14-0-1按照不同的标题列出了发展情况[发展概况、静脉途径、宏量营养素(脂肪、碳水化合物、蛋白质/氨基酸和酒精)和其他营养素]。对创伤、败血症和其他疾病的代谢反应的研究,以及对在此条件下营养液和电解质的需求及其对酸碱调节的影响,促进了PN的发展,最终促进了家庭肠外营养(home parenteral nutrition,HPN)的发展。19世纪后半叶和20世纪上半叶,人们逐渐了解和发现各种营养物质的化学结构、稳定性和生物学效应,对PN的发展非常重要。

现代肠外营养的发展始于1962年瑞典内科医师(Dr. Arvid Wretlind)研发大豆油脂肪乳剂,并成功应用于临床;美国外科医师(Dr. Stanley Dudrick和Dr. Douglas Wilmore)经锁骨下中心静脉置管进行肠外营养,并在动物实验和短肠综合征的婴儿的临床应用,均证明其安全性和有效性;PN不但使婴幼儿能够生长发育,而且确立了肠外营养的重要作用和地位。美国、欧洲等国家和地区相继成立肠外肠内营养学会,即ASPEN和ESPEN。

我国自20世纪六七十年代,在国家经济状况薄弱,临床营养知识、营养技术和产品稀缺的困难时期,北京、上海、南京等城市的普外科前辈医师(曾宪九教授、吴肇光教授、黎介寿院士、吴蔚然教授、蒋朱明教授、吴肇汉教授等)勇于探索、研究,大胆担当和实践,率先在国内开展临床营养相关的基础研究和临床实践,最早为肠功能衰竭的外科疑难重症患者(如:肠瘘,炎性肠病等)进行营养支持取得成功,改变了传统治疗的观念和局限性,明显改善了临床结局,荣获省、市级及国家科技进步奖。

21世纪以来,随着工业化、现代化、城市化、老龄化的社会环境改变,导致了疾病谱的变化,特别是慢性病(炎性肠病、2型糖尿病、恶性肿瘤、创伤、医源性并发症)的增长,短肠综合征(short bowel syndrom)、肠功能障碍(intestinal dysfuction)、肠功能衰竭(intestinal failure)已成为威胁人类健康的主要杀手,也成为消耗医疗和财政资源、影响人民健康福祉、制约国家发展的瓶颈。

表 14-0-1 PN 和 HPN 发展史中的关键时间表

项目	时间	发展
肠外营养发展概况	1628	William Harvey 报道发现循环系统
	1658	报道动物体内静脉注射酒精、脂类和鸦片（实验开始于 1656 年）
	1831	成功静脉输注一种溶液（本质上是必需的盐水溶液）来治疗因霍乱引起的体液丢失过多（Latta，1831）
	1923	Seibert 对致热源的研究（Seibert，1923）引导了其后来对提供无致热源静脉液体的原则和方法的描述
	1904	人体皮下 PN（脂肪、葡萄糖、电解质和蛋白胨）（Freidreich，1904）
	1955—1965	临床医生在特定时期内使用外周或中心静脉 PN（5% 或 10% 的葡萄糖、蛋白水解物和静脉用脂肪乳剂）（Levenson 等，1984）
	1967	长期静脉营养获得成功，使比格犬幼犬正常生长（Dudrick 等，1967）
	1967	用 20%~25% 的葡萄糖和 4%~5% 的氨基酸溶液成功实施长期中心静脉 PN
家庭肠外营养	1969	美国开展家庭 PN（Shils 等，1970）
	1970	加拿大开展家庭 PN（Langer 等，1973）
	1970 年代	一些欧洲国家和其他国家以不同途径开展家庭 PN
即用型肠外营养袋及质量监察	1972	介绍长期应用“全合一”输液袋，现在 HPN 中常规使用（Romieu 等，1972）
	1970 年至今	HPN 在不同国家中不同方式的演变（Elia，1995；Elia & Baldwin，1999；Moreno 等，2001）
	2003	国际标准化组织（ISO）编制了一份文件（ISO 14698-1）来概述 ISO 14644（环境中粒子和细菌的限制）的执行策略。这一发展源于 PN 袋细菌污染的爆发
	2008	药品监察检验合作操作计划（PIC/S）的引入成为欧洲医院无菌制剂生产质量管理规范（GMP）的指南（PE 010-1，现行版本 PE 010-4）
	2014 更新	药品监察检验合作操作计划，2014
静脉通路	1658	中空鹅毛笔用做静脉注射的针管
	1940 年代	给人类输注 15%~20% 葡萄糖溶液，成功率不同（Dennis，1944；Dennis 等，1948），问题在于静脉炎的发生
	1949	成功通过中心静脉导管输入狗体内高渗葡萄糖和蛋白溶液（Meng 和 Early，1949；Rhode，1949）
	1952	中心（锁骨下）静脉置管的描述（Aubaniac，1952），尽管早在 1944 年就有关于导管集中插入的报道（Levenson 等，1984）
	1967	中心静脉置管技术将高渗 PN 应用与人体（Dudrick 等，1968，1969）
	1969	将动静脉分流术用作静脉输液通路实施 HPN 的美国首例患者（Shils 等，1970）

续表

项目		时间	发展
宏量营养素	碳水化合物	1843	Claude Bernard 证明糖溶液可以安全地通过非肠道途径给动物注射(Foster, 1899)(他随后将葡萄糖注射到自己的静脉中)
		1887	Landner 提出葡萄糖可以作为"人工营养"方案的一部分
		1896	人体内葡萄糖静脉输注获得成功(Biedl & Kraus, 1896)
		1915	Woodyatt 等报道静脉注射葡萄糖高达 0.85g/kg 体重 /hd,患者可不出现糖尿(Woodyatt 等, 1915)
		1967	人体内长期输注高渗葡萄糖(Dudrick 等, 1968)
	蛋白质 / 氨基酸	1870—1900	将牛奶注入人体内,但可能会发生严重的全身反应
		1913	将无致敏性蛋白水解物注入山羊体内喂养 16d 获得成功(Henreiques & Anderson, 1913)
		1937	蛋白质水解物在动物体内获得相似和更广泛的成功(Elman, 1937)
		1939	将 2% 的酪蛋白水解物和 8% 的葡萄糖溶液注入患者体内未出现不良反应(Elman & Weiner, 1939)
		1940	用合成的晶体氨基酸注入婴儿体内(Schohl & Blackfan, 1940)
		1964	晶体氨基酸溶液引入德国(Bansi 等, 1964)
		1970 年代	晶体氨基酸取代了商业蛋白水解物
		1980 年代	研制出甘氨酸 - 谷氨酰胺和丙氨酸 - 酪氨酸等双肽,解决了单独添加氨基酸不稳定(如谷氨酰胺)和溶解性差(如酪氨酸)的氨基酸的稳定性问题。现如今这些上市制剂已被使用
	脂肪乳剂	1678	Christopher Wren 报道静脉注射动物脂质
		1869	皮下注射脂肪乳剂在狗体内没有出现副作用(Menzel & Perco, 1869)
		1915	首次静脉注射脂肪乳剂给动物(Murlin & Riche, 1915)
		1920	美国首次给儿童患者通过静脉注射脂肪乳剂(Rhoads, 1975)
		1961	Wretlind 在瑞典研发安全有效的静脉脂质乳剂(Schuberth & Wretlind, 1961)。1963 年获得大多数欧洲国家批准上市,但北美直到 1977 年才批准应用
		1964	美国食品和药物监督管理局禁止从蓖麻油和棉籽油中提取脂肪乳剂,原因是它们会引发不良反应
		1980 年至今	新型脂质乳剂的开发,包括含有中链甘油三酯、鱼油和结构脂肪乳剂的乳剂,但尚未得到广泛应用
	酒精	1658	酒精被注入动物体内
		1970 年代	酒精被包含在一些上市的 PN 制剂中,并在一些中心广泛使用
		1980 年至今	当 HPN 逐渐在许多国家应用时,含酒精的静脉营养产品逐渐退出

三、肠外营养的发展模式——家庭肠外营养

（一）适应证

1969年，美国纽约开展了第一例HPN，是由Shils及其同事报道的一位患有短肠综合征的37岁妇女，她接受了为期7个月的PN治疗之后，因小肠移植再次入院，但死于术后并发症。这个患者是通过动静脉瘘的途径进行PN的，但动静脉瘘因感染而阻塞。此后在美国和其他国家开展的大多数HPN病例都是经中心静脉导管进行输液。

1970年，加拿大首位接受HPN治疗的患者是因肠系膜血管血栓形成而接受了近全部小肠切除的患者，之后应用HPN生存了20年。1972年在加拿大另一位接受HPN治疗的患者可能是至今HPN治疗时间最长的患者（超过32年）。

在这些具有里程碑意义的事件之后，HPN于20世纪70年代开始在北美更广泛地开展，并首次在一些欧洲国家和澳大利亚开始实施。除了法国的*Solassol*及其同事在1973年报道的75名患者长期接受静脉营养外，欧洲的HPN发展较为缓慢。例如，在英国，HPN最早的报道在20世纪70年代末才出现。

1986年中国首位接受HPN治疗的患者是27岁女性短肠综合征患者，她因肠扭转、肠系膜血管血栓、肠坏死，在复旦大学附属中山医院外科接受近全部小肠切除术，术后因接受了HPN，健康存活30年，并在HPN治疗4年之后正常怀孕生育了一名女孩，该女孩生长发育成人，并于2016年正常生育后代，创造了世界奇迹。

不同国家HPN最常见的适应证主要是因克罗恩病和肠系膜血管病行手术切除所致短肠综合征，主要是成年患者。随着时间的推移，患者的年龄范围逐渐扩大，包括更多儿童（通常是更幼小年龄）和老年人；如今这种趋势在一些国家仍在持续。同时，HPN的适应证在不断扩大。HPN开始用于越来越多的儿童疾病，如自身免疫性肠病、坏死性小肠结肠炎和先天性畸形。在一些国家，如美国，它也被用于越来越多的艾滋病毒患者。此外，在美国和许多其他国家，HPN开始被越来越多地用于恶性疾病的营养支持。

然而，国际上HPN适应证的差异明显，并且随着时间的推移而发生了变化。例如，在英国，某一特定时间点（点患病率）的恶性疾病患者比例从1996—2000年（以及更早）的低于5%稳步上升到2010年的7.8%。在2010年，所有接受HPN治疗的患者中有14%患有恶性肿瘤（期间患病率。加拿大HPN登记系统显示，在2004—2006年间，7.1%的患者因癌症使用HPN。在其他几个国家，接受HPN治疗的癌症患者比例要高得多：意大利登记系统显示1984—1992年间为57%，北美HPN登记系统显示的1985—1992年间为49%，而高达88%的癌症患者在2000—2003年间在意大利的一个区域中心开始接受HPN治疗。一项新登记患者调查证实了HPN在癌症患者实际应用中存在明显差异（5%~60%）：法国16%，英国5%，比利时23%，丹麦8%，荷兰60%，和西班牙39%。

1997—2019年开展家庭肠外营养的国家包括美国、英国、意大利、西班牙、德国、加拿大、法国、中国、荷兰、丹麦；开展HPN的前十位机构包括梅奥诊所、阿尔伯塔大学、田纳西大学、曼彻斯特大学、克利夫兰诊所、米兰大学、哈佛大学、托马斯杰弗逊大学、阿伯丁大学和美国癌症研究所。

HPN在各国之间差别很大，与不同国家经济情况相关，这些经济因素导致低收入国家HPN比例最低，如几个非洲国家和印度，西欧国家中等，美国HPN最高。

PN在人类患者身上获得的成功也被引入于动物（兽医）的应用，例如狗和马，尽管这种做法还没有扩展到群体。

尽管胃肠道恶性肿瘤的发病率和死亡率仍高居，但随着各国和地区的经济和医学科学发展，从2000—2014年的5年生存率均有提高：食管癌提高4%~12.7%，胃癌提高5%~20%，结肠癌提高5%~10%。因而，健康工作者应更加关注胃肠肿瘤患者生活质量（the quality of life，QoL）。然而，40%~60%胃肠肿瘤患者在入院时即发现因肿瘤和抗肿瘤治疗导致的营养不良；胃肠肿瘤患者发生营养不良发生率高于非胃肠肿瘤患者，营养不良发生率由高到低排序：食管、胃、结肠。

Shim等发现围手术期重度营养不良发生率由2.3%上升到手术后达26.3%；许多营养不良患者需要在家恢复。营养状况差导致患者并发症增

加、对治疗的耐受性下降、治疗中断、生存时间和生活质量下降。因此，关注患者营养状况对于患者生活质量和抗治疗治疗计划至关重要。

营养治疗明显改善胃肠肿瘤患者营养状况，已被临床医师所认识。家庭肠内营养（home enteral nutrition，HEN）可以有效控制上胃肠道恶性肿瘤患者手术后和化疗期间的体重下降。

有研究显示 HEN 28d 可以明显提升整体的生活质量和体重；标准的营养管理团队、管理流程和随诊可以有效减轻体重丢失及减少并发症。因此，上胃肠道恶性肿瘤患者的综合治疗和家庭肠内营养管理，是提升患者生活质量和抗癌治疗计划的主要保障措施。

（二）PN 制备、建立和输注系统装置的进展

在 20 世纪 70 年代，PN 的管理（包括 HPN）经常涉及多个瓶子（葡萄糖，氨基酸，盐，脂肪乳剂）。这些烦琐复杂、冗长、乏味，耗时的操作增加了出错和并发症的风险，如导管相关感染等。此外，小瓶维生素和微量营养素的组成物并不适合长期静脉使用。例如，据报道，第一例 HPN 患者接受了 4 种不同的商业维生素安瓿，以及 8 种其他类型的溶液（在最初的配方中不包括脂肪乳剂），这些都被认为是十分必要的。输液时间表也常常非常复杂。

商业公司接受了这一挑战，推出了简化管理的新配方，自 20 世纪 70 年代以来实现的飞速发展，也是由于药物的不断进展和对患者具体需求的不断研究和理解。

1. 大型塑料输液袋（全合一输液袋）　可以将营养物质混合在一起，并在规定的时间内同时输送。虽然在群体中使用一体式袋子的最早报道是在 1972 年，但直到 20 世纪 80 年代才开始广泛使用。必须仔细评估营养物质的兼容性，以避免导致脂肪乳剂不稳定的因素（例如：磷酸钙沉淀或二价阳离子）。这一领域的研究导致了营养物质前体的发展，如有机磷酸酯类，这是稳定的、可溶性的、且不引起沉淀。一旦进入体内，有机磷酸酯类，如葡萄糖磷酸或甘油磷酸，被水解产生游离磷酸盐和葡萄糖或甘油。

2. 多层袋　多层袋的研究始于 20 世纪 90 年代，研究发现多层袋可以限制氧的扩散，而氧的扩散会导致一些物质的降解：①某些氨基酸，如半胱氨酸；②一些维生素，如维生素 C，特别是在铜的催化作用下；③某些药物，如雷尼替丁。这种多层袋现在许多国家常规用于 HPN。

3. 背包和塑料“背心”，是将液体装在塑料背心或背包里，使患者可以自由活动，外出上学、工作或回家生活。这些液体通过一个轻便的便携式输液泵输入中央静脉，该泵也装在背包里。

4. 输液泵　许多最初设计用于医院病房的输液泵，体积庞大、噪声大，不适合家庭使用。因此，新的可移动泵被设计得更小、更轻、更适合家庭使用。

5. 输液架　一些输液架不适合在家里的某些地面上使用。例如，因其体积庞大、轮子小，不容易上下移动到不同的楼层，也不容易穿过某些地毯覆盖的地面。在英国，一个接受静脉和鼻胃营养治疗的患者组织发现了这些问题，并设计了自己的输液架和泵系统。现在，许多患者使用这种特制的便携式的、轻便实用的输液系统。

（三）营养液配送和设备提供

营养液配送和辅助输液设备最初是从医院送到患者家中，尽管在许多国家，这一做法主要由商业公司接管，其多种不同的作用包括从提供营养液配送和辅助设备，到包括临床 / 护理在内的全面照理。为便于国际旅行，一些公司已经建立了护理网络，这样患者就可以出国工作或度假。根据患者的特殊需求来提供营养液配送和辅助输液设备。

（四）营养素

在 20 世纪 70 年代的趋势应用研究中，HPN 在宏量营养素（氨基酸、碳水化合物、脂肪和酒精）是用氨基酸混合物取代蛋白质水解物（D- 和 L- 氨基酸被 L- 氨基酸取代），用葡萄糖取代果糖（以及其他碳水化合物，如山梨醇，在更有限的范围内），葡萄糖一直是使用最广泛的碳水化合物。在美国，因蓖麻和棉籽油的副作用（发热、凝血问题、背痛、黄疸）使其在 1964 年被禁用。与许多欧洲国家相比，这也导致美国较慢地引入和使用少量的脂质乳剂。而当时瑞典在 1961 年就已经研发了一种安全的脂肪制剂。后来，酒精被引入，但由于担心其对肝脏和大脑的潜在副作用，20 世纪 70 年代又将其从商业静脉制剂中撤出。

通过历史回顾 HPN 中有关其他营养素概况，可简述为以下三点：

1. 有些患者接受 PN 治疗（包括 HPN）时，所获得的营养物质的量有时低于规定摄入的量，这是由于营养物质的在袋中降解（例如，由于维生素 C 的氧化）或吸附。研究发现，通过在夜间输注，用不透光材料覆盖输液袋，并使用含有脂肪乳剂的全合一输液袋，限制了光的传播，可以减少某些维生素，尤其是维生素 A 的光降解。

2. PN 使用的微量元素和矿物质与口服营养不同，因为它们的吸收率是可变的，健康受试者的微量元素和矿物质的吸收范围从 10% 以下（如铬、锰）到接近 100%（如钠、氟化钾）。由于营养素供应不足或过量，在医院和家庭引进 PN 的几年内，报告了营养不足和一些毒性事件。

3. 全肠外营养（total parenteral nutrition，TPN）一词至今仍在使用，但现在已被肠外营养（parenteral nutrition，PN）一词所取代，因为人们认识到有几种营养物质并不包括在常规 PN 中（现在仍然没有），例如类胡萝卜素、胆碱、牛磺酸、谷氨酰胺、果糖和某些鱼油。

HPN 是慢性肠衰竭患者（chronic intestinal failure，CIF）的主要治疗方法，也是无法正常进食或肠内营养无法实施患者的基本生命支持治疗手段。2016 年 ESPEN 发布的关于成人 CIF 的指南，对 HPN 的管理做了详细推荐。中华医学会肠外肠内营养学分会于 2017 年发布了《成人家庭肠外营养中国专家共识》。合理的 HPN 能满足患者对能量和营养素的需求，维持和改善患者的营养状况和器官功能，降低并发症发生率，增强身体心理健康，提高生活质量，同时可减少医疗费用并节省医疗资源。

随着临床营养的基础与临床研究及国内外医药技术及营养产品发展，使肠外营养技术不断成熟和发展；欧、美日等发达国家地区及波兰等发展中国家已相继开展了家庭肠外营养，对于部分病情平稳而住院仅需要营养支持的患者进行评估，并成功实施和管理家庭肠外营养（home parenteral nutrition，HPN）。

虽然我国家庭营养支持工作起步较晚，但已取得明显进步和成绩。医院静脉配药系统“全合一”的建立，尤其是合资或国内医药企业工业化生产的即用型三腔袋、双腔袋或多腔带及社区医疗模式，以及互联网等技术，将为未来开展家庭营养支持的患者提供安全、有效和方便的连续性医疗；许多肠功能障碍或衰竭患者将得到长期有效的治疗和管理，提高生存期和生活质量。

（于健春）

参考文献

1. Matarese LE, Gottschlich MM. Comtemporay Nutrition Support Practice: A Clinical Guide[M]. 2nd ed. Philadelphia: Elsevier Science, 2014.
2. Sobotka L. Basics in Clinical Nutrition[M]. 5th ed. Prague: Galen, 2019.
3. Bozzetti F, Staun M, Van Gossum A. Home Parenteral Nutrition[M]. 2nd ed. Wallingford: CABI, 2014.
4. Weimann A, Braga M, Carli F, et al. ESPEN Guideline: Clinical Nutrition in Surgery[J]. Clin Nutr., 2017, 36(3): 623-650.
5. Singer P, Blaser AR, Berger MM, et al. ESPEN Guideline on Clinical Nutrition in the Intensive Care Unit[J]. Clin Nutr, 2019, 38(1): 48-79.
6. CSPEN. 成人补充性肠外营养中国专家共识[J]. 中华胃肠外科杂志, 2017, 20(1): 9-13.
7. Kirby DF, Corrigan ML, Hendrickson E, et al. Overview of Home Parenteral Nutrition: an Update[J]. Nutrition in Clinical Practice, 2017, 32(6): 739-752.

第十五章　肠外营养适应证与处方

肠外营养（parenteral nutrition，PN）是经静脉途径供应患者所需要的营养要素。其雏形始于20世纪20至60年代，60年代后期真正开启并建立了肠外营养治疗的里程碑，是外科学基础治疗的重大进步，也是危重症医学中的一种重要的治疗方法，更是各临床专科营养不良患者治疗的重要手段。20世纪中期，全肠外营养被广泛应用于各种重症患者，但是随之而来的代谢相关并发症也逐渐显现出来。20世纪80至90年代，全肠外营养的热度逐渐降低，提出部分肠外营养的概念，强调肠外营养的适应证，要求“只要胃肠道有功能，需首选肠内营养”。

虽然肠外营养是一项重要的临床治疗手段，但需根据患者的具体情况按需使用，接受肠外营养是否获益，取决于以下几个方面：肠外营养的时机，也就是适应证、禁忌证的把握；合理制订处方；合理配制与实施；合理监测和护理，及时发现和处理并发症、调整治疗方案。本章主要阐述肠外营养的适应证和处方的制订。

一、肠外营养的适应证

（一）胃肠道供能障碍或衰竭患者

包括肠功能障碍（衰竭、感染、手术后消化道麻痹）、完全性肠梗阻、无法经肠道给予营养（严重烧伤、多发创伤、重症胰腺炎等）、高流量的小肠瘘、严重营养不良，无法耐受肠内营养等。需使用肠外营养治疗。

（二）经口进食不能满足需求

如口腔和头颈部疾病、脑卒中、颅脑损伤等导致吞咽功能障碍，严重创伤或烧伤、重症胰腺炎早期或严重腹腔感染、大手术围手术期、器官移植术后、恶性肿瘤、厌食等导致摄入不足，危重患者营养需求增加。以上情况当摄入不足超过7~10d，或禁食超过3d，或不能进行肠内营养支持，建议进行肠外营养支持或部分肠外营养支持，以达到能量需求。

二、肠外营养的禁忌证

肠外营养禁忌证主要指重症患者血流动力学不稳定，或存在严重水电解质或酸碱平衡紊乱等情况下，不建议使用肠外营养，此时建议以维持内环境稳定、纠正基础疾病状态为主。

三、肠外营养处方的制定

（一）能量的确定

1. 间接能量测定法　间接能量测定法（indirect calorimetry，IC）是利用仪器测定患者的具体能量需求，其基本原理为测定人体在一定时间内的氧气消耗量和二氧化碳产生量，推算出呼吸商，根据相应的氧热价间接计算出患者的能量消耗。该方法作为临床判断患者实际能量消耗和营养素利用情况的“金标准”。

2. 简易估计法　按指南及既往经验给予25~30kcal/（kg·d），老年人约20~25kcal/（kg·d），危重症早期给予允许性低热卡<20kcal/（kg·d），随病情变化逐步调整。

3. H-B公式　Harris-Benedict公式计算基础能量消耗，此公式因为计算复杂，且计算结果与实际能量消耗值存在较大差异，故目前临床不常用。

（二）宏量营养素的确定

肠外营养处方的内容包括宏量营养素（碳水化合物、脂肪乳剂、复方氨基酸）及微量营养素（维生素、电解质及微量元素）。根据机体代谢情况分配至三大供能营养物质，同时补充微量营养素，以求在提供充足的营养物质的同时，改善或维持机体的代谢情况，促进疾病的康复。葡萄糖、脂肪乳及氨基酸构成占比建议为50%~60%、25%~30%和15%~20%。

1. 碳水化合物 碳水化合物是肠外营养治疗中的主要能量来源，可提供经济的热能、补充体液。目前肠外营养支持中最常用的碳水化合物是葡萄糖注射液、果糖注射液、木糖醇注射液等，其中葡萄糖注射液应用最为广泛。

葡萄糖是非蛋白热卡的主要来源，可提供人体所需热量的50%~60%。每1g水合葡萄糖可提供3.4kcal能量。健康成年人每日消耗葡萄糖约4~5g/kg，过多的葡萄糖摄入会转化为脂肪储存，导致代谢的紊乱。在进行肠外营养支持时，根据患者的基础代谢情况，给予每日3~3.5g/kg，输注速度不应超过每分钟4mg/kg，以减少高血糖的发生。同时已存在高血糖患者、糖耐量异常患者、危重症患者等，需根据具体情况酌情减量。

2. 脂肪乳剂 脂肪乳剂是肠外营养治疗中的重要能量来源，同时提供必需脂肪酸。脂肪乳在肠外营养中供能占比约25%~30%，基础供给量为每日1g/kg体重，当血清甘油三酯水平高于3mmol/L时应减量或慎用，休克未获纠正或氧供不足情况下不宜应用。而且需要注意，脂肪乳应该慢输，输注过快，可能引起脂肪超载综合征，出现发热、寒战等表现。

目前临床上较常用脂肪乳制剂有长链脂肪乳剂、中长链脂肪乳剂、结构脂肪乳剂、ω-3鱼油脂肪乳剂等。根据不同的疾病情况剂代谢特点，选择适宜的脂肪乳剂。

（1）长链甘油三酯脂肪乳（long-chain triglycerides fat emulsion）：基质来源于大豆油长链脂肪酸，以甘油酯化生成长链甘油三酯。入血后需进入淋巴循环后进入肝脏，以左卡尼汀为载体进入线粒体氧化代谢供能。代谢速度慢，在肝功能不全或严重感染等情况下，因左卡尼汀的缺乏，会影响长链甘油三酯的代谢。故长期大量长链脂肪乳的应用，会使乳糜微粒和脂质颗粒代谢不全而沉积于网状内皮细胞，影响机体免疫功能。

（2）中/长链脂肪乳（medium/long-chain triglyceride fat emulsion）：是中链甘油三酯和长链甘油三酯等质量物理混合形成的混合脂肪乳剂。中链甘油三酯代谢迅速，不需要经过淋巴循环而直接入门静脉，不需要左卡尼汀的转运即可进入线粒体氧化供能。但因代谢过快，过量或输注速度过快，会引起严重的生酮效应，患者可表现为恶心、呕吐、脸红、心率增快、发热等不适。故建议使用中长链脂肪乳，且严格控制输液速度。

（3）结构脂肪乳：是中链甘油三酯和长链甘油三酯等摩尔数的化学混合。使中、长链甘油三酯的氧化速度更缓和，有效减少不良反应的发生。

（4）鱼油脂肪乳：富含丰富的ω-3多不饱和脂肪酸（ω-3 polyunsaturated fatty acids，ω-3PUFAs），不含植物固醇，相比ω-6多不饱和脂肪酸可有效减少促炎性，同时具有生物活性，与其他的LCT联用，有助于下调炎症反应。

（5）多种油脂肪乳（SMOF）：是由多种油脂来源，大豆油（30%）、中链脂肪酸（30%）、橄榄油（25%）和鱼油（15%）混合而成。理论上相比其他脂肪乳剂，其可同时提供多种脂肪酸，更接近人体代谢需求而较为理想，且对肝酶的影响较小。

3. 氨基酸制剂 肠外营养的氮源都来自氨基酸，主要功能为维持机体的结构和生理功能。一般情况下，每克氨基酸提供约4kcal的能量，氨基酸的需要量为0.8~1.2g/（kg·d），提供总热量的15%~20%。肠外营养处方中建议热氮比为100~150kcal：1g。处于高分解代谢状态的老年严重营养不良的患者，在肝、肾功能许可的情况下，氨基酸的供给可提高到1.5g/（kg·d）。

目前临床上较常用的氨基酸制剂有平衡型氨基酸、肝用氨基酸、肾用氨基酸、谷氨酰胺制剂等。

（1）平衡型氨基酸：也称通用型氨基酸。适用于临床上大多数病情相对稳定、需要肠外营养治疗的患者。此类氨基酸制剂包含所有的必需氨基酸，同时含有部分非必需氨基酸（谷氨酸、丙氨酸等）和条件必需氨基酸（如精氨酸）等。

（2）肝病型氨基酸：为高支链氨基酸含量，减少芳香族氨基酸的占比，主要应用于考虑为肝性脑病、肝昏迷、肝功能衰竭等患者。

（3）肾病型氨基酸：仅含必需氨基酸，或必需氨基酸加组氨酸,减少非必需氨基酸的摄入,减轻肾脏负担。

(4)特殊类型氨基酸:如谷氨酰胺注射液等,临床上视为条件必需氨基酸,是肠道黏膜和网状内皮细胞的能量来源。丙氨酰谷氨酰胺双肽制剂可用于治疗谷氨酰胺缺乏或需求增加的患者,如放射性肠炎患者。

(三)其他营养素

1. 电解质　包括钠、钾、镁、钙、磷、氯等,临床上有不同浓度的制剂可供选择。肠外营养处方中给予生理需求量即可,若存在明显的缺乏,在肠外营养配制规范中阳离子浓度要求范围内酌情增加,否则需要另建通道进行补充。

2. 维生素　包括水溶性维生素剂脂溶性维生素制剂,也有混合型制剂。一般情况下,肠外营养处方中以每日膳食推荐量作为标准给予量,每日 1 支加入肠外营养液中即可。对于存在明显维生素缺乏或消耗患者,可适当增加剂量,但不推荐在无临床证据情况下盲目大剂量补充。

3. 微量元素　临床上有复合多种微量元素制剂,每日 1 支即可满足日常需求。

(四)液体量

临床上进行肠外营养时,除了考虑三大供能营养物质的比例、微量营养素的补充等,还需根据患者的基础疾病和输注途径考虑总液体量的摄入。一般推荐成人为 40~60ml/kg,小儿为 50~70ml/kg。对于心功能衰竭的老年患者,要限制液体总入量,输液速度不宜过快。对于外周静脉输注的患者,太多的液体可能持续 24h 仍无法输注完成,太少的液体又可能导致浓度过高、渗透压过高导致静脉炎等而无法输注。临床实践中一般应用不同浓度的葡萄糖液体进行液体量及渗透压的调节。

(五)渗透压的计算

若患者为外周输注静脉营养,要求渗透压低于 900mOsm/L。渗透压主要与液体的体积及所含溶质的摩尔数有关,故肠外营养处方中,可按 OTPN=[5mG+10mAA+(1.2~1.4mFat)+35m NaCl+27mKCl)/VTPN]估算液体的渗透压。若无法达到渗透压要求,但又必须使用肠外营养时,建议患者留置深静脉置管。

四、肠外营养液的稳定性

肠外营养液的稳定性是保证肠外营养治疗安全性和有效性所必需的。肠外营养液稳定性主要指脂肪乳的稳定性、维生素的稳定性以及其他添加物质的相容性。其中以脂肪乳的稳定性尤为重要。

(一)脂肪乳的稳定性

脂肪乳颗粒是一种水包油的结构,依靠溶液中乳糜颗粒表面的负电荷互相排斥得到维持。处于原始容器的中脂肪乳剂的在 pH 为 6~9 时最稳定,故要求肠外营养液中葡萄糖、氨基酸、脂肪乳的浓度至少分别为 10%、4% 和 2%,同时二价阳离子浓度建议在 5~8mmol/L,最高不超过 10mmol/L。否则可能发生脂滴的聚集、凝聚、乳油化和破裂,当肠外营养液中直径≥5um 的脂肪颗粒超过 0.05% 时,则不建议再使用。可能影响溶液 pH 的因素:

1. 大量酸性的高渗葡萄糖溶液。

2. 其他添加物质　药物、维生素、微量元素。

3. 肠外营养液的混合顺序　应在最后将脂肪乳剂混合如氨基酸和葡萄糖的混合溶液中。

4. 储存时间　室温下可稳定 30h。

(二)维生素的稳定性

自然光可导致维生素 A 和 B_2 的降解,通过添加至脂肪乳中可避免。聚氯乙烯可与维生素 A 发生化学反应,故建议肠外营养液配制使用 EVA 材质的容器。同时常温保存,避免维生素 C、维生素 A 和维生素 B_1 的化学降解。

(三)其他添加物质的相容性

钙与磷反应产生的磷酸钙时最危险的不相容性复合物之一,故在配制时要严格遵循配制顺序,严格使用合理的制剂种类和剂量。不建议将非营养药物添加至肠外营养液中。

(陈 伟)

参考文献

1. Weimann A, Braga M, Carli F, et al. ESPEN guideline: Clinical nutrition in surgery[J]. Clin Nutr, 2017, 36(3): 623-650.
2. Singer P, Blaser AR, Berger MM, et al. ESPEN guideline on clinical nutrition in the intensive care unit[J]. Clin Nutr, 2019, 38(1): 48-79.
3. CSPEN. 成人补充性肠外营养中国专家共识[J]. 中华胃肠外科杂志, 2017, 20(1): 9-13.
4. 杨月欣, 葛可佑. 中国营养科学全书[M]2 版. 北京: 人民卫生出版社, 2019.

第十六章　肠外营养制剂成分特点

肠外营养（parenteral nutrition，PN）是指经静脉途径，为无法经胃肠道摄取或摄取营养物不能满足自身代谢需要的患者提供营养成分的一种营养支持治疗方式。全部营养从肠外供给称全肠外营养（total parenteral nutrition，TPN）。营养成分包括宏量营养素（氨基酸、葡萄糖和静脉脂肪乳剂）、微量营养素（电解质、维生素和微量元素）和水。肠外营养液在临床实施过程中从最初将葡萄糖、氨基酸溶液和脂肪乳等营养制剂分步输注或“串联式输注”，发展到现在将各种营养成分配制于一个袋子中输注方式，即“全合一（all in one）”或者也称为全营养液混合（total nutrient admixture，TNA）。“全合一”或TNA输注的方法在国内外的临床中，已被证明是当前唯一正确的肠外营养输注方式。本章节内容主要介绍这些主要营养素成分制剂的特点。

第一节　复方氨基酸注射液制剂

一、氨基酸功能和分类

氨基酸是构成人体营养所需蛋白质的基本物质。注射用复方氨基酸成为提供肠外营养液配方中氮源的物质来源，用于合成人体的蛋白质，也是机体合成抗体、激素、酶类等其他分子的前体物质。氨基酸在体内参与一系列代谢反应，可转变为碳水化合物和脂肪，氧化成二氧化碳、水及尿素，产生能量，是营养治疗的三大宏量营养素之一。每1g氨基酸可提供约4kcal热量。但是，并不是作为能量供给的营养素，而是作为蛋白质合成底物。人体蛋白质由20种不同的氨基酸组成，其中8种氨基酸人体自身无法合成，必须从体外获得，称为必需氨基酸（essential amino acid，EAA），具体为赖氨酸、色氨酸、苯丙氨酸、甲硫氨酸、苏氨酸、异亮氨酸、亮氨酸、缬氨酸。人体内能由前体物质合成，不需要从外界获取的氨基酸，称为非必需氨基酸（nonessential amino acid，NEAA）。有些氨基酸人体虽能合成，但在特殊情况下不能满足正常的需要，称为半必需氨基酸或条件必需氨基酸（conditionally essential amino acid，CEAA），如处于生长发育期的婴儿，组氨酸是必需氨基酸；酪氨酸对于早产儿、半胱氨酸对于早产儿及足月儿都是必需氨基酸；对于肾病患者，酪氨酸是必需氨基酸；对于肝病患者，半胱氨酸是必需氨基酸。这种分类方式仅是从体内能否合成而言，而不是从营养价值考量。就完成代谢功能而言，所有的氨基酸都是需要的，每一种氨基酸都有其特定的生理功能。

氨基酸根据其侧链结构又分为：芳香族氨基酸（aromatic amino acids，AAA）、脂肪族氨基酸和杂环氨基酸。芳香族氨基酸包括苯丙氨酸、色氨酸和酪氨酸。在脂肪族氨基酸中，亮氨酸、异亮氨酸和缬氨酸的侧链只是烃链，且又带有支链，故称支链氨基酸（branchedchain amino acid，BCAA）。由于代谢障碍，可能会造成BCAA/AAA比例失调，适当调整BCAA/AAA比例来改善机体代谢，对于某些疾病可能有益。

二、复方氨基酸注射液特点与应用进展

随着医疗技术的发展，复方氨基酸注射液都是按一定模式配比而成。从最初以水解蛋白作为氮源的第一代产品，到以必需氨基酸为主的不平衡氨基酸为氮源的第二代产品，到现在临床普遍使用的以平衡型氨基酸注射液为氮源的第三代产品和以疾病适用型氨基酸注射液为氮源的第四代产品。第一代产品因杂质多质量不稳定，以及

第二代产品配方单一，都已经被市场淘汰。目前国家食品药品监督管理总局官网批准上市的复方氨基酸注射液有 20 余种。其氨基酸浓度范围在 3%~15%。包装规格基本有 250ml、300ml 和 500ml。

（一）平衡型复方氨基酸注射液

平衡型复方氨基酸注射液是以人乳、牛奶、土豆等氨基酸配比为处方依据的。一般含 13~20 种氨基酸（含 8 种必需氨基酸）。所含必需与非必需氨基酸的比例符合人体基本代谢所需（EAA/NEAA≈1），但还未确定最佳的氨基酸组合。主要用于补充营养，适用于多数营养不良患者。常见的有复方氨基酸注射液（18AA）、复方氨基酸注射液（18AA-Ⅰ）、复方氨基酸注射液（18AA-Ⅱ）、复方氨基酸注射液（18AA-Ⅲ）、复方氨基酸注射液（18AA-Ⅳ）、复方氨基酸注射液（18AA-Ⅴ）、复方氨基酸注射液（14AA）、复方氨基酸注射液（17AA）等等。

（二）疾病适用型复方氨基酸注射液

疾病适用型复方氨基酸注射液是根据不同疾病的氨基酸代谢特点为处方依据的，包括肝病适用型、肾病适用型和创伤适用型。EAA/NEAA 比值根据疾病特点设计。主要用于特定代谢疾病状态下的蛋白补充。兼有营养支持和治疗的作用。

1. 肝病适用型氨基酸　其特点是通过提高 BCAA/AAA 比值纠正患者血浆氨基酸谱的失调。对于肝功能不全的患者，由于患者血中 AAA（苯丙氨酸、酪氨酸、色氨酸）水平上升，进入大脑后可引起肝性脑病。血浆中 BCAA（亮氨酸、异亮氨酸和缬氨酸）增加时可竞争性地抑制 AAA 透过血脑屏障，并参与脑内蛋白质和糖的代谢，改善肝性脑病患者的精神症状以及肝昏迷的症状。市场上主要有复方氨基酸注射液（3AA）、复方氨基酸注射液（6AA）、复方氨基酸注射液（17AA-Ⅲ）和复方氨基酸注射液（20AA）等。

2. 肾病适用型氨基酸　通常含有高比例的 8 种必需氨基酸和组氨酸。慢性肾衰者血浆氨基酸特点为必需氨基酸、EAA/NEAA 比值和组氨酸水平下降，同时存在肌酐和尿素排泄障碍。而肾病型氨基酸渗透压相对较低，可不产生或极少产生氮的终末代谢产物，使尿素氮水平下降，有利于减轻尿毒症症状，同时组氨酸可改善肾源性贫血。市场上肾病适用型有复方氨基酸注射液（9AA）和复方氨基酸注射液（18AA-Ⅸ）等。

3. 创伤适用型氨基酸　主要是基于在严重创伤应激下，BCAA 的浓度下降明显，很易出现负氮平衡使病情恶化，故提高了 BCAA 的比例。创伤适用型有复方氨基酸注射液（15-HBC）和复方氨基酸注射液（18AA-Ⅶ）等。

4. 含谷氨酰胺的氨基酸　除复方氨基酸注射液外，谷氨酰胺可减轻氧化应激损伤，用于严重的分解代谢、肠道功能损害及免疫缺陷综合征患者。因此，作为一种重要的条件必需氨基酸受到重视。由于谷氨酰胺在水溶液和长时间保存时不稳定，并且溶解度很低（约 3g/L，20℃）。故静脉用药时将其制成二肽即丙氨酰谷氨酰胺单独添加，其典型的临床制剂有丙氨酰谷氨酰胺注射液；也有将丙氨酰谷氨酰胺与其他氨基酸制成复方制剂，如复方氨基酸（15）双肽（2）注射液。此外还有甘氨酰谷氨酰胺、甘氨酰酪氨酸的复方氨基酸双肽注射液。

5. 儿童专用的复方氨基酸注射液　儿童特殊的生长需要，市场上还有儿童专用的复方氨基酸注射液，如小儿复方氨基酸注射液（18AA-Ⅰ）、小儿复方氨基酸注射液（18AA-Ⅱ）和小儿复方氨基酸注射液（19AA-Ⅰ）等。

6. 不含亚硫酸盐的复方氨基酸注射液　为了保证复方氨基酸注射液产品中氨基酸的稳定性，氨基酸制剂在处方中普遍添加亚硫酸盐（焦亚硫酸钠，亚硫酸氢钠）作为抗氧化剂。然而亚硫酸盐具有潜在的毒性风险，主要表现在诱发超敏反应以及损害组织与器官两个方面。

近年来，随着制药工艺的进步与发展，国内已有药品生产企业自主研发了不含亚硫酸盐的复方氨基酸注射液（18AA-V-SF，14AA-SF），SF 代表 sulfite free，消除了亚硫酸盐引发的不良反应，提高临床用药安全性、有效性。

三、复方氨基酸注射液的禁忌证和不良反应

（一）复方氨基酸注射液的禁忌证

严重的肝功能不全（血总胆红素 > 175μmol/L）；

严重的肾功能不全（肌酐清除率 <25ml/min）；先天性氨基酸代谢缺陷（如：苯丙酮尿症）。肠外营养的一般禁忌证：全身循环衰竭状态（休克）、代谢性酸中毒、组织细胞缺氧、机体水分过多、低钠血症、低钾血症、高乳酸盐血症、血液渗透压增高、肺水肿、失代偿性心功能不足；对本品任一组份过敏者。

（二）复方氨基酸注射液的不良反应

常见不良反应：①过敏样反应（高渗透压），如发热、寒战、静脉炎；②胃肠道反应，如恶心、呕吐、腹胀、腹泻；③电解质及酸碱失衡（有的氨基酸为盐酸盐，有的含有电解质）；④肝功能异常，如肝酶升高、胆汁淤积等；⑤肾功能损害（含有山梨醇或木糖醇，山梨醇可引起肾小管液渗透压上升过高，导致肾小管上皮细胞损伤；⑥木糖醇快速静脉滴注时，可观察到草酸钙沉积于肾、脑等器官）；⑦其他不良反应，包括头晕、头痛等症状。

罕见：过敏性休克（输注速度过快、患者过敏体质、患者自身处于发热中、感染急性期、体质特别虚弱时、前面所述的抗氧化剂焦亚硫酸钠可诱发过敏反应）。

四、复方氨基酸注射液合理使用

氨基酸提供蛋白质合成底物，一般氨基酸每天基本需要量约为 1~1.5g/（kg·d），折合成氮为 0.15~0.25g/（kg·d）。约占总能量的 15%~20%，需根据临床疾病状态调整剂量。在应用氨基酸同时应提供足够的非蛋白热量（non protein calorie，NPC），即葡萄糖注射液和脂肪乳注射剂提供的热量（1g 葡萄糖注射液可提供约 3.4kcal 热量、1g 脂肪可提供约 9kcal 热量），否则补充的氨基酸会被当作热量消耗。大多数病情稳定的患者热氮比为 100~150kcal∶1g 氮。其中含氮量可由公式“氮量（g）= 氨基酸量（g）÷6.25”计算获得。复方氨基酸注射液临床选择须以应用目的、病情、年龄等因素为依据。严重分解代谢状况下、大量肌肉丢失、或严重营养不良时，患者对氨基酸需求量增加。肝、肾功能衰竭时应调整氨基酸的种类和数量。一般患者优先选择平衡型复方氨基酸注射液，特殊疾病如慢性肝病、慢性肾病、严重创伤优先选择疾病适用型复方氨基酸注射液如肝病适用型、肾病适用型、创伤适用型复方氨基酸注射液。儿童患者优先选择不含亚硫酸盐儿童专用型氨基酸注射液。长期使用肠外营养、重要脏器功能障碍、危重症、有高危过敏史的患者优先选用不含亚硫酸盐的复方氨基酸注射液。

另外，有些复方氨基酸注射液产品中会含有电解质，应注意电解质入量。同时还应掌握复方氨基酸注射液的禁忌证和不良反应。

第二节 葡萄糖注射液

碳水化合物的主要作用是提供能量和生物合成所需的碳原子。其中葡萄糖最符合人体生理需求，能被所有器官利用，因此是肠外营养中热能的主要来源。

葡萄糖是人体生命活动中不可缺少的营养物质，它在人体内可以直接参与新陈代谢的过程。葡萄糖同时还有补充体内水分、糖分，以及补充体液、供给能量、补充血糖、强心、利尿、解毒等作用。葡萄糖注射液作为肠外营养的主要底物，是肠外营养时主要的非蛋白质能源之一。不同于膳食中碳水化合物提供的能量每 1g 葡萄糖提供 4kcal 热量，配制肠外营养液的葡萄糖为含一水葡萄糖，因此每 1g 葡萄糖注射液提供 3.4kcal 热量。为了提供足够的能量，在肠外营养液配方中常应用高浓度的葡萄糖作为肠外营养的能量来源，但是，需控制 50% 葡萄糖的用量，因其为高渗液可使脂肪乳剂中脂肪颗粒产生聚集，营养液稳定性被破坏。

一般每日提供糖约 200~250g，不宜超过 400g。占总能量的 60%~70%。提供的能量比值，葡萄糖∶脂肪 =5∶5~7∶3（折合为 1~2.3）。碳水化合物含量是根据蛋白质和脂质含量的变化来调整的，以维持热量目标。葡萄糖的代谢依赖于胰岛素，对糖尿病和手术创伤所致胰岛素不足状态下的患者必须补充外源性胰岛素。有严重感染、创伤等应激时，体内存在胰岛素抵抗，即使使用外源性胰岛素，机体对糖利用率也会下降。应及时监测血糖，血糖维持范围 8.3~10mmol/L。

避免过多的葡萄糖喂养，过多的葡萄糖可引起以下情况：①糖代谢紊乱：应激可致高血糖、糖氧化利用障碍、胰岛素阻抗及葡萄糖耐量下降，再加上外源性葡萄糖，都会引起糖代谢紊乱；②免疫抑制：持续高血糖将抑制单核细胞的化学趋向性和吞噬功能；③呼吸商增高：CO_2 增高，增加呼吸负担；④进入非氧化途径：如糖原贮存、肝脏脂肪沉积等引起肝脏结构和功能的损害。因此，一般每添加 5~10g 葡萄糖，需要 1g 的常规胰岛素来调整血糖。鉴于胰岛素会被 TPN 包装袋材质吸附，建议胰岛素单独滴注或使用胰岛素泵。

目前葡萄糖注射液常用的有 5%、10%、25%、50% 等浓度规格。

第三节 脂肪乳注射剂

一、脂肪乳剂的功能和分类

脂肪乳是肠外营养中重要的营养物质，主要生理功能有：①提供能量基质、降低葡萄糖用量、避免或纠正过多葡萄糖对机体的损害；②提供人体必需脂肪酸，为人体细胞膜及肺泡表面活性物质、血液、前列腺等提供物质基础，维持细胞结构和人体脂肪组织的恒定；③脂溶性维生素的载体，促进脂溶性维生素的吸收和利用；④脂肪氧化时，呼吸商值下降，减少了二氧化碳的产生，有利于呼吸衰竭患者减轻呼吸系统负荷。

脂肪乳剂是采用乳化剂和机械力将微小的油滴均匀地分散在水相中构成的两相体系。临床常用的脂肪乳剂中，大多数以大豆油为原料，也有以其他植物油如橄榄油、椰子油为原料，加乳化剂与注射用水制成的水包油制剂。由于构成脂肪乳剂的原料不同，其中甘油三酯的碳原子数不同，其性质和代谢特点也不尽相同，临床应用也不尽相同。一般成人每天用量为 1~2g/kg。膳食脂肪提供的能量为 9kcal/g，而配制静脉输注用脂质混悬液所用的乳化剂也提供了一定能量。因此，典型的脂肪乳剂提供的能量为：20% 的乳剂，10kcal/g 或 2kcal/ml；10% 的乳剂，11kcal/g 或 1.1kcal/ml。

脂肪乳剂是甘油三酯经过卵磷脂乳化后形成的白色液体。如前所述，不同脂肪乳剂的差别主要在于来自不同原料跟甘油结合的脂肪酸不同。脂肪酸有不同的分类方法：①可根据其分子结构中碳原子数不同，即碳链的长度，分为短链脂肪酸（2~4 个碳原子）、中链脂肪酸（6~12 个碳原子）和长链脂肪酸（14~24 个碳原子），脂肪乳剂随之可以简单地分为长链脂肪乳、中链脂肪乳、中长链脂肪乳；②从含碳氢双键的数量进行分类，不含双键的为饱和脂肪酸（saturated fatty acids，SFA）；含 1 个双键为单不饱和脂肪酸（monounsaturated fatty acids，MUFA）；含 2 个和 2 个以上双键为多不饱和脂肪酸（polyunsaturated fatty acids，PUFA）。多不饱和脂肪酸又根据第一个双键的位置分为 ω-9、ω-6、ω-3 脂肪酸。椰子油、棕榈油多为饱和脂肪酸；橄榄油多为单不饱和脂肪酸，多数是油酸（C18：1w-9）；大豆油多数是多不饱和脂肪酸。1997 年美国国会发表膳食目标，要求蛋白质、脂肪和碳水化合物要有适当比例（12%：30%：58%）；对脂肪（30%）中的脂肪酸比值各占 10%（即 SFA：MUFA：PUFA=1：1：1）；③跟据机体能否自行合成分为非必需脂肪酸和必需脂肪酸。必需脂肪酸主要有亚油酸、亚麻酸和花生四烯酸。植物油如玉米油，棉籽油和大豆油是亚油酸和亚麻酸的主要来源，亚油酸、十八碳二烯 -9，12- 酸是大豆油的基本组成成分，属 ω-6 族多不饱和脂肪酸；α- 亚麻酸在大豆油中仅含少量，最多见于鱼油中，属 ω-3 族多不饱和脂肪酸，有 DHA（二十二碳六烯酸）、EPA（二十碳五烯酸）。所有这些脂肪酸的不同化学结构、代谢特点和成分组成，决定了它们在临床疾病中的选择应用。

二、不同脂肪乳剂的代谢特点及临床应用

（一）长链甘油三酯脂肪乳

1961 年瑞典教授 Wretline 利用大豆油和蛋黄卵磷脂，成功研制了可静脉输注的世界上第一种长链甘油三酯（long-chain triglyceride，LCT）脂肪乳，也是 1984 年之前唯一的产品，价格相对便宜。脂肪酸由 14~24 个碳原子组成，是以大豆油和红花油为基质，主要为患者提供能量和必需脂肪酸（ω-6 亚油酸和 ω-3 亚麻酸，其中 ω-6：ω-3=7：1）。该产品有非常好的临床效果和安全耐受性，只要患者肝肾功能基本正常，又不处于应激状

态，安全使用长达数十年的病例已不计其数。但是LCT不溶于水，在血中分解成长链脂肪酸后需要依赖载脂蛋白的结合才能进入细胞内，在线粒体中氧化，还需要肉毒碱的携带，氧化代谢速度较慢。因此，供能慢，血浆甘油三酯较高，长期应用可能造成肝、脾内的脂肪色素沉着，导致肝脏的浸润，形成脂肪肝。另外，富含ω-6多不饱和脂肪酸，过多的多不饱和脂肪酸会对免疫系统，肺功能及脂质过氧化等造成一定的影响。因此，对于脂肪代谢功能减退的患者，如肝、肾功能不全，糖尿病酮症酸中毒、胰腺炎、甲状腺功能低下（伴有高脂血症）以及败血症患者和婴幼儿应慎用。这些患者在输注过程中，应密切观察血清甘油三酯浓度。

市场上的长链脂肪乳产品制剂有10%、20%、30%不同浓度，100ml/瓶和250ml/瓶。（备注：30%脂肪乳，儿科不能用）

（二）中长链甘油三酯脂肪乳

中链甘油三酯（medium-chain triglyceride，MCT）：由6~12个碳原子组成。生化特征和代谢优点为：①水溶性较LCT高100倍，水解很快且完全，在血中分解成中链脂肪酸后不依赖肉毒碱转移，直接进入线粒体氧化，供能迅速；②与白蛋白结合少，不易被脂化，半衰期16分钟，约为LCT一半，代谢和清除快而完全，不在肝脏或组织中沉积，较少发生肝脏脂肪浸润；③以乙酰辅酶A和代谢生成的酮体两种形式供能，具有显著的节氮效应；④MCT代谢后不产生花生四烯酸类物质，因此对免疫系统没有抑制作用。但是，并不是代谢越快越好，因其代谢过快，会造成血酮体过高，乳酸性酸中毒和中枢神经系统损害，使患者出现发热、胸闷、出汗、恶心、呕吐、震颤，嗜睡等不适症状。而且MCT容易穿过血脑屏障，所含的辛酸具有中枢神经系统毒性，可产生麻醉样作用甚至导致昏迷等。因此，纯MCT脂肪乳无法直接输注于人体。

LCT脂肪乳的重要性在于提供必需脂肪酸。因此，1984年市场上成功研发了等重量的MCT/LCT物理混合制成的脂肪乳制剂。使用50%MCT能源很好地替代了50%的LCT。原料主要以椰子油或棕榈油与大豆油进行物理混合而形成。既能够提供人体的必需脂肪酸，又具有水解、氧化快而彻底，不依赖肉毒碱转运，对免疫系统影响少和不易在肝内及外周组织中浸润等优点，增加患者的肝脏耐受性，减少肺功能的影响。Carpentier等对IBD患者和短肠综合征分别给予LCT脂肪乳、MCT/LCT脂肪乳输注数月，前者出现肝功能及内源性脂蛋白异常，后者正常。有资料提示，恶性肿瘤细胞缺乏氧化脂肪的关键酶而不能很好利用脂肪酸及其代谢产物。也有资料提示，用MCT/LCT脂肪乳可使肿瘤患者处于酮症状态，而抑制肿瘤体的葡萄糖代谢和生长，同时维持患者的营养状态。因此，MCT/LCT脂肪乳主要用于肝功能不良、肺功能不全、严重创伤、感染等危重患者、恶性肿瘤患者，以及较长期使用TPN的患者。

市场上的中/长链脂肪乳产品制剂有10%、20%浓度，100ml/瓶和250ml/瓶。

（三）含维生素E的脂肪乳

研究认为，乳剂中含过多的多不饱和脂肪酸容易引起脂质过氧化，氧化脂肪酸和反式脂肪酸被认为是心血管疾病、炎症和癌症的潜在诱因，损害组织和器官。在LCT或MCT/LCT脂肪乳剂中添加维生素E的产品开发，利用维生素E的抗氧化作用，维护生物膜的稳定性，防止其受氧自由基或脂质过氧化产物的损害。

市场上含维生素E的中/长链脂肪乳产品制剂有：20%浓度，100ml/瓶和250ml/瓶。

（四）橄榄油脂肪乳

如前所述，脂质过氧化引起机体损害，在肠外营养中仅使用大豆油脂肪乳剂可能不是最合理的，在通常的大豆脂肪乳剂中，多不饱和脂肪酸的含量高达62%。因此研发的方向之一就是降低多不饱和脂肪酸的含量。1996年研发，2007年上市的橄榄油脂肪乳，原料为由80%橄榄油和20%大豆油混合而成的脂肪乳制剂。橄榄油（olive oil）富含60% ω-9单不饱和脂肪酸，仅含20%ω-6多不饱和脂肪酸。由于降低了ω-6多不饱和脂肪酸20%的含量，并且橄榄油中维生素E水平较高，从而减轻了对免疫功能的抑制和脂质过氧化，但是都是LCT脂肪乳，在供能和节氮作用等方面基本相同。长期应用不会造成必需脂肪酸缺乏和脂质过氧化。临床试验也证明，橄榄油脂肪乳能增加早产儿和婴幼儿血浆中生育酚水平。患儿应用后低密度脂蛋白和非高密度脂蛋白过氧化能力降低；也能调控糖异生和糖原分解产生葡萄糖的通路，这项发现对于早产儿预防和治疗低血糖和高血糖有一定意义。长期应用也没有明显的肝功能异常。因此，20% 橄榄油脂肪乳在免疫抑制或免疫缺陷的患者、新生儿和烧伤患者、家庭肠外营养都有应用。

橄榄油脂肪乳产品，通用名为长链脂肪乳注射液（OO）：20% 浓度，100ml/ 瓶和 250ml/ 瓶。

（五）鱼油脂肪乳

1998 年研发的鱼油脂肪乳，由精制鱼油（fish oil）、卵磷脂、甘油和油酸钠组成，富含 ω-3 不饱和脂肪酸，其主要成分为二十碳五烯酸（EPA）和二十二碳六烯酸（DHA）。ω-3 脂肪酸可作为血浆和组织脂质的组成部分，其代谢产物使炎性介质的释放得到抑制，降低感染性并发症的发生。鱼油脂肪乳还具有降低心血管疾病发生率、减少血小板活化聚集、提高免疫功能、增强宿主抗肿瘤细胞的防御机制等优势。用于创伤和围手术期手术患者包括肿瘤手术患者；对严重应激和重症患者应用鱼油脂肪乳的积极作用也得到肯定。临床试验显示可以降低并发症发生率、降低 SIRS 的发生率、改善肝功能、改善呼吸及肾脏功能、降低再手术率、缩短 ICU 住院时间及总住院时间。因此，国内和国际指南中均提出推荐大多数需要肠外营养的外科手术患者和重症患者，可以通过补充鱼油改善临床结局。

使用鱼油时应注意以下事项：使用剂量为 1~2ml/（kg·d），最多不超过 2ml；鱼油占每日脂肪输入量的 10%~20%，应与其他脂肪乳剂混合后同时输注；输注速率不得超过 0.5ml/（kg·h）；连续使用时间不超过四周。可能会引起出血时间延长，抑制血小板聚集，接受抗凝治疗的患者应慎用。

鱼油脂肪乳注射液：10% 浓度，100ml/ 瓶：10g（精制鱼油）：1.2g（卵磷脂）

（六）结构脂肪乳

2000 年成功研发了结构脂肪乳（structolipid，STG），为第一个人造脂肪乳。是有化学结构构建的新型中长链脂肪乳制剂。它是由等摩尔的 MCT 和 LCT 通过高温水解再酯化，形成同一甘油上同时含有中长链脂肪酸，具有结构上一致性的特点和优势。相对于物理混合的 MCT/LCT 脂肪乳，STG 中含有的中链脂肪酸质量由 36% 增加到 50%。源于结构上一致性，STG 比物理混合的 MCT/LCT 脂肪乳，更符合机体的生理代谢特点。STG 微粒中是均匀分布的结构甘油三酯，MCT 和 LCT 同时水解氧化供能，水解后的中链脂肪酸和长链脂肪酸同时以 1∶1 比例被释放，水解供能过程更均匀。从整体水解供能来看，其速度也快于 LCT 脂肪乳和 MCT/LCT 脂肪乳。另一方面，血浆甘油三酯水平和中链脂肪酸水平低于物理混合的 MCT/LCT 脂肪乳。因此，耐受性好，水解快，氧化更完全，不易发生酮症或高脂血症，能更明显地增强氮潴留效果，对患者的肝功能影响更小。多个研究证实了 STG 的临床效果以及安全性，2016 年吴国豪等对全球 21 项随机临床对照研究进行了荟萃分析，结果显示 STG 同物理混合的 MCT/LCT 脂肪乳相比可以更好的提高前白蛋白和白蛋白水平，纠正氮平衡，提高肝脏耐受性，缩短住院时间，节省医疗花费。因此 STG 在肝功能异常及重症患者有较好的临床和药物经济学获益。因而更适合于肝功能不全的患者。但是还需要更多的大样本随机对照试验来完善。

结构脂肪乳注射液（C6~24）：20% 浓度，250ml/ 瓶和 500ml/ 瓶。

（七）多种油脂肪乳

2004 年 2 月在瑞典获批的多种油混合的平衡型脂肪乳，为第一个含鱼油的均衡型脂肪乳，目前在全球 70 多个国家注册和使用。它是由大豆油、椰子油、橄榄油、鱼油四种油类按照 30∶30∶25∶15 比例混合而成（其中 ω-6∶ω-3=2.5∶1），并添加了维生素 E（约 200mg 生育酚 /L）。机制上更加符合机体正常生理需要和维护代谢的内环境稳定。多种油脂肪乳（SMOF lipid）能很好地控制正常的甘油三酯水平和维持足够的维生素 E，很好地平衡机体炎症反应，维持肝功能正常。具有良好的安全性和耐受性。

ω-6 脂肪酸主要产生促炎因子，如前列腺素 2 系列、白三烯 4 系列和血栓烷 A2；有促进炎症反应的作用；ω-3 脂肪酸（EPA）主要产生抗炎因子，如前列腺素 3 系列、白三烯 5 系列和血栓烷

A3，有降低炎症反应的作用。临床免疫营养权威专家 Mayer 认为鱼油 ω-3 脂肪酸对炎症平衡的作用效果与其静脉输注剂量有关。当输入 ω-6 脂肪酸过多时（大豆油长链脂肪乳，ω-6：ω-3=7：1），将产生不可预计的促炎效应，从而加重全身炎症反应；当输入 ω-3 脂肪酸过多时，其抗炎效应十分明显（比如单独使用鱼油），多用于某些免疫相关疾病，比如炎性肠病、类风湿关节炎等。只有当输入 ω-3 脂肪酸剂量为 0.1~0.2g/（kg·d）时（ω-6：ω-3=4：1~2：1），促炎和抗炎效应达到平衡，才有利于维持机体总体炎症反应平衡。

众多临床研究表明：多种油脂肪乳在重症、腹部大手术、儿科中的应用可减轻炎症反应和氧化应激、降低肝脏转氨酶升高、减少感染发生率和缩短住院时间。2016 年 ASPEN 和美国重症学会（SCCM）重症营养指南和 2018 年 ESPEN 重症肠外营养指南得到推荐可用于外科手术、重症和儿科患者。在多项药物经济学研究表明，其营养方案较传统脂肪乳加鱼油脂肪乳的营养方案效果更好、经济性更佳；而且多种油脂肪乳配制的“全合一”肠外营养液稳定性好于 LCT 脂肪乳。但也需要更多临床研究去验证。

多种油脂肪乳注射液（C6~24）：20% 浓度，100ml/ 瓶、250ml/ 瓶和 500ml/ 瓶。

综上所述，我国市场上的脂肪乳制剂产品丰富，有以大豆油为代表的长链脂肪乳、以大豆油和椰子油进行物理等重量混合的中长链脂肪乳、橄榄油脂肪乳、结构脂肪乳、鱼油脂肪乳和多种油脂肪乳。不同的脂肪乳剂满足了不同疾病的治疗需要，推动了肠外营养治疗的快速健康发展。

另外，短链脂肪乳，仅由 2~4 个碳原子组成。短链脂肪酸虽具有促进肠道血流和刺激胰酶分泌等特点，但因其不宜作为主要供能物质，目前仅用于动物实验和临床试验阶段。

三、应用脂肪乳的注意事项

1. 输入速度过快可能出现急性反应，如发热、畏寒、心悸、呕吐等；总量过多可发生高脂血症或脂肪超载综合征等脂肪代谢紊乱。后者表现为以血中甘油三酯浓度突然增高、发热、急性消化道溃疡、血小板减少、溶血、肝脾肿大、骨骼肌肉疼痛，及最终器官功能衰竭为特征，提示肝脏对外源性脂质的清除功能丧失。一旦发生类似症状，应立即停输脂肪乳剂。对长期应用脂肪乳剂的患者，应定期做脂肪廓清试验以了解患者对脂肪的代谢、利用能力。对于少数特殊患者，例如高胆固醇血症、凝血功能障碍或免疫功能不良者，则以慎用或不用为宜。输入速率：LCT<0.1g/（kg·h）；MCT/LCT<0.15g（kg·h）；建议最大输入率 2.5g/（kg·d）。

2. 脂肪乳的安全性与不同脂肪酸相关外，还与溶血磷脂、植物甾醇等有关，即不但与原料有关，还与生产工艺相关。用相同的油料制备的脂肪乳中上述物质的含量也是不尽相同。卵磷脂的水解产物，磷脂中的溶血磷脂，在血中，溶血磷脂会与循环的脂肪微粒、血浆白蛋白相结合。如果患者体内这种结合能力下降，则“游离”的溶血磷脂将结合到红细胞膜上而导致溶血。而高含量的植物甾醇会在循环系统中蓄积，造成脂肪在各种脏器沉积和肝功损害。

3. 在肠外营养中应用葡萄糖和脂肪“双重能量系统”给患者提供平衡热量。脂肪乳在肠外营养中的供能比例应根据患者的脂代谢情况决定，尽管肠外营养治疗时提供能源的碳水化合物和脂肪的理想配比尚未完全确定，但是一般占非蛋白热卡的 30%~50%，碳水化合物和脂肪的供能比范围为 5：5~7：3，无脂代谢障碍的创伤、危重症患者以及肿瘤患者应适当提高脂肪乳比例，但一般不超过 50%。对于有严重高脂血症或脂代谢障碍的患者，应根据患者的代谢状况决定是否应用脂肪乳，使用时应充分权衡其可能的风险与获益。

4. 脂肪乳稳定性影响因素　脂肪乳由于是水包油的两相体系，这种制剂要求油的分散度程度很细，油滴粒径需控制在 0.4~1μm，接近人体液中乳糜微粒的大小，若超过 5μm，容易造成肺部栓塞，甚至引起死亡。因此，与其他制剂慎重配伍，以防加入的药物破坏乳剂的稳定性，发生乳剂的“破乳”现象。乳剂的“破乳”为乳化层的油滴相互融合，粒径增大后析出黄色的油滴，发生油水分层的现象。发生“破乳”后的脂肪乳或肠外营养液不能再输入患者体内。影响脂肪乳稳定性的因素包括有 pH、电解质和脂肪酸的种类等。

pH<5 时，脂肪乳剂会“破乳”，临床上需避免葡萄糖和脂肪乳串输，以免酸性的葡萄糖溶液直接导致脂肪乳“破乳”；电解质阳离子的浓度，不要超过临界范围。也不能将浓盐（10%NaCl 溶液）、氯化钾等电解质制剂与脂肪乳直接混合，否则会引起脂肪乳“破乳”。

四、脂肪乳禁忌证和不良反应

脂肪乳注射剂禁用于以下患者：严重脂质代谢紊乱引起的严重高脂血症（血清甘油三酯浓度 >3mmol/L）；重度肝功能障碍（总胆红素 >10mg/dl，约 170μmol/L）和凝血功能障碍的患者；低钾血症，水过多，低渗性脱水，不稳定代谢，酸中毒；严重创伤后期、衰竭和休克、失代偿性糖尿病、急性心肌梗塞、脑卒中、栓塞、不明原因的昏迷等；严重感染；伴有酮症的糖尿病患者；对卵磷脂过敏的患者。

主要的罕见不良反应有：变态反应主要表现为恶心、呕吐、皮肤瘙痒、胸闷、心慌、烦躁不安、呼吸困难、甚至休克；中枢神经系统不良反应引起的中枢反应；肝功能损害；脂肪超载综合征；弥散性血管内凝血；还可见体温升高、面部潮红、水肿、嗅觉异常，偶见发冷畏寒以及恶心、呕吐、腹泻、口渴、嗜睡，偶可见静脉炎、血管病等其他不良反应。

第四节　维生素制剂

一、维生素的功能和分类

维生素是维持人体正常生理功能和正常代谢所必需的一类低分子有机化合物，包括三大营养成分的正常代谢都需要有各种维生素的参与。在体内不能合成或合成极微，必须由外源供给。疾病会导致复杂的营养素代谢改变造成营养不良，不同程度的维生素缺乏可能会影响疾病进程，处于应激状态（手术、烧伤、败血症等）的危重患者，维生素的需要量则显著增加。营养支持时不能忽略维生素的补充，否侧会影响患者的临床结局，例如有报道短肠综合征、长期 TPN 患者未添加维生素而发生 Wernicke 脑病、乳酸酸中毒等疾病，经静脉补充多种维生素后，精神状态和神经功能恢复正常，临床症状改善。我国和国际上临床营养有关指南中均强调补充维生素的重要意义。需要每天补充，补充剂量应该基于标准的营养素需要量，且确保平衡和完整。

人体所需的维生素有水溶性和脂溶性两大类。前者包括维生素 B 族、维生素 C 和生物素等，后者包括维生素 A、D、E、K。水溶性维生素在体内无储备，长期 TPN 时常规提供多种维生素可预防其缺乏。脂溶性维生素在体内有一定的储备，短期禁食者不至缺乏。肠外营养一般只能提供生理需要量，有特殊营养需求的患者（如烧伤、肠瘘等）需要额外补充。另外，在应激状态下，人体对部分水溶性维生素，如维生素 C、维生素 B_6 等的需要量增加。但应注意：大剂量滥用维生素也可引起毒性反应。所以，必须合理应用。

我国市场上注射用复合维生素制剂剂量均参考美国食品药品监督管理局（FDA）推荐：维生素 A（视黄醇）3 300U，维生素 D（D_2 或 D_3）200U，维生素 E（α- 生育酚）10U，维生素 C（抗坏血酸）100mg，叶酸 400μg，烟酸 40mg，维生素 B_2（核黄素）3.6mg，维生素 B_1 3mg，维生素 B_6（吡哆醇）4mg，维生素 B_{12}（钴胺素）5μg，泛酸 15mg，生物素 60μg。

二、目前临床上常用的注射用多种维生素制剂

（一）注射用复合水溶性维生素

是能在水中溶解的一组维生素。其特点是溶于水，但在水溶液中不稳定，不溶于脂肪及有机溶剂。内含 9 种维生素（维生素 B_1、B_2、B_3、B_{12}、维生素 C、生物素、烟酰胺、泛酸及叶酸）。

（二）注射用复合脂溶性维生素

是不溶于水溶液，只能在脂肪乳剂中使用的一组维生素。内含 4 种维生素（维生素 A、D_2、E、K_1）。备注：①市场上脂溶性维生素注射液（Ⅰ）（供十一岁以下儿童使用）；②脂溶性维生素注射液（Ⅱ）（供成人和十一岁以上儿童使用）；③注意脂溶性维生素蓄积问题，特别是维生素 A 和维生素 D 的蓄积。

（三）注射用 12 种复合维生素

是采用专用的水溶性与脂溶性乳化技术合

成冻干工艺，在同一瓶中稳定性较好。含有9种水溶性维生素（维生素B族：B_1、B_2、B_5、B_6、B_{12}、维生素C、烟酰胺、生物素、叶酸）和3种脂溶性维生素（维生素A、D、E）的复合维生素制剂。备注：①注射用12种复合维生素仅供成人和11岁以上的儿童补充维生素使用；②该制剂产品不含维生素K，如有需要应单独补充；③本品含有叶酸，与含有苯巴比妥，苯妥英，去氧苯巴比妥的抗癫痫药品同时使用时需特别注意。在补充叶酸时和补充叶酸后需要监测这些抗癫痫药的血药浓度水平，及时调整抗癫痫药品剂量；④对肾功能损伤的患者，应注意监测其脂溶性维生素水平。

三、用法用量和配制

提供生理需要量，无论是哪种类型的维生素，基本每天一次，每次给药1支（瓶）（最小包装量，均为FDA推荐的生理需要量），特殊疾病时某种维生素缺乏，需单独增加缺乏的维生素剂量。注射用多种维生素制剂配制时溶酶需参考药品说明书，不能随意应用输液如含电解质的液体、果糖等。配制必须在无菌条件，可配伍性得到保证时配制，并且边加边摇匀。一般的配制方法为：①注射用水溶性维生素配制：用10ml脂溶性维生素注射液或脂肪乳注射液或注射用水或无电解质的葡萄糖注射液加以溶解；②注射用脂溶性维生素配制：直接加入脂肪乳注射液中（10ml的至少加入100ml的脂肪乳注射液中）或者加入水溶性维生素溶解后再加入脂肪乳注射液中；③注射用12种复合维生素配制：用5~10ml脂肪乳注射液或无电解质的葡萄糖注射液或0.9%氯化钠；上述方法溶解后的溶液加入到肠外营养液袋中。营养液最好在24h内用完，并注意避光。

四、注射用复合维生素降解

维生素C在营养液成分中极易氧化降解，营养液包装材料、配制后袋内残存的空气以及营养液组分中的还原性物质如某些氨基酸等都会影响维生素C的稳定性。在混合以后几分钟以内就损失10%~30%，并随着时间的推移含量持续下降。维生素B_1容易被某些氨基酸输液产品中的还原性保护剂偏亚硫酸钠还原。光照可以加速维生素A、D_2、K_1、B_2、B_6、B_1、叶酸的降解，其中维生素A最为敏感，其次是维生素B_2。维生素A在输注过程中迅速降解，6h内损失了80%，而维生素E的降解作用也很明显。实验证实在黑暗条件下储存20d，不论在4℃还是室温下，维生素A、E、K等三种维生素都很稳定。

因此，注射用多种维生素在配制、储存、转运和使用过程中都应该避光。

第五节　微量元素

微量元素指人体内含量少于体重万分之一的元素，其中必需微量元素是生物体不可缺少的元素，有些元素在体内不能产生与合成，需从外部获得。1973年世界卫生组织公布了14种人体必需微量元素，包括铁、铜、锰、锌、钴、钼、铬、镍、钒、氟、硒、碘、硅、锡等。但对临床较具实际意义的微量元素有锌、铜、铁、硒、铬、锰等。微量元素均参与酶的组成、三大营养素的代谢、上皮生长、创伤愈合等生理过程。长期应用TPN会发生微量元素缺乏，应及时补充。微量元素制剂每支（瓶）的含量可提供每天的基础需要量。特殊临床患者应根据病生理情况调整剂量，如：烧伤或胃肠道瘘患者须加量；对于排泄改变的情况下的患者如梗阻性黄疸或肾功能衰竭患者需减量。微量营养素基础量：多种微量元素注射液（Ⅱ）1支（10ml）能满足成人每天对铬、铜、铁、锰、钼、硒、锌、氟和碘的基本和中等需要。多种微量元素注射液（Ⅱ）可加入葡萄糖液或氨基酸制剂中，但加入葡萄糖液中易变成浅黄色，加入氨基酸制剂中易变为浅蓝色。应注意添加时缓慢加入，配制过程不断振荡，以保稳定性。

临床上最常用的成人微量元素制剂是多种微量元素注射液（Ⅱ）：内含铁、锌、锰、铬、铜，硒、钼、氟、碘等9种元素。本品为复方制剂，每支10ml中组分为：氯化铬（$CrCl_3 \cdot 6H_2O$）53.3μg、氯化铜（$CuCl_2 \cdot 2H_2O$）3.4mg、氯化铁（$FeCl_3 \cdot 6H_2O$）5.4mg、氯化锰（$MnCl_2 \cdot 4H_2O$）0.99mg、钼酸钠（$Na_2MoO_4 \cdot 2H_2O$）48.5μg、亚硒酸钠（Na_2SeO_3）69.1μg、氯化锌（$ZnCl_2$）13.6mg、碘化钾（KI）166μg、氟化钠（NaF）2.1mg。

微量元素在光照下也容易发生降解。因此，多种微量元素注射液在配制、储存、转运和使用过程中最好也都避光。

第六节 电解质制剂和水

一、电解质制剂

电解质的功能为维持血液的酸碱平衡和机体细胞正常的生理功能，保持机体内环境的稳定。用于 TPN 的电解质包括 Na^{+}、K^{+}、Mg^{2+}、Ca^{2+}、$PO4^{3-}$、Cl^{-}。肠外营养的电解质无额外丢失的情况下，可按每日生理需要量补给：钠 1~2mEq/（kg·d）（以氯化钠或醋酸钠的形式），调整氯含量以实现酸碱平衡、钾 1~2mEq/（kg·d）（以氯化钾或醋酸钾的形式）、镁 8~20mEq/d（以硫酸镁的形式）、钙 10~15mEq/d（以葡萄糖酸钙的形式）和磷 20~40mmol/d（以磷酸钠或磷酸钾的形式）。但是每日补充剂量并非是固定不变的，还需要根据机体每日丢失的量再结合生化检测数据，进行综合分析加以调整；同时必须考虑 TPN 配制过程中，过多的电解质会引起脂肪乳的“破乳”和产生不溶性的固体小颗粒如磷酸氢钙、碳酸钙和草酸钙沉淀生成。影响 TPN 的稳定性，导致血栓形成，对生命构成危险。因此加入到 TPN 中的电解质不能超过一定的界限，如果不够应该从别的途径通道予以补充，而不是全部都加入到 TPN 中。因此，电解质补充原则应突出“平衡”的特点。

选择钾或钠添加物时，应考虑到酸碱平衡和氯水平。对于高氯血症患者，用醋酸盐替代氯化物加入肠外营养液，作为缓冲剂实现酸碱平衡。醋酸盐可转换为碳酸氢盐，这对持续丢失碳酸氢盐的患者有帮助。若无上述问题，则应尽量降低醋酸盐含量，但在应用碳酸氢盐的同时，也需考虑避免碳酸钙沉淀的生成。高渗糖的代谢与蛋白质合成都需要钾的参与，故钾的需要量可大些。磷的补充不容忽视，否则易出现低磷性昏迷或口觉异常等。因无机磷在 TPN 配制中与 Mg^{2+}、Ca^{2+} 易形成沉淀，所以一般使用有机磷制剂如甘油磷酸钠注射液，可避免沉淀。每天 10ml（10ml/支）能满足成人对磷的代谢需求，但严重肾功能不全、休克和脱水患者禁用。同样，为避免磷酸氢钙沉淀的生成，用葡萄糖酸钙替代氯化钙。而营养液中有一定浓度的钙离子存在时，在需要大剂量的输入维生素 C 时，维生素 C 应单独输注，尽量不要加入肠外营养液中，避免产生草酸钙沉淀。

常用的制剂有：10% 氯化钠 10ml、15% 氯化钾 10ml，10% 葡萄糖酸钙 10ml、25% 硫酸镁 10ml、甘油磷酸钠注射液 10ml 等。

二、水

在正常情况下，成人每天需水 30ml/kg，儿童 30~120ml/kg，婴儿 100~150ml/kg。水的需要量与能量的摄取有关，成人每提供 4.184kJ 热量需 1.0ml 的水（约 1kcal/ml），婴儿为 1.5ml/kJ，成人每天大约需热量 10 460~12 552kJ，需水 2 500~3 000ml，有额外丢失时，需水量增加；有心、肺及肾疾患时需限制水量。最后还需要明确的是，TPN 总液体量需保证各营养组分稳定、液体渗透压适中。而绝不是用来维持体液平衡的。患者丢失的液体量，需通过常规晶体及胶体液完成。

（陈莲珍）

参考文献

1. Singer P, Blaser AR, Berger MM. et al. ESPEN guideline on clinical nutrition in the intensive care unit［J］. Clinical Nutrition, 2019, 38（1）: 48-79.
2. 中华医学会肠外肠内营养学分会. 成人家庭肠外营养中国专家共识［J］. 中国实用外科杂志，2017，37（4）：406-411.
3. Gomes F, Schuetz P, Bounoure L, et al. ESPEN guidelines on nutritional support for polymorbid internal medicine patients［J］. Clinical Nutrition, 2018, 37（1）: 336-353.
4. Arends J, Bachmann P, Baracos V, et al. ESPEN guidelines on nutrition in cancer patients［J］. Clinical Nutrition, 2017, 36（1）: 11-48.
5. Weimann A, Braga M, Carli F, et al. ESPEN guideline: Clinical nutrition in surgery［J］. Clinical Nutrition, 2017,

36(3): 623-650.
6. McClave SA, Taylor BE, Martindale RG, et al. Guidelines for the provision and assessment of nutrition support therapy in the adult critically ill patient: Society of Critical Care Medicine(SCCM) and American Society for Parenteral and Enteral Nutrition(A. S. P. E. N.)[J]. J Parenter Enteral Nutr, 2016, 40(3): 159-211.
7. 高纯,李梦,韦军民,等.复方氨基酸注射液临床应用专家共识[J].肿瘤代谢与营养电子杂志,2019,6(2): 183-189.
8. Lorenzo. P, Mayer. K, Klek. S, et al. ω-3 fatty-acid enriched parenteral nutrition in hospitalized patients: systematic review with meta-analysis and trial sequential analysis[J]. J ParenterEnteral Nutr, 2019.
9. 中华医学会肠外肠内营养学分会.肿瘤患者营养支持指南[J].中华外科杂志,2017,55(11): 801-829.
10. Osland EJ, Ali A, Nguyen T, et al. Australasian society for parenteral and enteral nutrition(AuSPEN) adult vitamin guidelines for parenteral nutrition[J]. Asia Pacific Journal of Clinical Nutrition, 2016, 25(3): 636-650.

第十七章 肠外营养的配制规范

肠外营养制剂来源有二，一是工业化生产的产品，二是应用工业化生产的制剂在医院静脉用药调配中心（室）（pharmacy intravenous admixture service，PIVAS）按需配制而成。一般会按照患者营养支持治疗的需求直接采用通用型的多腔袋或利用营养素静脉制剂混合配制个体化配方，配制主要在医院完成。肠外营养液静脉用药应当在医疗机构设置的静脉用药调配中心（室）实行集中调配与供应。

第一节 肠外营养液的配制环境

一、静脉用药调配中心（室）及相关法规

根据2010年卫生部出台的《静脉用药集中调配质量管理规范》，“静脉用药集中调配”是指医疗机构药学部门根据医师处方或用药医嘱，经药师进行适宜性审核，由药学专业技术人员按照无菌操作要求，在洁净环境下对静脉用药物进行加药混合调配，使其成为可供临床直接静脉输注使用的成品输液操作过程。

静脉用药调配中心（室）是医疗机构经所在地设区的市级以上卫生行政部门审核、批准，根据《医疗机构药事管理规定》《处方管理办法》《静脉用药集中调配质量管理规范》和《静脉用药集中调配操作规程》进行现场评价验收后批准使用的，由医疗机构药学部门统一管理，为临床提供优质的成品输液和药学服务的功能部门。

二、静脉药物调配中心（室）的环境及洁净度要求

静脉药物调配中心（室）的功能分区应包含更衣室、药师审方区、二级药库、排药区、一次更衣室、二次更衣室、药物配制间、成品核对打包区和辅助区域等。

调配中心（室）的总体区域设计布局、功能室的设置和面积应当与工作量相适应，并能保证洁净区、辅助工作区和生活区的划分，不同区域之间的人流和物流出入走向合理，不同洁净级别区域间应当有防止交叉污染的相应设施。

参考《药品生产质量管理规范（2010年修订）》[Good manufacture practice of medical products，GMP（2010版）]洁净度级别要求，各功能室的洁净度级别要求分别为一更D级（ISO8，原10万级）、二更和肠外营养液配制间为C级（ISO7，原万级），层流洁净工作台内为B级（ISO5，原百级）净化。换气次数、新风量、静压差、洁净度、温度（18~26℃）与相对湿度（35%~75%）、噪声、照度、沉降菌等指标都应定期检测、验证并符合要求。

三、肠外营养液配制相关的无菌操作

无菌操作的目的是通过规定的条件与技术，避免患者因微生物污染、过量细菌内毒素暴露、意外物理或化学污染、原料非无菌制剂等情况下可能导致的伤害。

第二节 肠外营养液的配制操作规程

肠外营养液被美国用药安全研究所列为高警示药物，使用不当会对患者造成伤害或死亡。肠外营养液出现不相容、不稳定、配制差错或被污染等情况将影响患者安全，如：钙磷沉淀导致死亡的案例、配制差错导致死亡的案例、2011年美国因配制不当引起沙雷菌污染导致9人死亡的严重

群体不良事件。

1997年蒋朱明教授引领编写了国内第一份肠外营养制剂配制共识(后在2007年修订)。近年来国内不同地区、不同医院肠外营养混合液处方组成和配制方法差别较大,为改善肠外营养液配制认知、减少不当配制、降低患者相关风险,中华医学会肠外肠内营养学分会药学协作组组织专家讨论,根据目前已经发表的国内国外研究结果及循证医学证据,结合与营养液配制有关专家的经验,形成《规范肠外营养液配制》专家共识,为进一步国内肠外营养液配制的规范化和标准化提供参考。

一、配制前准备

1. 在调配操作前30min,按操作规程启动洁净间和洁净工作台的净化系统,并确认其处于正常工作状态。

2. 配制人员在一更门口更换仓内用拖鞋,按六步洗手法在洗手池洗手消毒,在二更穿戴连体工作服、口罩、帽子,进入配液间。

3. 配制每袋肠外营养液前,均需用75%乙醇清理操作台面。

二、肠外营养液配制的基本顺序

配制过程中应采用安全有效的添加方法,如果手工配制建议用经过评估或验证的配制方法;如采用自动配制设备(automated compounding devices,ACDs),则要确保配液装置的稳定和安全。

(一)人工配制的一般操作规程

1. 将磷酸盐制剂加入氨基酸或高浓度葡萄糖溶液(如50%葡萄糖注射液)中。

2. 将多种微量元素、其他电解质加入氨基酸溶液或葡萄糖中。不能与磷酸盐加入到同一稀释液中。

3. 电解质注射液也可加入氯化钠注射液、葡萄糖氯化钠注射液中。

4. 将脂溶性维生素加入水溶性维生素中,充分混合后再加入脂肪乳中。如处方不含脂肪乳,可用5%葡萄糖溶解并稀释水溶性维生素。目前市售也有同时包含脂溶性和水溶性维生素的复合维生素制剂,可用5%葡萄糖或脂肪乳溶解稀释(不同制剂的配制操作需参照说明书)。

5. 将配制好的氨基酸先加入一次性肠外营养输液袋(以下简称"三升袋")内,后将葡萄糖、0.9%氯化钠、葡萄糖氯化钠等液体加入三升袋内混合。

6. 将含钙盐的溶液加入三升袋内混合。

7. 肉眼目视检查三升袋内有无浑浊、异物、变色以及沉淀生成。

8. 完成上步检查后,加入脂肪乳。

9. 在混合所有溶液的全过程中,应一次性不间断地完成配制操作,并需要不断轻轻振摇三升袋,以使混合均匀。

10. 全部输液导入完毕后,将三升袋直立,排净残存在成品营养输液袋内的空气并关闭排气处的输液管夹,旋下给药管线,封口,贴签,悬挂10~20min。逐一拔下输液管连接插头,剪掉插头丢弃至锐器桶,管线丢弃至普通垃圾桶。观察药液/袋是否有开裂、渗漏、沉淀、异物、变色等异常情况发生。排气的目的是为了减少肠外营养液成分的氧化反应。

11. 配液人员签字或盖章确认后,将标签贴于三升袋。一般标签应包含病区名称、处方号、处方二维码、患者姓名、床号、病案号、身高、体重、诊断、处方总容量、营养素成分汇总信息、输注途径、配制时间、建议输注时间和有效期等内容。

12. 出仓后,需按照处方对药品空包装逐一核对剂量,目视检查包装完整性还需进一步肉眼检查外观性状及封口。出仓复核人与配制人不能由同一人承担。

(二)肠外营养液配制的注意要点

1. 配制过程中不得将电解质、微量元素直接加入脂肪乳剂内。

2. 磷制剂和钙制剂未经充分稀释不能直接混合。为减少无机磷酸盐(如复合磷酸氢钾注射液)与钙盐(如葡萄糖酸钙和氯化钙)形成沉淀的可能,尽量选择有机磷酸盐制剂。并应在配制之初加入磷酸盐,最后在加入脂肪乳剂前加入钙盐。

3. 丙氨酰谷氨酰胺注射液不得作为肠外营养液中唯一的氨基酸来源,应与复方氨基酸注射液合用。

4. 鱼油脂肪乳注射液不得作为肠外营养液中唯一的脂肪乳来源，应与脂肪乳注射液合用。

5. 如处方没有脂肪乳，为保证稳定性，不应加入脂溶性维生素。

6. 因脂肪乳有遮蔽效应，故澄明度检查必须在脂肪乳加入前完成。不能为了节省时间而同时将装有电解质的输液和脂肪乳同时混合。

7. 肠外营养混合液（total nutrition admixture，TNA）成分复杂，不推荐在肠外营养液中加入其组成成分之外的其他药品，以免生成沉淀或破坏稳定性。

（三）自动配液设备配制的一般操作规程

自动配液是指利用自动化配制设备配液，ACD 通常可按照设定的顺序，将各组分药液从不同的包装中定量抽取到一个输液袋，精确地完成肠外营养的自动化配制。我国因缺乏大容量包装的肠外营养药品，以及配套导管收费比较高问题，导致 ACD 的应用受到限制。如果使用，要注意：

1. 以重力法为基础，设定适合的 ACD 限量范围。

2. 在装配和更换药品时推荐使用条码技术验证药品，且需独立的双人核对。

3. 导管应标记并可追溯。

4. 如果所需组分剂量小于 ACD 的精度、组分与 ACD 存在不相容（如胰岛素与导管）、组分与组分之间存在相互作用且无法间隔，以及 ACD 没有足够的接口，则这些组分不可通过 ACD 配制。

5. 严格遵守 ACD 厂家的操作说明书。

6. 医院信息系统应直接与 ACD 相连，不得人工转录医嘱；如无法直接相连，须使用固定格式的医嘱模板。

（四）多腔袋肠外营养液的配制

工业化生产多腔袋（multi-chamber bag，MCB）（图 17-2-1）是患者更加经济与安全的选择，市售标准配方的工业化预混式产品适用于病情平稳的患者。MCB 的包装分为内袋和外袋，内袋由可剥离封条分隔成独立的腔室，进行配制前应按说明书操作，通过挤压使封条打开，将袋子翻转使袋内液体充分混合。该操作必须在平整、洁净的平面上进行。

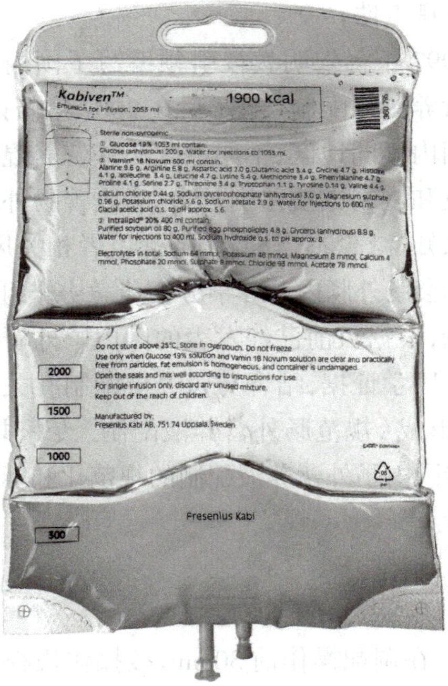

图 17-2-1 三腔袋示意图

1. 须严格遵照产品说明书进行包装拆除、溶液混合、储存、输注等操作。混合或添加药品时，需将袋子轻轻翻转 3 次，使溶液充分混合。

2. MCB 微量营养素不够全面、宏量营养素配比单一，使用时如需添加不同的营养组分以满足临床治疗需求，需确保其相容性和稳定性。TNA 配制前需经药师审核。加药量需按各厂家说明书推荐的加药剂量和浓度来操作。不推荐在 MCB 中加入肠外营养液组成成分之外的其他药品。

3. 添加药品时，遵从无菌操作技术。有些 MCB 需将袋内液体混合均匀后再加入其他药品；而有些则需先将葡萄糖和氨基酸混合后添加其他药品，最后再与脂肪乳混合。如果 MCB 的加药口在葡萄糖腔室内，可将药品加入葡萄糖腔室，也可在葡萄糖和氨基酸混合好后加入，最后同脂肪乳混合。

4. 添加少量药品可在病区完成，如添加大容量药品或同时添加多种药品时，应参照人工配制顺序，推荐在配液中心层流洁净工作台操作。可在袋外预混后通过一次性输液连接管加入 MCB。若添加药品过多，MCB 难以满足患者需求时，需考虑配制 TNA（三升袋）。

5. 添加药品时将针头自加药口正中缓慢插入，尽可能减少对 MCB 加药口处的穿刺操作，以免漏液，配制好的 MCB 应在室温下 24h 内完成输注。

6. 对于不具备上述条件的MCB可以先将各容器内液体混合完全后再加入各类添加剂。每次加药后即刻翻转袋子3次避免组分局部高浓度持续时间过长。若添加药品过多容量过大，MCB难以满足患者需求时，需考虑配制TNA。

7. MCB的包装的内袋和外袋之间放置氧吸收剂，如发现外袋破损或氧吸收剂颜色已变黑则不得使用。

（五）家庭肠外营养的配制

现代医学发展提出了转换医疗（transition care）的概念，对一些非急重症的治疗尽可能从医院回归家庭或其他非急重症处置机构。当患者住院期间已稳定，但出院后仍需要延长静脉输液和/或营养支持，营养支持治疗团队成为辅助和/或管理这些患者的专业团队之一。通过HPN提高病患生活质量，甚至可以工作、旅行等。HPN液包括氨基酸、碳水化合物和水、电解质、微量元素，有时需要加入脂肪乳、维生素，有些个例还需要有治疗并发症或不良反应的处方药。HPN处方与医院的处方变化不大，考虑到总体目标是从医院转向家庭后，维持体重并适度增加/降低体重或维持体重平衡基础上的能量传递，个别的需个体化配制。商业化的产品提供了基本要素，多腔袋可在家里混合配制，必要的补充成分也可通过Y型管加入，最好是在有资质的药房经无菌操作配制后通过冷链运输送到家里，以在满足服务的同时也符合法规和环境管理的要求。目前的家庭肠外营养（home parenteral nutrition，HPN）一般用市售的预混多腔袋来配制。

第三节 肠外营养液的质量控制和质量保证

肠外营养液较普通输液成分更为复杂，配制技术更为烦琐，配制时间也相对要长，临床输注时间也长。因此其质量直接与患者的用药安全相关，但鉴于目前尚无适宜的成品质量检测手段情况下，在配制全过程中严格实施质量控制更需关注。

一、质量控制

1. 推荐开展对TNA成品的质量检测工作。

2. 推荐至少进行TNA成品检查与目视检查。

3. 推荐对于发生不良反应或出现不耐受等情况的TNA，进行相关的质量检测。应结合各医疗机构情况开展对TNA配制后的成品质量检测工作。美国药典（USP）第797章中要求对配制后的TNA进行常规目视检查，确保稳定均匀、剂量准确；开展相关的质量检测有助于持续提高TNA质量安全，对于患者输注后发生不良反应以及不耐受的TNA应进行相关的质量检测。

（1）成品检查：按照标签信息核对药品名称、规格、剂量，确认TNA颜色均一、无可视颗粒，乳剂无破乳分层现象，确认TNA密封无漏液。

（2）目视检查：参照可见异物检查法（《中国药典》2020版通则0904），在规定条件下目视可以观测到直径大于50μm不溶性微粒。TNA在加入脂肪乳前，需进行目视检查，不得有可见异物，观察时间应长于20s。

（3）粒径分布：光散射法测定粒径分布（《中国药典》2020版通则0982），测定前应使TNA分散体系成稳定状态，保证供试品能够均匀稳定地通过检测窗口，药典注射用乳剂质量要求为1μm以下的粒子数不得少于总粒子数的90%，不得有大于5μm的粒子。

（4）不溶性微粒：参照不溶性微粒检查法（《中国药典》2020版通则0903），包括光阻法和显微计数法。光阻法测定结果通常100ml以上的注射液，每1ml中含10μm及10μm以上的微粒数不得超过25粒，含25μm及以上的微粒数不得超过2粒。

（5）无菌检查：检查全过程严格执行无菌操作，选取硫乙醇酸盐流体与胰酪大豆胨液体作为培养基，取样量为单批次的2%或10个（取较少的），单一样本接入培养基的最少量为10%但不少于20ml（《中国药典》2020版通则1101）。

（6）热原检查：本法系将一定剂量的供试品，静脉注入家兔体内，在规定时间内，观察家兔体温升高的情况，以判定供试品中所含热原的限度是否符合规定（《中国药典》2020版通则1142）。

（7）细菌内毒素检查：利用鲎试剂来监测或

量化革兰阴性菌产生的细菌内毒素（《中国药典》2020版通则1143）。

（8）重力分析法：ACD通常采用基于重量的方法混合肠外营养制剂。ACD在TNA混合后，会对组分或最终混合物称重以判断是否超出限度。因此，对于使用自动配制设备的情况或安全范围较窄的药物（如氯化钾和磷酸盐等），推荐使用重力法进行质量控制，保证加药过程正确无误。

二、质量保证

有效的TNA处方审核、配制、无菌操作、成品检查、配制环境监测等制度和流程，并严格遵照。

1. 制订标准操作规程　标准操作规程是为有效实施和完成某一项工作或工作环节而拟订的操作标准和详细的书面教程，是药房质量管理文件重要的一部分。肠外营养液配制的全过程包括审方、排药、核对、配制、复核、打包、配送等诸多环节并涉及多名操作人员。为确保成品营养输液的质量与稳定性，各环节均应建立相应的标准操作规程，一般可包括洁净工作台使用标准操作规程、更衣标准操作规程、消毒清洁标准操作规程、肠外营养液配制标准操作规程、环境检测及验证标准操作规程等。

2. 配液人员资质与培训　配液人员在上岗前应接受专业技术、岗位操作、卫生知识的学习培训和考核，经过培训并通过考核合格后方可上岗。定期组织科室内专业知识继续教育培训、业务学习，不断提高工作人员的业务水平。每年至少对工作人员进行1次年度考核，内容包括相关法律法规、标准操作规程与管理制度、无菌操作技术、净化设备使用、营养支持相关专业理论知识等。

对配液人员每年至少进行1次健康检查，建立健康档案。对患有传染病或者其他可能污染药品的疾病，或患有精神病等其他不宜从事药品调剂工作的，应当调离工作岗位。

3. 处方审核　负责静脉用药医嘱或处方适宜性审核的人员，应当具有药学专业本科以上学历、5年以上临床用药或调剂工作经验、药师以上专业技术职务任职资格。审方药师上岗前应经过专业培训及考核。每年应定期接受岗位专业知识培训，并经考核合格，定期接受药学专业继续教育。

审方药师应根据《药品管理法》《处方管理办法》以及《病历书写基本规范》的有关规定，逐一审核患者静脉输液医嘱，确认其正确性、合理性与完整性。审核内容包括：书写正确、完整、清晰，无遗漏信息；分析鉴别临床诊断与所选用药品的相符性；确认遴选药品的品种、规格、给药途径、用法、用量的正确与适宜性，防止重复用药；确认静脉药物配伍的适宜性，分析药物的相容性与稳定性；确认选用溶媒的适宜性；确认静脉用药与包装材料的适宜性；确认药物皮试结果和药品严重或者特殊不良反应等重要信息；需与医师进一步核实的任何疑点或未确定的内容。所有医嘱必须经过具有符合资质的药师审核，合格后方可放行排药调配。

对处方或用药医嘱存在错误的，审方药师应对出现的问题做及时详细的情况说明及结果记录，及时与处方医师做好各项沟通交流工作。因患者病情需要的超剂量等特殊用药，需由处方医师再次签名确认或通过医院信息系统用电子信息的方式确认并留有记录可追溯。对用药错误或者不能保证成品输液质量的处方或医嘱应当拒绝调配，并做相关记录。

4. 成品营养输液的存放与出库管理　配制的成品营养输液在出库前应再次复核。成品液应无沉淀、变色、异物等；进行挤压试验，观察输液袋有无渗漏现象，尤其是加药处；查封口贴，确保加药处的封口牢固、完好；各岗位操作人员签名是否齐全，确认无误后核对者应当签名或盖签章；经核对合格的成品营养输液，用适宜的塑料袋包装，按病区分别整齐放置于有病区标记的密闭容器内。包装、密封好的高风险药品与普通药品应分开装入配送箱，摆放整齐，装量适宜，避免挤压破损。送至病区后，接收人验收无误后签字确认，成品输液随行登记本应包括送药时间及数量。

5. 完善检查制度　为保证配制的成品营养输液的安全，需每月定期对静脉用药调配中心（室）的各项质控指标进行检查。具体项目包括空调机组开关机时间与运行情况、净化区与控制区的温湿度、洁净间压差、冰箱温度、贵重药品出账登记、处方差错、配制差错、药品报损情况、清洁卫生记录、针刺伤记录、药品有效期检查记录、设备维修记录、各洁净区与洁净台沉降菌与浮游菌检测记录、洁净台开关机记录、洁净台紫外灯消耗时间记录、人员定期培训记录、洁净区与洁净台年度验证等，均需有详细记录，责任到人。

6. 开展药学服务、用药教育、不良反应报告等临床药学实践工作。及时发现问题，解决问题，推荐运用质量管理方法对TNA配制工作进行持续改进。

第四节　肠外营养液配伍禁忌

尽可能多地了解配伍变化与配伍禁忌相关知识，配合医师将营养制剂安全有效地输入患者体内，实现医师的医疗意图。如能在医师开具处方时给予建议，则能减少审核处方时发现的问题与差错，从而使防范差错的关口前移，符合流程的优化管理，降低风险并减少浪费。

两种物质是否存在配伍禁忌主要有两个因素，一是两种物质本身固有的性质，另外是混合时的浓度。此外也包含温度、湿度、光照、离子强度等因素的影响。肠外营养液本身是一种多组分的混合液，含有氨基酸、葡萄糖和脂肪乳，是高渗溶液，又多用于衰竭的或需要长期治疗的患者，因此临床治疗中往往在PN的同时还要给予其他治疗药物，所以配伍问题除了涉及肠外营养组分间溶液的配伍外，还有药品与TNA的配伍、药品与TNA在Y形管中的配伍等。因此不能简单地对于某两种物质给出是否存在配伍禁忌的结论，而应该有描述混合浓度与混合方法等限定条件。当计算肠外营养液中某两种成分配伍的浓度时，一要注意不能按照肠外营养液最终的体积计算各自的浓度，而应该计算两者相混合时的浓度；二要注意配伍产生的沉淀可发生在加入一种药物或多种药物之后，不一定只发生在加入药物的瞬间，某些药物在稳定一段时间后发生降解或产生沉淀也可能会影响其治疗活性；三要关注不溶性微粒是潜在的栓塞危险因素。总之，要理论联系实际，并注意观察研究、分析问题，才能降低风险、安全用药。

一、钙和磷

有关钙和磷在肠外营养液中形成磷酸钙沉淀的问题相关研究很多，但是其形成过程是复杂的，且临床发生情况各有异同，一旦发生风险很高。1994年美国FDA曾就肠外营养液中出现的磷酸钙沉淀致死事件发布过警告。两名患者因输入肠外营养液后死于呼吸衰竭，尸检报告显示患者肺部弥漫性肺毛细血管血栓，栓子成分主要为磷酸钙，系因磷酸钾与葡萄糖酸钙配制不当造成的。国内有些医院选用的复合磷酸氢钾注射液（compound potassium dihydrogen phosphate injection）为无机磷制剂，在使用时应特别注意，而研究表明甘油磷酸钠（有机磷制剂）不会与钙离子发生沉淀反应。但还应警惕其他含磷的注射液，如不同厂牌的果糖二磷酸钠（fructose diphosphate sodium）复方氨基酸注射液（compound amino acid injection）等溶液与钙离子的配伍问题，特别是有些制剂辅料中包含而又未在标签中注明的，应加倍小心。

由于儿科肠外营养处方中钙和磷的浓度要高于成人处方，因而对于儿科处方则应更加注意钙、磷沉淀的问题。通常使用钙磷相容性曲线（calcium phosphate compatibility curve）对两者的浓度进行审核，且与氨基酸注射液的品种和浓度有很大关系。

钙盐和磷酸盐在TNA中的配伍主要依赖于溶解度和浓度。磷酸钙的形成与离子浓度、溶液pH、氨基酸中的磷酸盐含量、氨基酸浓度、钙和磷添加剂的形式、混合顺序、温度、配液者的操作等多种因素相关。

1. FDA建议配制肠外营养液时先加入磷制剂，最后加入钙制剂，且混合过程中的振荡操作非常重要，能够在维护肠外营养液稳定性的同时减少了溶液中离子集中碰撞的机会。

2. 加入钙制剂后再加入脂肪乳注射液有助于阻隔沉淀生成。不同的钙制剂对磷酸钙的形成也有影响，氯化钙比葡萄糖酸钙更容易形成磷酸钙沉淀。

3. 葡萄糖可与钙、磷形成可溶性复合物，因而提高葡萄糖浓度可提高磷酸钙的溶解度。

4. 氨基酸也能与钙、磷形成可溶性复合物，减少游离的钙、磷离子,而另一方面某些氨基酸注射液含有磷酸盐成分,配制时必须考虑这部分磷酸盐。

5. 温度的升高会导致钙离子解离增多,导致更多的钙离子参与磷酸钙沉淀的形成。

6. 降低溶液 pH 有助于磷酸钙沉淀的溶解,有些氨基酸注射液含有盐酸半胱氨酸成分,能降低溶液 pH。

二、草酸钙沉淀反应

维生素 C 的化学性质不稳定,易降解为草酸并与钙离子形成草酸钙沉淀,配制时注意顺序。此外,配制时维生素 C 不可与葡萄糖酸钙直接接触。

三、胰岛素

胰岛素本身与肠外营养液不存在相容性问题,可按照 1g 葡萄糖加 0.1U 胰岛素的比例加入肠外营养液中并混合均匀。但在实际工作中,这样做也有一定的问题,需要考虑所选用的输液包装与管线的材质。如聚氯乙烯(polyvinyl chloride,PVC)材质的输液袋会对胰岛素及维生素 A 产生吸收作用,因此应尽量使用乙烯-醋酸乙烯酯共聚物(EVA)材质的输液袋。此外,添加过多胰岛素后一旦患者在输注中途出现低血糖,只能选择舍弃剩余的肠外营养液,造成医疗资源浪费,而重新配制又会给患者造成一定的经济负担。因此通常建议胰岛素单独输注,有条件的可以选择注射泵单独泵入胰岛素。此外只有胰岛素注射液(正规胰岛素、普通胰岛素)才能加入肠外营养液中,而预混胰岛素与长效胰岛素禁止加入。

PVC 与 EVA 材质的输液袋均会对胰岛素产生吸附作用(不同于吸收,吸附是附着在输液袋内壁),胰岛素吸附在输液袋内壁,因此最初输入患者体内的胰岛素量相对较少,大量的胰岛素集中在最后少量的液体中,浓度偏大,易导致患者血糖不稳定,所以配制中要混合均匀。

引发低血糖的原因还有胰岛素用量过大、突然停止肠外营养输注,且肠外营养输注速度不宜过快。

四、其他药物配伍问题

有报道门冬氨酸钾镁注射液、多种微量元素注射液、维生素 C 注射液、葡萄糖酸钙两两之间混合会发生颜色变化,存在配伍禁忌。维生素 C、水溶性维生素、脂溶性维生素、多种微量元素等药物由于自身容易氧化分解,故需在加入肠外营养液后 24h 内使用。由于脂肪乳剂具有遮蔽效应,故可对维生素有一定的保护作用。

丙氨酰谷氨酰胺需与复方氨基酸溶液一起使用,鱼油脂肪乳需与脂肪乳注射液一起使用。这两者不属于化学配伍问题,而属于“合理性配伍”问题。丙氨酰谷氨酰胺与鱼油脂肪乳当作为营养支持给予时,两者成分过于单一,无法独自承担起补充氨基酸或脂肪乳的功能,应避免单独使用,尤其丙氨酰谷氨酰胺渗透压高,要按说明书要求稀释后使用。

对其他药物,能否加入肠外营养液中,判断起来较为复杂。因不同的肠外营养液中成分较为复杂,脂肪乳剂、氨基酸、电解质等药物的类型与浓度各不相同,因而对于某特定的肠外营养液回答配伍问题应当慎重。

五、配伍禁忌的检索工具

可参考美国卫生系统药师协会编写的 *Handbook of Injectable Drugs*,这本书基于公开发表的实验文献数据,给出几百种不同肠外营养液的配伍问题,但因国内制剂的有些辅料和溶媒与国外制剂不尽相同,药师查询时应注意。对于配伍问题文献数据的解读,如没查到某药物的配伍问题,不能视为没有问题,而应避免配伍。必要时可按临床常用的配伍要求开展相关研究。

第五节 肠外营养液的稳定性

通过配制 TNA,实现了简单、高效、省时、节约的理念,但“多合一”的复杂性使得其稳定性研究范畴很宽,包括目视外观可见的溶液的稳定,混合前制剂包装的玻璃瓶上的裂纹、负压或真空度的影响;配制后到输注过程中的避光操作、外环境温度的影响(如冷冻或 40℃高温)等。鉴于灭菌制剂的特性,指南上一般建议是配制后 24h 内完成输注,但实际应用中如何制订储存期需要摸索研究,美国提出的“beyond-use dating”的概念也是我们未来工作中可以探索的。

一、氨基酸在肠外营养液中的稳定性

按照国家质量标准，氨基酸注射液的外观有的是无色或几乎无色的澄明液体，有的是无色和微黄色的澄明液体。药房中常可见氨基酸注射液有的澄清、有的微黄，这与氨基酸本身的理化性质、生产工艺和加入的化学抗氧剂量直接相关。因氨基酸注射液的 pH 为 5~6，选用焦亚硫酸钠或亚硫酸氢钠作抗氧剂是合理的。制剂生产厂家通过采用优质原料，在氮气流下灌装、抽真空后压塞等严格的生产工艺，尽可能地减少瓶内残余的氧气含量，增加产品的贮存稳定性，且抗氧剂量的逐渐降低都是进一步降低临床长期应用的潜在风险。氨基酸的稳定性可以从外观颜色直接看到，TNA 配制后如果从新鲜配制的无色澄清或微黄到黄色、红色甚至棕色，就反映了其稳定性的变化。国内已有厂家可以生产不含抗氧剂的氨基酸输液剂。

温度是影响氨基酸稳定性的因素之一，温度升高会加速降解。Parr 将 TNA 置 PVC 袋中于分别 4℃和 25℃环境下放置 30d，研究氨基酸在 TNA 中的稳定性，冰箱中的样品（4℃）未见明显变化，而室温下蛋氨酸下降 10.2%、精氨酸下降 8.2%。Nordfjeld 等又考察了长期稳定性，于 4℃放置，在前 2 个月各种氨基酸的降解都小于 10%；但到第 6 个月时，除酪氨酸、赖氨酸和组氨酸外，降解都大于 10%，有些甚至超过 25%。Black 发现氨基酸可防止葡萄糖聚集，减慢 1 价和 2 价离子引起的乳剂絮凝和聚集。

光敏反应也是影响氨基酸稳定性的因素之一。过氧化物的形成、冷冻带来的影响、增塑剂的游离析出等对稳定性的影响也需要考虑。

二、脂肪乳在肠外营养液中的稳定性

脂肪乳剂属热力学不稳定的非均匀相分散体系，容易发生分层、絮凝、转相、合并与破裂等变化。2020 版《中国药典》（以下简称《药典》）规定静脉用乳剂 90% 的乳滴粒径应在 1μm 以下，不得有大于 5μm 的乳滴。USP<729> 规定脂肪乳的平均粒径（mean droplet size，MDS）应小于 0.5μm，这一指标反映了生产厂家的生产水平；粒径 >5μm 的百分比（percent of fat >5μm，PFAT5）应小于 0.05%，这一指标反映了脂肪乳的稳定性。PFAT5 能影响脂肪廓清，人体最细的毛细血管直径约 5μm，故可堵塞肺毛细血管，进而导致呼吸衰竭。而 PFAT5 如大于 0.4% 则会导致脂肪乳注射液油水两相分离或破乳。

Du 等研究了稀释的效果，10% 长链脂肪乳注射液（C14~24）在 TNA 中于 25℃ 4h 后又在 4℃放置 72h 粒径未变。但当葡萄糖浓度 >15% 时，在 4℃和室温贮存 24h 脂肪乳的液滴明显大于 5μm。北京协和医院曾用扫描电镜观察，肯定了脂肪乳在 EVA 袋内可保存 6d。

脂肪乳的浓度会影响其自身稳定性，也会影响肠外营养液中其他脂溶性制剂的稳定性。因为脂肪乳浓度过低则无法保持乳滴之间的斥力，因此脂肪乳的最终浓度应大于 20g/L。当肠外营养液中没有脂肪乳存在时，不能添加脂溶性维生素注射液，因后者也是一种乳剂。

三、维生素在肠外营养液中的稳定性

由于光降解作用的影响，维生素在夜间的稳定性要优于白日。Howard 等研究发现 PVC 袋装 TNA 中，维生素 A 在 4℃放 3~14d 约丢失 30%。Mckenna 等以标准输液装置输注时，瓶口的维生素 A 浓度保持恒定，而流出物中减少，用己烷洗管线可回收多数维生素 A，说明 PVC 袋、输液管等有吸附。Riggle 通过对以 ^3H 标记的维生素 A 研究发现，暴露于光中的降解主要结合在输液瓶和管道中。Allwood 报告维生素 A 的丢失量和速率依赖于暴露于日光的程度，包括光照方向、一天中的时间和气候环境。抗氧剂没有作用，而氨基酸可有一定的保护作用。Kishi 等报告了维生素 E 在暴露于日光下的玻瓶中 6h 内未见丢失。Dahl 等报告了多种维生素在 TNA 中的稳定性，将 TNA 贮于 2~8℃一暗处 96h 发现棕榈酸视黄酯、α- 维生素 E、单硝酸维生素 B_1、维生素 B_2-5′- 磷酸盐、盐酸吡哆醇、烟酰胺、叶酸、生物素、泛酸钠和维生素 B_{12} 等丢失不明显；而维生素 C 的实际起始浓度为其标示浓度的 66%，24h 和 96h 后仅为标示浓度的 59% 和 42%。

Allwood 研究维生素在 PVC 袋装 TNA 中，3~7℃ 24h 丢失 30%~40%，7d 后丢失 55%~60%，其降解与透过袋的氧量相关，金属离子特别是铜催化此氧化反应。研究表明室温下2~4h内有Cu存在时150~200mg维生素C降解，而没Cu时仅降解20~30mg，为减少损失，建议除去Cu或增加维生素C量。

维生素B_1可被氨基酸输液的稳定剂亚硫酸氢钠分解，维生素B_1在含0.1%亚硫酸盐的TNA中于30℃贮存22h后丢失40%，而在0.05%亚硫酸盐液中不丢失，Bowman认为亚硫酸盐浓度和pH缓冲会影响维生素B_1的稳定性。

四、微量元素在TNA中的稳定性

Iliano等将微量元素电解质液加到TNA中于4℃贮8d，对乳剂质点大小无影响。Ganther等发现硒的降解主要受pH影响，在含维生素C的TNA（pH=5.3）中可稳定24h以上，TPN的缓冲作用可保护硒。Allwood等还研究了钙、磷、铁、铜和硒在TPN中的稳定性。Hayes等发现铝在新生儿TNA中因与去铁胺形成不可逆的螯合而不致沉积在组织中引起神经毒性。铜能促进维生素C和维生素B_{12}的分解。铁在含磷酸的输液中缓慢形成胶体铁。

五、电解质对肠外营养液稳定性的影响

电解质会影响脂肪乳的稳定性，影响TNA中脂肪乳稳定性的主要因素是阳离子，阳离子可中和脂肪乳粒表面的负电荷，改变脂肪乳滴表面的ζ电位（Zeta电位），导致乳滴表面斥力消失，乳滴聚集合并，最终破坏稳定性，严重的还会引起油脂分层（肠外营养袋内表面漂浮一层淡黄色油脂）无法恢复，所以不允许将电解质直接加入脂肪乳中。阳离子的价越高，中和负电位的能力越强。因此药师在审核处方时要格外注意阳离子浓度，通常TNA中一价阳离子（Na^+、K^+）浓度应小于150mmol/L；二价阳离子（Ca^{2+}、Mg^{2+}）浓度应小于10mmol/L；未经稀释的浓电解质溶液不应与脂肪乳直接接触。在考虑配制稳定性的过程中，除了处方中外加的电解质外，还要注意氨基酸等制剂中所含的电解质量的影响。

六、pH对稳定性的影响

肠外营养液的组分中，葡萄糖溶液的pH为3.5~5.5，氯化钠溶液的pH为4.5~7.0，脂肪乳剂的pH在8左右。葡萄糖溶液与氯化钠溶液的pH范围波动较大，在生产中即存在因批间差异造成酸性条件不稳定的情况。氨基酸因其分子结构特点，具备缓冲能力，且氨基酸量越大，其缓冲调节pH的能力越强。

肠外营养液中pH偏高可对微量元素产生沉淀，对葡萄糖及氨基酸产生褐变反应，也会导致水溶性维生素的结构不稳定；而pH偏低则会降低脂肪乳滴表面的负电位，减弱乳滴间的排斥力，对脂肪乳的稳定性产生不利影响。

人体血液的正常pH为7.35~7.45，可通过缓冲系统、肺、肾脏、离子交换等4个方面调节维持。一般血液的pH低于7.0或超过7.8会引起酸中毒或碱中毒，应避免将过低或过高pH的液体输入体内，改变血液pH，导致酸碱平衡失调，影响上皮细胞吸收水分，改变血管的通透性，使局部红肿、血液循环障碍、组织缺血缺氧，严重干扰血管内膜的正常代谢和功能，导致静脉炎。

Bettner等将终混后为pH=5.5的TNA和以碳酸氢钠调整到pH6.6的产品分别在4℃和室温下放置观察，发现后者变质较晚，但36h内出现沉淀。TNA的酸度在患者代谢性酸中毒过程中可能是一影响因素，但调整酸度要注意可能出现沉淀、增加液体和Na^+量。

七、光对TNA稳定性的影响

多种维生素在TNA中会影响氨基酸的稳定性。如新生儿PN输液瓶及管线均避光安置，而保温箱中约有20cm管线暴露于光下，24h液中的蛋氨酸（40%）、色氨酸（44%）和组氨酸（22%）明显降解，而不含维生素的TNA中要是通过离子的催化作用和浓度来影响仅色氨酸降解，可能是维生素B_2光敏所致，因此Bhatia建议多种维生素应避光输入。作者进一步模拟ICU时的临床条件，维生素B_2以1mg/100ml加到TNA中，通过PVC管将玻瓶中的TNA以4ml/h输入，在室温下8盏灯的光强下照24h后发现维生素降至其初始水平的50%，同时总氨基酸也下降7%，包括甘氨酸（10%）、白氨酸（14%）、蛋氨酸（24%）、脯氨酸（10%）、丝氨酸（9%）、色氨酸（35%）和酪氨酸（16%）分别降解；而在无维生素B_2的TNA中氨基酸很少降解。Nordfjeld发现维生素C和叶酸

在 PVC 袋装 TNA 中会有大量降解，日光下 24℃、避光 24℃和避光 4℃下维生素 C 和叶酸的半衰期分别为 1.1h、2.9h、8.9h 和 2.7h、5.4h、24h。有人用 HPLC 测定脂溶性维生素在输液中的光解，发现维生素 D、维生素 E 稳定，而维生素 A、维生素 K 在滴注 6h 后的输液中仅为原来的 20%~30%。若用橙色聚乙烯防光罩遮盖，则能明显提高稳定性。

八、包材对 TNA 稳定性影响

药包材对保证药品稳定性起着重要作用，间接影响用药安全。不适宜的材料可引起活性成分迁移、吸着、吸附，甚至发生化学反应，进而导致药品失效，有时还会产生严重的不良反应，因此应引起包括药师在内的医务工作者的足够重视。

塑料包材同样会影响用药安全，研究表明，高分子塑料容器对药物稳定性的影响主要表现在对药物的吸附作用、添加剂的浸出、降解产物及透气透湿性等。高分子材料对药物的吸附影响日益受到人们的重视，PVC 材质的输液容器对部分药物有较强的吸附性，而导致药物浓度下降。

目前常用于肠外营养液的三升袋与输液管线的材质有 PVC 与 EVA，虽然目前国内普通的工业生产的输液成品包材已不再用聚氯乙烯材质了，因该材质通常添加增塑剂（邻苯二甲酸二乙基己酯，DEHP）以满足柔软性、耐寒性、增进光稳定性的需求，但在给药过程中，输液器材中的 DEHP 遇脂溶性成分仍能够释放到肠外营养液中，可导致血液、组织、男性生殖系统毒性，同时 PVC 材质对脂溶性、醇溶性药物有较强的吸附性，影响给药量，降低疗效。国家食品药品监督管理总局规定以 DEHP 增塑的聚氯乙烯作为原料的产品，产品说明书中应有以下内容：①明确标识该产品含有 DEHP；②警示信息写明 DEHP 的相关毒性，本产品不宜贮存和输注脂肪乳等脂溶性液体和药物，新生儿、青春期前的男性、孕期与哺乳期妇女不宜使用本产品输注药物。如使用乙烯 - 醋酸乙烯酯共聚物（EVA）材料，它通过调节自身两种单体的比例实现材质的柔软性，不需要添加增塑剂，可减少可能的药物吸附及某些游离物质的释放。因此在给药过程中，既不会释出有害物质也不会发生药物的吸附，不会影响肠外营养液的稳定性。

九、其他装置对稳定性的影响

临床为保证用药安全，降低微粒入血风险，输液时会考虑选择终端滤器，因此，药师要注意滤膜材质、孔径等对肠外营养要素和稳定性的影响。如对不含脂肪乳的肠外营养液体建议选用 0.2μm 的滤器，对含脂肪乳的则需 1.2μm 的滤器。输注过程中在线滤器要尽可能地接近患者，保证其截留作用。输注过程中如发生滤器堵塞，可更换，但不可不用。如输注脂肪乳，所用的容器和管线应不含邻苯二甲酸二乙基己酯（DEHP）。

十、Beyond-use dating 的概念

Beyond-use dating 可以理解为保质期或最大使用期限，是指制剂复配，从完成配制的日期（或时间）所观察到的能维持混合配制的肠外营养液的“药剂学质量”——化学和物理的完整、无菌和无热原的时间，期间包括了配制后的放置时间和输注给药的时间。它不同于制剂生产厂家的有效期，是由配液中心拟订的。

决定这个时间段，一般需要从两个方面来考虑，一是考虑无菌配制的化学和物理稳定性，另一是考虑配制过程中微生物污染的风险。Beyond-use dating 应该是短于这两个要素的限制时间，并且应结合实际配制和应用环境等做必要的调整。

（梅　丹　赵　彬）

参考文献

1. 中华人民共和国卫生部. 静脉用药集中调配质量管理规范［EB/OL］.（2010-06-01）［2019-04-25］. http://www.moh.gov.cn/mohbgt/s10787/201004/46963.shtml.
2. Institute for Safe Medication Practices. ISMP list of high-alertmedications in long-term care（LTC）Settings［EB/OL］.（2017-11-20）［2019-04-25］http://www.ismp.org.
3. Institute for Safe Medication Practices. ISMP list of high-alertmedications in acute care settings［EB/OL］.（2018-

08-23)[2019-04-25]. http://www. Ismp. org/Tools/institutionalhighAlert. asp.

4. Shay DK, Fann LM, Jarvis WR. Respiratory distress and suddendeath associated with receipt of a peripheral parenteralnutrition admixture[J]. Infect Control Hosp Epidemiol, 1997, 18(12): 814–817.

5. Hill SE, Heldman LS, Goo ED, et al. Fatal microvascularpulmonary emboli from precipitation of a total nutrient admixturesolution[J]. J Parenter Enteral Nutr, 1996, 20(1): 81–87.

6. Mckinnon BT. FDA safety alert: hazards of precipitation associatedwith parenteral nutrition[J]. Nutr Clin Pract, 1996, 11(11): 59–65.

7. Lumpkin MM. Safety alert: hazards of precipitation associatedwith parenteral nutrition[J]. Am J Hosp Pharm, 1994, 51(11): 1427–1428.

8. Grissinger M. Another tragic parenteral nutrition compoundingerror[J]. P T, 2014, 39(11): 810–822.

9. Gupta N, Hocevar SN, Moulton-Meissner HA, et al. Outbreak of serratia marcescens bloodstream infections in patientsreceiving parenteral nutrition prepared by acompounding pharmacy[J]. Clin Infect Dis, 2014, 59(1): 1–8.

10. 中华医学会肠外肠内营养学分会药学协作组. 规范肠外营养液配制[J]. 中华临床营养杂志, 2018, 26(3): 72–84.

11. Kirby DF, Corrigan ML, Hendrickson E, et al. Overview of home parenteral nutrition: an update[J]. Nutrition in Clinical Practice, 2017, 32(1): 739–752.

第十八章　肠外营养输注系统与监测

肠外营养（parenteral nutrition，PN）是指通过静脉途径为无法经胃肠道摄取和利用营养物质的患者提供完全和充足的营养素，达到维持机体代谢所需的目的。近年来，PN已成为临床营养支持的重要组成部分，并成为挽救危重患者及无法经口进食患者的生命手段之一，提高了治疗水平。

一、肠外营养输注系统介绍

肠外营养静脉输注途径可分为外周静脉置管（peripheral venous cather，PVC）和中心静脉置管（central venous cather，CVC）。其中CVC又可分为经外周静脉穿刺的中心静脉导管（peripherally inserted central catheter，PICC）、经皮直接穿刺中心静脉置管（暂时性中心静脉置管）、静脉输液港（implantable venous access port，PORT）等。

肠外营养静脉输液的辅助装置主要是静脉输液流速控制装置，包括输液器、精密调速型输液器、静脉输液控制泵、静脉推注泵等。静脉输液控制泵在临床应用广泛，静脉输液控制泵分为蠕动控制式输液泵、针筒微量注射式输液泵和智能输液泵（输液治疗监护管理系统）。操作方法：①使用前应依次检查各部分功能及报警系统，使之处于良好工作状态；②按无菌技术要求连接专用配套输液器、注射器或延长管，排气；③按需设定参数及报警界限；④开始输注；⑤输注时应观察机器是否处于正常工作状态，及时排除故障，解除警报；⑥用后清洁消毒，存放在固定地点。护理要点：①输液泵使用过程中，具有一定压力，输注中注意观察患者穿刺部位，如出现液体渗漏应及时处理，输注速度缓慢时应注意观察有无回血、导管堵塞；②使用过程中应注意观察以防发生故障导致输注速度的变化；③护士应熟悉各种报警功能并及时做出相应的处理；④输血时应使用专用输血泵，普通输液泵可能造成血细胞的破坏，不可以用于输血；⑤定期进行输液泵的性能、流量、容量和堵塞压力测试。

二、肠外营养的适应证和禁忌证

（一）适应证

1. 肠功能障碍　如短肠综合征、放射性肠炎、严重小肠疾病、严重腹泻及顽固性呕吐胃肠梗阻等。

2. 重症胰腺炎。

3. 高代谢状态危重患者　如大手术围手术期、大面积烧伤、多发性创伤等。

4. 严重营养不良肿瘤患者。

5. 重要器官功能不全患者。如肝、肾、肺、心功能不全或衰竭等。

6. 大剂量化疗、放疗或接受骨髓移植患者。

（二）禁忌证

1. 胃肠功能正常，能获得足量营养者。

2. 需急诊手术者，术前不宜强求肠外营养。

3. 临终或不可逆昏迷患者。

三、肠外营养支持存在的问题

（一）营养液不稳定

肠外营养包括热量（碳水化合物、脂肪乳剂）、必需和非必需氨基酸、维生素、电解质及微量元素。肠外营养全部混合液是将氨基酸、葡萄糖、矿物质和维生素同脂肪乳剂混合于一个容器内，称之为全营养混合液（total nutrient admixture，TNA）或“全合一”溶液。TNA具有不稳定趋向，主要包括肠外营养液组分的不稳定性以及与药物配伍的不稳定性。TNA中的脂肪乳易受环境影响产生乳状不溶物和乳滴聚集，同时各种物质混合、配伍时易产生磷酸氢钙、草酸钙等不溶性微粒。

（二）临床不良反应

1. 急性不良反应　肠外营养支持过程中常

见的急性不良反应包括栓塞、静脉炎、气胸、感染等。栓塞和静脉炎主要是由营养液不稳定造成。肺部的微血管直径约为 5μm，如果油滴的粒径超过 5μm，油滴则易停留在这些部位，造成患者的肺部栓塞。脂肪球的栓塞是导致肺和肝脏急性损伤的主要原因，非代谢性微粒易聚集在肺、肾、脑、脾和肝毛细血管或其他脏器，溶液中大于 5μm 的微粒可能会引起肺栓塞、静脉炎；而磷酸钙沉淀的生成则会导致输入营养液的患者发生间质性肺炎、肺栓塞、肺功能衰竭，进而威胁生命。研究指出脂肪乳注射液静脉滴注引发不良反应可能是由于粒径较大的脂肪乳粒进入人体造成栓塞及引起免疫系统反应造成，同时还统计出 32 例患者中有 5 例因输入脂肪乳而导致静脉炎，所占比例为 15.63%。此外，FDA 于 1994 年收到不良反应报告，在使用 TNA 输液后，发现 2 例死亡病例、2 例综合征，尸检报告显示，肺部微血管发现钙磷酸盐栓塞。

气胸和感染发生的原因主要是穿刺置管时护理不当。瘦弱、营养不良患者机体皮下脂肪组织少，皮肤穿刺点与胸膜顶距离近，故锁骨下静脉穿刺置管时如患者体位不当或穿刺方向不正确，易损伤胸膜肺尖而引起气胸。感染性不良反应则主要是由穿刺置管时没有严格进行无菌操作、导管护理不当或营养液被污染等情况造成的。

2. 亚急性不良反应　主要表现为脂肪超载综合征。血浆对外源性脂质清除能力较弱的患者在输注 TNA 时易造成脂肪超载综合征，这与遗传、个体代谢条件和若干潜在疾病有关。此外，据文献报道，较快的输液流速和较大的输液量也会造成脂肪超载综合征。

四、肠外营养实施的注意事项

（一）保持营养液稳定

为了减少因营养液不稳定而对患者造成的不良反应，除了营养液产品的生产厂家需改进生产工艺，提高产品质量，还应在临床使用过程中采取各种措施保持营养液稳定。如 TNA 为各种物质的混合液，各种物质混合易产生各种物理、化学变化而使营养液不稳定。为获得稳定的全营养液，溶液配制时可先将水溶性物质（如电解质、微量元素、水溶性维生素）加入葡萄糖液中、氨基酸液和磷酸混合、脂溶性维生素加入脂肪乳中，并检查各混合液有无沉淀；然后将三种混合液分别经包装容器的 3 个输入口同时加入，加入时不断轻摇使之混匀，并检查有无沉淀生成。配制好的营养液应在 24h 内输注，如不能及时输注，要求保存于 4℃的冰箱内，但混合液不宜长时间保存，以免影响其稳定性。

（二）药物配伍禁忌

许多危重患者在输注肠外营养液的同时还需使用多种其他药物，而肠外营养液中的物质种类较多，易与其他不相容药物发生作用，从而产生沉淀。在临床护理工作中，医护人员应合理安排静脉营养液与其他药物的输注顺序，避免将肠外营养液与不相容药物配伍。有研究表明在 ICU 患者静脉输注营养液时采用不同输液顺序，对 PICC 堵管情况进行了分析，结果表明全营养液受 pH 的影响较大，而采用合理的输液顺序可显著降低 PICC 导管堵塞的发生率。

（三）输液器的选择

具有一定过滤作用的输液器可在一定程度上缓解营养液不稳定造成的临床隐患。

1. 营养液输液器过滤孔径　FDA 建议，输注含脂肪乳营养液时应使用 1.2μm 带排气孔过滤器，输注不含脂肪乳营养液时应使用 0.22μm 过滤器。但是临床使用时发现过滤器易被堵塞而往往采用较大孔径过滤器，因此中华医学会在考虑到我国过滤器发展技术后，同时推荐了 FDA 建议的 1.2μm 孔径过滤器和符合我国实际情况的 5.0μm 孔径过滤器。

研究结果显示，过滤孔径分别为 1.2μm、3.0μm、5.0μm、15.0μm 的输液器在脂肪乳注射液滴注过程中的滴速达标情况和输液时患者疼痛、静脉炎的发生率，结果发现除采用 1.2μm 孔径的输液器滴速未达标外，其他 3 组滴速均达标，同时，采用过滤孔径为 5.μm 和 3.0μm 的输液器输液时静脉炎和疼痛的发生率低于其他 2 组。

2. 输液器临床使用效果　营养液中大粒径微粒的存在对人体有害，而超过 5.0μm 的脂肪乳滴也会堵塞肺脉管系统而导致肺栓塞，故可以使用过滤孔径 <5.0μm 的输液器来降低微粒和脂肪乳滴带来的风险，预防或延缓静脉炎的发生，同时还可预防微沉淀物或结晶体进入体内。国内很多

临床研究均表明过滤孔径 <5μm 的输液器可有效滤除营养液中的较大乳滴和微粒，缓解输液时患者疼痛，减少静脉炎的发生。

五、肠外营养支持的临床护理要求

（一）合理的输液滴速和输液量

临床上引发脂肪超载综合征除了因为脂肪乳不稳定外，还与脂肪乳输液过程中的滴速有关。脂肪乳黏滞度较高，故临床使用时输液滴速不易控制，滴速过快则易引发脂肪超载综合征。《中华人民共和国药典》临床用药须知规定：开始15min，20% 脂肪乳注射液滴速应为 0.5ml/min，10% 脂肪乳注射液滴速则为 1ml/min；以后 4~6h，10% 脂肪乳注射液输液量为 500ml，20% 脂肪乳注射液输液量为 250ml；每日总量按体重不超过3g/kg。同时在营养液输注过程中，医护人员应进行相关指标的监测，发现不良反应时需即时停止输注，而一般只要即时停止输注，脂肪超载综合征的症状即可消退。

（二）保持导管通畅

在营养液输注过程中，药物的沉淀和脂肪的沉积都有可能导致导管堵塞。导管中的沉淀物主要是因营养液不稳定而产生的不溶性钙盐和脂肪乳剂，故每次输液完毕后可用 0.1% 肝素盐水封管，且下次输液前先用肝素盐水对导管进行冲洗，导管堵塞时则可直接用 10U/ml 的肝素盐水进行导管冲洗。

（三）专业的护理知识

肠外营养支持是一种新开展、较复杂的技术，故相关医护人员首先需经过专业的教育和培训，因为护理人员需对肠外营养支持实施的整个过程非常熟悉，才能熟练使用肠外营养相关器材。营养液的配制和静脉导管的穿刺置管均需采用无菌技术进行；穿插置管时，应选择合适的患者体位和插管部位，重视穿刺技术的熟练，避免穿刺所造成的机械性损伤；穿刺点周围要注意消毒，并在置管后用纱布或透明敷料进行保护，防止感染的发生；治疗过程中出现不良反应时应快速采取正确的应对措施。

六、肠外营养的质量监测

对接受肠外营养治疗患者进行系统、全面、持续的质量监测，及时发现有关并发症，尽早处理，防止产生严重后果。通过质量监测可了解肠外营养治疗效果，并可及时调整肠外营养配方，进一步提高肠外营养治疗效果。

（一）常规监测指标

1. 记录出入量　准确记录每天液体的出入量。

2. 观察生命体征　注意观察体温、脉率及呼吸的变化，并做记录。

3. 尿糖和血糖　尿糖每天测定 2~4 次。血糖在开始使用肠外营养治疗前 3d，应每天测 1 次，待测定值稳定后可改为 1 周 1~2 次。

4. 血清电解质浓度　包括血清钾、钠、氯、钙、镁、磷浓度。在开始使用肠外营养治疗前3d，应每天测 1 次，待测定值稳定后可改为 1 周1~2 次。

5. 血液常规检查　每周查 1~2 次。如怀疑并有感染，应随时急查血细胞计数和分类。

6. 肝、肾功能和血清蛋白质浓度　每周查1~2 次。

7. 血脂浓度　每周或每 2 周查 1 次。

（二）特殊监测指标

1. 血清渗透压　疑有血液高渗情况，应及时用冰点渗透测定仪测血清渗透压，无渗透压测定仪，可按下列公式估算：

血清渗透压（mmol/L）=2[血清钠（mmol/L）+血清钾（mmol/L）]+血糖（mmol/L）+血清尿素氮（mmol/L）

2. 24h 尿钠、尿钾定量　危重患者有明显钠、钾代谢紊乱时，需每天测定 1 次 24h 尿钠和尿钾的排出总量。应注意留尿样是将 24h 尿混匀后，再留取尿样 10ml 送检。

3. 胆囊 B 型超声波检查　接受 PN 治疗超过 2 周的患者，宜每 1~2 周用 B 型超声波探测胆囊容积、胆汁稠度等情况，结合肝功能检查结果综合评定肝胆系统是否受损和有无胆汁淤积的情况。

（三）营养检测指标

1. 体重　体重改变可直接反映成人的营养状况，可每周测量 1~2 次。

2. 人体测量　测量上臂围，即测量上臂中点周径，可反映全身骨骼肌蛋白含量的变化，测量三头肌皮褶厚度，可反映全身脂肪储量变化，每周测定1次。

3. 氮平衡 可每天测算，并计算某段连续时间内累积氮平衡量。

4. 肌酐/身高指数 收集患者24h尿液，测定肌酐排出量，除以理想肌酐值，可求出数值。如小于0.8提示有营养不良。可每2周测定1次。

5. 血清氨基酸谱分析 可每周测定1次，以指导调整肠外营养配方。

6. 血清微量元素和维生素浓度 怀疑患者有微量元素和维生素缺乏时可做测定。

7. 尿3-甲基组氨酸含量 尿中3-甲基组氨酸含量能反映肌肉蛋白质的分解程度，其排出量增加是蛋白分解代谢加重的可靠指标。可动态观察患者尿中3-甲基组氨酸含量的变化。

（孙文彦）

参考文献

1. 沈娟．商品化多腔袋与个体化全合一肠外营养液临床应用比较[J]．中国现代应用药学，2020，37(02)：208-212.
2. 余娜，马林玉，范玉涵，等．临床药师自主设计并应用肠外营养医嘱智能分析工具的实践[J]．中国医院药学杂志，2019，39(12)：1296-1299.
3. 张仙爱，苏灵妹．肠内营养及肠外营养在危重症患者治疗中的临床效果比较[J]．临床合理用药杂志，2019，12(32)：66-67.
4. 于迪，高杰，李轶，等．肠外营养信息化审核和药学监护系统的建立与应用[J]．中国新药与临床杂志，2019，38(10)：599-602.
5. 赵捷宇，门鹏，李潇潇，等．肠外营养制剂配制实践指南和专家共识的系统评价[J]．临床药物治疗杂志，2018，16(12)：20-25.
6. Kovacevich DS，Corrigan M，Ross VM，et al. American society for parenteral and enteral nutrition guidelines for the selection and care of central venous access devices for adult home parenteral nutrition administration[J]. J Parenter Enteral Nutr，2019，43(1)：15-31.
7. Osland EJ，Ali A，Nguyen T，et al. Australasian society for parenteral and enteral nutrition(AuSPEN) adult vitamin guidelines for parenteral nutrition[J]. Asia Pac J Clin Nutr，2016，25(3)：636-650.
8. McClave SA，Taylor BE，Vanek VW，et al. Guidelines for the provision and assessment of nutrition support therapy in the adult critically ill patient：society of critical care medicine(SCCM) and American society for parenteral and enteral nutrition(A. S. P. E. N.)[J]. JPEN J Parenter Enteral Nutr，2016，40(2)：159-211.
9. 王志华．PICC在老年消化道肿瘤患者肠外营养的应用[J]．中国继续医学教育，2019，11(29)：169-171.
10. 庄丽娟，刘丽杰，吴海梅．86例胃癌根治术后PICC置管肠外营养的效果及护理[J]．重庆医学，2015，44(33)：4747-4748.

第十九章　肠外营养静脉输液途径的建立

一、肠外营养输注途径的选择

肠外营养的静脉输注途径包括外周静脉置管（peripheral venous cather，PVC）、经外周静脉穿刺的中心静脉导管（peripherally inserted central catheter，PICC）、经皮直接穿刺中心静脉置管（暂时性中心静脉置管）、静脉输液港（implantable venous access port，PORT）等。临床上选择肠外营养输注途径时，应考虑以下因素：①肠外营养混合液的渗透压；②预计肠外营养输注时间；③既往静脉置管病史；④拟定穿刺部位的血管解剖条件；⑤患者凝血功能；⑥合并疾病状况；⑦是否存在病理性体位；⑧护理人员的导管维护技能；⑨患者对静脉置管的主观想法和知情同意等。

（一）外周静脉途径

通过外周静脉给予肠外营养是首选的输注途径，具有静脉入路容易、护理方便、不存在中心静脉置管的风险和较为经济的优点。但是对于pH<5或pH>9，以及渗透压>900mOsm/L的液体或药物，美国静脉输液护理学会建议不使用外周静脉输注。但也有学者认为，不超过900mOsm/L的肠外营养液也可经外周静脉短期输注。有研究显示：70%以上的患者周围静脉能够耐受常规能量与蛋白质密度的肠外营养全合一溶液，但输注时间若超过14d，外周静脉较难耐受。

通过外周静脉输注较高渗透压的肠外营养混合液，主要的并发症是液体渗漏和静脉炎。超过10%的葡萄糖溶液或5%的蛋白质溶液均有出现静脉炎的较高风险。肠外营养中的脂肪乳由于渗透压在300mOsm/L左右，加入到全合一溶液中可有效降低渗透压，同时还具有保护血管内皮的作用。静脉炎的原因是液体或药物对血管的化学性刺激，以及缩血管药物和穿刺造成的机械性刺激。预防静脉炎的措施包括：①使用低渗液体和慢速输注（<200ml/h）；②恰当选择输液管道材料（聚氨酯优于聚四氟乙烯，后者优于聚乙烯）；③选用较小口径导管；④选择较大静脉；⑤每日更换输注部位；⑥采用连续输注等。

（二）中心静脉途径

1. 中心静脉置管（CVC）　是指导管尖端位于上腔或下腔静脉的静脉导管。临床上常用的途径包括锁骨下静脉穿刺、颈内静脉穿刺和股静脉穿刺。中心静脉置管装置又可分为暂时性和永久性，有内置和外置入口，也有不同的长度和管径，还有1~3个管腔或输液口。无论采用何种中心静脉置管方法，肠外营养制剂应该由专一的导管通路输注。根据保留导管的时限分为短期和长期置管，短期置管一般指导管保留不超过2周，主要通过锁骨下静脉或颈内静脉途径完成。锁骨下静脉经皮穿刺，易于置管和固定，而且导管相关性感染的发生率较低，被作为最常用的CVC路径。颈内静脉和颈外静脉同样易于中心静脉置管，常被作为第二选择，并且其气胸发生率较锁骨下静脉低，但因颈部需要活动导致相关性感染的发生率较高。只有无法通过锁骨下静脉或颈静脉置管时，才可以选择使用股静脉，其导管相关性感染并发症发生率最高，通过皮下隧道将导管埋于皮下使其在膝上10cm处穿出皮肤，可以显著降低感染的发生率。

CVC的优点包括：①高渗透压或非血管相容性药物的输注；②避免多次静脉穿刺的痛苦和不适；③保护外周血管；④较长时间留置；⑤可进行中心静脉压力监测；⑥减少护理工作量等。常用的CVC有3种：①经皮插管置管型导管；②皮下隧道置管型导管；③植入性导管。导管的管径一般为2.7~12.5Fr。锁骨下静脉置入单腔导管的感染率较低，是肠外营养推荐的中心静脉输注途径。对于危重症或者长期慢性疾病而需要除肠外营养支持外的多种静脉输液治疗的患者，也常选择多腔的中心静脉导管。

2. 输液港（PORT）　长期静脉通道同样可以经由手术置入的静脉输液装置完成。2009 年欧洲肠外肠内营养学会（European Society of Parenteral Enteralnutrition，ESPEN）肠外营养指南推荐，超过 3 个月的家庭肠外营养（home parenteral nutrition，HPN），需要使用套管式中心静脉导管或者 PORT，具体需根据患者的意愿、护理人员的护理经验以及使用频度进行选择。我国《肠外营养临床药学共识》（第二版）指出，PORT 适用于长期间歇性静脉输注患者，若单纯以 PN 输注为目的，通常不采用 PORT。

可植入装置由装备有自我封闭硅隔膜的钛、不锈钢或塑料 PORT，与硅胶或者聚亚胺酯制成的导管连接构成。导管的直径一般在 5.4~17Fr，长度多为 75cm，有 1~3 个管腔。植入手术需要在局麻下进行，导管的放置方法同其他中心静脉导管一样，穿刺成功后需要影像学检查来确认其尖端位于上腔或下腔静脉中，避免导管异位。PORT 多置于胸壁皮下，使用时可用专用无损伤针直接通过皮肤穿刺入泵体输注液体。PORT 通常可供穿刺 1 000~2 000 次。植入后的 PORT 完全位于皮下，可减少感染并发症的发生，并且对患者的活动没有限制（接触性质的运动除外）。因 PORT 完全包埋于皮下，并克服了传统外周静脉输液需要反复静脉穿刺的缺点，减轻了操作所带来的痛苦，进一步提高了患者的生活质量。但永久性中心静脉导管仍存在一些风险，例如必须通过穿刺进行操作、使用寿命有限、植入和撤除时需接受手术、较高的医疗费用等。另外，留置导管过程中易导致气胸、动脉损伤、空气栓塞、血胸、心律不齐、中心静脉栓塞、神经和气管丛损伤、胸导管损伤和乳糜胸等。

值得注意的是，该装置使用后需要肝素稀释液封管，长期不使用者仍需每 4 周接受一次休疗期维护。

3. 经外周置入中心静脉导管（PICC）　PICC 主要是指通过肘部静脉或上臂静脉将较细导管置入上腔静脉。目前 PICC 的材质以硅胶为主，也有聚尿氨酯，管径 3~8Fr，长度多为 50~70cm，可有 1~3 个管腔。PICC 近几年开始使用末端开口的耐高压导管，其优点是可以监测中心静脉压，可以用于增强 CT 造影剂推注，可多腔输液。

PICC 的优点主要是可以避免多数中心静脉导管置管并发症，可以较长时间留置（目前有留置时间超过 2 年的个例报道）和较少的感染发生概率。随着穿刺技术的发展，现在采用超声赛丁格置管，大大提高了穿刺成功率，解决了临床中因血管条件差而影响治疗的问题。并且使用心电图（electrocardiogram，EKG）定位导管尖端位置，减少了异位率，成功定位可达 96%。对于需接受较长时间需要肠外营养支持的患者，PICC 是首选的输液途径。

二、肠外营养输注途径的建立

（一）外周静脉输液途径的建立

短期（<10d）应用 PN，尤其是使用低透压 PN 混合液时，首选外周静脉置管输入。静脉留置针以其操作简单、套管柔软、留置时间长且不易穿破血管等特点被广泛应用于临床。外周静脉选择的原则是选择四肢静脉、头皮静脉中粗、直、血流量丰富的血管，避开静脉瓣及关节部位，成年人不建议下肢静脉输液。具体操作步骤如下：①用物准备：静脉留置针、输液接头、透明敷料、封管液、皮肤消毒用物、手套、手消毒液、胶布、止血带等；②选择血管；③消毒穿刺局部皮肤：以穿刺点为中心，直径 8cm；④输液器连接套管针、排气、摆放稳妥，扎止血带；⑤松动套管针套管：右手拇指、示指持针翼（针翼多点面向外），左手指和中指夹住肝素帽，拇指和环指 360° 转动针芯；⑥在消毒范围内 1/2 或 2/3 处，夹紧双翼以 15° ~30° 角进针；⑦回血后压低角度为 5° ~15° 再进约 0.2cm；⑧退针芯：松开两翼并用示指、中指固定，另一手退针芯 0.5~1cm，撤出针芯，左手拇（中）指、示指固定两翼，右手将针芯全部拔出；⑨松开止血带，打开输液器调节器；⑩固定：透明敷料以穿刺点为中心固定，延长管与穿刺血管呈 U 形固定，注意 Y 形接口勿压迫穿刺的血管，粘贴透明敷贴要采用无张力方法。

（二）经外周置入中心静脉导管途径的建立

PICC 是接受较长时间（>10d）PN 治疗首选的输注途径。PICC 导管由肘前部的外周静脉（首选贵要静脉）穿刺置入，沿血管走行最终到达上腔静脉。PICC以将营养液直接输注在血液流速快、血流量大的中心静脉，避免了患者因长期输液或输注高浓度、强刺激性药物带来的血管损害，减轻了因反复静脉穿刺给患者带来的痛苦，保证了PN治疗顺利进行。

1. 盲穿标准置管流程

（1）测量插管长度：患者平卧，穿刺侧手臂外展90°，自穿刺点沿静脉走向量至右胸锁关节，再向下至第三间隙止。

（2）消毒穿刺点：直径20cm，戴无菌手套，铺无菌巾。

（3）穿刺血管：首选贵要静脉，用肝素盐水预冲导管及穿刺针，用可撕裂式套管针穿刺，见回血后压低角度再进针2~3cm。

（4）置入导管：确认导引套管处于血管后，撤出针芯，将导管均匀缓慢送入中心静脉直至测量长度，抽吸回血确认导管在静脉内。

（5）包扎穿刺点：用稀释肝素液正压封管，压迫穿刺点，酒精局部消毒，4~6层小方纱加压覆盖压迫穿刺点止血，上面盖以无菌透明贴膜，注明时间。

2. 超声导引下PICC标准置管流程

（1）获得医嘱，签署置管同意书。

（2）七步法洗手，戴圆帽、口罩，备齐用物，携用物至患者床旁，核对床号、姓名。

（3）摆体位，暴露穿刺区域，根据病情，患者可戴口罩、帽子。

（4）血管超声导引系统摆放在操作者的对面，便于操作。

（5）选择静脉及穿刺点。

（6）在预期穿刺部位以上扎止血带。

（7）穿刺点的选择：肘窝上2横指处。

（8）使用血管超声导引系统选择穿刺静脉：先摸到肘窝处的肱动脉搏动，涂抹少量的耦合剂，大概在肘窝上2cm处先找肱动脉与肱静脉，用探头轻轻压迫，可见其搏动，为肱动脉，与之伴行的可被压扁的血管为肱静脉，因肱静脉汇合于内侧的贵要静脉，所以将探头向内侧、向上慢慢移动，找到内径较大的血管，用探头压迫，可以压扁，无搏动就是首选的穿刺血管—贵要静脉，在预穿刺点做标记。

（9）松开止血带。

（10）测量长度：患者平卧位，上臂外展与躯干呈90°，手臂与身体在同一水平面。上腔静脉测量法从预穿刺点沿静脉走向到右胸锁关节再向下至第3肋间隙。

（11）测臂围：肘窝以上10cm处（患儿5cm），记录测量数值。

（12）打开PICC穿刺包，戴无菌手套。

（13）穿点的消毒：以穿点为中心环形消毒，先75%乙醇3遍（顺时针-逆时针-顺时针）待干，再碘剂3遍（方法同上），上下直径20cm，两侧至臂缘，最好以穿刺点为中心，上下各10cm整臂消毒，待干，并在患者手臂下铺无菌治疗巾。

（14）脱手套，穿无菌隔离衣，重戴无菌手套。

（15）铺巾、无菌物品的准备：铺治疗巾、孔巾、无菌大单，只暴露穿刺部位，铺巾遮盖患者全身及穿刺侧手臂。

（16）助手（戴圆帽、口罩）按无菌原则投递注射器、透明敷料、无菌胶布于无菌区内。注射器抽吸满生理盐水，1m注射器抽吸2%利多卡因。

（17）按无菌原则打开PICC穿刺套件，预冲PICC导管，注意观察导管的完整性，再预冲连接器、减压套筒、肝素帽或正压接头，最后润洗导管外部，令导管浸泡于生理盐水当中。

（18）按无菌原则打开微插管鞘穿刺套件及导针器套件。

（19）安放无菌探头罩：取无菌耦合剂少许涂在探头上，探头上罩无菌罩，罩和探头之间不可有气泡，用橡胶圈固定牢固（操作者要保持手套无菌）。

（20）助手在消毒区外扎止血带，使静脉充盈。

（21）在穿刺点附近涂抹少许无菌耦合剂。

（22）穿刺前使用超声导引系统再次定位血管，并将选择好的血管影像固定在标记点的中央位置，左手固定好探头，保持探头位置垂直于皮肤。注意整个探查、操作过程中探头与皮肤必须一直保持90°的垂直角度。

（23）根据血管深度选择导针器规格，并安装穿刺针。操作者双眼看着超声显示屏进行静脉穿刺。在超声显示屏上可在血管为看见一白色亮点，血从针尾处缓慢流出，即为穿刺针已进入血管。

（24）穿刺成功后，固定穿刺针保持不动，小心地移开探头，左手固定穿刺针，右手取导丝置入穿刺针，导丝入血管后，随即降低进针角度，继续推送导丝，助手松止血带，体外导丝保留10~15cm。注意一定要保持在体外看见导丝的末端，遇到阻力不可强行推送导丝，如送导丝不成功，导丝与穿刺针必须一起拔出，避免穿刺针针尖将导丝割断导致导丝断裂。

（25）撤除穿刺针，保留导丝在原位，穿刺点给予局麻。

（26）解剖刀沿导丝上方，与导丝呈平行角度做皮肤切开以扩大穿刺部位，注意不要切割到导丝。

（27）沿导丝送入插管器（扩张器/插管鞘组件），注意固定好导丝，避免导丝划入静脉，推进插管鞘与血管走行保持一致，边旋转插管器边用力持续向前推进，使插管器安全进入血管。

（28）拧开插管器上的锁扣，分离扩张器、插管鞘，左手示指及中指按压插管鞘前端止血，右手将扩张器和导丝一同拔出（注意确保插管鞘不移位），随即用左手大拇指堵住鞘口（手法：右手小拇指与环指夹住导丝，大拇指与示指捏住扩张器，一同将扩张器与导丝拔出，并检查导丝的完整性）。

（29）固定好插管鞘，插管鞘下方垫无菌纱布，将导管自插管鞘内缓慢、短距离、匀速置入，当送入10cm左右时，嘱患者将头转向静脉穿刺侧，并低头使下颌贴近肩部，以防止导管误入颈静脉，由助手用B超协助检查导管是否异位颈静脉，及时进行调整。

（30）插管至预定长度后，压迫鞘的末端处止血并固定导管，从血管内撤出插管鞘，使其远离穿刺口，撕裂插管鞘。

（31）撤出导管内支撑导丝：校对插管长度后，将导管与支撑导丝的金属柄分离、轻压实点以保持导管的位置，缓慢平直撤出支撑导丝。

（32）修剪导管长度：用生理盐水清除导管上血渍后修剪导管，保留体外导管5cm，无菌剪刀与导管保持直角剪断导管，注意不要剪出斜面或毛碴（即使导管长度不足5cm，导管的最后1cm一定要剪掉，否则导管与走接器固定不牢）。

（33）将减压套筒安装到导管上，再将导管连接到连接器翼形部分的金属柄上，注意一定要推进到底，导管不能起褶，最后沿直线将翼形部分的倒勾和减压套筒上的沟槽对齐，锁定两部分。

（34）抽回血，见回血推回，再用20ml生理盐水脉冲方式冲管，注射最后0.5ml生理盐水时边推注活塞边除注射器，以达到正压封管目的（生理盐水用量成年人20ml，儿童6ml）。

（35）安装肝素帽或正压接头，撤除孔巾保持操作者手套及操作野无菌，清理干净穿刺点及周围皮肤的血渍。

（36）固定导管：以患者感觉舒适，制动时导管不受曲折为宜。①思乐扣固定法：用洗必泰或乙醇清洁穿刺点及周围皮肤，待干；用皮肤保护剂擦拭固定部位，完全待干10~15s；将导管安放在思乐扣上，将锁扣锁死；导管摆放适当（调整外露导管形状）；思乐扣上箭头指向穿刺点。依次撕除思乐扣的背胶纸，将思乐扣贴放在皮肤上；穿刺点置纱布止血，10cm×12cm透明敷料无张力粘贴，排净贴膜下空气；胶布横向固定贴膜下缘，再用胶布蝶型交叉固定连接器；胶布以“高举平台”形式固定肝素帽或正压接头。②白色固定翼：在靠近穿刺点约0.5cm处扣好白色固定护翼；导管出皮肤处逆血管方向摆放“L”形或“U”形弯曲；使用无菌胶布横向固定白色固定护翼；另一条无菌胶布横向固定连接器翼形部分；穿刺点置纱布止血，10cm×12cm透明敷料无张力粘贴透明敷料应覆盖到导管和减压套筒所有蓝色部分，排净敷料下空气，皮肤、导管、敷料三者合一；抗过敏胶布蝶型交叉固定连接器；抗过敏胶布横向固定肝素帽。

（37）X线检查确定导管尖端位置。

（三）中心静脉导管途径的建立

中心静脉是指通过较短通路直接置入上、下腔静脉的穿刺技术。常用穿刺途径主要有锁骨下静脉、颈内静脉和股静脉，由于前者具有感染风险小，术后容易护理等优点，成为最主要的穿刺方法。锁骨下静脉置管操作步骤有：

（1）体位：去枕平卧位，头转向穿刺对侧，必要时肩后垫高。头低位15°~30°角，以使静脉充盈，保证静脉内的压力高于大气压，使插管时发生空气栓塞的危险降低，但对重症患者不宜勉强。在两肩胛骨之间放小枕，使双肩下垂，锁骨中段抬高，使锁骨下静脉与肺尖分开，避免穿刺损伤胸膜或肺。患者头部略偏向术者，借以减小锁骨下静脉与颈内静脉的夹角，使导管易于向中心方向送入，而不致误入颈内静脉。

（2）严格遵循无菌操作原则，操作者戴无菌手套，局部皮肤常规消毒后，铺无菌巾。

（3）局部麻醉后用注射器小号针头做试探性穿刺，使针头与皮肤呈 30° ~45° 角向内向上穿刺，针头保持朝向胸骨上窝的方向，紧靠锁骨内下缘徐徐推进，这样可避免穿破胸膜及肺组织，边进针边抽动针筒使管内形成负压，一般进针 4cm 可抽到回血（深度与患者的体形有关）。如果以此方向进针已达 4~5cm 时仍不见回血时，不要再向前推进，以免误伤锁骨下动脉。应慢慢向后撤针并边退边抽回血，抽出回血说明已穿透锁骨下静脉。在撤针过程中仍无回血，可将针尖撤至皮下后改变进针方向，使针尖指向甲状软骨，以同样的方法徐徐进针并回抽注射器。

（4）试穿确定锁骨下静脉的位置后，即可换用导针穿刺置管，导针的穿刺方向与试探性穿刺相同，一旦进入锁骨下静脉后即可抽得大量回血，此时再轻轻推进 0.1~0.2cm，使导针的整个斜面在静脉腔内，并保持斜面向下，以利导管或导丝推进。

（5）让患者吸气后屏息，取下注射器，以一只手固定导针并以手指轻抵针尾插孔，以免空气进入发生气栓或失血。

（6）将导管或导丝自导针尾部插孔缓缓送入，使管端达上腔静脉，退出导针。如用导丝，则将导管引入中心静脉后再退出导丝。

（7）将注射器与导管连接并抽吸，如回血通畅，说明管端位于静脉内，取下注射器将导管与输液器连接，打开输液器调节开关，调节输液速度。

（8）清洁局部，妥善固定导管，第一天用线布加透明敷贴覆盖穿刺部位，24h 或局部出现渗血时更换敷料。

（9）导管放置后需常规行胸部 X 线检查，以确定导管的位置。插管深度左侧不宜超过 15cm，右侧不宜超过 12cm，以能进入上腔静脉为宜。

（四）输液港途径的建立

1. PORT 的植入路径　PORT 的植入路径通常有颈内静脉、锁骨下静脉、头静脉、贵要静脉、股静脉等。颈内静脉作为穿刺入路的优势在于血管粗大、解剖位置变异少、操作容易及拔管后静脉恢复快等，原则上若临床患者无明显禁忌证可作为首选。锁骨下静脉入路实施流程较颈内静脉便捷，且具有较高舒适度，但导管行走时需通过第一肋骨和锁骨之间的解剖裂隙，容易并发夹闭综合征引起导管狭窄、断裂的严重后果。国内有关经头静脉途径置入植入式静脉输液港（implantable venous accesport，IVAP）的文献报道罕见，国外临床研究表明，相对锁骨下静脉植入路径而言，经头静脉植入虽然存在耗时长、成功率较低的不足，但由于其并发症发生率低，因而优于经锁骨下静脉植入路径。有研究也认为，经头静脉 IVAP 为肿瘤患者提供安全、可行的输液通道，值得推广应用。而股静脉作为一种良好的替代途径，主要适用于不能经上腔静脉置入的患者。由于股静脉和贵要静脉不易护理且感染的概率较大，临床主要以锁骨下、颈内静脉路径为主。PORT 的置入和拔除属于外科手术，必须由医生或者是高级实践护士完成。

2. 置管过程

（1）置管部位的选择：理论上，全身各中心静脉都可以选择植入，首先推荐右侧颈内静脉，左侧颈内静脉及双侧锁骨下静脉可作为备选，股静脉用于最后选择。置管时，需避开解剖扭曲、变异部位，局部有感染、肿瘤侵犯、放疗部位，或存在其他血管内设备，如起搏器、透析导管等部位。同时，也应结合患者的病情和意愿、手术者的习惯等。置管方式上，首选经皮穿刺。

（2）置管前准备：①置管前对拟置管部位做超声检查；②完善术前相关常规检查；③告知置管方式、风险、术后注意事项等，患者签署知情同意书；④物品准备：换药包一个，内含孔巾 1 块、弯盘 1 个、小药杯 2 个、中纺纱 1 块、镊子 1 把、棉球 6 个，另外根据治疗需要准备以下物品，10ml 及以上注射器、无损伤针、输液接头、透明敷料、生理盐水 100ml、无菌手套、胶布、75% 乙醇、0.5% 浓度以上的含碘消毒剂、肝素稀释液（100U/ml）等。

（3）插针方法：①免洗消毒液洗手，打开换药包，将注射器、无损伤针等物品放入无菌区。戴无菌手套，持无菌 10ml 及以上注射器，助手持生理盐水袋，抽吸生理盐水；②连接无损伤针，排气，夹闭延长管；③行皮肤消毒，先用 75% 乙醇棉球以输液港注射座为中心，由内向外，顺时针、逆时针交替螺旋状消毒3遍，消毒直径为20cm，再用碘棉球重复以上步骤，等待完全干燥；④用非主力手的拇指、示指和中指固定注射座，将输液港拱起，主力手持无损伤针，自三指中心垂直刺入，穿过隔膜，直达储液槽底部，遇阻力不可强行进针，以免针尖与底部硬碰形成倒勾；⑤插针后抽回血5ml弃去，用生理盐水脉冲方式冲管，连接输液接头；⑥注意事项：a. 推荐超声引导下穿刺目标血管，术中X线辅助定位导管，如无X线设备，术后应立即拍摄X线片，确定导管位置；b. 导管末端位置应位于上腔静脉与右心房连接处，胸部X线片上可以导管超出右侧主支气管3cm或气管隆突下6cm范围标准做评判；c. 注射座与导管连接时应避免暴力挤压、血管钳夹闭，以防导管破损；d. PORT连接完毕，应插针做抽吸测试，确保能无阻力回抽到血液和注入生理盐水、连接处无渗漏发生，才能将PORT放入囊袋中缝合；若抽不到回血，可先注入5ml生理盐水后再回抽，使导管在血管中飘浮起来，防止导管贴于血管壁；e. 必须使用无损伤针穿刺输液港，否则容易损伤注射座隔膜，导致漏液。无损伤针每7d需更换一个；f. 冲洗导管、静脉注射给药时必须使用10ml及以上的注射器，防止小注射器的压强过大，损伤导管、瓣膜或导管与注射座连接处。

（4）固定：在无损伤针下方垫适宜厚度的纱布，撤孔巾，然后覆盖透明贴膜，固定好无损伤针，最后用胶布固定延长管，注明时间及操作者。连接输液系统，打开输液夹，开始输液；输液完毕，脉冲式冲管，肝素稀释液（100U/ml）正压封管。

（5）静脉注射：①抽回血，确认位置后，脉冲方式注入10ml生理盐水，冲洗干净导管中的血迹；②更换抽好药液的注射器，缓慢推注药物，完成静脉注射，推注化疗药物时，须边推注药物边检查回血，以防药物渗出血管外损伤邻近组织；③注射完成，脉冲式冲管、肝素稀释液（100U/ml）正压封管。

（6）输液港冲管和封管：冲管时机：①每次使用输液港前后；②抽血或输注高黏滞性液体（输血、成分血、肠外营养液、白蛋白、脂肪乳）后，应立即冲干净导管再接其他输液；③两种有配伍禁忌的液体之间；④治疗间歇期每4周冲管1次。

（7）拔针：当无损伤针已使用7d或疗程结束后，需要拔除无损伤针。具体步骤如下：①准备用物：清洁手套、输液贴一块或止血贴、0.5%浓度以上的含碘消毒液、棉签；②免洗消毒液洗手，戴清洁手套；③行皮肤消毒，先用75%乙醇棉球以输液港注射座为中心，由内向外，顺时针、逆时针交替螺旋状消毒3遍，消毒直径为20cm，再用碘棉球重复以上步骤。等待完全干燥；④左手两指固定好输液港注射座，右手拔出针头，用方纱压迫止血5min，并检查拔出的针头是否完整；⑤贴输液贴（或止血贴）覆盖穿刺点。

3. PORT的日常维护　医护人员应具备相应的资质才能对PORT进行维护，在非治疗期间应每4周进行1次维护，并使用患者手册记录维护情况。具体维护内容如下：

（1）皮肤评估：评估患者PORT处皮肤情况，有无并发症，触摸PORT轮廓，检查同侧胸部和颈部静脉有无红斑、渗液或漏液等现象。

（2）消毒要求：操作中严格无菌操作，推荐使用含量大于0.5%的氯己定乙醇溶液消毒皮肤，如对其过敏，可采用碘酊、碘伏或70%酒精。在治疗期间，皮肤消毒剂需完全待干后才能进行穿刺操作。

（3）穿刺针要求：必须使用一定长度的安全无损伤针进行穿刺，即针头置于向导管的位置时，能够安全地位于储液槽的基底部。无损伤针穿刺后，调整针斜面背对注射座导管锁接口。

（4）冲、封管：冲管前抽回血确认管路是否通畅，并抽回血。采用生理盐水脉冲式冲管，冲管时应有效地冲刷注射座储液槽内残余药液及血液，以免导管阻塞及相关感染发生。导管每次使用前后均需使用生理盐水冲洗，每个管腔均要冲洗。封管液采用100U/ml浓度的肝素钠稀释液正压封管，其使用量应控制在导管容积加延长管容积的2倍。此外，除非是耐高压的PORT，常规PORT不能使用高压注射泵注射造影剂，或强行冲洗导管。在冲管频率上，对于已穿刺并连接无损伤针的PORT，不输液时需要每日冲管，对于暂时不用的PORT，每4周维护一次。

（5）敷料等更换时间：如果连续使用PORT，无芯针和透明敷料应至少每7d更换或松脱时及时更换；纱布辅料应每 48h 更换或敷料变湿、变脏、松脱时随时更换；输液接头至少每 7d 更换，遇接头脱落、污染、受损、经接头采集血标本后随时更换。

（6）患者健康教育：包括置管过程、PORT 类型、携带 PORT 识别卡片的重要性及日常维护内容等。其中，日常维护内容包括冲管频率、操作过程中的无菌要求、穿刺只能用无损伤针及潜在并发症的识别和干预。

（孙文彦）

参考文献

1. Suell JV, Meshkati M, Juliano C, et al. Real-time point-of-care ultrasound-guided correction of PICC line placement by external manipulation of the upper extremity[J]. Arch Dis Child Fetal Neonatal Ed, 2020, 105(1): 25.
2. Saugel B, Scheeren TWL, Teboul JL. Ultrasound-guided central venous catheter placement: a structured review and recommendations for clinical practice[J]. Crit Care, 2017, 21(1): 225.
3. Rotzinger R, Gebauer B, Schnapauff D, et al. Placement of central venous port catheters and peripherally inserted central catheters in the routine clinical setting of a radiology department: analysis of costs and intervention duration learning curve[J]. Acta Radiol, 2017, 58(12): 1468-1475.
4. 文丽，徐永菊，丘丹，等．超声引导结合改良塞丁格技术操作经外周静脉置入中心静脉导管置管与盲穿置管的对比[J]. 实用医技杂志，2019，26(11): 1495-1496.
5. 马友精．肠外营养患者中心静脉导管相关血行性感染的临床危险因素研究[J]. 中国医疗器械信息，2019，25(22): 118-119.
6. 林小梅．针对性护理在经外周静脉穿刺中心静脉置管肠外营养支持治疗胃肠肿瘤患者中的应用[J]. 医疗装备，2019，32(03): 158-159.
7. Millington SJ, Lalu MM, Boivin M, et al. Better with ultrasound: subclavian central venous catheter insertion [J]. Chest. 2019, 155(5): 1041-1048.
8. Van Walleghem J, Depuydt S, Schepers S. Insertion of a totally implantable venous access port in a patient with persistent left superior vena cava(PLSVC)[J]. Acta Chir Belg, 2018, 118(1): 68-71.
9. 彭娜．2016 年 INS 输液治疗实践标准：血管通路装置的选择和置入[J]. 现代医药卫生，2017，33(09): 1285-1287，1291.
10. 孙红，王蕾，聂圣肖．心电图引导 PICC 尖端定位的多中心研究[J]. 中华护理杂志，2017，52(08): 916-920.
11. Santacruz E, Mateo-Lobo R, Vega-Piñero B, et al. Intracavitary electrocardiogram(IC-ECG) guidance for peripherally inserted central catheter(PICC) placement [J]. Nutr Hosp, 2018, 35(5): 1005-1008.

第二十章　肠外营养并发症的预防与处理

肠外营养从诞生至今经历了半个多世纪的临床实践与发展，其理论和操作技术都取得了巨大的进步，尤其是近年来随着各种新型营养制剂不断被开发，肠外营养和肠内营养一样都被证明是安全可靠的。肠外营养被广泛应用于临床，特别应用于重症患者以及肠功能衰竭的患者，成为公认的一种安全有效且能长期使用的营养支持方法。但是，肠外营养尤其是长期肠外营养可能导致一系列并发症，严重的甚至会危及患者的生命。导致这些并发症产生的原因很多，可能与某些营养素缺乏或过剩有关，也可能是临床操作、监测、护理不当所致。通常情况下并发症的发生率与肠外营养实施的时间成正比，时间越长，发生各种并发症的概率就越大。因此合理配制营养素、规范肠外营养操作、严密监测、精心护理、及时发现和处理各种并发症对于长期肠外营养的实施显得尤为重要。临床上常见的肠外营养并发症主要分为静脉导管相关并发症、代谢性并发症及器官功能损害并发症等几大类（表 20-0-1）。

表 20-0-1　肠外营养并发症的类型

类型	临床表现
静脉导管相关并发症	气胸，血胸，液胸，动、静脉损伤，神经损伤，胸导管损伤，空气栓塞，导管堵塞，导管脱出、扭折或折断、漏液，静脉血栓形成，血栓性静脉炎，导管性败血症，内源性败血症
代谢性并发症	高血糖，低血糖，高渗性昏迷，高血氨症或氮质血症，高脂血症，必需脂肪酸缺乏症，水及电解质代谢异常，酸碱平衡紊乱，维生素及微量元素缺乏，再喂养综合征
器官功能损害	肝脏损害，胆道系统疾病，肠道结构和功能损害，代谢性骨病

一、静脉导管相关的并发症

肠外营养能否长期顺利实施，静脉导管至关重要。从导管通路的选择，到置管、冲洗、消毒、保持导管通畅、预防静脉血栓等各个环节都必须仔细操作和精心维护，其中任何一个环节出了问题都有可能导致导管无法继续使用。对于某些置管有困难而又不得不长期依赖肠外营养的患者来说，每一个导管通路的建立都来之不易，是维系生命的通道，必须依赖医护人员和患者本人及家属共同维护。一旦出现了并发症，应在最短的时间内积极处理，在不危害患者生命安全的前提下尽可能保护好导管。

静脉置管前，医护人员应结合以下多方面因素进行综合评价，然后做出选择，如患者既往有无静脉置管史、有无病理体位、静脉条件和解剖走向、有无要避开的特殊部位（如心脏起搏器）、凝血功能是否正常、预计肠外营养治疗的持续时间及护理人员的导管维护技能等。

常用的静脉通路可分为周围静脉置管（peripheral venous catheter，PVC）和中心静脉置管（central venous catheter，CVC）两类。PVC 最大的优势是安全、便捷，但对输注液体的种类有一定限制。常用的 CVC 途径有经皮穿刺颈内 / 外静脉置管、经锁骨上 / 下区穿刺锁骨下静脉置管、经皮穿刺隧道式中心静脉置管（tunneled CVC，TCVC）、经外周静脉穿刺中心静脉置管（peripherally inserted central venous catheter，PICC）、埋藏式输液港及经股静脉的下腔静脉置管等。20 世纪 70 年代以前因技术和材料的限制，静脉置管局限于外周静脉，常用的方法是内踝静脉切开置管，操作复杂且易产生严重的静脉炎和深静脉血栓，故一般导管留置时间不超过 1 周。80 年代以后，随着中心静脉穿刺技术的普及，出现了经颈内静脉或锁骨下静脉穿刺置管，近年来随着超声引导技术的日趋成熟，极大地提高了穿刺置管的安全性和准确性，由此产生了新型的PICC置管方式。此外，导管材料方面近年来也取得了飞速发展，由以往的聚氯乙烯导管发展成硅胶管或聚氨基甲酸乙酯导管，减少了导管内血栓形成或导管相关感染的发生率，显著延长了导管的使用时间。在所有深静脉置管途径中，PICC和TCVC在置管时间、感染率和患者舒适度等方面要优于其他部位置管，因此也最适合家庭肠外营养使用，而经锁骨上途径和经股静脉途径不易护理且感染发生率高，不适用于家庭肠外营养。

无论哪种置管方法都存在发生并发症的风险，导管相关因素导致的并发症是肠外营养最常见的并发症，可分为非感染性并发症和感染性并发症两大类。非感染性并发症又称为机械性并发症，总体发生率约为0.8/千导管日，一方面发生在中心静脉导管放置过程中，与置管操作不当有关，例如：气胸、空气栓塞、血肿形成、胸腔或纵隔积液、动脉和静脉损伤、导管位置不当、胸导管损伤、臂丛神经或膈神经损伤等；另一方面是由于长期应用、导管护理不当或拔管操作所致，例如：导管脱出、导管扭折或折断、导管漏液、衔接部脱开、导管堵塞、血栓形成、中心静脉导管拔除意外综合征等。感染性并发症主要指与中心静脉导管相关的血行感染。

（一）非感染性并发症

1. 气胸　颈内静脉或锁骨下静脉穿刺置管时损伤胸膜、肺尖可引起气胸，常发生在瘦弱、营养不良患者。因为机体皮下脂肪组织少，皮肤穿刺点与胸膜顶距离近，当置管时患者体位不当或穿刺方向不正确，就极有可能刺破胸膜而发生气胸。当壁层胸膜被刺破时，患者常感觉剧烈胸痛或咳嗽，此时应即刻拔针。重复穿刺时应重新选择穿刺点。如患者胸痛持续或有呼吸困难，应停止置管并摄胸片明确诊断。置管时选用“J”形头导引钢丝导引下置管可减少此类并发症的发生率。经肘正中静脉或贵要静脉置入PICC导管可以有效避免气胸的发生，但导管头端异位的发生率较高。少量气胸（肺压缩<20%）可在数日内自行吸收，常可不予以特殊处理。若患者发生呼吸困难、缺氧、发绀、低血压及胸壁疼痛加重等症状，应考虑张力性气胸，需反复穿刺抽气或放置胸腔闭式引流管引流，经胸部X线摄片证实气胸已消失后方可拔除胸腔引流管。

2. 空气栓塞　空气栓塞可发生在置管、输液及拔管过程中。置管时，当穿刺针已进入静脉，卸下注射器准备插入导丝或者插入导管退出导丝时，容易进入空气。此外，输液过程中、更换输液瓶时均可发生空气栓塞。一旦发生，后果十分严重。应注意在低血容量、竖直体位、深吸气等情况时，胸腔内呈明显负压，此时若作穿刺置管、更换输液系统或接头脱开，空气就极易逸入静脉血管内。空气栓塞的症状随着进入血管的空气量而异，少量空气进入可无症状，大量进入后患者出现呼吸困难、发绀、血压下降、心动过速、神志不清，甚至死亡，有报道经14号针头进入的空气量可达100ml/s，足以致死。因此，静脉插管时应置患者于头低脚高位，并嘱患者平静呼吸，在卸下注射器时应立即堵住穿刺针接头部位，导管护理时要有防止接头脱开的保险措施。

另一个引起空气栓塞的重要原因是拔除静脉导管时操作不当。相对于较复杂的中心静脉置管操作而言，拔管一直被认为是一项简单的工作，然而，近年来越来越多的拔管后并发症如晕厥、心律失常、休克甚至猝死逐渐引起人们的重视，由此提出了“中心静脉导管拔除意外综合征”的概念。拔管后空气通过残留通道进入上腔静脉和右心房导致空气栓塞是导致其发生的主要原因，尽管该并发症发生率不高，但一旦发生，病死率高达57%。医务人员需牢记拔管是中心静脉置管治疗的一个重要组成部分，切勿大意。预防拔管意外需注意以下几点：①患者取仰卧位，保持平静状态，脱水时避免拔管；②导管拔出时嘱患者屏住呼吸；③拔管前先夹闭导管腔；④拔管后用手指压迫穿刺点以下5~10min；⑤不要过度按压或用力摩擦颈动脉；⑥穿刺点外敷抗生素软膏，并用无菌敷料密封12h；⑦拔管后患者需静卧30min后方可起床活动。

3. 周围组织损伤　导管穿刺时穿破静脉可导致血胸；穿刺时导致锁骨下动脉损伤，可引起局部皮下大范围的淤血及血肿形成；有时也可引起纵隔血肿，产生纵隔压迫症状。由于穿刺导管未放置入静脉而误入于胸腔且又未发现，而致使输入的营养液进入胸腔引起液胸。锁骨下静脉穿刺时可能刺伤臂丛神经或其分支。颈内静脉穿刺时可能伤及膈神经、迷走神经或喉返神经，而产生相应的一系列症状及体征。左颈内或左锁骨下静脉穿刺时偶有发生胸导管穿破导致乳糜漏。大多数此类并发症经过简单处理不会造成严重后果，但也有少数严重并发症需要外科处理，如张力性血气胸、活动性大出血等。

4. 导管堵塞 导管堵塞是导管相关最常见的非感染性并发症，其发生率占所有非感染性导管相关并发症的 25%~40%。引起导管堵塞的原因很多，可能是机械性原因引起的，如导管扭曲、折叠甚至被夹闭（pinch-off 综合征）等；也可能是经管腔内使用药物或肠外营养液不当引起的，如钙磷比例失调导致磷酸钙晶体沉积、肠外营养液中 pH 失调导致絮状沉淀或脂肪乳剂沉积等；还可能是由于导管内血凝块或血栓形成。导管堵塞可以是急性发生的，也可以是逐步加重到最后完全堵塞。准确地判断导管堵塞的原因和类型对于后续处理有重要意义，表 20-0-2 列举了一些导致管腔堵塞的常见原因和相应处理措施。

（1）机械性管腔堵塞：大多数机械性因素导致的管腔堵塞比较容易被发现，例如管腔扭曲、折叠、固定导管的锋线结扎过紧、外部导管被夹闭、三通输液装置关闭、输液港针头异位等，通过仔细检查管道，解除了机械性因素后都能解决。但也有些因素比较隐蔽，如导管头端贴住静脉壁，多表现为能向管腔内推注液体，但回抽有阻力，较严重者也可表现为推注和回抽均有阻力，此时可通过调整导管位置或让患者改变体位来使管腔恢复通畅。

还有一类较严重的并发症称为导管夹闭综合征（pinch-off syndrome），常见于锁骨下静脉置管的患者。导管沿锁骨下静脉走行途径中有一段在锁骨和第一肋骨的夹角中通过，当患者日常活动时，锁骨与第一肋骨间夹角出现开合样剪切运动，导管在其中反复受到挤压摩擦，可使管腔狭窄或被夹闭，更有严重者可导致管壁开裂或导管完全折断。影像学如 X 线透视有助于 Pinch-off 综合征的诊断，一旦发现导管有折断的风险必须立即移除导管（图 20-0-1，见文末彩插）。

表 20-0-2 导管堵塞的常见原因、诊断方法和处理措施

原因	诊断方法	处理措施
机械性堵塞		
导管扭曲、固定导管的锋线结扎过紧、外部导管被夹闭	检查导管的状态	纠正机械性因素，解除导管梗阻
输液港针头异位或输液港堵塞	评估输液港针头的位置和状况	调整针头的位置
导管头端贴住静脉壁	调整导管位置或患者体位	调整导管位置或患者体位
Pinch-off 综合征	影像学检查	如果导管有折断的风险需移除导管
药物或肠外营养液引起的堵塞		
低 pH（偏酸性）	检查药物	稀盐酸 0.1mol/L
高 pH（偏碱性）	检查药物	氢氧化钠 0.1mol/L 或 碳酸氢钠 0.1mol/L
磷酸钙结晶	检查药物	稀盐酸 0.1mol/L
脂肪乳剂	检查肠外营养液配方	70% 乙醇
血栓性堵塞		
纤维蛋白鞘或管腔内血凝块	管腔内注入造影剂后行影像学检查	管腔内应用溶栓药物
附壁血栓或静脉内血栓形成	超声或血管造影	抗凝治疗（较少使用血管内溶栓药物）

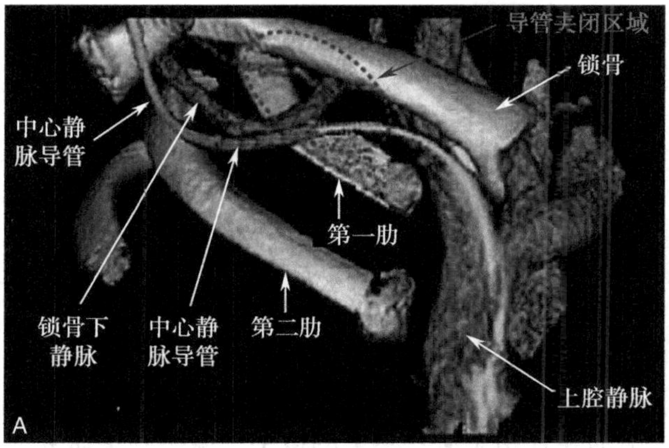

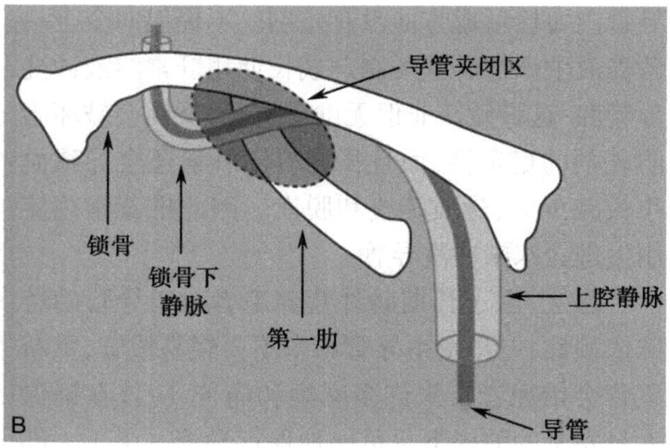

图 20-0-1　Pinch-off 综合征示意图

A. 3D-CT 成像图，红色区域为 pinch-off 区；B. 示意图，导管在锁骨下静脉内通过 pinch-off 区时被夹闭

（2）药物或肠外营养液引起的导管堵塞：当排除了机械性因素引起的导管堵塞后，需考虑由于导管内使用药物或肠外营养液引起的导管堵塞。当导管内使用偏酸性药物（低 pH）或有磷酸钙结晶沉积时，可用 0.1% 的稀盐酸 1ml 注入导管并留置 2h，然后用针筒回抽，就可把沉积在导管内壁的物质溶解后抽出；同理，当导管内使用偏碱性药物（高 pH）例如苯妥英钠产生沉积时，可选用 0.1mol/L 氢氧化钠 1ml 或 0.1mol/L 碳酸氢钠封管 2h 后回抽；当长期使用肠外营养液致使管腔内有脂肪乳剂残留并形成沉积物时，也可用 70% 乙醇来封管处理。上述方法中用于封管的药物用量必须严格限制，通常不超过 1.0ml，只要使药液灌满导管腔即可，严禁推注入静脉。长期肠外营养患者每 3 个月使用 1 次，能使导管保持通畅。

（3）血栓性导管堵塞：导管壁内有时会有纤维蛋白沉积并形成纤维蛋白鞘，当血液逆流入导管时会形成血凝块堵塞管腔，如果没能及时处理，还会进一步发展形成附壁血栓或静脉血栓（图 20-0-2）。血栓形成早期，可用组织纤溶酶原激活剂或重组尿激酶（5 000IU）作溶栓治疗，并联合应用抗凝剂，血栓可在 24~48h 完全或部分溶解。近年来，美国已逐渐用阿替普酶（2mg）代替重组尿激酶，无论在成人还是儿童患者中堵塞导管再通率高达 80% 以上，而且没有大出血的风险，是比较理想的药物。在药物治疗无效的情况下，文献还报道在影像学支持下通过股静脉置入导丝或圈套设备行血栓取出或纤维蛋白鞘剥离术，但这是一种创伤性的治疗方法，且有再形成血栓的风险，具体的疗效还有待进一步验证。

尚无证据表明所有接受长期家庭肠外营养的患者均要预防性应用抗凝治疗，只有存在高危因素的患者才有预防性抗凝指征。每次使用过导管后使用肝素溶液封管和用生理盐水封管对于预防

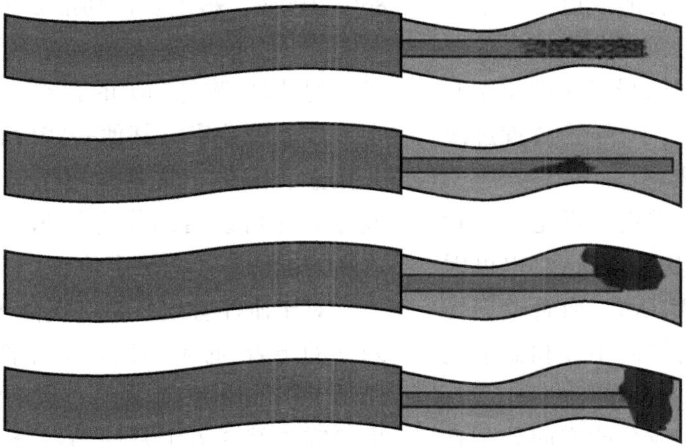

图 20-0-2　血栓性导管堵塞的类型

导管内血栓形成方面没有差别。不提倡向全合一营养液中添加肝素类制剂或长期用肝素溶液冲洗导管腔,这种做法非但无助于抗凝,反而会破坏脂肪乳剂的稳定性,而且长期应用肝素还会导致血小板减少症、骨质疏松和脱发。因此推荐常规使用生理盐水来冲洗导管。

总之,由于长期肠外营养患者对于导管的特殊依赖性,一旦发生导管堵塞不要轻易拔管,重新置管会给患者带来许多麻烦和痛苦,应该在确保人身安全的前提下尽可能地保存导管。由于大部分的导管堵塞是由于操作不当或护理不仔细造成的,因此特别要强调规范化的操作,每次输液开始前和完毕后应及时用生理盐水冲洗导管,最大限度地避免导管堵塞,只有导管堵塞经积极治疗无效或合并严重感染者,才需移除并更换导管。

5. 导管相关的静脉血栓形成 导管相关的静脉血栓形成(catheter-related venous thrombosis,CRVT)常见于上腔静脉、颈内静脉等处,是长期肠外营养的严重并发症之一。在置管的第一年CRVT的发生率约为0.045次/年,但是在50%以上的儿童肠外营养患者和66%以上的成人肠外营养患者中一开始没有临床症状,只有不到三分之一的患者出现症状。其典型的临床表现包括疼痛、肿胀、水肿、发热、红斑等。目前普遍认为血流滞缓、静脉壁损伤和高凝状态是CRVT的三大因素。

(1)血流滞缓:静脉内留置导管造成局部血流滞缓,首先是白细胞,然后是血小板,可以在血流的周围层集聚,血小板沉积在血管内膜上,构成血栓形成的核心。血流速度减慢后,可使血液中的细胞成分停驻于血管壁,最后形成血栓。正常情况下导管头端应放置到上腔静脉与右心房的中下三分之一处,此处血流速度快,导管头端位于此位置时静脉血栓形成的概率最小,导管放置过浅或过深都会增加血栓形成的概率。

(2)静脉壁损伤:血管壁损伤常常是在置管时反复多次穿刺静脉壁导致其受损所致,也可因导管尖端损伤血管壁内皮细胞所致,血管壁损伤后可激活凝血因子,纤维蛋白与血小板和血细胞相互作用形成血栓。

(3)高凝状态:血液组成成分改变而处于高凝状态,也是酿成静脉血栓形成的基本因素之一。例如恶性肿瘤或其他一些疾病可引起机体凝血机制改变,导致静脉血栓形成。事实上,当导管插入静脉内时,导管表面随即就被纤维蛋白鞘所附着,进一步则可形成静脉内血栓。血栓形成的部位若在锁骨下静脉,可引起同侧上肢及颈根部肿胀,静脉压升高,胸壁及颈静脉充盈,血液回流受阻。若是在上腔静脉形成血栓,则有生命危险。

CRVT可以导致一系列的并发症,轻症者没有特别临床表现,重症者可危及生命。①CRVT增加导管相关血行感染的概率。微生物学研究显示纤维蛋白原和纤维连接蛋白可以增加葡萄球菌在导管表面的定植和附着能力,从而增加导管相关感染的概率。②CRVT可导致肺栓塞,在上肢深静脉血栓形成的患者中,有5%~14%可产生有症状的肺栓塞,另外还有15%~36%的患者存在没有明显症状的肺栓塞,具有潜在的致命风险。③血栓形成后综合征是继发于CRVT的另一类并发症,27%~88%的深静脉血栓患者可继发出现该并发症。血浆Ⅷ因子和D-二聚体浓度增加、没有及时启动溶栓治疗以及后续深静脉血栓再形成等是导致血栓形成后综合征的可能原因。临床表现为水肿、疼痛、皮肤色素沉着等,严重者可有皮肤溃疡形成。④CRVT可导致血管损伤,即使在导管移除后的数年内仍能发生持续性的血管堵塞,如果没有正确诊断和处理,将会产生严重的后果。

诊断CRVT的“金标准”是血管造影,血管造影可以清晰地显示出阻塞部位和阻塞程度。但血管造影属于有创检查,限制了其应用。另一项简便有效的无创检查方法是彩色多普勒,其诊断成人CRVT的敏感度达78%~100%而特异度达86%~100%。彩色多普勒最多用于判断颈静脉有无深静脉血栓形成,但对位于胸腔内的深静脉,由于受到锁骨、胸骨和肺的影响,彩色多普勒的效果则不如血管造影。其他一些检查方法如CT或磁共振血管成像也常常被用于诊断CRVT,这两种成像方法可以对图像进行3D重建,有助于提高诊断的准确率并精确定位。

对于血栓有致命风险或存在抗凝药物使用禁忌证的患者,必须尽快移除导管。对于导管能够保留下来的患者,抗凝是首选的治疗措施,大多数患者需连续3~6个月使用低分子肝素或华法林。对于导管已经移除的患者,也应该继续使用一段时间，部分高危患者甚至需要终生应用抗凝药物。在实施家庭肠外营养的肿瘤患者中，低分子肝素在阻止血栓再形成方面的疗效要优于华法林。对于肠功能衰竭的患者（短肠综合征或机械性梗阻）由于肠道吸收功能障碍，会减弱华法林的吸收和作用，因此对于这类患者可考虑使用新型口服抗凝药物（non-vitamin K oral anticoagulants，NOACs）。近年来随着介入放射和血管内新技术的兴起和发展，一些新型的方法也被应用于CRVT患者，例如射频导丝再通术、球囊扩张术、血管内支架或血管移植术等。

6. 血栓性静脉炎　血栓性静脉炎是指静脉血管腔内急性非化脓性炎症的同时伴有血栓形成。是外周静脉营养最常见的并发症，主要与静脉内置管超过24h、静脉内输注高渗营养液、静脉血流不畅、血液凝固性增高等因素有关。临床上表现为患肢局部红肿、疼痛，可触及痛性索状硬条或串珠样结节。根据美国静脉输液护理学会的推荐意见：浓度超过10%的葡萄糖和5%氨基酸注射液、pH<5或pH>9的液体（药物），以及渗透压大于600mOsm/L的液体或药物最好不经周围静脉输注。我国肠外肠内营养学分会指南指出：70%以上的患者周围静脉能够耐受短期常规能量与氨基酸密度的肠外营养配方全合一溶液，但不建议连续输注时间超过14d。对于预计肠外营养时间大于2周，或经周围静脉输注时出现3次以上静脉炎，考虑系药物所致者，建议采用中心静脉途径。血栓性静脉炎一般不需要特殊治疗，只需对症处理，病变的静脉部位热敷和用非类固醇抗炎药有助于缓解症状。严重者可拔除留置的导管。

7. 其他导管相关并发症　其他导管相关的并发症有导管尖端异位、导管裂开、导管脱出、导管扭折或导管折断、导管漏液、衔接部脱开等。正常情况下导管头端应放置到上腔静脉的中下三分之一处，不进入右心房。相较于锁骨下静脉或颈内静脉置管，PICC更易发生导管头端异位。异位的导管头可进入同侧颈内静脉、颈外静脉、对侧锁骨下静脉、左心房或右心房。轻者可引起静脉炎、静脉栓塞、异位部位肿胀、渗液，严重者可导致静脉壁穿破、心脏穿破，心律失常等。因此，穿刺置管成功后应常规经X线或超声检查以确认导管头端的位置。

导管裂开或折断多系穿刺插管时中途受阻，而将导管回拉时被穿刺针头的斜面割断所致，故切忌在穿刺插管的中途回拉导管。另一个造成导管破裂的原因是对堵塞导管进行疏通管道处理时用力冲管，较高的液压导致堵塞部位近端导管壁气球样膨胀，一旦超过了管壁的承受程度，就会导致导管本身或连接装置破裂。

二、感染性并发症

感染性并发症主要指静脉导管相关感染（catheter-eelated infections，CRI），是肠外营养最常见的并发症。美国每年约25万患者发生CRI，感染率约为2%~5%，占总感染性疾病的10%~20%；日本报道的CRI发生率在5%~20%；我国CRI发生率为5%~15%。革兰阳性菌是家庭肠外营养最主要的病原体，常见的致病菌有表皮葡萄球菌、凝固酶阴性葡萄球菌、金黄色葡萄球菌、肠球菌等，表皮葡萄球菌感染主要是由于皮肤污染引起，约占CRI的30%，金黄色葡萄球菌曾经是最常见的病原菌，目前约占院内血行感染的13.4%。在住院患者中以大肠埃希菌、肺炎克雷伯菌、金黄色葡萄球菌及革兰氏阴性杆菌（如铜绿假单胞及鲍曼不动杆菌等）居多。白色念珠菌是常见的真菌病原体。87.9%的CRI由单一细菌引起，其中30%~40%为G^+凝固酶阴性的葡萄球菌，15%~20%为凝固酶阳性葡萄球菌，30%~40%为革兰氏阴性菌，6%~9%为真菌，另外还有约12%为混合细菌感染。CRI可分为局部感染和全身性感染。

1. 局部感染　可分为出口部位感染、隧道感染、皮下囊感染等几种情况。

（1）出口部位感染：指出口部位2cm内的红斑、硬结或触痛，或导管出口部位的渗出物培养出微生物，可伴有其他感染征象和症状，伴或不伴有血行感染。

（2）隧道感染：指导管出口部位，沿导管隧道的触痛、红斑或>2cm的硬结，伴或不伴有血行感染。

（3）皮下囊感染：指完全植入血管内装置皮下囊内有感染性积液，常有表面皮肤组织触痛、红斑或硬结、自发的破裂或引流、或表面皮肤的坏死，可伴或不伴有血行感染。

2. 全身性感染 全身感染又称为导管相关血流感染(catheter-related blood stream infection, CRBSI)。指留置血管内装置的患者出现菌血症,经外周静脉抽取血液培养至少一次结果阳性,同时伴有感染的临床表现,且除导管外无其他明确的血行感染源。在Ⅲ型肠功能衰竭患者中由于感染性并发症导致死亡的比例高达30%,其中半数以上来自导管相关感染。其典型的临床表现为不明原因畏寒、寒战,继而出现高热(体温>38.5℃)、呼吸急促、心动过速等症状,同时血白细胞计数和C反应蛋白升高,部分患者还伴有胆红素升高或低蛋白血症,其他还可有获得性心内膜炎、骨髓炎或其他迁徙性感染等症状。严重者可致感染性休克。

(1)CRBSI的危险因素有:导管留置部位、留置时间、导管材料、导管腔的数量以及导管使用频度等。一般来说锁骨下静脉和PICC置管的感染发生率较低且患者舒适度较好,要优于颈内静脉置管,而股静脉置管由于不易护理且发生感染率较高,不推荐用于长期肠外营养。CRBSI发生率与导管留置时间和导管使用频度成正比,导管留置时间越长、频度越高则发生感染的风险就越大。此外多腔导管的感染发生率要高于单腔导管,因此除非有特殊情况,一般不推荐长期肠外营养患者使用多腔导管。

(2)CRBSI的发病机制主要有以下几个方面:

1)皮肤置管部位的侵入:穿刺部位皮肤寄生菌在穿刺时或以后沿导管表面入血。

2)导管轴的污染:细菌从接头处侵入导管内表面并定植,细菌生长繁殖后进入血液。

3)远处感染的血流播散:远处部位感染来源的细菌进入血液循环与导管接触后在导管上黏附定植。

4)污染的灌输液直接输入:受污染的液体或药物输入体内,导致细菌在导管的定植感染。

(3)CRBSI的诊断:当怀疑CRBSI而拔除导管时,导管培养是诊断CRBSI的"金标准"。半定量(平皿滚动法)或定量(导管搅动或超声)培养技术是目前最可靠的诊断方法。对导管尖端及皮下段进行定量或半定量法培养,半定量培养结果≥15CFU,或定量培养结果≥1 000CFU,同时伴有明显的局部和全身中毒症状,即可诊断CRBSI。当怀疑导管相关血行感染又不能拔除导管时,应同时取外周静脉与中心静脉导管血进行培养,阴性结果可排除导管相关感染,若定量培养中心静脉导管血样本菌落数>外周静脉血培养的茵落数的5倍及以上时,或由中心静脉导管和外周静脉获得的血标本培养阳性结果时间差>2h,可诊断为CRBSI。

3. CRI的预防和治疗 由于CRI发生率高、危害大,因此做好导管护理,预防和减少导管相关感染意义重大。应持续对医护人员进行导管相关操作的培训和质量控制,专业人员经严格培训和主动教育,强化标准化的无菌操作等干预措施可显著降低CRBSI的发生率和病死率。质量管理应当包括详细的操作流程、标准化的无菌操作,翔实的记录,严格血管内导管应用的管理与监测制度,定期考核,对标准执行进行评估,以及置管后随访等。

当外周静脉无功能或者出现静脉炎表现,应当立即予以拔除,但是不推荐定期更换外周静脉作为预防静脉炎和导管相关感染的方法。导管功能正常且没有证据显示存在局部及全身并发症时,定期更换中心静脉导管也是没有必要的。每日消毒导管周围皮肤及导管外露部位可预防CRI的发生,置管和换药时消毒皮肤优先选择2%氯己定溶液。

由于CRI出现并发症风险高,无论是否拔除导管,都应该静脉使用抗生素,取得病原学证据前的抗菌治疗主要是经验性治疗。血行感染病情危急且无法在短期内检出,故在血行感染临床诊断初步确立,留取血和其他相关标本送培养后即应开始经验性治疗。CRI的经验性抗生素治疗主要依据各地区病原学流行病学资料进行,选用药物应该覆盖可能性最大的病原微生物。而一旦取得细菌药物敏感性试验结果,则应根据微生物和药物敏感试验、是否存在并发症等因素尽快从经验性治疗转变为目标性治疗。CRI的抗生素疗程主要取决于感染的程度和性质,对可能造成严重并发症的感染必须适当延长疗程,金黄色葡萄球菌引起的导管相关感染,抗生素药物治疗至少2周;革兰氏阴性杆菌感染患者应根据感染严重程度,选择敏感的抗生素,必要时联合治疗,一般拔除导管后抗感染治疗 10~14d；一旦诊断为念珠菌导管相关感染，应立即进行抗真菌治疗，疗程至临床症状消失和血培养最后一次阳性后两周。

拔除导管是治疗导管感染最直接、最有效的手段，但对于某些置管有困难而又不得不长期依赖肠外营养的患者来说，拔除导管就意味着丧失了营养支持的通路，因此，可以酌情保留导管并采用抗生素封管治疗。有研究结果证实，经过恰当的处理，约半数以上的导管可以成功保留。

中心静脉导管拔除指征：①短程外周静脉导管在怀疑并发感染时应立即拔除，并进行导管与血标本的培养；②中心静脉导管合并可能的感染表现，仅出现发热但没有合并脓毒血症或者脏器功能衰竭时，可以不常规拔除导管，但必须同时送检导管内和外周的两份血标本培养；③中心静脉导管合并金葡菌感染应该立即拔除导管，并采用必要的检查手段明确是否并发感染性心内膜炎；④导管并发念珠菌血症，立即拔除导管；⑤在隧道式中心静脉导管或植入装置并发感染导致脓毒血症、血流动力学障碍、持续性菌血症等情况下，应尽可能拔除导管和植入装置；⑥怀疑因中心静脉导管导致的发热，同时合并严重疾病状态、穿刺部位的脓肿或合并脓毒血症时应当立即拔除导管。

中心静脉导管感染的常见原因及预防和处理措施见表 20-0-3。

三、代谢性并发症

（一）糖代谢紊乱

肠外营养时由于大量葡萄糖的输入，机体不能及时利用，使血糖水平骤增，易发生高血糖及高渗性并发症，患者可出现脱水、多尿、嗜睡或昏迷。肠外营养时高血糖的发生率较高，尤其是严重应激状况的患者，因为应激状态时机体糖异生作用增强、葡萄糖氧化利用下降以及存在胰岛素阻抗，此时如提供过量葡萄糖或葡萄糖输注速度过快则易发生高血糖，甚至导致高渗性昏迷。因此，在开始实施肠外营养的第 1 天，以给予 150~200g 葡萄糖为宜，其输注速度控制在 0.5~1g/（kg·h）；第 2 天摄入 75% 的总营养需要量；如果血糖稳定或能控制在正常范围，随后可接受全量的营养物质，葡萄糖输注速度逐步增加到 1~1.5g/（kg·h），并监测血糖和尿糖。另外，肠外营养支持时应根据具体情况添加一定量的胰岛素以控制血糖水平，预防高血糖的发生。高血糖或高渗性昏迷

表 20-0-3 中心静脉导管感染的常见原因及预防和处理

原因	预防和处理
导管原位污染，插管时导管被皮肤病原体污染	置管时应遵循严格无菌技术，每次接触导管应洗手，避免医务人员污染的手引起交叉感染
覆盖导管的敷料被周围皮肤的微生物污染	每天更换覆盖导管的敷料，如果发现覆盖伤口的敷料已潮湿则应及时更换无菌的干敷料
导管周围皮肤消毒不够或采用不适当的消毒液	每次换药时局部皮肤常规使用碘酒、乙醇或聚维酮碘（碘伏）消毒，氯己定（洗必泰）抗菌谱广，对医院内杆菌及酵母菌作用效果好，很少有耐受性产生
中心静脉导管滑动	导管穿刺成功后应缝扎固定好导管，防止导管滑动将外面的微生物带入
导管穿刺部位皮肤感染，或缝扎固定部位皮肤炎性反应	皮肤穿刺口部位用消毒液消毒后覆盖灭菌纱布，四周用胶布固定，或贴盖医用透明薄膜
导管材料原因引起的静脉血栓形成	聚氨基甲酸乙酯及硅胶导管静脉血栓形成发生率低，可降低感染风险
中心静脉置管方式或部位选择不当	避免经大隐静脉或股静脉的下腔静脉置管。隧道式锁骨下静脉穿刺置管、皮下埋藏式植入注射盒的中心静脉置管及 PICC 可减少中心静脉导管感染发生率。宜选用单腔导管，而多腔导管因插入部分损伤增加或导管轴的频繁操作，感染风险增高
导管相关的血流感染，血源性播散	加强中心静脉导管的无菌护理；金黄色葡萄球菌或真菌感染患者，拔除导管是明智的选择
肠外营养输注管道污染	每日更换输注管道，应用全合一方法配制营养液，注意输液过程的无菌操作

一旦发生,应立即停止葡萄糖的输入,用低渗盐水(0.45%)以950ml/h的速度输入以降低血渗透压,同时应用胰岛素,并根据血糖监测相应调节胰岛素用量,使血糖维持在正常或接近正常水平。但在高血糖纠正过程中,也要防止血糖下降太快而导致脑细胞水肿。我们的经验是对糖尿病患者或严重应激状态患者,葡萄糖输注速度应低于4mg/(kg·min),并尽量减少葡萄糖在非蛋白热量中所占的比例,可有效预防高血糖的发生。同时,客观、准确的监测血糖和正确的胰岛素应用对肠外营养时高血糖的处理十分重要,正确使用胰岛素控制创伤等应激时的高血糖,可减少各种并发症的发生,改善危重患者的预后。目前认为,创伤早期应激较强时,如果血糖连续两次高于11.1mmol/L,或血糖波动较大,可选择胰岛素持续静脉滴注。血糖降低过程要平稳,不能太快,也不能降得太低。我们推荐维持在8.0mmol/L左右,要尽量减少低血糖的发生。随着机体逐渐恢复,创伤应激逐渐减轻,血糖也逐渐易于控制,此时可根据血糖水平改为皮下注射胰岛素,如果患者有糖尿病病史,此时也可加用口服降糖药。

经一段时间的肠外营养,体内胰岛素分泌增加,以适应外源性高浓度葡萄糖诱发的血糖变化。此时若突然中止营养液的输入,因体内血胰岛素仍处于较高水平,极易发生低血糖,甚至出现低血糖性昏迷。患者可出现心悸、出汗,甚至休克、昏迷。因此,在实施肠外营养支持时不应突然中止营养液输注,切忌突然换用无糖溶液。可在高浓度糖溶液输完后,以等渗糖溶液维持数小时作为过渡,再改用无糖溶液,以避免诱发低血糖。

(二)氨基酸代谢紊乱

早年肠外营养的主要氮源是水解蛋白,溶液内含氨量很高,输入后极易发生高血氨症或氮质血症。自从普遍使用结晶氨基酸液作为氮源后,这种现象已很少发生。氨基酸的浓度和摄入量应根据患者的病情和耐受性而定,尤其是在严重肝、肾功能损害,危重患者及婴幼儿患者,应通过监测患者的内脏蛋白情况、氮平衡、血尿素氮和肌酐值进行调节,防止高血氨症和氮质血症的发生。临床上,严重肝、肾功能损害或婴幼儿患者在接受肠外营养时,摄入过量的氨基酸可能产生肾前性氮质血症,有时需要通过血透治疗。

临床上有些情况下可发生血浆氨基酸谱紊乱现象,如肾功能衰竭患者接受仅含必需氨基酸的氨基酸制剂时,尿素通过肠道中尿素酶的作用再循环吸收并在肝脏中转化为非必需氨基酸,造成血浆氨基酸谱失衡。严重肝功能损害患者在摄入较高剂量的氨基酸后容易诱发肝性脑病,因为此时患者血浆中芳香族氨基酸与支链氨基酸比例失调,过量的芳香族氨基酸摄入可促使假神经递质的产生,导致肝性脑病的发生。因此,对于容易产生氨基酸不耐受的患者,应在短时间内改用特殊配方的氨基酸制剂,以预防相关并发症的发生。

(三)脂肪代谢紊乱

亚油酸和亚麻酸是人体必需的脂肪酸,人体无法合成,需要从外界摄入。因此,接受长时间(一般超过1周)肠外营养支持患者,如营养液中不含有脂肪乳剂,则可能发生必需脂肪酸缺乏症。患者可出现皮肤干燥、毛发脱落、伤口延迟愈合、肝肿大、肝功能异常、骨骼改变、血中花生三烯酸与花生四烯酸的比值升高、红细胞脆性增加、贫血以及血前列腺素水平降低等表现。上述症状在成人一般于缺乏脂肪乳剂后的1~3周出现,但在婴幼儿则于数天内发生。预防必需脂肪酸缺乏的最好方法是每天补充脂肪乳剂,每日2%~4%的能量应由亚油酸提供,相当于每周3次提供10%脂肪乳剂500ml或20%脂肪乳剂250ml,即可预防必需脂肪酸缺乏症。

脂肪乳剂输入过量或过快则可导致高甘油三酯血症。合理的脂肪乳剂量为1g甘油三酯/(kg·d),输注速度为0.1g甘油三酯/(kg·h)。临床上应避免过量或过快输入脂肪乳剂,对于一些脂肪不耐受患者,脂肪乳剂应适当减量。

肠外途径输注脂肪乳剂可损害机体免疫功能和血管的完整性,快速输注脂肪乳剂(超过0.12g甘油三酯/(kg·h))可导致血中脂肪清除能力下降,损害网状内皮系统功能,影响肺通气功能。为减少这些不良反应,建议脂肪乳剂所占热量以30%总热量为宜,脂肪乳剂的摄入量应低于1g甘油三酯/(kg·d),脂肪乳剂的输注时间不少于8h。少数患者存在脂肪过敏现象,可能与作为乳化剂的磷脂酰胆碱有关。急性反应表现为高脂血症、呼吸困难、发绀、面孔潮红、出汗、头晕、头痛、胸背部疼痛、恶心、呕吐等。

肉毒碱是脂肪酸代谢所必需物质，长链脂肪酸进入线粒体氧化时需要肉毒碱转运。健康成人肝脏和肾脏中的赖氨酸和甲硫氨酸可合成肉毒碱，维生素 B_6、维生素 C、维生素 PP（烟酸）和铁是其合成所必需的，上述营养物质的缺乏可造成肉毒碱合成障碍。肉毒碱缺乏可导致肝脏及肌肉中的脂肪沉积、酮体合成障碍及神经症状。肠外营养液中不含肉毒碱，在成人肉毒碱无须常规补充，因为尚无证据证明缺乏肉毒碱可影响脂肪代谢。但是，在需肠外营养超过 2 周的婴幼儿，则应补充肉毒碱。

（四）水、电解质紊乱

体液容量、渗透压及电解质的平衡是物质代谢和器官功能正常进行的基本保证。肠外营养时水及电解质的需要量应根据患者疾病过程、体液及电解质状况、肾功能等因素而定，由于每日体液及电解质的丢失量不同，细胞内、外液之间水及电解质不断处于交换状态，因而，肠外营养的容量和成分每日也有所不同。

肠外营养患者在估算水及电解质需要量时重要的是应考虑其他途径的液体和电解质的摄入量，如处理不当，可导致体液和电解质平衡失调。表现为容量失调、低钠血症、高钠血症、低钾血症、高钾血症、低磷血症、低钙和低镁血症等。其中钾、磷和镁与蛋白质合成和能量代谢密切相关，肠外营养时常造成血浆钾、磷及镁浓度迅速下降。其原因是静脉输注葡萄糖后，血浆胰岛素水平升高，促使钾、磷、镁和葡萄糖进入骨骼肌和肝脏进行相关的合成代谢。因此，肠外营养时应注意及时补充上述各种电解质。

总之，临床上水、电解质的失衡的原因很多，表现形式多种多样，肠外营养时应做好预防、监测工作，并及时处理（表 20-0-4）。

（五）维生素及微量元素缺乏症

维生素是机体代谢过程中必需的营养素，肠外营养时应注意及时补充，否则可出现各种维生素缺乏，产生一系列症状。禁食 1 个月以上者，可出现微量元素缺乏，最常见的是锌缺乏，其次为铜和铬缺乏等。为此，凡长期行肠外营养治疗的患者，应每天补充微量元素。维生素、微量元素的功能及缺乏的临床表现见表 20-0-5、表 20-0-6。

表 20-0-4　水和电解质代谢异常的原因与处理

异常	原因	预防和处理
低血容量	（1）高渗性脱水 （2）不适当的液体摄入 （3）循环衰竭	（1）减少葡萄糖量，增加脂肪乳剂量，应用胰岛素以避免高血糖 （2）肠外营养液中增加水分 （3）治疗感染 （4）纠正电解质紊乱
高血容量	（1）术中、术后或复苏时水摄入过多 （2）心脏、肾脏及肝脏疾病	应用浓缩的肠外营养液
低钠血症	水分摄入过多	减少水的摄入量
高钠血症	过量的高渗或等渗液体摄入，脱水，利尿剂的应用	营养液中增加水分摄入量，减少钠的摄入量
低磷血症	相对糖代谢而摄入不足，酗酒患者	增加磷的摄入量，避免再喂养综合征
低钾	摄入不足，过分利尿，高胰岛素血症，镁缺乏	增加钾的摄入，利尿时注意补钾，持续输注胰岛素时注意补充钾，注意镁的补充
高钾	摄入过量，代谢性酸中毒，肾功能障碍，胰岛素供给不足（高血糖）	降低外源性摄入，纠正酸中毒，调整肠外营养配方，减少钾摄入量，增加胰岛素量
低钙	在提供磷的同时未能供给足够的钙，严重吸收不良	增加钙的补充
低镁	葡萄糖代谢需要量增加时镁的摄入量不足，肌肉组织螯合增加，利尿剂应用	增加镁的补充

表 20-0-5 维生素功能及缺乏时的临床表现

维生素	功能	缺乏时的临床表现
维生素 B_1	为丙酮酸脱氢酶、α-酮戊二酸脱氢酶和转酮酶的辅助因子，参与糖及蛋白质代谢过程	心脏肥大和扩张、心动过速，多发性神经炎，食欲下降，乳酸性酸中毒
维生素 B_2	参与体内多种物质的氧化还原反应，是组成线粒体呼吸链的重要成员	咽喉痛、口角炎、舌炎和脂溢性皮炎
维生素 B_6	为转氨酶和氨基酸脱羧酶的组成部分，在氨基酸代谢、糖异生作用、脂肪酸代谢和神经递质合成中起重要作用	抑郁、脂溢性皮炎、低血色素性贫血、周围神经炎
维生素 B_{12}	为一碳单位转移酶系统的辅酶，参与 DNA 的合成	巨幼红细胞性贫血，白细胞和血小板减少，感觉异常、肌无力、易激动、抑郁和腱反射消失等神经系统症状
维生素 C	参与各种氧化反应、胶原合成、肉毒碱的生物合成以及核苷酸和嘧啶的代谢	创口愈合延迟、抗感染能力下降、厌倦、乏力、易激动、皮肤和牙龈出血
叶酸	为一碳单位转移酶系统的辅酶，参与嘌呤、嘧啶的代谢	巨红细胞性贫血或巨幼红细胞性贫血
泛酸	为乙酰 CoA 的组成部分，参与碳水化合物、蛋白质、脂肪代谢	恶心、疲劳、抗体产生减少
生物素	为羟化酶的辅基，参与脂肪酸和氨基酸的代谢	共济失调、恶心、呕吐、口腔周围炎、结膜炎、脱发、脂溢性皮炎
维生素 PP（烟酸）	为 NAD^+ 及 $NADP^+$ 的组成部分，在许多生物氧化还原反应中起电子受体或氢供体的作用	皮炎、衰弱、失眠、表情淡漠、幻觉、定向障碍和精神障碍
维生素 A	最明显的功能在于视觉方面，维持正常生长及细胞分化，参与精子生成、免疫反应、味觉、听觉、食欲和生长等生理过程	夜盲、结膜干燥、皮肤高度角化、易感染
维生素 D	主要是参与机体钙和矿物质平衡的调节，促使骨和软骨的骨化和正常生长，保持血钙正常水平	在儿童可致佝偻病，成人缺乏则表现为骨软化、骨形成异常
维生素 E	为重要的抗氧化剂，维持生物膜稳定，防止自由基或氧化剂对生物膜中多不饱和脂肪酸、膜上蛋白质成分以及细胞骨架和核酸的损伤	成人红细胞寿命缩短，儿童表现为溶血性贫血
维生素 K	主要是参与肝脏凝血酶原，凝血因子Ⅶ、Ⅸ、Ⅹ等的合成	出血倾向，皮肤瘀点、瘀斑，凝血酶原时间缩短

表 20-0-6 微量元素功能及缺乏时的临床表现

微量元素	功能	缺乏时的临床表现
铁	参与血红蛋白和酶的组成	小细胞低血色素性贫血
锌	为多种酶的重要组成部分	生长发育迟缓、创口愈合延迟、脱发、皮肤损害、口角炎
铜	为多种氧化酶、过氧化物歧化酶的组成部分	贫血、中性粒细胞减少、骨质疏松、生长迟缓
硒	为谷胱甘肽过氧化物酶的组成部分，参与氧化还原反应	肌肉乏力、克山病、神经病变

续表

微量元素	功能	缺乏时的临床表现
碘	参与甲状腺激素的合成	甲状腺功能低下、甲状腺肿大
氟	与骨骼和牙齿的矿化有关	龋齿
铬	增强胰岛素对糖的氧化、脂肪合成、糖原合成和氨基酸的转运	葡萄糖耐量下降、周围神经病变、共济失调
锰	为丙酮酸羧化酶、超氧化物歧化酶的组成部分	发育障碍、共济失调、抽搐、脂肪代谢障碍
钼	为氧化酶的组成部分	氨基酸不耐受、过敏、昏迷

（六）酸碱平衡紊乱

体液酸碱度适宜是机体组织、细胞进行正常生命活动的保证。肠外营养时酸碱平衡失调的原因有很多，在物质代谢过程中，机体可不断摄入或产生酸性、碱性物质，并依赖体内的缓冲系统和肺、肾等器官的调节，保持体液的酸碱平衡。但是，如果酸碱物质的负荷超量，或调节功能障碍，则将导致酸碱平衡失调。如盐酸精氨酸、盐酸组氨酸等氨基酸溶液含有较多的盐酸盐，这些溶液的输入，可导致高氯性酸中毒。此外，氨基酸代谢本身也可产生一些酸性产物，过量时可发生代谢性酸中毒。肠外营养时碳水化合物过量可使二氧化碳增加，导致呼吸性酸中毒。在一些机械通气的患者，过高的碳水化合物摄入所致的二氧化碳产生增加，可以引起过度通气，从而导致呼吸性碱中毒。

（七）再喂养综合征

再喂养综合征（refeeding syndrome，RFS）是指长期饥饿或严重营养不良的患者，在重新摄入营养物质（包括经口进食、肠内和肠外营养支持）时，出现以低磷血症为特征的严重水电解质紊乱、代谢障碍以及由此而产生的一系列临床症候群。RFS 迅速破坏机体内环境的稳定，导致多脏器功能受损甚至衰竭，起病急、进展快、影响脏器众多、危害严重。如果患者存在 RFS 高危因素和临床表现，同时实验室检查血磷水平低于 0.5mmol/L，基本可以明确诊断。

在 RFS 治疗过程中，密切的临床和实验室监测必不可少。由于心肌、呼吸肌等功能异常，常常引起致命性的心律失常、心力衰竭或呼吸功能衰竭，因此必须对这类患者实施 24h 不间断的监测，包括心电图、呼吸节律、氧饱和度、各种血电解质、凝血功能、肝肾功能、四肢肌力以及意识状态等，发现异常需及时处理，最大限度避免意外发生。

四、脏器功能损害

（一）肝损害

肝损害是肠外营养实施中最常见的并发症之一，成年人发病率为 15%~40%，而在儿童中可高达 40%~60%。曾有很多名称，如肠外营养相关肝病（parenteral nutrition-associated liver disease，PNALD）、肠外营养相关胆汁淤积（parenteral nutrition-associated cholestasis，PNAC）和肠衰竭相关肝病等，目前多数学者倾向于使用 PNALD。病理学改变主要表现为肝细胞脂肪变性、肝内胆汁淤积、肝纤维化或肝硬化，最终演变为肝功能衰竭。

肠外营养导致肝功能损害的原因很多，肠外营养持续时间、感染、营养素缺乏或过量是最主要的几个因素。

（1）肠外营养持续时间：使用肠外营养时间越长，发生肝功能损害的机会就越大，长期依赖全肠外营养或家庭肠外营养的患者几乎不可避免地会遇到肝功能损害。因此，积极治疗原发病，尽早恢复肠内喂养，才能避免肝功能损害。

（2）感染：导管感染及肠道菌群易位是感染的重要原因。有研究发现每多一次感染，发生 PNALD 的概率就增加 3.2 倍。细菌内毒素促使肝内炎性因子如 TNF-α、IL-1 等释放，造成系统性炎症反应，一方面干扰了胆汁酸代谢，另一方面反复发作的炎症使得肝汇管区纤维增生，导致肝纤维化。

（3）营养素缺乏：在长期营养支持患者中，90% 存在必需脂肪酸、胆碱、肉毒碱及牛磺酸等缺乏。这些营养元素主要与脂肪酸的代谢有关，一旦缺乏会引起脂质代谢障碍，肝内脂肪沉积，而添加相应的制剂后可以逆转肝内病变。

（4）营养素过量：过量的糖和脂肪输入会严重影响患者肝功能。大剂量或过快输入葡萄糖导致胰岛素分泌增加，后者促进脂肪合成并且抑制线粒体内脂肪氧化，从而导致肝内脂肪沉积，而采用间歇输注的方法则可以降低血清胰岛素浓度，促进肝内脂肪分解，减少肝细胞脂肪变性。脂肪乳剂的输注速度 >1g/（kg·d）可明显增加 PNALD 的发病率。相反控制脂肪乳剂输注速度 <1g/（kg·d）可以显著降低胆红素水平，改善 PNALD。

在脂肪乳剂的选择方面，富含大豆油（ω-6）的脂肪乳剂增加脂质过氧化、抑制免疫、促进炎症，长期应用可损害肝功能，且 ω-6 脂肪乳剂中含有较多的植物甾醇，后者竞争性抑制胆固醇吸收，影响胆汁的合成和利用；而添加鱼油制剂（ω-3）能显著抑制炎症反应，降低胆红素和转氨酶水平，减少肝细胞脂肪变性，从而保护肝脏功能。

早期肝损害往往是可逆的，主要表现为血清天冬氨酸转氨酶、丙氨酸转氨酶及碱性磷酸酶等肝脏酶谱不同程度升高，部分患者同时出现总胆红素和直接胆红素增高，停用肠外营养或减少用量后肝功能多可恢复正常。但是，长期应用全肠外营养的患者或不适当应用，可造成严重的肝损害，除脂肪肝外，还可发生肝内毛细胆管胆汁淤滞、门静脉炎等，其进展可形成门静脉系统的纤维化，导致肝功能不全和肝硬化，重者可引起肝功能衰竭及死亡。

（二）胆道系统疾病

胆囊结石是肠外营养的另一个常见并发症，短肠综合征患者特别是全部依赖肠外营养者，在小肠过短和缺乏食物刺激的双重因素下，胃肠道激素分泌明显减少，其中胆囊收缩素（CCK）减少使得胆囊动力下降，胆囊内胆汁淤积不易排出，胆汁酸浓度及肠肝循环发生改变，促使胆囊或胆管系统结石形成。胆泥淤滞和胆囊结石形成还可能进一步诱发急性胆囊炎、急性胰腺炎和胆道感染等并发症。有研究发现，进行全肠外营养 4~6 周的患者胆囊动力下降和胆泥淤滞的发生率分别为 50% 和 100%。因此，长期肠外营养治疗的患者应定时行超声波检查，及时发现问题。预防措施包括每日注射 CCK、脉冲式氨基酸输注、非甾体抗炎药、甲硝唑以及西沙必利等，但效果均不佳，最有效的措施是行胆囊切除，对剩余小肠 <120cm 或未保留回盲部的患者，建议在肠道手术的同时实施预防性胆囊切除。

（三）肠道结构和功能损害

长期肠外营养时由于胃肠道长时间缺乏食物刺激，导致肠黏膜上皮绒毛萎缩、变稀，皱褶变平，肠壁变薄，肠道激素分泌及肠道动力降低，小肠黏膜细胞及营养酶系的活性退化，肠黏膜上皮通透性增加，肠道免疫功能障碍，以致肠道黏膜的正常结构和功能损害，导致肠道细菌易位而引起肠源性感染，甚至导致肠源性败血症。因此，临床上长期肠外营养支持患者，出现持续低热而又无明确感染病灶存在，应考虑肠源性感染。而肠内营养可改善和维持肠道黏膜结构和功能的完整性，所以对长期肠外营养患者，应根据具体情况尽可能给予一定量的肠内营养，以防止肠道结构和功能损害并发症的发生。

（四）肾脏结石

肠外营养本身并不会导致肾脏结石，但实施长期肠外营养的短肠综合征患者、尤其是行空肠 - 结肠吻合术后的患者形成肾脏结石的风险很大，其中约四分之一可产生临床症状。这是因为一方面长期肠外营养患者容易继发脱水，而脱水是形成肾结石的高危因素；另一方面残余小肠过短使得肠道内脂肪酸吸收减少，多余的脂肪酸竞争性与钙离子结合，导致肠道内草酸盐剩余，过多的草酸盐通过结肠被重吸收入血并经肾脏排出，于是尿路草酸钙结石形成增加。预防这一并发症最简单的方法就是给予短肠患者低草酸盐饮食。

（五）代谢性骨病

部分长期肠外营养患者出现骨钙丢失、骨质疏松、血碱性磷酸酶增高、高钙血症、尿钙排出增加、四肢关节疼痛，甚至出现骨折等表现，称为代谢性骨病。肠外营养时代谢性骨病主要与营养物质吸收不良和钙、磷代谢紊乱有关，其具体原因有：①钙和维生素 D 摄入不足；②磷摄入不足和 / 或镁缺乏；③肠外营养液中氨基酸过量（尤其是含硫氨基酸）；④缺乏活动；⑤维生素 D 中毒；⑥长时间应用肝素和激素；⑦慢性代谢性酸中毒；

⑧铝污染。长期应用肠外营养治疗的儿童易发生佝偻病，其原因是肠外营养液中所含的钙、磷极有限，远不能满足新生儿的生长发育所需要的大量钙和磷。因此，临床上除注意钙、磷的补充外，还应适量补充维生素 D，以防止代谢性骨病的发生。

总而言之，肠外营养可产生各种并发症或不良反应，在临床实施中应坚持规范操作和密切监测，尽可能避免或预防其发生，一旦发生应及时处理，以确保肠外营养得以继续和安全实施。

（蒋 奕 吴国豪）

参 考 文 献

1. Kovacevich DS, Corrigan M, Ross VM, et al. American society for parenteral and enteral nutrition guidelines for the selection and care of central venous access devices for adult home parenteral nutrition administration [J]. Journal of Parenteral and Enteral Nutrition, 2019, 43(1): 15-31.
2. 吴国豪. 临床营养治疗理论与实践[M]. 上海：上海科学技术出版社 .2015.
3. Toure A, Duchamp A, Peraldi C, et al. A comparative study of peripherally-inserted and Broviac catheter complications in home parenteral nutrition patients [J]. Clinical Nutrition, 2015, 34(1): 49-52.
4. Dibb M, Lal S. Home parenteral nutrition: vascular access and related complications [J]. Nutr Clin Pract, 2017, 32(6): 769-776.
5. Santarpia L, Buonomo A, Pagano MC, et al. Central venous catheter related bloodstream infections in adult patients on home parenteralnutrition: Prevalence, predictive factors, therapeutic outcome [J]. Clin Nutr, 2016, 35(6): 1394-1398.
6. Patel AR, Singh S, et al. Central Line Catheters and Associated Complications: A Review [J]. Cureus, 2019, 11(5): e4717.
7. Davila J, Konrad D. Metabolic Complications of Home Parenteral Nutrition [J]. Nutr Clin Pract, 2017, 32(6): 753-768.
8. Dibb MJ, Abraham A, Chadwick PR, et al. Central venous catheter salvage in home parenteral nutrition catheter-related bloodstream infections: long-term safety and efficacy data [J]. J Parenter Enteral Nutr, 2016, 40(5): 699-704.
9. Machat S, Eisenhuber E, Pfarl G, et al. Complications of central venous port systems: a pictorial review [J]. Insights Imaging, 2019, 10(1): 86.
10. Norsa L, Nicastro E, Di Giorgio A, et al. Prevention and Treatment of Intestinal Failure-Associated Liver Disease in Children [J]. Nutrients, 2018, 10(6): E664.

第二十一章　家庭肠外营养应用与护理

家庭肠外营养（home parenteral nutrition，HPN）起源于国外，自1968年美国有位患卵巢癌伴广泛腹膜转移的36岁妇女实行HPN后，1970年又有一位37岁女性患者因硬纤维瘤行十二指肠到结肠远端广泛肠切除术后在家中接受肠外营养。1978年加拿大人Jegeibhoy用经上腔静脉的硅胶管成功地进行HPN之后，西欧、日本等地也开始应用HPN。近10年来，美国接受HPN的人数以每年25%的速度递增。家庭肠外营养在我国虽起步较晚，但也取得了一定成绩，随着医学水平日益提高，医疗保险体制改革的深入以及我国社会年龄结构的老龄化趋势，我国将有越来越多的患者接受家庭肠外营养支持。

一、家庭肠外营养的应用

肠外营养（parenteral nutrition，PN）是指通过静脉途径为无法经胃肠道摄取和利用营养物质的患者提供完全和充足的营养素，以达到维持机体代谢所需的目的。肠外营养治疗广泛应用于住院患者是临床营养治疗的重大进展，肠外营养的治疗效果已经得到了临床的充分肯定。由于肠外营养治疗有并发感染、代谢紊乱的可能，以及配制营养液和护理深静脉导管的复杂性等原因，一般均在医院内实施，大部分患者经过一段包括肠外营养在内的综合治疗，可逐渐恢复到经肠营养，但少数患者如患有严重的短肠综合征、克罗恩病、放射性肠炎等，需长期甚至终身肠外营养治疗。长期住院不仅对经济上，而且对精神、心理、家庭关系、社会活动及工作学习等方面都可能造成不良影响。由于肠外营养的疗效肯定，而且安全性和实用性有了很大提高，使其能安全、有效地在家中进行家庭肠外营养的实施家庭肠外营养是现代肠外营养技术不断提高和完善的结果，是其在临床应用的重大发展，安全的家庭肠外营养需要包括医护人员、患者及家庭成员的共同参与来完成。家庭肠外营养的适应证与医院内肠外营养的适应证基本相似，但应更多地考虑其实施的安全性及效益，便于长期应用。

1. 适用对象

（1）患者病情稳定，能起床活动和基本自理生活，但不能或不能完全经口摄食以满足营养需求和维持液体平衡，需要肠外营养补充。

（2）患者渴望和要求出院，在家中继续治疗。

（3）经有关医护人员认真评估患者病情和具体负责照料患者的家属或指定人员的精神状态、智力、学习能力，以及对实施HPN的积极性和主动性，预计通过一段时间的专门教育和培训后，能学会和掌握HPN的基本技术操作。

（4）患者居住条件好，能安排专门房间经改装和清洁、消毒后配制静脉营养液，或由医院配制好提供患者所需的全合一混合营养液。

（5）估计恶性肿瘤患者能存活3个月以上者。

2. 输注途径　营养液进入血液循环的方式安全而耐久，并且护理简便。大多资料显示常用的有以下两种类型：

（1）动静脉瘘：1970年，Scribner等试用体外动静脉瘘给HPN患者成功进行营养输液，但此法易造成血栓和感染，现今除非是已具有这种动静脉分流的尿毒症患者外，一般不采用。体内动静脉瘘是营养液长期进入血液循环的较安全方式，通常在建瘘术后4~5d即可采用，但缺点是术后心输出量增加，有发生细菌性心内膜炎的潜在危险。1974年，Mctrill报道了用前臂动静脉瘘行长期HPN输液，经28个月治疗后，患者体重由32kg增至56kg，生活正常。1977年，Herizer等又报道了小肠切除患者用动静脉瘘输注营养液长达5年。

（2）中心静脉置管：通过穿刺或切开上腔静

脉或下腔静脉的大分支血管（锁骨下静脉、颈内静脉、颈外静脉、头静脉、股静脉、大隐静脉等）向近心端插入导管。使其头端达上腔静脉起始部，导管的血管外段经胸壁或腹壁皮下潜行15~35cm后在剑突附近穿出皮肤，其末端可旋盖注射塞（肝素帽）封管。也有文献报道选用皮下埋藏全植入式导管（port），导管血管外段和末端在插管成功后接上一个注射鼓，使二者均埋藏于皮下，输液只需经皮穿刺，使针头进入注射鼓后即可进行，患者体表无导管末端，故不存在导管皮肤伤口护理的问题，导管损裂、移位和感染的可能性大大减少。用于HPN的深静脉置管多用聚硅酮胶管或聚氨基甲酸乙酯导管。这类导管具有质地柔软、组织相容性好、不易导致血栓形成及长期使用后不会变质的优点。1984年，Dudrik报道应用这种硅胶导管125次，其中有一根导管最长留置时间超过8年6个月。

3. **营养液及输注方式** 实施HPN应采用安全、简便、对日常生活无明显影响的输液系统。营养液输注方式除可采用24h持续滴注外。也可行间歇性、周期性输注。大部分患者可选择在夜间滴注营养液8~12h的方式，其最大优点是白天可停止输液每次输液结束后即注入5ml肝素液（1mg肝素，1ml等渗盐水），如此封管后即可不受限制地完全自由活动，但缺点是夜间输液可引起排尿增加，影响睡眠。由于每个患者的疾病与基础状况不同，需根据实际情况拟行个体化营养方案。补充营养成分为糖类、脂肪、氨基酸，其中供能物质以糖类及脂肪为主，应采用富含Ω-3，6的中长脂肪链，研究表明，降低短期HPN的肝脏相关并发症的发生率，氨基酸则以补充必需氨基酸为主，24h的营养液混合起来装入3L袋，混合物的成分是按患者自身需要配成的。通常每天按每千克体重3~4g糖类、0.7~1.0g脂肪，热量为125~146kJ/kg（29.9~34.9kcal/kg），氮每天为0.2~0.3g/kg，给予平衡型复方氨基酸液。应用全合一混合营养可由患者或指定的人员在家中配制，在当天24h内输完，暂不用者置于4℃保存，通常使用7~15d。

二、HPN实施前准备

实施前评估决定是否可行HPN治疗前，评估患者的心理状况，是否愿意学习，学习能力、动机、态度、需求及以往学习经历等；评估家属的文化程度、职业、社会背景、是否愿意参与学习，对患者的关爱程度、能否承担督促患者建立健康的行为和进行家庭护理的责任等，并预计通过一段时间的专门教育和培训后，能学会和掌握行HPN治疗的基本技术操作；评估住房条件、卫生状况、经济状况等。实施前患者家庭环境和家属的准备告知患者安排独立的房间并清洁、消毒；温度控制在18~20℃，湿度维持在50%~60%；室内经常通风、换气，在专业人员的指导下采用合格的消毒液进行房间的擦拭和清洁；对一般情况较差的患者，安排专门的家人或看护人员照顾。

三、HPN患者的监测和管理

HPN患者应该认真做好自我监测，包括体重、体温及静脉摄入量，并定期复诊，以检查电解质、总蛋白、白蛋白、肌酐、肝功能、血细胞计数和凝血时间。在更换营养大袋前需监测血清胆固醇、甘油三酯、淀粉酶、铁以及维生素等。HPN实施过程中首先需要患者学会自我监测，发现任何异常应该及时通报医生。自我监测项目包括：①是否有高热、畏寒、甚至寒战。②是否有心悸、胸闷、气急的征象。③是否有舌干、口渴、水肿，以及尿量过多或过少等表现。④是否有明显乏力或肌肉抽搐，以及食欲明显减退、巩膜及皮肤黄染、皮疹等症状。⑤是否有与导管同侧的上肢突然肿胀。⑥是否有导管堵塞、易位、脱出等迹象。⑦是否有较明显的体重变化。此外，营养支持团队（nutritional support team，NST）的专业人员应对患者进行定期随访和监测，通过系统、全面、持续的监测了解患者的代谢情况，及时发现或避免可能发生的并发症。通过即时的监测能了解营养支持的疗效，根据病情变化及时调整营养处方，进一步提高肠外营养支持效果。

四、庭肠外营养的并发症及护理

1. 患者多数实施长期或较长期肠外营养治疗，并在家中由患者自己或指定人员实施各项操作，易引起各种并发症。这些并发症轻则影响治疗，需再住院处理，重则会发生严重后果，甚至危及生命。然而，这些并发症是可以预防的，或经及时处理可减轻其危害性。众多文献报道，HPN 并发症发生率并不比住院肠外营养高，关键在于实施者应严格按照各项规程进行操作，营养代谢及导管并发症最常见。如能认真地护理，即可减少并发症的发生。

2. 实施 HPN 过程中的护理

（1）营养液滴注的观察与护理，若条件允许，建议使用输液泵来控制滴速；若没有输液泵，则要严密观察、控制输液速度。营养液常需 12~16h 输完，也可 24h 连续均匀输注。在输注期间，每 2h 揉搓营养大袋一次，防止胰岛素附着于袋壁。同时，防止导管扭曲、堵塞等。若患者有不适症状，应及时查明原因，与医师联系，给予相应处理。

（2）导管的维护输液管道应每天更换，规范消毒、冲管、封管。输液结束后，用无菌纱布包扎好，固定于患者衣领便于活动的位置，交代注意事项，避免上下床、翻身、更衣和大小便时将导管脱离。穿刺部位每周换药 2 次，严格无菌操作，注意换药时不要将导管拽出。已脱出的导管不可回送，条件允许时，去专门的导管维护中心进行维护。注意观察穿刺部位，当发现沿着导管走行出现红、肿、热、痛，并伴有肢体活动障碍时，应立即拔除导管，并应用抗生素治疗。

3. 常规护理应注意的问题

（1）注意 TNA 与药物配伍：临床上进行肠外营养支持的患者一般基础条件差，外周静脉通道建立和维持困难，肠外营养液的通道出于液体稳定性和感染的考虑不进行其他的静脉操作，但并不是绝对的。对于需要 24h 连续输注的患者，置管可采用双腔或三腔的导管，这样就可以同时输注不同的液体，国内有报道使用双腔的导管，但也有报道会增加感染，使导管维持不利。如果不需要 24h 持续肠外营养，可以在生理盐水冲洗导管后进行其他的操作。另外，部分药物与 TNA 配伍在一定时间内可保持稳定，可以加入 TNA 中输注。

（2）滴速的控制，可以间断或连续，一般选择连续 24h 输注，液体滴速的调节是很重要的，可以采用重力输注法和输液泵控制，目前临床上多采用重力输注法，但滴速难以控制，影响因素较多，家庭中最好使用输液泵，能够对滴速进行精确的控制。输液泵使用一段时间后，应断开，用重力输注法输注一段时间，观察导管是否通畅，是否有扭曲、打折或堵塞现象。

（3）导管的护理，不管使用中心静脉或外周静脉，穿刺点周围皮肤都要注意消毒和保护。目前临床上一般每天消毒穿刺点 1 次，使用的消毒剂有碘酒和酒精、碘伏。使用的伤口敷料包括无菌的纱布和透明的伤口敷贴。伤口的敷料为便于观察建议使用透明敷贴。一般伤口没有积液、污染、渗出时，可以 3d 更换 1 次，使用消毒的纱布应 2d 更换 1 次，更换时要轻柔揭下，注意不要让管子滑出，如发现有滑出的可能，应妥善固定，再作处理，滑出的部分也不许再送入，应该记录管子插入时的刻度，每日观察记录，看管子是否滑动。外周静脉为预防静脉炎的发生，一般 24h 更换输液的部位，如果使用留置针，并且能够留置时，应 72h 更换输注部位。

4. 预防并发症感染性并发症的预防与护理

（1）在置管、配液和运输过程中，严格执行无菌技术操作，密切观察穿刺点皮肤局部情况。选用透气性好的透明敷料，保持干燥。洗澡时不要污染穿刺处敷料，一旦潮湿或有贴膜卷边等，及时消毒换药，注意个人卫生。避免经中心静脉导管抽血或输血，输液时加用过滤器。在输液过程中，患者若出现寒战、高热，体温超过 38.5℃，在排除其他发热原因的基础上，来院就诊。提倡尽早应用 EN 支持，以促进肠黏膜结构和功能的恢复。

（2）与代谢有关并发症的预防与护理，及时监测血糖；当患者血糖不稳定时，应控制输液速度为 30~60 滴 /min，定时监测血糖变化，若患者出现不良症状，应立即测血糖，并给予对症处理。当患者出现电解质紊乱和酸碱失衡时，应准确记录 24h 液体出入量，定时测量血电解质、动脉血气分析，确诊后及时药物纠正，对症处理。

（3）静脉炎的护理，主要是外周静脉炎的问题，可以使用 600mOsm/L 以下的液体，控制 TNA 的渗透压及 pH，可以大大减少外周静脉炎的发生率。在液体中加入可的松或肝素对静脉炎有预防作用。有报道使用硝酸甘油贴剂可以减少静脉炎的发生，使用外周静脉最好 24h 更换输液部位，注意观察穿刺部位的情况，出现静脉炎时，停止输注，采用热敷，如果出现了外渗，可采用透明质酸进行局部封闭。

五、HPN 患者及有关人员的培训

导管相关血流感染（catheter-related blood stream infection，CRBSI）是危及 HPN 患者生命的并发症，患者进行间歇或持续的肠外营养时，对导管的护理尤其重要，可防止感染及血栓形成。患者出院前 3~5d 由医院营养支持团队、专科护士为患者和负责给患者实施 HPN 的家属或指定人员作 HPN 技术和有关知识的培训，内容包括无菌观念、无菌操作基本规程、静脉输液技术、静脉留置导管护理、输液泵的使用及全合一营养液的配制、常见并发症的预防和处理、监测相关指标、可能出现的问题和应对方式等；在何种情况下应该与医护人员联系，如何监测和记录患者的基本情况等。培训方式采用一对一的个案教育方法，以口头讲解与文字描述相结合，示教与指导相结合。对老年人和文化程度低的患者，利用图片、实物等直观的东西进行示教，制作 PN 护理手册，供文化程度高的患者阅读，并进行适当讲解，赠送培训光盘。当各项操作已准确、符合要求及熟练后，让他们在医护人员监督下反复实践 HPN 的全部实际操作过程，做到准确、熟练掌握，最终经医护人员评估认为完全合格为止。东部战区总医院在国内率先开展了家庭营养网络访视平台，成立了营养支持团队（NST），一旦患者有疑问或有困难时，医院可通过网络留言、电话解决困难。

六、患者的出院后随访

对需要 HPN 的患者出院后的随访显得尤为重要，营养支持团队（nutrition support team，NST）根据诊疗计划定期进行随访。有家庭随访和电话随访、微信随访等多种方式，具体的随访流程为：出院患者第 1 周应随访 3 次，第 2 周随访 2 次，以后 1 周随访 1 次，1 个月后如果患者症状稳定，可改为 3 个月或半年随访 1 次。随访内容主要包括以下三方面：①了解患者的营养指标和日常状况，如体温、体质量、饮食情况、体力状况、活动能力以及是否有不适症状等。②嘱患者定期复查血常规、生化常规等指标并及时反馈。若发现异常，应及时调整营养配方，并积极复查直至恢复正常。③如患者出现任何自行不能解决的不适或并发症，应与 NST 成员取得联系，小组成员可到患者家中为其解决。

（黄迎春　王新颖　彭南海）

参考文献

1. 杨秀芳，高琦，简芳，等．家庭肠外营养的实施与护理［J］．肠外与肠内营养，2013，20（1）：62–64.

2. 万晓，王新颖．家庭肠外营养支持治疗［J］．外科理论与实践，2014，19（2）：179–182.

第四篇 肠内营养

第二十二章　肠内营养的历史与发展

一、肠内营养的历史

健康治疗专业领域应用肠内营养的疗法于1790年由约翰亨特（John Hunter）提出。健康医疗护理的多学科理念源于希腊文明时代，公元前2100年左右美索不达米亚（Mesopotamia）的一种营养疗法第一次写入医学教科书。三位希腊之神代表了多学科的理念：医学之神阿斯克勒庇俄斯，保健护理女神，万灵药女神 Panacea。特别是出生在这个时代的希波克拉底（Hippocrates）对于医疗和护理贡献巨大。19世纪50年代中期，诺德护理公司的创始人南丁格尔（Florence Nightingale）非常关心营养问题。随着美国护理学校的出现，学生护士们开始学习"无效烹饪"，并向住院患者提供。随着提供营养成为一种更加专业化的角色，营养学在20世纪出现，并在1917年建立美国营养师协会。

二、多学科模式的营养支持团队

以往的肠外营养营养支持并无营养支持团队，自20世纪70年代起，大的医学中心开始建立多学科模式的营养支持团队，包括：临床医师、护师、营养师及药剂师。多学科模式的营养支持团队在20世纪70~80年代逐渐发展，并在临床上和卫生经济学上体现出先进性和获益。随着支付系统或投资医疗保健计划的实施，这项团队开始分散；尽管正规医疗机构的营养支持治疗在减少，或营养支持不足或缺乏政策的支持，但多学科模式的营养支持团队却凸显在肠内肠外营养患者治疗中的作用。

多学科模式的营养支持团队成员的作用：

1. 临床医师的作用　多学科营养支持团队中的临床医师需要熟悉患者的筛查、评估、制订和实施肠内营养计划与使用时间；选择合适的肠内营养支持治疗途径，掌握医保政策和在营养治疗实施过程中的个体化教育、经费预算、生活质量改善的评价方法。

2. 临床营养护师的作用　在医疗机构中直接观察肠内营养输注治疗实施过程中患者的反应；并与患者原治疗单位的护师与照护机构的服务者形成照护联盟。临床营养护师应是多功能的，不但是直接为患者实施营养治疗和照护，还要进行相关医护人员及患者及其家属的教育、咨询以及研究工作。

3. 临床营养师的作用　临床营养师为患者提供营养筛查、评估，制订和实施特殊的肠内营养治疗计划，监测营养疗效，教育和培训患者和护理人员及健康工作者进行家庭肠外肠内营养支持治疗及研究。

4. 临床营养药剂师的作用　药剂师对于肠内营养实施患者的作用在于，从药代动力学的知识、药物的代谢，药物 - 药物及药物 - 营养素相互作用的视野，在营养团队中发挥对于患者的直接治疗、教育以及从事临床研究，以确定有效的治疗。

多学科模式的营养支持团队的作用包括多学科临床医师对于临床营养的认知和获得职业认证，临床医师具有处理患者急性状态和慢性状态以及家庭机构进行营养支持治疗的能力。获得职业认证的多学科营养支持团队作用应该包括对于患者的营养评估、治疗计划、监测、出院计划和随诊。多数营养治疗是在分享知识、团队成员对问题的解答和咨询，以及超过团队知识的深层次的患者问题的问答作用。

三、肠内营养的发展

（一）肠内营养途径的选择

临床营养作为一门新兴技术，在近些年历经

了数次变革。20世纪60年代,肠内、肠外营养相继应用于临床。20世纪70年代,临床以肠外营养为主,主张"当患者需要营养支持时,首选静脉营养";到80年代,主张"当患者需要营养支持时首选外周静脉营养",到90年代,随着对肠道功能等更深入的研究,为了维护肠道黏膜的屏障功能,临床营养的理念发生了巨大的变化,逐渐提出"当肠道有功能,且能安全使用时,使用它"。目前随着进一步的临床及基础研究,建议"应用全营养支持,首选肠内营养,必要时肠内与肠外营养联合应用"。相比肠外营养支持,肠内营养治疗的安全性,包括免疫调控、减轻氧化应激、维护胃肠结构和屏障功能等方面,强调肠内营养的重要性和必要性。

我国于1978年就提出"以肠道为主,静脉为辅"的原则。逐渐形成了目前的营养支持路径(图22-0-1):

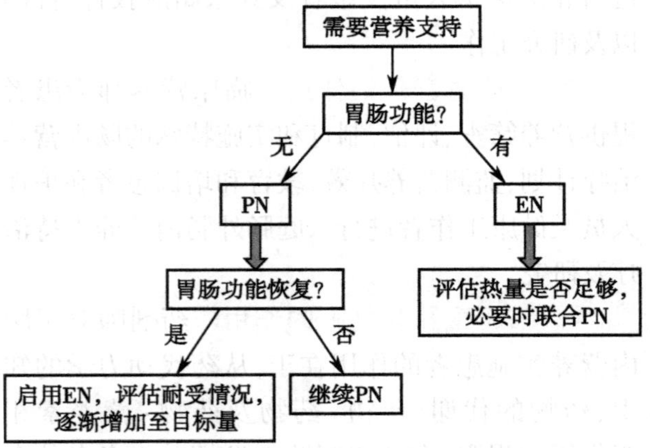

图22-0-1 营养支持路径

肠内营养在几十年的发展历程中,从途径、制剂等方面都有了巨大的发展变化。

（二）肠内营养制剂的制剂的发展

关于肠内营养途径,从经口营养开始,1790年,Hunter经鼻胃途径喂养患者得到成功。1901年,Einhorn设计一种在管的远端附有金属小囊的十二指肠橡皮管,最终置入十二指肠进行喂养。1973年Delany等介绍于腹部手术后作导管针空肠造口术。目前除了经口的肠内营养补充,包括经鼻胃管、经鼻十二指肠管、经皮胃造口、经皮回肠造口等技术已成熟,并广泛应用于临床。

肠内营养制剂最初是为宇航员所研制,由Greenstein等于1957年研发成功,其主要成分是不需消化即可吸收的单体物质(氨基酸、单糖、必需脂肪酸、维生素及矿物质等)。而后陆续出现了其他的肠内营养制剂。1974年,肠内营养制剂引入中国。市面上的制剂种类日益增加,国际上商品化的肠内营养制剂有100多种,针对各种疾病的专用营养制剂成品,及包含各种要素组件的特殊医学用途配方食品。相关政策及使用规范也陆续制定更新。

（三）营养支持服务与健康管理

随着"健康中国"理念和具体实施进程的迈进,营养支持服务和健康管理将逐步进入中国。2019年11月我国银行保监会发布新版《健康保险管理办法》,较2016版新增了健康管理服务,包括3个方面:①肯定了保险公司可以将健康保险产品与健康管理服务相结合,提高健康风险评估和干预,疾病预防、健康体检、健康咨询、健康维护、慢性病管理、养生保健等服务,降低健康风险,减少疾病损失;②明确健康保险产品提高健康管理服务的成本;③明确提出保险公司应当加强与医疗机构合作,进行风险管理,并监督服务行为,加强医疗费用支出的合理性和必要性,调节健康保险费,降低不合理医疗费用支出。

将卫生经济学和医疗保险管理制度引进现代医疗管理体系,合理医疗与营养支持治疗管理相结合,"合理营养,患者受益",将节省医疗成本,改善患者结局。

（于健春 陈伟）

参考文献

1. 国际医学营养工作委员会.经口营养补充应对营养不良-循征医学概要[M].陈伟,译.北京:人民卫生出版社,2016.
2. 李宁,于健春,蔡威.临床肠外肠内营养支持治疗学[M].北京:中华医学会电子音像出版社,2012.
3. 梅丹,于健春.临床药物治疗学 营养支持治疗[M].北京:人民卫生出版社,2017.

第二十三章　肠内营养适应证与处方

肠内营养是一种采用口服或管饲等途径经胃肠道提供代谢需要的能量及营养基质的营养治疗方式。只要胃肠道有功能，应尽早开始肠内营养支持。肠内营养的营养物质经门静脉系统吸收输送至肝脏，有利于内脏（尤其是肝脏）的蛋白质合成及代谢调节；在同样热卡与氮量的条件下，应用肠内营养的患者的体重增长、氮潴留均优于全肠外营养，而且人体组成的改善也较明显。长期持续应用全肠外营养会使小肠黏膜细胞和营养酶系的活性退化，而肠内营养可以改善和维持肠道黏膜细胞结构与功能的完整性，有防止肠道细菌移位的作用。肠内营养较价廉，对技术和设备的要求较低，使用简单，易于临床管理。

一、肠内营养的适应证

不管是肠内营养还是肠外营养，均应遵循营养筛查 - 评估 - 制订方案的营养诊疗流程。在运用相关营养筛查量表进行营养筛查后，确认患者存在营养风险或已存在营养不良，需要进行营养支持。同时详细收集和整理有关患者病史、体格检查、人体测量学、实验室数据、和其他测试进行进一步的评定，完成患者的能量及营养素需求预评估。接下来就是营养给予途径的确立，评估是否可经口进食，经口进食是否能满足生理需要，进一步评估胃肠功能确定是否使用肠内营养治疗，是鼻胃管还是比空肠管，是胃造瘘还是空肠造瘘，甚至启用肠外营养等等。具体适应证如下：

1. 经营养筛查存在营养风险或营养不良，需要营养支持。

2. 是否存在营养支持禁忌证　包括严重血流动力学不稳定等情况。

3. 是否存在肠内营养支持禁忌　包括肠功能障碍（衰竭、感染、手术后消化道麻痹）、完全性肠梗阻、无法经肠道给予营养（严重烧伤、多发创伤）、高流量的小肠瘘等。

4. 经口服摄食不足或不能实施，各种原因致不愿经口进食　如神经系统疾病导致吞咽功能障碍、头颈部肿瘤所致吞咽功能障碍、胃肠道手术所致肠道结构改变、存在严重的厌食症等情况。

二、肠内营养的配方

肠内营养配方同普通食物相比，化学成分明确，不同的肠内营养配方有各自的特点。总体来说比普通食物的生物利用价值更高。

根据组分不同，肠内营养制剂分为要素型、非要素型、疾病特异型、组件型四类。

（一）要素型肠内营养制剂

主要是氨基酸或短肽类制剂，这两类制剂成分明确，无需消化即可直接吸收，不含残渣，适用于胃肠道消化和吸收功能部分受损的患者，但口感较差，更常用于管饲。渗透压相对较高，腹泻发生的风险更高，可通过适当的稀释，减慢输注速度等方式予以避免。

（二）非要素型肠内营养制剂

也叫整蛋白型肠内营养制剂，以整蛋白作为主要氮源，临床中较为常见，需要胃肠道部分或全部消化吸收，味道相对可口，渗透压接近等渗，口服与管饲均可，适用于胃肠道基本正常的患者。

（三）疾病特异型肠内营养制剂

非要素型肠内营养制剂从功能上又可分为糖尿病、肾功能不全、肿瘤、低蛋白血症、肝功能衰竭、创伤、肺病专用等类型，适用于不同疾病的患者进行营养支持。

1. 糖尿病专用型肠内营养制剂　配方符合国际糖尿病协会的推荐和要求，提供的营养物质符合糖尿病患者的代谢特点，处方中的特点主要是碳水化合物来源于木薯淀粉和谷物淀粉，可改善糖耐量异常患者的血糖曲线下面积及胰岛素曲线下面积，因此能减少糖尿病患者与糖耐受不良患者的葡萄糖负荷。适用于患有糖尿病的老年患者，或一过性血糖升高者合并有营养不良，有肠道功能而又不能正常进食的老年患者。

2. 肿瘤专用型肠内营养乳剂 是一种高脂肪、高能量、低碳水化合物含量的肠内全营养制剂，特别适用于癌症患者的代谢需要。其中所含ω-3脂肪酸以及维生素A、维生素C和维生素E能够改善免疫功能、增强机体抵抗力。此外，肠内营养乳剂内含膳食纤维有助于维持胃肠道功能。在体内消化吸收过程同正常食物类似。适用于癌症患者的肠内营养。

3. 低蛋白专用型肠内营养乳剂 是一种高分子量、易于代谢的肠内营养制剂。用于高分解代谢而液体入量受限患者的均衡营养治疗，能够满足患者的能量需求和增加的蛋白质需要量，减少氮丢失、促进蛋白质合成。适用于需要高蛋白、高能量、易于消化的脂肪，以及液体入量受限的患者，例如，低蛋白血症患者，代谢应激患者，特别是烧伤患者；心功能不全的患者等。

4. 免疫增强型肠内营养制剂 富含精氨酸、ω-3多不饱和脂肪酸和核糖核酸的高蛋白、不含乳糖和蔗糖。用于满足危重患者在应激状态的特殊营养和代谢需要。其在体内消化吸收过程同正常食物。

5. 肺病专用型肠内营养混悬液 本品是专门用于肺部疾病患者的营养制剂，是高脂、低碳水化合物的肠内营养配方，可减少二氧化碳的生成，从而减少慢性阻塞性肺部疾病（COPD）或急性呼吸衰竭引起的二氧化碳潴留。适用于慢性阻塞性肺部疾病、呼吸衰竭、呼吸机依赖、囊性纤维化等。

（四）组件型肠内营养制剂

仅以某种或某类营养素为主的肠内营养制剂，可以作为某些营养素缺乏的补充，满足患者的特殊需求。

总之，只要胃肠道有（部分）功能，就可以考虑使用肠内营养。临床上肠内营养以药字号制剂为主，同时近几年国内也陆续出现以组件形式个体化配制的特殊医学用途配方食品。不管采用哪种制剂，均需根据患者的具体病情进行情况进行选择。可根据患者的消化吸收能力，确定肠内营养配方中营养物质的化学组成形式。消化功能受损（如胰腺炎、腹部大手术后早期、胆道梗阻）或吸收功能障碍（广泛肠切除、炎性肠病、放射性肠炎）者，需要简单、易吸收的配方，如短肽或氨基酸等要素型配方；如消化道功能完好，则可选择非要素型肠内营养配方。根据患者的疾病情况选择制剂。糖尿病患者可以选择糖尿病专用配方；肾功能不全患者可以选择肾功能不全专用配方；免疫功能异常的患者可以选择具有免疫调节作用的配方；不耐受高脂肪患者可以选择低脂配方；等等。

（陈 伟）

参考文献

1. Boullata JI, Carrera AL, Harvey L, et al. ASPEN safe practices for enteral nutrition therapy［J］. J Parenter Enteral Nutr, 2017, 41（1）: 15-103.

2. Burgos R, Bretón I, Cereda E, et al. ESPEN guideline clinical nutrition in neurology［J］. Clin Nutr, 2018, 37（1）: 354-396.

3. Singer P, Blaser AR, Berger MM, et al. ESPEN guideline on clinical nutrition in the intensive care unit［J］. Clin Nutr, 2019, 38（1）: 48-79.

第二十四章　肠内营养配方制剂的特点

肠内营养配方制剂(enteral nutrition formula preparation,ENFP)是通过人体消化系统提供各类营养成分,并能够修复和维护肠壁及黏膜功能完整的处方药品(receptor x,RX)及特殊医学用途食品(foods for special medical medical purpose,FSMP)。与肠外营养需要规范配制等相比。该类制剂相对便利、安全,临床效果显著,成为临床患者救治中不可缺少的重要组成部分。

其中的特殊医学用途配方食品是食品中逐步发展起来的肠内营养配方制剂的特殊类别,简称“特医食品”,是指为满足进食受限、消化吸收障碍、代谢紊乱或特定疾病状态人群对营养或膳食的特殊需求,专门加工配制而成的配方食品,是不同于普通食品、保健品和药品的新型产品,是需要特殊食物管理的患者在医生或营养师指导下进行服用的一类具有特殊医学用途的食品。目前主要分为三类,即全营养配方食品(可作为单一营养来源满足目标人群的营养需求)、特定全营养配方食品(可作为单一营养来源满足目标人群在特定疾病或医学状况下的营养需求)和非全营养配方食品(可满足目标人群的部分营养需求)。

一、理化性质

(一)渗透浓度

肠内营养制剂组成成分的分子与离子浓度决定渗透浓度。常以重量渗透克分子表示,以毫渗克分子(mOsm)计算。肠内营养制剂中离子、单糖、蔗糖、氨基酸、双肽等对渗透浓度的影响很大。由于高渗溶液在肠道易引起不良反应,所以管饲的启动阶段宜用稀释的溶液且缓慢滴注,以后再逐渐增加浓度、滴速和总量。

(二)pH

肠内营养制剂的 pH 在 4~7 之间,应以 5~7 为最佳。

(三)残渣

肠内营养制剂分为无渣和少渣两种。大多数肠内营养制剂无渣,只有匀浆膳和含膳食纤维的整蛋白制剂含少量残渣,后者在保护肠黏膜屏障功能、维护和调节肠道功能、预防腹泻和便秘方面起到明显作用。

二、分类

(一)要素制剂

要素制剂(elemental diet,ED)也称单体膳,主要为低聚和单体配方。每日提供 2 000~3 000kcal 能量时,要素制剂中各类营养素可满足推荐的制剂供给量标准。

1. 简介　是一种营养素齐全、不需要消化或稍加消化即可吸收的少渣营养制剂。化学上定义的低聚和单体配方是由不同水解程度的宏量营养素组成,几乎不需要消化,基本可以完全被小肠吸收。配方中无乳糖和麸质,几乎不产生残渣。

目前国内外已有多种要素制剂应用于临床,分为高脂肪和低脂肪两大类。高脂肪要素制剂脂肪含量达 18%~30%,糖类和蛋白质含量分别为 61%~74% 和 8%~17%;低脂肪要素制剂脂肪含量仅占 0.2%~2.0%,糖类和蛋白质含量分别为 80%~90% 和 8%~17%。此外要素制剂中还含有丰富的矿物质和维生素。

2. 适应证　胃肠道功能障碍患者和/或难以吸收和消化整蛋白型配方患者。

3. 营养组成

(1)氮源:可用 L-氨基酸混合物,也可用蛋白质完全水解物或部分水解物。氨基酸组成对要素膳食的营养价值影响很大,尤其是必需氨基酸(essential amino acids,EAA),其组成应与参考模式相近。因此,采用蛋白质水解物时,应补充不足的 EAA,并除去过多的非必需氨基酸

(nonessential amino acid, NEAA),使质或量均能满足蛋白质的合成需要。

要素膳食根据含氮量高低分为"标准氮"和"高氮"两种膳食。前者蛋白质在1.18MJ(1 000kcal)中有21g,占总能量的8%;后者为42g,占总能量17%。

(2)脂肪:多采用含亚油酸较高的植物油,如红花油、葵花子油、玉米油、大豆油或花生油作为脂肪的来源,根据脂肪含量可分为:①低脂肪:提供能量仅占0.9%~2%,目的是供给必需脂肪酸(essential fatty acids, EFA),还可作为脂溶性维生素溶剂。现认为脂肪比例占3%~4%可满足EFA的需要,含脂肪量过低,甚至不含脂肪的要素膳食,应考虑此问题,在低脂肪的产品中脂肪不需要乳化成微粒。②高脂肪:提供能量达9%~31%,除供给EFA外,还可供给部分能量,含脂肪量高时,应人工加以乳化。

对脂肪消化吸收不良患者,可用中链甘油三酯(medium-chain triglyceride, MCT)来替代长链甘油三酯(long-chain triglyceride, LCT), MCT由椰子油经蒸馏水水解而得。MCT消化时,不需要或需要很少胰脂酶或胆盐作用,可越过淋巴系统,直接经门静脉进入血液,比长链脂肪容易水解。有的配方以MCT作为脂肪唯一来源,也有配方将LCT与MCT联合使用。

(3)糖类:要素膳食能源一般用葡萄糖、双糖、葡萄糖低聚糖、糊精等。

(4)维生素和矿物质:由多种维生素和矿物质组成,矿物质包括微量元素和电解质,国产要素膳食除个别产品外,不含生物素与胆碱。

4. 配制方法 根据需要的浓度(或能量密度)称量出一定量的要素制剂,先用少量温开水(50℃左右)调成糊状,再用60~70℃温水稀释,至一定容积,并充分搅拌成均匀溶液(最大浓度25%,能量密度一般为1.0kcal/ml),放置10分钟后即可使用。每次配制一日用量,在0~4℃冰箱冷藏,24h后废弃。

一般使用中应本着"循序渐进"的原则。多数患者开始时应稀释1倍,以避免引起不耐受,浓度由10%逐步提高至25%,灌注速率与总容量亦应逐步提高。

5. 注意事项

(1)安全卫生:配制与使用要素膳食时,应严格遵守操作规程,用具要清洗消毒,配好的营养液不得在室温下超过8h,应存放在冰箱内冷藏,用前摇匀,加热至室温。

(2)由于要素膳的口感差,渗透压较高,应根据患者的具体病情和营养评估资料,经临床医师、责任护士和营养师共同研究而定。一般原则是由低(浓度低)、少(量少)、慢(速度慢)开始,逐步增加,待患者可以耐受,未出现反应后,再确定配制要素膳食的标准(营养成分、浓度、用量)和注入速度。长期应用要素膳食者需补充维生素和矿物质。

(3)要素膳食的口服温度为37℃左右,鼻饲或经造瘘口注入时的温度41~42℃为宜。

(4)在应用要素膳食期间应定期检查血糖、尿糖、血尿素氮,电解质,肝功能等指标,注意观察尿量,大便次数及性状,并记录体重,做好营养评估。

(5)要素膳食停用时应逐渐减量,不可骤停,骤停可引起低血糖反应。

(二)非要素制剂

非要素制剂(non-elemental diet, NED)也称多聚体膳,主要为多聚配方。渗透压接近等渗(300~450mOsm/L),口感较好,适合口服,亦可管饲。

1. 简介 广义的概念应包括流质、混合奶、匀浆膳食和市售的各种肠内营养制剂。按有无乳糖可分为含乳糖类和不含乳糖类。按治疗用途可分为全营养配方食品和特定全营养配方食品(糖尿病全营养配方食品,呼吸系统疾病全营养配方食品,肾病全营养配方食品,肿瘤全营养配方食品,肝病全营养配方食品,肌肉衰减综合征全营养配方食品,创伤、感染、手术及其他应激状态全营养配方食品,炎性肠病全营养配方食品,食物蛋白过敏全营养配方食品,难治性癫痫全营养配方食品,胃肠道吸收障碍、胰腺炎全营养配方食品,脂肪酸代谢异常全营养配方食品,肥胖、减脂手术全营养配方食品)。

部分特定全营养配方食品组成特点如下:

(1)糖尿病患者用全营养配方食品:应为低血糖生成指数(GI)配方,GI≤55;饱和脂肪酸的供能比应≤10%;碳水化合物供能比应为30%~60%,膳食纤维的含量应≥0.3g/100kJ;

7mg/100kJ≤钠的含量<42mg/100kJ。

（2）慢性阻塞性肺疾病患者用全营养配方食品：脂肪供能比为30%~55%，当脂肪供能比>40%时，中链甘油三酯提供的能量应为总能量的10%~20%；如添加ω-3脂肪酸（以EPA和DHA计），在配方中的供能比应为1%~6%，同时对亚油酸和α-亚麻酸供能比不再做相应要求。

（3）肾病患者用全营养配方食品：对于非透析慢性肾脏病患者，产品配方中蛋白质含量应≤0.65g/100kJ，5mg/100kJ≤钾≤32mg/100kJ，5mg/100kJ≤钠≤40mg/100kJ，3.3mg/100kJ≤磷≤16mg/100kJ，1mg/100kJ≤镁≤6mg/100kJ，7mg/100kJ≤钙≤30mg/100kJ，N. S. ugRE/100kJ≤维生素A≤53.8ugRE/100kJ。

对于透析慢性肾脏病患者，产品配方中蛋白质含量应≥0.8g/100kJ，10mg/100kJ≤钾≤64mg/100kJ，7mg/100kJ≤钠≤40mg/100kJ，6mg/100kJ≤磷≤16mg/100kJ，1.8mg/100kJ≤镁≤N. S. mg/100kJ，8mg/100kJ≤钙≤32mg/100kJ，N. S. ugRE/100kJ≤维生素A≤53.8ugRE/100kJ。

（4）恶性肿瘤患者用全营养配方食品：蛋白质含量应≥0.8g/100kJ；ω-3脂肪酸（以EPA和DHA计）在配方中的供能比应为1%~6%，同时对亚油酸和α-亚麻酸供能比不再做相应要求；可选择添加营养素（精氨酸、谷氨酰胺、亮氨酸），如果添加精氨酸，其在产品中的含量应≥0.12g/100kJ，如果添加谷氨酰胺，其在产品中的含量应为0.04g/100kJ~0.53g/100kJ，如果添加亮氨酸，其在产品中的含量应≥0.03g/100kJ。

（5）炎性肠病患者用全营养配方食品：食品配方使用易消化吸收的蛋白质和脂肪来源，以改善患者的营养状况和临床症状。可以选用整蛋白、食物蛋白质水解物、肽类和或氨基酸作为蛋白质来源；脂肪供能比≤40%，其中中链甘油三酯含量应≥总脂肪的40%。

（6）食物蛋白过敏患者用全营养配方食品：食品配方应为食物蛋白深度水解配方或氨基酸配方，即采用一定的工艺将引起过敏反应的食物蛋白水解成短肽和游离氨基酸，或者直接采用单体氨基酸代替蛋白质。

（7）难治性癫痫患者用全营养配方食品：该类全营养配方食品采用高脂肪、低碳水化合物和适量蛋白质的配方（即生酮饮食配方），在提供营养的同时为大脑提供必要的能量，缓解癫痫的发作，在该配方食品中脂肪与（蛋白质+碳水化合物）的质量比范围应为1：1~5：1。

2. 适应证　其成分需经消化后才能被人体吸收利用，其残渣量较大，较适用于胃肠道功能基本正常的患者。全营养配方食品主要针对有医学需求且对营养素没有特别限制的人群，如体质虚弱者、严重营养不良者等，患者可在医生或临床营养师的指导下，据自身状况，选择使用全营养配方食品；特定全营养配方食品是在满足上述全营养配方食品的基础上，依据特定疾病对部分营养素的限制或需求增加而进行适当调整后的产品，适宜于特定疾病患者使用。

3. 营养组成

（1）糖类：糖类来源应结合患者的病情，采用不同配方用不同类型的糖类。但多数采用单糖和双糖。单糖和双糖较易消化和吸收，但因分子量小易刺激胃分泌、使胃酸过多所致患者恶心、呕吐和腹胀，故应适当增加高糖类，如大米、面粉、淀粉类食物。某些多糖含有食物纤维，可刺激肠道蠕动，可使卧床患者保持大便通畅。对胰腺功能障碍或淀粉酶缺乏者，可用低聚糖。既保证充足能量供给，又避免淀粉类食物过多，影响管饲液通过。

（2）蛋白质：管饲混合奶蛋白质来源多用鲜牛奶、鸡蛋、肉泥、大豆。特殊配方可用蛋白分离物。通常国人膳食以粮为主，有些患者在大量接受以牛奶为主的动物蛋白质后，不能适应，吸收不良所致腹泻。因此，应注意蛋白质质量，配方应增加一定量植物蛋白质，如大米、面粉、豆粉等，不但含有高生物价值的动物蛋白质食品，也含有植物蛋白质食品，使动植物蛋白质比例适当，符合人体生理需要。管饲混合奶蛋白质含量不宜过高，占总能量12%~13%即可，不宜超过20%，即每1 000ml含25~45g。

（3）脂肪：脂肪能供给能量，补充必需脂肪酸，并有助于脂溶性维生素吸收。脂肪不增加渗透压，还可改善口味，故在混合奶中加适量熟植物油，通常为1%。特殊配方需高脂肪。消化吸收功能障碍时，应采用低脂肪配方或用中链甘油三酯，脂肪提供的能量占总能量20%~35%为宜。

（4）维生素和矿物质：如采用牛奶、鸡蛋、蔗糖为主的配方，这种混合奶维生素、矿物质含量均不高，尤其是水溶性B族维生素和维生素C均低，如长时间使用，可能会造成维生素和矿物质缺乏。所以，应额外补充，可用绿叶蔬菜，或胡萝卜切片水煮成菜汁，用细筛过滤后使用，在每次管饲时同时滴入100~200ml菜汁；也可以在每次灌完后再注入菜汁，用果汁也可以。也可在原配方中加入一定比例蔬菜和谷物，以提高混合奶维生素和矿物质的含量。此法较好，使用时一次就可以完成。但不论使用哪种混合奶，均应定期化验检查。其中盐的用量要注意，混合奶中不可以加入过量的食盐，通常以0.2%~0.3%为宜。

（5）膳食纤维：不溶性膳食纤维在结肠内不为细菌分解，并吸收水分而增加粪便体积，促进排便；可溶性膳食纤维能被细菌分解，产生短链脂肪酸，对结肠黏膜有营养作用，维持肠道内菌群生态平衡，防止细菌易位及增加肠道运动。含较多膳食纤维的匀浆膳，可用于预防便秘。普通混合奶的膳食纤维很低，可根据配方，适量增加富含膳食纤维的食物，但对吸收不良综合征和严重腹泻者，应采用低渣膳食。

4. 制备原料及方法

（1）可用食物：混合奶可选用牛奶、米汤、豆浆、米粉、面粉、代乳粉、豆粉、鸡蛋、蔗糖、植物油、巧克力、可可粉、麦芽糖、葡萄糖、菜汁、肉汤、番茄汁、鲜果汁等。随着能量增加，可增添浓缩食品，如酪蛋白粉、蛋粉、鱼粉、肉粉、鸡粉等；高能量高蛋白混合奶需结合病情而定。匀浆膳食可选用米饭、粥、面条、馒头、鸡蛋、鱼、虾、鸡肉、瘦肉、猪肝、青菜、白菜、花菜、胡萝卜等及适量牛奶、豆浆、豆腐、豆干和蔗糖等食物。

（2）使用原则：动植物蛋白质应适当调配，防止鸡蛋、牛奶过多。全日植物油10~20g，以预防必需脂肪酸缺乏。糖类中应尽量补充多糖类，如面粉、米粉、浓米汤等，蔗糖不宜超过150g/d。如不需要限制水分，可以适当稀释以利吸收，较适宜的浓度为4.184kJ（1kcal）/ml。维生素、矿物质应供给充足，加菜汁、肉汤、番茄汁、鲜果汁以补充钾和维生素C等。食盐的供给视病情而定，每日可供给食盐2~10g。其他如维生素A、维生素B_1、维生素B_2、维生素C、胰酶、酵母片，以及钾、钠、镁、钙、锌、磷等均应根据具体情况调整供给量。

（3）制备方法：所有用具需洗涤消毒；各项食物需称量备用；牛奶、豆浆、蔗糖煮沸消毒；生鸡蛋煮熟去皮掰成几块，蔬菜和肉煮熟打碎，加少量奶，置电动搅碎机搅成匀浆状，再与煮沸后的牛奶豆浆米汤等混合加盐；过细罗盛入消毒瓶中，加熟植物油。若需放置几小时必须装瓶后用高压蒸汽或置锅内蒸20~30min也可注前再重新煮沸消毒。

5. 注意事项

（1）酸味果汁不宜与奶类同煮，以防止凝块。

（2）食盐少量无影响，过多也会使混合奶凝结成块，可将部分食盐与菜汁、肉汤同煮。

（3）橘子汁、蕃茄汁在加入混合奶后应立即给患者使用，不宜久放。

（4）食具严格消毒，剩余混合奶应放冰箱内保存。

（5）定期更换或冲洗鼻饲管，保持清洁，灌注混合奶后，再给温开水30~50ml，冲洗鼻饲管壁。自制匀浆膳黏稠，通常需要添加更多的水以利于推注，喂养后要及时、充分冲管以免堵管。外置管端用活塞夹夹住，并用消毒纱布包好。

（三）组件制剂

组件制剂（nutrient component preparation，NCP）又称非全营养配方制剂，可满足目标人群部分营养需求的特殊医学用途配方食品，适用于需要补充单一或部分营养素的人群，不适用于作为单一营养来源。该类产品应在医生或临床营养师的指导下，按照患者个体的特殊医学状况，与其他特殊医学用途配方食品或普通食品配合使用。

1. 分类　在《特殊医学用途配方食品通则》（GB 29922—2013）中，按照其产品组成特征，可分为营养素组件、电解质配方、增稠组件、流质配方、氨基酸代谢障碍配方等。

（1）营养素组件：营养素组件指以宏量营养素为基础的非全营养配方食品。主要包括蛋白质组件、脂肪组件、碳水化合物组件。

1）蛋白质（氨基酸）组件：由蛋白质和/或氨基酸构成；蛋白质来源为一种或多种氨基酸、

蛋白质水解物、肽类或优质的整蛋白（如乳清蛋白、酪蛋白、大豆蛋白等）。蛋白质（氨基酸）组件类产品主要适用于需要增加蛋白质摄入人群，如创（烧）伤、手术等患者。

2）脂肪（脂肪酸）组件：由脂肪和/或脂肪酸构成；有长链甘油三酯、中链甘油三酯。适用于对脂肪有特殊需求的疾病状态人群，如对部分脂肪不耐受、脂肪吸收代谢障碍患者等。长链甘油三酯适用于必需脂肪酸缺乏患者。中链甘油三酯适用于脂肪消化或吸收障碍患者，因不含必需脂肪酸，不可单独使用；此外，中链甘油三酯的生酮作用较强，糖尿病酮症酸中毒期不宜使用。

3）碳水化合物组件：由碳水化合物构成，碳水化合物来源包括单糖（葡萄糖、果糖、半乳糖）、双糖（蔗糖、乳糖和麦芽糖）、多糖（淀粉、低聚糖、葡萄糖聚合物和麦芽糊精）。主要适用于对碳水化合物有特别需求的人群或者作为基质与其他类别产品配合使用等。不同碳水化合物组件其功能、作用不同，临床上常用于能量不足、营养代谢失调、消化功能障碍的疾病状态。

（2）电解质配方：电解质是以碳水化合物为基础并添加适量电解质的非全营养配方食品。呕吐、腹泻等存在脱水症状的患者服用含有电解质的碳水化合物配方可在迅速补充水分的同时提供需要的电解质，维持身体电解质平衡。一般手术患者在手术前禁食状态下需要口服电解质配方食品，并且能够一直用到手术前2h。研究表明，该类产品的使用在降低手术后患者胰岛素抵抗、术后恶心呕吐、体重丢失、改善围手术期患者临床状态及减少术后住院时间等方面有很好的作用。

（3）氨基酸代谢障碍配方：氨基酸代谢障碍配方以氨基酸为蛋白质来源，可在配方中添加脂肪、碳水化合物、维生素、矿物质和其他成分，由于此类配方不能作为单一营养来源满足目标人群的营养需求，故对其他营养素含量没做要求。该配方专为患有氨基酸代谢障碍疾病的人群设计。针对不同的氨基酸代谢疾病，配方应限制相应的氨基酸。

2. 适用人群　适用于需要补充单一或部分营养素，或对某种物质代谢障碍或有特殊要求，或对食品形态有要求的人群；如苯丙酮尿症患者应使用限制苯丙氨酸配方。

3. 禁忌证　组件制剂属于特殊医学用途配方食品的一类，其使用禁忌证同特殊医学用途配方食品。常见的特殊医学用途配方食品使用禁忌证：完全性机械性肠梗阻、胃肠道出血、严重腹腔感染；严重应激状态早期、休克状态、持续麻痹性肠梗阻；短肠综合征早期；高流量空肠瘘：因小肠吸收面积缺失会增加漏出量；重度吸收不良者；持续性呕吐、顽固性腹泻患者，重度炎性肠病患者；急性重症胰腺炎患者的急性期；3个月内婴儿、氨基酸代谢异常者，均不宜使用非全营养配方食品。

4. 临床应用

（1）应用原则和方法：评估患者整体营养素需要量和从其他途径获取营养素的量：根据营养评价评估患者能量、各种营养素消耗量及需要量，分析从其他途径摄取，包括静脉、经肠道普通食品或其他特殊医学用途配方食品，营养素的量，判断是否充分，据此确定是否使用组件制剂及其用量。

蛋白质变应性反应：如需使用蛋白质组件，应注意患者对蛋白质的变应性反应。对牛奶有变应性反应的患者，可采用蛋白质来源为大豆的配方食品。对大豆蛋白质或牛奶蛋白质有变应性反应时，可采用蛋白质来源为动物蛋白质的配方食品。对膳食蛋白质有变应性反应时，或胰外分泌不足时，应采用蛋白质来源为蛋白质水解物或氨基酸混合物的配方食品。

糖的耐受情况：如需使用碳水化合物组件，应注意患者对糖的耐受情况，特别是乳糖。对乳糖不耐受者，采用碳水化合物来源不含乳糖的葡萄糖、低聚糖或多糖类配方食品。

脂肪吸收情况：如需使用脂肪组件，对有脂肪泻或脂肪吸收不良的患者，可采用MCT组件或MCT与LCT混合组件。

非全营养配方食品中的主要营养素含量和来源：如蛋白质组件中蛋白质含量越高，纯度越高则质量越好。其蛋白质来源为氨基酸、蛋白质水解物、肽类的配方，它们吸收利用率高于整蛋白来源，而整蛋白来源中以乳清蛋白为主的配方优于以大豆蛋白为主的配方。

（2）使用方法：与其他食品包括日常普通和其他类的特殊医学用途配方食品的配合食用，可分开使用或混合使用，供给途径可口服和/或管饲。注意整体营养素摄入,遵循动态调整、个体化原则实施肠内营养治疗时,患者的配方不是固定不变的,而是根据患者营养状况、疾病状态、代谢情况以及胃肠功能等进行个体化物质代谢的动态调整。肠内营养提供的各种营养素是整体治疗中的一部分,临床应用中不能独立于其他治疗。临床上常常是肠内营养与肠外营养联合应用。其中,各种营养素的供给量应根据患者机体需要量以及其他治疗途径提供的营养素总量而确定的,应保持整体治疗的一致性,以促进体内代谢平衡。组件制剂通常与其他食品一起使用,应根据其他进食情况,采用合适的剂量,使从各个途径摄取的营养素达到需要量及适当的比例。

(李增宁)

参考文献

1. 韩军花．中国特殊医学用途配方食品标准法规——现状及展望[J]．营养学报,2017,39(6):543-548.
2. 吕万勇,付萍．肠内营养食品临床应用调查分析[J]．中国食物与营养,2017,23(11):86-88.
3. 沈敏跃,陈军．中国肠内营养制剂分类研究[J]．中华普通外科学文献(电子版),2010,4(2):144-146.
4. 段霞,李娜,陈雪珊．肠内营养制剂的特点和应用选择[J]．中国社区医师,2015,31(15):5,7.

第二十五章　肠内营养的配制规范

自20世纪七八十年代以来，肠内营养已经被充分证明在危重症患者肠黏膜屏障的维护与修复、免疫功能调节和器官保护等方面具有重要的临床作用和意义。近年来，早期肠内营养和个体化肠内营养治疗方案的实施也使得肠内营养治疗更加精准和规范。

临床上，除液体剂型的肠内营养液可以直接输注或饮用外，多数肠内营养液需要在输注或饮入前，按照治疗要求和个体化肠内营养处方进行配制。肠内营养液的质量是保证肠内营养治疗有效与安全的重要环节，应在规范肠内营养配制室中配制完成。配制过程执行相关的标准、流程、制度和操作规范。

第一节　肠内营养配制室

接受肠内营养治疗的患者，大多数存在不同程度的营养不良或营养风险，免疫功能低下，特别是由于疾病应激、禁食、药物使用等原因，胃肠道功能耐受性较差，更需要保证肠内营养液输注的安全性。国外肠内营养配制逐步趋向GMP标准配制。国内医院里建立服务全院的专业肠内营养配制室也已非常多见，可以最大限度地实现资源整合、规范配制和集中管理。肠内营养配制室建设、运行和管理的相关规范日臻成熟。

一、肠内营养配制室的基本条件

肠内营养配制室应与医疗机构级别和规模相适应，具有与功能和任务相匹配的场所、设备、设施和人员，以保障配制工作正常有效开展。配制室内部布局划分、环境和基本设备应符合配制流程、消毒隔离和食品安全要求。

配制区通常为组合式三十万级环境，有条件的医院可按医疗机构层流配制间要求建立十万级净化区。人流、物流和室内环境亦应达到医疗机构相应等级净化要求。消毒灭菌设备配制、清洁消毒操作、室内空气质量等应符合《医疗机构消毒技术规范》和《医院空气净化管理规范》等有关规定。

（一）场地面积

配制室面积与全院肠内营养治疗患者需求、治疗工作量相匹配，部分省市专业质控管理提出1.5m²/10张床的标准。配制室应与污染源隔离，坐落于医疗区域，与医疗膳食配制室相邻，方便食物原料取材和营养液送达病区。其内部墙面、地面装修至少达到光滑耐磨抗菌、易于清洁消毒等基本要求，有条件的可使用防菌涂层预成型材料。安装空调系统和空气消毒净化装置。

（二）区域布局

配制室内应按照配制流程要求进行各区域的合理布局，主要包括准备区域、配制区域、分装发放区域等。准备区域应至少保证配制人员、制剂和物品完成必要的清洁消毒，如人员洗手装置、二次更衣用品，配制用具和营养液包装的刷洗消毒装置等。配制区域可根据肠内营养液的种类和配制要求进行合理的分区，并达到相应的清洁标准。配制完成在专门区域进行分装、标识正确并发放出室，送达病区。所有区域分布流程设计应满足清洁要求和工作人员人流、物流动线等要求，可根据需要安装传递窗，保证工作流程顺畅，避免工作干扰和交互污染。

（三）配制人员

由接受过专门培训的配制护士或技术人员担任，掌握肠内营养液配制方法、无菌技术操作、配伍禁忌与质量安全要求等理论和技能。明确责任配制人员和辅助配制人员，建立人员岗位职责。

（四）设备设施

主要包括清洁消毒设备，称重设备、配制设

备、制熟设备、存储设备、运输设备等。清洁消毒设备应配备紫外线消毒灯、臭氧物品消毒柜。称重设备是指不同称量范围天平、量筒量杯等。配制设备应根据肠内营养液种类配制不同所需的匀浆机(胶体磨)、层流净化工作台、组织捣碎机、搅拌器、分装机等。其他辅助设施应有操作台、药品柜、冰箱、电磁炉、微波炉、蒸锅、专用治疗车、各种配制容器。有条件的医疗机构可配备肠内处方传输、标签打印等信息系统。

二、肠内营养配制室的工作制度

应在配制室总体工作制度框架内,分别建立专门的清洁消毒制度、检查核对制度、设备使用保养维修制度、药品、制剂、食物、器械管理制度、肠内营养液质控管理制度、不良事件报告制度等,并结合具体工作建立各环节和技术操作规范,通过岗位培训、考核等机制保证制度落实。

第二节 肠内营养液配制

肠内营养液的种类较多,其配制工作主要可分为食物匀浆膳、经管饲营养液及口服营养补充剂的配制。由于肠内营养液配制工作专业技术性较强、要求高,配制时须遵循严格的标准和要求进行。

配制前工作包括所有清洁消毒和准备工作。准备工作涉及配制工具、用品、容器等和食物、药物、肠内营养制剂等的准备。

一、食物匀浆膳的配制

(一)食物匀浆膳的特点

食物匀浆膳是参照平衡膳食原则,特别根据临床患者所患疾病选择各种食物如粮谷类、蛋类、禽畜肉类、鱼虾类、豆类制品、蔬菜类、植物油、食盐、水等,经胶体磨(或组织捣碎机)研磨搅拌后制成的均匀无颗粒糊状液体。其特点为内容和营养成分接近正常饮食,能根据患者病情变化需求或胃肠道状况灵活调整食物内容、能量、营养素配比及供给量,以达到肠内营养治疗的目的和需求。食物匀浆膳需要时也可在其中添加全营养配方和/或组件配方营养制剂进行补充,弥补食材单调所致营养成分的不足。食物匀浆膳通常由经胃所置管路或PEG,采用间歇推注方式进行输注。采用食物匀浆膳为内容的肠内营养治疗应注意置管时管径的选择。

20世纪60年代,化学成分明确的要素膳(elemental diet,ED)出现之前,液态食物一直是管饲肠内营养的主要内容。工业生产肠内营养制剂的出现,以其集中生产、方便配制与输注的特点,临床使用越来越普及。但是,天然食物仍然具有制剂不可替代的优势,如患者耐受性好、营养素全面、具有食物风味和食疗作用等,且取材方便、价格经济。国外一项前瞻性随机试验表明,家庭制备的标准配方食物匀浆膳对治疗慢性腹泻优于半要素配方。该研究认为在设备良好的厨房中制作肠内营养膳食,并添加各种矿物质和维生素,应该是合理的。因此,食物匀浆膳可在医院和家庭长期使用而无不良反应。

由于我国老年社会的发展态势,心脑血管疾病等的高发,以及工业化生产的制剂价格偏高等原因,特别是医养结合和居家营养治疗的普及和发展,未来食物匀浆膳仍然具有相当大的需求前景。

(二)食物匀浆膳的配制

配制环境、胶体磨、配制用具清洁消毒后,配制人员按规范更衣、手部清洁,按照所开具匀浆膳处方进行原料准备,包括配制匀浆膳所需新鲜食材(经煮熟、切碎、去骨刺等初加工)、药品、制剂等,按照从食物、营养制剂的顺序称量,依次添加至胶体磨中,使用量杯加水研磨,灌装至消毒后容器内,经加热制熟密封,核对后粘贴标签,分发。

二、管饲营养液的配制

经肠内营养管路输注营养液是肠内营养治疗的主要方式。目前肠内营养通路的放置技术已十分成熟。但由于患者的疾病状态,特别是胃肠道功能的影响,肠内营养液通常需根据上述情况按照一定的浓度、剂量等进行精确配制后,合理执行输注计划并密切观察患者耐受性后,进行调整,以达到治疗目的。

一些肠内营养制剂通常在营养素方面不能完全满足临床治疗的目的,也需要通过添加组件或电解质等内容对处方进行优化和改善。这一过程也需在配制室完成。

（一）管饲营养液的特点

目前国内外众多生产厂商研发和生产多种即用型无菌粉末状配方，但在经肠内营养通路输注前必须根据肠内营养治疗需要的浓度和能量密度，与饮用水（煮沸或无菌的）按照一定比例进行混合。个体化配方的浓度可由5%直至25%，视患者耐受情况、临床液体摄入控制需要等决定。

（二）管饲营养液的配制

营养液推荐在百级净化工作台中配制。配制环境、工作台、配制用具清洁消毒后，配制人员按规范更衣、手部清洁，准备肠内营养制剂、配制量具等，按照所开具的肠内营养处方准确称量所需制剂，用量杯量取一定量温开水倒入灭菌不锈钢容器中，充分搅拌、混匀，按照处方要求加水稀释制成所需体积和浓度的混悬液，（根据需要可使用纱布过滤）均匀灌装至消毒后容器内，核对后贴上标签，分发。

三、口服营养补充剂的配制

经口摄入营养是进行营养支持的首选手段。当经口进食不足造成宏量营养素或微量营养素的缺乏时应首先考虑摄入口服营养补充（oral nutritional supplements，ONS）。口服营养补充是以增加口服营养摄入为目的，将能够提供多种宏量营养素和微量营养素的营养液体、半固体或粉剂的制剂配合食物经口服用，特殊情况下也可能作为唯一的营养来源。合理的ONS治疗能改善结局。临床实施需要在评估患者营养需求、疾病严重程度和代谢状态、胃肠功能和耐受等基础上，合理选择ONS制剂、遵循个体化和动态调整原则，使患者获得最大收益。

经口服的肠内营养能刺激具有抗菌作用的唾液分泌，也能避免使用各种管路所发生的相关问题，故优于管饲营养。是否选择口服肠内营养补充进行治疗，主要取决于患者的吞咽能力和有无食管或胃梗阻。理想的口服营养补充剂应该是浓缩的（小容量），不易造成饱腹感，只会带来短时间的满足感，不应替代或减少患者主动的正常饮食。为了帮助营养不良患者改善营养状况，在正餐或两餐间摄入小容量大能量大营养密度的口服营养补充剂是一种解决方法。口服营养补充剂的应用需要考虑患者对气味、品种的偏好。

（一）口服营养补充剂的特点

口福营养补充剂如特殊医学用途配方食品（food for special medical purposes，FSMP）的提供方式包括餐间补充、配合餐食服用或者完全代餐提供。根据不同临床目的和需要确定补充剂量、服用次数，并进行准确分装配制和服用。

（二）口服营养补充剂的配制

口服营养补充剂（粉剂）可在经清洁消毒的配制环境或专门区域进行。配制人员按规范更衣、手部清洁，准备肠内营养制剂、称量工具等，按照所开具口服营养补充处方，准确称量所需粉剂，装入专用小袋（瓶）中，密封口沿，核对后贴上标签，分发。目前也有专门设备可完成分装过程。

第三节　肠内营养液配制的质量管理

肠内营养配制的质量管理主要与医疗安全密切相关，应建立必要的工作制度、流程、规范和标准以保证该项工作的质量与安全。其中，最主要的方面为清洁消毒制度、核对制度的执行以及营养液的质量控制三方面的内容。

一、清洁消毒制度及质量控制

清洁消毒工作主要分为环境消毒、人员清洁、物品消毒、原料处理等内容。也可按照工作运行流程分为配制前、配制中和配制后三个阶段进行管理。

（一）环境消毒

应参照《医疗机构消毒技术规范》和《医院空气净化管理规范》等标准进行，主要涉及有地面墙面的清洁、操作台、设备表面和室内空气消毒。配制设备、操作台、净化工作台等关键区域使用医用消毒剂（目前常用为含氯消毒剂）进行消毒。配制室内空气消毒和净化工作台内应在每日配制操作之前规范使用紫外线进行有效照射。

（二）人员清洁消毒

包括洗手和更衣环节。人员在进入配制区域、进行操作时要按照“六步洗手法”清洁双手并使用消毒凝胶等进行手部消毒，有条件的可穿戴无菌手套或一次性手套进行配制，更衣须包括二次更衣过程，进入配制区域应戴好帽子、口罩，穿好鞋套（或工作拖鞋）。

（三）物品消毒

主要包括称量工具、营养液包装容器、配制用各种工具的消毒。每天应对所使用的称量工具和配制用具例行消毒和干燥处理，方法可采用煮沸、蒸汽、高压、臭氧等。每日所用容器应建立刷洗清洁操作规范，并应用蒸汽消毒或高压消毒方法进行输液瓶的处理，有条件的可配备大型干燥设备。

（四）原料处理

主要包括肠内营养制剂的有效期检查、打开包装后保存方法。对于食物匀浆膳的配制则涉及食物原材料的新鲜卫生度检查，清洗干净、煮熟切碎等操作过程的卫生保证。

二、核对制度

核对制度是医疗行业中主要的工作制度、是临床核心制度之一。配制人员应严格执行“三查七对”制度，以防差错事故发生。肠内营养配制的核对制度涉及环节主要包括：

（一）肠内营养处方的审查核对

主要内容包括患者基本信息，食物原料或肠内营养制剂的种类、剂量，液体量，治疗频率等，有经验的责任配制人员还可对营养素种类是否齐全，电解质浓度，能量密度，三大营养素比例、是否为临时医嘱等方面进行审查。发现问题及时与开具处方医生沟通确认。

（二）配制过程的核对

在原料称重、配制、分装三个环节操作前进行核对。

（三）肠内营养标签及填写

营养液密封后，进行核对，保证处方与标签信息内容一致。

（四）发放过程的核对

主要是指室内、室外交接核对，可以包括配制室和运送人员，运送人员与病区两个环节。

（五）输注操作的核对

三、肠内营养液的质量控制

（一）清洁消毒的质量控制

主要是指对环境、人员、设备、用品清洁消毒后的质量效果进行监控以保证医疗安全和食品安全。通常采取的方法包括定期对配制室内、净化工作台内空气细菌培养，配制人员手部、配制设备、用具、容器等的涂拭培养等，并建立监测记录和留档制度。

（二）称重配制的质量控制

称重技术是严格执行肠内营养治疗医嘱最重要的环节，无论是食物匀浆膳、管饲营养液还是口服补充剂，精确称重量化才能充分体现临床营养治疗的规范性，达到预期的临床效果。称重可使用常见的托盘天平或电子天平。

（三）营养液的质量控制

配制好的食物匀浆膳和管饲输注的营养液于分装时须留取5~10ml，盛入专门的容器，放进冰箱进行留样，以备出现食品安全等问题时进行确认和鉴别。也可根据需要建立定期的营养液细菌学监测和档案管理制度。

（张 明）

参考文献

1. 蔡威译．临床营养基础［M］．4版．上海：上海交通大学出版社，2013.
2. 齐玉梅，郭长江．现代临床营养治疗［M］．北京：中国医药科技出版社，2016.
3. 李增宁，石汉平．临床营养操作规程［M］．北京：人民卫生出版社，2016.
4. 彭南海，黄迎春．肠外与肠内营养护理学［M］．南京：东南大学出版社，2016.
5. 齐玉梅．特殊医学用途配方食品临床应用指南［M］．北京：中国医药科技出版社，2017.
6. 中华医学会肠内肠外营养学分会．成人口服营养补充专家共识［J］．中华胃肠外科杂志，2017，20（4）：361-365.
7. 焦广宇，李增宁，陈伟．临床营养学［M］．北京：人民卫生出版社，2017.
8. 陈伟，周春凌，周芸．临床营养诊疗技术［M］．北京：人民卫生出版社，2017.

第二十六章　肠内营养输注与监测

肠内营养是胃肠功能正常患者进行营养支持的首选治疗手段，选择正确的管饲途径是保证肠内营养安全有效的基本条件。从1790年Hunter经鼻胃途径喂养吞咽肌肉麻痹的患者，1878年Surmay施行首例空肠造口，发展到1979年Ponsky和Gauderer首次报道了经皮内镜下胃造口术，以及近年来出现的腹腔镜下空肠造口技术。经管饲途径输注过程中，因输注速度、一次性输注量、温度等差异，可对患者的血糖、胃肠道耐受性、肠内营养并发症的发生情况产生影响，因此，应依据患者疾病的种类、使用肠内营养时间、胃肠功能状态、肠内营养目的等因素，选择合理的肠内营养输注途径并对其进行有效的监测是十分必要的。

第一节　肠内营养的输注

肠内营养液进入消化道的途径有经口、胃管、鼻肠管、胃造口、空肠造口等，不同输注途径，可有不同的输注方式，输注的要求及注意事项各不相同，应依据患者具体情况而定（图26-1-1）。

一、肠内营养输注途径

（一）经胃管肠内营养输注

根据患者病情选择适合的管饲途径非常重要，胃管是最常用的肠内营养输注途径，具有无创、简便、经济等优点。其缺点是鼻咽部刺激、溃疡形成、出血、吸入性肺炎，管道易脱出、堵塞等。目前观点是，对于<4周的肠内营养，胃管适应证包括昏迷、吞咽或咀嚼困难、因食管疾病不能正常进食，大面积烧伤、某些胃肠道疾病如短肠和肠瘘、放疗的肿瘤患者也可以考虑使用。严重的胃肠功能障碍、胃底食管静脉曲张和活动性消化道出血的患者禁止使用胃管。

1. **胃管的种类**　理想的胃管应该是柔软、不溶的材料制成，其强度应能承受肠内营养泵的压力，其内径能输注各种黏度的营养制剂，其远端的尖头应平滑而利于通过胃肠道，胃管的内壁也应光滑，以便使用导引钢丝时能顺利抽出。聚氨酯和具有弹性的硅树脂材料制成的胃管柔软且外壁光滑，留置时间较长，患者耐受性好。

2. **胃管置入长度**　我国教科书制定的胃管置入长度是测量患者前额发际正中至胸骨剑突处的距离，但在临床实践中，由于置管目的不同及患者性别、身高、年龄等的差异，按此标准长度置入胃管有时不能达到满意的效果。老年患者身高、体形发生变化，胃的位置比年轻人稍有下垂，按标准测量法留置胃管，胃管尖端仅到达食管下段或贲门部。由于插胃管时咽喉部受到胃管的刺激，

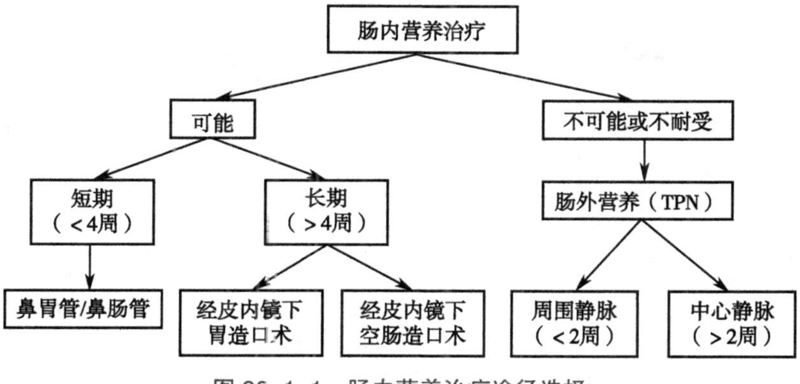

图26-1-1　肠内营养治疗途径选择

食管环状括约肌松弛，且当前应用胃管侧孔数量较多，当胃管尖端进入胃的长度<10cm时，则部分侧孔或全部侧孔在食管腔内，增加了反流误吸的可能。因此，胃管置入长度的准确测量、确保胃管尖端位于合适的位置是十分重要的。

目前胃管置入长度有以下几种测量方法：①[（鼻尖至耳垂至剑突 -50cm）/2]+50cm；②29.38+4.53×性别+0.34×平卧时鼻尖至脐部距离 -0.06×体重（男性 =1，女性 =0）；③鼻尖至耳垂至剑突距离 +10cm；④耳垂至剑突至脐的距离 - 鼻尖至耳垂的距离；⑤借助X线、超声、胃镜等设备进行测量。近年来大量研究证实，鼻尖至耳垂至剑突距离再加上10cm是能够确保胃管尖端在胃体部的有效测量方法，胃管长度的准确测量有利于胃残留量的监测，减少了患者反流误吸等并发症的发生。

（二）经鼻肠管肠内营养输注

鼻肠管是将鼻饲管置入十二指肠或空肠给予肠内营养的方法。通过鼻肠管输注肠内营养，不仅能保障患者良好的营养状态，更避免了由于胃排空障碍而导致的呛咳、严重的肺部感染、反流、误吸等并发症，尤其适用于昏迷、机械通气、急性胰腺炎、气管食管瘘等患者。

1. 鼻肠管的种类 螺旋形鼻肠管远端呈螺旋形，具有记忆功能，有利于通过幽门，对机体无明显刺激，患者耐受性好而广泛应用于临床。带有重力头的鼻肠管其头端带有金属颗粒，具有材质软、管腔细、刺激性小、患者耐受性好等特点，在重力作用下随肠道蠕动，置管成功率较高。双腔鼻肠管由一根双腔的空肠导管和一根特制的胃管组成，其优势在于即可进行胃肠减压，又建立了空肠通道，可以进行肠内营养支持及其他治疗，但置管难度增大，导管易脱出或置入过深（图26-1-2，见文末彩插）。

2. 置管方法 常见置管方法有内镜引导下鼻肠管置入及床旁盲插鼻肠管，盲插鼻肠管具有操作侵袭性小、经济、无需其他设备协助等优点，在临床中广为应用。床旁盲插鼻肠管常采用侧卧位注气法，其置管成功率较高，患者耐受性好。具体操作方法是先将鼻肠管置入胃内，然后协助患者取右侧卧位，向胃内注入10ml/kg的气体，最多不超过500ml，继续将鼻肠管缓缓送至幽门标记处，判断其尖端位置。此法的优点是向胃内注气后，气体作为胃的内容物诱导反射，促进胃的排空，使管端顺利通过幽门，注气还可以避免鼻肠管在放置过程中发生反折。对于具有一定胃动力的患者，可采用促进胃蠕动等待法进行置管，此法简单、安全、经济，患者易耐受，缺点是费时费力。置管后，可采用听诊、回抽肠液测pH以及拍摄腹部X线平片等方法来确认导管的位置（图26-1-3）。

（三）经皮内镜下胃/空肠造口

当肠内营养≥4周时，应考虑经皮内镜下胃造口术（percutaneous endoscopic gastrostomy，PEG）（图26-1-4）或经皮内镜下空肠造口术（percutaneous endoscopic jejunostomy，PEJ）（图26-1-5）。该方法操作简便，在门诊或患者床边即可进行（图26-1-6），不需要开腹手术，恢复快，并发症少，适合长期肠内营养尤其是家庭肠内营养的患者。凝血障碍、腹膜炎、腹腔肿瘤广泛转移、大量腹水以及任何不能行胃镜检查的疾病，不适合选择PEG/PEJ。

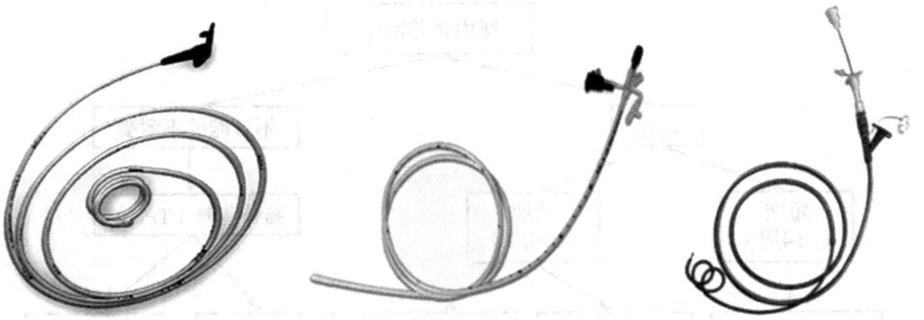

A B C

图26-1-2 鼻肠管的种类

A. 螺旋形鼻肠管；B. 带重力头的鼻肠管；C. 双腔鼻肠管

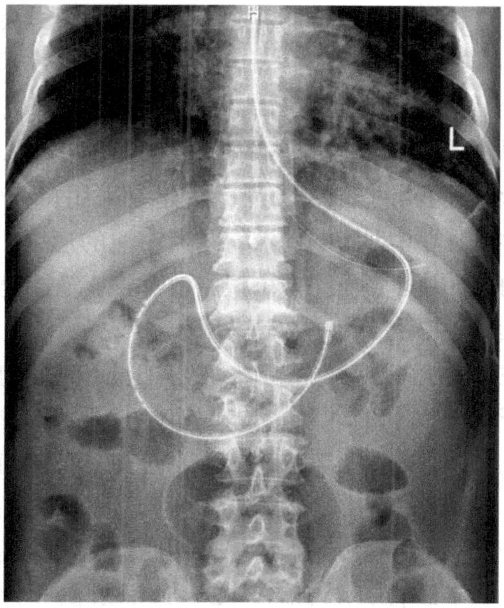

图 26-1-3　鼻肠管置管后 X 线片

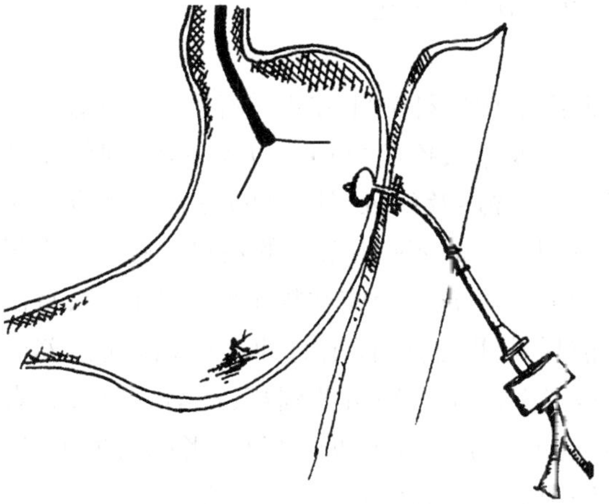

图 26-1-4　PEG 示意图

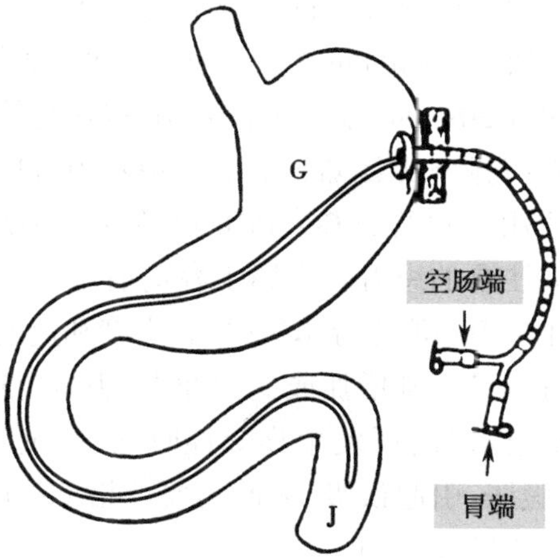

图 26-1-5　PEJ 示意图

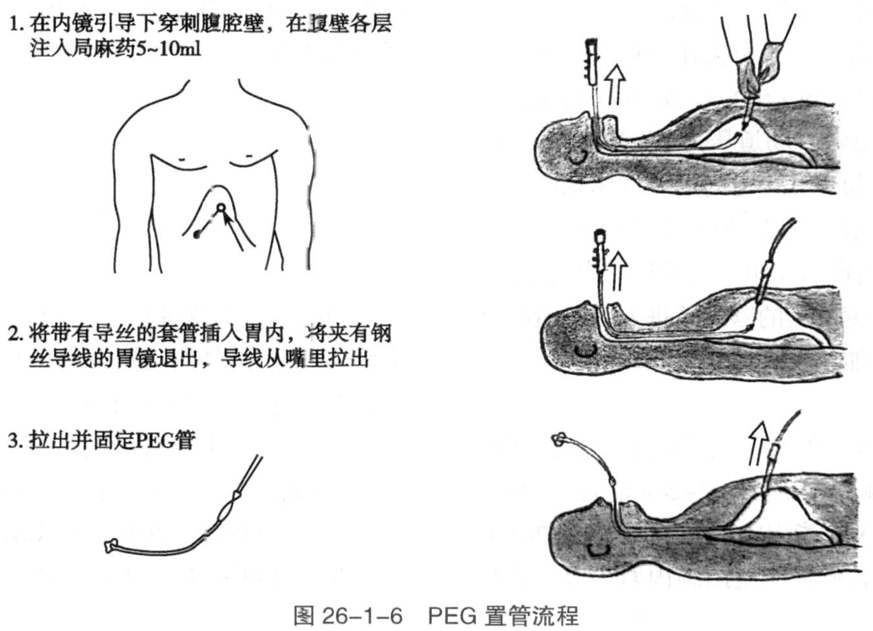
1. 在内镜引导下穿刺腹腔壁，在腹壁各层注入局麻药5~10ml
2. 将带有导丝的套管插入胃内，将夹有钢丝导线的胃镜退出，导线从嘴里拉出
3. 拉出并固定PEG管

图 26-1-6　PEG 置管流程

二、肠内营养的输注方式

肠内营养输注量越大，速度越快，温度越低，并发腹胀、腹泻、反流、误吸、胃管堵塞、胃潴留等并发症的可能性越大。不同管饲途径，对输注的要求也不相同，选择正确的输注方式可明显减少肠内营养并发症。临床上常用的肠内营养输注方法有分次推注、间歇输注、持续输注 3 种，输注常见的动力来源分别是人工推注、重力滴注与输注泵。采用何种输注方法取决于营养制剂的性质、喂养量、喂养管的类型与管径大小，以及管端的位置。

（一）分次推注法

在鼻饲开始至结束后 1h，取半卧位，床头抬高至少 30°，将配制好的或成品营养液在一定时间内用灌食器或 50ml 注射器缓慢推注，推注速度不能快于 30ml/min，每天 4~6 次，每次鼻饲前后均需注入 20~30ml 温水冲洗管道，以避免管道堵塞。成人胃排空无困难时，每次 200~300ml。此种方法适用于胃管、PEG、PEJ、可活动或不想连续使用输注泵的患者。胃属于容量适应性空腔脏器，推注法因不能充分掌握时间、力度和速度，短时间内胃容量急剧增加或受到冲击，刺激胃迷走神经和交感神经，可发生痉挛性收缩，严重时出现呕吐，腹胀，引起误吸，因此需要严格掌握喂养间隔及推注量、推注手法。

（二）间歇输注法

将配制好的或成品营养液，经输注管和喂养管相连，依靠营养液自身重力作用输入胃肠道内。每天 4~6 次，每次 250~500ml。此方法滴注简便，不会人为增加患者胃肠道压力，患者有较多活动时间，并保证胃肠道有一定的周期性休息状态，类似于正常进食间隔，大多数患者可耐受此种喂养方式。但长时间重力作用下会导致瓶内营养液浓度不均匀，当浓度不均的营养液进入胃肠道时，可刺激肠蠕动，增加并发症的发生。

（三）持续输注法

该种方法采用的装置与间歇重力滴注相同，通过重力或输注泵连续 12~24h 输注营养液。ESPEN 和 ASPEN 在指南中均指出：长期（>2~3 周）接受肠内营养的患者应使用肠内营养泵。此外，美国危重病医学会（Society of Critical Care Medicine，SCCM）与 ASPEN 联合发布的指南中也指出对于误吸风险高的患者或不能耐受经胃单次输注营养液的患者，糖尿病或应激性高血糖、血糖波动较大者，建议采用持续输注的方式。肠内营养泵能够保障输注的速度以及剂量，是目前临床上常见的控制营养液输注速度、实现持续输注法的器械，适用于危重患者、十二指肠或空肠喂养者，肠内营养液需在限定时间内输注者。喂养的速度必须在初期有足够的适应递增过程，输注速度快，大量液体迅速进入胃肠道，刺激胃肠黏膜，肠内营养液浓度高，增加了胃残留等胃肠道的并发症。因此采用肠内营养泵行持续输注时，首日输注速度为 20~50ml/h，次日逐渐增加至 80~100ml/h，12~24h 输注完毕，一般需要 3~4d 的适应期，输注的量、浓度、温度也应同时考虑。

（四）注意事项

无论采用何种输注方式，输注过程中都应采取半卧位或床头抬高≥30°，以免发生误吸，尤其是老年人、昏迷及误吸风险高的患者。且应遵循以下原则：①减少输注系统的污染：输注管路每 24h 更换一次，营养液应在规定时间内用完，每次操作前后洗手，输注管定时冲洗；②输注营养液的浓度、速度、量必须由低到高，逐渐调节至患者耐受，逐渐增加量或速度，避免两者同时增加，输注过程中关注患者的舒适度；③在输注过程中关注肠内营养液的温度，胃肠道反应与营养液温度有关，尤其对于老年人、胃肠道耐受性差的患者，可适当加温。

第二节　肠内营养输注过程中的监测

肠内营养支持过程中，由于患者应激状态，可出现高血糖、高甘油三酯血症和低蛋白血症等，肠内营养支持的患者必须加强原发疾病和营养支持相关指标的监测，以便及时发现或避免并发症的发生，达到营养支持的目的。肠内营养输注过程的监测包含对喂养管的监测、代谢过程的监测、营养情况的监测等，贯穿于整个营养支持过程。

一、喂养管的监测

（一）喂养管的位置

喂养时应保持床头抬高30°~45°，防止反流误吸的发生。可通过观察和询问患者，了解有无置管部位不适，喂养前，可通过听诊法、回抽内容物法、测量pH等方法确定胃管、鼻肠管位置，存在疑问时借助X线片证实。PEG、PEJ管道应做好刻度标记，回抽内容物，测定其pH，PEG管路其pH应<7，PEJ管路pH应>7。为了防止包埋综合征的发生，每天应顺着管路轴方向旋转180°，并将管路向造口内推1.5cm，再将管路旋转180°，将管路从造口拉出1.5cm。

（二）喂养的耐受情况

胃肠道不耐受，即喂养不耐受，主要表现为在肠内营养输注过程中出现恶心、呕吐、腹泻、胃潴留、腹胀等症状，需要改变喂养方案和/或使用止吐剂、促胃动力剂等特殊治疗。目前有关胃肠道不耐受的定义为当经过72h，20kcal/（kg·d）的能量供给目标不能由肠内营养途径实现，或者因任何临床原因停止肠内营养的，需要考虑胃肠道不耐受。其不仅给患者带来不适，反复呕吐增加了吸入性肺炎的发生，腹泻加重肛周皮肤破溃的风险，延迟患者获得营养目标的时间，严重影响患者的预后。有效、安全的进行肠内营养，减少不耐受的发生，与患者的恢复及预后息息相关。

ASPEN建议每天监测胃肠道耐受性，避免轻易中断肠内营养，具体监测指标如下：

1. 实施肠内营养初期，应观察患者有无恶心、呕吐等表现，应检查喂养管路是否在位，必要时减少输注速度的50%，给予药物治疗，及时调整营养支持方案。

2. 肠鸣音是患者胃肠道蠕动的重要表现，当肠鸣音亢进或消失时，应停止输注，进行合理药物治疗，2h复查患者情况。

3. 腹内压的监测可反映小肠运动和吸收功能变化的基本情况，是预测耐受性的重要指标，腹内压增高可增加机械通气阻力，促使下肢回心血量减少，肾血流量减少，胃肠道黏膜缺血，毒素移位。可通过测量腹围或膀胱内压力直接或间接测量腹内压变化情况。腹内压轻度增高（12~15mmHg）时可维持原有肠内营养输注速度，6h后复评；中度增高（16~25mmHg）时，减少输注速度的50%，加用促胃肠动力药物；重度增高时（>25mmHg）应暂停肠内营养。

4. 腹泻　当患者发生腹泻时，应继续喂养，同时查找腹泻的原因并给予适当的治疗。实施肠内营养时，应逐渐增加泵入速度，减少营养制剂及管路的污染，针对乳糖不耐受、膳食纤维不足、脂肪吸收不良等情况，选择合适的营养液配方。对于长期大量应用抗生素的患者应调整抗生素用量，增加益生菌、益生元的摄入，减少菌群失调的发生。

5. 胃残留　高龄、肥胖、机械通气、镇静等是胃残留的高危因素，胃残留量同样受到患者的体位、喂养管的位置、喂养管直径、灌食器大小、测量的方法等影响。ASPEN在2016年发表的指南中指出，不必常规监测胃残留量，仍在监测的单位，如果其量<500ml且没有其他不耐受的表现，应避免停用肠内营养。因此，是否监测应结合患者实际情况与病情选择，对于高度肺误吸风险的神经系统疾病患者，应酌情进行监测。胃残留量增加时，应减慢泵入速度，加用促胃动力药物，不能缓解的患者可采用幽门后喂养，减少患者反流误吸的发生。

（三）喂养管的通畅程度

实施肠内营养输注的患者，应了解肠内营养名称、量、浓度、速度、预计输注完毕时间，开封后的营养液放置时间不超过8h。应每4h用20~30ml温水冲洗管道一次，每次中断输注或给药前后用20~30ml温水冲洗管道。如发生管腔阻力增加，应及时给予处理，防止堵管的发生。

二、代谢过程的监测

肠内营养液输注的量及速度等可对患者血糖、血脂、水电解质产生一定影响，在营养支持期间应定期监测患者的血糖、血脂、钠、钾、钙、镁、磷、肌酐、尿素氮等，每天记录患者液体出入量情况，了解患者液体平衡。及早调整营养支持方案，保证营养支持效果。血糖增高患者给予强化胰岛素治疗时，应根据血糖变化调整营养液的量及输注速度，胰岛素使用初始，应每1~2h监测血糖1次，稳定后可4h监测1次。血脂异常的患者应至少每周检查1次。

三、营养情况的监测

定期评价患者营养支持效果，及时调整方案及营养量的供给，保证营养支持的最佳效果。

（一）营养状况评定

进行肠内营养治疗之前应对患者的营养状况进行全面的评定，评估患者每日能量、蛋白质需要量，为营养治疗方案的制订提供科学依据。

（二）人体测量学指标

每周测量1次体重、BMI、肱三头肌皮褶厚度、上臂中点周径、四肢肌力等，有条件者可通过人体成分分析，测定患者体内蛋白质、脂肪含量，精准量化营养状况。

（三）实验室指标

营养支持开始时每日测量正氮平衡，稳定后改为每周测量1次。血清白蛋白、转铁蛋白、前白蛋白、淋巴细胞计数等指标应每周监测2次，稳定后改为每周监测1次，因内脏蛋白在肝脏合成，肝功能受损、应激状态时内脏蛋白的水平不能完全反映患者营养状况，应结合患者实际情况作出判断。

（四）微量元素

不定期监测铁、锌、铜、B族维生素等，以上监测指标可根据患者病情及治疗需要进行调整，稳定后可减少监测次数。

四、肠内营养并发症的监测

常见并发症可分为机械性并发症、胃肠道并发症及代谢性并发症，以腹胀、误吸、腹泻较为常见，应注意与胃肠道不耐受进行区别，详见第二十八章。

（高 岚 王宇娇）

参 考 文 献

1. McClave SA, Taylor BE, Martindale RG, et al. Guidelines for the provision and assessment of nutrition support therapy in the adult critically ill patient: society of critical care medicine (SCCM) and American society for parenteral and enteral nutrition (A. S. P. E. N.) [J]. JPEN J Parenter Enteral Nutr, 2016, 40(2): 159-211.
2. McClave SA, DiBaise JK, Mullin GE, et al. ACG clinical guideline: nutrition therapy in the adult hospitalized patient [J]. Am J Gastroenterol advance online publication, 2016, 3(8): 1308-1322.
3. Fan PEM, Tan SB, Farah GI et al. Adequacy of different measurement methods in determining nasogastric tube insertion lengths: an observational study [J]. International Journal of Nursing Studie, 2018, 92(2019): 73-78.
4. 中华医学会肠外肠内营养学分会神经疾病营养支持学组. 神经系统疾病肠内营养支持中国专家共识（第二版）[J]. 中华临床营养杂志, 2019, 27(4): 193-203.
5. Reintam Blaser A, Starkopf L, Deane AM, et al. Comparison of different definitions of feeding intolerance: a retrospective observational study [J]. Clin Nur, 2015, 34(5): 956-961.
6. 胡延秋, 程云. 成人鼻饲护理相关临床实践指南现况及内容分析 [J]. 中华护理杂志, 2014, 49(10): 1177-1183.
7. 彭南海, 高勇. 临床营养护理指南——肠内营养部分 [M]. 2版. 南京: 东南大学出版社, 2019: 12-25.

第二十七章　肠内营养途径的建立

肠内营养（enteral nutrition，EN）因其具有符合人体生理过程、并发症少及营养供给全面等优点，是目前国内外一致推荐的营养治疗首选方案。肠内营养途径包括口服和管饲途径，其中管饲途径又包括两大类：一是无创置管技术，主要指鼻胃管及鼻肠管；二是有创置管技术，包括经皮内镜下胃造口（PEG）、经皮内镜下空肠造口（PEJ）、经皮透视下胃造口、腹腔镜下胃造口（空肠造口）、腹部手术患者术中空肠穿刺置管等。

一、口服途径

口服是提供营养支持的首选途径，因为口服能刺激口腔分泌唾液，既利于消化又具一定的抗菌作用。是否能够采用口服途径取决于患者的吞咽能力和有无消化道梗阻，当进食不足造成营养不足或微量元素缺乏时，应考虑口服营养补充剂。口服营养补充剂常采取加餐制或少量多次啜饮的方式摄入。

二、管饲途径

管饲是指对于无法经口正常进食者，经鼻-胃、鼻-十二指肠、鼻-空肠置管，或经胃、空肠造口置管，输注肠内营养制剂的营养支持方法。肠内营养管饲途径的选择，需要依据患者的病情、耐受性、预计需要管饲的持续时间、有无胃反流及幽门梗阻、参考患者意愿而定。

三、无创置管技术

（一）鼻胃管

临床上最为常用。优点是操作简单，即插即用；缺点是不能长期使用，长期使用可能导致鼻咽部不适、感染、食管溃疡、胃食管返流等并发症。

1. 适应证

（1）短期（<4 周）的肠内营养支持。

（2）胃排空正常。

（3）因神经或精神障碍所致的进食不足及因口咽部、食管疾病不能进食的患者。

（4）全肠外营养到肠内营养的过渡。

（5）烧伤、某些消化系统疾病、接受放化疗的患者等。

2. 禁忌证

（1）严重腐蚀性食管炎、胃炎，有食管穿孔、胃穿孔、食管狭窄或梗阻倾向者。

（2）严重的胃排空障碍。

（3）头面部严重创伤，疑有颅底骨折。

（4）高误吸风险者。

3. 置管技术

（1）床边插管：评估患者需要置管的深度（一般可测量患者的发际到脐的长度），协助患者半卧位，液体石蜡润滑鼻饲导管头端，自鼻腔缓慢插入，置入 15cm 左右时嘱患者做吞咽动作，在患者吞咽时顺势将胃管插入直至到达预设深度。检查口腔内有无盘绕，观察患者有无恶心、呕吐现象，用胶布将胃管固定于鼻翼部。

（2）确定胃管位置：影像学检查是确认胃管位置的“金标准”，可采用 X 线检查或胃管内注射造影剂。其他方法有回抽胃液，听气过水声及检查置管深度，但这些都不能完全确认胃管的位置。

4. 护理

（1）固定：通常使用低过敏性胶布，采用“工”字形或倒“Y”形固定。

（2）输注方式：根据患者病情及生活便利度的考虑，选择连续输注或间歇输注，对于危重患者而言，连续输注很少引起代谢紊乱，且不易引起腹泻。

（3）监测：定时评估胃管的置管深度、通畅度，观察胶布固定处皮肤有无红肿、破溃，避免胃管向头部翻折而压迫鼻孔上方的黏膜引起的器械相关压力性损伤，定期改变胶布粘贴位置，预防器械相关压力性损伤。询问患者的感受，观察有无恶心、呕吐。

（4）维护：管饲时，头部抬高30°~45°可以减少吸入性肺炎的发生；管饲前后及管饲期间定时冲洗胃管，防止胃管堵塞；管饲结束后盖紧胃管尾端；加强口腔护理，减轻咽部不适；鼻黏膜可涂抹复方薄荷油减轻鼻黏膜充血及干燥，提高带管耐受性。

（二）鼻肠管

是在幽门后置管喂养。它直接通过幽门进入十二指肠或空肠，因其导致的胃潴留的发生率极低，所以减少了呕吐、误吸及吸入性肺炎等风险，患者对肠内营养耐受性增加。当幽门出现不全梗阻引起胃潴留或因贲门关闭不全出现食管反流时还可放置三腔管，双腔置入胃腔，另一腔空肠管穿过幽门、十二指肠放入空肠。置入胃腔端行胃液引流，置入空肠端行营养灌注，引流出胃液行过滤后自空肠管回输入消化道内，避免消化酶及电解质的丢失。

1. 适应证

（1）短期（<4周）的肠内营养支持。

（2）误吸风险高或经胃喂养后表现不耐受。

（3）某些消化系统疾病（如幽门或十二指肠不全梗阻、胰腺炎、严重的食管返流等）无法进行经胃喂养。

2. 禁忌证

（1）肠梗阻、肠坏死、肠道穿孔等严重的肠道疾病。

（2）严重腹胀，无法耐受肠内营养。

3. 置管技术

（1）盲插法：可在患者床旁进行，需要有经过专科培训的具有丰富盲插技术资质的医务人员进行，置管前后可使用促胃动力药物，置管后借助胃的蠕动和螺旋导管头端的重力作用及促胃动力药物进行盲插，将导管的头端通过幽门进入十二指肠和空肠，一般置管24h后导管尖端到达幽门后的可有80%以上。空肠营养导管尖端应到达Treiz's韧带以下30~60cm处。

（2）透视下鼻肠管：可在X线辅助下操作，X线下鼻十二指肠/空肠置管患者的耐受性较好，成功率高于盲插法，但不及胃镜下置管成功率高。

（3）内镜下鼻肠管：经胃镜辅助进行空肠营养管放置术属定点管路置放技术，成功率最高，是最可靠的置放技术，但此法对内镜操作有较高的技术要求，需要有经验的内镜医生来完成。置管过程患者不适感较强，且费用较高。

4. 护理

（1）固定：经鼻十二指肠/空肠营养导管通常使用低过敏性胶布，采用“工”字形或倒“Y”形固定。

（2）输注方式：通常采用连续输注。

（3）监测：定时评估鼻肠管的置管深度，通畅度，观察胶布固定处皮肤有无红。肿或破溃，特别是留置三腔管的患者，三腔管管腔粗且硬易压迫鼻黏膜引起器械相关压力性损伤，因此应每天观察鼻黏膜受压情况，定期改变胶布粘贴位置，预防器械相关压力性损伤。带管期间应定期询问患者的感受，观察有无恶心、呕吐不适主诉。

（4）维护：鼻肠管管腔较细，特别是三腔管的空肠喂养端管腔较细，易发生管道堵塞，应定时脉冲式冲洗管道，禁止给予不适当的药物，对肠内营养液的质量要求较高，建议使用肠内营养输注泵。每次喂养前后冲洗导管，连续输注时每4~6h冲洗导管1次。如需灌注药物，应将药物充分溶解后注入，以免堵塞导管。为预防喂养管堵塞，可以定期预防性使用碱性胰酶溶液或5%碳酸氢钠注射液冲管。

四、有创置管技术

（一）术中空肠穿刺置管造口

在腹部手术术中在屈氏韧带远端或吻合口远端40cm处经空肠穿刺放置空肠造口管，并经导管提供肠内营养支持。

1. 适应证

（1）在行消化道或消化器官手术时，考虑为短时间内不能进食或进食量不能达到需要量患者造口，如食管、胃、十二指肠、胰腺手术等。

（2）为防止术后出现严重并发症而无法正常进食的患者造口，如术后发生胃瘫、胰瘘、吻合口漏风险者。

（3）手术后需进一步治疗而影响正常摄入患者可进行造口，如恶性肿瘤患者术后需要放化疗。

（4）腹部手术后家庭内较长时间需要额外补

充营养患者可进行造口。

2. 禁忌证

（1）凝血功能障碍。

（2）伤口愈合障碍。

（3）败血症。

（4）腹膜炎。

（5）免疫抑制。

（6）腹水。

（7）腹膜肿瘤。

（8）肠梗阻。

（9）急腹症。

（10）克罗恩病。

3. 置管技术　在开腹或腹腔镜腹部手术完成后，术中经空肠穿刺放置可裂式空肠造口管。在左中上腹选择腹壁穿刺点，选择空肠穿刺造口的理想位置在屈氏韧带远端或吻合口远端 40cm 处。

4. 护理

（1）预防切口感染：早期每日清洁、消毒造口穿刺点、周围皮肤及固定盘片，保持造口周围皮肤清洁干燥，严密观察皮肤有无红肿及分泌物产生；

（2）固定：建议使用低过敏性胶布，可采用高举平台法进行导管固定；

（3）维护：空肠造口术后即可进行小肠内管饲喂养，应逐渐增加输注速度和浓度。由于空肠造口管管腔较细，注意避免管道堵塞，应定时脉冲式冲洗管道，禁止给予不适当的药物，对肠内营养液的质量要求较高，建议使用肠内营养输注泵。

（二）胃造口术

通过内镜、放射和手术的方法来建立经皮途径将导管置入胃内，一端引出体外，固定于皮肤的胃造口肠内营养通路。

1. 经皮内镜下胃造口（PEG）置管技术　是在内镜的辅助下使用非手术的方法建立经皮进入胃腔的通路，利用胃造口主要进行肠内营养输注或进行姑息性胃肠减压治疗。

（1）适应证：①胃肠功能正常而经口摄食障碍；②预计肠内营养支持时间 >4 周；③中枢神经系统疾病导致吞咽障碍，如脑血管意外、脑外伤、运动神经元疾病、多发性硬化、阿尔茨海默病、脑外伤；④头颈部肿瘤放疗或手术前后；⑤有正常吞咽功能，但摄入不足，如烧伤、AIDS、厌食、骨髓移植后的患者；⑥慢性疾病，如囊性纤维化、先天性心脏病；⑦胃扭转的治疗；⑧胃瘫、幽门梗阻、恶性肿瘤导致的肠梗阻，利用 PEG 进行胃肠减压治疗患者。

（2）禁忌证：①完全性口咽或食管梗阻，无法通过胃镜；②预计生存时间不超过数天或数周；③各种原因导致的胃前壁与腹壁不能贴近；④严重而无法纠正的出凝血机制障碍；⑤疾病急性期；⑥大量腹水、重度肥胖症、胃次全切除术后、腹膜透析、肝肿大、门脉高压食管静脉曲张、胃壁肿瘤或受肿瘤侵犯、巨大裂孔疝、腹壁皮肤有感染、心肺功能衰竭等。

（3）PEG 的技术

1）拖出（pull）法：是 PEG 最常用的置管方法。主要步骤：①腹部皮肤准备，静脉预防性使用抗生素；②充分镇静及止痛；③患者平卧位，进行全面的上消化道内镜检查，证实无幽门梗阻、胃壁肿瘤及溃疡等病变；④胃内吹气，通过胃镜将胃前壁顶向腹前壁，使胃贴近腹壁；⑤见中上腹光点最亮处，用手指轻压有浮球感，辨明胃腔部位；⑥相应皮肤及皮下组织处做浸润麻醉，切 1cm 的小口，在内镜指导下将一根细针穿刺进入胃腔；⑦经穿刺针腔内将导丝置入胃腔，内镜下用活检钳抓住导丝，然后退出穿刺针；⑧内镜及活检钳抓住导丝一同退出口腔；⑨胃造口管的导线与导丝相固定，拖拉腹部皮肤切口外的导丝使得胃造口管经口腔、食管入胃；⑩内端的缓冲垫固定于胃腔内，使用外端的缓冲垫固定胃造口管于腹壁。造口管道通常在 2 周内愈合，此前需每日更换敷料及转管。

2）推入（push）法：类似于拖出法，区别在于胃造口管的置入方式不同。推入法是使用球囊导管通过导丝引导推入胃腔。而拖出法是通过一根导丝引导，胃造口管通过口腔、食管、胃从腹壁拖出。

3）插入（introducer）法：则采用的是 Seldinger 技术，使用套管针经过腹壁进入胃腔，沿着一根导丝进行扩张后再将胃造口管置入胃腔。将双向胃固定术和剥离鞘结合在胃内置入球囊导管的方法。

（4）PEG 并发症的诊治：PEG 的并发症不常见，病死率在 0.3%~1%，发生率在 3%~5.9%。

PEG的严重并发症包括出血、误吸、腹膜炎、内垫包埋综合征，发生率约为3%。轻微并发症的发生率为4%~16%，包括切口感染、导管移位、造口旁渗漏、导管堵塞、切口疼痛和血肿等。由于行PEG的患者原本病情较重，常不能耐受并发症的进一步发生，因此并发症的早期发现和及时治疗尤为重要。

1）出血：发生率约为2.5%。常见原因是内垫处的胃溃疡，由于压迫性坏死或磨蚀所致。消化性溃疡及近端食管糜烂，可能与PEG放置过程的损伤有关。术前加强凝血系统检查和出血评估，在进行PEG前需停用肝素，使凝血正常，患者可以暂时使用华法林代替肝素。对长期使用抗凝药的患者进行PEG需特殊考虑，术前暂时停用2周抗凝和抗血小板治疗药物，对于放置血管支架并联合使用两种抗血小板药物的患者，PEG操作推迟至少6个月后。术后少量出血可遵医嘱应用止血药及敷料吸收渗血。患者出现呕血、黑便和腹痛，从PEG管中可以抽到血，表明有出血存在，需进行内镜诊断并可以进行治疗。

2）误吸：相对不常见，但约有57%的病死率。有时误吸与患者病情有关，应用PEG治疗的患者常常有体弱、中枢神经系统异常，气道的保护反射消失，以及PEG的体位、胃内吹气、麻醉等可能增加了误吸的危险性。PEG术后出现发热、白细胞增多、肺部症状，应怀疑误吸的可能，胸片可以帮助确诊，使用广谱抗生素进行治疗。吸入性肺炎不仅仅是因为胃食管反流所致，口咽部误吸可能是另外的原因之一，不能通过PEG所预防。

3）腹膜炎：发生率低，为0~1.2%，但病死率高达31%。常见原因为窦道未形成时装置移出。其他原因包括内垫变形，胃壁与腹壁的位置差，形成内瘘。当胃造口窦道未能形成，发生导管脱位时，可以进行鼻胃管引流和使用广谱抗生素。如果存在发热、白细胞增多、局部腹痛、肠鸣音减弱，应考虑腹膜炎，行剖腹探查术。

4）内垫包埋综合征：由于在造口管拖出时过度紧张，导致胃黏膜缺血坏死和内垫移位至胃壁或腹壁。此并发症常见于推入法胃造口时，发生于术后4个月常见。典型表现导管移动有阻力，腹壁处可扪及硬结。内镜检查发现溃疡形成、黏膜内陷、不见内垫。治疗为去除胃造口管，原位再次置入PEG管。外垫与皮肤之间保留约1.5cm的缓冲，减少压迫性坏死，定期松动胃造口管，可以帮助预防内垫包埋综合征。经皮内镜下胃造口置管术后2周内窦道未形成前，应每天将外垫松开，清洁管口及周围皮肤，转动导管，将导管推进1~2cm再拖回原位，减少胃内壁局部受压，防止导管固定板被包埋入胃壁，预防内垫包埋综合征。

5）造口处切口感染：发生率为5%~30%，是PEG术后最常见的并发症。预防措施包括术前预防性地使用抗生素；患者腹部皮肤的准备及碘伏消毒；术前使用漱口液准备，减少口咽部的细菌污染。胃造口的切口必须足够，以减少胃内分泌液或细菌沿PEG管周围进入软组织。预防主要通过预防性地使用抗生素，仔细操作护理，保持造口周围皮肤清洁干燥，外固定垫松紧适宜，严密观察皮肤有无红肿及分泌物产生，术后2周内每日清洁、消毒造口管及周围皮肤。术后2周后不再用每日进行消毒，可用温水进行清洗及擦拭，2周后可开始淋浴，擦拭自然干燥。

（5）护理

1）固定：尽管胃造口导管通常有固定板或气囊可防止导管滑脱，但仍建议使用低过敏性胶布，采用高举平台法固定，通常经皮内镜下胃造口置管后2周内固定稍紧，以压迫胃壁防止出血和渗漏。

2）输注方式：根据患者病情及生活便利度的考虑，选择连续输注或间歇输注。

3）监测：观察穿刺置管处皮肤情况，有无出血、红肿、压痛或消化液渗出。评估导管通畅度、有无滑脱。

4）维护：管饲前后、给药前后及管饲期间定时冲洗造口管，每次用20~40ml温水脉冲式冲管，防止堵塞。禁止给予不适当药物，禁止缓释药及糖衣药研碎后管内给药，给药前后用温水冲洗；给药时暂停肠内营养；球囊导管应定期将气囊内的灭菌蒸馏水全部抽出，然后再按规定量注入。

2. 透视下胃穿刺造口术置管技术 由于头颈部肿瘤或食管梗阻等原因内镜无法通过时，可通过透视下胃穿刺造口术为患者建立长期营养支持的途径。

在透视下向胃内置入细鼻胃管并注入500~

1 000ml 空气，观察胃的位置，在 X 线引导下，沿左肋缘下经腹壁穿刺胃体前壁入胃腔，抽到空气后注入少量造影剂确认进入胃腔内。分别置入 2 个锚钉将胃壁固定于腹壁，锚钉间距 2cm。在 2 个锚钉的中间进行细针穿刺入胃腔，在透视下将可剥离式扩张管置入胃腔，造影证实后去除扩张导管，沿外鞘管置入胃造口管，去除外鞘，造影证实导管位置正确后缝线固定。固定的锚钉缝线手术后 2~3 周待窦道成熟后剪断，锚钉可以通过胃肠蠕动排出。透视下胃穿刺造口的并发症类似于 PEG，预防与处理相似。

3. 外科胃造口术置管技术　通过手术或腹腔镜技术，将导管置入胃内，一端引出体外，固定于皮肤为患者建立长期营养支持的途径。

通常采用 Stamm 或 Witzel 式胃造口术。外科胃造口术可采用较粗的喂养管，置管成功率为 100%，且操作相关死亡率低。但手术患者需要更长时间恢复，费用也更高，一般不推荐。

（三）经皮内镜下空肠造口（PEJ）

PEJ 主要是经 PEG 而完成。经胃造口管的外口置入一根导丝，再在内镜辅助下将导丝送入空肠内的简易置管方法。

1. 适应证

（1）不能直接通过胃造口营养或胃液排空障碍需要引流的患者。例如胃、幽门梗阻、十二指肠梗阻、输出襻梗阻等，无法进行胃内灌注营养液。

（2）重度食管反流，反复出现因反流导致的吸入性肺炎。

（3）急、慢性胰腺炎，假性胰腺囊肿等，不愿营养液通过十二指肠诱发胰腺炎的发作或病情加重时，PEJ 是一种有效的营养供给方法。

2. 置管技术　经皮内镜下空肠造口（PEJ），主要是经 PEG 而完成，在内镜辅助下经 PEG 管插入一根长、细、带导丝的导管，通过幽门放置到十二指肠远端或空肠。将 PEJ 导管通过 PEG 放入胃腔，再次插入胃镜，用异物钳夹住 PEJ 导管（空肠喂养管）头端，交替轻柔推送胃镜及异物钳，将空肠营养管送至 Trize 韧带以下，固定空肠营养管，缓慢后退胃镜至胃腔后，再轻轻松开异物钳退出，轻轻缓慢拔除导管内导丝，观察空肠营养管是否从十二指肠降部滑出或有无返折，情况良好后退出胃镜，剪去导管过长部分，连接 PEJ 和 PEG 导管各相应扣件，用少量生理盐水冲洗 PEJ 管腔，确认通畅后穿刺部位用无菌纱布覆盖，手术结束。PEJ 术后行腹部 X 线检查，再次确定导管位置良好后可以给予肠内营养液灌注。

3. 护理

（1）输注方式：通常采用连续输注；

（2）维护：由于 PEJ 空肠造口管管腔较细，应注意避免管道堵塞，应定时脉冲式冲洗管道，禁止给予不适当的药物，应逐渐增加输注速度和浓度，对肠内营养液的质量要求较高，推荐使用肠内营养输注泵。

（郭淑丽　康维明）

参 考 文 献

1. 于健春 . 临床肠外肠内营养治疗指南与共识［M］. 北京：中华医学电子音像出版社，2018.
2. 彭南海，黄迎春 . 肠外与肠内营养护理学［M］. 南京：东南大学出版社，2016.
3. 刘明，石汉平 . 中国恶性肿瘤营养治疗通路专家共识［M］. 北京：人民卫生出版社，2018：10–41.

第二十八章　肠内营养并发症的预防与处理

肠内营养(enteral nutrition,EN)作为一种营养疗法,其目的是作为患者自主摄食能力障碍的一种补充。EN是一种相对安全的过程,其并发症有限而且常常是可以避免和控制的。并发症通常由于不恰当的配方选择,和/或使用的途径及速度不当引起,也可由本身疾病或治疗间接引起。

尽管这些并发症可分为胃肠道反应性、机械性和代谢性的,当这些并发症出现时,区别有时可能并不明显,这就使得明确诊断其发生原因显得尤为重要。

一、机械性并发症

(一)吸入

肺部吸入是一个极其严重且可能危及生命的并发症,发生率为1%~4%。症状包括呼吸困难、呼吸急促、喘息、心动过速、焦虑和发绀。发热在肠内喂养患者可能是由于少量配方液吸入后引起吸入性肺炎的晚期症状。引起吸入的危险因素包括:①意识水平降低;②恶心反射减低;③神经损害;④食管括约肌无力;⑤胃肠返流;⑥仰卧体位;⑦使用大管径喂养管;⑧大量胃潴留。

为了减少吸入的风险需要定期监测胃残留量和联合应用促胃肠动力药。鼻-空肠喂养时伴发吸入性肺炎较少,因此在高危患者应优先考虑。这些患者的另一个处理准则是保证床头抬高,患者保持45°半卧位。

(二)喂养管相关并发症

喂养管移位可导致出血,气管、肺实质损伤和胃肠道穿孔。通过选用经过培训的医务人员和充分置管后监测可减少这些并发症。

喂养管的应用可以引起与喂养管接触的咽、食管、胃和十二指肠的黏膜表面坏死、溃疡和脓肿。还可导致上和下呼吸道并发症、加重食管静脉曲张、黏膜坏死、瘘和伤口感染。选用小径而质地柔软的喂养管和精心护理有助于减少这些问题。当估计需长期喂养时,则应该选择胃造口来替代鼻饲管。胃造口也可能出现并发症,渗漏提示导管已失去功能、感染或造口孔径不合适。已失去功能的导管应予调换,如果是感染则应抗感染治疗甚至最终拔除导管。

(三)导管阻塞

导管阻塞是肠内营养过程中常见并发症之一。大多数阻塞是继发于凝固或喂饲后不及时冲洗所造成的。且多见于应用完整蛋白和黏稠产品时。其他引起阻塞的原因是由于药物碎片、药物沉淀所致的堵塞和导管的扭曲。导管阻塞率与导管内径、护理质量、导管类型(空肠造瘘管与胃造瘘管),以及导管放置的持续时间有关。解决导管阻塞应优先于拔除导管。有经验的护士可采用多种方法疏通喂养管,如应用温水轻度压力冲洗和吸引交替的方法,以及应用胰酶和重碳酸钠盐有助于"消化"沉淀物。

二、胃肠道并发症

(一)腹泻

腹泻可能是EN中最常见的并发症,根据定义的不同其发生率范围较广(2%~63%)。腹泻的定义可以从每天1次水样便到连续两天每天超过500ml软便或水样便。腹泻并不是EN本身固有的并发症,可以通过合理运用将其避免,如根据输注途径、患者耐受的速率选用恰当的配方。然而即便采用了这些预防措施,腹泻还是可能发生,经常发现可能是由于抗生素或致病菌群引起的。如果临床表现显著,应采取以下措施:

1. 回顾患者EN配方。

2. 排除与喂养无关的便秘和大便失禁。通过大便培养排除感染性腹泻。

3. 回顾患者用药情况,查找可引起腹泻的药物，特别时长期应用抗生素。

4. 假如腹泻持续存在，则应考虑以下措施：减慢输注速率；改用含有可溶性膳食纤维的肠内营养配方；如果怀疑吸收功能受损，则换用低聚或单体配方。

如果采用了以上方法，问题仍然存在，则应考虑肠外营养支持。

（二）恶心和呕吐

近 20% 肠内营养患者发生恶心和呕吐。后者增加了吸入性肺炎的风险。虽然多种原因引起的胃排空延迟是导致呕吐最常见的原因。在清醒患者，危险信号包括腹部不适和/或感觉腹胀。如果怀疑胃排空延迟，需考虑减少镇静剂使用、换用低脂配方、减慢输注速率和给予促胃肠动力药。

（三）便秘

便秘是由卧床不活动、肠道动力降低、水摄入减少、粪便阻塞或缺乏膳食纤维引起的。便秘应该明确与肠梗阻鉴别，肠道动力缺乏和脱水可导致粪便阻塞和腹胀。充分饮水和应用含不溶性纤维的配方常可以解决便秘问题。持续便秘可能需要使用软化剂或肠道蠕动刺激剂。

（四）腹胀

腹胀是由于营养素吸收不良、过快输注冷的营养液、间歇输注营养液过量或推注过多的典型表现。改用部分水解制剂或降低输注速度有助于缓解营养素吸收不良的症状。冷藏的营养液在输注前均可加热至室温。由于间歇输注营养液过量或注射器推注导致的问题，应降低输注速度或改换喂养计划。

三、导管相关并发症

肠内营养置管可能相关的并发症，见表 28-0-1。应引起操作者的注意，并积极预防。

表 28-0-1 肠内营养途径并发症

途径	并发症
鼻-胃管	鼻、咽及食管损伤 返流、吸入性肺炎
鼻-胃-肠管	鼻、咽及食管损伤 倾倒综合征 腹胀、腹痛、腹泻或肠痉挛 导管移位
胃造瘘术	返流、吸入性肺炎 造口出血、造口旁皮肤感染 导管堵塞、脱出 胃内容物漏出
空肠造瘘术	导管堵塞或脱出，导管拔除困难 造口出血、造口旁皮肤感染 肠液外漏 倾倒综合征 肠痉挛或腹胀、腹痛、腹泻

四、代谢性并发症

肠内营养的代谢并发症实际上除了发生率和严重程度较低外与应用静脉营养时出现的并发症非常相似。严密监测有助于减少和预防这些问题，详见表 28-0-2：

表 28-0-2 常见肠内营养代谢并发症

类型	原因	处理方法
低钠血症	水分过多	更换配方，限制液体
高钠血症	液体摄入不足	增加自由水
脱水	腹泻，液体摄入不足	评估腹泻原因，增加自由水摄入
高血糖	能量摄入过量，胰岛素不足	评估能量摄入，调整胰岛素剂量
低钾血症	腹泻，再喂养综合征	纠正钾缺乏，评估腹泻原因
高钾血症	钾摄入过量，肾功能不全	更换配方
低磷血症	再喂养综合征	增加磷摄入，减少能量负荷
高磷血症	肾功能不全	更换配方

（陈伟 康军仁）

参考文献

1. Boullata JI, Carrera AL, Harvey L, et al. ASPEN safe practices for enteral nutrition therapy[J]. JPEN J Parenter Enteral Nutr, 2017, 41(1): 15-103.
2. McClave SA, Taylor BE, Martindale RG, et al. Guidelines for the provision and assessment of nutrition support therapy in the adult critically ill patient: society of critical care medicine (SCCM) and American society for parenteral and enteral nutrition (A. S. P. E. N.)[J]. JPEN J Parenter Enteral Nutr, 2016, 40(2): 159-211.
3. Burgos R, Bretón I, Cereda E, et al. ESPEN guideline clinical nutrition in neurology[J]. Clin Nutr, 2018, 37(1): 354-396.
4. Wei J, Chen W, Zhu M, et al. Guidelines for parenteral and enteral nutrition support in geriatric patients in China[J]. Asia Pac J Clin Nutr, 2015, 24(2): 336-346.
5. Pantoja F, Fragkos KC, Patel PS, et al. Refeeding syndrome in adults receiving total parenteral nutrition: an audit of practice at a tertiary UK centre[J]. Clin Nutr, 2019, 38(3): 1457-1463.

第二十九章　家庭肠内营养应用

家庭肠内营养（home enteral nutrition，HEN）的概念是20世纪70年代引入我国的，指出院后仍存在营养风险或营养不良，经口进食不能满足营养需求，且能够接受安全治疗的患者，在专业的营养支持团队（nutritional support team，NST）指导下，在家庭进行的肠内营养支持和治疗。合理的家庭肠内营养支持，可有效减少医疗费用，提高患者的生活质量。具体的执行过程有规范的工作流程（图29-0-1）。

一、家庭肠内营养适应证

2019年ESPEN提到的当疾病（神经系统疾病引起的吞咽障碍，恶性肿瘤引起的梗阻，癌症恶病质，慢性阻塞性肺疾病，心脏病，慢性感染，以及因肝脏、胰腺或肠道引起的吸收不良/消化不良）导致患者不能经口进食或经口进食难以满足营养需求，胃肠道功能正常（或部分正常），但出院后仍存在高营养风险或营养不良，需接受营养支持治疗以求提高体重、改善功能状态或改善生活质量，且能够在非医院环境执行肠内营养，可启用家庭肠内营养支持。

不能满足营养需求指如果患者不能在一周内进食，或者如果能量摄入少于1周的预计需求量的60%（相当于每日能量摄入量小于10kcal/（kg·d）或每日能量减少为600~800kcal/d）。

针对厌食症、胃肠道疾病、疼痛和心理社会应激等基础疾病，若普通饮食不能满足需求，应该在一周内启动EN。或患者在一个月内体重下降超过5%（在三个月内下降超过15%），食物吸收量低于每日所需量的75%，需详细评估患者的状态，必要时启用家庭肠内营养治疗。

二、家庭肠内营养禁忌证

（一）疾病相关

1. 对于预计生存期小于1月的患者不宜启用家庭肠内营养治疗。

2. 存在一些可能导致胃肠道严重损伤的疾病，包括：严重肠道功能紊乱、胃肠道阻塞、胃肠道出血、严重吸收不良或代谢严重失衡等。

（二）患者及家庭因素

患者和/或其法律护理人员不同意家庭肠内营养计划或不太可能遵守和/或存在无法克服的组织/后勤问题，则不应提供HEN。

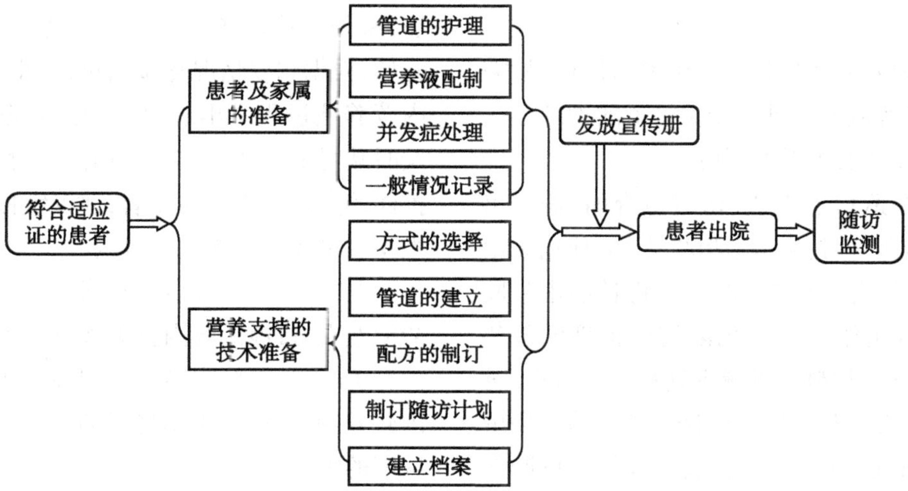

图29-0-1　家庭肠内营养流程图

三、家庭肠内营养支持团队

应采用营养支持团队（NST）的专业建议，小组成员包括医生、护士、营养师、药师等。负责患者方案的制定，为患者或家属提供相关技能培训，随访患者。

四、家庭肠内营养的途径

途径的选择主要根据患者的胃肠道功能情况，评估可能需要肠内营养支持的时间来确定。

（一）鼻饲管

鼻饲管用于短期（4~6周）使用肠内营养治疗的患者。根据其位置不同，分为鼻胃管、鼻十二指肠管和鼻空肠管。鼻胃管喂养适用于胃肠道连续性完整的患者，缺点是存在反流与误吸的危险。鼻十二指肠管或鼻空肠管是指导管尖端位于十二指肠或空肠，主要适用于胃或十二指肠连续性不完整（胃瘘、幽门不全性梗阻、十二指肠瘘、十二指肠不全性梗阻等）和胃或十二指肠动力障碍的患者。此法可一定程度上减少营养液的反流或误吸。

（二）经皮造口

适用于营养支持时间较长、消化道远端有梗阻而无法置管者，或不耐受鼻饲管者。首选经皮内镜下胃造口术（percutaneous endoscopic gastrostomy，PEG）或经皮内镜下空肠造口术（percutaneous endoscopic jejunostomy，PEJ）是首选的路径，如果PEG不适合长期使用，可选择经皮腹腔镜辅助胃造口术（percutaneous laparoscopic assisted gastrostomy，PLAG）。

（三）导管护理

因为家庭肠内营养支持是在家庭执行，故需由护士教会患者或家属进行相关管道的护理。

1. 鼻饲管要求4周内更换。

2. PEG在造口道形成、切口愈合前，需在出口部位每日监测，保持无菌、清洁、干燥，使用无菌伤口护理（通常需持续5~7d）。可将甘油水凝胶或糖凝胶敷料应作为传统无菌伤口护理的替代品。造口愈合后，敷料可以减少到每周1~2次，进入部位可以用肥皂和饮用水清洗。若胃造口周围出现渗漏的情况，可适当使用氧化锌作为皮肤保护剂，使用质子泵抑制剂减少胃酸分泌来从而减少渗漏，必要时定期复查。

五、家庭肠内营养处方原则

家庭肠内营养的处方原则与院内的肠内营养是一致的。建议选用商用的肠内营养制剂，而不是自制。根据组分不同，肠内营养制剂分为要素型、非要素型、疾病特异型、组件型四类，根据患者基础疾病及代谢情况选择合适的制剂（详见第二十三章）。

六、家庭肠内营养的实施

（一）人员培训

在启动家庭肠内营养治疗时，首先需由专门的多学科NST（医生、护士、营养师、药剂师）进行标准化和协调，以求提高措施的质量，降低并发症的发生率。为患者及家属提供书面或图片形式的信息，教会其使用和维护相关设备，培训观察临床症状、判断并发症的发生及对症处理的能力。

（二）制剂的使用

肠内营养的实施要根据病情选择合适的肠内营养制剂，然后让胃肠道有一个逐步适应、耐受的过程，在肠内营养刚刚开始的1~3d内，采用低浓度、低剂量、低速度的喂养方式，而后，根据患者的耐受情况，无明显腹泻、腹胀等并发症，逐步增量。若能在3~5d内达到维持剂量，即说明胃肠道能完全耐受这种肠内营养。具体需注意的点包括：

1. **速度** 目前临床上多主张通过输液泵连续12~24h匀速输注肠内营养液，特别是危重病患者及空肠造口患者。也可以使用重力滴注的方法，来匀速滴注肠内营养液。速度建议从20ml/h开始，根据耐受情况逐步增量，如果患者在输注肠内营养液过程中出现腹胀、恶心、腹泻等表现，应及时减慢输注速度或暂停输注。对于采用注射器推注的家庭肠内营养患者，建议缓慢推注，且单次推注总量控制在200ml以内。

2. **温度** 输注肠内营养液的温度应保持在37℃左右，过凉的肠内营养液可能引起患者腹泻。

3. **浓度** 肠内营养初期应采用低浓度的肠内营养制剂，而后根据患者的耐受情况，选择合适浓度的配方。

4. **角度** 对于长期卧床、吞咽功能不良、误吸风险高的老年患者，口服或者胃内管饲肠内营养时，应注意保持坐位、半坐位或者将床头抬高30°~45°的体位，以减少反流误吸的风险。

（三）导管冲洗

所有肠内营养管均有可能堵管，含膳食纤维的混悬液制剂较乳剂型制剂更易发生堵管。因此在持续输注过程中，应每隔4h即用30ml的温水脉冲式冲洗导管，在输注营养液的前后、不同药物输注前后也应予冲洗，尽量避免混用不同药物。营养液中的酸性物质可以引发蛋白质沉淀而导致堵管，若温水冲洗无效，则可采用活化的胰酶制剂、碳酸氢钠冲洗。

（四）其他注意事项

肠内营养管道也可作为给药途径，但需在药师、护士的指导下给予适宜的剂量、规范的操作，用药前后需用30ml水冲管。如记录出入量、一般情况、生命体征等；注意避免营养液污染；维持水电解质和酸解平衡等。

七、家庭肠内营养并发症

家庭肠内营养包括多种并发症，尤其需要关注吸入性肺炎、导管堵塞和感染性并发症的发生。

（一）胃肠道并发症

是家庭肠内营养最常见的并发症，临床表现为腹泻、恶心、呕吐、便秘等。

（二）机械性并发症

包括导管异位、渗漏、断裂、阻塞等。

（三）感染并发症

包括造口部位感染、误吸性肺炎等。

（四）代谢并发症

包括高血糖、高血脂、电解质异常等。

八、家庭肠内营养的监测

家庭肠内营养的监测主要包括两方面，疗效指标及耐受情况。

（一）疗效指标

包括体重、身体成分（无脂肪或肌肉质量）、水合作用、肌肉力量和性能、食物摄入、血清甲状腺素（因为半衰期比白蛋白短得多）。以上项目需要患者定期到医院进行随访，以评估肠内营养支持的效果。

（二）耐受性

监测与导管相关的并发症（渗漏、阻塞、移位、局部造口并发症）以及呼吸、消化道耐受性。

九、家庭肠内营养的停止

（一）达到目标

当患者达到理想体重，经口摄入量可以满足需求时，即可停止家庭肠内营养治疗。这个过程通常是逐渐进行而不是骤然停止的，根据患者恢复的情况逐渐由全肠内营养改为部分肠内营养，最后过渡到全部经口进食。

（二）产生严重并发症

若在治疗过程中，发生了严重并发症（顽固性腹泻、吸入性肺炎），导致肠内营养支持禁忌，或患者因病情变化，存在肠内营养治疗禁忌，需停用家庭肠内营养支持。

（三）照护条件改变

患者从家庭转到长期护理机构，不需要NST的帮助，不需要患者或家属自己输注营养液时，可停止家庭肠内营养治疗。

（陈　伟）

参考文献

1. Bischoff SC, Austin P, Boeykens K, et al. ESPEN guideline on home enteral nutrition[J]. Clin Nutr, 2020, 39(1): 5-22.
2. Martin K, Gardner G. Home enteral nutrition: updates, trends, and challenges[J]. Nutr Clin Pract, 2017, 32(6): 712-721.
3. Strollo BP, McClave SA, Miller KR. Complications of home enteral nutrition: mechanical complications and access issues in the home setting[J]. Nutr Clin Pract, 2017, 32(6): 723-729.

第三十章　特殊医学用途配方食品的应用

第一节　特殊医学用途配方食品概述

特殊医学用途配方食品（food special for medical purposes，FSMP）是指为了满足进食受限、消化吸收障碍、代谢紊乱或特定疾病状态人群对营养素或膳食的特殊需要，专门加工配制而成的配方食品。该类产品必须在医生或临床营养师指导下，单独食用或与其他食品配合食用。

根据不同临床需求和适用人群，《特殊医学用途配方食品通则》（GB 29922—2013）将该类产品分为三类，即全营养配方食品、特定全营养配方食品和非全营养配方食品。

全营养配方食品：可作为单一营养来源满足目标人群营养需求的特殊医学用途配方食品。适用于需对营养素进行全面补充且对特定营养素没有特别需求的人群。

特定全营养配方食品：可作为单一营养来源能够满足目标人群在特定疾病或医学状况下营养需求的特殊医学用途配方食品。适用于特定疾病或医学状况下需对营养素进行全面补充的人群，可满足目标人群对部分营养素的特殊需求。

非全营养配方食品：可满足目标人群部分营养需求的特殊医学用途配方食品，适用于需要补充单一或部分营养素的人群。不可作为单一营养来源。

一、特殊医学用途配方食品（FSMP）国内外的发展历史

特殊医学用途配方食品作为一种为患者和特殊医学状况人群提供营养支持治疗的食品，早在20世纪80年代就在许多国家和地区（如欧洲、美国、澳大利亚、新西兰、日本等）被广泛使用，国际食品法典委员会（Codex Alimentarius Commission，CAC）也制定了管理措施和/或相应标准。及CAC颁布的*Codex Stan 180-1991 The Labeling of and Claims for Food for Special Medical Purpose*主要对特殊医学用途配方食品的定义和标签标识进行了详细规定。

欧盟在1999年正式颁布了FMSP标准：在特殊医学用途配方食品标准（1999/21/EC）中规定了各种营养素含量，允许根据特定的疾病、紊乱或医疗状况对营养素做出适当调整。在2001年又颁布了“可用于特殊营养目的食物中的可添加物质名单”（2001/15/EEC），明确规定了可使用在FSMP中的营养物质。

美国食品药品监督管理局（Food and Drug Administration，FDA）1988年出台了特殊医学用途配方食品生产和监管的指导原则，包括生产、抽样、检验和判定等多项规定。

澳大利亚和新西兰2012年公布了特殊医学用途配方食品标准（Standard 2.9.5），并于2014年6月实施。该标准主要规定了特殊医学用途配方食品的定义、销售、营养素含量、标签标识四部分内容。

日本的《健康增进法》（2002年法律第103号）第26条确定了特殊医学用途配方食品的法律地位。

2013年前，在我国，由于缺乏相应的国家标准，国内特殊医学用途配方食品长期以来依赖进口。为满足国内市场对特殊医学用途配方食品的需求，大力在我国发展特殊医学用途配方食品，建立与国际接轨的相关配套的国家标准体系，我国在2010年颁布的《特殊医学用途婴儿配方食品通

则》(GB 25596—2010),国家卫生计生委2013年第11号公告公布了《特殊医学用途配方食品通则》(GB 29922—2013)和《特殊医学用途配方食品良好生产规范》(GB 29923—2013)两项国家标准。2016年3月7日国家食品药品监督管理总局发布了《特殊医学用途配方食品临床试验质量管理规范(试行)》,并于2016年11月1日发布。天津市卫生和计划生育委员会于2016年5月20日发布了《天津市医疗机构使用特殊医学用途配方食品处方应用指南》,2016年5月23日发布了《天津市医疗机构使用特殊医学配方食品管理办法(试行)》,并规定2016年6月1日起实施。

目前,国内越来越多的医生、营养学家和患者开始重视特殊医学用途配方食品的临床应用。我国有特殊营养需求的人群数量庞大,包括:正常生理状况下具有特殊营养需求的人群,如孕产妇、老年人;病理状况下具有特殊营养需求的人群,如糖尿病、肾病、肿瘤等各种疾病患者和术后患者等人群。相信引入此类产品,将在改善特殊人群的疾病治疗中取得配方设计和临床应用的科学支持。

二、特殊医学用途配方食品的作用

当目标人群无法进食普通膳食或无法用日常膳食满足其营养需求时,特殊医学用途配方食品可以作为一种营养补充途径,起到营养支持作用。

针对不同疾病的特异性代谢状态,特殊医学用途配方食品对相应的营养素含量提出了特别规定,从而更好地适应特定疾病状态或疾病某一阶段的营养需求,为患者提供有针对性的营养支持,是进行临床营养支持的一种有效途径。但此类食品不是药品,不能代替药物的治疗作用,产品不得声称对疾病有预防和治疗功能。

第二节 特殊医学用途配方食品的临床应用

一、全营养配方食品分类和特点

全营养配方食品分类和特点见表30-2-1、表30-2-2。

表30-2-1 全营养配方食品类型和特点

类型	氨基酸-短肽型	整蛋白型
特点	1. 预消化肠内营养配方,无须消化即可吸收,减轻胃肠道负担,有利于人体吸收。 2. 双氮源分子(80%短肽+20%氨基酸),充分利用肠道两条吸收途径直接吸收。 3. 预消化配方,含水解乳清蛋白、大豆肽。 4. 氮源由水解乳清蛋白、胶原蛋白肽、大豆多肽提供,含有丰富的短肽和游离氨基酸,促进氮的吸收和平衡。 5. 低脂肪含量,减轻消化道负担,安全补充营养。 6. 低脂配方,以ω-3脂肪酸作为主要脂肪供给,同时具有抑制炎症的作用。 7. 含中链甘油三酯,易分解,易吸收,迅速供能。 8. 有的不含乳糖,具有良好的肠道耐受性。 9. 有的碳水化合物主要选用酶解燕麦粉,分子量小,更容易吸收。 10. 有的添加了谷氨酰胺,维护肠黏膜屏障功能,提高机体免疫力。 11. 有的特别添加了乳铁蛋白,乳铁蛋白属于先天免疫系统的成分物质,能够结合和运输铁离子,还具有抗菌、抗病毒作用。	1. 全面、均衡的营养配方,满足人体每日对能量、营养素和矿物质的需求,可作为营养替代或者营养补充。 2. 本品不含麸质。碳水化合物来源包括水解玉米淀粉和蔗糖,不含可导致腹泻相关的乳糖。麦芽糖糊精为主,不含乳糖,不含膳食纤维,低渣。 3. 本品能提供高生物价蛋白,蛋白水平适合于治疗状态稳定的人。 4. 蛋白来源为酪蛋白钙、酪蛋白钠和分离大豆蛋白。 5. 100%植物脂肪。 6. 科学配比亚油酸和α-亚麻酸,提供人体必需脂肪酸。 7. 100%酪蛋白。 8. 脂肪来源是玉米油,是一种必需脂肪酸的来源,胆固醇水平低。 9. 有的产品科学配比小麦低聚肽、双歧杆菌、菊粉和蛋白核小球藻;有的含有谷氨酰胺,可维护肠黏膜屏障,有的含有膳食纤维,有助于维持正常的肠道功能,保持肠道健康。

表 30-2-2 全营养配方食品的适应证和禁忌证

类型	氨基酸-短肽型	整蛋白型
适应证	1. 初始使用肠内营养支持。 2. 适用于手术期患者及各种危重患者。 3. 适合于消化功能不全或者无法正常进食的严重创伤(严重烧伤、创伤、脓毒症)、术前准备、术后营养不足的补充,特别是术后感染及烧伤、创伤等应激患者。 4. 胃肠道功能障碍(如胰腺炎、感染性肠道疾病、放射性肠炎及化疗、肠瘘、短肠综合征、肠梗阻等)。 5. 适用于胃肠道功能障碍或者脂肪代谢障碍的患者。 6. 适用于肠瘘、胆囊纤维化、化学性或者放射性肠炎的患者。 7. 术前准备及术后营养支持。 8. 危重疾病患者。适用于胰腺炎、炎性肠道疾病,胃肠功能受损人群的营养支持,肠道手术的术前准备,肠道休息和术前准备,肠道消化功能不全,有营养风险的患者。	1. 可作为唯一营养来源或者部分原因补充,可口服和管饲。 2. 需要管饲的患者。 3. 术前术后营养补充。 4. 肿瘤及接受放化疗患者,脑卒中及偏瘫患者。 5. 体弱及营养不良者。 6. 适用于有胃肠道功能或者部分胃肠道功能,而不能或者不愿意进食足够数量的常规食物以满足机体营养需求的应进行肠内营养治疗的患者。 7. 厌食及相关疾病。因代谢应激(如创伤或者烧伤)而引起的食欲不振,神经性、精神疾病或者损伤,意识障碍,心、肺疾病的恶病质,癌性恶病质或者肿瘤治疗的后期,艾滋病病毒感染或艾滋病。 8. 机械系胃肠道功能紊乱。颌面部损伤、头颈部肿瘤、吞咽障碍,上消化道阻塞,如食管狭窄。 9. 危重疾病。如大面积烧伤,创伤,脓毒血症,大手术后的恢复期。 10. 营养不良患者的手术前喂养。 11. 可作为全营养支持或者部分原因补充,适用于成人及4岁或4岁以上的儿童。可口服或者管饲。
禁忌证	1. 不适用于非目标人群。 2. 不适用于对本品所含物质有过敏或先天性代谢障碍的患者。 3. 不适合用于1岁以内的婴儿,也不能作为儿童的单一的营养来源。 4. 不适用于上消化道出血、顽固性呕吐及严重腹泻的患者。 5. 不适用于肠道功能衰竭、完全性肠梗阻的患者。 6. 不适用于严重腹腔内感染的患者。 7. 不适用于严重糖代谢异常患者和接受大量类固醇药物治疗的人群。	1. 患有肠内营养禁忌证的人群。 2. 对本品有代谢障碍或者过敏的人群。 3. 其他不适用肠内营养的人群。 4. 年龄 <3 岁的婴幼儿。 5. 肠梗阻、腹膜炎及其他严重腹腔内感染、上消化道出血、顽固性呕吐及严重腹泻的患者。 6. 空肠瘘患者及远端有功能的小肠少于100cm者。 7. 大量小肠切除患者。 8. 严重吸收不良综合征者。 9. 接受大量类固醇药物治疗的患者。 10. 禁用于不能口服或者肠内进食的情况,包括肠梗阻,严重短肠综合征或高排泄量的瘘。 11. 禁用于半乳糖血症患者及牛乳或大豆蛋白过敏者。

二、特定全营养配方食品分类

《特殊医学用途配方食品通则》(GB 29922—2013)列出了13种常见的特定全营养配方食品。包括糖尿病全营养配方食品、呼吸系统疾病全营养配方食品、肾病全营养配方食品、肿瘤全营养配方食品、肝病全营养配方食品、肌肉衰减综合征全营养配方食品、创伤感染手术及其他应激状态全营养配方食品、炎性肠病全营养配方食品、食物蛋白过敏全营养配方食品、难治性癫痫全营养配方食品、胃肠道吸收障碍、胰腺炎全营养配方食品、脂肪酸代谢异常全营养配方食品、肥胖减脂手术全营养配方食品(表 30-2-3)。

1. 糖尿病全营养配方食品

(1)适应证:①血糖偏高者;②各种类型的糖尿病患者、应激性高血糖患者及其他原因导致的血糖偏高人群;③体弱多病,需要营养补充的人群;④意识障碍或昏迷人群的管饲;⑤术前准备和术后营养补充;⑥吞咽困难和失去咀嚼能力人群的口服流质饮食。

表 30-2-3　特定全营养配方食品类型和特点

类型	特点
糖尿病全营养配方食品	1. 含有膳食纤维,有助于维持正常的肠道功能。 2. 特殊的碳水化合物组合能有效地控制升糖指数。 3. 使用全优质蛋白(乳清蛋白和大豆分离蛋白)为蛋白质的来源,可以促进蛋白质的吸收。 4. 植物脂肪粉可以提供人体必需氨基酸。 5. 三价铬可以增强胰岛素的敏感性。
呼吸系统疾病全营养配方食品	1. 本品为高脂肪、低碳水化合物的肠内营养配方,可减少二氧化碳的产生,从而减少慢性阻塞性肺病(COPD)或急性呼吸衰竭引起的二氧化碳潴留。 2. 高能量、高蛋白,有效改善患者因高代谢、高效化所导致的负氮平衡。 3. 脂肪中含中链脂肪酸(40%MCT),提高脂肪代谢度。 4. 特别添加 DHA 和乳铁蛋白,能促进机体组织炎症的改善。
肾病全营养配方食品	1. 低蛋白,低钠配方。 2. 乳清蛋白为蛋白质的唯一来源。 3. 低蛋白饮食需求,100% 优质蛋白质来源,富含必需氨基酸,减轻肾脏负担,低磷、低钾、低钠,符合肾病患者的营养需求。 4. 富含膳食纤维,有助于维持肠道功能。
肿瘤全营养配方食品	1. 添加的灵芝多糖能提高人体免疫力,抗肿瘤效果明显。 2. 高含量深海鱼胶原蛋白肽能有效降低肿瘤转移,加速伤口的愈合。 3. 生姜提取物中的活性成分姜烯酮能减轻患者放化疗过程中出现的呕吐症状。 4. 本品添加的精氨酸、谷氨酰胺、核苷酸作为免疫营养素,能增加机体免疫力,提高机体抵抗力。 5. 产品配方中脂肪含量较高,适合肿瘤患者的营养能量需求。 6. 主要氮源由胶原蛋白肽和大豆多肽组成,活性肽含量丰富,生物利用率高,有效改善负氮平衡。 7. 复合碳水化合物,不含乳糖,特别添加水溶性膳食纤维。
肝病全营养配方食品	1. 此类产品低脂肪、碳水化合物适中的配方,支链氨基酸比例 47%,支链氨基酸与芳香族氨基酸的比例为 15∶1,能减少和缓解肝性脑病。 2. 富含支链氨基酸,约占总氨基酸的 45%,有利于改善氨基酸代谢失衡。 3. 中长链甘油三酯合理配比 MCT∶LCT=1∶1,易吸收,几乎不沉淀于肝脏。 4. 全乳清蛋白配方,含有丰富的必需氨基酸,容易消化吸收,具有高生物价、高消化率、高蛋白功效比等特点。 5. 含有多种维生素和矿物质,补充人体必需氨基酸,提高人体免疫力。
肌肉衰减综合征全营养配方食品	
创伤、感染、手术及其他应激状态全营养配方食品	
炎性肠病全营养配方食品	
食物蛋白过敏全营养配方食品	
难治性癫痫全营养配方食品	
胃肠道吸收障碍、胰腺炎全营养配方食品	
脂肪酸代谢异常全营养配方食品	
肥胖、减脂手术全营养配方食品	

（2）禁忌证：①少年儿童、1~4 岁婴幼儿、半乳糖血症患者；②肠内营养禁忌证患者，如肠梗阻患者、乳糜泻患者；③对产品所含物质有先天性代谢障碍的患者。

2. 肾病全营养配方食品

（1）适应证：①肾功能受损患者的饮食替代或营养补充；②本品适用于 10 岁以上肾结构功能障碍的人群作为单一营养来源或营养补充，如急慢性肾炎及肾衰竭患者等；③适用于需控制蛋白质摄入人群的营养补充（如急慢性肾炎，急慢性肾衰竭，重症肝硬化，肝性脑病患者的营养支持）；④慢性肾脏病非透析患者；⑤急性肾衰竭患者。

（2）禁忌证：①所有肠内营养禁忌人群；②对本品有代谢障碍或过敏的人群；③其他不适合肠内营养的人群；④不适用于 1 岁以内的婴儿，也不能作为儿童的单一营养来源；⑤上消化道出血、顽固性呕吐及严重腹泻的患者；⑥肠道功能衰竭；⑦完全性肠梗阻；⑧严重腹腔内感染；⑨严重糖代谢异常患者及接受大量类固醇药物治疗的人群；⑩对产品所含物质有先天性代谢障碍的患者。

3. 呼吸系统疾病全营养配方食品

（1）适应证：适用于慢性阻塞性肺部疾病（COPD）、呼吸衰竭、呼吸机依赖、囊性纤维化的肺部表现患者的营养补充。

（2）禁忌证：①1 岁以内的婴儿，也不能作为儿童的单一营养来源；②上消化道出血、顽固性呕吐及严重腹泻的患者；③肠道功能衰竭者；④完全性肠梗阻；⑤严重腹腔内感染；⑥严重糖代谢异常患者及接受大量类固醇药物治疗的人群；⑦对产品所含物质有先天性代谢障碍的患者。

4. 肝病全营养配方食品

（1）适应证：①肝功能不全、肝功能下降、脂肪比下降；②急性亚急性慢性重症肝炎以及肝硬化、慢性活动性肝炎、肝腹水等；③各种原因引起的肝性脑病（肝昏迷）；④肝胆外科手术前后患者；⑤酒精性肝病、胆汁淤积性肝病、脂肪肝、终末期肝病，肝移植。

（2）禁忌证：无。

5. 肿瘤全营养配方食品

（1）适应证：①肿瘤患者的口服营养补充；②适用于营养不良的肿瘤人群，包括恶病质、厌食症、咀嚼及吞咽障碍等住院人群，也适用于创伤、应激或者肿瘤化疗的住院人群；③术前准备和术后营养补充；④适用于肿瘤术后、放化疗及康复期人群的营养补充；⑤肿瘤患者（仅限于胃肠功能正常的患者）。

（2）禁忌证：①肠内营养禁忌证患者，如肠梗阻患者、乳糜泻患者，对谷物、蛋白过敏者；②肠内营养的人群；③孕妇、哺乳期妇女、儿童；④重症糖尿病、先天性代谢障碍、胃肠功能衰竭、胃肠张力下降、肠梗阻、消化道出血、严重肝肾功能不全、急性胰腺炎等；⑤肠内营养禁忌证及对本品所含物质有代谢障碍者；⑥1 岁以内的婴儿，也不能作为儿童房的单一营养来源；⑦上消化道出血、顽固性呕吐及严重腹泻的患者；⑧肠道功能衰竭；⑨完全性肠道梗阻；⑩严重腹腔感染；⑪严重糖代谢异常患者及接受大量类固醇治疗的人群；⑫对本品所含物质有先天性代谢障碍的患者；⑬不需要高蛋白饮食的人群及对乳清蛋白过敏者；⑭不可胃肠外注射或者静脉注射使用；⑮包装如有破损或内容物有结块现象，请勿食用；⑯本品中含有乳制品和大豆制品，对上述物质过敏者慎用。

三、非全营养配方食品分类

非全营养配方食品分类和配方见表 30-2-4。

（一）蛋白质组件的适应证和禁忌证

1. 适应证 ①适合 3 岁以上需要补充蛋白质的人群；②适合 10 岁以上需要强化补充蛋白质的人群；③适用于需补充或增加蛋白质的人群，如术前、术后、创伤、外科、内科、消化科、肿瘤科、及营养不良的人群；④适合术前、术后、肿瘤患者、烧伤或者其他创伤、外伤、丢失蛋白严重的人群，体弱者，孕产期妇女、发育期青少年、中老年、素食者；⑤为高纯度优质乳清蛋白，适合需要补充蛋白质，或需要低盐低磷者；⑥适合需要补充蛋白质的人群，尤其是消化吸收不良的老年人、术前术后需要营养补充的患者、生长发育期的儿童和青少年、运动人群；⑦蛋白质营养不良人群，慢性消耗性疾病患者群；⑧蛋白质摄入不足或者缺乏的患者；⑨适用于需要补充蛋白质或丢失蛋白质严重的人群；⑩适用于进行手术（如胆囊、肿瘤切除等）之前用膳的补充，用于肝昏迷、血氨过高的精神症状住院人群；⑪适用于烧伤、创伤、大手术后

表 30-2-4　非全营养配方食品分类和配方

类别		配方
营养素组件	蛋白质(氨基酸)组件	1. 由蛋白质和/或氨基酸构成 2. 蛋白质来源可选择一种或多种氨基酸、蛋白质水解物、肽类或优质的整蛋白
	脂肪(脂肪酸)组件	1. 由脂肪和/或脂肪酸构成 2. 可以选用长链甘油三酯(LCT)、中链甘油三酯(MCT)或其他法律法规批准的脂肪(酸)来源
	碳水化合物组件	1. 由碳水化合物构成 2. 碳水化合物来源可选用单糖、双糖、低聚糖或多糖、麦芽糊精、葡萄糖聚合物或其他法律法规批准的原料
电解质配方		1. 以碳水化合物为基础 2. 添加适量电解质
增稠组件		1. 以碳水化合物为基础 2. 添加一种或多种增稠剂 3. 可添加膳食纤维
流质配方		1. 以碳水化合物和蛋白质为基础 2. 可添加多种维生素和矿物质 3. 可添加膳食纤维
氨基酸代谢障碍配方		1. 以氨基酸为主要原料,但不含或仅含少量与代谢障碍有关的氨基酸 2. 添加适量的脂肪、碳水化合物、维生素、矿物质和/或其他成分 3. 满足患者部分蛋白质(氨基酸)需求的同时,应满足患者对部分维生素及矿物质的需求

需要补充谷氨酰胺的患者的营养治疗,也可用于处于高分解代谢和高代谢状况的患者的辅助营养治疗;⑫适合胃肠功能紊乱和疼痛、溃疡的人群;⑬适合胃肠功能较差的人群,手术、创伤、肿瘤放化疗,烧伤等应激需要额外补充谷氨酰胺的住院人群。

2. 禁忌证　不适合用于非目标人群。

(二)脂肪组件的适应证和禁忌证

1. 适应证　①适用于体内脂肪酸或胆汁盐缺乏,黏膜脂肪吸收不全、淋巴脂肪运输不全的住院人群;②适用于肠内营养支持中需要额外添加多不饱和脂肪酸的住院人群。

2. 禁忌证　不适合用于非目标人群。

(三)膳食纤维组件的适应证和禁忌证

1. 适应证　①膳食纤维摄入不足者,改善肠道功能;②适用于高血糖、便秘、肥胖、高血压、高脂血症等人群。

2. 禁忌证　不适合用于非目标人群。

(四)电解质配方组件的适应证和禁忌证

1. 适应证　适用于需要额外补充微量元素的住院人群。

2. 禁忌证　不适合用于非目标人群。

(五)维生素组件的适应证和禁忌证

1. 适应证　①适用于需补充或添加脂溶性维生素的住院人群;②适用于需要补充或添加水溶性维生素的住院人群。

2. 禁忌证　不适合用于非目标人群。

(六)益生菌组件的适应证和禁忌证

1. 适应证　适用于:①3岁以上肠道菌群失调的人群,如患有消化不良、腹泻等;②急慢性腹泻或便秘人群;③吸收功能障碍引起的营养不良人群;④胃肠道功能较差的不良人群;⑤烧伤、创伤、大手术后需要补充谷氨酰胺的人群;⑥处于高代谢状况的人群;⑦需要提高机体免疫力的人群;⑧使用抗生素人群。

2. 禁忌证　暂无。

第三节 特殊医学用途配方食品的法律法规

一、《中华人民共和国食品安全法》对特殊医学用途配方食品管理的要求

特殊医学用途配方食品的整个使用过程首先要遵循《中华人民共和国食品安全法》(以下简称《食品安全法》)的依据进行。如何依照《食品安全法》来管理和使用特殊医学用途配方食品,非常重要。《食品安全法》规定:特殊医学配方食品的生产企业必须按照有关法律和标准,生产前应进行医学和营养学的研究,科学证实其产品的安全性及临床应用的效果;还应满足生产条件的相关要求,以确保生产的产品符合法律和标准。

《食品安全法》第四章第二节第三十三条提到食品生产经营应当符合食品安全标准,并符合下列要求:

(一)具有与生产经营的食品品种、数量相适应的食品原料处理和食品加工、包装、贮存等场所,保持该场所环境整洁,并与有毒、有害场所以及其他污染源保持规定的距离;

(二)具有与生产经营的食品品种、数量相适应的生产经营设备或者设施,有相应的消毒、更衣、盥洗、采光、照明、通风、防腐、防尘、防蝇、防鼠、防虫、洗涤以及处理废水、存放垃圾和废弃物的设备或者设施;

(三)有专职或者兼职的食品安全专业技术人员、食品安全管理人员和保证食品安全的规章制度;

(四)具有合理的设备布局和工艺流程,防止待加工食品与直接入口食品、原料与成品交叉污染,避免食品接触有毒物、不洁物;

(五)餐具、饮具和盛放直接入口食品的容器,使用前应当洗净、消毒,炊具、用具用后应当洗净,保持清洁;

(六)贮存、运输和装卸食品的容器、工具和设备应当安全、无害,保持清洁,防止食品污染,并符合保证食品安全所需的温度、湿度等特殊要求,不得将食品与有毒、有害物品一同贮存、运输;

(七)直接入口的食品应当使用无毒、清洁的包装材料、餐具、饮具和容器;

(八)食品生产经营人员应当保持个人卫生,生产经营食品时,应当将手洗净,穿戴清洁的工作衣、帽等;销售无包装的直接入口食品时,应当使用无毒、清洁的容器、售货工具和设备;

(九)用水应当符合国家规定的生活饮用水卫生标准;

(十)使用的洗涤剂、消毒剂应当对人体安全、无害。

《食品安全法》第四章第二节第四十五条提到食品生产经营者应当建立并执行从业人员健康管理制度。患有国务院卫生行政部门规定的有碍食品安全疾病的人员,不得从事接触直接入口食品的工作。从事接触直接入口食品工作的食品生产经营人员应当每年进行健康检查,取得健康证明后方可上岗工作。

第四章第二节第五十三条提到食品经营者采购食品,应当查验供货者的许可证和食品出厂检验合格证或者其他合格证明(以下称合格证明文件)。食品经营企业应当建立食品进货查验记录制度,如实记录食品的名称、规格、数量、生产日期或者生产批号、保质期、进货日期以及供货者名称、地址、联系方式等内容,并保存相关凭证。

第七章第一百零三条提到发生食品安全事故的单位应当立即采取措施,防止事故扩大。事故单位和接收患者进行治疗的单位应当及时向事故发生地县级人民政府食品安全监督管理、卫生行政部门报告。任何单位和个人不得对食品安全事故隐瞒、谎报、缓报,不得隐匿、伪造、毁灭有关证据。

总之,要安全、高效地使用医学用途配方食品首先要加强《食品安全法》的学习和贯彻。尤其是医疗机构和营养科的相关人员。

二、国家特殊医学用途配方食品管理规范

因为我国有特殊营养需求的人群数量庞大,特殊医学用途配方食品将在改善特殊人群的疾病治疗中提供配方设计和临床应用的科学支持的积极作用。所以特殊医学用途配方食品以肠内营养制剂形式进入中国,按照药品进行监管,我国于

2010 年颁布了《特殊医学用途婴儿配方食品通则》（GB 25596—2010），原国家卫生和计划生育委员会也先后公布了一系列的通则和规定，如 2013 年第 11 号公告公布了《特殊医学用途配方食品通则》（GB 29922—2013）和《特殊医学用途配方食品良好生产规范》（GB 29923—2013）两项国家标准。2016 年 3 月 7 日，国家食品药品监督管理总局发布了《特殊医学用途配方食品临床试验质量管理规范（试行）》，并于 2016 年 11 月 1 日施行。

（一）特殊医学用途婴儿配方食品通则

2010 年颁布的《特殊医学用途婴儿配方食品通则》（GB 25596—2010）适用对象是指 0~12 月龄的婴儿。指针对存在功能紊乱、疾病或医疗状况等特殊医学状况婴儿的营养需求而设计制成的粉状或液态配方食品。在医生或临床营养师的指导下，单独食用或与其他食物配合食用时，其能量和营养成分能够满足 0~6 月龄特殊医学状况婴儿的生长发育需求。

（二）特殊医学用途配方食品通则

根据不同临床需求和适用人群，《特殊医学用途配方食品通则》（GB 29922—2013）将该类产品分为三类，即全营养配方食品、特定全营养配方食品和非全营养配方食品。《特殊医学用途配方食品通则》中强调该类产品不能作为单一营养来源满足目标人群的营养需要，需要与其他食物配合使用，故对营养素含量不做要求，在医师和临床营养师的指导下进行使用。

（三）特殊医学用途配方食品良好生产规范

GB 14881《食品安全国家标准食品生产通用卫生规范》规定规定了特殊医学用途配方食品生产过程中原料采购、加工、包装、贮存和运输等环节的场所、设施、人员的基本要求和管理准则。

（四）特殊医学用途配方食品注册管理办法

为规范特殊医学用途配方食品注册行为，加强注册管理，保证特殊医学用途配方食品质量安全，根据《中华人民共和国食品安全法》等法律法规，制定本办法。

（五）特殊医学用途配方食品临床试验质量管理规范（试行）（2016 年第 162 号）

为规范特殊医学用途配方食品临床试验研究过程，保证临床研究结果的科学性、可靠性，保护受试者的权益并保障其安全，根据《中华人民共和国食品安全法》及其实施条例、《特殊医学用途配方食品注册管理办法》，制定本规范。

（孙建琴 陈 伟）

参 考 文 献

1. 中华人民共和国国家卫生和计划生育委员会．食品安全国家标准特殊医学用途配方食品通则：GB 29922—2013［S］．北京：中国标准出版社，2013.
2. 于健春．特殊医学用途配方食品临床应用指导［M］．北京：中华医学电子音像出版社，2015.
3. 韩军花．特殊医学用途配方食品系列标准实施指南［M］．北京：中国标准出版社，2015.

第五篇　医院膳食营养

第三十一章　医院膳食历史与现状

一、医院膳食的定义和分类

医院膳食（hospital patient diet，HPD）是根据人体的基本营养需要和各种疾病的治疗需要而制订的医院患者膳食。医院膳食可分为基本膳食（basic diet，BD）、治疗膳食（therapeutic diet，TD）、特殊治疗膳食（special therapeutic diet，STD）、儿科膳食（pediatric diet，PD）、诊断膳食（diagnostic diet，DD）和代谢膳食（metabolic diet，MD）等。医院基本膳食按其质地分为以下四种形式：普通膳食（regular diet，RD）、软食（soft diet，SD）、半流质膳食（semi-liquid diet，SLD）和流质膳食（liquid diet，LD）。治疗膳食是在基本膳食的基础上，适当调整总能量和某些营养素，以适合病情需要，从而达到治疗的目的。如高蛋白质膳食（high protein diet，HPD）、高纤维膳食（high fiber diet，HFD）、低脂肪膳食（low fat diet，LFD）、低盐膳食（low salt diet，LSD）等。

各种膳食的食谱应按膳食常规要求进行设计和配制。医院膳食作为临床治疗的一个组成部分，是辅助治疗疾病的一项基本措施，是使疾病康复的重要手段。因此，日常餐饮与医院膳食有所不同（具体见表 31-0-1）。

表 31-0-1　日常餐饮与医院膳食的区别

	日常餐饮	医院膳食
经营目的	追求经济效益	满足不同患者的治疗需要
服务对象	健康人	患者
成本管理	追求廉价购买	严格控制成本、优质优价
出品质量	注重色、香、味	除色、香、味，更注重患者的病情需要、营养搭配
卫生要求	注重表现视觉卫生	注重操作全过程的卫生管理

二、医院膳食的发展

（一）医院膳食的国外发展概况

在 2000 年前的西方，医学之父希波克拉底，就提出了饮食的法则："把你的食物当药物，而不是把你的药物当食物。"提出了多吃食物少吃药，提前预防疾病的医学思想。1616 年，笛卡尔创立了解析几何，树立了新的思维观点。他主要的事情是把食物从整体进行分解，并提取了碳水化合物和其他营养成分，从此开始了六大营养素的研究。现代营养学起源以 1900 年发现碳水化合物，并逐渐成为一门专业的学科。

在 19 世纪早期，医院仅为患者提供最基本的食物（主要包括肉和面包，及有限的牛奶或蔬菜），患者亲属会带来额外的食物，以确保患者得到充分的营养。20 世纪 30 年代，医院护理人员开始负责膳食服务，但大多数医院仍缺乏关于膳食管理的规定。直到 20 世纪 80 年代，一些医院制定了关于膳食调整的建议，推荐了患者膳食的最低选择标准，并且政府也出台了鼓励医院外"酒店"服务外包的政策，并制定了简单的膳食服务最低标准。该标准规定，应尽可能将特殊饮食菜单整合到主菜单中，必须提供充足的食品，以满足个人饮食要求。

治疗膳食的种类完善也经历了漫长的发展过程。1939 年 Royal Newcastle Hospital 出版了一本关于膳食种类的手册，其中包括 23 种饮食类型。五年后，Royal Prince Alfred Hospital 出版了包含 53 种治疗膳食类型的手册。直到 1957 年，英国才出版了第一部国家指南手册，并在 20 世纪 60 年代定期更新。1980 年，英国发布了一份《医院膳食管理手册》，其中规定了 19 种治疗膳食类型。澳大利亚营养师协会（Dietitians Association of Australia，DAA）于 1988 年出版了包含 35 个治疗膳食类型的指导手册。随着2006年我国卫生支持服务的引入，电子化的订餐系统开始在医院逐步投入使用，以满足患者营养和治疗性膳食需求。

（二）医院膳食的国内发展概况

1. 医院膳食的形成在《周礼》中提到，西周时有一种官叫"食医"。食医主要掌理调配周天子的"六食""六饮""六膳""百馐""百酱"的滋味、温凉和分量。从食医所从事的工作来看，他们已与现代营养医生类似。同时，书中还涉及了其他一些有关食疗的内容。《周礼·天官》中说的疾医主张已经是很成熟的食疗原则。这些记载说明，在我国早在先秦时代，甚至可能在西周时代就有了相当丰富的药膳知识，并出现了从事药膳制作和应用的专职人员。成书于战国时期的《黄帝内经》中载有："凡欲诊病，必问饮食居处""治病必求其本""药以祛之、食以随之"。并说："人以五谷为本""天食人以五气，地食人以五味""五味入口藏于肠胃""毒药攻邪，五谷为养，五果为助，五畜为益，五蔬为充，气味合而服之，以补精气"。与《黄帝内径》成书时间相近的《山海经》中也提到一些食物的药用价值："榱木之实，食之使人多力；枥木之实，食之不老；猩猩食之善走。"1616年左右，李时珍等医学名家，确立了关于食物温、热、寒的分类。《本草纲目》的著成，代表了中国古代食疗的高峰。

1920年，我国首次建立了患者饮食分配室，即开展各种治疗饮食制作及配送。1931年，已有医院规定，患者不得随意食用其他食物，一律进食治疗餐。1948年，北京协和医院营养科建立了一套适合中国国情的医院膳食，包括基本膳食、治疗膳食、诊断及代谢膳食，为了保证其落实，还建立整套管理的规章制度。当时北京协和医院营养科与内分泌科合作，在国内率先将传统的低能量、低碳水化合物、高脂肪的糖尿病膳食，改变为合理控制能量放宽碳水化合物、限制脂肪的膳食，不但使患者摆脱了半饥饿的状态，临床上还取得良好的疗效。1980年，北京协和医院营养科研究了适合国情的"食品交换份"和"24种食物的血糖生成指数"，目前仍然在营养学界广泛使用。

2. 医院膳食管理模式的发展　卫生部于1985年颁布文件规定，医院的营养科室属医技科室，人们开始关注临床营养与医院膳食的关系模式，逐步将临床营养融入医院膳食发展中。

我国医院膳食模式开始了从计划经济时代到改革开放时代的转变。在计划经济时代，我国各大医院的营养科与职工食堂两种机构相互并存，营养科下设的营养食堂，专门供应患者的治疗膳食和普通膳食。营养科的运作模式是：实行一定福利性质的包伙制。医生为患者开膳食医嘱→营养师根据医嘱检查特殊患者→开营养计划下发营养食堂→营养食堂根据营养计划安排每日的治疗膳食或普通膳食。在这种运作模式下，营养师每日要上病房查房，制订膳食计划，指导营养室配制治疗膳食，客观上有大量的工作要做。

随着改革开放的深入进行，医疗卫生事业发展的外环境和内部的运作发生了深刻的变化。经过改革开放后的中国，人们生活水平得到不断提高，达到了温饱水平，人们可以根据营养学来安排自己的一日三餐。此外，全国多数医院把营养科划归后勤管理，部分医院把营养科与膳食机构合并。

20世纪90年代卫生部关于医院等级管理的文件明确规定，各大医院要保留营养机构和一定比例的营养师，临床营养专业逐渐回归临床，临床营养师在病房从事查房、制订营养计划、健康教育、膳食咨询等服务。

三、医院膳食管理现状

随着经济的迅猛发展和医疗需求的急剧变化，国内的医院膳食管理体系也在不断的完善，以适应社会需求。但是依然存在着一些问题，其中包括：①营养科的工作模式不固定；②食堂管理体制不统一；③膳食医嘱和营养食谱落实不规范；④餐饮工作人员业务培训不系统；⑤住院患者医院食堂就餐率低。针对这些存在的问题，医院强化了营养科在整体医疗中的作用，许多医院也采取现代化评价系统。我国的国家卫生健康委员会医政医管局也发布了《关于印发进一步改善医疗服务行动计划（2018—2020年）考核指标的通知》，要求医疗机构以后勤服务为突破，全面提升患者满意度。医疗机构需不断改善设施环境，标识清晰，布局合理。加强后勤服务管理，重点提升膳食质量和卫生间洁净状况，为有需要的住院患者提供健康指导和治疗饮食。

（一）医院膳食质量安全

现代医学已确认，诊疗、护理和营养密切配合，采取综合治疗方法，才能获得最佳疗效。医院膳食管理工作，需要医院的营养师、医师、护士等通力合作。从膳食医嘱下达到设计营养治疗方案和食谱，采购食品原料到加工烹饪，直至分发到病房的患者，各个程序要环环相扣，紧密连接。保证医院膳食质量，是提高医院综合服务质量的重要内容。加强医院膳食的全面质量安全管理，是现代综合性医院的必然要求。

医院膳食质量应满足以下几方面的要求。首先是要保证医院患者食用医院膳食时是卫生安全的，不会引起食源性疾病；其次，医院患者在住院期间所摄入的膳食必须符合临床治疗要求，满足患者的疾病和健康需求。纵观国内医院膳食质量的管理，二者完美结合的模式并不多见。对于某些非常特殊的患者，如糖尿病患者，可能在某种程度上得到了营养师的指导和营养配餐，但是大多数患者无法享受到真正意义上的既安全又营养的医院膳食配餐。

既安全又营养是医院膳食配餐管理所追求的目标。然而在实际工作中发现要真正做好这两方面的工作有相当难度。尽管如此，营养师一直在摸索、实践，以期望达到完善的医院膳食安全质量要求。目前已经开展的工作包括：卫生安全控制和营养安全控制。在卫生安全控制方面，引入危害分析的临界控制点理论（hazard analysis critical control point，HACCP）。根据我国医院膳食的特性，分析在整个营养配餐过程中最危险的环节，并找出关键控制点进行控制。真正要做到膳食卫生安全，重点应放在一线职工，教育他们危险因素是什么，如何防止交叉污染，如何从合格的供应商进货，并进行人员培训等。在营养安全控制方面，医院营养师需要了解医院的整体病种，制定出相应的食谱种类：如糖尿病食谱、肾脏病食谱、高血压食谱、冠心病食谱、痛风食谱、普通食谱等，在会诊过程中再针对有特殊情况的患者进行食谱调整，让每位患者的膳食配方都满足其病情和健康的需要；其次，对直接面对患者的配餐人员进行营养知识培训，要求营养配餐人员必须根据患者的病情为其订餐，特殊病情下咨询营养师后方可订餐；再次，培训膳食烹饪工作人员，严格按照食谱标准配方进行标准生产加工；最后，烹饪后的成品菜必须通过营养师的严格尝检后方可送餐到病房，分送给患者。

（二）医院膳食管理模式

1. 医院内部管理模式　部分医院自行管理患者食堂，为患者进行营养配餐。营养科将营养师分组，由营养师组成的营养治疗组，负责设计各种治疗膳食，开营养处方，计算饮食的营养素，提出每日饮食制作计划，手工配制食谱等。由厨师、厨工组成的烹调组，负责按营养处方要求加工烹调各类饮食。由配餐员组成的配餐组，按规定收取患者饮食变更通知单，预订饮食，汇总膳食份数，给患者分送食物等。由管理员、会计、采购员等组成管理组，负责计算成本、管理账务、掌握资金收入支出情况等工作。为完成这一系列工作，医院需要配备大量相关工作人员。工作接触面广，任务复杂，患者流动性大，治疗膳食种类繁多，对于医院管理者及营养科实施人员都是一个巨大的挑战。

2. “外包”管理模式　部分医院将管理膳食工作逐渐社会化，在此过程中，很多人将患者食堂和职工食堂画了等号。医院将膳食管理承包给社会单位，承包单位以盈利为目的，减少操作步骤，降低饮食质量，使得患者的利益受到侵害，影响临床营养治疗效果。故医院膳食必须以解决患者的膳食为前提，以切实为临床服务为宗旨，并建立与之相配套的管理机构及质量监督机制，这样才能保持其专业功能，保证为患者提高安全、卫生、有效的营养膳食。

3. 信息化管理模式　目前采用信息化系统进行膳食管理的医院仅占二级及以上医院的8.3%。使用信息化进行医院膳食管理，建立基于医院信息系统（hospital information system，HIS）、实验室信息系统（laboratory information system，LIS）的医院营养膳食管理系统。其优势是可建立标准化的膳食管理流程，营养师使用系统，根据患者的疾病特征、饮食医嘱特征配制不同食谱，系统也可对已配制的食谱进行全面营养素分析（三餐供能比、能量来源比等），以确保食谱配制合理。传统的配餐方式只是普通的膳食配餐，缺乏治疗膳食的合理制定与分析。利用配餐系统，营养师不仅可以根据不同的疾病和饮食医嘱制订不同的治疗食谱，还可根据患者的自身情况进行食谱设计，使得营养师配餐更加专业化。信息化膳食管理模式构建了营养配餐、点餐、备餐、分餐、退餐、采购、收费等完整的膳食管理体系，提高效率，创造效益。在确保信息安全的基础上，更加专业、效率、经济和人性化，提升了患者满意度和医院的管理整体形象。

四、医院膳食的未来发展模式

医院膳食未来的发展模式需遵守“八化”准则，包括食物制作规范化、岗位职责流程化、卫生安全落实化、管理体制实用化、质量控制严格化、服务水准人性化、运营体制信息化、营养知识专业化。

（一）食物制作规范化

烹饪操作必须按食谱制作，不准随意更改。

（二）岗位职责流程化

加强与病房的联系是保证治疗膳食的质量和改进服务措施的重要措施之一。凡需要特殊饮食治疗的患者，或需要营养科会诊的患者，营养师应到病房了解病情后，与主管医师协商共同开出膳食医嘱，制订出合理的营养治疗方案，定期随诊，做出必要的调整。营养科人员坚持下病房制度，征求患者意见，检查膳食医嘱落实情况，观察营养治疗效果。同时对患者进行营养健康教育。对于有些慢性病患者，还应对其进行长期的营养监测。炊事人员要在营养师的带领下，定期下病房征求意见。

（三）卫生安全落实化

严格把控食物来源，生产流程控制及半自动化生产方式实现味道标准的统一。

（四）管理体制实用化

根据医院的不同定位，设立专管人员，对医院膳食涉及的多个部门进行有效的沟通，并梳理管理流程。建立住院膳食收费、采购一体化的库房管理体系，实时动态掌握收入情况以及食物出入库电子化管理，从根本上实现成本收益核算。

（五）质量控制严格化

医疗服务质量是医院的生命线，医院膳食的全面质量管理则是维护这条生命线的具体举措之一。医院营养科及营养食堂应对医院膳食实施全面的质量管理。形成符合国家及国际标准的营养分析系统和营运手册，并结合医嘱形成营养餐技术标准。

（六）服务水准人性化

树立“以患者为中心”的服务理念，关注患者饮食消费心理，向患者推出系列便民服务措施。①设立快餐点，全天现场加工供应各类主食、糕点、饮料等，解决部分患者因特殊检查而耽误用餐的问题；②电话订餐，满足因医疗救治工作繁忙而无暇在食堂就餐的医护人员的需求；③对患有特殊病或有特殊口味要求的患者餐饮进行特别加工。

（七）运营体制信息化

利用信息化平台，建立方便快捷的运营体制，如图 31-0-1 所示。

（八）营养知识专业化

拥有资质的医学临床营养师和专职厨师作为技术指导、监督和执行队伍，定期对食堂工作人员进行培训考核，不定期抽查，确保饮食安全。

随着临床营养研究的不断深入，科学、及时的膳食营养治疗在临床综合治疗中的作用越来越重要。国内外临床营养管理条例的出台为医院膳食的发展提供了良好机遇。在本着以患者为中心的服务宗旨下，医院膳食将有很大的发展空间和发展前景。

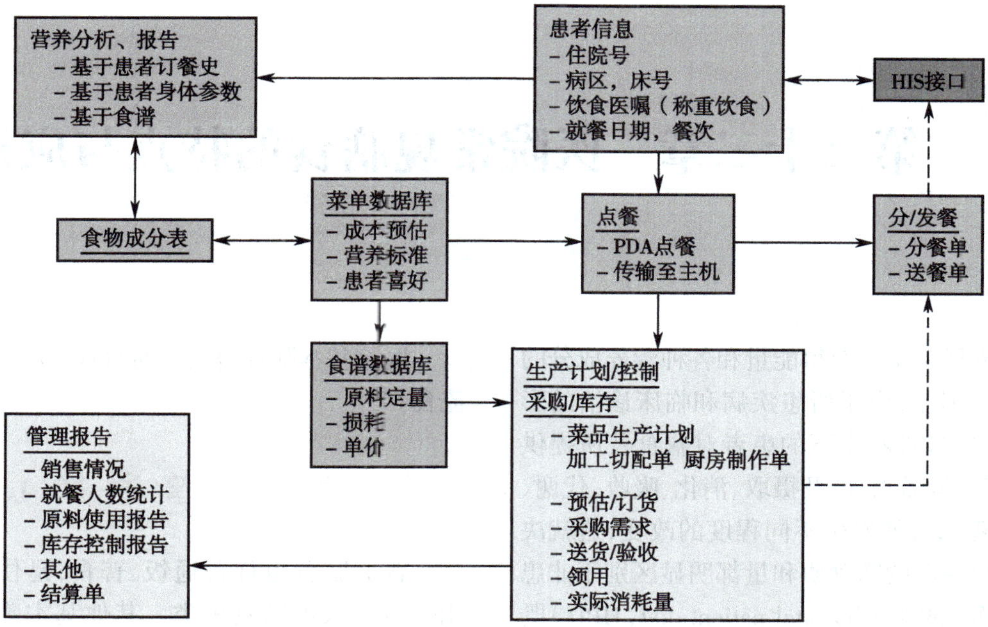

图 31-0-1 运营体制流程

（李增宁）

参 考 文 献

1. 中国营养学会，上海市营养学会，青岛大学医学院医学营养研究所．营养名词术语：WS/T 476-2015［S］．北京：中华人民共和国国家卫生和计划生育委员会，2016.
2. 国家卫生健康委办公厅．关于印发进一步改善医疗服务行动计划（2018—2020 年）考核指标的通知．［S/OL］（2017-12-29）［2020-03-03］．http://www.gov.cn/gongbao/content/2018/content_5299607.htm.
3. 刘晓东，田丽丽．医院智能营养膳食分析系统的建立与应用［J］．医疗卫生装备，2017，38（4）：65-67.
4. Williams P，Hazlewood T，Pang G. Development of nutrition standards and therapeutic diet specifications for public hospitals in New South Wales［J］. Australian Health Review，2014，38（4）：467-470.

第三十二章 医院常规膳食的特点与应用

膳食同样是患者获得能量和各种营养成分的主要途径。但是，由于所患疾病和临床诊治的影响，处于特殊病理状态下的患者对膳食及所提供的能量、营养素需求，以及摄取、消化、吸收、代谢、排泄等过程都可能发生不同程度的改变，这就决定了其经口摄取的膳食质和量都明显区别于非患病机体。医院膳食（hospital patient diet，HPD）既然是根据患者的基本营养需要与各种疾病诊断治疗的需要而制订的，以治疗疾病和促进康复为目的的膳食，是医学营养治疗的主要方法和手段，也是临床综合诊治的基础和手段之一。绝大多数住院患者须接受医院膳食治疗。门诊、居家患者也参照相应的膳食治疗原则、方法调整饮食。

医院膳食治疗（diet therapy）的开展和管理由来已久，但目前仍有待规范。在欧洲，医学伦理上认定患者充足而合理的经口摄食属于基本医疗责任。只要患者能够吞咽，表达想吃的意愿，而没有医疗反指征，医疗机构就应当为其提供液体和营养素，这属于基本医疗范畴。

医院膳食目前在全国不同地区、单位分类略有不同，通常分为常规膳食（regular hospital diet）也称基本膳食、治疗膳食（therapeutic diet）、诊断膳食和试验膳食等。各种医院膳食种类很早即建立有膳食常规（diet routine），并根据医学研究和临床救治水平的发展不断修订和完善。医院应建立医疗膳食配制室承担各种医院膳食的制备，并从医疗质量与安全、食品安全等各方面规范管理全部住院患者膳食治疗医嘱执行的医疗行为。

医院基本膳食是根据住院患者不同病理生理需要，特别是咀嚼、消化功能状况，通过改变食物烹调方法或质地而配制的膳食。其他特殊治疗膳食，或诊断膳食、试验膳食通常是在基本膳食的基础上，通过调整或限制膳食中营养成分并精确称重、制备而成。

医院基本膳食包括普通膳食、软食、半流食和流食。

第一节 普通膳食

普通膳食也称普通饭、普食，是住院患者食用比例最大的膳食种类。其他基本膳食种类和各种治疗膳食都是在普通膳食的基础上调整变化而来。

一、性质和特点

普通膳食应符合平衡膳食的基本原则，但与健康人的日常饮食仍有不同。

二、临床适应证或适用对象

主要适用于体温正常或接近正常、咀嚼、吞咽和消化、吸收功能无障碍，临床治疗对膳食和能量、营养素无特殊要求和限制的患者和康复期患者。

三、膳食原则和营养要求

（一）能量和营养素

能量和各种营养素满足住院患者基本需求，应达到或接近我国成人轻体力活动的推荐摄入量标准（RNIs），每日总能量可设定范围 1 800kcal~2 250kcal。如参照能量摄入标准，以总能量 2 100kcal/d 进行设计：蛋白质应达到 65~75g，其所提供能量占总供量比例的 12%~14%，其中动物性和大豆优质蛋白占蛋白质总量的 1/3 以上；脂肪为 50~60g，供能比例为 20%~30%；碳水化合物 275~350g，供能比例 55%~65%。

（二）餐次分配

三餐能量和营养素分配合理，通常参照早餐 20%~30%，午餐 40%，晚餐 30%~40% 设计。

（三）膳食结构

膳食结构参照《中国居民膳食指南》，达到平衡膳食的要求。各类食物种类齐全、搭配合理，既要满足患者的能量和营养素需求又要防止过量。

四、食物选择和禁忌

食物原料新鲜卫生，多样化。每日供给的食物中应包括谷类、蔬菜、鱼虾类、蛋类、奶类、畜禽肉类、豆类及适量的烹调油和少量的调味品。每日的蔬菜不应少于 300g。其中黄绿色蔬菜 >50%。根据住院患者能量和营养素的要求，推荐各种食物量为谷类 250~400g，蔬菜 300~500g，肉类食品 100~175g，蛋类 25~50g，奶类 200g，大豆类 25~50g（或等值豆制品），烹调油 25~30g，盐 6g。

少用油腻、难消化、易胀气的食物，如肥肉、韭菜、洋葱、大豆芽菜等。忌用易引发食物过敏或不耐受反应的食物，或有强烈刺激性的食物原料和调味品，如辣椒、芥末、胡椒粉、咖喱等。尽量不用含防腐剂和色素的调味品。

五、烹调要求

食物烹调应清淡，注意色、香、味、型，通过烹调方法的合理应用尽量减少营养素损失。如含草酸丰富的菠菜、空心菜、小白菜等叶菜类要先焯后切，多用蒸、煮、焖、炖、汆、烩等方法，少用煎、炒、炸、烤，不用腌制、烟熏等的方法。

六、医嘱执行和管理

住院患者普食医嘱和执行早、午、晚三餐，餐间间隔 4~6h。用餐时间一般为早餐 7:00—7:30，午餐 11:30—12:00，晚餐 17:30—18:00，并相应协调临床治疗和护理流程。

第二节 软 食

食物制软的目的主要是使食物便于咀嚼。软食（soft diet，SD）是介于普通膳食和半流质之间的饮食，制备时须注意应用适宜的烹调方法，其制作要求高于普通膳食。

一、性质和特点

软食比普食更容易消化，但同样应符合平衡膳食的基本原则，其所提供的能量和营养素应基本达到患者的营养需求。

二、临床适应证或适用对象

适用于老年人、幼儿或有牙齿疾病等存在咀嚼不便、不能进食大块食物的患者，体温正常或略高患者，消化吸收能力稍弱者，疾病恢复期的患者等。

三、膳食原则和营养要求

（一）能量和营养素

能量和各种营养素满足适应证患者基本需求，根据年龄等具体临床需求达到或略低于成人的推荐摄入量标准（RNIs），总能量可设定范围为每日 1 750kcal~2 100kcal，蛋白质、脂肪、碳水化合物的供能比例与普食相同。

（二）餐次分配

每日餐次和能量分配比例可在普食三餐能量和营养素分配基础上，合理安排加餐，通常可参照早餐 20%~30%，午餐 30%，晚餐 20%~30%，加餐 10%（1~2 餐）进行安排。

（三）膳食结构

膳食结构同样参照《中国居民膳食指南》，达到平衡膳食的要求。各类食物种类齐全、搭配合理，既要满足患者的能量和营养素需求又要防止过量。

四、食物选择和禁忌

食物原料在尽可能多样化的前提下，应选择少含粗糙植物纤维及较硬肌肉纤维，或可以经切碎、煮烂等一定制备方法后可达到软化目的的食材。主食应以软米饭、馒头、面条、包子、饺子、馄饨、粥等易咀嚼食物为主。畜禽肉类应选择细、嫩的瘦肉，切成小块，鱼应选择含刺少的品种。蛋类除用油煎炸外，其他烹调方法均可选用，如炒鸡蛋、蒸蛋羹、荷包蛋、煮蛋等。蔬菜类应选用含膳食纤维少的种类，如番茄、茄子、南瓜、冬瓜、菜花、马铃薯、萝卜、嫩叶菜等，并去掉老叶和外皮，切成小块。奶类和豆制品也是良好的软食食材。

少用食物或禁忌食物：不宜直接在菜肴中使用坚果类如花生、核桃、杏仁等，但可制成花生酱、杏仁酪、核桃酪后使用。不宜选用粗粮和整粒的豆类。其余少用、忌用食物同普食。少用难消化、易胀气的食物,如韭菜、洋葱、大豆、芽菜等。忌用易引发食物过敏或不耐受反应的食物,或有强烈刺激性的食物原料和调味品,如辣椒、芥末、胡椒粉、咖喱等。尽量不用含防腐剂和色素的调味品。

五、烹调要求

食物烹调应清淡,注意色、香、味、形,选择适宜加工烹调方法,应注意将食材切碎,采用适时的蒸、煮、焖、炖的方法,达到易咀嚼、易消化、较清淡、少油腻的标准。尽量减少营养素损失,但由于软食中的蔬菜及肉类均需切碎、煮烂,容易丧失许多维生素和矿物质。因此,长期进食软食的患者,应注意额外补充,防止维生素和矿物质缺乏。

六、医嘱执行和管理

住院患者软食医嘱和执行每日3~5餐,除主餐三餐外,可增加一餐点心。餐间间隔3~5h。用餐时间一般为早餐7:00—7:30,午餐11:30—12:00,晚餐17:30—18:00,加餐可于下午或睡前安排,并相应协调临床治疗和护理流程。

第三节 半流质膳食

半流质膳食(semi-liquid diet)介于软食与流质膳食之间的,外观呈半流体状态,比软食更易消化,是限量、多餐次的膳食。

一、性质和特点

半流质介于固体和液体之间,较稀软,植物纤维较少,易于咀嚼吞咽,易消化吸收,可减轻消化器官负担,适应患者消化系统耐受能力。

二、临床适应证或适用对象

半流质适用于发热、急性重症或身体虚弱、无力咀嚼食物或咀嚼或吞咽困难患者,口腔、耳鼻喉、颈部手术患者,刚分娩后的产妇,消化道疾病(如急性炎症、腹泻、消化不良)患者。还作为某些外科手术前肠道准备阶段和术后过渡阶段的饮食。

三、膳食原则和营养要求

半流质能量、蛋白质及其他营养素相对不足,所提供的全天能量,一般在1 500kcal~1 800kcal,蛋白质50~60g,维生素和矿物质摄入容易不足,应尽可能做到能量和营养素供给和结构合理,目前已可根据患者情况选择性进行口服营养补充(ONS)。

四、食物选择和禁忌

食用精制米面做成粥、面条、云吞、小馒头、面包等。肉类选择细嫩的瘦肉或鱼虾,做成肉馅或肉糜。蛋类制作成蛋羹、蛋花。蔬菜应选择含膳食纤维少的品种,去掉老叶和外皮,切细碎。豆类制品可选择豆花、豆腐、豆腐丝等。慎用胀气食物,如牛奶、豆浆、过甜食品。

五、烹调要求

采用适时的蒸、煮、焖、炖的烹调方法,不用煎、炸、烧、烤等方式。

六、医嘱执行和管理

半流质饮食所提供的食物稀薄,含水量较大,营养素的浓度受到限制。因此应增加餐次,尽量保证营养素摄入。通常每隔2~3h一餐,每天不少于5餐。

第四节 流质膳食

流质膳食(liquit diet,LD)呈液体状或进入口腔后可以融化为液体,临床实践中还可细分为普通流质、清流质、浓流质、冷流质。

一、性质和特点

流质的质地呈稀薄至黏稠液体状,能量、蛋白质及其他营养素明显不足,只能短期或过渡期应用,必要时可变更为营养平衡、成分丰富的匀浆膳食、口服强化肠内营养制剂。

二、临床适应证或适用对象

普通流质饮食多适用于高热、极度衰弱、无力咀嚼食物的患者,或急性传染病、病情危重、术后患者等，还用于肠道手术的术前准备。

一般腹部手术后，由静脉输液向全流质或半流质过渡之前宜先采用清流质。清流质也可作为急性腹泻和严重衰弱患者的初步口服食物。

口腔手术、面、颈部术后宜进食浓流质。

喉部术后、上消化道出血患者尝试恢复进食1~2d宜进食冷流质。

三、膳食原则和营养要求

流质饮食所提供的能量及营养素均不足，每天总能量在800kcal左右。清流质能量更低，浓流质最多可达1 000kcal左右。因流质的能量及营养成分均达不到平衡膳食要求。故只能短期应用。如患者需长期使用这种膳食，应考虑辅以口服肠内制剂或匀浆膳，必要时配合肠外营养。

四、食物选择和禁忌

（一）普通流质

可选用各种肉汤、牛乳、麦乳精、浓米汤、蛋花汤、蒸嫩蛋羹、奶酪、酸奶、藕粉、豆浆、豆花、蔬菜汁、水果汁、煮果子水、果汁胶冻等。有时根据病情需要，忌用浓糖水、牛乳、豆浆等易胀气食物。

（二）清流质

是一种限制较严格的流质膳食，不容易胀气的食品，在结肠内残留最少的残渣，较普通流质膳食更为清淡。可选用去油肉汤、米汤、稀藕粉、杏仁露、过滤蔬菜汤、过滤果汁等。服用清流质膳食时，需与可通过静脉营养，同时进行供给液体及少量能量和电解质，以防身体脱水。

（三）浓流质

浓流质比较黏稠，多以吸管吸吮，常用浓藕粉、面糊、米糊、蒸嫩蛋羹、牛奶芝麻糊、土豆泥浓汤等。

（四）冷流质

选择凉性、无刺激性流质食物，防止引起伤口出血和咽喉刺激。一般选用冷牛乳、冷米汤、冷豆浆、冷嫩蛋羹、冷藕粉、冰激凌、冰砖、冷果汁、冷果汁胶冻等。其中奶油冰棍是扁桃体术后患者喜爱的食品，术后第一天可多食用一些。对上消化道出血患者，一般于禁食后先用冷流质过渡。

五、烹调要求

某些固体食物可先用高速搅拌机将其研碎、过筛，再用液体冲匀和制熟。肉汤、蔬菜汤、水果汤等也应过筛去除渣滓，达到不含固体块或渣，易吞咽，易消化，同时应口感适宜，以增进食欲。

六、医嘱执行和管理

流质须要少量多餐，每日进食不少于6餐，间隔2~3h。每餐液体量不宜过多，200~300ml为宜。

（张 明）

参 考 文 献

1. 中国营养学会. 中国居民膳食营养素参考摄入量（2013）[M]北京：科学出版社，2013.
2. 中国营养学会. 中国居民膳食指南（2016）[M]. 北京：人民卫生出版社，2016.
3. 齐玉梅，郭长江. 现代临床营养治疗[M]. 北京：中国医药科技出版社，2016.
4. 李增宁，石汉平. 临床营养操作规程[M]. 北京：人民卫生出版社，2016.
5. 焦广宇，李增宁，陈伟. 临床营养学[M]. 北京：人民卫生出版社，2017.

第三十三章　医院治疗膳食特点与应用

在医院膳食实施中的治疗膳食也称成分调整膳食（modified diet，MD）。在调整某种营养素摄入量时，要充分考虑到各营养素之间的关系，切忌平衡失调。另外，在膳食的制备中要符合患者的消化、吸收和耐受能力，并结合患者的饮食习惯，注意食物的色、香、味、形和品种的多样化。

医院治疗膳食的种类很多，现将临床常用的膳食归纳如下。

一、高能量膳食

高能量膳食（high calorie diet，HCD），是指饮食中所提供的能量高于正常饮食，由于疾病使患者的基础代谢增高、机体组织修复或体力消耗增加，导致机体能量消耗增加，对能量的需要量大幅升高，需要从饮食中补充。高能量膳食的能量供给量明显高于正常供给量标准。

（一）适用对象

代谢亢进者，如甲状腺功能亢进症、癌症、严重烧伤、结核病、伤寒、创伤、高热、消瘦或体重不足者、营养不良、吸收不良综合征者；体力消耗增加者，如运动员、重体力劳动者、疾病恢复期患者等。

（二）膳食原则

1. 平衡膳食　为保证能量充足，膳食应有足量的碳水化合物、蛋白质、适量的脂肪，同时也需要相应增加矿物质和维生素的供给，尤其是提高与能量代谢密切相关的 B 族维生素的供给量。由于膳食中蛋白质的供给量增加，易出现负钙平衡，故应及时补充钙。为防止血脂升高，在设计膳食内容时应尽可能减少饱和脂肪酸、胆固醇和精制糖的摄入量。

2. 能量　根据病情调整供给量，病情不同，对能量的需要量也不同。每日供给的能量每千克体重在 146.4kJ（35kcal）以上，总能量在 8.37MJ（2 000kcal）以上，以满足患者需要。除三次正餐外，可分别在三餐后的 2h 加餐，根据病情和患者的喜好选择加餐的食物。

（三）注意事项

增加食物摄入量应循序渐进，少量多餐，避免造成胃肠功能紊乱。对食物总摄入量不足者，可用部分适宜的特殊医学用途配方食品来增加能量和营养素的摄入。在食用该膳食过程中需密切监测患者血脂和体重的变化。肥胖症、糖尿病、尿毒症患者不宜使用。

（四）食物选择

1. 宜用食物　各类食物均可食用，加餐以面包、馒头、蛋糕、藕粉、马蹄粉、乳制品、坚果等含能量高的食物为佳。

2. 忌（少）用食物　无特殊禁忌，但多选择高能量食物，少选择低能量食物，如能选择肉沫菜沫稠粥就少选择米汤。

二、低能量膳食

低能量膳食（low calorie diet，LCD）也称限制能量饮食，是指饮食中所提供的能量低于正常需要量，目的是减少体脂储存，降低体重或减轻机体能量代谢负担，以控制病情。此类膳食所含的能量低于正常人普通膳食的标准。

（一）适用对象

需减轻体重的患者，如单纯性肥胖；需减少机体代谢负担而控制病情的患者，如糖尿病、高血压、高脂血症、冠心病等。

（二）膳食原则

限制能量供给，而其他营养素能满足机体的需要。能量供给要适当地逐渐减少，以利于机体动用脂肪、消耗储存的体脂，并减少不良反应。

1. 平衡膳食　由于限制总能量，膳食中蛋白质供能的比例则相应提高，至少占总能量的15%，保证蛋白质供给不少于1g/(kg·d)，而且优质蛋白质应占50%以上；减少膳食中碳水化合物的供给量，其能量供给应占总能量的50%~60%，但应减少精制糖的供给；膳食脂肪一般应占总能量的20%~30%，胆固醇的摄入量应控制在300mg/d以下。

2. 能量　成年患者每日能量摄入量比平日减少2.09~4.18MJ（500~1 000kcal），减少量应根据患者具体情况而定，但每日总能量摄入量不应低于4.18MJ（1 000kcal），以防体脂动员过快，引起酮症酸中毒。

3. 食盐　通常情况下，适当减少食盐的摄入量，一般不超过5g/d。

4. 矿物质和维生素　由于总进食量减少，易出现矿物质（如铁、钙）、维生素（如维生素B_1）的供给不足，必要时可使用营养素补充剂进行补充。

5. 膳食纤维　多采用富含膳食纤维的蔬菜和低糖的水果，必要时可选用琼脂类食品，以增加膳食纤维的摄入量，满足患者的饱腹感。

（三）注意事项

采用低能量膳食的患者，活动量不宜减少，否则难以达到预期效果。减肥的患者应同时增加运动量，并注意饮食与心理平衡，防止出现神经性厌食症。低能量膳食不适用于妊娠肥胖者。

（四）食物的选择

1. 宜用食物　谷类、水产、瘦肉、禽类、蛋、乳（脱脂乳）、豆类及豆制品、蔬菜、水果等，但应限量选用。宜多选择粗粮、豆制品、蔬菜和低糖的水果等，尤其是叶菜类。烹调方法宜用蒸、煮、拌、炖等少油或无油的做法。各种菜肴应清淡可口。

2. 忌（少）用食物　肥腻的食物和甜食，如肥肉、动物油脂（猪油、牛油、奶油等）、花生、糖果、甜点心、白糖、红糖、蜂蜜等。烹调方法忌用油煎、油炸等多油的做法。

三、高蛋白质膳食

高蛋白质膳食（high protein diet，HPD）是指蛋白质含量高于正常人的膳食。因疾病（感染、创伤或其他原因）导致机体蛋白质消耗增加，或机体处于康复期需要更多的蛋白质用于组织的再生、修复时，需在原有膳食的基础上额外增加蛋白质的供给量。为了使蛋白质更好地被机体利用，通常需要同时适当增加能量的摄入量，以防止蛋白质的分解供能。

（一）适用对象

明显消瘦、营养不良、烧伤、创伤、手术前后、肾病综合征、慢性消耗性疾病如结核病、恶性肿瘤、贫血、溃疡性结肠炎等，其他消化系统炎症的恢复期患者。此外，孕妇、乳母和生长发育期儿童也需要高蛋白膳食。

（二）膳食原则

高蛋白质膳食一般不需单独制作，在原来膳食的基础上添加富含蛋白质的食物即可。如在午餐和晚餐中增加一个全荤菜（如炒猪肝、炒牛肉），或者在正餐外加餐，以增加高蛋白质食物的摄入量。

1. 能量　给予充足的能量，每日供给能量达12.54MJ（3 000kcal）左右。

2. 蛋白质、脂肪和碳水化合物　提高每日膳食中蛋白质含量，蛋白质每日供给量可达1.5~2.0g/kg，占总能量的15%~20%。采用富含优质蛋白质的动物性食品，优质蛋白质应占总蛋白质的1/2~2/3。对于经口进食量受限的患者，可采用部分特殊医学用途配方食品；碳水化合物宜适当增加，以保证蛋白质的充分利用，每日400~500g为宜。脂肪适量，以防血脂升高，一般每日60~80g。

3. 矿物质　高蛋白质膳食会增加尿钙排出，长期摄入，易出现负钙平衡。故在膳食中增加钙的供给量，如选用富含钙的乳类和豆类食品。

4. 维生素　长期的高蛋白质膳食，维生素A的需要量也随之增多，一般情况下，营养不良者肝脏中维生素A的贮存量也下降，故应及时补充。与能量代谢关系密切的B族维生素供给量应充足，贫血患者还应注意补充富含维生素C、维生素K、维生素B_{12}、叶酸、铁、铜等的食物。

（三）注意事项

循序渐进，并根据患者病情及时调整，也可与其他治疗膳食联合使用，如高能量高蛋白质膳食。但肝性脑病或肝性脑病前期，急、慢性肾功能不全,急性肾炎,尿毒症患者,均不宜采用。

（四）食物的选择

1. 宜用食物　可多选用含蛋白质高的食物,如瘦肉、鱼类、动物内脏、蛋类、乳类、豆类,以及富含碳水化合物的食物,如谷类、薯类、山药、荸荠、藕等,并选择新鲜蔬菜和水果。

2. 忌(少)用食物　肥腻的食物和纯甜食。

四、低蛋白质膳食

低蛋白质膳食(low protein diet,LPD)是指蛋白质含量低于正常人的膳食。蛋白质和氨基酸在肝脏分解产生的含氮代谢产物需经肾脏排出体外。肝、肾等器官功能下降时,出现排泄障碍,代谢废物在体内堆积会损害机体,因此,应限制膳食中蛋白质的含量,采用低蛋白质膳食。

（一）适用对象

肝性脑病或肝性脑病前期患者,急性肾炎,急、慢性肾功能不全,慢性肾功能衰竭,尿毒症患者。

（二）膳食原则

蛋白质的摄入量应根据维持机体接近正常生理功能的需要为原则供给,减少含氮化合物在体内积聚,其他营养素的供给应尽量满足机体需要。

1. 能量　能量供给充足才能节约蛋白质的消耗,减少机体组织的分解。可采用含蛋白质较低的食物作为主食,如麦淀粉、马铃薯、甜薯、芋头等代替部分主食以减少非优质蛋白质的摄入。能量供给量根据病情决定。

2. 蛋白质　视肝肾功能情况确定每日膳食中的蛋白质供给量。肾功能不全者在蛋白质定量范围内选用优质蛋白质,如鸡蛋、牛奶、瘦肉;肝衰竭患者应以含高支链氨基酸、低芳香族氨基酸的豆类蛋白为主,要避免肉类蛋白质。限制蛋白质供给量应根据病情随时调整。病情好转后需逐渐增加摄入量,否则不利于疾病康复,这对生长发育期的患儿尤为重要。

3. 矿物质和维生素　供给充足的蔬菜和水果,以满足机体对矿物质和维生素的需要。另外,矿物质的供给应根据病种和病情进行调整,有水肿的患者,除膳食要限制蛋白质外,还应限制钠的供给。

4. 烹调方法　使用低蛋白质膳食的患者往往食欲较差;另外,由于患者病情和心理的影响,患者的食欲普遍较差,故应注意烹调的色、香、味、形和食物的多样化,以促进食欲。

（三）注意事项

正在进行血液或腹膜透析的患者不需要严格限制蛋白质摄入量。

（四）食物的选择

1. 宜用食物　蔬菜类、水果类、食糖、植物油以及麦淀粉、藕粉、马铃薯、芋头等低蛋白质的淀粉类食物。谷类食物含蛋白质6%~11%,且为非优质蛋白质,根据蛋白质的摄入量标准应适当限量使用。

2. 忌(少)用食物　含蛋白质丰富的食物,如豆类、坚果、蛋、乳品、肉类、粗粮等。但为了适当供给优质蛋白质,可在蛋白质限量的范围内,适当选用蛋、乳品、瘦肉、鱼类。

五、限酪胺、多巴胺膳食

限制膳食中酪胺、多巴胺摄入量的膳食称为限酪胺、多巴胺膳食(tyramine、dopamine restricted diet,TDRD)。单胺类物质(如酪胺、多巴胺、5-羟色胺)能使血管收缩,血压升高。在正常情况下,这类物质被肝脏内的单胺氧化酶(monoamine oxidase,MAO)分解后排出体外,不会引起血压的急剧升高。但因治疗需要服用呋喃唑酮、苯乙肼、苯丙胺、哌苯甲醇等抑制单胺氧化酶的药物时,单胺氧化酶活性明显下降,此时,若摄入富含酪胺、多巴胺的食物,单胺类物质较易进入血液循环,使血管收缩,血压升高,可发生剧烈头痛、恶心、呕吐、心率过速、甚至抽搐等高血压危象。严重者可出现致命的内出血(如脑出血)。

（一）适用对象

因治疗需要使用单胺氧化酶抑制剂的患者。

（二）膳食原则

食物选择应限制膳食中酪胺、多巴胺的摄入量。食物经发酵或存放时间过长,都易受微生物的作用,使其中的蛋白质分解,氨基酸脱羧产生单胺类物质,如酪氨酸变成酪胺,色氨酸变成5-羟色胺。因此,应尽量避免选择这些发酵类食物或存放时间过长的食物。

（三）注意事项

体内的单胺氧化酶在停服抑制剂2周后才逐渐恢复活性。故患者在服药期及停药的2周内均应避免富含单胺类食物的摄入，以免产生不良作用。

（四）食物选择

1. 宜用食物　各种新鲜食物，非发酵食品，咖啡和茶等。

2. 忌（少）用食物

（1）加入碱或酵母制成的馒头、面包和其他面制品。

（2）酒酿及其制品，如啤酒、葡萄酒。

（3）干奶酪及其制品。

（4）用发酵法酿制的酱油、黄酱、面酱、豆瓣酱、豆豉，各种腐乳、臭豆腐。

（5）盐腌、熏制的各种肉菜和海产品（如虾皮、虾米、咸鱼、鱼干等）。

（6）腐败变质的各种动物性食物及其熟制品。

（7）富含蛋白质的各种陈旧、不新鲜食品，如陈旧野味，放置已久的肉类、肉罐头、市售肉汁、香肠。此外，香蕉、鳄梨、无花果、葡萄干、梅子、蚕豆等也宜少用。

六、限脂肪膳食

限脂肪膳食（fat restricted diet，FRD），因脂肪的吸收、转运、水解、合成等各个环节不正常所致的诸多疾病，或因病情需要而减少饮食脂肪的摄入量，即减少膳食中脂肪的供给量，又称低脂膳食或少油膳食。限脂肪饮食可改善脂肪代谢紊乱和吸收不良而引起的各种疾病。

（一）适用对象

胆囊、胆道、胰腺疾病（如急慢性胰腺炎、胆囊炎、胆结石）患者；急慢性肝炎、肝硬化患者；脂肪消化吸收不良，表现为脂肪泻（脂肪痢）的患者，如肠黏膜疾病、胃切除和短肠综合征等所致的脂肪泻患者；高脂血症、肥胖症、高血压、冠心病患者等。

（二）膳食原则

根据患者病情不同，脂肪摄入控制量也有所不同，一般可分为：轻度限制、中度限制和严格限制。

1. 脂肪　减少膳食中脂肪的含量，根据我国实际情况，建议将脂肪限量程度分为以下三种：

（1）轻度限制脂肪膳食：膳食脂肪供能不超过总能量的25%，脂肪总量每日50g以下。较适宜高脂血症、高血压、冠心病患者。

（2）中度限制脂肪膳食：膳食脂肪供能占总能量的20%以下，饮食中各种类型的脂肪总量每日不超过40g。较适宜胆囊炎恢复期、脂肪吸收不良患者。

（3）严格限制脂肪膳食：膳食脂肪供能占总能量的10%以下，脂肪总量（包括食物所含脂肪和烹调油）每日不超过20g，必要时采用完全不含脂肪的纯碳水化合物膳食。较适宜急性胰腺炎、急性胆囊炎患者。

2. 其他营养素　其他营养素供给应均衡。可适当增加豆类、豆制品、新鲜蔬菜和水果的摄入量。由于限制脂肪易导致多种营养素的缺乏，如必需脂肪酸、脂溶性维生素、钙、铁、铜、锌、镁等，因此，应注意在膳食中及时补充这些营养素。

3. 烹调方法　为了达到限制脂肪的膳食要求，除选择含脂肪少的食物外，还应选择合适的烹调方法，限制烹调用油，禁用油煎、炸或爆炒食物，可选择蒸、煮、炖、煲、熬、烩、凉拌、氽等。

（三）注意事项

脂溶性维生素的吸收和转运有赖于脂肪的参与，严格限制膳食脂肪可造成脂溶性维生素缺乏，因此，必要时可补充能溶于水的脂溶性维生素制剂。由于中链甘油三酯不会在血中堆积，可允许使用，详见中链甘油三酯膳食。胆囊炎和胆结石患者，尚需限制胆固醇摄入。

（四）食物选择

1. 宜用食物　根据病情、脂肪限制程度选择各种食物。包括谷类、不用油煎炸的瘦肉类、禽类、鱼类、脱脂乳制品、蛋类、豆类、薯类、蔬菜和水果。

2. 忌（少）用食物　含脂肪高的食物，如猪油、肥肉、肥瘦肉、全脂乳及其制品、花生、芝麻、松子、核桃、蛋黄油酥点心及各种油煎炸的食品等。脂肪含量大于20g/100g的食物忌用，15~20g/100g的食物少用。

七、低饱和脂肪酸低胆固醇膳食

将膳食中的饱和脂肪酸和胆固醇均限制在较低水平的膳食称为低饱和脂肪酸低胆固醇膳食（low saturated fatty acid and cholesterol diet）。目的是降低血清胆固醇、甘油三酯和低密度脂蛋白的水平。

（一）适用对象

适用于高胆固醇血症、高甘油三酯血症、高脂蛋白血症、高血压、动脉粥样硬化、冠心病、肥胖症、胆结石、脑卒中等疾病患者。

（二）膳食原则

1. 能量　控制总能量，使之达到或维持理想体重。但成年人每日能量最低不低于4.18MJ（1 000kcal）。

2. 碳水化合物　碳水化合物供能占总能量的50%~65%，并以复合碳水化合物为主如淀粉、非淀粉多糖、低聚糖等，少用精制糖。

3. 脂肪　限制脂肪，脂肪供能占总能量的20%~25%，一般不超过50g/d。调整脂肪酸的构成。减少富含饱和脂肪酸的动物性食品，使其不超过膳食总能量的10%。富含单不饱和脂肪酸的油脂，如橄榄油和茶籽油，适量使用能降低TC和LDL，且含不饱和双键较少，对氧化作用的敏感性远低于多不饱和脂肪酸，应占总能量的10%。多不饱和脂肪酸占总能量的10%左右。

4. 胆固醇　胆固醇摄入量控制在300mg/d以下。高胆固醇血症者，胆固醇控制在200mg/d以下。在限制脂肪和胆固醇时，还要保证优质蛋白质的供给，可多选择一些优质的植物性蛋白质，如大豆及其制品代替部分动物性蛋白质。

5. 维生素、矿物质和膳食纤维　适当选择粗粮、杂粮、新鲜蔬菜和水果，以满足维生素、矿物质和膳食纤维的供给量。

（三）注意事项

此类膳食不适于正处在生长发育期的儿童、孕妇、低胆固醇血症和创伤恢复期的患者。

（四）食物选择

1. 宜用食物　全谷类、薯类、脱脂乳制品、蛋类（蛋清不限，蛋黄每周限3个）、鱼、去皮鸡鸭鹅、兔肉、豆类、瘦肉、蔬菜和水果、植物油（在限量之内使用）、鱼油、坚果（在限量之内使用）。

2. 忌（少）用食物　动物油脂类制作的主食、全脂乳及其制品、奶油、蛋黄、鱼子、蟹黄、鱿鱼、肥瘦畜肉、动物的内脏和脑组织、肥肉、动物油脂（海洋生物油脂除外）、香肠等。

八、中链甘油三酯膳食

中链甘油三酯膳食（medium chain triglyceride diet，MCTD）系指以MCT代替部分长链甘油三酯（long-chain triglyceride，LCT）的膳食。目前临床使用的MCT多为油的形式，在烹调食物时使用。与LCT相比，MCT有以下特点：分子量较小，相对能溶于水，在生物体内溶解度高；脂肪酶对其的作用效率更大，易于吸收，即使在胰脂酶和胆盐缺乏时，对其吸收影响也不大，大部分能以甘油三酯的形式吸收，不会刺激胰液分泌；在肠黏膜上皮细胞内不明显地结合到乳糜微粒中，也不易与蛋白质结合，可直接经门静脉进入肝脏；在肝内不合成脂类，故不易形成脂肪肝；不需要肉碱存在，可很快通过线粒体膜，迅速而有效的被氧化供能；轻度降低胆固醇吸收并减慢肝内合成。

（一）适用对象

适用于消化、吸收与运输普通脂肪（长链甘油三酯）有障碍的患者，如胃大部分或全部切除、大部分肠切除术后、胆道闭锁、阻塞性黄疸、胰腺炎、胆盐和胰脂酶缺乏、肠原性脂肪代谢障碍、局限性肠炎伴脂肪痢。Whipple和克罗恩病、乳糜胸、乳糜尿、乳糜性腹水、高乳糜微粒血症、Ⅰ型高脂血症。

（二）膳食原则

1. 油脂搭配　在油脂选择中，不宜全部由MCT供给，只能取代部分长链甘油三酯。长期使用MCT易缺乏必需脂肪酸。一般由MCT提供的能量占脂肪能量的65%，占膳食总能量的20%，其余的35%由长链甘油三酯供给。

2. 碳水化合物　MCT氧化较快，其生酮性远大于长链甘油三酯，因此，在使用MCT时，应同时适量补充双糖以避免酮血症。

3. 个体化　在使用MCT膳食时，除使用部分MCT代替普通烹调油外，尚需结合不同的病情安排不同的膳食内容，如患有脂肪痢的患者其饮食应为低脂肪、低纤维的 MCT 软饭或半流食，而不能以普通膳食的要求供给。

4. 合理使用　由于 MCT 水解速度快，若一次大量摄入，会使肠腔内液体呈高渗状态，另外，其分解的游离脂肪酸过多时，也会刺激肠道，引起腹胀、腹绞痛、恶心、腹泻等胃肠道症状。因此，进食时要慢、采用少量多餐的办法，限制全日用量，使之不超过 40g，约占总脂肪进量的 50% 以下，或用 MCT 制备的食物作加餐，以避免出现不适。

（三）注意事项

确保患者能真正摄入 MCT，MCT 可作调味汁、色拉油等用作蔬菜、点心等的配料，也可用作烹调油用于烹调肉、鱼、禽、蔬菜等食物，但应将 MCT 吸入食物中，才能保证患者摄入。对患有糖尿病、酮中毒、酸中毒等患者，往往由于肝外组织利用酮体的能力已经饱和，使用 MCT 不仅浪费能源，而且会增高酸中毒的危险，故不宜使用。大部分 MCT 在肝内代谢，所以肝硬化患者也不宜使用。

（四）食物选择

1. 宜用食物　含脂肪较少的食物，如未加油脂制成的谷薯类、豆类及豆制品、蔬菜、水果、脱脂乳类和蛋清。精瘦肉类、鸡、虾、鱼等可限量使用，每日用量不超过 150g。蛋黄每周少于 3 个。烹调油在规定用量范围内，部分用 MCT 代替。

2. 忌（少）用食物　含长链脂肪酸高的食物，如肥肉、鹅、鸭、全脂乳类、奶油、市售油脂糕点和油煎炸的食品等。

九、限钠（盐）的膳食

限钠膳食（sodium restricted diet，SRD）指限制膳食中钠的含量，以减轻由于水、电解质代谢紊乱而出现的水、钠潴留。钠是细胞外液的主要阳离子，参与调节机体水电解质平衡、酸碱平衡、渗透压和神经肌肉的兴奋性。肝、肾、心等病变或使用某些药物（如肾上腺皮质激素）会引起机体水、钠平衡失调，出现水、钠潴留或丢失过多。限钠摄入是纠正水、钠潴留的重要治疗措施。食盐是钠的主要来源，每克食盐含钠约 400mg，故限钠实际上是以限制食盐为主。

临床上限钠膳食一般分为三种：①低盐膳食：全日供钠不超过 2 000mg。每日烹调用盐限制在 2~4g 或酱油 10~20ml，忌用一切咸食，如咸蛋、咸肉、咸鱼、酱菜、面酱、腊肠等；②无盐膳食：全日供钠 1 000mg 左右。烹调时不加食盐或酱油，可用糖醋等调味。忌用一切咸食（同低盐膳食）；③低钠膳食：全日供钠不超过 500mg。除无盐膳食的要求外，忌用每 100g 可食部含钠 100mg 以上的食物，如油菜、蕹菜、芹菜、松花蛋、豆腐干、猪肾、猪小肠等。

（一）适用对象

心功能不全，急慢性肾炎，肝硬化腹水，高血压、水肿、先兆子痫、各种原因引起的水钠潴留患者、用肾上腺皮质激素治疗的患者等。

（二）膳食原则

1. 食物选择　根据食量合理选择食物，有时为了增加患者食欲或改善营养状况，对食量少者可适当放宽食物选择范围。

2. 个体化　根据病情变化及时调整钠盐数量，如肝硬化腹水患者，开始时可用无盐或低钠膳食，然后逐渐改为低盐膳食，待腹水消失后，可恢复正常饮食。对有高血压或水肿的肾小球肾炎、肾病综合征、子痫的患者，使用利尿剂时用低盐膳食，不使用利尿剂而水肿严重者，用无盐或低钠膳食。不伴高血压或水肿及排尿钠增多者不宜限制钠摄入量。最好是根据 24h 尿钠排出量、血钠和血压等指标确定是否需要限钠及限钠的程度。

3. 烹调方式　食盐是最重要的调味品，限钠（盐）膳食比较乏味，因此，应合理烹调以提高患者食欲。一些含钠高的食物，如芹菜、菜心、豆腐干等，可用水煮或浸泡去汤方法减少其含钠量，用酵母代替食碱或发酵粉制作馒头也可减少其含钠量，这样节省下来的钠量可用食盐或酱油补充调味。此外，也可采用番茄汁、芝麻酱、糖醋等调味。烹调时注意色、香、味、形，尽量引起食欲。必要时可适当选用市售的低钠盐或无盐酱油，这类调味品是以部分氯化钾代替氯化钠，因此，高血钾患者需慎重使用。

（三）注意事项

老年人、心肌梗死、回肠切除术后、黏液性水肿和重型甲状腺功能低下合并腹泻的患者，限钠应慎重，应根据血钠、血压和尿钠排出量等临床指标来确定是否限钠以及限制的程度。

（四）食物选择

1. 宜用食物　不加盐或酱油制作的谷类、畜肉、禽类、鱼类和豆类、乳类食品。低钠膳食，不宜用每100g可食部含钠量大于100mg的蔬菜和水果。

2. 忌（少）用食物　各类腌制品，如咸鱼、咸肉、咸菜、腌萝卜、榨菜等；各类调味品，如盐、酱油、豆瓣酱、火锅调料等。

十、高纤维膳食

高纤维膳食（high fiber diet，HFD），亦称多渣膳食，是一种增加膳食纤维数量的膳食。其主要目的和作用是：增加肠道蠕动，促进粪便排出；产生短链脂肪酸（short-chain fatty acid，SCFA），对于维持大肠的正常功能和结肠上皮细胞的形态和功能具有重要作用；吸收水分，使粪便软化利于排出；减轻结肠管腔内压力，改善憩室病症状；与胆汁酸结合，增加粪便中胆汁酸的排出，降低血脂，减轻体重。

（一）适用对象

无力性便秘、无并发症憩室病、肛门手术后恢复期等，高脂血症、冠心病、糖尿病、肥胖症患者。

（二）膳食原则

1. 食物选择　通常情况下，植物性食物的成熟度越高含有的膳食纤维量也越高。在食物选择中，多粗细搭配、粮豆搭配、荤素搭配、蔬果搭配，使用合适的数量，更容易达到每日所需的35~40g膳食纤维。如果食物供给的膳食纤维有限，也可辅助非全营养配方的特殊医学用途配方食品。

2. 烹调加工　食物加工中，大颗粒或整颗粒的食物保留的纤维相对较多，如多选择大块的食物少选择碎小或糊状的食物。

（三）注意事项

长期过量食用膳食纤维可能产生腹泻，并增加胃肠胀气，还影响食物中钙、镁、铁、锌及一些维生素的吸收利用，不宜长期过量食用。膳食纤维吸水性较强，因此，使用该膳食需多饮水，每日饮水6~8杯，才能发挥该膳食的最佳作用。

（四）食物选择

1. 宜用食物　含膳食纤维丰富的食物，如燕麦、玉米、小米、荞麦、全麦、糙米等粗粮，韭菜、芹菜、蘑菇、海带、菠菜等蔬菜，石榴、桑葚、梨、香蕉等水果，魔芋制品，琼脂、果胶等。

2. 忌（少）用食物　少用精细食物如精细米面，忌用辛辣调味品。

十一、低纤维膳食

低纤维膳食（fiber restricted diet，FRD），亦称少渣膳食，是一种膳食纤维（植物性食物）和结缔组织（动物性食物）含量极少，易于消化的膳食。目的是尽量减少膳食纤维对胃肠道的刺激和梗阻，减慢肠蠕动，减少粪便量。

（一）适用对象

消化道狭窄并有梗阻危险的患者，如食管或肠管狭窄、食管静脉曲张；肠憩室病，各种急、慢性肠炎、痢疾、伤寒，肠道肿瘤，肠道手术前后，痔瘘患者，腹泻，结肠过敏者等；采用全流质膳食之后，软食或普食之间过渡膳食的患者。

（二）膳食原则

1. 食物选择　选用的食物应细软、渣少、便于咀嚼和吞咽，如肉类应选用嫩的瘦肉部分，蔬菜选用嫩叶、花果部分，瓜类应去皮和核，果类去渣用果汁。尽量少用富含膳食纤维的食物，如成熟度高的蔬菜、水果、粗粮、整粒豆、坚果，以及含结缔组织多的动物跟腱、老的肌肉。

2. 均衡营养　少量多餐，注意营养素的平衡，由于食物选择的限制，膳食营养难以平衡，尤其限制部分高纤维蔬菜和水果的摄入，易引起维生素C和部分矿物质的缺乏。必要时可用营养素补充剂补充维生素和矿物质。

3. 脂肪　通常情况下，腹泻患者对脂肪的消化吸收能力减弱，易致脂肪泻，因此，也需控制膳食脂肪数量。

4. 烹调方法　将食物切碎煮烂，做成泥状，或去渣使用。忌用油炸、油煎的烹调方法。禁用烈性刺激性调味品。

（三）注意事项

长期缺乏膳食纤维，易导致便秘、痔疮、肠憩室、结肠肿瘤病、高脂血症、动脉粥样硬化和糖尿病等疾病，故少渣膳食不宜长期使用，待病情好转需及时调整。

（四）食物选择

1. 宜用食物 精细米面制作的粥、烂饭、面包、软面条、饼干、藕粉、杏仁霜、粉条、粉丝及纯淀粉食物；切碎制成软烂的嫩肉、动物内脏、鸡、鱼等；豆浆、豆腐脑；乳类、蛋类；菜水、菜汁，去皮制软的瓜类、番茄、胡萝卜、马铃薯等。

2. 忌（少）用食物 各种粗粮、整粒豆及坚果，富含膳食纤维的蔬菜、水果，如芹菜、韭菜、豆芽、豆苗、菠萝等，油炸、油腻的食品，辣椒、胡椒、咖喱等浓烈刺激性调味品。

十二、低嘌呤膳食

低嘌呤膳食（low purine diet，LPD）是限制膳食中嘌呤含量的一种膳食。嘌呤在体内参与遗传物质核酸的代谢，有重要的生理功能。嘌呤在体内代谢的最终产物是尿酸，如果嘌呤代谢紊乱，血清中尿酸水平升高，或尿酸经肾脏排出量减少，可引起高尿酸血症，严重时出现痛风。低嘌呤饮食的目的是减少外源性嘌呤的摄入，增加血尿酸的排泄。

（一）适用对象

痛风及高尿酸血症患者。

（二）膳食原则

1. 食物选择 多选择每100g可食部食物的嘌呤含量低于150mg的食物。尿酸及尿酸盐在碱性环境中易被中和、溶解，因此应多使用蔬菜、水果等碱性食物。

2. 能量 控制每日总能量，以达到或维持理想体重，但合并肥胖症的患者应循序渐进减重，以免减重速度过快引起酮症酸中毒，影响尿酸排泄，诱发痛风急性发作。

3. 蛋白质 适量限制蛋白质摄入量，每日蛋白质的摄入量为50~70g，并以含嘌呤少的谷类、蔬菜类为主要来源，或选用含核蛋白很少的乳类、干酪、鸡蛋、动物血、海参等动物蛋白。

4. 脂肪 痛风患者多伴有高脂血症和肥胖症，且体内脂肪堆积可减少尿酸排泄，故应适量限制脂肪供给，应占总能量的20%~25%。

5. 碳水化合物 碳水化合物具有抗生酮作用，并可增加尿酸的排出量，每日摄入量可占总能量的60%~65%。但果糖可促进核酸的分解，增加尿酸生成，因此，要减少果糖类食物的摄入，如蜂蜜等。

6. 烹调方式 嘌呤溶于水，多采用清蒸、煮、烩、炖、焯等清淡烹调，既可以减少高能量食物摄入，又可以减少嘌呤摄入。另外，少选择胡椒、辣椒、麻椒等辛辣刺激调味品，以免诱发痛风发作。

（三）注意事项

嘌呤广泛存在于各类食物中，但含量高低不等，需结合病情确定限制程度，以免出现营养不良。在膳食安排中需多饮水，每天饮水量为2 000~3 000ml，以增加尿量，促进尿酸排泄，应选用白开水、淡茶水、矿泉水，不选浓茶水，咖啡、果糖饮料等。

（四）食物选择

1. 宜用食物 严格限制嘌呤者宜用嘌呤含量低于25mg/100g的食物，中等限制的可用嘌呤含量为25~150mg/100g的食物。常见食物的嘌呤含量见表33-0-1。

表 33-0-1 常见食物的嘌呤含量

嘌呤含量（mg/100g）	常见食物
<25	乳类及乳制品、蛋类、动物血、海参、海蜇皮中嘌呤含量极低。其他微量嘌呤食物有谷类中的米、麦、米粉、面条、通心粉、麦片、玉米等；根茎类的马铃薯、芋头等；蔬菜类中的白菜、苋菜、芥蓝、芹菜、韭菜、韭黄、苦瓜、黄瓜、冬瓜、丝瓜、胡瓜、茄子、胡萝卜、萝卜、青椒、洋葱、番茄、木耳、腌菜等，以及各种水果。
25~150	豆类中的绿豆、红豆、四季豆、豌豆、豇豆、豆腐、豆干、豆浆等；畜禽类中的鸡肉、猪肉、牛肉、羊肉、鸡心、鸡肫、鸭肠、猪腰、猪肚、猪脑等；水产品中的黑鲳鱼、草鱼、鲤鱼、秋刀鱼、鳝鱼、鳗鱼、乌贼、虾、螃蟹、鲍鱼、鱼翅、鱼丸等；蔬菜类中的菠菜、花椰菜、茼蒿菜、洋菇、鲍鱼菇、海带、笋干、金针菇、银耳等，以及干果类中的花生、腰果、栗子、莲子、杏仁等。
150~1 000	豆类中的黄豆、豆芽；畜禽类中的肝脏、肠等；水产类中的白鲳鱼、鲢鱼带鱼、乌鱼海鳗、沙丁鱼、草虾、牡蛎、蛤蜊、蚌蛤、干贝、鱼干等；蔬菜类中的豆苗、芦笋、紫菜、香菇等，以及各种肉汤、鸡精、酵母粉等。

2. 忌(少)用食物 不论病情如何，痛风患者和高尿酸血症者都需忌(少)用高嘌呤食物。酒、浓茶、咖啡、辣椒、胡椒、芥末、生姜等辛辣调味品容易使神经系统兴奋，诱使痛风急性发作，应尽量避免使用。

(李增宁 雷 敏)

参考文献

焦广宇，蒋卓琴．临床营养学[M]．3版．北京：人民卫生出版社，2016.

第三十四章　医院膳食种类及其评价标准

第一节　医院膳食的定义和种类

一、医院膳食（hospital patient diet）的定义

由医院营养科专业技术人员设计、指导、监督，医疗膳食配制室专业厨师制作生产，供给患者食用的膳食，称为医院膳食。

二、医院膳食的种类

包括医院常规膳食（regular hospital diet）、治疗膳食（therapeutic diet）和试验诊断膳食（pilot or diagnostic diet）。

（一）医院常规膳食的定义

医院常规膳食也称医院基本膳食，一般包括四种形式：普通膳食（regular diet）、软食（soft diet）、半流质膳食（semi-liquid diet）和流质膳食（liquid diet）。其他类膳食都是以基本膳食为基础制定的。

（二）治疗膳食的定义

治疗膳食也称营养素调整膳食（modified diet），是指根据患者不同生理病理状况，调整膳食中某些营养素的成分和质地，从而起到治疗或辅助治疗疾病、促进患者康复作用的膳食。

治疗膳食的基本原则是以平衡膳食为基础，在允许的范围内，除必须限制的营养素外，其他均应供给齐全、配比合理。调整某种营养素摄入量时，要考虑各营养素间的关系，切忌顾此失彼。同时，膳食的制备应适合患者的消化、吸收和耐受能力，并照顾患者的饮食习惯，注意食物的色、香、味、形和品种的多样化。

治疗膳食的种类：治疗膳食的种类很多，现将临床常用的归纳如下。

1. 高能量膳食　高能量膳食（high calorie diet）能量供给量高于正常人标准的膳食。BMR增高、机体组织修复或体力消耗增加时，机体能量消耗量增加，对能量的需要量大幅升高，需从膳食中补充。

2. 低能量膳食　低能量膳食（energy restrictied diet）指饮食中所提供的能量低于正常需要量。目的是减少体脂贮存，降低体重，或者减轻机体能量代谢负担，以控制病情。

3. 高蛋白质膳食　高蛋白质膳食（high protein diet）是指蛋白质含量高于正常人所需的膳食。感染、创伤或其他原因引起机体蛋白质消耗增加，或机体处于康复期需要更多的蛋白质用于组织的再生、修复时，需在原有膳食的基础上额外增加蛋白质的供给量。为了使蛋白质更好地被机体利用，往往需要同时适当增加能量的摄入量，以减少蛋白质的分解供能。

4. 低蛋白质膳食　低蛋白质膳食（protein restrictied diet）是指蛋白质含量较正常膳食低的膳食，其目的是尽量减少体内氮代谢废物，减轻肝、肾负担。蛋白质和氨基酸在肝脏分解产生的含氮代谢产物需经肾脏排出体外。肝、肾等代谢器官功能下降时，出现排泄障碍，代谢废物在体内堆积会损害机体，应限制膳食中蛋白质的含量，采用低蛋白质膳食。

5. 限酪胺、多巴胺膳食　限制膳食中酪胺、多巴胺的摄入量的膳食称为限酪胺、多巴胺膳食。单胺类物质（如酪胺、多巴胺、5-羟色胺）能使血管收缩、血压升高。在正常情况下，这类物质被肝脏内的单胺氧化酶（monoamine oxidase，MAO）分

解后排出体外，不会引起血压的急剧升高。但因治疗需要服用呋喃唑酮、苯乙肼、苯丙胺等抑制单胺氧化酶的药物时，单胺氧化酶活性明显下降，此时，若摄入富含酪胺、多巴胺的食物，单胺类物质较易进入血液循环，使血管收缩，血压升高，可发生剧烈头痛、恶心、呕吐、心律过速、甚至抽搐等高血压危象。严重者可出现致命的内出血（如脑出血）。因此，必须限制膳食中酪胺、多巴胺的摄入量。

6. 限碳水化合物膳食（低碳饮食）

（1）限碳水化合物膳食的定义：限制膳食中碳水化合物含量的膳食称为限碳水化合物膳食（carbohydrate restricted diet）或者叫低碳饮食。

广义的低碳（low-carbohydrate，LC）应该包括3个层次：

1）控制总能量的摄入，避免过多、过饱。

2）减少精制碳水化合物、精制糖的摄入，但是不要求控制碳水化合物的总能量比。

3）降低碳水化合物在宏量营养素中的能量比例或减少每日总碳水化合物的摄入量，后者即是本文讨论的低碳（水化合物）饮食（low-carbohydrate diet，LCD）。

（2）根据碳水化合物在宏量营养素的比例，将饮食中的碳水化合物分为4等：

1）极低碳（very low-carbohydrate，vLC）：碳水化合物占总宏量营养素能量比例小于10%，或者碳水化合物20~50g/d（生酮饮食）。

2）低碳（low-carbohydrate，LC）：碳水化合物占总宏量营养素能量比例小于26%，或者碳水化合物<130g/d。

3）中碳（moderate-carbohydrate，MC）：碳水化合物占总宏量营养素能量比例为26%~44%；130~150g/d。

4）高碳（high-carbohydrate，GC）：碳水化合物占总宏量营养素能量比例等于或大于45%，>150g/d。

低碳饮食中的三种宏量营养素的供能比例，蛋白质一般为20%左右（15%~30%），碳水化合物比例根据不同情况调整，剩余的部分就是脂肪的供能比例。

中、低碳饮食是2型糖尿病患者的推荐治疗方法，是1型糖尿病患者治疗药物的有效辅助手段。中国低碳医学联盟推荐：中、低碳饮食为主的生活方式干预是慢性代谢性疾病及相关疾病的推荐治疗方法。

7. 限脂肪膳食　减少膳食脂肪的摄入量称限脂肪膳食（fat restricted diet），又称低脂肪膳食或少油膳食。

8. 低饱和脂肪低胆固醇膳食　将膳食所用的脂肪（饱和脂肪酸）和胆固醇均限制在较低水平的膳食称为低饱和脂肪低胆固醇膳食。目的是降低血清胆固醇、甘油三酯和低密度脂蛋白的水平。

9. 中链甘油三酯膳食　MCT膳食系指以MCT代替部分LCT的膳食。目前临床使用的MCT多为油的形式在烹调食物时放入。

10. 限钠（盐）的膳食

（1）限钠膳食（sodium restricted diet）系指限制膳食中钠的含量，以减轻由于水、电解质谢紊乱而出现的水、钠潴留。钠是细跑外的主要阳离子，参与调节机体水、电解质平衡、酸碱平衡、渗透压和神经肌肉的兴奋性。肝、肾、心等病变或使用某些药物（如肾上腺皮质激素）会引起机体水、钠平衡失调，出现水、钠潴留或丢失过多。限钠摄入是纠正水、钠潴留的一项重要治疗措施。食盐是钠的主要来源，每克含钠400mg，限制钠实际上是限食盐为主。

（2）钠的正常需要量仍未确定。据估计健康人安全的最低摄入量为500mg/d，临床上限钠膳食一般分为三种：

1）低盐膳食：全日供钠2 000mg左右。每日烹调用盐限制在2~4g或酱油10~20ml。忌用一切咸食，如咸蛋、咸肉、咸鱼、酱菜、面酱、腊肠等。

2）无盐膳食：全日供钠1 000mg左右。烹调时不加食盐或酱油，可用糖醋等调味。忌用一切咸食（同低盐膳食）。

3）低钠膳食：全日供钠不超过500mg。除无盐膳食的要求外，忌用含钠高的食物，如油菜、蕹菜、芹菜等含钠100mg/100g以上的蔬菜及松花蛋、豆腐干、猪肾等。

11. 少渣膳食　亦称低纤维膳食（fiber restricted diet），是一种膳食纤维（植物性食物）和结缔组织

（动物性食物）含量极少，易于消化的膳食。目的是尽量减少膳食纤维对胃肠道的刺激和梗阻，减慢肠蠕动，减少粪便量。

12. 低嘌呤膳食 低嘌呤膳食（low purine diet）是限制膳食中嘌呤含量的一种膳食。嘌呤在体内参与遗传物质核酸的代谢，有重要的生理功能。嘌呤在体内代谢的最终产物是尿酸，如果嘌呤代谢紊乱，血清中尿酸水平升高，或尿酸经肾脏排出量减少，可引起高尿酸血症，严重时出现痛风症状，此类患者必须限制膳食中嘌呤的含量。

第二节 特殊疾病患者群治疗膳食

一、糖尿病治疗膳食

1. 特点 营养膳食治疗是糖尿病最基本的治疗措施，其他的治疗方法均必须在饮食治疗的基础上实施。通过饮食控制和调节，可以起到保护胰岛功能；控制血糖、血脂；预防和延缓并发症的发生；供给患者合理营养；提高患者生活质量的目的。

2. 适应证 各种类型的糖尿病。

3. 膳食应用原则

（1）根据病情及患者的身高、体重、年龄、性别、血糖、尿糖及有无并发症等病理生理情况和其劳动强度、活动量大小等因素计算热能需要量，总能量以维持理想体重低限为宜。

（2）碳水化合物供给量宜占总热能的 50%~60%，以复合碳水化合物为主。

（3）脂肪占总能量代谢的 20%~25%，或按每日 0.8~1.0g/kg 体重供给。其中多不饱和脂肪酸、单不饱和脂肪酸与饱和脂肪酸比值为 1∶1∶0.8。胆固醇小于 300mg。

（4）蛋白质宜占总能量的 12%~15%，成人按每日 1g/kg 斤，凡病情控制不满意，易出现负氮平衡者按 1.2~1.5g/kg 体重供给。动物蛋白质应不低于 30%，并应补充一定量的豆类制品。

（5）多供给含膳食纤维丰富的食物，每日总摄入量应在 20g 以上。

（6）供给充足的维生素和无机盐。适量补充 B 族维生素和维生素 E，钙、硒、铬、锌等无机盐和微量元素应充分供给，食盐不宜过高。

（7）合理安排餐次。每日至少三餐，定时、定量。餐后血糖过高的可以在总量不变的前提下分成 4 餐或者 5 餐，注射胰岛素或口服降糖药时易出现低血糖，可在两餐中加点心或睡前加餐。

（8）计量控制糖尿病膳食：应根据总能量计算出的食物量，按计划食谱在烹调前称重后配制，并要密切观察治疗效果，及时调整饮食配方。

（9）特殊情况下糖尿病膳食

1）妊娠糖尿病：妊娠期前 4 个月营养素供给量与正常人相似，后 5 个月需要量每天增加能量 200kcal，蛋白质在原供给量的基础上，孕早期、孕中期和孕后期每天分别增加 5g、15g、20g。

2）糖尿病肾病：能量的供给应能满足机体需要，蛋白质根据尿量、尿蛋白丢失情况及肾功能损害的严重程度来决定供给量。肾衰早期 0.8~1.0g/kg，尿素氮大于 25mmol/L 者，0.5g/kg 或全日 30g 左右，蛋、乳、瘦肉等动物性蛋白质为主，也可用麦淀粉制品。必要时补充肾病氨基酸。

3）酮症酸中毒昏迷时的饮食：除临床静脉补液外应按医嘱管饲糖尿病配方膳食，等病情好转后可用糖尿病半流质或普通膳食。

二、肝性脑病、肾功能不全患者优质低蛋白麦淀粉膳食

1. 特点 本膳食是以麦淀粉为主食，部分或者全部替代谷类食物，减少植物蛋白质，目的是减少体内含氮废物的积累，减轻肝肾负荷，根据肝肾功能限定摄入的优质蛋白质量，改善患者的营养状况，使之接近或达到正氮平衡，纠正电解质紊乱，维持患者的营养需要，增加机体抵抗力。

2. 适应证 肝性脑病、急慢性肾功能衰竭。

3. 膳食应用原则

（1）能量：126~147kJ/（kg·d）[30~35kcal/（kg·d）]充足供给，其目的是充足的能量可节约蛋白质，保证蛋白质的充分利用，同时还可以减少体蛋白的分解。如果食物量不能满足能量需要时，可以用膳食补充剂或胃肠外营养的方式提供。

（2）蛋白质：功能衰竭者，根据肾功能受损的程度确定蛋白质的摄入量。轻度受损，0.7~1.0g/（kg·d）或按40~60g/d；中重度受损0.4~0.6g/（kg·d）或按30~40g/d，儿童蛋白质不低于1.0g/（kg·d）；其中优质蛋白质要占50%以上。肝功能衰竭者，根据血氨水平调整蛋白质摄入量。

（3）钾：并高血钾时，每日摄入钾应低于600~2 000mg。每日尿量大于1 000ml时，血钾正常，可不必限钾。若每日尿量大于1 500ml同时血钾低时，还应补充钾的摄入。

（4）盐：有水肿和高血压时应限制盐的摄入，视病情可选用少盐或无盐饮食。若患者服用利尿剂或伴有呕吐、腹泻时，可不限钠，应根据血钠变化调整钠盐。

（5）钙、镁、磷：患者出现低血钙、高血磷时，膳食中适当补充含钙丰富的食物，注意限制磷的摄入量，每日700~800mg；合并高镁血症时，应限制镁的摄入量。

（6）水分：水摄入量视尿量和呕吐、腹泻等情况来全面考虑，必要时要控制水分的摄入。患者每日摄入液体量应结合前1日排尿量再加500ml左右作补充参考。当合并发热、呕吐、腹泻等症状时，应增加水分的补充。病情缓解后，入液量每日可在1 200ml左右。

（7）维生素：注意补充B族维生素和维生素D，但不适宜补充过多的维生素C和维生素A。

4. 食物选择

（1）可用的食物：麦淀粉、马铃薯、山药、芋艿、藕粉、粉皮、蔗糖；水果、蔬菜（限钾患者须适量）。

（2）限量食用的食物：鸡蛋、牛奶、瘦肉、鱼、大豆和其制品。

（3）肝性脑病：常有食管静脉曲张同时存在，慎用含膳食纤维高的食物，禁用辣椒等刺激性的调味品。

三、低铜膳食

1. 特点　限制每天膳食铜的摄入量。

2. 适应证　肝豆状核变性。

3. 膳食应用原则

（1）限制摄入含铜量高的食物，铜的摄入量虽无明确规定，一般认为应不超过2mg/d。

（2）不用铜制器皿来烹调食物和烧煮饮用水。

（3）肝豆状核变性常伴有肝硬化，故应供给充足的能量及蛋白质，并需补充含维生素B_6、锌、钙、维生素D和含铁丰富的食物。

（4）保持理想的体重，避免过高能量的摄入。

4. 食物选择

（1）可用的食物：精白米面、奶类、乳类、蛋清等，除含铜高的蔬菜外均可食。

（2）适量食用的食物：蛋黄、瘦肉、禽、鱼、水果。

（3）禁用的食物：粗粮、动物肝、动物血、猪肉、虾、蟹、贝壳类、乌贼鱼、鱿鱼、豌豆、蚕豆、干豆类、玉米、硬果类、蕈类、干蘑菇、可可、巧克力、芝麻、椰子、明胶、樱桃等。含铜高的蔬菜如荠菜、菠菜、油菜、芥菜、龙须菜等。

四、免乳糖膳食

1. 特点　乳糖不耐受是因先天性小肠乳糖酶缺乏，或病后肠黏膜受损引起乳糖酶分泌障碍，故应避免含乳糖的食物。

2. 适应证　半乳糖及乳糖不耐受者。

五、急性肾功能衰竭膳食

1. 特点　急性肾功能衰竭以急性循环衰竭为主，急剧发生肾小球滤过率减低和肾小管功能降低为主。合理膳食有益于肾功能的恢复，维持和改善患者的营养状况。

2. 适应证　急性肾功能衰竭患者。

3. 膳食应用原则

（1）能量：少尿期碳水化合物应占总能量的85%，能量应按147~167kJ/（kg·d）［35~40kcal/（kg·d）］，并以麦淀粉膳食为主。恢复期应按126~147kJ/（kg·d）［30~35kcal/（kg·d）］。当进食量少时可肠外营养。

（2）蛋白质：少尿及无尿期应严格限制蛋白质的摄入量；当少量排尿，病情好转时，每日可摄入16~20g高生物价蛋白质；多尿期氮质血症减轻时，蛋白质为0.5~0.8g/（kg·d），约45g；恢复期蛋白质为1g/（kg·d）。

（3）钠：少尿及无尿期水肿明显，或高血压严重每日钠摄入量控制在500mg。多尿期按每排出 1 000ml 尿，补充氯化钠 2g。

（4）钾：少尿及无尿期应严格控制钾的摄入。多尿期应多食富含钾的新鲜水果、蔬菜等。钠、钾的供给需结合血钠、血钾检验结果来调整。

（5）水分：少尿及无尿期应严格限制水分，一般估计量是前一日尿量 +500ml 水。如有发热、呕吐及腹泻时，可酌情增加饮水量。

4. 食物选择

（1）可用的食物：藕粉、粉丝、粉皮、凉粉、蜂蜜、蔗糖、山药、核桃、红枣、桂圆、莲子、青菜、芽菜、冬瓜、西葫芦、丝瓜、茭白、藕、西瓜、梨、苹果、果酱等。

（2）限量食用的食物：黑鱼、鲫鱼、青鱼、鲤鱼、牛奶、鸡蛋、羊奶、瘦肉、禽肉等食物。

（3）禁用的食物：腌菜、香肠、火腿、咸肉等。

六、肾透析期膳食

1. 特点 血透或腹透均为清除体内代谢毒性产物的方法，同时也增加了组织蛋白及各种营养素的丢失。膳食营养补充应结合透析方法、次数、透析时间、消耗程度及病情而定。

2. 适应证 血液透析、腹膜透析患者。

3. 膳食应用原则

（1）血液透析

1）蛋白质：凡进行定期血液透析的患者每日至少摄入 50g 蛋白质。若每周进行 30h 血液透析时，膳食中蛋白质可不予限量，其中优质蛋白质应占 50% 以上。蛋白质应少食多餐，不可集中 1~2 餐食用。

2）能量：供给按 126~146kJ/（kg·d）[30~35kcal/（kg·d）]，凡超重及体重不足者，应结合具体情况减少或增加能量。

3）钠和钾：钠一般限制在 1 500~2 000mg/d。少尿时应严格控制钠盐的摄入。每日钾摄入量为 2 000mg，还应根据病情变化补钾。糖尿病肾病患者透析时，更要慎重控制钾摄入量。当尿量大于 1 000ml 时，不需要再限钾。

4）钙和磷：应结合血液检验结果调整，必要时可适量补充钙剂和维生素 D 以预防血磷过高。

5）脂肪和碳水化合物：肾衰患者常伴有高甘油三酯血症和高血糖，所以脂肪的摄入量不宜过高，脂肪占总能量不超过 30%，并避免摄入过多的含单糖食品。

6）维生素：除膳食中摄入外，还应口服维生素制剂，如维生素 B 族、叶酸等。

7）水分：一般每日不少于 1 000ml，或按前一日尿量再加 500ml。

（2）腹膜透析

1）蛋白质：1.2~1.5g/（k·d），优质蛋白质占 60%~70%。

2）能量：每日 146~188kJ（35~45kcal/kg）。

3）钠和钾：钠每日摄入量 2 000~3 000mg；钾每日摄入量 2 000~3 000ml，亦可结合血液检验结果调整用量。碳水化合物、脂肪、维生素、钙、磷及水分与血液透析相同。

4. 食物选择

（1）可用的食物：蛋、奶、瘦肉、谷类、蔬菜类、结合病情决定供给量。

（2）慎用的食物：食盐、果汁及含钾丰富的蔬菜和水果；

（3）忌用的食物：动物脂肪、刺激性食物。

七、肝功能衰竭膳食

1. 特点 肝功能衰竭患者血浆中支链氨基酸明显下降，但芳香族氨基酸明显升高。通过适当调整支链氨基酸及芳香族氨基酸含量的低蛋白膳食，有助于血浆氨基酸谱恢复正常。

2. 适应证 肝性脑病。

3. 膳食应用原则

（1）蛋白质：有轻度或中度血氨增高而无神经系统症状时，可用低蛋白膳食，蛋白质 0.5g/（kg·d），待病情好转，每日蛋白质可增加至 0.8g/（kg·d）；血氨明显增高同时存在神经系统症状，给予完全无动物蛋白质的膳食，每日蛋白质摄入 20~26g，以维持机体必要的蛋白质损失为基础。病情好转时，可选用少量乳类蛋白和大豆蛋白，以后视病情适量增加，每次增加量低于 10g。每日总量不得超过 0.8g/kg；病情反复时，更应严格地限制蛋白质。

（2）能量及碳水化合物：能量每日宜不低于 7 531kJ（1 800kcal），其中碳水化合物在 400g 左右，肝性脑病患者适量给予低蛋白饮食，0.5g~

0.8g/(kg·d)。

(3)脂肪：每日30~40g，必要时可采用脂肪乳剂。

(4)水及电解质与酸碱平衡：限制或补充钾、钠应结合血液检验结果、有无腹水及严重程度、排尿量、体重变化等加以调整，水分应参考前一天排出的尿量，一般为1 000ml左右。如需限制者，可用浓缩食品。肝功能衰竭常易发生锌、镁、钙、铁等的缺乏，应根据临床血液检验指标给予补充。

(5)维生素：注意多种维生素的补充，如维生素B_1、维生素B_2、维生素B_6、维生素B_{12}、维生素C、维生素A、维生素E、维生素K、叶酸、泛酸、生物素、烟酸等的补充。

(6)给适量质软而无刺激性的膳食纤维：蔬菜及去皮水果应切碎煮烂。

(7)少量多餐：每日4~6餐，每次摄入量不可过多。

(8)必要时可用肝功能衰竭专用要素配方膳。

4. 食物选择

(1)可用的食物：米、麦淀粉、苹果、香蕉、豆腐、菠菜、扁豆、冬瓜、番茄等。

(2)少用的食物：乳类、蛋类产氨少于肉类可限量食用，植物性食品含蛋氨酸低可适当食用。鱼肉和鸡肉所含支链氨基酸比畜肉多，可酌量采用。

(3)禁用的食物：油煎炸的、膳食纤维多的、坚硬的、刺激性强的、带刺多的鱼类及带碎骨的禽类等。

八、生酮饮食

1. 生酮饮食的定义　生酮饮食(ketogenic-diet，简称KD)是一类饮食结构组成调整后的膳食模式，主要表现为正常或高脂肪比例(20%~40%)、极低碳水化合物比例(碳水化合物含量控制在50~100g/d)，蛋白质(20%~30%)和其他营养素能满足生理需求的配方饮食。

2. 生酮饮食的适应证

(1)难治性儿童癫痫：适用于所有年龄段的各种发作类型的难治性癫痫患者。疗效最好的癫痫综合征有：严重婴儿肌阵挛性癫痫、肌阵挛失张力癫痫。疗效较好的癫痫综合征有：婴儿痉挛症、结节性硬化。文献报道有效的癫痫综合征有：拉福拉病(Lafora disease)，获得性癫痫失语症，亚急性硬化性全脑炎。个案报道有效的疾病有：磷酸果糖激酶缺乏症，Ⅴ型糖原病，线粒体呼吸链复杂疾病。

(2)GLUT1缺乏症，即葡萄糖载体缺乏症(glucose transporter deficiency syndrome)：由于葡萄糖不能进入脑内，导致癫痫发作、发育迟缓和复杂的运动障碍。

(3)PDH缺乏症，即丙酮酸脱氢酶缺乏症(pyruvate dehydrogenase deficiency)，丙酮酸盐不能代谢或乙酰辅酶A导致严重的发育障碍和乳酸酸中毒。以上两者(GLUT1缺乏症和PDH缺乏症)为首选治疗。

(4)肥胖症(obesity)，通过限制碳水化合物的摄入来诱发机体糖异生作用，从而促进体内脂肪的分解代谢而达到减低机体脂肪储备的作用。

(5)一些非对照的文献报道对以下疾病可能有效：肌萎缩侧索硬化症，帕金森病，阿尔茨海默病，孤独症(儿童自闭症)，多囊卵巢综合征。

3. 生酮饮食的禁忌证　由于生酮饮食是以脂肪取代葡萄糖作为能量来源的疗法，故凡是患有脂肪酸转运和氧化障碍的疾病均是禁忌证。

(1)绝对禁忌证：肉毒碱缺乏症，肉毒碱棕榈酰基转移酶Ⅰ或Ⅱ缺乏症，肉毒碱转移酶Ⅱ缺乏症，17β-羟类固醇氧化还原酶缺乏症，中链酰基脱氢酶缺乏症，长链酰基脱氢酶缺乏症，短链酰基脱氢酶缺乏症，长链3-羟基脂酰辅酶缺乏症，中链3-羟基脂酰辅酶缺乏症，丙酮酸羧化酶缺乏症，卟啉病。以上患者主要表现为发育迟缓，心肌病，低张力，运动后易疲劳，肌红蛋白尿，当患者有以上临床表现时，应做遗传代谢病筛查，以排除上述疾病。

(2)相对禁忌证：重度营养不良者；准备手术患者；家属缺乏耐心。

4. 膳食应用原则

(1)实验膳食中每日供给碳水化合物50~100g，蛋白质60~120g(热占比≤20%，其中优质蛋白

≥70%），脂肪摄入量正常或高脂肪比例（热占比20%~40%，其中饱和脂肪酸：单不饱和脂肪酸：多不饱和脂肪酸 =1：1.0~1.5：1，饱和脂肪酸的摄入量热占比≤10%）。

（2）在计划食谱时，应先选用含优质蛋白高的食物，并进行计算，然后再计算脂肪的含量，脂肪不足的部分可以用坚果类和适量烹调油来补充。

（3）含糖或者淀粉类的食物严格称重，并密切观察患者进餐情况。

（4）应照顾患者饮食习惯，以保证每餐能吃完，使之能够达到预期的要求。

5. 食物选择

（1）可用的食物

1）各种蛋类、禽类、猪牛羊的瘦肉、鱼虾类、兔肉、大豆类及其制品等富含优质蛋白的食物。

2）菠菜、菜心、生菜、苦瓜、冬瓜、丝瓜、茄子、蘑菇、木耳、海带、紫菜等含糖分低的蔬菜（叶茎类、瓜茄类、菌藻类食物）。

3）瓜子、花生、开心果、核桃、芝麻、腰果、松子等含多不饱和脂肪酸丰富的食物。

（2）需严格定量称重摄取的食物

1）大米、糙米、紫米、红薯、绿豆、红豆等五谷杂粮、薯类、杂豆类含淀粉和糖分高的食物；

2）淮山药、莲藕、土豆、马蹄、百合、芋头等含淀粉高的蔬菜类食物。

（3）禁用的食物：蜂蜜、蔗糖、葡萄糖、果汁、甜点心、冰激凌等单糖或双糖类食品及其制品。

6. 建议补充的营养素

（1）多维元素片1~2粒/d，根据能量摄入量和脂肪分解代谢状况给予。

（2）碳酸钙300~1 000mg，根据骨量及骨质疏松症的程度给予。

（3）左旋肉碱（carnitine）：建议常规进行肉碱浓度监测或常规补充[100mg/（kg·d）]。

（4）碳酸氢钠片0.5~1.0mg/d，用2 000ml温开水溶解后，200ml/（次·h），分次口服。

7. 初期常见问题

（1）低血糖：如果患者能产生酮症的话，一般都能耐受低血糖，如果出现神经系统症状的过分低血糖，可口服适量碳水化合物（如100~200ml橘子汁）。

（2）过高酮症：查血气分析，如果pH正常，继续生酮饮食。如果pH低（非代偿性酸中毒），降低生酮饮食的比例或口服适量碳水化合物（如100~200ml橘子汁）。

（3）酮症不足：检查是否有食用其他碳水化合物（如牙膏，饮料，含糖药物等）。

（4）恶心/呕吐：血气分析，如果pH低且酮体高（非代偿性酸中毒），处理见上（过高酮症）；如果酮体低，应测血糖。

（5）困倦或嗜睡：一般为短暂性的，能在1~2周内消失。注意有无合并应用其他致嗜睡的药物（如鲁米那，安定）。

（6）神经系统症状：发作增加或无效，如在开始生酮饮食的早期即出现发作增多，需考虑立即停用。如果酮体在所需范围，而发作无减少，应用1~3月后，确认无效，可予葡萄糖终止生酮饮食。如果发作时间很长，予安定5~10mg静脉注射。

8. 生酮饮食的副作用　生酮饮食并不是完全没有风险的，应综合评价癫痫发作及大量抗癫痫药物对患儿的影响与生酮饮食副作用的利弊。

总体来说，严重的副作用很少，即使有一些轻微的副作用，大多数患儿也不需要停止，但医生仍有必要对以下的副作用进行监测。

常见的短期副作用有：恶心，呕吐，低血糖，酸中毒，困倦，脱水，拒食。

这些副作用多是一过性的，可以有效处理。

远期副作用主要有：

（1）肾结石：发生率：5%~6%。治疗：避免液体限制，碱化尿液（枸橼酸钾）。

（2）便秘：治疗：增加纤维摄入，增加液体摄入。

（3）脂肪增高：降低生酮饮食的比例，升高多不饱和的脂肪酸的比例。

（4）生长障碍：诊断：对照正常儿童生长表格；骨龄测定；治疗：增加蛋白质、维生素和矿物质摄入，尤其是钙。

（5）骨代谢异常和骨折：诊断：监测血钙、甲状旁腺素和骨密度。治疗：增加合适的钙质补充。

第三节 诊断试验膳食

试验膳食是指在临床诊断或治疗过程中，短期内暂时调整患者的膳食内容，以配合和辅助临床诊断或观察疗效的膳食。

一、胆囊造影检查膳食

胆囊造影检查膳食(cholecytography diet)，主要用于辅助胆囊造影术检查胆囊和胆管病变。

1. 目的 胆囊造影检查膳食(cholecytography diet)，主要用于辅助胆囊造影术检查胆囊和胆管病变。

2. 原理 首先口服造影剂，部分造影剂经小肠吸收进入肝脏，与胆汁一起进入胆管和胆囊，经X线显影可见胆囊、胆管的大小和形态。再进食高脂肪膳食，观察摄入脂肪后胆囊收缩与排空的状况。

3. 膳食要求 为了提高胆囊显影效果，造影前一天的午餐应进食高脂肪膳食，膳食中脂肪含量不少于50g，以促使胆囊排空陈旧、浓缩的胆汁，便于新分泌的含造影剂的胆汁进入胆囊。可食用炒蛋或煎蛋、肥肉、全脂牛乳、奶油、动植物油、奶油巧克力等。晚餐进食无脂肪高碳水化合物的少渣膳食，即除主食外，不用烹调油和含蛋白质的食物，如米饭、馒头、大米粥、面包、糖包、藕粉、酱瓜、马铃薯、荸荠、芋头、甜薯、果酱、果汁等，以免刺激胆汁分泌和排出。晚餐后口服造影剂后禁食和禁烟。检查当日禁食早餐，服造影剂14h后开始摄片。如果显影明显，再进食高脂肪膳食一次，刺激胆囊收缩排空，再次胆囊造影，观察胆囊、胆管变化。

二、肌酐试验膳食

1. 目的 肌酐试验膳食(creatinine assay diet)主要用于：①检查内生肌酐清除率(endogenous creatinine clearance rate, Ccr)，评价患者的肾小球滤过功能；②测定肌酐系数，了解肌无力患者的肌肉功能。

2. 原理 肌酐是体内蛋白质和含氮物质代谢的终产物，随尿液经肾脏排出体外。内生肌酐主要是由肌肉肌酸转化而来，在机体内有较恒定的内生量，在血浆中的浓度较为稳定，由肾小球滤过后排出体外，肾小管既不重吸收又不进行外分泌，因此其清除率是反映肾小球滤过功能十分灵敏的指标，也是检测早期肾损害的简便有效的方法。受试者先进食低蛋白质饮食3d，以清除体内外源性肌酐，然后测定24h尿中肌酐含量和血浆肌酐浓度，计算内生肌酐清除率。

3. 膳食要求 试验期为3d，进食低蛋白质膳食，限制每日膳食中蛋白质总量在40g内，避免食用肉类，在蛋白质限量范围内可选用牛乳、鸡蛋和豆类食物，食用水及饮用水均用蒸馏水。全天主食不超过300g，以免蛋白质超量。可用马铃薯、甘薯、藕粉、甜点心水混合物的低蛋白质食物充饥。忌饮茶和咖啡。

三、葡萄糖耐量试验膳食

1. 目的 葡萄糖耐量试验膳食(glucose tolerance test diet)主要用于协助诊断糖尿病。

2. 原理 正常人口服一定量葡萄糖后，血糖先升高，人体将其合成糖原储存成血糖又逐渐恢复至空腹水平。因此可用口服葡萄糖耐量试验(oral glucose tolerance test, OGTT)观察血糖的变化及有无糖尿，从而辅助诊断糖尿病。

3. 膳食要求 试验前数日，患者进正常饮食，每日进食碳水化合物不少于250g，试验前一天晚餐后禁食，忌咖啡和茶。试验当日清晨空腹抽血，同时留尿标本，然后取葡萄糖75g溶于300ml水中口服。服后30min、60min、120min和180min各抽血一次，同时留尿样本，测定血糖和尿糖。

四、潜血试验膳食

潜血试验膳食(occult blood examination diet)主要用于协助了解消化道出血情况。

1. 目的 潜血试验膳食(occult blood examination diet)主要用于协助了解消化道出血情况。

2. 原理 粪便中混有肉眼或显微镜下见不到的血称为潜血，常用联苯胺法检测。血红蛋白中的铁色素能催化过氧化氢，将联苯胺氧化为蓝色的联苯胺蓝。根据蓝色的深浅可判断潜血数量。铁会干扰试验结果,故膳食中应禁用富含铁的食物。

3. 膳食要求 试验期3d内禁用含铁丰富的食物,如动物血、肉类、肝、蛋黄、绿叶蔬菜等;可选用含铁低的食物,如牛乳、蛋清、豆制品、去皮马铃薯、去皮藕、胡萝卜、大白菜、豆芽菜、花菜、米、面、馒头、梨、苹果等。

五、钙、磷代谢试验膳食

1. 目的 钙、磷代谢试验膳食(metabolism diet of calcium and phosphorus)主要用于辅助诊断甲状旁腺功能亢进症。

2. 原理 甲状旁腺分泌过多可作用于骨骼引起溶骨,释放骨钙、骨磷,引起血钙增高,尿钙排出增多。同时甲状旁腺素作用于肾小管抑制磷的重吸收,尿磷增加,血磷随之降低。蛋白质的摄入量也影响尿钙的排出,通过调整膳食钙、磷和蛋白质供给量,测定患者血和尿中钙、磷和肌酐等含量及肾小管对磷的重吸收率,有助于诊断甲状旁腺功能亢进症。

3. 膳食要求 临床常用的钙、磷代谢膳食有两种。

(1)低钙、正常磷膳食:试验期5d,前3d为适应期,后2d为代谢试验期。每日膳食含钙量少于150mg,磷600~800mg,收集最后一天24h尿液,测尿钙排出量。正常人进食这种膳食后,尿钙排出量减少,每日不超过150mg,如果超过200mg,可辅助诊断甲状旁腺功能亢进症。膳食宜选择低钙高磷的食物,如米、面粉、山药、马铃薯、芦笋、黄瓜、冬瓜等,也可少量选用蛋、肉和豆类食物,不选用乳制品。食盐选用精盐,不用酱油。

(2)低蛋白质、正常钙磷膳食:试验期5d,前3d为适应期,后2d为代谢试验期。每日膳食蛋白质含量不超过40g,忌用肉类,钙500~800mg,磷600~800mg最后1d测空腹血钙和血肌酐含量,并留24h尿测尿磷和尿肌酐,计算肾小管磷重吸收率。膳食宜选用含蛋白质低的谷类,含钙高的蔬菜,如油菜、小白菜、芹菜等,在蛋白质限量范围内可适量选用牛乳、鸡蛋和豆制品。

六、碘试验膳食

1. 特点 通过控制食物中碘的摄入量,辅助放射性核素甲状腺功能检查。试验期2周,忌食含碘食物,以及其他影响甲状腺功能的药物和食物,使体内避免过多地贮存碘。

2. 适应证 甲状腺功能检查。

3. 膳食应用原则

(1)试验期间忌食各种海产动植物食物,如海鱼、海虾、虾米、海虾仁、虾皮、海蜇、海带、发菜、紫菜、海参以及昆布、海藻等。

(2)凡烹调海产品食物的锅勺等用具均不能做免碘膳食。试验期间不用加碘食盐。

(3)凡吃过海蜇、海带、紫菜、淡菜等海味要停吃2个月才能做此检查。凡吃过海蚌、梭子蟹、毛蚶、干贝等海味要停吃2周才能做此试验。凡吃过带鱼、黄鱼、鲳鱼、鳌鱼、乌贼鱼、虾皮等海味要停吃1周才能做此试验。

4. 可用的食物 米、面等谷类食物;山芋、土豆等薯类;各种水果、各种豆类及豆制品;各种蔬菜;河鱼、河虾、肉、禽、蛋、奶及奶制品。

七、纤维肠镜检查膳食

1. 特点 通过调整膳食中膳食纤维和脂肪的摄入,给患者进食少渣和无渣的饮食,以减少粪便量为肠镜检查做肠道准备。

2. 适应证 原因不明的便血;疑有肠道肿瘤;结肠术后复查;结肠息肉等原因需做肠镜检查的患者。

3. 膳食应用原则

(1)检查前3d,进食少渣的软食和半流质,检查前1d,进食低脂肪、低蛋白的全流质膳食。

(2)检查前6~8h禁食,检查后2h,待麻醉作用消失后,方可进食,当日宜进少渣半流食,若行活检者,最好在检查2h后进食温牛奶,以后改为少渣半流质膳食1~2d。

4. 食物选择

(1)可用的食物:粳米粥、烂面条、清蒸鱼、粉丝、粉皮,嫩豆腐、鱼丸、鸡蛋羹、藕粉等。

(2)禁用的食物:禁食纤维多的蔬菜、水果、豆类，煎炸的大块肉类及坚硬的不易消化的食物，辛辣、糖醋等刺激性食物。

八、结肠造影膳食

1. 特点 减少膳食纤维和脂肪的摄入量，减少肠道内食物残渣，为结肠X光检查做肠道准备。

2. 适应证 因各种原因需要做结肠造影检查的患者。

3. 膳食应用原则

（1）钡灌肠前1~2d，进食少油少渣半流质。免用蔬菜、水果、肉禽等食物。

（2）用清蒸和烧煮的烹调方法，不用油煎炸的食物。

（3）检查当天禁食早餐。

4. 食物选择

（1）可用的食物：清蒸鱼、白米粥、煮鸡蛋、蒸豆腐、蛋花汤、细挂面、藕粉、果子水、米汤。

（2）忌用的食物：牛奶、豆浆、土豆等有渣及一切产气食物。

九、钾钠代谢膳食

1. 特点 代谢期共10d，前3~5d为适应期，后5~7d为试验期。以辅助诊断醛固酮增多症。

2. 适应证 诊断醛固酮增多症者。

3. 膳食应用原则

（1）实验膳食中每日供给钾1 950mg，钠3 450mg。

（2）在计划食谱时，应先选用含钾高的食物，并进行计算，然后再计算钠的含量，钠的不足部分可以用食盐来补充。

（3）用蒸馏水烹制食物，严格称重，并密切观察患者进餐情况。

（4）应照顾患者饮食习惯，以保证每餐能吃完，使之能够达到预期的要求。

4. 食物选择

（1）可用的食物：豆、藕、白菜、黄瓜、番茄、茄子、荷兰豆、马铃薯、鸡肉、瘦肉、草鱼、鲳鱼、兔肉等。

（2）禁用的食物：加碱和含发酵粉制作的面食、盐腌食物。

第四节 食物与药物的相互作用

食物与药物中都存在一些具有特殊作用的化学成分，在特定的条件下（如在胃酸的作用下），这些化学成分可能发生相互作用，从而改变食物或药物在体内的消化、吸收、分布、排泄，进而影响食物的作用或药物的疗效。因此，了解食物、营养素与药物的相互作用及机制，将有助于解决临床治疗过程中出现的一些问题。有效地利用食物、营养素与药物的相互作用，也可间接地增强临床治疗和营养治疗的效果，有助于患者的康复。

食物本身及其组成物质都可以和药物发生类似的相互作用，因此它们之间的相互作用是非常复杂的，其作用机制也仍在研究中。但可以肯定的是，所有的药物对食物或营养素都具有不同程度的影响，患者治疗中使用的药物种类越多，对饮食的影响越大，越容易导致营养不良。

一、食物对药物的影响

食物、营养素对药物吸收的影响 食物或营养素可直接与药物结合、吸附，或通过影响胃肠道内pH、胃排空等影响药物的吸收。如谷物中的膳食纤维可吸附地高辛（digoxin）从而减少其吸收；铜、铁、铝、钙、锌等离子可与四环素（letracyeline）、青霉胺（penicilamine）等药物螯合而减少其吸收；茶叶中的单宁可与铁结合而影响铁制剂的吸收。高脂、高纤维膳食及冷食等可延缓胃排空，导致甲苯咪唑（mebendazole）、灰黄霉素（griseofulvin）、硝基呋喃妥英（ritrofurantoin）等药物的溶解度上升，吸收量增加，但延长了青霉素（peicillin）、红霉素（enythromyein）等药物被胃酸破坏的时间，使其吸收量减少；高蛋白饮食可与药物竞争蛋白结合位点而导致左旋多巴（levodopa）、甲基多巴（methyldopa）等药物吸收减少，而高蛋白饮料可以通过增加内脏血流速度而增加药物吸收量。

（一）食物、营养素对药物分布的影响

药物与血浆中蛋白质结合后会丧失其药理

活性，但这种结合通常是可逆的。因此能够影响药物与蛋白质结合的食物或营养素可以改变药物作用。一般来说，酸性药物多与白蛋白结合，碱性药物多与糖蛋白结合。易与血浆蛋白质结合的药物有：阿司匹林（espirn）、氯贝丁酯（clofibrate）、双香豆素（dicoumaral）、地高辛、美沙酮（methadone）、青霉素、苯巴比妥（phenobarbital）、苯妥英（phenytoin）、丙磺舒（probenecid）、四环素、甲苯磺丁脲（tolbutamide）、华法林（wafarin）等。

高脂膳食进入人体后分解出大量游离脂肪酸，可与药物竞争白蛋白的结合位点，从而加强药效。

（二）食物、营养素对药物代谢的影响

体内药物的代谢主要靠肝脏内酶解系统（以细胞色素 P450 混合功能氧化酶最重要）的氧化、还原、水解、硫化等作用。动物实验显示，高蛋白、低糖类膳食可增加肝脏细胞色素 P450 混合功能氧化酶的量，从而增加药物的代谢。甘蓝、卷心菜、花椰菜等食物中的吲哚（indole），以及咖啡、茶、可可、巧克力等食物中的甲基黄嘌呤（methylxanthine）都可诱发酶的活性，促进药物的代谢。酒精对酶活性的刺激依饮酒者情况而定，有酒瘾者会增加某些药物的代谢率，如甲苯磺丁脲、苯妥英、华法林等；而不喝酒者大量饮酒后会抑制酶的活性，从而增强某些药物的疗效，如镇静剂、降糖药等。

（三）食物、营养素对药物排泄的影响

药物的排泄与尿液的 pH 有关，影响尿液 pH 的食物有两类，一类可以酸化尿液，如面包、鱼、蛋、奶酪、扁豆、玉米、花生酱、李子、梅等；另一类可以碱化尿液，如牛奶、豆腐以及非李非梅的水果。

在酸性尿液中，弱酸性药物容易被重吸收，如苯巴比妥、保泰松（phenylbutazone）、水杨酸酯（salicylate）等。而在碱性尿液中，弱碱性药物容易被重吸收；如安非他明（amphetamine）、脱甲丙咪嗪（desipramine）、哌替啶（meperidine）、去甲替林（nortriptyline）、奎尼丁等。

高蛋白或高脂膳食由于能够刺激胆囊收缩、促进胆酸分泌，可增加某些具有肝胆循环特性药物的吸收，如地高辛、氯霉素（chloramphenicol）、吗啡（morphine）、利福平（rifampin）、螺内酯（spironolactone）、己烯雌酚（diethylstilbestrol）等。

有些食物中还含有天然的拮抗药物作用的成分，如花椰菜、卷心菜、洋葱中的维生素 K 有拮抗凝血剂的作用。

二、药物对食物的影响

药物对食物的影响通常包括影响食欲、影响营养素吸收等作用。

（一）药物对食欲的影响

1. 促进食欲的药物

（1）抗过敏药物：如赛庚啶（cyproheptadine）。

（2）抗抑郁症药物：如吩噻嗪（phenothiazine）等。

（3）降糖药：如胰岛素（insulin）、磺胺类降糖药等。

（4）类固醇类药物：如糖皮质激素（glucocorticoid）等。

2. 抑制食欲的药物

（1）直接抑制食欲：如某些作用于神经系统的药物右旋苯丙胺（dextroamphetamine）、左旋多巴（levodopa）、甲基纤维素（melhylcellulose）。

（2）药物副作用导致的食欲下降：如化疗药物、洋地黄中毒、秋水仙碱（colchicine）等。

（3）抗高血压药物或利尿剂：如胍那苄（guanabenz）、肼屈嗪（hydralazine）、甲基多巴、螺内酯、噻嗪类利尿剂（thiazide diuretics）等。

3. 改变患者嗅觉或味觉而影响其食欲

（1）苦味感：如阿司匹林、乙酰唑胺、安非他明、左旋多巴等。

（2）金属味：如青霉胺、四环素、氨甲蝶呤（methotrexate）、钙盐、碘、别嘌呤醇（allopurinol）、碳酸锂（lithium carbonate）等。

（3）咸味感：降血钙素（calcitonin）、卡托普利（captopril）等。

（4）酸味感：如苯佐卡因（benzocaine）等。

（5）甜味感：能降低甜味的有安非他明、可卡因（cocaine）、利多卡因（lidocaine）、青霉胺等，增加甜味的有 5-氯尿嘧啶（5-chlorouracil）等。

（6）降低味觉：如两性霉素 B（amphotericin B）、阿司匹林、灰黄霉素、胰岛素、左旋多巴、青霉胺、苯妥英、硫尿嘧啶（thiouracil）、锌缺乏等。

（7）味觉异常或缺乏：如卡托普利、氢氯噻嗪（hydrochlorothiazide）、甲巯咪唑（methimazole）、硝酸甘油（nitroglycerin）、青霉胺、螺内酯等。

（8）嗅觉异常：氮（ammonia）、可卡因、甲醛（formaldehyde）、汞（mercury）、甲硫咪唑、新霉素（neomycin）、链霉素（streptomycin）、丁卡因（tetracaine）等。

（二）药物对营养素吸收的影响

药物对营养素吸收的影响可分为直接作用与间接作用。某些药物本身可与食物中的某些成分结合或改变胃肠道黏膜结构而降低营养素的吸收，如铝制剂、钙制剂可降低血磷，抗癫痫药会导致叶酸缺乏等。某些药物本身不影响营养素的吸收；但可干扰与该营养素吸收相关的其他物质的吸收，如抗癫痫药物、抗肺结核药物都可以干扰维生素 D 的代谢，从而导致钙营养不良。

药物还可因为本身的药理学作用，如利尿、导泻等，造成体内矿物质经尿或粪便流失；或可与某种矿物质结合从而导致其缺乏，如类固醇类药物、抑酸剂等。某些药物（如抗真菌剂、抗癌药物）可引起肾损伤，使矿物质的流失增加。

药物也有拮抗营养素的作用，临床最常见的就是抗凝血剂香豆素（coumarin）拮抗维生素 K、抗结核药物异烟肼（isoniazid）拮抗维生素 B_6、抗癌药物氨甲蝶呤拮抗叶酸等。在使用这些药物时，应补充相应的营养素。

第五节　住院患者膳食评价标准

一、制定医院膳食供应标准的背景

2012 年全国老年住院患者营养调查结果显示，我国营养不良发生率为 14.67%，营养不良风险发生率为 49.7%。大量研究表明，肿瘤患者营养不良发生率高达 40%~80%。营养不良导致的恶病质成为了超过 20% 的肿瘤患者的主要死因。

住院患者营养不良会使治疗耐受力下降，治疗效果不佳，生活质量下降，生存时间缩短，经济负担增加。降低住院患者营养不良的发生率可以通过加强住院患者及家属的营养宣教，规范临床营养诊疗，完善医院膳食供应，推广特医食品的临床应用等方法来达成。

二、制定医院膳食供应标准的意义

医院膳食是疾病综合治疗的重要手段、医院膳食的制作目标为：满足患者营养需求，促进疾病康复，改善营养不良，增强患者免疫力，减少平均住院日，减轻患者及社会总体医疗费用和经济负担。

由于国内目前尚无统一的医院膳食供应标准，各地区、各医院开展医院膳食供应的水平和针对患者的适用范围参差不齐，住院患者对营养的需求和临床实际迫切需要医院膳食的良好规范供应。因此，医院膳食供应标准的制定及实施应是医院营养科重点推进的工作。同时，这也是积极响应国家《健康中国 2030 规划纲要》《中国防治慢性病中长期规划（2017—2025）》等文件、政策精神，全方位、多维度保障人民群众生命健康的需要。

三、医院膳食发展现状

目前我国常见的医院膳食供应制度有：点菜式，包伙式，点菜包伙结合式，餐厅就餐式等几大类。

（一）点菜式

营养科每日拟好菜单并注明价格，分发到各病室，患者根据个人的具体情况，选择主食与副食。由配餐员负责前一天登记预约，收清饭票或菜票，或者登记下出院结算。点菜制是计划经济走向市场经济后出现的一种灵活的病员就餐方式。

优点：能够最大限度地满足患者的饮食需求，同时也能够增加营养科的经济收入。

缺点：某些人员可能为了科室创收，盲目诱导患者消费，导致膳食治疗的效果难以控制。

（二）包伙制

包伙制是过去采用得较多的一种住院患者就餐形式和营养科室饮食供应制度，主要适合于病种相对单一的专科医院和特殊疾病的饮食治疗，现在精神科、传染科等临床患者采用此种饮食供应制较为合适。它是在价格固定的情况下，采取主食和副食搭配的形式供给患者。

优点：操作方便、快捷有效，便于管理。

缺点：食谱单调，不能满足膳食多样化和膳食治疗个体化的目标。

（三）点菜结合包伙制

每天价格固定，每餐有几种菜品供患者选择。菜虽然不同，但价格划一，营养价值相近。收费方法按包伙制，食物选择后仍由配餐员负责前一天预约。

优点：既能满足膳食治疗的要求，又能充分考虑患者的口感。

缺点：工作量较大，操作较为困难，不宜广泛应用。

（四）餐厅就餐制

适合一些规模较小医院营养科室的一种特殊的病员就餐制度，它往往和职工食堂合二为一，病员和医护人员就餐和为一体。

优点：节省人力和编制，任何场地即可开展。

缺点：容易发生院内交叉感染，膳食治疗效果差。

结合我国医院膳食的历史与发展现状，制定出规范、合理、易于推广的医院膳食供应标准迫在眉睫。制定出满足患者需求、适应临床科室和营养科发展现况、医院建设配套设施、符合社会趋向、政策导向等标准的膳食供应标准具有极其重大的意义。

四、我国良好医院膳食供应标准（试行）

（一）保障医院食品安全

1. 加强原料采购的质量安全管理　建立从采购到消耗使用的监控制度，食品原料可溯源，保证购进原料有明确的质量标准，符合国家或企业标准，加强对食品原料的检验，包括看色泽、形状、嗅气味、触硬度和弹性，鉴别新鲜程度和是否变质，以及有毒有害物质。

2. 加强膳食制作过程的质量安全管理　强化制作、分发全流程的标准化操作，杜绝不安全事件发生，加强厨师水平培训与队伍建设，提高食品加工、制作工艺与卫生水平，减少高糖饮料、碳酸饮料、不健康食品在医院的销售。

（二）改善医院膳食供给服务

1. 提高膳食供应频次　不限于三餐供应，可提供至少三次加餐供应；为营养不良及特殊需求患者提供按需加餐服务，可预约。

2. 增加膳食种类与风味　尽量满足区域相关少数民族膳食风俗，提供相应膳食，尽可能提供丰富多样的膳食供应，以满足患者的膳食需求。

3. 优化供餐流程　尽量缩短膳食制作成品至患者进食之间的时间间隔，保证膳食温度以及色香味等感官；供餐车需有保温措施。

4. 延长膳食供应时间

5. 改善就餐环境，提供膳食帮助　尽量减少医疗相关膳食中断，如果不能避免，能够提供膳食补充方案；增设营养食品自动售货机及专卖部，提供即食补充食品（ready-to-use supplementary food，RUSF）及即食治疗食品（ready-to-use therapeutic food，RUTF）。但每份食品必须有营养标签和适用人群指导建议。

（三）遵循良好医院膳食供应12条原则

1. 每份包装主食及菜品应标示能量、蛋白质、脂肪、碳水化合物及钠含量。

2. 膳食普食午、晚餐至少提供二荤、四半荤半素、四素十种菜品；提供大豆及其制品制作食物。

3. 每餐提供二款以上荤素搭配的菜品套餐，蛋白质不低于20g，其中至少一半为优质蛋白，全天盐不超过6g。

4. 主食可提供至少一两种用全谷物做的食品。

5. 蔬菜类食物每天提供深色蔬菜至少5种，菌菇类蔬菜1种。

6. 提供至少4种水果，其中至少2种是低升糖指数（GI）水果。

7. 红烧类肉制品不炒糖色，每份盐量不超3g。

8. 海产品（鱼类）烹调大多采用清蒸、清炖、滑熘、炒、白灼的方法，油用量小于10g。

9. 汤类使用清汤，不添加奶类或化学食品添加剂，内容物不少于50g，含盐量小于1.5g/250ml。

10. 果蔬菜汁供应每份250ml，不加糖及其他食品添加剂。

11. 不油炸、烧烤食物。

12. 所有食品不含反式脂肪酸。

（朱翠凤　陈伟　李增宁）

参考文献

1. 中华医学会肠外肠内营养学分会老年营养支持学组. 老年患者肠外肠内营养支持中国专家共识[J]. 中华老年医学杂志，2013，32(9)：913-929.
2. 李增宁，陈伟，齐玉梅，等. 肿瘤患者特殊医学用途配方食品应用专家共识[J]. 肿瘤代谢与营养电子杂志，2016，3(2)：95-99.
3. 焦广宇，李增宁，陈伟. 临床营养[M]. 北京：人民卫生出版社，2017.

第六篇　创伤性疾病的营养支持治疗

第三十五章　围手术期肠外肠内营养支持治疗

第一节　围手术期营养支持治疗的必要性

营养不良是指因能量、蛋白质及其他营养素缺乏，对机体功能乃至临床结局造成不良影响。住院患者中营养不良的发生较普遍，有文献报道平均发生率达40%。而在外科患者中，其中普外科胃肠疾病、恶性肿瘤、高龄、重症患者更为常见，尤其是老年、恶性肿瘤患者以及炎性肠病患者的营养不良发生率可高达50%以上。

外科患者营养不良的主要原因包括各类急、慢性疾病导致进食减少、手术创伤应激、术后胃肠功能障碍、手术并发症以及各种治疗带来炎症、经口摄食量减少导致增加营养不良发生率高于非手术患者，营养不良导致手术并发症、住院时间延长、医疗费用及死亡率增加，降低生活质量，造成不良的临床结局。

营养不良可产生诸多不良影响，可导致伤口愈合缓慢、免疫应答能力受损、手术耐受能力下降、术后并发症率增高、住院时间延长、花费增多，并增加死亡率。

随着时代的发展，微创技术减少了手术直接创伤，对于营养支持的认识和研究也不断深入，对于围手术期营养支持的目的提出了更高的要求，如仅停留于过去的理念提供足够的能量和营养物质，维持手术患者的氮平衡，已经远远不能满足预防、治疗、康复的需求。因此，医学生、研究生、各级外科医师及护师均应不断学习，不但要提高对营养不良的识别和诊断，特别是更要早认识到营养风险，对于手术及危重患者通过营养风险筛查与评定、营养不良诊断与干预，有助于维持脏器和免疫功能、促进器官组织修复、加速患者康复、改善临床结局。较多证据表明，围手术期合理营养支持可改善营养不良患者的临床结局，包括降低并发症发生率和缩短住院时间。

第二节　围手术期营养风险筛查和营养评定

根据欧洲、美国及中国肠外肠内营养学会的指南推荐，营养支持治疗的启动和实施需遵循基本步骤，即营养风险筛查、营养评定、营养支持计划的制订、营养支持治疗的实施、监测和评估。因此，对于围手术期营养支持治疗，同样需考虑以上基本问题，当然其特殊性在于需分为术前、术后及出院后的三个时间阶段。

营养风险是指现存的或潜在的营养和代谢状况对疾病或手术相关的临床结局（感染有关的并发症、住院日、死亡率等），即发生不良临床结局影响的可能，包含两方面内涵：①有营养风险的患者发生不良临床结局的可能性大；②有营养风险，尤其是摄入量减少造成的营养高风险，患者能从营养治疗中获益更多的机会。

营养风险筛查（nutrition risk screening，NRS-2002）是临床医护人员用来判断患者是否存在营养风险、是否需要进一步全面营养评定和制订营养治疗计划的一种快速、简便的方法。外科大手术或重症疾病患者入院24~28h均应进行营养风险筛查。

对有营养风险患者进行营养评定，鉴别患者是否存在营养风险，并判断机体营养状况，预测营养状况对临床结局的影响，为制订合理的营养支持计划提供根据。目前有较多营养风险筛查工具，其中NRS-2002建立在较强的循证医学证据基础上，因此，被欧洲、我国以及许多国家或国际营养学会推荐为成年住院患者营养风险筛查的首选工具，其具有相对简单、易用的特点，也是中华医学会肠外肠内营养学分会所推荐的营养风险筛查工具，其评分 <3 则无营养风险，>3 分存在营养风险，评分 >5 分则存在营养高风险，需制定营养计划，并开始术前 2 周以上的营养干预治疗，但不适用于肥胖症（BMI>28）患者的营养风险筛查。经过筛查后，有营养高风险的患者除需进行营养治疗，但还要进行多学科的综合评定。营养评定是由营养专业人员对患者的营养代谢、机体功能等进行全面检查和评估，用于制订营养治疗计划，考虑适应证和可能的副作用。营养评定内容需结合病史、体格检查、实验室检查和机体测量指标等进行综合评定。

第三节　术前营养支持治疗的指征和实施原则

围手术期营养支持应根据患者具体情况考虑，包括营养状态、疾病状态以及手术情况等。早期临床研究证据证明，对于术前营养状况良好或低度营养风险的患者，围手术期营养支持并无益处，相反，还有相关并发症或医疗费用的增高。因此，营养状况良好患者无需营养支持。而中、重度营养不良患者、营养高风险而需要接受大手术的患者，尤其是重大、复杂手术患者，预计出现严重应激状态或并发症的危重患者，往往不能耐受长时间营养缺乏。因此，中重度营养不良患者、高营养风险的患者推荐术前营养干预，预计围手术期不能经口摄食超过 7d 或无法摄取推荐足量热卡（60%）10d 以上者，围手术期需明显提升营养状况或存在严重代谢障碍风险的患者，也是使用营养支持的指征。对于重度营养不良患者，欧洲肠外肠内营养学会指南推荐应在术前给予 7~14d 的术前营养支持，首选口服补充或经喂养导管肠内营养，并建议推迟手术时。围手术期营养支持疗效与患者术前的营养状况密切相关，术前重度营养不良或严重低蛋白血症将影响术后营养支持效果，而术前营养支持有助于减轻患者分解代谢状态并促使机体转变为合成代谢状态。

国内外许多临床研究实践证明，术前合理的营养支持可降低大手术、特别是胃肠道手术后的并发症尤其是感染并发症的风险，减少住院天数。术前营养支持方式首先推荐口服补充膳食营养；若饮食无法满足热量需求时推荐通过口服营养补充（ONS）来补充营养，营养不良或有营养不良风险者建议术前行 ONS 或肠内营养（EN）支持；重度营养不良或代谢障碍患者如 EN 无法满足热量需求则在术前应用肠外营养（PN）。ONS 作为肠内营养支持治疗的一种方式，适用于存在营养不良或营养风险，且吞咽功能正常，具有一定消化吸收功能的患者。

第四节　术后营养支持治疗的指征和实施原则

以往临床研究证据表明，营养不良特别是严重营养不良患者可以从合理的营养支持中获益。营养状况正常或营养低风险患者术后不需要营养干预，如无特殊禁忌证者推荐术后 24h 内恢复流质饮食。

围手术期手术后营养支持的指征包括：①所有营养不良患者；②术后 7d 内经口饮食 <60% 热量的患者；③手术前已经实施营养支持的营养不良患者；④严重营养不良而手术前未进行营养支持患者；⑤由于各种原因手术后无法经口摄食 >7d 患者；⑥严重分解代谢状态的危重患者。上述患者接受术后营养支持可以获益。一项纳入 15 个 RCT 研究的 Meta 分析表明，合理的术后营养支持治疗可降低感染并发症和非感染病并发症，缩短住院天数。术后营养支持治疗的启动时机值得关注，对于病情危重者，有效的复苏及组织灌注充分是开始任何形式营养支持的前提。

美国肠内肠外营养学会与危重病学会颁布的营养指南对此的定义为：不需要 2 种以上的血管活性药物维持循环稳定，不需要血管活性药物联合大量液体或血液制品维持血压。

术后营养支持治疗的方式选择需考虑手术对患者肠道功能所带来的影响。对于无法早期经口营养的患者，推荐 24h 内开始经导管喂养的肠内营养支持方式。术后营养支持首选 EN，EN 较 PN 能显著减少术后并发症和住院时间及节省医疗药品费用，但术后早期胃肠道耐受性差，建议采用肠内营养序贯疗法及肠外肠内营养联合治疗。即对于危重症及重度营养不良或手术后并发症患者，虽然具有营养支持指征、但无法或不能耐受EN的患者，应及早给予PN，口服和/或EN摄取热量<60%目标量时，应联合补充应用PN。中华医学会肠外肠内营养分会推荐：腹部手术后需要较长时间肠内营养的患者，建议术中放置空肠营养置管。施行近端胃肠道手术，需要肠内营养患者，应经吻合口远端置入空肠营养管术后EN喂养。研究表明，术后早期肠内营养具有较多益处，可促进术后恢复，减少住院时间和花费，降低再入院率。在术后给予患者肠内营养时，应根据其病情和肠道功能障碍和恢复状况，逐步由氨基酸型制剂序贯过渡至整蛋白型制剂，由稀释和预消化营养素到整蛋白型营养素，从少量、半量至全量（100ml/d，300ml/d，500ml/d，1 000ml，1 500ml/d），经口摄入或输注速度可以由慢至快（10~20ml/h，30~50ml/d，60~80ml/h，90~120ml/d），可以由肠内营养泵入或滴注，或在寒冷室温下输注导管适度加温（30~39℃），这样可使患者更好地耐受肠内营养，并节约医疗成本。

第五节　围手术期营养支持治疗的能量及蛋白质需求量

围手术期患者的能量及蛋白质目标需要量的确定需考虑到手术创伤应激对机体生理需求所带来的影响。手术患者每天能量摄入量应尽可能接近机体能量消耗值，以保持能量平衡。但在疾病状态下机体能量代谢率通常有所升高，择期手术增加10%左右，因此，能量目标需要量应结合患者疾病状态适当调整。临床上大多数情况下无法直接测量患者的能量消耗值，此时可采用体重公式计算法估算机体的能量需要量。目前认为，25~30kcal/（kg·d）能满足大多数非肥胖患者围手术期的能量需求，而肥胖患者，应根据其理想体重进行计算，推荐的能量摄入量为目标需要量的70%~80%，10~15kcal/（kg·d）。足量蛋白质供给对手术患者的预后十分重要。指南推荐，围手术期患者蛋白质的目标需要量为1.5~2g/（kg·d），尤其对于手术创伤大的患者，蛋白质需求量更高。

第六节　免疫营养在围手术期营养支持治疗中的应用

围手术期营养支持治疗的另一个热点问题是免疫营养素。免疫营养是在常规营养支持治疗的基础上，应用特异性免疫营养物质，改善患者的营养状况，调节机体炎性反应，维持机体免疫功能。免疫营养素具有改善营养和调节免疫的双重功能。常用的免疫营养素包括：ω-3多不饱和脂肪酸、谷氨酰胺、精氨酸、核苷酸等。一项纳入21个随机对照试验的Meta分析表明：围手术期免疫肠内营养对消化道择期手术可降低术后并发症、术后感染并发症，减少术后住院天数。另一项研究则证实：术后谷氨酰胺强化的肠外营养可降低感染并发症相关死亡率，缩短住院天数。目前认为，大多数患者能从围手术期免疫增强型EN支持中获益，围手术期免疫增强型EN支持能减少术后感染并发症发生，缩短住院时间，但对死亡率无明显影响。术后营养不良、需要长时间PN支持的患者可以通过补充谷胺酰二肽获益［ALA-GLN双肽0.35g/（kg·d）］；重症外科患者PN中应加入GLN；术后营养不良、不适合EN的患者可以通过PN补充ω-3脂肪酸获益；PN中应用ω-3脂肪酸可提升重症外科患者的结局。值得注意的是，ω-3脂肪酸改善预后的效果具有剂量依赖性，同时其作用还与疾病的严重程度和应用时机有关。目前大多数专家建议ω-3脂肪酸应尽可能在疾病及应激的早期使用，推荐剂量为0.1~0.2g/（kg·d）。

第七节　围手术期营养支持治疗的监测与评估

为了保证营养支持的效果，同时及时发现营养支持相关并发症，在围手术期营养支持过程中，需对患者营养状况进行监测、评估，根据病情的变化和出现的并发症调整营养配方。临床通常采用简便易得的数据来进行营养评定，如查体指标：

体重、BMI、臂围、皮褶厚度等；实验室检查：白蛋白、前白蛋白、转铁蛋白等；其他生化指标可协助了解营养状态，并提示可能的营养并发症，如肝肾功能、血脂、电解质等；体温、尿量、引流量、入量的记录对于液体量的计算有重要意义。根据营养状况，动态调整个体化营养配方，包括：能量、电解质、液体量，肠外到肠内营养的过渡以及肠内营养制剂类型的更替等。除代谢性并发症外，导管相关并发症是营养支持过程中需要监测的另一个重要方面，如机械性并发症（导管的堵塞、脱出、移位等）、肠外营养置管相关的感染、血栓性疾病等。及时处理并发症，才能保证营养支持治疗方案的顺利实施。

（于健春　叶 欣）

参考文献

1. Cederholm T, Bosaeus I, Barazzoni R, et al. Diagnostic criteria for malnutrition-An ESPEN consensus statement [J]. Clin Nutr, 2015, 34(3): 335-40.
2. Norman K, Pichard C, Lochs H, et al. Prognostic impact of disease-related malnutrition [J]. Clin Nutr, 2008, 27(1): 5-15.
3. Souza TT, Sturion CJ, Faintuch J. Is the skeleton still in the hospital closet? A review of hospital malnutrition emphasizing health economic aspects [J]. Clin Nutr, 2015, 34(6): 1088-1092.
4. Ward N. Nutrition support to patients undergoing gastrointestinal surgery [J]. Nutr J, 2003, 2: 18.
5. Zhong J X, Kang K, Shu X L. Effect of nutritional support on clinical outcomes in perioperative malnourished patients: a meta-analysis [J]. Asia Pac J Clin Nutr, 2015, 24(3): 367-378.
6. 中华医学会肠外肠内营养学分会．成人围手术期营养支持指南[J]．中华外科杂志，2016，54(9)：641-656.
7. Weimann A, Breitenstein S, Breuer J P, et al. Clinical nutrition in surgery: Guidelines of the German Society for Nutritional Medicine [J]. Der Chirurg, 2014, 85(4): 320-326.
8. 许媛．围手术期营养支持规范管理[J]．中国实用外科杂志，2014，34(2)：143-145.
9. 于健春．围手术期营养支持合理优化选择[J]．中国实用外科杂志，2012，32(02)：110-112.
10. 康维明，于健春，马志强，等．胃肠道手术后规范化序贯肠内肠外营养支持疗法与肠外营养支持的临床随机对照研究[J]．中华临床营养杂志，2011(3)：148-153.
11. 于健春．免疫营养素在胃癌营养治疗中的意义[J]．外科理论与实践，2008，13(5)：402-404.
12. Cerantola Y, M. Hübner, Grass F, et al. Immunonutrition in gastrointestinal surgery [J]. British Journal of Surgery, 2011, 98(1): 37-48.
13. Wang Y1, Jiang ZM, Nolan MT, et al. The impact of glutamine dipeptide-supplemented parenteral nutrition on outcomes of surgical patients: a meta-analysis of randomized clinical trials [J]. JPEN J Parenter Enteral Nutr, 2010, 34(5): 521-529.
14. McClave SA, Taylor BE, Martindale RG, et al. Guidelines for the Provision and Assessment of Nutrition Support Therapy in the Adult Critically Ill Patient: Society of Critical Care Medicine (SCCM) and American Society for Parenteral and Enteral Nutrition (A. S. P. E. N.) [J]. J Parenter Enteral Nutr. 2016, 40(2): 159-211.

第三十六章　危重症患者的营养支持

20世纪70年代至今，营养支持与治疗的观念、技术和方法均发生了很大变革。而科学研究也从单纯的“供给细胞代谢所需要的能量与营养底物，维持组织器官结构与功能”，拓展到“调控患者应激状态下的炎症与免疫反应，改善和保护器官功能”，即由“模仿生理”到“纠正病理”、从“营养支持”到“营养治疗”、从“形态保持”向“功能支持”的发展。因此而发展的药理学营养已成为重症治疗的重要组成部分。

重症患者常处于一种强烈且失衡的免疫炎性反应和代谢应激状态，而在这种强烈应激初期，机体处于失衡的代谢亢进状态，无论是分解代谢还是合成代谢均可能增加，且往往失衡，此时单纯的营养支持并不能改善重症患者的营养状态，甚至由于所供给的底物超出机体的利用能力而加重器官代谢负担、加重炎症损伤。

如若患者的病因未能得到及时有效的控制，一方面，机体的内脏与肌肉蛋白将源源不断分解，并导致器官结构的损伤；另一方面，肌肉内脏蛋白所分解出的氨基酸，又通过转氨基等作用，去合成介导炎性反应的大量且多种的急性相蛋白（包括各种细胞因子、C反应蛋白、白细胞介素等），将加剧机体的炎性反应致其失衡，进一步干扰器官组织代谢；最终这种恶性循环会导致器官功能障碍甚至危及生命。

可见，危重病患者的营养治疗策略是在支持的基础上强调给予治疗性的营养底物补充：一方面围绕传统的糖、蛋白、脂肪三大营养物质，探究最佳的实施方式，以满足人体生理需求；同时根据重症患者的病理生理及生化改变，补充所需的促炎或抗炎介质的底物，减轻瘦体组织分解，精准地“补不足”。另一方面针对机体在应激状态下所引发的免疫代谢失衡、炎性反应过度进行代谢调理和营养治疗，有目的地限制某些底物的供给，使得机体对于病理损伤的应答更容易趋于平衡-科学地“损有余”。

因此，对于重症患者，营养治疗应侧重于了解器官的代谢功能状态，通过监测物质代谢变化，评估与了解机体的代谢状态与炎性反应的关系，相对精准地补充营养底物，刻意增加或限制某些炎性反应所必须的氨基酸及脂质供应，不仅减少内脏和肌肉蛋白的分解，而且减轻机体的过度反应，此即为“补不足，损有余”。

一、营养监测

营养制剂的选择与其他药物一样，需密切监测并及时调整。首先，注意监测血清尿素氮（BUN）等指标的变化。若BUN进行性升高，往往提示氮质产物蓄积，多种氨基酸不能被有效利用，此时应适当减少蛋白质/氨基酸的补充，或选择必需氨基酸等制剂，随着机体氮质产物逐渐被利用，再增加蛋白质/氨基酸的补充。其次，由于重症患者常常存在应激性高血糖，再给予液体补充及肠内营养过程中，需密切监测患者血糖水平，推荐目标血糖为6~9mmol/L。由于近年来糖尿病患者的增加，许多EN制剂配方降低了糖类含量，而增加了脂肪比例，并刻意提高了单位容量制剂的热量比，导致部分患者血清TG水平过高。因此，血清甘油三酯（TG）的水平同样是需要关注的重要指标之一。此外，患者体温、尿量、心率及呼吸频率等的生命体征的监测同样具有其相应的临床意义，例如，当体温过高（>39℃）、尿量<0.5ml/kg时，提示患者处于很强的分解代谢状态，不宜给予过多营养素的补充，以免加重肝肾等器官的代谢负担；而心率及呼吸频率可简略代表“氧消耗”，若二者频率过高则表明患者呼吸做功或全身氧消耗显著增加，且机体的氧输送暂时不能满足氧消耗，若改良氧合指数<200mmHg，则此

时机体大部分组织细胞的ATP合成都是无氧酵解过程，过多的营养素补充将增加机体代谢负担。

二、营养治疗时机

现有的循证医学指南推荐重症患者在入住重症监护病房24~48h内启动肠内营养（enteral nutrition，EN）。然而，在实际工作中由于医生对病情危重、喂养不耐受及EN并发症等问题的忌惮，使用EN相当谨慎，导致仍有30%~40%的ICU患者被延迟肠内营养（delayed enteral nutrition，DEN）。2017年以前各国际指南对于不适宜早期喂养的患者的临床情况从未明确定义。而2017年ESICM重症患者早期肠内营养指南提出了7种可适当延迟喂养的情况：①未控制的休克；②未控制的威胁生命的低氧血症或酸中毒；③活动性上消化道出血；④胃残留量（GRV）>500ml/6h；⑤明显肠缺血与肠梗阻；⑥腹腔间隔室综合征；⑦无远端喂养通道的高流量肠瘘。但由于证据质量普遍较低，导致最终推荐建议级别并不高。

三、营养治疗方案与底物选择

（一）含有可溶性纤维的米（面）汤——先喂菌

"只要肠道有功能，就利用它"早已被临床营养特别是肠内营养学界奉为圭臬。早期给予肠内营养，最重要的作用未必是对人，而是对肠道内众多且重要的生理定植菌群，保护肠道正常的微生态。需要特别强调的是，除非肠梗阻和上消化道及近端小肠手术后早期吻合口尚未愈合，肠内营养应该在患者一就诊即尽早给予。例如术后或进入ICU后当天，即使是100~200ml的米汤或面汤，其中的可溶性与不溶性纤维及碳水化合物热卡，亦会供给保障肠道内生理定植菌群的生长繁殖，稳固肠黏膜屏障，减轻炎性反应。先喂菌，让寿命很短的肠道菌群繁衍增殖，稳定肠道黏膜屏障，而不强求热卡"达标"；后喂人，在监测评估患者可以利用营养底物的基础上，逐步增加热卡供应，不加重炎症应激期的器官负担，保护器官功能。

（二）无监测慎营养——根据利用能力调整底物供应量

目前对重症患者早期营养供给的共识为"限制性低热量喂养"及"适当增加蛋白质供给"。合理的临床措施可以保证肠内营养治疗顺利进行，包括：①床头抬高30°~45°；②使用肠内营养泵入进行持续输注；③监测血糖、甘油三酯、BUN，避免高血糖、高甘油三酯及氮质血症，尽量让血液中的热卡底物得到利用廓清，避免增加肝肾等器官组织的代谢负担；④监测GRV；⑤限制使用损害胃肠动力的药物；⑥适当应用促动力药物和通便药物；⑦控制腹腔内压力等。

在监测患者血液中葡萄糖、甘油三酯及尿素氮等营养底物可以被及时廓清的基础上，初始以15~20kcal/（kg·d）的原则供给能量，如患者未出现不耐受现象，则可逐渐增加能量供给，直至达到25~30kcal/（kg·d）的目标。

1. 碳水化合物　碳水化合物是主要的营养底物之一，也是机体反应动员最迅速的能量储备。因此，每日的葡萄糖供应量不宜少于100g，以保证肝脏及肌肉基本的糖原储备。由于炎症应激是机体肝脏、肌肉合成糖原能力下降，所以葡萄糖的供给务必保持较为均匀的速度。同时，血糖不宜超过9mmol/L，因为肾糖阈为9mmol/L，过高的血糖会逸出毛细血管进入组织间液，加重血管硬化并流失出体外。因此，成人重症患者的碳水化合物供给应保证不低于120g/d，在监测血糖水平与4~9mmol/L范围内的前提下，均匀补充，一般不超过300g/d。

2. 脂肪　脂肪是单位密度能量最高的营养底物，也是细胞膜、甾体激素等的组成成分，不可或缺。脂肪包括了胆固醇与甘油三酯，由于胆固醇多来源于机体自身合成，因此外源性的脂肪补充主要是甘油三酯。

机体炎症应激时虽然对于甘油三酯的廓清略有增加，但水解后生成的脂肪酸代谢却往往减弱。蓄积的脂肪酸在机体氧输送氧消耗增加的炎性应激中容易导致脂质过氧化而造成细胞损伤。而且，过高的血浆甘油三酯也直接妨碍了血液与肺泡气体、血液与组织代谢产物之间的气体和物质交换。因此脂肪的供给同样需要匀速缓慢，监测血清甘油三酯水平一般勿超过1.7mmol/L，最多不要超过3mmol/L。

鉴于重症患者往往有缺血缺氧低灌注的损伤，肝脏线粒体功能和肉毒碱水平下降，因此宜选择中链或长链乳化脂肪（或结构乳化脂肪）进行补充。每日乳化脂肪的补充量一般占总能量的30%~50%，按照理想体重为0.6~1.2g/(kg·d)。

3. 氨基酸或蛋白质　由于蛋白质及多肽的抗原性，故一般静脉营养的氮源补充多为氨基酸制剂；而肠道营养则反之，氨基酸的渗透压和味道使得其经胃肠应用受到一定的限制，加之消化道内有多种蛋白酶的帮助，使得整蛋白及短肽类则更适合肠内营养。

肠外营养的氨基酸种类和不同氨基酸含量在一定范围内可以调节，这是其优势：可以根据患者对于氨基酸的利用状态（如BUN水平等）的监测和对于炎性细胞因子氨基酸构成的了解，选择性地增减氨基酸总量及调节不同氨基酸的含量，而起到“补不足，损有余”，调节炎性反应的营养治疗作用。这将与肠内营养“先喂菌”治疗的肠道微生态调整一样，成为未来临床营养治疗的另一大热点。

随着现代科技和生物医学技术的发展，出现了种类繁多的EN配方制剂。临床医生面对临床错综复杂的重症患者群体，需要正确选择EN剂型。EN制剂的基本营养成分包括糖、蛋白质、机体必需和非必需氨基酸（或肽类）、脂肪、维生素、矿物质和/或膳食纤维等。

应用于重症患者的制剂配方按照氮源可以粗分为整蛋白型和预消化型（短肽、氨基酸）。

由于重症患者炎症应激时常伴蛋白合成一过性减少，各种消化酶、特别是蛋白酶的合成减少，因此氨基酸、短肽类为氮源的预消化剂型可以不依赖于各种蛋白酶而能被更好的吸收。但氨基酸配方的渗透压较高，耐受性相对较差。短肽作为蛋白质的水解产物，可不经水解直接被肠道吸收，同时规避了过高渗透压的缺点，更具优势。预消化配方，特别是氨基酸型配方不含脂肪，较少刺激消化液分泌，适合重症胃肠功能不全和肝脏、胰腺功能损伤，消化酶不足的患者。

整蛋白型配方包括匀浆饮食是以整蛋白为氮源的配方。其特点是等渗或接近等渗，口感好、易于管饲，但需要有足够的蛋白酶与脂肪酶，适用于胃肠道消化腺功能保持较好的患者。其他各种所谓治疗组件型配方则是在均衡整蛋白型配方的基础上，针对特殊疾病群体的需求在碳水化合物或脂肪等比例含量上略做调整的配方。

重症患者肠内营养需进行个体化管理，应按照患者的营养基础状态、疾病类型与严重度、蛋白需求等因素，给予与患者利用能力相适应的不同肠内营养制剂。例如重症患者急性应激期各种消化酶等蛋白质合成减少时，蛋白质的补充应以预消化的短肽型和氨基酸型的形式进行，随着患者病情稳定，逐渐向整蛋白剂型过渡。

4. 维生素　重症患者几乎难以经口进食，或摄入不足，因此水溶性维生素（B、C族）需要经常补充。维生素C具有抗氧化、减轻氧自由基损伤的作用，在近年来关于SEPSIS患者的治疗中又重获关注。而B族维生素在神经细胞及皮肤黏膜的形态与功能维持上也具有重要作用，韦尼克脑病在ICU患者中并不少见，许多神经系统的异常表现往往易被误诊。

脂溶性维生素包括维生素A、D、E、K，该类维生素虽然可以在体脂组织中略有蓄积，但重症患者对于脂溶性维生素的需求往往因亢进的物质代谢而增加，因此也应该经常予以补充。

上述维生素的补充中，脂溶性维生素宜基本按照每日需要量补充，可以根据凝血适当调整K族维生素用量。而水溶性维生素由于可以经尿排出，因此在肾脏功能没有严重损伤的患者，可以按照每日需要量补充或根据病情酌情增加剂量；例如有研究报告，对于SEPSIS治疗时的大剂量维生素C补充，可以达到1.5g每6h给药1次，而维生素B_1（硫胺素）的补充也达到200mg，每12h给药1次。

5. 微量元素及常量元素　重症患者一旦停止进食即面临着各种物质的匮乏。而诸多的常量元素中，钾、钠、磷是能量（ATP）作用的必要条件，是神经-肌肉兴奋收缩耦联的必备因素。镁关乎诸多酶活性和平滑肌张力；而钙更是凝血和神经肌肉兴奋性的不可或缺的元素。众多的微量元素，特别是锌、锰等元素，也是众多辅酶和免疫细胞活性的重要组分。

四、营养方式

重症患者肠内营养供给方式包括鼻胃管、鼻空肠管、鼻十二指肠管及经皮内镜下胃造口置管（PEG）、经皮内镜下空肠造口置管术（PEJ）、术中胃/空肠造口置管，甚至经肠瘘口（远端）喂养等。临床上最简单、最常用的喂养方式仍为鼻胃管,这种途径更接近生理,适用于胃肠功能正常、没有误吸风险的患者。但重症患者由于缺血低灌注,加上儿茶酚胺类药物的使用导致消化道血流减少使得胃排空减慢;或由于食管及胃部的手术使得正常喂养途径受影响;或由于镇痛镇静及机械通气等原因,使得胃动力受影响、胃排空延迟。因而部分重症患者在使用鼻胃管喂养过程中,常常发生腹胀、腹泻、胃潴留、食物反流及误吸等并发症,从而严重影响肠内营养的有效实施,甚至增加死亡率。对于此类患者,可通过幽门后喂养使导管前端越过胃幽门,进入近端空肠。营养物经过导管直接进入小肠,既达到营养补充的目的,又可以减少上述并发症的发生,继而减少 ICU 停留时间、减少医疗花费、降低死亡率。而对于喂养方式,由于小肠的贮纳空间显著小于胃腔,故推荐经营养泵匀速连续输注的方式,而非一次性或分次推注。

重症患者的药理学营养,必须强调“代谢调理、营养治疗”的作用。对重症患者应早期给予适量的肠内营养治疗,达到“补不足,损有余”的目的。治疗前后必须动态监测与评估患者对于营养底物的代谢利用能力,即使胃肠利用能力不足,亦应早期给予少量米汤面汤,“先喂菌,后喂人”。对于胃动力不足的患者可考虑幽门后喂养,并个体化选择营养剂型。总而言之,准确评估、个体化给予营养治疗对改善和保护患者的器官功能具有重要临床意义。

(安友仲 郭晓夏 吕 杰)

参考文献

1. Casaer MP, Mesotten D, Hermans G, et al. Early versus late parenteral nutrition in critically ill adults[J]. N Engl J Med, 2011, 365: 506-517.
2. McClave SA, Taylor BE, Martindale RG, et al. Guidelines for the provision and assessment of nutrition support therapy in the adult critically ill patient: society of critical care medicine (SCCM) and american society of parenteral and enteral nutrition (ASPEN)[J]. J Parenter Enteral Nutr, 2016, 40(2): 159-211.
3. Stephen A. McClavea, Jayshil J, et al. Introduction to the 2018 ESPEN guidelines on clinical nutrition in the intensive care unit: food for thought and valuable directives for clinicians![J]. Nutrition and the intensive care unit, 2019, 22(2): 141-145.
4. Singer P, Blaser AR, Berger MM, et al. ESPEN guideline on clinical nutrition in the intensive care unit[J]. Clin Nutrit, 2019, 38(1): 48-79.

第三十七章　加速康复外科与营养支持治疗

加速康复外科（enhanced recovery after surgery，ERAS）是指在术前、术中及术后应用已证实有效的方法以减少手术应激及并发症，加速患者术后的康复。它早期的倡导者及实践者是丹麦外科医生 Kehlet，他早在 1997 年就率先提出了此概念，并在许多种的手术患者中积极探索其临床可行性及优越性，取得了很大的成功，其中最为成功的应用是结直肠外科领域。2010 年欧洲成立了欧洲的加速康复外科学会，并于 2014 年发表了胃癌胃切除术加速康复外科的指南。2005 年，黎介寿院士首次将加速康复外科概念引进到中国，并将其意译为“加速康复外科”。2018 年，中华医学会外科学分会与中华医学会麻醉学分会联合发布了《加速康复外科中国专家共识及路径管理指南》。目前，加速康复外科已在国内诸多外科领域均获得了很好的研究与推广，临床研究表明加速康复外科以患者为中心，以询证医学为依据，外科、麻醉、护理、营养、理疗等诸多学科的参与，完成手术前、手术中、手术后诸多流程的优化；可以减缓外科应急，减少手术并发症，减少治疗费用，缩短住院时间，并且提高了患者的满意度。“加速康复外科”的宗旨就是让“外科康复加速”。

外科手术患者常存在营养不良，严重影响术后康复。营养支持治疗是指围手术期患者在饮食摄入不足或不能摄入的情况下，通过肠内或肠外途径进行补充或提供全面、充足的机体所需各种营养素，以达到预防和纠正患者营养不良、增强患者对手术创伤的耐受力和促进早日康复的目的。虽然围手术期营养不良还很难定义、诊断及治疗，但营养不良是术后临床结局不良的一个主要的独立预测因素。发生营养不良的外科患者术后死亡率、并发症发生率、再入院率、住院费用更高，住院时间更长。围手术期营养支持治疗可改善术后临床结局，减少因感染而发生的并发症及死亡率。

第一节　手术创伤与应激反应

应激（stress）反应是机体受到物理性创伤、机械性破损、化学性侵害或情绪因素而引起神经、内分泌的内稳态改变。当机体受到外来侵袭时，信息由传入神经传至下丘脑-垂体-肾上腺轴（hypothalamus-pituitary-adrenal axis，HPA），而使儿茶酚胺和肾上腺皮质激素分泌增加，同时也有炎性介质及细胞因子的改变，以致全身性的炎性反应。

一、影响手术创伤的应激因素

任何医疗措施都有着正效应的一面，即希望在治疗上起作用；也有其负效应的一面，每一治疗措施对机体都是一次刺激，必将引起一定的应激反应。刺激有大有小，应激反应也随之有强有弱，而且与个体的耐受性和等相关。静脉注射或肌内注射虽疼痛甚微，但对机体而言是刺激和侵扰，放置鼻胃管可引起恶心、呕吐或鼻腔、咽部不适，虽对患者的损害可以说是微不足道，然而多次多样的小侵扰，也可累积成为一个可引起机体较大反应的应激信息。

当机体受到外来侵袭时，信息由传入神经传至 HPA 而使儿茶酚胺、肾上腺皮质激素的分泌增加；同时也有炎性介质、细胞因子的改变，以致全身性的炎性反应。应激信息可引起下丘脑室旁核分泌促皮质激素释放激素和激活 HPA，糖皮质激素分泌增加，交感神经系统分泌儿茶酚胺也增加。这些内分泌激素的增加，导致了机体的一系列反应。除炎性反应外，神经系统、心血管系统、呼吸系统以及代谢系统都将产生反应。这种反应无疑也有着正负两方面的作用。按治疗的要求，希望能加强或保留有利的部分，如凝血机制、组织愈合过程；减少那些不利的部分，如高分解代谢、过度炎性反应，甚至多器官功能障碍等。尽管人们抱有如此良好的愿望，但实际上机体反应是否能恰如其分地达到益多害少的程度，完全取决于所受到的应激程度和 HPA 接受的刺激反应，也就是感觉神经传入的信息量而定。

手术操作轻柔、细致，可减轻应激程度，但仍有信息经神经传导至下丘脑发生神经内分泌反应，所有的治疗措施也都如此。为减少这些信息的传导，设法阻断传入神经的应激信号，是减轻应激反应的一种措施。

二、减轻手术应激反应的措施

术后由于神经内分泌系统及炎性应激反应被激活，将增加对器官功能的需求，可能导致术后器官功能障碍。目前，最重要的减少术后应激的技术包括局麻、微创手术及药物治疗（如皮质激素、β 受体拮抗剂或促合成药物）。

使用局麻进行神经阻滞可以减少神经内分泌代谢反应及分解代谢的激活，减少对器官功能的损害，减少肌肉组织的丢失，然而局麻对炎性反应的抑制作用不大。微创手术技术可以减少疼痛及减轻炎性反应，但对控制神经内分泌代谢反应及分解代谢的优势较小。

在小手术术前给予单一剂量的糖皮质激素（常用地塞米松），可以减少恶心呕吐和疼痛，也可以减轻炎性反应，并且没有副反应，可以促进患者从小手术中快速康复。然而，此方法对大手术的效果并不肯定。有研究显示，围手术期使用 β 受体拮抗剂，可以减少交感神经兴奋，减轻心血管负担，从而减少心脏并发症；在烧伤患者中还发现可以降低分解代谢。围手术期使用 β 受体拮抗剂可能成为快速康复治疗中的一个重要的组成部分，特别是在老年患者中。

如果患者属高龄或营养不良，应通过营养支持治疗、使用促合成药（氧甲氢龙、胰岛素、生长激素等）以增加去脂组织的合成。已有不少研究观察了危重高分解状态患者使用促合成药物的作用，如在烧伤儿童中使用生长激素，发现其具有可以间接发挥促进氮平衡，直接促进伤口愈合，以及减少住院日的作用。

术后胰岛素抵抗是导致分解代谢增加的一个重要原因，有证据表明术前口服或静脉使用碳水化合物可以降低术后胰岛素抵抗的发生率。该方法产生的临床益处仍有待于进一步证实及阐明机制。由于这一方法简便、符合生理、价格低廉，是一个很有潜力的措施。

在 ERAS 发展过程中，曾经提倡过胸段硬膜外止痛，优势在于阻滞交感神经兴奋，减轻手术创伤造成的应激反应，其应用符合 ERAS 理念。近年来，麻醉中右美托咪定等药物的使用也能够达到抑制交感兴奋、减轻应激的作用。因此，对于部分手术，胸段硬膜外止痛技术或许可以被多模式止痛技术优化或取代。

手术前一日不禁食、不做清洁灌肠、少用鼻胃管和引流管、适当输液、有效止痛、术后早期进食、早期活动、微创手术等都是减少应激反应的措施。

第二节　手术创伤与术后胰岛素抵抗

手术创伤引起一系列的应激反应，对患者术后代谢、器官功能及康复速度都将产生影响，近年来人们对此方面有了许多新的认识，研究进展也很快。虽然目前仍未完全了解应激反应所引起的代谢变化，特别是胰岛素抵抗（insulin resistance，IR）及高血糖现象的发生机制，但它们都是与术后并发症及康复速度相关的重要因素。

一、术后胰岛素抵抗的概念

创伤导致的许多代谢改变，理论上讲，都可以用胰岛素的作用下降这一理由来解释，该现象常被称为术后胰岛素抵抗。胰岛素抵抗这一术语常在糖尿病时被提及，所谓胰岛素抵抗，是指正常数量的胰岛素不足以产生对脂肪细胞、肌肉细胞和肝细胞的正常的胰岛素响应的状况。近年来的研究越来越重视术后胰岛素抵抗的现象，它与糖尿病引起的胰岛素抵抗有相同之处，也有些不同之处。术后胰岛素抵抗通常是一个急性的过程。

手术后早期的糖代谢变化类似于 2 型糖尿病，代谢正常的非糖尿病患者，在术后也会出现数天至数周的高血糖。因此,有人认为术后胰岛素抵抗及高血糖现象在手术患者中普遍存在,可以对患者术后的并发症及预后产生影响,临床上应该重视对其预防及治疗。

术后发生胰岛素抵抗,一方面会增加葡萄糖的合成,作用部位主要是肝脏,另一方面导致外周肌肉组织特别是骨骼肌对葡萄糖的摄入减少,这两方面的变化导致了术后高血糖。术后胰岛素抵抗的程度主要与手术创伤程度相关,如果是小的手术操作,如腹股沟疝修补或腹腔镜胆囊切除术,术后胰岛素敏感性比术前仅下降 15%~20%,而开腹的胆囊切除术比术前下降了约 75%。另外,围术期血液的丢失量多少也影响术后胰岛素抵抗的程度。而患者术前胰岛素的敏感性、性别、年龄则不对术后胰岛素抵抗的发生产生太大的影响。胰岛素抵抗可以在手术后几分钟就发生,胰岛素敏感性可以下降 40% 左右,并且可以持续至少数周。研究显示,在非复杂的开腹胆囊切除手术患者中,术后胰岛素抵抗引起的代谢异常若要恢复正常,一般需要 2~3 周的时间。

二、术后胰岛素抵抗的机制

术后胰岛素抵抗发生与两方面因素相关。①内分泌变化:手术创伤引起应激反应时机体释放出应激激素如皮质醇、儿茶酚胺和胰高血糖素等,它们数分钟至半小时内迅速入血,并且很快就引起代谢的变化,使机体从能量贮备中动员底物。所有这些激素都与胰岛素的作用相反,因此,其中任何一个或几个应激激素的变化,都将引起胰岛素抵抗。②炎症反应:手术创伤也会激活炎性反应,机体释放出细胞因子,如肿瘤坏死因子(TNF-α)、白细胞介素 -6(interleukin-6, IL-6)等参与代谢变化。研究表明,择期手术后 IL-6 释放的程度与术后胰岛素抵抗的程度具有相关性。

由此可见,术后内分泌变化及炎性反应对术后胰岛素抵抗的发生具有重要作用。

三、术后胰岛素抵抗及高血糖对术后康复的影响

术后胰岛素抵抗不仅影响葡萄糖的代谢,而且将影响蛋白质及脂肪的代谢。众所周知,胰岛素是一个强力抑制蛋白分解的促合成激素,而这种能力在术后由于发生胰岛素抵抗而受到损害。由于胰岛素与其他激素可以相互作用,手术应激导致胰岛素作用的下降将使胰岛素样生长因子 -1(IGF-1)以及皮质醇的活性水平也会受到影响。

术后胰岛素抵抗可能在三个方面影响患者术后的康复速度:①胰岛素抵抗直接引起高血糖,而高血糖已是公认的导致术后并发症的危险因素之一;②胰岛素是合成激素,当发生胰岛素抵抗时,会导致肌肉蛋白质丢失增加;③胰岛素抵抗发生时,一方面由于肌肉对葡萄糖的摄入减少,糖原贮备减少;另一方面由于肌肉的蛋白质丢失增加,会引起手术后患者肌肉量和强度的下降,导致体弱而影响康复。

虽然曾有报道指出强化胰岛素治疗有助降低外科危重患者的并发症发生率和死亡率,但其有效作用的机制仍不十分明确。有解释认为,胰岛素主要影响肌肉和脂肪细胞摄入葡萄糖,当胰岛素抵抗时而发生高血糖。然而,其他的许多细胞从血浆中摄取葡萄糖主要依赖于血糖的浓度,而不依赖于胰岛素,如肝脏、神经组织、血细胞等。因此,当血糖上升时,这些细胞增加对葡萄糖的摄取,然后通过糖酵解来代谢过度摄入的葡萄糖,通过 Krebs's 循环进入线粒体氧化链。当氧化代谢途径过度激活时,从中将产生大量的氧自由基及其他终产物,这些物质都影响到细胞因子的基因表达。因此,高血糖就有可能引起过度炎性反应等不良结果。

四、术后胰岛素抵抗对蛋白质代谢及肌肉功能的影响

胰岛素不仅影响术后血糖的水平,而且在手术后胰岛素作为正常的合成激素的代谢作用也将停止,这将导致脂肪分解增加,血浆游离脂肪酸水平上升,氧化程度更严重。另一个更显著的代谢变化是蛋白代谢的负平衡,表现为肌肉蛋白质分解增加,导致肌肉的丢失及去脂组织的减少。有研究表明,手术后患者在肠内管饲的同时使用胰岛素治疗,可以保存更多的蛋白质,表明胰岛素在术后蛋白质的代谢中具有重要的作用。

导致术后肌肉功能下降的原因主要有两方面,一个是由于蛋白质代谢的负平衡,导致肌肉群

丢失。另外一个原因是由于肌肉的糖代谢异常也引起肌肉功能的下降。发生胰岛素抵抗时，肌肉对葡萄糖的摄入减少，并且葡萄糖转化为糖原的贮备能力也下降。这两个变化在手术后数分钟内就出现，并持续数周甚至几个月的时间。有研究发现在腹部大手术时，外周肌肉内的葡萄糖合成酶活性在1个月后仍有下降。由此可见，由于肌肉蛋白丢失和糖原贮备能力的下降，可能是导致术后体弱的两个重要因素。

五、术后胰岛素抵抗防治措施

防治术后胰岛素抵抗主要通过两方面，一个是减少及预防胰岛素抵抗的发生。另一个是及时处理已发生的胰岛素抵抗。有许多方法可以防止或减缓发生术后胰岛素抵抗。

（一）麻醉及术后镇痛

例如使用中胸段硬膜外麻醉及止痛。选择的位置一般位于肾上腺神经支配的节段水平以上（胸8以上），可以显著减少儿茶酚胺、皮质醇的释放；与单独全麻方法相比，术后胰岛素抵抗程度下降约40%。术后硬膜外麻醉可以提供最有效的术后止痛，减轻疼痛也是减缓胰岛素抵抗的有效方法之一。另一个有效方法是通过使用腹腔镜微创技术，与常规肋缘下斜切口开腹手术相比，术后胰岛素抵抗程度下降约一半。

（二）术前口服含碳水化合物液体

术前常规整夜禁食已有150年以上的历史，目的是保证麻醉前胃排空以避免返流误吸，这一常规目前仍在许多国家实施，但已有大量研究证据表明，该措施对大多数择期手术而言已不是必需的措施。近十多年以来，许多国家的麻醉学会已修改了临床的麻醉指南，患者在麻醉前2~3h可以自由进食清流质。这一措施修改的初衷是为了避免口渴不适，但近年来的研究发现，整夜禁食不仅增加患者口渴、烦躁等不适反应，而且不利于手术患者的代谢状态。因此，在术前口服含碳水化合物液体取代了16~18h的术前禁食，这样处理如同正常进餐后可以刺激释放胰岛素，这对术后的代谢有许多好处，特别是减轻了术后的胰岛素抵抗。

有研究发现，术前口服碳水化合物饮料可以减少肝脏产生葡萄糖，而增加外周组织摄入葡萄糖，从而减少术后高血糖的发生。在另一个研究中观察了术前口服碳水化合物联合持续使用硬膜外麻醉及止痛的效果，结果发现这与任何一种方法单独使用相比，发生胰岛素抵抗的机会更少，即使患者进行肠内营养管饲，不使用胰岛素也仍能维持血糖水平于正常。

总而言之，胰岛素抵抗是在手术后发生的一个常见的代谢损害。特别是胰岛素抵抗导致的术后高血糖，与术后许多并发症均有相关性。避免或减轻发生胰岛素抵抗的方法包括使用硬膜外麻醉、微创技术、良好的止痛、术前口服碳水化合物等。如果已发生了术后高血糖，例如急诊手术后，应该通过使用胰岛素治疗恢复正常血糖水平，降低由于高血糖引起的术后相关并发症的危险。针对胰岛素抵抗进行预防与治疗，可以显著地改善术后并发症及病死率。

第三节 手术创伤与术后肠麻痹

术后肠麻痹以往也常用于描述肠梗阻，其实肠麻痹与机械性肠梗阻在临床表现、病理生理及预防与治疗等多方面有许多的不同之处。现在一般认为肠麻痹是由于毒性作用或创伤引起的肠运动功能的障碍，不同于机械性肠梗阻。在大手术后出现的肠麻痹又被称为术后肠麻痹（postoperative ileus，POI），可导致患者不适，饮食摄入受限及住院日延长。

一、术后肠麻痹的发病机制

尽管术后肠麻痹在19世纪后期就被认识，并被认为胃肠道的安静期可能具有一定的保护作用，但其复杂的发病机制至今仍没有被阐明。

胃肠道的运动由几个系统共同控制：自主神经系统、胃肠道激素及炎性介质。麻醉和手术可以通过影响其中之一或更多机制而对肠运动功能产生较大的影响。通过一些方法调控这些机制，可以帮助改善术后肠麻痹的严重程度及缩短其时间。

禁食时，胃和小肠的蠕动为缓慢、不规律的收缩波，而进食状态时是有力、频繁和有规律的收缩波。这种运动模式的变化是受神经、体液机制调控的，特别与肠道神经系统的激活相关。结肠的主要作用是吸收水分及排出废物，与之相关的运动表现为慢节律的收缩，这种运动在禁食和进食状态时区别不大，但能够显著地被内源或外源性因素所影响而减缓。术后肠运动功能恢复的标志是进食后有收缩模式的恢复。

二、术后肠麻痹的临床表现

术后胃肠道功能障碍不仅在腹部大手术后发生，而且可以在其他部位的手术后发生，甚至是一些小手术后也可能发生。一般而言，大的手术切口、广泛的操作致肠道或腹腔内有血液或脓液刺激时，更有可能导致术后肠麻痹。术后肠麻痹的特点是肠活动缺乏协调性，并且肠蠕动明显减少。术后肠麻痹的临床表现多样，有些患者无任何症状。而有些表现为腹痛、恶心。还偶尔有患者表现为腹胀并且有胆汁性呕吐。厌食是一个常见的伴随现象；患者也常常缺乏肠蠕动和肠道排气。体格检查时，患者可能有些腹胀，叩诊时可表现为鼓音。腹部不一定有压痛，压痛一般与切口有关。传统观念认为，听诊时肠鸣音缺乏是术后肠麻痹的主要特点之一，肠鸣音的恢复常被认为是肠功能恢复和术后肠麻痹已解决的先兆。尽管肠鸣音的数与质与肠功能有一定的关系，但还不是一种肯定的关系，目前肠鸣音已不再是作为术后判断肠功能恢复的决定性证据。

目前仍没有一种试验可以证实或排除术后肠麻痹的诊断。传统的指标是有肠排气或肠蠕动恢复是术后肠麻痹已消失的标志，这是考虑到结肠的运动恢复在腹部手术后是最晚的。研究表明，手术后小肠蠕动恢复的时间为12~24h，胃24~48h，结肠是3~5d。然而，尽管排气或肠蠕动恢复表明了全胃肠道的蠕动已恢复，但没有证据表明在此之前不能允许口服进食，而必须等到肠排气或肠运动的完全恢复。目前，许多研究表明，使用以往的标准指导进食，往往会导致进食时间的延迟。事实上，在全部胃肠运动恢复之前，大多数患者已可以耐受部分口服进食了。对于有便秘的患者，以往的指标就显得更不准确，而在全麻、腹部手术及术后使用阿片类止痛剂的患者中，常常会发生便秘等并发症。

其他的临床指标也常有作为判定术后肠麻痹消失者。如前面提到的听诊有肠鸣音的恢复作为有正常肠蠕动的信号，但现在认为这并不可靠。目前有时仍被使用的另一个非特异指标就是根据鼻胃管引流的量，以判断胃肠道分泌液是否可以通过到远端，但临床证据表明这是一个不可靠且十分保守的肠功能恢复的指标。有人认为鼻胃管引流液由绿色变为清亮时，表明胃内已没有胆汁，这可能是已有正常肠运动的指标，它优于以鼻胃管引流量的减少作为标准。在使用包括鼻胃管减压和肠道休息的传统术后诊疗方案时，使用这样的观察指标可能有助于较早去除鼻胃管，更早恢复口服进食。

目前认为，术后肠麻痹已缓解的最有生理性意义的指标是患者可以耐受口服进食而没有腹痛、腹胀和恶心等不良表现。然而，目前还没有准确判断肠道可以耐受口服饮食的方法，而如果出现早期进食的不耐受，无疑又会增加呕吐和误吸的危险。这就要求术后早期开始少量逐步给予进食，当胃肠道耐受后再逐渐增加进食量。即使如此，关于在腹部手术后何时开始进食为安全，仍存有许多争论。

三、术后肠麻痹的防治原则

任何单一药物或治疗措施都不能起到显著预防和治疗术后肠麻痹的作用，因此提倡综合治疗方法。加速康复外科的核心机制是肠功能的加速康复。术后肠麻痹是阻碍外科患者快速康复的重要因素，而加速康复外科的许多措施正是针对预防及治疗术后肠麻痹，如术后早期口服缓泻剂、咀嚼口香糖、多模式止痛、减少阿片类药物用量、控制液体入量、微创手术、尽量减少留置鼻胃管和腹腔引流管、早期进食和下床活动，等等。

第四节 加速康复外科的围手术期营养支持治疗

一、加速康复外科与营养支持的重要性

加速康复外科减小手术应激、降低胰岛素抵抗、维持营养状态，从而减少并发症、优化康复效

率、缩短住院时间。ERAS 通过一系列措施来降低胰岛素抵抗：术前给予碳水化合物可能降低胰岛素抵抗，预防低血糖的发生，并可能减轻应激反应；术后肠麻痹会影响正常进食或肠内营养，术中操作和术后全肠道炎症是肠道动力障碍的重要原因，同等条件下微创手术及温柔的手术技巧有利于减少手术创伤；术中硬膜外麻醉和术后止痛，多模式镇痛方案可以避免或减少阿片类药物的应用，从而避免或大大降低阿片类药物的不良作用；鼓励术后尽早下床活动，有利于促进胃肠道功能的恢复、肌肉的合成代谢，避免长期卧床引起的肌肉萎缩，减少血栓形成及肺部感染的发生等，不过，术后早期下床活动的前提条件是加强术后止痛，不使用或少使用腹腔引流管、导尿管等。营养管理是 ERAS 中的重要内容，包括避免术前长时间禁食、术前进食液体、碳水化合物及术后第一天尽早经口饮食、正确的液体管理。

营养不良是导致术后预后结局不良的一个独立预测因素。发生营养不良的外科患者术后死亡率、并发症发生率、再入院率及住院费用更高，住院时间更长。据估计，24%~65% 接受手术的患者存在营养风险。有数据显示择期结直肠手术的患者中，存在营养不良或有营养风险的患者 30d 再入院率是无营养风险患者的两倍。围手术期营养干预可以改善外科临床结局，减少因感染并发症的发生率及死亡率。随机对照研究和荟萃分析证实胃肠道肿瘤手术的营养不良患者，接受术前营养支持能够减少 20% 手术后并发症。术后营养支持对于维持处于术后分解代谢阶段患者的营养状况也至关重要，术后尽早及充足的口服营养这一重要措施，已被加速康复外科的循证医学所推荐。有研究证明，早期恢复经口进食是决定结直肠手术后患者早期康复的一个独立因素。甚至有研究数据显示，在应用加速康复外科方案的肿瘤手术患者中，能否术后第一天恢复口服营养是术后五年生存率的独立预测因素。

二、加速康复外科营养支持的原则

加速康复外科的理念中，没有营养不良的患者通常无需常规的肠内和肠外营养支持，而是强调减少术前禁食时间、术后早期恢复口服营养措施。同时非常强调通过减轻围手术期应激代谢，减缓分解代谢，促进合成代谢等诸多环节来促进患者的康复，减少手术创伤对患者营养、代谢、免疫等环节的不利影响。一旦恢复口服进食，鼓励进食高能量及高蛋白的膳食或营养辅助补充品，并鼓励尽早地进行适量的体能锻炼，以促进合成代谢及机体功能恢复。

三、术前营养风险筛查

术前营养风险筛查可发现存在营养不良风险的患者，并使这些患者在术前的营养干预中获益。虽然目前有许多的营养筛查方法可供选择，但没有指南指明哪种营养筛查方法最适用于术前患者，因此，美国加速康复外科学会首次制定并提倡应用围手术期营养风险筛查法（perioperative nutrition screen，PONS），比较适用于围手术期患者的营养风险筛查。

PONS 法筛查包括四项指标。①BMI：65 岁以下成年人 <18.5kg/m^2，65 岁以上人群 <20kg/m^2；②近期体重改变：近 6 个月内体重下降超过 10%；③近期饮食摄入：近一周进食量下降超过 50%；④术前血清白蛋白水平：小于 30g/L。如果四项指标中有任何一项出现异常，均表明存在营养不良风险，需要进行进一步详细的营养评估，以决定是否需要进行术前营养干预，以及采取何种术前营养支持治疗方案。

四、术前营养支持治疗的策略

（一）术前营养支持的蛋白质供给量

当机体处于应激状态如手术时，机体蛋白需要量显著升高，用于肝脏急性期蛋白合成，这些合成的蛋白参与免疫功能和伤口的愈合。应激患者的蛋白质需要量一般推荐为 1.2~2.0g/（kg·d），高蛋白 ONS 2~3 次 /d，至少 18g/ 次。癌症患者也通常需要充足的蛋白质才能维持基础的合成代谢，因此，建议癌症患者每餐摄入 25~30g 的蛋白质以达到每日所需的蛋白需要量。

（二）术前营养支持的途径

低营养风险围手术期患者（即 PONS<1 和白蛋白 >3.0），鼓励术前进食高蛋白质食物（高蛋白质来源如鸡蛋、鱼、瘦肉和奶制品）和含碳水化合物的饮食。摄入目标能量为 25kcal/（kg·d）和蛋白质为 1.5~2g/（kg·d）。

伴有营养风险患者（即 PONS>1 或白蛋白 <3.0）患者，推荐手术前使用高蛋白 ONS 或免疫营养，蛋白摄入目标至少 1.2g/（kg·d）。因为很多患者从正常的食物不能获得充分的营养补充，尤其是营养不良的患者，因此，需要鼓励患者口服补充高蛋白 ONS 或免疫营养。

当口服营养补充不能通过口服补充营养（ONS）的方式，应该咨询营养师及放置肠内营养管，开始至少 7d 的肠内营养（EN）。如果不能使用 ONS 和 EN 或两种方式达不到蛋白质/热卡的要求时（< 推荐摄入量的 50%），建议术前行肠外营养（PN）来改善营养状况。

（三）术前营养支持的时间长短

存在营养风险的患者在术前使用 ONS 至少 7d。当在营养不良的患者中，口服营养无法满足蛋白质和热量的需求时，可能的情况下，优先考虑肠内营养。对于存在营养不良或营养风险的患者，当口服及肠内营养也不能满足能量需求时，需要开始肠外营养，通常建议使用 7~14d。为了避免严重营养不良发生再喂养综合征，PN 的能量应逐步增加。

在高风险的患者的营养路径中，虽然术前优化的最佳时期尚未确定，2~4 周可能是一个合理的时间范围，为减少手术的风险必须仔细考虑已知的营养不良问题。

（四）缩短术前禁食时间及术前口服碳水化合物的作用

尽量减少术前禁食时间和鼓励术前口服碳水化合物物液体。术前长时的禁食可加剧手术应激反应，加重胰岛素抵抗，增加蛋白质损失和损害胃肠功能。此外，术前禁食也增加了患者的不良感受，包括口渴、饥饿、头痛和焦虑。现在已知在大多数情况下术前隔夜禁食是不必要的，除非是存在胃肠梗阻及胃瘫的患者，在麻醉诱导前 2h 口服透明液体不会导致胃潴留，不会引起误吸，并且还可以促进胃排空。

五、术中营养支持治疗的策略

术中液体治疗是加速康复外科关注的重点问题之一，其目的是维持血流动力学稳定及保障器官及组织灌注、维持电解质平衡、纠正液体失衡和异常分布等。液体不足会导致氧运输不足和器官功能损害，太多则会导致水钠潴留，致使肠道水肿，肠道菌群移位甚至肠源性感染。加速康复外科提倡术中采用控制性输液技术，必要时使用血管活性药物，既能维持足够的循环容量，又避免了液体过载。控制性液体治疗是改善患者预后的重要措施，可以降低术后并发症风险，以及术后综合征延迟出院的风险。日本学者对口腔颌面手术患者的研究发现，术中底剂量输注葡萄糖是安全可行的，不会造成血糖波动，可改善患者脂肪和蛋白质代谢。

六、术后营养支持治疗的策略

（一）术后早期恢复口服营养及补充蛋白质

传统观念强调术后胃肠道“休息”，等待肠道通气甚至通便以后再开始口服进水、进食，此时一般已是术后第 4~5d。现代观念认为，腹部外科手术包括胃肠手术等，患者在术后早期就可进水、喝流质食物，无需等到肠道通气才开始，这样做并不会增加腹胀及恶心、呕吐的风险。进食的种类和量，可根据不同手术情况选择并逐渐增加，以患者可以耐受，没有腹胀、恶心和呕吐等不良症状为标准。

ERAS 强调术后早期恢复口饮食；如果判断患者术后可能存在营养风险或胃肠功能不全，可在术中行空肠造口或置管，以利于术后实施肠内营养。大量研究表明术后早期恢复经口进食是安全的，并且对于术后良好的恢复也至关重要。早期恢复胃肠道的进食，可以提前停止静脉输液，促进肠功能的恢复，加速患者康复。术后早期肠内营养可改善患者的免疫功能，降低患者感染性并发症的发生率，缩短住院时间，减少住院费用；而如果患者术后存在营养不良，则会引起吻合口以及切口相关的并发症。值得重视的是，术后早期肠内营养的价值不仅在于营养支持治疗，更加注重的是保护肠黏膜、减少肠黏膜屏障的损害、防止肠道菌群的异位。

如果术后只给予葡萄糖而不给予充分的蛋白质，机体的合成代谢将无法进行。众所周知，蛋白质摄入量不足将会导致瘦肉质群的丢失，进而有损机体功能的恢复。对于老年人群，无论是否给予足量的热卡，只要给予蛋白就能帮助维持机体的瘦肉质群，可以减少因热卡供给不足而引起虚弱的风险。最近有研究报道在结直肠手术患者中应用加速康复外科方案，如果术后头三天内能够通过 ONS 摄入蛋白质量超过 60% 以上的需要量，则与对照组相比可以缩短住院时间 4.4d（$P<0.001$）。

因此，除非患者存在肠道功能障碍、肠缺血或肠梗阻，大部分患者都应在手术当天通过餐食或 ONS 摄入高蛋白营养。传统的“清流质”和“全流质”不能够提供充足的营养和蛋白质，因此不应当被常规应用。另外，应强调术后达到足够的蛋白质摄入量比摄入足够的热卡量更加重要。

（二）选择正确的术后营养支持治疗途径

患者在术后接受营养支持时，摄入热卡的目标量为 25~30kcal/（kg·d）、摄入蛋白质的目标量是 1.5~2g/（kg·d）。当患者口服营养能够超过 50% 的营养目标量时，则首选口服高蛋白质营养辅助，一天 2~3 次，来满足蛋白质及能量的需要量。当经口摄入量小于 50% 营养目标量时，需要通过管饲的肠内营养（EN）进行营养支持。如果通过口服或 EN 无法达到 50% 的蛋白或热卡的需要量超过 7d 时，则应启动 PN。这一个原则，对于营养状况良好的患者同样适用。

胃残余量大于 500ml 则需要考虑终止或减少导管喂养。理论上讲，对于营养不良的患者，术后营养支持应当持续实施 4 周或更长时间，具体持续时间应当根据手术大小和营养不良的程度来决定。

七、出院后营养支持治疗的策略

很多胃肠术后患者经口摄入量都不是十分充足，此问题在出院后更加凸显。术后出现并发症的患者会继续丢失体重，存在营养状况进一步恶化的风险，这些患者在出院后更加需要继续营养随访。在手术或疾病后，如果患者体重明显减轻，则需考虑增加热卡和蛋白质的摄入量以满足康复的需要。在第二次世界大战时期，在志愿者参加的一个研究中，健康年轻男性通过控制食物摄入而使体重丢失，而在体重恢复阶段时，他们需要每天摄入 4 000kcal，6 个月到 2 年后才能恢复到正常体重。因此对于大部分手术患者，出院后相当长的时间内需要更加重视营养支持，从而保证患者最好的恢复。

食欲减退、持续的恶心、阿片类药物引起的便秘以及缺乏的饮食恢复指导都是阻碍手术患者术后恢复的障碍，这些情况对老年人尤其明显。大量证据表明，高蛋白 ONS 应当作为手术患者出院后的饮食计划的主要组成。在一篇包含外科患者的荟萃分析数据显示，对于住院患者，ONS 可以减少死亡率、并发症并发生率、再入院率及住院时间，并减低医疗费用。一项大数据的分析中，724 000 例使用 ONS 的患者与不使用 ONS 的患者进行匹配对照，结果发现可将住院时间缩短 21%；每花费在 ONS 上 1 美元可节省 52.63 美元的住院费用。因此，建议所有接受大手术的患者术后至少应用高蛋白 ONS 4~8 周，对于有严重营养不良患者以及术后住院时间长或 ICU 住院时间较长的患者，术后应当应用高蛋白 ONS 3~6 个月。出院后的阶段对于患者康复至关重要，需要更多研究关注术后此类高风险患者。

八、免疫营养素在营养支持治疗中的应用

免疫营养素是指富含特定营养素的营养补充剂，有助于改善免疫功能，调节机体炎性反应的一类特殊营养物质。常用的免疫营养素包括：核苷酸、精氨酸、ω-3 多不饱和脂肪酸（ω-3 polyunsaturated fatty acid，ω-3 PUFA）。对接受大型颈部手术和腹部手术的患者，推荐围手术期（术前 5~7d，持续到术后 7d）应用含有免疫调节成分（精氨酸、ω-3 PUFA 和核苷酸）的肠内营养制剂。危重患者参照成人危重症患者营养治疗指南。

RCT 研究显示围术期免疫营养素治疗对营养不良和营养良好的胃肠道肿瘤患者均有获益。荟萃分析表明因肿瘤接受颈部大手术（喉切除术、咽部分切除术）患者、腹部肿瘤大手术（食管切除术、胃切除术和胰十二指肠切除术）患者在围手术期应用含有免疫调节成分（精氨酸、ω-3 PUFA 和核苷酸）的肠内营养可减少术后并发症，缩短住院时间。无论术前、围术期还是术后应用免疫调节饮食都能显著减少感染性并发症。2012 年，法国临床营养和代谢学会推荐对择期手术的消化道肿瘤患者，无论是否存在营养不良，术前给予 5~7d 的“免疫营养素治疗”。2017 年欧洲临床营养和代谢学会推荐上消化道肿瘤手术患者围术期接受常规的免疫营养治疗。

（江志伟　刘　江　龚冠闻）

参考文献

1. 中华医学会外科学分会,中华医学会麻醉学分会. 加速康复外科中国专家共识及路径管理指南(2018 版)[J]. 中国实用外科杂志, 2018, 38(1): 1-20.
2. Mortensen K, Nilsson M, Slim K, et al. Consensus guidelines for enhanced recovery after gastrectomy: enhanced recovery after surgery (ERAS®) society recommendations [J]. Br J Surg, 2014, 101(10): 1209-1229.
3. Shamim R, Srivastava S, Rastogi A, et al. Effect of two different doses of dexmedetomidine on stress response in laparoscopic pyeloplasty: a randomized prospective controlled study [J]. Anesth Essays Res, 2017, 11(4): 1030-1034.
4. Osland E, Hossain MB, Khan S, et al. Effect of timing of pharmaconutrition (immunonutrition) administration on outcomes of elective surgery for gastrointestinal malignancies: a systematic review and meta-analysis [J]. J Parenter Enteral Nutr, 2014, 38(1): 53-69.
5. Song G M, Tian X, Zhang L, et al. Immunonutrition support for patients undergoing surgery for gastrointestinal malignancy: preoperative, postoperative, or perioperative? A Bayesian Network meta-analysis of randomized controlled trials [J]. Medicine (Baltimore), 2015, 94(29): e1225.
6. Gillis C, Nguyen TH, Liberman AS, et al. Nutrition adequacy in enhanced recovery after surgery: a single academic center experience [J]. Nutr Clin Pract, 2015, 30(3): 414-419.
7. Wong CS, Aly EH. The effects of enteral immunonutrition in upper gastrointestinal surgery: a systematic review and meta-analysis [J]. Int J Surg, 2016, 29: 137-150.
8. Arends J, Bachmann P, Baracos V, et al. ESPEN guidelines on nutrition in cancer patients [J]. Clin Nutr, 2017, 36(1): 11-48.
9. Gillis C, Carli F. Promoting perioperative metabolic and nutritional care [J]. Anesthesiology, 2015, 123(6): 1455-1472.

第三十八章　肠瘘的营养支持治疗

肠瘘是一种并发症。根据东部战区总医院（原南京军区南京总医院）的统计，继发于腹部手术占77.1%，继发于腹部创伤后肠组织的缺血和感染占13.3%，继发于放射性治疗损伤占2%，继发于胃肠道肿瘤穿破占1.2%，继发于小肠炎性疾病占1.2%，极少数继发于先天性畸形。

本章主要论述腹部手术后肠瘘，多是胃肠和胆道手术后出现，也可见于肾脏、输尿管、妇科手术的误伤。对于术前具有营养支持指征的患者，进行术前营养支持，可降低腹部手术后肠瘘的发生。近年来，随着对胃肠生理功能和营养支持治疗的研究进步，肠瘘的治疗水平明显提高，但死亡率仍在5%左右。提高肠瘘的治愈率，降低其死亡率，意义重大。

一、肠瘘的临床表现和诊断

1. 腹部手术后2~5d，就可有肠瘘发生。大多发生在术后6~13d。

2. 一般都有腹部疼痛，食管空肠吻合口瘘可伴有胸背部疼痛，十二指肠残端瘘可伴有牵涉到右肩背部的疼痛。持续性发热（38~41℃），可伴有胸闷、气促，食管空肠吻合口瘘可有胸腔积液。有全腹腹膜炎体征或者局限性腹膜炎体征。心率可超过120次/min，甚至有中毒性休克症状。

3. 可从放置在吻合口附近的腹腔引流管中引出胃肠液和唾液，并有气体在引流袋中。口服美蓝后，从腹腔引流管引出美蓝，可证实食管空肠吻合口瘘。可从放置在十二指肠残端附近的引流管中引出淡黄色胆汁样液体。通过此引流管注入泛影葡胺，X线下发现造影剂从残端进入十二指肠，可证实十二指肠残端瘘的诊断。

二、肠瘘后的临床处理

随着吻合器在胃肠道手术消化道重建中的广泛应用，吻合口瘘的发生率已有明显的下降。发生食管空肠吻合口瘘后，出现腹膜炎体征，伴体温增高、心率增快，结合血中白细胞和中性粒细胞增高，腹腔引流管引出引出胃肠液和唾液，并有气体在引流袋中。口服美蓝后，从腹腔引流管引出美蓝，食管空肠吻合口瘘易于诊断。发生十二指肠残端瘘后，十二指肠残端引流管处引流出黄色胆汁样液体，十二指肠残端瘘也易于诊断。对于腹腔镜或者机器人手术没有放置腹腔引流管的患者，如果手术后出现腹膜炎体征，伴体温增高、心率增快，血中白细胞和中性粒细胞增高，应该警惕肠瘘的发生。做腹部B超或者CT检查，如果发现吻合口或者十二指肠残端周围有积液，行B超或者CT引导下穿刺引流，多可明确诊断。腹部手术后肠瘘的诊断明确后，最重要的是确保瘘口周围的引流通畅，同时使用抗生素加强抗感染治疗。

1. 肠瘘后的腹腔引流　确诊肠瘘后，由于高流量胃肠道液体溢入腹腔，在伴有胰瘘情况下胰液溢入腹腔，引起大量炎性渗出以及内环境紊乱，甚至中毒性休克。腹腔引流的通畅是治疗的关键。如果瘘口附近的腹腔引流管非常通畅，可继续保持，但大量渗出的炎性坏死物质和胃肠内容物容易造成引流管的堵塞。我们的经验是将放置的腹腔引流管置换为双套管，24h持续冲洗，可保证腹腔引流通畅，如果经过处理，放置的腹腔引流管或双套管不在瘘口附近，不能充分引流，应再次手术。虽然肠瘘是由于吻合口或十二指肠残端的裂开，但此时手术的目的不是去修补裂口，因瘘口周围组织水肿严重，肠管与组织粘连成饼状，仅仅是去显露瘘口，就可能造成周围组织损伤，甚至肠瘘。即使费尽了努力显露了瘘口，由于瘘口水肿，瘘口黏膜外翻，修补也很难成功，反而有可能由于缝线的割裂，瘘口会进一步扩大。此时手术的目的主要是在瘘口周围建立充分的确实有效的引流及清除腹、盆腔内积聚的胃肠液、胆汁、胰液，减少毒素的吸收和避免这些消化液对周围肠管和组织的腐蚀。

加速康复理念下的腹部手术，手术后已经不放置胃管。确诊肠瘘后，如果瘘口周围的引流通畅，可以继续不放胃管。对于非全胃切除患者可使用 H_2 受体阻断剂（西咪替丁 0.4~0.6g，静脉滴注，2~3 次 /d）或质子泵抑制剂（奥美拉唑 240mg/d，24h 持续泵入）控制胃酸分泌。非全胃切除患者和全胃切除患者均可使用生长抑素（醋酸奥曲肽 0.6mg/d，24h 持续泵入），控制肠液、胆汁、胰液的分泌，能使胃肠液分泌量降低 90%。对胃肠液大量存留在胃腔后呕吐或者上胃肠有梗阻的患者，可进行胃肠减压。如果确诊肠瘘后，需要开腹手术引流，应同时放置空肠营养管。对于合并有胸腔积液的患者，可多次行 B 超引导下穿刺引流，如果积液黏稠，就要行胸腔置管冲洗和闭式引流术。

确保瘘口周围的引流通畅，极其重要。我们曾有 2 例胃癌切除术后肠瘘患者死亡，均是由于腹腔冲洗引流不到位。一例全胃切除合并胰体尾脾切除患者，术后吻合口瘘合并胰瘘，因为腹腔冲洗引流不到位，严重的左侧胸腔和腹腔感染，虽第二次手术行左侧胸腔置管冲洗闭式引流、腹腔双套管冲洗引流、盆腔双套管冲洗引流，但第二次手术后合并肺部感染，于首次胃癌切除术后 42d 死于呼吸功能衰竭。另一例姑息性远端胃大部切除患者，术后十二指肠残端瘘，因十二指肠残端处的引流不到位，十二指肠残端瘘周围感染，加上胆汁、胰液的腐蚀，造成胃十二指肠动脉出血合并十二指肠残端出血，虽然选择性栓塞胃十二指肠动脉后，又开腹引流十二指肠残端瘘周围感染，出血一度停止，感染呈现局限，但第二次手术后，再次并发胃十二指肠动脉出血及十二指肠残端出血，于首次胃癌切除术后 62d 死亡。

2. **肠瘘后的营养支持治疗方法** 腹部手术后出现肠瘘患者，术前多有因长期摄入不足导致的营养不良、低蛋白血症，术后组织修复能力差。因此，重视术前营养支持可降低腹部手术后胃肠道瘘的发生。胃肠道瘘发生后，营养支持治疗也极为重要。

明确肠瘘的诊断后，应予以禁食水。先用肠外营养支持，除能保证营养的供给和液体的容积外，还能减少胆汁、胰液、胃肠液分泌量的 60%~70%，同时还易于纠正内稳态失衡，渗透性紊乱以及酸、碱、电解质失衡。非全胃切除患者可使用 H_2 受体阻断剂（西咪替丁 0.4~0.6g，静脉滴注，2~3 次 /d）或质子泵抑制剂（奥美拉唑 240mg/d，24h 持续泵入）控制胃酸分泌，使用 H_2 受体阻断剂或质子泵抑制剂，既降低了胃液的分泌，又抑制了分解代谢。如果肠瘘后的漏出量仍较多，加用生长抑素（醋酸奥曲肽 0.6mg/d，24h 持续泵入），控制肠液、胆汁、胰液的分泌，能使胃肠液分泌量降低 90%。在肠外营养液中强化谷氨酰胺（20% L- 丙氨酰 -L- 谷胺酰胺 100ml，加入三升袋，1 次 /d），谷氨酰胺的重要功能是促进肠黏膜细胞再生，同时也是肠黏膜上皮细胞和肠淋巴细胞代谢的主要能源。

在腹部手术时已放置的鼻肠管或空肠营养管，术后应尽早利用，因为肠内营养的能量效益大约是肠外营养的 1.2 倍，肠内营养只要能提供人体需要的 20% 非蛋白热卡，就可起到保护肠黏膜屏障，防止细菌移位的作用。由于肠内营养物质直接进入空肠，营养底物刺激空肠黏膜细胞分泌的因子可抑制胆、胰、胃液分泌，因此，空肠肠内营养不但不增加胆汁胰液、胃液的分泌量，反而可降低胆汁胰液、胃液的分泌量，促进吻合口瘘的愈合。

对于在腹部手术时，没有建立肠内营养途径的，在腹膜炎稍有局限后，想办法建立肠内营养支持通道，肠外结合肠内营养支持。我们的经验是对于近端胃大部切除术后患者，可在胃镜或 X 线的帮助下，将鼻肠管的头端放到距曲氏韧带 15cm 以远的空肠。对于全胃切除后的代胃空肠，鼻肠管的放置容易一些，一般在 X 线的帮助下，就能将鼻肠管的头端放到最低一个吻合口 15cm 以远，很少需要胃镜的帮助。对于远端胃大部切除比尔罗特Ⅱ式吻合患者，需要胃镜的帮助，才能将鼻肠管的头端放到距胃肠吻合口 15cm 以远的输出袢。肠外结合肠内营养支持，可通过周围静脉输入肠外营养液，避免了完全依靠肠外营养支持时的中心静脉插管并发症、导管感染并发症和代谢并发症，也避免了完全依靠肠内营养支持时的肠道不耐受。肠内营养在刚开始时，用泵控制匀速输入，约提供1/3的营养需要量，大约在应用肠内营养7d后，肠内营养可提供2/3的营养需要量，逐步由肠外结合肠内营养支持，向肠内营养支持为主过渡。由于生长抑素不仅可以抑制胃酸和消化液的分泌，还可以延长营养底物在肠道的运输时间，增加水分和电解质在肠内的吸收，减少蛋白质的丢失，改善机体营养状况，因此，肠内营养与生长抑素联用，在胃肠道瘘的早期是非常有益的。当机体状态稳定，胃肠道瘘的瘘出量逐步减少时，也就是在肠瘘的愈合期，停用生长抑素，可加速肠瘘的愈合。

腹部手术后肠瘘，往往都要经历四个阶段：①弥漫性腹膜炎期；②局限性腹膜炎期；③瘘管形成期；④瘘管闭合期。在弥漫性腹膜炎期和局限性腹膜炎期，由于病理生理变化急剧，需要住院处理。当病情进入瘘管形成期和瘘管闭合期，患者腹膜炎体征消失，没有腹痛和腹胀，体温大致正常，心率和呼吸在正常范围，血中白细胞和中性粒细胞大致在正常范围，可以在家庭等待瘘管闭合。在我们治疗的病例中，绝大多数腹部手术后肠瘘，瘘管都可以自行闭合，不需要确定性手术来关闭瘘管。2016年ASPEN的临床指南对于肠外瘘成人患者的营养支持，建议家庭肠外营养支持的时机是：当患者病情稳定，瘘排出量可控时，以及对于肠外瘘排出量高（>500ml/d）的患者尚不建议手术闭合时，建议考虑家庭肠外营养。

总结我院实施的胃癌手术3 047例，其中37例发生胃癌切除术后肠瘘。食管胃吻合口瘘6例，食管空肠吻合口瘘13例，十二指肠残端瘘18例。我们应用上述措施对这37例肠瘘进行了治疗，9例在首次胃癌切除术后21~30d瘘口自愈；24例在在首次胃癌切除术后30~60d瘘口自愈，其中2例十二指肠残端瘘在瘘管形成期在X线帮助下，从腹腔引流管中伸进瘘口粘堵管，用耳脑胶粘堵，分别在首次胃癌切除术后38d和49d瘘口愈合。2例在首次胃癌切除术后60~81d瘘口自愈。2例由于引流不足，死于严重的腹腔感染和出血。吻合口瘘自行闭合患者中，4例有吻合口狭窄，经胃镜下置入支架后，吻合口通畅，取得了良好效果。

腹部手术后肠瘘重在预防。包括术前纠正低蛋白血症，给予合理的术前营养支持；术中使用吻合器，吻合可靠，避免吻合口有张力，保证吻合口血运良好，避免十二指肠残端血运障碍或闭锁不良。关腹前，对于有类固醇治疗病史，新辅助化疗患者，转化性化疗患者，术前营养不足患者，术中不顺利患者及术中吻合不可靠患者，建议建立肠内营养支持途径，术后早期肠内营养支持，能够减少肠瘘的发生，即使术后出现肠瘘，由于已经建立了肠内营养支持途径，也利于早期治愈肠瘘。

（唐 云）

参考文献

1. 黎介寿，任建安，尹路，等．肠外瘘的治疗［J］．中华外科杂志，2002，40：100-103.
2. Keranen I，Kylanpaa L，Udd M，et al. Gastric outlet obstruction in gastric cancer：a comparison of three palliative methods［J］. J Surg Oncol，2013，108：537-541.
3. Marincas AM，Prunoiu VM，Cirimbei C，et al. Digestive decompression to prevent digestive fistulas after gastric neoplasm resection［J］. Chirurgia（Bucur），2016，111（5）：400-406.
4. Reignier J，Boisrame-Helms J，Brisard L，et al. Enteral versus parenteral early nutrition in ventilated adults with shock：a randomised，controlled，multicentre，open-label，parallel-group study（NUTRIREA-2）［J］. Lancet，2018，391（10116）：133-143.
5. Sakurai K，Ohira M，Tamura T，et al. Predictive potential of preoperative nutritional status in long-term outcome projections for patients with gastric cancer［J］. Ann Surg Oncol，2016，23（2）：525-533.
6. Rosania R，Chiapponi C，Malfertheiner P，et al. Nutrition in patients with gastric cancer：an update［J］. Gastrointest Tumors，2016，2（4）：178-187.
7. Reintam Blaser A，Starkopf J，Alhazzani W，et al. Early enteral nutrition in critically ill patients：ESICM clinical practice guidelines［J］. Intensive Care Med，2017，43（3）：380-398.

第三十九章　肠梗阻的营养支持治疗

肠梗阻是肠道内容物不能正常运行并顺利通过肠道，是腹部外科常见的疾病，占急腹症的15%左右。在美国，每年因肠梗阻死亡的患者约30 000人，诊治花费高达30亿美元，所以肠梗阻的诊断和治疗面临巨大的挑战。肠梗阻常见的病因是手术后肠粘连及疝气，其他原因还包括粪石、恶性肿瘤、炎症性疾病、肠管扭转和肠套叠。肠梗阻的病理生理改变会导致机体的代谢发生改变，进而导致肠道对营养物质吸收发生障碍，因此，50%~70%的肠梗阻患者会存在营养不良。所以，肠梗阻患者的营养支持治疗是外科常面临的临床问题，也决定了患者的临床预后。本章节重点介绍肠梗阻的病理生理和营养支持的原则。

第一节　肠梗阻病因及病理生理

一、肠梗阻的病因

（1）机械性肠梗阻：包括①肠管外原因，如肠粘连、疝气、肠管扭转、肠道外肿瘤浸润或者压迫引起的肠梗阻；②肠管本身原因，包括肠道肿瘤、炎性肠病、肠套叠及消化道重建后吻合口狭窄；③肠管内原因，如食物团、异物或者粪石性梗阻。

（2）动力性肠梗阻：又分为麻痹性和痉挛性两类。腹部大手术后、腹膜炎、腹部外伤、腹膜后出血、脓毒血症、低钾血症或其他全身性代谢紊乱均可并发麻痹性肠梗阻。而痉挛性肠梗阻多见于肠道炎症及神经系统功能紊乱。

（3）血管性肠梗阻：包括肠系膜动脉栓塞或血栓形成、肠系膜静脉血栓形成两类。

以上肠梗阻的病因和分类是经典教科书中描述的定义，除上述类型外，还有术后早期炎性肠梗阻。1995年黎介寿院士在国内首次提出了"术后早期炎性肠梗阻"的概念。术后早期炎性肠梗阻是指由于腹部手术创伤或者腹腔内炎症等导致肠壁水肿和渗出，进而形成的一种机械性与动力性因素同时存在的粘连性肠梗阻，多见于手术操作范围广泛、创伤严重和手术时间长的患者，且多发生在手术后4周内，发生率为0.5%~1.4%，占手术后肠梗阻的90%。临床表现为术后3~4d出现短暂的排气排便，有肠管蠕动短暂恢复的表现，但患者进食后出现肠梗阻，且症状逐渐加重。"术后炎性肠梗阻"概念提出的意义在于这类肠梗阻的治疗无需手术治疗，而是应进行全肠外营养支持、生长抑素及激素治疗等非手术治疗。

肠梗阻的病因较多，临床分类多样，但随着病程进展，患者的梗阻类型和严重程度是不断变化的。比如单纯性肠梗阻治疗不及时，严重者可发生肠管坏死，变为绞窄性肠梗阻。另外，引起肠梗阻的原因也随着时代发展、医疗水平的提升有所改变。早些年嵌顿疝引起的机械性肠梗阻发生率最高，而目前疝修补术得到广泛的普及，嵌顿疝发生率明显减少。但随着每年腹部外科手术量的增加，手术后粘连导致的肠梗阻发生率明显上升。

二、小肠梗阻的病理生理变化

（1）消化道本身的变化：成人每日消化道分泌的唾液、胃液、胆汁、胰液和肠液总量为8L左右，大部分均被小肠吸收，以保持体液平衡。发生肠梗阻时，梗阻近端的肠管因积液积气而发生膨胀，而膨胀能抑制肠黏膜吸收水分。随着梗阻进展，肠管内压力增高可使肠壁静脉回流发生障碍，引起肠壁充血水肿、通透性增加，同时由于肠壁的缺氧导致代谢障碍，可有血性渗出液进入肠腔和腹腔。加之肠管变薄、缺血，肠内容物和肠道细菌渗入腹腔，引起腹膜炎。肠管内压力继续增高可使肠壁血流阻断，使单纯性肠梗阻变为绞窄性肠梗阻，严重者可发展为肠管坏死、穿孔，引起腹腔感染。

（2）水、电解质及酸碱失衡：肠梗阻发生时，肠管扩张可引起呕吐，高位小肠梗阻患者呕吐发生时间早并且频繁，此时大量的水分和电解质被排出体外。梗阻位于幽门或十二指肠上段，呕出过多的胃酸，会导致低氯低钾性碱中毒。低位肠梗阻患者呕吐时间发生较晚，但因肠黏膜吸收功能障碍，梗阻近段的肠腔会潴留大量的液体，这些液体虽未被排出体外，但封闭在肠腔内不能进入血液，等于丢失在第三间隙内。另外，肠管的扩张、肠壁水肿会导致静脉回流障碍，增加肠管的通透性，血和血浆丢失尤其严重。因此，肠梗阻患者多发生脱水、少尿、尿素氮升高及酸中毒，严重者可导致低血压和低血容量休克。

（3）感染：正常的肠蠕动可使肠内容物经过消化、吸收排出体外，肠道内的细菌及微生态环境得以更新及维持平衡。肠梗阻发生时，肠腔内的细菌及毒素也可入血，产生细菌易位，导致全身性感染。肠内容物、肠道细菌渗入腹腔，而细菌毒素及其分解产物均具有极强的毒性，可引起强烈的腹膜刺激和全身感染。

（4）营养不良：肠梗阻患者因肠道不通畅导致长时间无法饮食，呕吐导致消化液大量丢失，感染、脓毒症导致机体分解代谢增加，这些因素导致患者出现水、电解质紊乱及酸碱平衡失衡，进而发生营养不良。另外，全身内稳态失衡、肠管水肿、腹腔渗出及感染等因素会导致患者手术困难，术后发生并发症的风险增加，这些并发症也会造成患者的营养不良。

第二节 肠梗阻患者营养支持原则

一、肠梗阻患者的营养评估及营养风险筛查

肠梗阻患者因肠管阻塞、消化吸收功能障碍，营养不良发生率较其他疾病要高。肠梗阻患者手术风险大，手术造成的严重创伤、应激会导致患者分解代谢增加，进而导致营养不良。营养不良不仅引起体重减轻和身体成分的改变，而且会导致患者生理功能的紊乱，导致疾病并发症的增加，预后变差。所以，针对营养不良所进行的营养支持是肠梗阻治疗中十分重要的治疗措施。

营养评估是通过病史采集、体格检查、人体基础指标、生化检验、人体组成测定及综合性营养评估指标等多种临床方式，评估患者的营养状况，确定营养不良的类型和程度，并可评估营养支持治疗的效果。具体方式包括：详细的病史采集、合并疾病情况、既往膳食及用药史；测量患者的身高体重、计算患者体重指数（body mass index，BMI）；测量患者皮褶厚度、上肢臂围，测量患者肌肉的力量（比如手的握力、呼吸功能）；通过化验白蛋白、前白蛋白、尿素氮、肌酐、微量元素、淋巴细胞计数等指标，进一步了解患者蛋白质营养状况、氮平衡、免疫功能状态；通过生物电阻抗分析法、双能X线吸收法及总体水法了解患者机体体液含量及化学成分的改变；通过预后营养指数（prognostic nutritional index）、主观全面评估（subjective global assessment，SGA）、简易营养评估（mini nutritional assessment，MNA）等综合性评估指标，提高患者营养状态评估的敏感性及特异性。

因饮食不足引起的营养不良很容易通过营养支持来纠正。但在疾病的分解代谢期，能量的负平衡和负氮平衡无法单独通过营养支持来改善，需要结合代谢调理，才有可能纠正营养不良。因此上述营养评估中的单一指标，如BMI、血浆白蛋白、血浆前白蛋白、血红蛋白等，均有一定的局限性，临床需要采用能反映疾病严重程度的检测指标来进一步评估患者的营养风险。营养风险（nutritional risk）是一个与临床结局密切相关的概念，是指现存的或者潜在的与营养因素相关的将导致患者出现不良临床预后的风险，包括生存率、死亡率、感染率、并发症发生率、住院时间、治疗花费及生活质量。

目前临床针对这一风险常用的筛查工具是营养风险筛查2002（nutritional risk screening，NRS 2002）。该工具是ESPEN在2002年提出并推荐的临床营养状态评估的工具，共包括4个方面的评估内容：人体测量、近期体重变化、饮食摄入情况及患者疾病严重程度，总评分0~7分，大于等于3分的患者存在营养不良风险。该评分的优点在于能评估患者营养不良的风险，并且能够动态

评估患者的营养状态变化，便于及时反应患者的营养状态，调整临床营养支持的决策。应用NRS 2002能发现存在营养风险的患者，给予营养支持后，能够改善临床结局，并且该评分系统简单易行，入院后短时间内即可完成，所以患者接受程度高。基于这一评估工具具有循证医学证据并且简单易用，所以中华医学会肠外肠内营养学分会（Chinese society of parenteral and enteral nutrition，CSPEN）选择和推荐使用这一工具作为评估患者是否需要营养支持的筛查工具，建议患者在入院时完成营养风险的评估，此后最好间隔1周重复评估，对于发现营养不良风险的患者制订相应的营养支持方案。

基于肠梗阻的病理生理特点，多数患者营养支持以肠外营养为主。但与肠外营养相比，肠内营养具有符合生理状态、维持肠道功能及黏膜屏障、费用低等优点，因此有条件时应尽早恢复患者的肠内营养。安全有效的实施肠内营养需要评估患者肠道的通畅性及建立合适的肠内营养途径。临床工作中可通过口服，或经胃管、小肠减压管、空肠营养管、肠管造口、肠瘘瘘口注射造影剂检查，从而评估能有效进行肠内营养肠管的长度、通畅性及功能。如果能建立肠内营养途径并顺利进行肠内营养，可促进患者肠蠕动和增加肠管血流，还可促进肠黏膜细胞的生长、修复，防止细菌移位，减少肠源性的感染。

总之，营养评估、营养风险筛查、肠道通畅性评估是肠梗阻患者营养治疗过程中重要的环节。通过合适的评估、筛查工具，了解患者的肠道解剖情况及营养状态，预测与营养因素相关的风险，从而依次制定具体的营养支持方案，最终改善肠梗阻患者的临床结局。

二、肠梗阻患者营养支持的原则

（1）肠外营养支持：肠外营养的优点包括：起效快，短期内可纠正营养不良的状态，为机体提供足够的热量和蛋白质；操作方便，患者容易接受；可调节补液的配方，纠正电解质紊乱；避免可能出现的肠内营养并发症，如腹胀腹泻；在无法使用肠内营养时进行营养支持。经过近几十年的发展和实践，肠外营养从理论、技术到营养制剂都得到了很大的发展，广泛应用于营养支持，挽救了大量危重患者，疗效也得到了广泛的肯定。

简单来说，凡是需要营养支持，但又不能或者不宜接受肠内营养支持的患者均具有肠外营养支持的适应证。2012年ASPEN更新了应用全肠外营养（total parenteral nutrition，TPN）的原则，按照疗效显著程度分为：疗效显著的强适应证；中等有效的适应证；不肯定的弱适应证和禁忌证。①强适应证，该类患者应用肠外营养疗效显著，包括：肠梗阻，胃肠道吸收功能障碍，短肠综合征，小肠疾病（比如克罗恩、肠结核、多发性小肠瘘、小肠缺血性疾病、系统性红斑狼疮、硬皮病或其他结缔组织疾病），放射性肠炎，严重腹泻，顽固性呕吐，大剂量化疗、放疗或者接受骨髓移植，重症胰腺炎，严重的营养不良伴胃肠道功能障碍，高分解代谢患者。②中等有效的适应证：大的手术创伤及复合外伤，中等程度应激患者，肠外瘘，肠道炎症疾病，妊娠呕吐或者神经厌食，接受手术或者放化疗并且中度营养不良的患者，7~10d内无法提供充足的肠内营养患者，炎性、粘连性肠梗阻患者。③弱适应证，综合现有的文献，该类患者应用肠外营养疗效不确定，或可能收益不大，包括：营养状态良好处于轻度应激或者创伤下，而消化道功能在10d内可以恢复；肝脏小肠等脏器移植后功能尚未恢复期间。④禁忌证：无明确治疗目的，已确定为不可治愈、无长期存活而盲目延长生存期的患者，心功能紊乱或者严重代谢紊乱尚未控制或者纠正期间，胃肠道功能正常可以适应肠内营养的患者，原发疾病需要急诊手术、术前不建议强求肠外营养，营养状态良好且肠外营养支持少于5d，预计发生肠外营养并发症的危险性大于其可能带来的收益，脑死亡或临终或不能逆转的昏迷患者。可见肠外营养支持的强适应证中就包括肠梗阻，在肠梗阻的梗阻持续状态，肠外营养支持是肠梗阻患者最主要的营养支持手段。此外，很多反复肠梗阻的患者在梗阻缓解期可以进食流食或者肠内营养，但是由于疾病原因或生理功能改变，肠内营养无法满足机体对能量和蛋白质的需求，需要额外补充或者联合肠外营养。

（2）肠内营养支持：虽然肠梗阻患者营养支持治疗多数选择是肠外营养，但是长时间的静脉营养会导致肝功能损害、费用增加、导管及静脉营养支持相关并发症的发生，有些并发症会造成患者脏器功能不可逆的损伤。此外,很多不全性肠梗阻患者经保守治疗,肠梗阻可获得部分或全部缓解,因此临床实践中,需要尽快恢复肠梗阻患者的肠内营养支持。研究也表明,越早恢复患者的肠内营养,越能促进患者肠功能的恢复,减少并发症的发生。另外,肠梗阻患者肠道功能发生障碍,肠内营养支持有一定的难度,尤其是肠梗阻术前的患者。

肠内营养的可行性取决于患者的肠道是否通畅,以及胃肠道能否耐受肠内营养制剂。只有同时具备上述两个条件,才能安全有效的启用肠内营养。具体适应证包括以下方面:上消化道梗阻,如食管炎症、化学性损伤后造成食管或胃损伤,可在梗阻以远建立肠内营养通道进行肠内营养支持;消化道瘘患者,一般适用低流量瘘的患者,术前联合肠外营养纠正营养不良,改善和维持肠道功能;营养不良患者的术前准备,肠内营养可以增加机体的抵抗力,减少手术并发症,促进伤口愈合;炎性肠病患者,如溃疡性结肠炎、克罗恩病、肠结核,疾病急性发作期病情危重,可采用肠外营养支持,待疾病缓解后可提供肠内营养;短肠综合征患者,应根据胃肠道的恢复情况,逐渐由肠外营养过渡至肠内营养,并增加用量直至满足机体的需要量,另外在短肠患者的肠康复治疗中,肠内营养联合谷氨酰胺、生长激素,可促进残存小肠的代偿功能,改善患者预后。综上,如肠梗阻患者能恢复肠道的通畅性且具备消化吸收功能,应尽早恢复肠内营养支持。

肠梗阻患者,尤其是围手术期或术后肠道功能尚未恢复的患者,口服营养制剂比较困难,且使用不当会导致明显的腹胀,甚至诱发再次梗阻的发生。需要采用经鼻胃管、鼻空肠管、术中放置胃插管造口管、术中放置空肠插管造口管、内镜下经皮胃造口置管(PEG)、内镜下经皮空肠置管(PEJ)等其他途径进行营养支持。此外,应根据患者肠道的通畅程度及消化能力,选择不同的肠内营养制剂,从低浓度、小剂量开始,逐渐加量、循序渐进,逐渐提高肠内营养的浓度及摄入速度,避免出现腹胀、腹泻并发症的发生。最后,在肠内营养治疗的早期,单纯的肠内营养不能完全提供患者的能量、蛋白质需求,不足的部分需要肠外营养补充。

三、肠梗阻患者营养支持的实施

1. 肠梗阻患者术前营养支持 由于肠梗阻的病因及类型多样,患者术前营养状态及营养风险不同,所以并不是所有的患者均需要进行营养支持治疗。对于急诊手术,如肠扭转、肠道内疝、肠套叠、肠系膜血管疾病的患者,该类患者病情紧急、临床变化瞬息万变,即便入院时营养不良风险评分大于 3 分,也不能启用营养支持治疗,应该以纠正容量不足、改善患者氧合、保证重要脏器灌注为主,尽快手术。对于非手术治疗或者拟治疗一定时间的术前患者,可以在补液后 48h 开始肠外营养,以改善患者的营养状态。未经补液即给予肠外营养容易出现水、电解质酸碱紊乱及再喂养综合征的发生。对于外院转入的长时间非手术患者,需要仔细询问病史、补液和静脉营养治疗史,检测电解质、血磷和维生素水平,以防止上述情况的发生。肠外营养的液体量计算除了每天的维持量[25~30ml/(kg·d)],还需考虑胃肠减压的丢失量,更应该结合患者的内科基础疾病史,如心功能不全、肾功能衰竭、糖尿病等情况,热量一般为 20~30kcal/(kg·d),氮供给量 0.15~0.2g/(kg·d),热氮比 100~150∶1 为宜,推荐以全合一(all in one)的形式通过 PICC(经周围静脉插入中心静脉导管)持续输注,比较理想的肠外营养应治疗至少 7d。

部分肠梗阻患者术前也可以进行肠内营养支持,如炎症性疾病、慢性便秘、放射性肠炎的患者。该类肠梗阻的特点为病程长、反复发作、慢性不完全性梗阻,其梗阻近端的肠管功能尚正常,可以利用这段肠管进行肠内营养支持,优点是不仅可以让患者的消化道得以休息、完成术前肠道准备,又可起到诱导病情缓解的作用,而且肠内营养的实施可维持肠黏膜屏障功能,降低术后肠功能障碍的发生率。

同样病因的患者因入院时一般情况、营养状态、疾病程度的不同,营养支持的选择方案也不同。以肠粘连导致的肠梗阻患者为例,如患者入院时处于梗阻的缓解期,术前评估往往不存在营养风险,则无需进行营养支持,可按常规完善术前准备。而如果患者入院时处于梗阻发作期,提示患者过去 1 周内极有可能存在进食不足,并合并营养不良，需要启用肠外营养支持。

2. 肠梗阻患者术中肠内营养途径的建立　目前随着对肠道功能的认识加深，肠内营养的意义也越来越受到重视。营养学会的指南中也强烈建议需要营养支持的患者，只要具有正常的胃肠道功能就应该考虑进行肠内营养支持。但肠梗阻的病因多样，轻重程度不一，手术方式也无定式。对于高危患者，术中应该考虑建立肠内营养途径，比如在小肠吻合口远端肠段进行空肠插管造口，以方便日后给予肠内营养。广泛小肠切除后会并发短肠综合征，术后可能需要长时间的肠外营养和肠内营养支持，可在术中行经胃插管造口术，避免术后长期鼻饲管造成的鼻咽部不适。另外，术前用作胃肠减压的胃管也可在术后行肠内营养用。

肠梗阻患者术前通常需要胃肠减压来缓解症状，但如果梗阻位置较低、发作时间长，普通胃管减压效果不明显，可采用小肠减压管治疗。小肠减压管经过内镜或介入下放置幽门远端，随着肠道蠕动，其导管远端的注水囊可缓慢带动导管前行至梗阻位置附近。术前充分的减压不仅可以减轻患者的临床症状，也减轻了肠道的水肿、腹腔的渗出，同时也为手术实施中术野暴露及操作降低了难度。小肠减压管除了可以缓解梗阻外，也可起到诊断目的。经减压管进行造影及 CT 检查，可以明确梗阻位置、性质、周围肠管粘连、腹腔粘连的情况，以此提供影像学方面的诊断依据，并为手术制定相应的策略。最后，待手术解除梗阻后，可将小肠减压管放置空肠起始端，术后做肠内营养途径。

3. 肠梗阻患者术后营养支持　术后早期患者处于应激状态，会存在血流动力学不稳定或者器官功能障碍，此阶段应以液体复苏、维持电解质和酸碱平衡为主，营养支持也应当延后。待上述病理生理改变纠正后，可开始进行营养支持。由于多数肠梗阻患者术后早期胃肠道功能较差，流质饮食以及肠内营养提供的热量和蛋白质不能满足机体需求，加之肠梗阻会造成患者肠功能障碍，即使手术解除了梗阻，肠道的形态和功能均不能达到择期手术患者的状态，因此该阶段的肠内营养难以实施，应以肠外营养支持为宜。因为该阶段患者体内分解代谢激素（如胰高血糖素、儿茶酚胺和皮质激素等）分泌增多，会导致蛋白质分解和糖异生增加、血糖升高、组织利用葡萄糖受限，所以肠外营养供给的热量不宜过多，尤其不必拘泥糖脂比，可适当降低葡萄糖的比例。无论患者是否合并糖尿病，均应给予外源性胰岛素，并在使用肠外营养时监测血糖水平，将血糖控制在 10mmol/L 以下。此外，在肠外营养配方中添加橄榄油脂肪乳或结构脂肪乳，可避免大豆脂肪乳的促炎反应；添加富含 ω-3 多不饱和脂肪酸的鱼油脂肪乳，可减轻炎性反应，并减少感染的发生率。

对梗阻时间长、肠壁高度水肿或术后仍存在腹腔高压的患者，肠管功能恢复慢，一般仍需要延续术前的肠外营养。但部分肠梗阻患者可以早期进行肠内营养，如术中探查肠管没有血运障碍、没有进行肠管切除吻合，术后可以及早的恢复经口进食，甚至不需要肠内营养的支持。对于肠造口患者，造口排气或者排便后即可进行肠内营养。对于回盲瓣功能良好的结肠梗阻，其小肠功能无受损，术后可与择期手术一样早期实施肠内营养。但对于实施了肠管切除吻合的患者，肠内营养的时机由手术医生根据吻合口瘘的风险来决定。

总体而言，肠内营养是否实施和何时进行，应根据患者梗阻持续的时间、部位、疾病的严重程度和术中情况等多种因素决定，而且需要考虑患者术后肠功能的恢复情况。

四、肠梗阻患者术后出现并发症的营养支持

因肠梗阻会造成肠管扩张、肠黏膜屏障障碍、腹腔渗出甚至腹腔感染，加之部分肠梗阻患者的病因为炎性肠病、放射性肠炎、肠系膜血管疾病、肠结核等困难疾病，均会导致腹腔粘连异常广泛和严重，从而导致手术操作范围广、手术时间长、肠管剥离面大、消化道重建复杂，所以肠梗阻手术后并发症的发生率较一般腹部外科疾病要高。肠梗阻常见的术后并发症包括再次梗阻、手术部位或其他部位感染、术后肠瘘及短肠综合征等。这些并发症一旦发生，可导致营养不良，所以营养支持是处理该类并发症的重要手段。

（1）手术后再次肠梗阻：某些粘连性肠梗阻

的患者，如术中发现小肠广泛、致密、非膜性粘连（通常既往有一次或多次腹部手术史）或腹茧症，分离粘连时浆膜和腹膜会广泛受损，术后再次出现粘连性肠梗阻的概率较高，此时贸然再次手术势必会面临梗阻无法缓解、甚至导致肠管穿孔、肠瘘、腹腔感染的困局。此时应立即启动肠外营养支持，在梗阻缓解之后，通过胃肠减压管或小肠减压管进行肠内营养支持。

（2）手术后感染：肠梗阻作为急诊和污染性手术，患者手术后感染率高于一般择期手术，常见的感染位置包括腹腔感染（如吻合口瘘）、切口感染、静脉导管相关的感染、泌尿系统感染、胆囊炎（长期静脉营养可诱发胆汁淤积性胆囊炎）、肺部感染等。患者出现感染后，在严重应激状态下，蛋白质分解高于合成，对热量和蛋白质的需求增加，此时应当以肠外营养支持为主，并增加蛋白质或氨基酸的摄入。另外，肠外营养中的ω-3多不饱和脂肪酸和谷氨酰胺等免疫营养物质，对控制感染和促进组织愈合有重要的意义。

（3）手术后肠瘘：肠瘘一旦发生后，将会导致患者一系列严重病理生理改变，加重患者脏器功能的损害，导致病情复杂、治疗棘手。20世纪60年代，没有肠外营养的支持，肠瘘患者死亡率高到80%以上，但目前随着肠外营养技术的进步及肠瘘治疗理念的发展，其死亡率降至20%左右，因此，肠外营养仍是治疗这一并发症的重要手段。发生肠瘘后，应确保腹腔感染区域引流通畅，控制全身感染，并应用生长抑素抑制消化液分泌。早期通过补液和肠外营养维持体液的平衡和改善营养状态，为建立肠内营养途径、确定性手术的实施争取时间。

对于十二指肠或高位小肠瘘，如能将鼻空肠管越过瘘口放置到远端肠段，并给予肠内营养，可减少并最终停用肠外营养。对暴露于腹壁的唇状肠瘘，可经瘘口向远端肠管插管实施肠内营养，此外，该类患者可收集近端肠管瘘口引流的消化液，经过滤后从肠内营养管路进行回输，不仅有利于水、电解质的平衡，而且可减少消化酶的丢失，从而促进肠内营养制剂的消化吸收，改善肠道功能。对低位小肠瘘或结肠瘘，尽管肠内营养可能增加消化液丢失，但鉴于肠内营养带来的益处与长期肠外营养潜在的并发症，仍然强烈推荐这部分患者采用肠内营养。

（4）短肠综合征：部分肠梗阻患者，如肠系膜血管疾病、放射性肠炎、腹部外伤，手术过程中可能会造成小肠广泛切除或旷置，导致手术后肠道吸收面积显著减少，从而使患者出现严重的水电解质酸碱紊乱及营养物质吸收障碍，临床称为短肠综合征。其临床预后取决于原发疾病、剩余小肠的长度、是否保留回盲瓣、是否造口等诸多因素，并存在较大个体差异。这类患者临床治疗的目的是患者能进食固态食物、脱离或减少营养支持。所以，针对患者残余肠道功能的康复、适应肠内营养甚至恢复经口进食是临床治疗的重点，这一过程时间长短不一，短则数月，长者需要2年以上。基于上述原因，在短肠综合征发生的急性期以肠外营养支持为主，待患者小肠功能及结肠功能恢复、肠黏膜开始代偿时，可酌情进行肠内营养支持，目的是促进残余肠道的康复治疗。

（5）手术后早期炎性肠梗阻：术后早期炎性肠梗阻的出现多发生在手术操作时间长、范围广、创伤重的患者，此时肠管粘连及炎症反应处于较严重的阶段，不能一味地强调早期再次手术治疗，应该按肠梗阻的一般治疗原则先给予禁食水、胃肠减压及肠外营养支持，并适当给予肾上腺皮质激素，以促进肠道炎症及水肿的消退（采用短效的地塞米松，一般为5mg静脉注射、每8h给药1次，一般使用1周左右）。待患者腹痛腹胀的症状缓解，肛门恢复排气排便后，可加用促肠道动力的药物以促进肠功能的恢复。

综上所述，肠梗阻的疾病特点导致肠内容物不能正常通过肠管，肠黏膜吸收功能障碍，进而导致患者营养不良，需要应用营养支持治疗来纠正。营养支持治疗中应根据患者肠梗阻的病因、梗阻类型、严重程度、内科合并症及术后具体情况，选择合适的治疗方案。合理的营养支持治疗对改善肠梗阻患者的临床结局具有重要的意义。

（李元新 刘伯涛）

参 考 文 献

1. Pironi L, Arends J, Baxter J, et al. ESPEN endorsed recommendations. Definition and classification of intestinal failure in adults[J]. Clinical Nutrition, 2015, 34(2): 171-180.
2. Richard M, Robert I, Kiran H, et al. Bowel Obstruction[J]. Radiol Clin N AM, 2015, 53: 1225-1240.
3. Weimann A, Braga M, Carli F, et al. ESPEN guideline: Clinical nutrition in surgery[J]. Clinical Nutrition, 2017, 36(3): 623-650.
4. van Bokhorst-de van der Schueren MAE, Guaitoli PR, Jansma EP, et al. Nutrition screening tools: dose one size fit all? A systematic review of screening tool for hospital setting[J]. Clin Nutr, 2014, 33(1): 29-58.

第四十章 烧伤患者营养支持与治疗

健康的机体是通过神经、内分泌、旁分泌和自分泌等机制使身体各系统、各器官、各组织细胞之间的活动相互协调。机体生命活动及内环境稳定需依靠能量维持，当身体遭到严重烧伤后，生物体内碳水化合物，蛋白质和脂肪等营养物在代谢过程中伴随着应激反应、能量供应不足和需要量增加，而发生释放，转化和利用障碍，引起代谢失衡紊乱。一般来讲，小面积浅度烧伤代谢反应轻，除了头面部烧伤外，一般不影响正常饮食，营养风险较小，而较大面积或深度的烧伤由于伤后发生应激反应重，内分泌调节紊乱，创面修复所需各种营养素增多，创面难以在短时间内愈合，长期持续分解代谢，易导致营养障碍。

一、严重烧伤后的代谢改变

大面积烧伤往往造成机体严重的应激反应，在糖、蛋白质、脂肪以及水盐代谢方面都出现一系列复杂的变化。一方面组织加剧分解，蛋白质严重丢失，代谢率增高，发生负氮平衡；另一方面修复创伤所需的营养物质增加。这些变化与患者的营养状况、创面愈合时间及预后都有重要关系。

国内外学者对烧伤后的代谢研究报道很多，长期的研究和观察提示烧伤后机体随病程产生一系列改变。代谢变化首先是衰退期，即早期短时间的基础代谢下降，持续时间从伤后数小时至数天，相当于临床休克期；然后是代谢旺盛期，即随之出现的长时间的高代谢反应，分解代谢增强，此期随烧伤的严重程度不同，自伤后 2~3d 开始可持续数周甚至数月，相当于烧伤感染期；最后出现合成代谢期，这时创面大部分愈合，逐渐进入合成代谢，相当于临床康复期。各期的持续时间及改变程度与烧伤面积和深度有密切关系。

烧伤患者组织损伤较重，蛋白质大量丢失，能量严重消耗，代谢率增加，严重患者代谢率可增加 50%~100%，有人认为烧伤面积超过 50% 以上和 50% 的代谢改变相似，推测烧伤面积达到 50% 时，此时机体的反应能力已经达到极限，所以代谢率不再增高。代谢率变化也与烧伤病程有关，一般伤后 6~10d 达道高峰，之后随创面逐渐修复，感染被控制，患者康复而逐渐下降。

研究发现，在代谢旺盛阶段存在四个特点，首先是过度产热，研究证明产生的热量 80% 来自脂肪组织，15%~20% 来自蛋白质；其次是氧消耗量增加，严重烧伤时氧消耗量可增加到 100% 以上；第三个特点是通过体表丢失的水分增加，由于正常皮肤含有六已烷可溶性脂类可防止水分丢失，烧伤可以破坏这一脂层，通过体表丢失的水分至少比正常皮肤快 3~4 倍。大面积烧伤早期每小时每平方米体表面积不显性水分丢失可达 150~300ml，当皮温在 32℃时每蒸发一升水需消耗 2 411.6kJ（580kcal）热量才能保持体温不下降。第四个特点是体温调定点增高，比正常人高 1~2℃，体内 - 皮肤传导常数比正常人高 2 倍，在较冷环境下体内 - 皮肤绝缘性差，比正常人蒸发散热多。

烧伤可以引发一系列神经 - 激素反应，包括兴奋交感神经系统，刺激下丘脑 - 垂体 - 肾上腺轴，引起一系列具有特征的应激反应的临床表现：如心动过速，呼吸急促、高血糖、体内脂肪动员、骨骼肌蛋白质分解等。烧伤后因应激反应而产生的炎症介质可分为三大类：激素、细胞因子、脂质介质。应激反应发生时，常常同时引发大量的炎症介质释放，各种介质常相互作用，近年来大量的研究显示，细胞因子或脂质介质可能是激素变化的启动因子。

烧伤后多伴有血糖的急剧上升，尿糖也增加，即所谓烧伤后应激性糖尿病。

葡萄糖在有氧酵解时可提供较多的能量

（1mol 葡萄糖可生成 36molATP），但在无氧酵解时仅能提供很少的能量（1mol 葡萄糖仅产生 2molATP）。烧伤后常出现组织低灌流，此时葡萄糖供能有限，此时即使是大量糖输入，也不能满足机体所需的能量消耗。

葡萄糖及其代谢产物是身体的主要能量来源。对某些重要器官来说，如白细胞、红细胞、肾脏髓质、骨髓、网状内皮系统及神经组织，特别是对于人的脑组织，它又是唯一的能量来源。研究表明，烧伤后，一方面糖原分解加速，肝脏生成葡萄糖增加，另一方面组织对葡萄糖的利用率相对下降，促使患者血糖迅速升高，有时能维持很长一段时间。血糖升高的程度与烧伤严重程度有密切关系，烧伤面积大于 30% 的患者伤后几小时内即可出现明显血糖升高。

烧伤后高血糖改变主要与肾上腺素，肾上腺皮质激素，胰高血糖素分泌有关。严重烧伤的患者在伤后早期首先出现的是血浆肾上腺皮质激素浓度的快速增加，其后血浆高血糖素浓度升高。儿茶酚胺，特别是肾上腺素分泌的增加，促使肝糖原被转化为葡萄糖进入血液循环，同时肌肉内的糖原，通过无氧酵解分解以乳酸形式进入血液，因而出现乳酸血症，乳酸再进入肝脏形成葡萄糖后再进入到血液循环中。许多患者烧伤后都出现了不同程度的糖耐量降低，这种现象与肝脏内和细胞内出现胰岛素抵抗有关。烧伤后机体组织对胰岛素的反应性降低，使胰岛素不能发挥正常的刺激组织摄取和利用葡萄糖的作用称为胰岛素抵抗，此时胰岛素和高血糖抑制肝脏生成葡萄糖的作用明显降低。另外胰岛 β- 细胞的 α- 受体受到儿茶酚胺的刺激后可以抑胰岛素的分泌，血糖升高时胰岛素的分泌不能相应的增加，造成胰岛素相对不足从而使细胞对葡萄糖的利用率下降，血糖难以下降。再之肾上腺素、交感神经和儿茶酚胺均可刺激胰腺分泌胰高血糖素促使高血糖症形成。

正常情况下，体内以脂肪形式贮存的能量很多，脂肪组织大约占体重的 5%~25%，贮存的能量大于碳水化合物和可动用的蛋白质，每克脂肪约产生 3.77×10^4J（9kcal）热量，每克蛋白质或糖仅产生约 1.67×10^4J（4kcal）热量。当机体摄入葡萄糖不足时或不能被利用时，身体要靠脂肪来提供大部分能量，如摄入不够则要动员体内的脂肪组织。此时，储存于脂肪组织中的甘油三酯通过水解被利用，产生的游离脂肪酸进入血液与白蛋白结合后进入代谢供机体利用，当血游离脂肪酸超过机体需要时，又重新进入肝脏，肝脏对游离脂肪酸有两条代谢路径，一是转化为甘油三酯或磷脂，甘油三酯以极低密度脂蛋白的形式进入血液，回到脂肪组织中存储备用，二是通过形成脂肪酸 - 肉毒碱复合体进入线粒体，进行 β 氧化产生能量及乙酰辅酶 A，进一步代谢形成酮体。脂肪分解为脂肪酸和甘油的过程称为脂解作用，正常人脂解作用和脂化作用在脂肪组织中保持平衡，烧伤后这种平衡被破坏，脂肪分解加速，严重时每日丢失脂肪可达 250~500g，相当于 9.42×10^6~1.88×10^7J。

烧伤患者伤后血浆脂肪酸浓度大多都有升高。脂肪酸的生成速度受度种激素的调节，肾上腺素，儿茶酚胺，甲状腺素，胰高血糖素和皮质激素均可促进甘油三酯分解为甘油及脂肪酸，被胰岛素，前列腺素和三羧循环中的葡萄糖、乳酸、丙酮酸则能抑制脂解，烧伤后游离脂肪酸的血浆浓度增高，主要是由于肾上腺素，胰高血糖素增高，胰岛素活性受抑制，造成存储的脂肪分解利用增加所致，其次，也与血浆中的甘油三酯水解及白蛋白减少限制了脂肪酸转运有关。

肉毒碱能促进脂肪酸进入线粒体进行氧化，但烧伤患者从创面渗出液和尿液中丢失肉毒碱较多，且补充不足，因此烧伤后肉毒碱缺乏，长链脂肪酸氧化障碍，易造成甘油三酯在肝脏和其他组织的沉积，可以引起肝脂肪变性，增加心肌纤维、肾小管细胞内的脂含量，如大面积严重烧伤这种过程持续时间长、变化程度重，可以导致心肌纤维坏死而造成损害。

严重烧伤患者蛋白分解代谢增加，尿氮排出显著增多，烧伤越重反应越明显，引起负氮平衡可能是合成降低和分解增加，两者兼而有之，由于氨基酸不能贮存，若蛋白质不能合成，氨基酸即氧化分解，随尿排出。大量的氮质主要来自骨骼肌分解，约 20% 来自血浆蛋白的分解。伤后有一部分血浆蛋白分解为氨基酸，重新组合各种修复组织的物质，因而出现血浆蛋白降低。白蛋白可与一部分氨基酸、脂肪酸、锌等一起辅助某些蛋白质、胶原的合成，有助于创伤修复。

烧伤后第二天即可检测到尿氮排出量增多，可持续数日甚至数周，尿氮量与烧伤面积和深度有关，轻中度烧伤每日丢失 10~20g，严重烧伤可达 28~45g。中度烧伤患者的分解代谢期可持续 30d，甚至伤后 40~60d，仍为负氮平衡，体重减轻，创面愈合迟缓。烧伤面积超过 40% 以上的患者，2 个月将丢失体重的 22%。如果体重丢失 40%~50% 即有生命危险。

烧伤患者创面渗出液是丢失氮的肾外因素，成人大约每 1% 面积第一周每日丢失 0.2g 氮，深度烧伤面积达全身体表 1/3 的患者，创面渗出液丢失的氮量占总丢失量的 10%~20%，大面积深度烧伤患者创面丢失氮可达总量的 20%~30%。

烧伤后蛋白质分解代谢增强主要是由于激素的变化。在创伤、手术、感染的刺激下，皮质醇和儿茶酚胺增加，可加速蛋白质分解、氨基酸释放，而且抑制再形成蛋白质，并促进氨基酸在肝内形成葡萄糖。儿茶酚胺和胰高血糖素加速肝内葡萄糖合成；伤后胰岛素相对不足，造成其抑制葡萄糖合成，抑制细胞内蛋白质分解及促进蛋白质合成的作用减弱。其次，烧伤后患者摄入不足，及长期卧床肌肉废用性萎缩也是造成分解代谢增强的重要原因。

肌肉组织蛋白质加速分解释放氨基酸，可用于氧化供能，合成葡萄糖，满足脑组织等生命必须的生理活动，供肝脏合成急性期蛋白反应物，如血浆蛋白质成分。在这个过程中，机体调用骨骼肌等蛋白质储备，将其用于合成供创伤修复使用的蛋白质、氨基酸、葡萄糖和免疫物质。

近年来，关于烧伤后氨基酸代谢的研究正在不断加强，但报道不一。烧伤后应激反应严重，应激变化程度与伤后密切相关，因此，血浆氨基酸谱的变化与伤后检测时间有很大关系。一般认为表现为血浆浓度降低的有甘氨酸、脯氨酸、苏氨酸、丝氨酸、精氨酸、谷氨酰胺等，表现为浓度升高的主要有苯丙氨酸、谷氨酸、亮氨酸，其他氨基酸报道有分歧。临床用于治疗患者研究报道较多的有谷氨酰胺、精氨酸、支链氨基酸、鸟氨酸 α- 酮戊二酸盐等。

谷氨酰胺是人体内最丰富的氨基酸，约占游离氨基酸池的 50%，正常血浆浓度为 600~680μmol/L，细胞内浓度是细胞外浓度的 30 倍。因机体可以自身合成谷氨酰胺，所以属于非必需氨基酸。但在烧伤造成的应激反应下，体内的谷氨酰胺耗竭，自身合成不能满足代谢需要，必须外源补充，故称之为条件必需氨基酸，为生理性无毒性氮运输载体，参与人体的多种重要代谢，对维持人体的正常生理功能起着非常重要的作用。谷氨酰胺是应激状态下小肠黏膜的唯一能量来源，对维持肠黏膜完整性和预防肠源性感染有重要意义。严重烧伤患者休克期经肠道补充谷氨酰胺可支持血浆谷氨酰胺浓度，改善肠黏膜通透性，保护肠黏膜屏障，改善氮平衡。

有人主张补充支链氨基酸给应激患者做能源使用，有利于减少蛋白分解，促进蛋白质合成，也有资料证明尽管支链氨基酸烧伤后血浆水平下降，但外源性补充无明显效果。具体用量尚需探索。

烧伤后高代谢常伴有维生素、微量元素和矿物质的大量消耗，烧伤患者对两者的需要比正常人大。国内学者报道烧伤面积和深度越大，血清微量元素值下降越显著，在一周内较明显。水疱液中锌、铜、铁、镁含量接近血清浓度，因此，对严重烧伤患者尤其不能进食的患者应注意加以补充。

伤后即有钾盐从尿中排出，并有细胞内钾逸出。早期血清钾可正常或偏高；在持续分解代谢期，排钾量虽较早期减少，但常出现钾不足，补充不及时易造成低钾血症。

钙与骨折愈合、胶原合成、凝血过程等有着密切关系。因骨组织中钙存量很多，一般不易发生钙缺乏，但烧伤后钙需要量增加，代谢加速。

维生素是许多酶的辅酶，严重烧伤后，血清或血浆中维生素 A、B_1、B_2、B_6、C，生物素，叶酸，烟酸均降低。

磷代谢与钙有密切关系，磷酸钙是骨组织的主要无机成分。磷在细胞代谢各方面都起着一定的作用。由于一般饮食中都含有一定量的磷，足以维持正常的需求。但烧伤后磷酸盐排出增加，如长期给予含磷低的营养液，特别是以 50% 葡萄糖作为主要热能来源时，可出现低磷血症。

锌是多种金属酶的必需组成部分，缺锌就可能影响许多细胞代谢过程。烧伤后血浆锌浓度降低，不补充可致低锌血症。由于许多酶含锌（如碳酸酐酶、乳酸脱氢酶及羧肽酶和几种脱氢酶和碱性磷酸酶同工酶等），它们的与糖、蛋白质代谢关系密切，缺锌必然会影响这些酶的活力，从而影响糖和蛋白质代谢和组织修复。

烧伤早期血清铜含量下降，铜蓝蛋白减少，其下降程度与烧伤严重程度正相关。

二、重要器官的反应

（一）心血管反应

严重烧伤后伴随失液、缺氧导致循环血管床改变，机体非生命器官的血管收缩，以保证生命器官（如心、脑）的血流灌注，维持其血流动力学的平衡。失液后，通过血管收缩、心搏加速使血压保持在接近正常的水平。但失液量过大，又得不到及时治疗，或原有心血管疾病，其代偿能力差，从而出现循环障碍、休克、冠状动脉灌流不足、心律失常和心衰。

严重烧创伤患者心肌抑制仍是一个致命的障碍，但心肌抑制因子（MDF）提取始终未获成功，近几年已证实休克时体内释放的众多活性物质中任何一种都对心肌有抑制作用。

（二）肺反应

严重烧伤后肺反应可由于第一次打击和失液以及代谢率增高等因素，使呼吸加速以适应氧消耗，过度换气可使 PCO_2 下降，是早期碱中毒的主要原因之一。严重烧伤早期，缺血缺氧致肺损伤，破坏了肺毛细血管膜的完整性，组织间隙和肺泡内液体聚集，淋巴流增加，肺顺应性、肺泡容量、氧气自肺泡向毛细血管的弥散均降低，临床可表现为呼吸困难、低氧血症和分流量增加。

（三）肾脏反应

严重烧伤常与失液和休克伴行，加之肾血管对儿茶酚按敏感，肾血管收缩增加，引起肾血流量减少，肾小球滤过率也随之下降。此外，创伤后垂体后叶释放抗利尿激素（ADH）和肾上腺皮质释入醛固酮增多，钠和水重吸收增加，和肾小球过率减少共同作用，使尿量和排钠减少、尿 K^+、H^+、HPO_3^{2-} 和 Cl^- 增多，尿比重增高，尿液呈酸性，如再应用肾脏毒性的药物（如磺胺、多黏菌素、庆大霉素）和深度烧伤肌组织大量损毁所产生的血红蛋白和肌红蛋白沉积于肾小管，进而导致肾小管坏死和肾功能衰竭。

（四）胃肠和肝脏反应

烧伤后由于儿茶酚胺的分泌增加，胃肠道小血管收缩，加之失液，可致胃肠黏膜血流量减少，进而使微血管血液淤滞，黏膜出现水肿、坏死，形成烧伤应激性溃疡。缺血缺氧致胃肠黏膜外的黏液减少，胃肠黏膜的屏障功能受损。H^+ 逆扩散增加，细胞内氮离子浓度增加，致溶酶体破裂，大量水解酶外溢，使胃肠黏膜损伤进一步加重；此外，缺血可使黄嘌呤氧化酶激活，氧自由基生成增多，加重胃肠黏膜的屏障功能的损伤。临床上常见到胃肠运动能力抑制，肠蠕动减弱、排空时间延长，重者出现肠麻痹，为毒素和细菌移位打开了门户。

肝脏具有物质代谢、解毒、免疫、内分泌等多种重要的生理功能。严重烧伤后肝细胞膜结构受损，一些肝细胞特异性酶如 SGOT（血清鸟氨酸草酰乙酸转氨酶）和 AST（谷氨酸 - 丙酮酸转氨酶）被释放入血，使血清中正常活性极低的酶，活性明显增加，肝脂质过氧化物增多，肝血流量减少与胆汁流量减少，进一步导致肝细胞灶性坏死、线粒体肿胀、空泡化及多形核白细胞肝聚积释放多类细胞因子等变化。

血液和骨髓也受到一定的抑制，严重烧伤糖皮质激素分泌增多，可使血液中嗜酸性白细胞数减少。

三、严重烧伤患者的营养支持与治疗

严重烧伤后能量大量消耗，三大营养素和微量营养素都发生改变，因此，加强营养支持和代谢调理是提高严重烧伤治疗率的重要组成部分。

（一）入院后营养风险筛查

采用营养风险筛查工具，评估是否有营养风险，并根据筛查结果，决定给或不给肠外肠内营养支持。有些极重度烧伤病，虽然经过早期抢救，大部分创面也已修复，但机体极度消耗，体重下降 1/3 以上，食欲不佳，胃肠功能很差，机体处于衰竭状态，对此类患者在处理病因的同时应积极进行肠内与肠外营养综合性治疗。

（二）营养支持的时机与途径

烧伤后分为休克期、感染期与康复期几个阶段，大致与代谢状态的低潮期、高潮期和恢复相对应。各期的营养支持选择不尽相同。

休克期以液体复苏为主，待血流动力学稳定即可给予肠内喂养，以期调理胃肠功能，严重烧伤早期主张肠外营养和早期肠内喂养同时给予。感染期同代谢高潮期相对应，此期的营养支持极为重要。原则上要循序渐进，逐步达到能量和蛋白质需求量，并根据临床表现、实验室检查、创面愈合或覆盖及其并发症发生的情况，及时调整营养支持的方案。既要控制肠外肠内营养总容量，又要避免高浓度的负面影响。康复期患者创面大部分愈合，进入功能恢复。此时主要以肠内营养包括强化口服营养为主，注重蛋白质的质量。

营养支持方式有胃肠内和胃肠外营养两种途径，因多数烧伤患者胃肠道功能尚好，烧伤患者的营养支持的最佳途径是肠内营养。高热量、高蛋白质的口服饮食能满足烧伤面积小于20%TBSA患者的营养需要。烧伤面积较大的患者又合并吸入性损伤或多发伤，单纯经口摄取足够的热量和蛋白质则存在困难。因此，临床实践上应尽早开展肠内营养，最好能在烧伤后第一个24h内血流动力学稳定后开展。

由于各种原因无法进行肠内营养治疗的患者，可选择肠外营养途径。但肠外营养有许多相关的并发症，如肠蠕动减少、脂肪肝、菌血症以及导管相关的感染等，肠外营养只作为肠内营养不足的补充。

近年来的研究显示肠道是创伤应激反应时的中心器官，禁食可导致肠黏膜萎缩，绒毛高度下降，隐窝变浅，肠黏膜通透性增加，发生细菌和毒素的移位等，有可能引起肠源性感染，多器官功能衰竭等严重并发症，通过对烧伤后胃肠道的研究发现，烧伤早期空肠和回肠尚保留一定功能，能接受少量的营养物质。

1. 胃肠内营养方法

（1）口服法：口服为烧伤患者补充营养的主要途径，但要有较好的胃肠功能。应注意，首先要少量多次逐渐增加饮食，从流食、半流食过渡到普通饮食和高蛋白饮食。其次，既要尊重患者饮食习惯，又要合理调配，以优质、易消化、营养成分齐全为原则，做到形式多样化，增强患者食欲；还要注意保持患者大便通畅。

（2）管饲法：目前常用于烧伤患者的胃肠营养管主要有鼻胃管和鼻空肠管，用于胃道功能好，但进食困难者或严重烧伤患者休克期喂养及早期的营养补充。

输入营养液时最好持续匀速，在肠内营养输液泵控制下24h持续输注为佳，早期速度不要过快，根据患者病情做适当调整，防止出现腹胀、腹泻、呕吐等胃肠道副反应，注意补充水分避免因高渗、脱水发生管饲综合征，注意保持营养液及输入管道的清洁，预防感染性腹泻。

2. 肠外营养

（1）周围静脉法：很多大面积严重烧伤患者如果仅凭胃肠内营养支持往往难以补充全部所需，要从周围静脉补充不足的营养物质，以满足患者高代谢的需要。严重烧伤患者因全身多处皮肤受伤，浅静脉利用较困难，一般选择头静脉、大隐静脉、股静脉等管径较粗大的静脉进行补液。应特别注意保护静脉通道，一定要选择等渗液体输入。

（2）中心静脉营养：烧伤患者因创面存在时间较长，常伴有创面感染，中心静脉插管后，易发生感染，有统计资料显示，中心静脉插管后3d以上，感染发生率可达10%~20%。除非胃肠道和周围静脉均不能利用时才选择中心静脉营养支持。

（三）能量及营养素的补充量

严重烧伤需要供应足够的能量及营养素，准确评估REE值具有重要意义。采用间接热量测定法用于评估和再评估患者的热量需求，如果没有间接热量测定仪，校正的Harris-Benedict公式也可采用。

一般用Harris-Benedict公式低估25%~50%为宜。第三军医大学（现陆军军医大学）公式：烧伤成人能量摄入kcal/d=（1 000×BSA）+（25×TBSA），较接近REE，有一定临床指导价值。还可以应用Toronto公式：EEE=-4 343+（105×TBSA%）+（0.23×CI）+（0.84×EREE）+（114×T℃）-（4.5×烧伤后的天数），TBSA%为烧伤面积，CI为烧伤前能量摄入量。

严重烧伤后蛋白质分解代谢明显超过合成代谢，患者出现严重的负氮平衡，此时补给一定量的蛋白质能改善患者的氮平衡，促进创面的愈合。一般主张烧伤患者的每天补充蛋白质含量为总能量的15%~20%，可以用Sutherland公式估算。欧洲的蛋白质推荐量为1.3~1.5g/（kg·d）[氮0.2~0.25g/（kg·d）]，如蛋白质摄入量过高会被立即分解，导致尿氮排泄增加，反而不能促进蛋白质的合成。

非蛋白质能量需要量中，碳水化合物和脂肪的比例一直是个争议的问题。随着代谢支持这一概念的提出，认为高能量、高糖将引起代谢紊乱，特别引起糖代谢的紊乱，而且糖代谢后产生的 CO_2 将增加肺与肝脏的负担，因此提出非蛋白质能量 <35kcal/（kg·d），其中 40% 以上能量由脂肪提供，或糖脂比例为 1∶1，提高氮的供给量为 0.25g/（kg·d），减少自身蛋白质的分解。

由于烧伤后糖代谢紊乱和胰岛素抵抗的存在，严重烧伤患者处于细胞外高血糖和细胞内低能量的状态。因此，烧伤后用于氧化的葡萄糖输注速度被限制在 5mg/（kg·min）。在输入葡萄糖的同时应以一定比率补充胰岛素，应实行血糖监测，防止血糖过高或过低带来的危害，起到控制血糖和发挥碳水化合物的节氮作用。应使用糖脂混合物提供能量，可避免单纯应用碳水化合物带来的增加糖原分解，消耗氮的作用。摄入的脂肪也能为患者提供必需脂肪酸，作为脂溶性维生素的溶剂和载体。此外，一些脂肪酸及其代谢产物还有免疫调节功能。脂肪供能约占 15%~30% 为宜，在临床应用中应根据病情具体情况调整总能量和三大营养素的比例，应实行个体化治疗。

（四）特殊营养物质、激素和免疫调节

关于使用药物代谢调节剂、前列腺素、细胞因子等促进合成代谢的因子，如激素和生长因子等的辅助作用，国内外大多数作者认为在促进创面愈合以及加强烧伤后免疫系统功能等方面具有一定治疗作用，最常用于烧伤患者的药物有精氨酸、谷氨酰胺、ω-3 脂肪酸、锌、维生素 A、C 和 E。为了确定在常规营养支持中加入药物调理的有效性，今后需开展更多的循证医学研究。

（周业平）

参考文献

1. Porter C, Tompkins RG, Finnerty CC, et al. The metabolic stress response to burn trauma: current understanding and therapies[J]. Lancet, 2016, 388(10052): 1417.
2. Jeschke MG, Abdullahi A, Burnett M, et al. Glucose control in severely burned patients using metformin: an interim safety and efficacy analysis of a phase ii randomized controlled trial[J]. Ann Surg, 2016, 264(3): 518.
3. Jeschke MG, Herndon DN. Burns in children: standard and new treatments[J]. Lancet, 2014, 383(9923): 1168.
4. 彭曦．重症烧伤患者能量消耗与需求平衡：值得深入研究的问题[J]．中华烧伤杂志，2013，29(04)：331-334.
5. Clark A, Imran J, Madni T, et al. Nutrition and metabolism in burn patients[J]. Burns Trauma, 2017, 5(1): 11.
6. 陈俏华，杨薛康，胡大海．严重烧伤患者的营养治疗研究进展[J]．中华烧伤杂志，2016，32(10)：628-631.
7. 盛志勇，郭振荣．烧伤学临床新视野——烧伤休克、感染、营养、修复与整复[M]．2 版．北京：清华大学出版社，2019.
8. 付娟，谢卫国，王瑜．33 例严重烧伤患者的营养治疗分析[J]．中华烧伤杂志，2015，31(1)：55-57.
9. 吴国豪．临床营养治疗现状：挑战及对策[J]．中国实用外科杂志，2018，38(1)：83-86.

第四十一章　再喂养综合征

一、再喂养综合征的定义及危险因素

严重营养不良患者经口、肠内或肠外恢复营养支持的初始阶段，均可发生再喂养综合征（refeeding syndrome，RFS）。其本质反映了从分解代谢到合成代谢过程中机体的转变，可能诱发严重或致命的躯体并发症。再喂养综合征包括严重的电解质紊乱及代谢障碍。其中电解质紊乱主要表现为重要的细胞内离子低血浆浓度，如磷离子、镁离子、钾离子。需要注意的是，尽管再喂养综合征最主要的表现为低磷血症，但临床患者出现低磷血症并不代表一定出现再喂养综合征。RFS 躯体并发症包括充血性心力衰竭、外周性水肿、横纹肌溶解、癫痫发作、溶血反应、肾功能异常等。据报道，尽管及早的识别 RFS 发生风险、给予低卡路里营养支持，RFS 仍可以发生。目前，不同医院的 RFS 发生率统计数据有争议，波动于 0.43%~34%。研究结果表明长期饥饿状态及营养不良患者人工营养支持前静脉输注葡萄糖更容易诱发 RFS。而临床中营养不良的诊断较困难，其发生率报道差异较大，最高的发生率约 65%。近期，越来越多的文献报道脂肪泻、脑瘫、脓毒症儿童均可发生 RFS。低体重新生儿，尤其体重小于理想体重的 80% 则更易出现 RFS。

再喂养综合征的高风险因素包含肥胖外科手术、慢性酒精中毒或药物滥用、慢性感染（如 HIV）、吞咽困难、试管运动障碍、饮食障碍（如神经性厌食）、营养不良、炎性肠病、低出生体重、早产儿、吸收障碍（如脂肪泻）、恶性疾病、高龄（如大于 70 岁）、长时间禁食（如绝食）、长期呕吐、短肠综合征等。尽管 RFS 危险因素的临床诊断标准已达成共识，但因 RFS 无特异性临床表现，若按照临床特征而定义 RFS 有失偏颇，因此对于 RFS 的定义，全球目前并未达成共识。目前 RFS 危险因素评定有两套标准，标准一：①BMI<16kg/m^2；②体重较前 3~6 个月减轻大于 15%；③大于 10d 极少或未摄入营养；④再喂养前，患者低血钾、血磷、血镁。标准二：①BMI 小于 18.5kg/m^2；②体重较前 3~6 个月减轻大于 10%；③大于 5d 极少或未摄入营养；④酒精或药物滥用既往史。在补充营养和增加体重的最初 2 周内，患者发生再喂养综合征的风险最高。通常该风险会在接下来的数周中逐渐消失。

二、再喂养综合征的病理生理学

饥饿状态下，热量主要由碳水化合物分解代谢过渡至脂肪及蛋白质分解代谢提供。长达几周至几个月的饥饿中，糖原储备耗竭。因此脂质优先成为长时间饥饿的主要能量来源。一旦热量代谢改变，机体生存时间取决于脂肪存储量。饥饿时，机体为了保存能量，会减慢心率和降低血压，从而使基础代谢降低 25%。营养不良时，多数器官和组织，如大脑、心脏、肝脏、肌肉，其细胞体积减小。针对上述改变的原因，目前研究结果猜测和细胞为了适应脂肪代谢，胞内大分子如脂肪、糖原等储备丢失相关。除此之外，胞内重要离子，如磷离子、镁离子、钾离子也从体内丢失。

当饥饿时摄入葡萄糖，葡萄糖浓度升高但血浆胰岛素浓度下降，从而细胞快速储存糖原能量。除此之外，糖原异生过程通过增加脂肪及蛋白质分解促进葡萄糖分泌，其中基础氨基酸，如丙氨酸在糖原异生过程中起重要作用。大脑、肾髓质、红细胞均专门利用葡萄糖为能量来源。脂肪细胞释放脂肪酸及甘油，肌肉细胞释放氨基酸，为代谢途径提供"燃料"。综上，饥饿时脂肪组织及肌肉的分解代谢，导致体重下降。

重新摄入能量会诱发 RFS，主要因为再喂养时机体由分解代谢转变成合成代谢，重新以碳水化合物为主要能量来源，引起胰岛素释放，从而触发细胞摄取磷酸盐以及钾、镁。胰岛素还会引起细胞产生多种需要磷酸盐的损耗性分子，如三磷酸腺苷和2，3-二磷酸甘油酸，这会进一步损耗机体的磷储备。磷酸化中间体的缺乏会导致组织缺氧及由此引起心肌功能障碍，并导致膈肌无法收缩，从而引起呼吸衰竭。维生素和微量矿物质缺乏则由饥饿造成，对患者再喂养后，伴随而来的合成代谢过程的开始则会加重以上缺乏。容量超负荷开始于再喂养患者的早期阶段，胰岛素分泌增加，增加了肾脏对钠的重吸收和保留，从而导致液体潴留。严重的疾病如脓毒血症可引起胰岛素抵抗，从而加重高血糖。高血糖会导致感染免疫功能受损。

研究发现，血浆胰岛素生长因子-1（insulin-like growth factor-1，IGF-1）及瘦素水平可以作为RFS的诊断因子，且与RFS死亡率相关。但仍需进一步研究证实以上因子诊断RFS的有效性。胃促生长素是一种胃激素，可减慢身体减肥和增加体重，已被推荐作为一种RFS的治疗和血浆标志物。研究发现脂肪细胞脂肪酸结合蛋白-1（adipocyte fatty acid-binding protein-1，AFABP-1）在再喂养动物模型中表达异常，潜在可能预测人体RFS发生。肝功能异常时，血清IGF-1及瘦素水平下降。研究表明再喂养引起血清游离脂肪酸浓度的下降及酮体浓度的异常升高。

三、再喂养综合征的临床表现

再喂养综合征表现可大致分为电解质紊乱及多器官代谢障碍。但有时，血浆电解质的改变是再喂养过程中的正常反应，并不代表一定会发生严重的临床症状及器官代谢障碍。

（一）电解质紊乱

1. 低磷血症　磷离子是重要的细胞内二价离子，对细胞内液及尿液均有重要的缓冲作用。磷离子对糖酵解及氧化磷酸化过程至关重要。除此之外，磷离子还可兴奋偶联反应、促进趋化及吞噬作用等神经传导。磷离子还可影响血小板聚集功能。

RFS重要的临床特征之一是血浆磷离子<0.80mmol/L。但也有研究发现，即使神经厌食症患者再喂养初期热量高达2 200kcal，依旧没有诱发严重的低磷血症（<0.30mmol/L）。营养不良患者发生低磷血症并不一定代表发生RFS。再喂养时低磷血症的发生与营养不良的严重程度更相关。针对神经性厌食住院患者的回顾性研究发现，血磷水平最低值通常出现在入院的第一周内。也有报道危重症患者再喂养48h内可迅速发生低磷血症，临床医师需要尽快识别。

2. 低镁血症　低镁血症（血浆镁离子<0.70mmol/L）的出现提示RFS进展。镁离子是胞内重要离子，辅助多种酶的活化。低镁血症可诱发致命的心律失常、癫痫、腹痛、厌食以及神经肌肉功能异常，如共济失调、神志不清、感觉异常、四肢无力、震颤、眩晕和肌无力。除此之外，严重的低镁血症可诱发低钙血症的发生，研究发现25%的RFS患者出现低钙血症，这可能与低磷可降低甲状旁腺功能相关。

3. 低钾血症　通过细胞膜上钠-钾泵，细胞内的钾离子与胞外钠离子、氢离子交换，维持酸碱平衡。低钾血症（<3.5mmol/L）与心律失常、便秘和肌肉无力相关。严重的低钾血症（<2.5mmol/L）可引起沉淀性肝性脑病，麻痹性肠梗阻，肾小管损害，横纹肌溶解以及代谢性碱中毒。

4. 硫氨酸及维生素缺乏　硫氨酸，即维生素B_1，人类无法自己合成，需要从食物中摄取，营养不良患者缺乏维生素B_1及其余多种维生素。维生素是人体内重要的代谢辅酶因子，包括辅助丙酮酸转化为乙酰辅酶A等过程。

临床研究发现维生素B_1缺乏存在RFS中，且其缺乏程度与患者的预后及死亡率相关。可表现为共济失调、昏迷、神志不清、癫痫，以及短期记忆损失和虚构。碳水化合物的摄入导致细胞维生素B_1的利用率增加，研究发现长期饥饿患者补充维生素B_1后，患者RFS患病率及死亡率较未补充维生素B_1者低。除维生素B_1，营养不良患者再喂养后，其维生素B_{12}、叶酸和B_6浓度均降低。具体发病机制不详，但该现象反映了营养不良患者低维生素储备。

（二）躯体并发症

1. 心血管系统　RFS引起的大多数死亡是由于心脏并发症，包括心肌收缩力受损、每搏输出量减少、心力衰竭和心律失常。饥饿期间发生的心脏萎缩使患者更容易出现液体过剩和心力衰竭。再喂养若以碳水化合物为主，则减少水钠排泄，导致水钠潴留，增加循环容量，并造成心脏萎缩患者的容量超负荷。高蛋白质喂养则导致高钠血症相关的高渗性脱水。硫胺素（维生素 B_1）缺乏也可能促成心力衰竭。应结合患者临床表现，动态监测心电图、超声心动图，按照急性失代偿性心力衰竭治疗策略积极治疗，并请心脏病学专科医师会诊。除此之外，RFS 期间，患者也可能出现高血压、低血压和外周性水肿。

2. 呼吸系统　营养不良患者由于整体虚弱或低磷血症，可能会发生膈肌收缩障碍，从而导致呼吸困难和呼吸功能受损。但发生呼吸衰竭和需要机械通气的情况罕见。心力衰竭也可能引起继发性肺水肿，从而患者表现呼吸道症状甚至呼吸衰竭。

3. 肌肉系统　可能发生肌肉收缩受损、肌无力、肌痛和手术抽搐。低磷血症也可能导致横纹肌溶解，肌酸激酶异常升高提示横纹肌溶解。

4. 消化系统　再喂养的最初数周内，由于热量过多和脂肪沉积，或者由于营养不良导致细胞死亡/凋亡，患者的肝功指标通常会轻微升高，包括天冬氨酸氨基转移酶和丙氨酸氨基转移酶。以上肝酶指标通常无特异性临床意义，通过降低营养补充的速度或是营养康复可使之恢复正常。一旦肝酶指标恢复正常，可在迟些时候在给予更多的热量。

再喂养的早期，由于肠黏膜萎缩和胰腺受损，患者可能发生腹泻。随着绒毛表面重建，腹泻常会在再喂养最初数周内消退。在此期间，协同营养师减少患者复合碳水化合物的摄入，并通过更要素化的膳食来提供热量，此举对患者有助益。

5. 神经系统　若再喂养早期出现电解质异常，则可能导致震颤、感觉异常、谵妄、癫痫发作。营养不良患者可能存在基线硫胺素缺乏。随着再喂养的进行，电解质的细胞内摄取会导致硫胺素的利用增加，患者可能发生韦尼克脑病，其体征包括脑病、眼球运动障碍和共济失调。应在开始营养补充至少 30min 前给予 100mg 硫胺素，此后以 100mg、每日 2 次的方式给药，持续治疗 7~10d。

四、再喂养综合征的预防及治疗

预防和治疗 RFS，需要专业的团队密切监测患者生命体征、电解质及识别 RFS 高危因素，谨慎补充液体及电解质。

（一）RFS 预防

给予接近且高于静息能量消耗的初始热量恢复体重，避免过快增加每日热量摄入，密切监测患者临床及生化情况。积极纠正电解质异常（尤其血磷水平），减少液体及钠摄入，减轻水肿，并监测和治疗心血管、肺、肾脏并发症。

（二）RFS 治疗

我们先通过一个临床病例对 RFS 的治疗有一个初步印象。患者女性，23 岁，外院神经性厌食症诊断明确（体重 43kg，BMI：15.2kg/cm^2），接受阶段心理治疗后患者愿意开始规律进食。按照医院制定的低热卡饮食配方（1 000kcal/d），患者恢复饮食的第 5 天出现反复呕吐，血电解质提示低磷血症（0.55mmol/L）、低钾血症（1.5mmol/L）、低氯血症（70mmol/L），心电图提示 ST 段压低。患者无心悸、胸闷、活动力下降、双下肢水肿等不适。询问呕吐诱因，患者家属补充病史：除饮食配方外自行给患者加餐红烧肉等。结合患者病史，不排除长期营养不良的神经性厌食症患者在恢复饮食初期摄入过高热量后出现再喂养综合征电解质紊乱。入院后密切监测电解质变化，补充磷、钾。从患者最初的热量摄取 1 000kcal/d，每 10d 增加 500kcal/d 至 2 000kcal/d。经过 6 周治疗，患者电解质稳定，患者未再出现恶心、呕吐，心脏功能及肾脏功能监测未出现异常，体重逐渐升高到 49.5kg，BMI 达到 17.5kg/cm^2。结合临床经验及指南，总结 RFS 治疗如下：

1. 电解质补充及酸碱失衡校正　仔细评估酸碱平衡，包括血浆乳酸浓度。此外还包括血浆钠、钾、碳酸氢盐和氯的浓度，以便计算阴离子间隙。高阴离子间隙代谢性酸中毒，如乳酸酸中毒可发生于硫胺素缺乏症。

RFS 躯体并发症的治疗也包括降低营养支持的速度，贯穿始终的是每天都应纠正低磷血症（0.3~0.6mmol/kg）、低钾血症（2~4mmol/kg）、低镁血症（0.2mmol/kg 经静脉给药或 0.4mmol/kg 口服）。

低磷血症：目前对治疗严重低磷血症的最佳方式尚未达成共识，磷酸盐替代方法并不是对所有 RFS 低磷血症都有效。口服磷酸盐可应用于无神经系统反应的低磷血症纠正中，但可能引起腹泻、恶心等胃肠道反应。静脉补磷方案：磷酸钾与生理盐水配制，具体的磷酸钾用量根据患者体重计算，连续静脉输注超过 12h。静脉补磷可引起血钙转移，因而可能出现高钙血症并发症。静脉输注磷酸钾还应警惕高钾血症。

低镁血症：严重的低镁血症（<0.50mmol/L）可以口服镁治疗，但镁的口服吸收较差，同时可引起腹泻等胃肠道反应。较推荐的口服镁治疗剂量为葡萄糖酸镁 12mmol/d，分 3~4 次口服。静脉补镁可用硫酸镁 0.5mmol/（kg·d）。无论口服还是静脉补镁，都需密切监测血镁，避免补镁不足及过度。

低钾血症：口服补钾可能引起胃肠道反应。静脉补钾速度不可超过 20mmol/h，静脉补钾最优选择静脉泵并动态监测血钾。当血钾浓度极低时，可超过 20mmol/h 的补钾速度，但要实时心电监测，避免高钾血症并发症。

再喂养开始就应补充维生素，至少持续 10d。有专家建议喂养初始，给予患者每天口服 200~300mg 维生素 B_1，高含量维生素 B 片剂、口服、每日 3 次，以及静脉或经口补充其余多种复合维生素。

对于神经厌食症患者再喂养，推荐低钠饮食，避免 RFS 液体超负荷。需注意的是，纠正电解质和液体失衡不必要在再喂养前，会延误喂养及加重病情，可与再喂养同时进行。

2. 能量补充　脂肪补充量不能超过每日脂肪代谢量，成人约 3.8g/kg。过量摄入脂肪会引发脂肪超载综合征如脂肪肝、发热、高甘油三酯血症、血小板减少。而过量的葡萄糖会导致可能致命的心律失常，碳水化合物较多的再喂养方案更容易引起 RFS。NICE（National Institute for Clinical Excellence）推荐低剂量缓慢能量再喂养可避免 RFS 发生，逐渐增加能量摄入量，以每周体重增加 0.5~1kg 为准。推荐再喂养伊始，每天缓慢向每公斤体重提供 0.041 8MJ/kg，若患者严重营养不良（如 BMI<14kg/m^2），能量喂养可增加 4~7d。

（三）患者监测

应密切监测患者每日体重、尿量，以优化液体平衡，防止液体超载、如心力衰竭的发生。每日需心电监测，若心动过速可能心脏功能衰竭的前兆。RFS 患者更容易感染，也应警惕。每日应监测和调整血糖，以防止低血糖或高血糖。除非血糖已长期稳定，不然“反弹式”低血糖可于停止肠外喂养后发生。每日应抽取静脉血监测血浆白蛋白、电解质、肝功能及全血细胞计数（包括血红蛋白、白细胞和血小板）水平。

五、再喂养综合征亟待解决问题

再喂养综合征亟待解决问题有：

1. 需要达成关于 RFS 定义的普遍共识。
2. 低能量和高能量摄入的重要性应该在随机对照试验中进行研究。
3. 需要确定最佳的再喂养营养成分（例如：减少碳水化合物是否对 RFS 患者更好）。
4. 需要确定纠正低磷血症的最佳方法。
5. 需要进一步明确 AFABP、胃肠饥饿激素、IGF-1、瘦蛋白等生物标记在 RFS 诊断及评估预后中的作用。
6. 需要提高临床医生对 RFS 早期识别的认识和恰当管理。
7. 需要进一步研究不同患者群体（新生儿和儿童、成人、老年人）的 RFS 风险因素。
8. 需要改进 RFS 研究模型的选择：神经性厌食症在文献中经常被报道作为 RFS 的病因之一，并常作为研究 RFS 病因的模型。然而，这种情况并不适用于其他 RFS 易感个体研究。

（么改琦）

参 考 文 献

1. Rio A, Whelan K, Goff L, et al. Occurrence of refeeding syndrome in adults started on artificial nutrition support: prospective cohort study [J]. BMJ Open, 2013, 3(1): e002173.
2. Khan LU, Ahmed J, Khan S, et al. Refeeding syndrome: a literature review [J]. Gastroenterol Res Pract, 2011: 410971.
3. Lenicek Krleza J, Misak Z, Jadresin O, et al. Refeeding syndrome in children with different clinical aetiology [J]. Eur J Clin Nutr, 2013, 67(8): 883-886.
4. Yoshimatsu S, Hossain MI, Islam MM, et al. Hypophosphatemia

among severely malnourished children with sepsis in Bangladesh[J]. Pediatr Int, 2013, 55(1): 79-84.

5. Agarwal J, Poddar U, Yachha SK, et al. Refeeding syndrome in children in developing countries who have celiac disease[J]. J Pediatr Gastroenterol Nutr, 2012, 54(4): 521-524.
6. Ross JR, Finch C, Ebeling M, et al. Refeeding syndrome in very-low-birthweight intrauterine growth-restricted neonates[J]. J Perinatol, 2013, 33(9): 717-720.
7. Elnenaei MO, Alaghband-Zadeh J, Sherwood R, et al. Leptin and insulin growth factor 1: diagnostic markers of the refeeding syndrome and mortality[J]. Br J Nutr, 2011, 106(6): 906-912.
8. Kameoka N, Iga J, Tamaru M, et al. Risk factors for refeeding hypophosphatemia in Japanese inpatients with anorexia nervosa[J]. Int J Eat Disord, 2016, 49: 402.
9. Skipper A. Refeeding syndrome or refeeding hypophosphatemia: a systematic review of cases[J]. Nutr Clin Pract, 2012, 27(4): 34-40.
10. Webb GJ, Smith K, Thursby-Pelham F, et al. Complications of emergency refeeding in anorexia nervosa: case series and review[J]. Acute Med, 2011, 10(2): 69-76.
11. Bonsante F, Iacobelli S, Latorre G, et al. Initial amino acid intake influences phosphorus and calcium homeostasis in preterm infants-it is time to change the composition of the early parenteral nutrition[J]. PLoS One, 2013, 8(8): e72880.

第七篇　特殊疾病的营养支持治疗

第四十二章　肿瘤患者营养支持

恶性肿瘤发病率逐年增高，目前已成为人类死亡的主要原因之一。虽然近年来肿瘤治疗的方法和手段有了很大的发展和进步，但肿瘤治疗的效果仍未能达到令人满意的程度。临床上，肿瘤患者中营养不良的发生率相当高，部分患者常有恶病质征象，表现为厌食、进行性体重下降、贫血、低蛋白血症等，这种状态将直接影响整个治疗过程，不利于原发病的治疗，降低患者的生活质量，甚至影响预后。近年来，人们发现营养与肿瘤的发病、预防及治疗密切相关，营养对改善肿瘤患者的预后及生活质量方面均具有积极作用。因此，合理、有效地提供营养支持，对大部分营养不良肿瘤患者是有积极意义的，这已成为人们的共识。本章重点介绍肿瘤患者营养不良原因，癌性恶病质的发生机制，营养不良对机体、器官功能和预后的影响，以及营养支持在肿瘤治疗中的作用。

第一节　肿瘤患者营养不良原因

肿瘤患者中营养不良的发生率相当高，据国际权威机构的调查资料显示，恶性肿瘤患者营养不良的发生率约为15%~80%，并与肿瘤类型、位置、病变范围及抗癌治疗等多种因素的影响相关。肿瘤患者营养不良的主要症状表现为不同程度的体重丢失和虚弱无力，部分患者出现癌性恶病质的征象，不仅影响到肿瘤治疗的临床决策，还会增加并发症的发生率和死亡率，从而影响患者的临床结局。

肿瘤患者出现营养不良的原因和机制颇为复杂，有肿瘤本身的原因和肿瘤治疗的影响，许多情况下营养不良的发生与肿瘤负荷、疾病进程、细胞类型之间并无恒定关系。当今的研究认为，恶性肿瘤营养不良的发生机制很复杂，没有一个单一理论可以完美地解释其发生原因及机制，有许多因素可能同时或相继作用从而导致了营养不良的发生。目前认为，恶性肿瘤营养不良主要与宿主厌食、机体代谢异常、肿瘤因子的作用、肿瘤治疗影响等有关。

一、厌食

厌食是一种复杂的进食障碍，是引起肿瘤患者营养不良的主要因素之一。食欲丧失是恶性肿瘤患者常见症状，临床上主要表现为饱胀感、味觉改变、恶心、呕吐、吞咽困难、抑郁情绪等症状。厌食的原因很多，主要是大脑进食调节中枢功能障碍所致。正常情况下，进食取决于下丘脑进食中枢与饱食中枢之间的平衡。动物实验发现，在肿瘤生长过程中，中枢和外周因素参与厌食的发生。血糖、脂肪酸水平、体内乳酸水平，外界温度、渗透压、血浆氨基酸浓度等变化均被认为是影响进食行为的外周因素，其中血浆氨基酸浓度变化对饮食的影响尤其引起人们的注意。目前认为，有两大类神经介质系统，即儿茶酚胺和色氨酸系统在进食行为中起重要作用，尤其是后者。动物实验表明，大脑5-羟色胺浓度与厌食有关。肿瘤生长增加了血浆色氨酸浓度，大脑中色氨酸浓度增加可导致下丘脑5-羟色胺合成增加，而大脑中5-羟色胺浓度增加与厌食明显相关。此外，下丘脑中的两组神经元——黑皮质素系统和神经肽Y系统参与食欲的调节。神经肽Y通过自身及其释放出的一类促进食欲的蛋白质而产生增进食欲的作用。产生α-黑素细胞刺激素（α-MSH）的神经元通过黑皮质素受体-3，4（MC3R，MC4R）而发挥削弱摄食行为、提高基础代谢率、减少机体瘦组织群的作用，小儿MC4R基因突变可导致难治性肥胖。刺鼠相关蛋白（AgRP）也是由神经元分泌的一类蛋白质，能与 MC4R 相拮抗而发挥促进食欲的作用。上述的这些“食欲神经元”都在食欲调节中发挥复杂的相互作用。

食欲下降和能量摄入的减少会导致癌性恶病质相关的体重丢失，这一点是毫无疑问的。但厌食是一个独立的过程，还是系统性炎症造成的结果，目前尚无定论。由于常规的营养支持往往无法纠正恶病质患者的体重丢失，我们尚无法确定厌食是恶病质的原因，还是恶病质导致了厌食的发生。研究显示，食欲下降继发于肿瘤因子的产生或机体针对肿瘤的免疫反应，细胞因子可能通过抑制神经肽 Y 途径或模仿下丘脑的负反馈作用而又可引发厌食。

食欲缺乏或食欲低下可以是肿瘤早期症状，也可在肿瘤生长或扩散时出现。肿瘤生长影响患者的营养状况，因为吸收降低，低血糖，氨基酸不平衡，和丘脑下部（调节食欲及饱足感）生理功能受干扰。丘脑下部的低分子肽也影响脑功能，所以肽、核苷酸以及其他低分子量代谢物可能对肿瘤患者的食欲缺乏起作用。这些物质也可作用于中枢神经系统的感觉及反应细胞而发生厌食。

此外，引起厌食的因素还有：①肿瘤本身局部作用是导致进食减少的重要因素，尤其消化道肿瘤，如口腔、咽、食管肿瘤患者由于吞咽困难、进食障碍使摄入减少。胃肿瘤造成梗阻，出现腹胀、恶心、呕吐等，导致进食减少和厌食。②由于对甜、酸、咸味的阈值下降，以及某些微量元素（如锌）的缺乏，肿瘤患者往往有味觉异常。③对乳酸的清除率下降，特别是肝功能障碍的患者，由于不能清除无氧糖酵解而产生的乳酸，更易产生恶心和厌食。④化疗药物既可作用于中枢的化学受体激发区，又可局部作用于胃肠道，导致恶心、呕吐和厌食。⑤心理因素、压抑、焦虑等也可影响食欲及进食习惯。

二、机体代谢改变

肿瘤患者营养不良的另一重要原因是由于营养物质代谢异常所致。机体能量消耗改变，碳水化合物代谢异常，蛋白质转变率增加、骨骼肌及内脏蛋白消耗、血浆氨基酸谱异常，脂肪动员增加、机体体脂储存下降，水、电解质失衡等，均是恶性肿瘤患者营养物质代谢的特征，也是导致营养不良和恶病质的主要原因。

（一）碳水化合物代谢变化

肿瘤患者碳水化合物代谢障碍主要表现在葡萄糖转化增加和外周组织利用葡萄糖障碍。葡萄糖是肿瘤细胞合适的能源物质，肿瘤组织主要是通过糖酵解通路，从而产生大量乳酸到肝脏再转化为葡萄糖，这样进一步增加了宿主的能量消耗。80 多年前，Warburg 作为研究肿瘤线粒体呼吸链缺陷的先锋，首次发现肿瘤高度依赖糖酵解途径。虽然一些高速增殖的肿瘤细胞没有明显的有氧代谢缺陷，但是为了满足细胞快速生长增殖的需要，许多肿瘤细胞中 50% 以上的 ATP 来自糖酵解。肿瘤组织 FDG-PET 扫描显示，肿瘤中葡萄糖代谢发生了较大的改变，葡萄糖摄入量增多无疑可以作为癌症发生的标志。

糖酵解增加似乎有利于肿瘤细胞的生存和增殖，除产生 ATP 外，糖酵解还为生物合成大分子以及减少 ROS 生成提供重要的中间产物；一些糖酵解相关酶还具有抗凋亡功能。可以推测，肿瘤细胞从线粒体有氧代谢转变或重组为糖酵解涉及很多机制，如：糖酵解相关酶的上调，线粒体突变抑制自身功能，电子传递复合物多个位点缺陷影响呼吸链功能，线粒体丙酮酸利用率降低，TCA 循环受损，原癌基因激活，肿瘤抑制因子突变或缺失，对肿瘤缺氧微环境的适应等。线粒体功能障碍可能引起有利于细胞存活的信号通路改变，如 Akt 途径激活、线粒体介导的凋亡程序减弱，进而提高肿瘤细胞存活能力和耐药性。大量证据表明，与非肿瘤细胞相比，肿瘤细胞中糖酵解相关酶的基因转录增加或酶活性增强，如己糖激酶（HK）、磷酸果糖激酶（PFK）、丙酮酸激酶 M2（PKM2）、乳酸脱氢酶（LDH）和葡萄糖转运体（GLUT）等，而这些酶还具有抗凋亡的功能。

葡萄糖经过线粒体内的氧化磷酸化生成 ATP，细胞代谢中绝大多数 O_2 被线粒体所消耗。线粒体的一个特点是具有自己的遗传物质——线粒体 DNA（mtDNA）。mtDNA 缺少组蛋白保护，DNA 修复能力有限，并且与产生 ROS 的电子传递链在空间上很接近，因此而更容易受到损伤发生突变；同时由于 mtDNA 没有内含子，任何突变都很可能显著影响功能。据报道，mtDNA 突变率是核 DNA 的 10~20 倍，且各种肿瘤细胞中均有 mtDNA 突变增加的现象。传统的化疗药物对 mtDNA 突变患者的治疗效果很差。ROS 引起的 mtDNA 突变在肿瘤的发生发展中起关键作用，mtDNA 突变可以直接导致线粒体呼吸缺陷，进而改变细胞能量代谢，引起肿瘤大规模的糖酵解增加。上述研究结果提示，肿瘤糖酵解增加的机制也许与线粒体功能障碍有关。

此外，与非肿瘤患者相比，肿瘤患者静息能量消耗增加，这可能是由于肿瘤患者 mtDNA 基因表达发生改变，线粒体膜非偶联蛋白表达增高，使得 ATP 无效氧化而产热，导致过多的能量消耗。

大量证据显示，肿瘤细胞的能量代谢发生了深刻的转变，有氧糖酵解增强是最主要的变化。线粒体功能失调、癌基因信号激活、肿瘤抑制因子功能缺失、特定调控分子和酶异常表达等多种因素都与肿瘤细胞高糖酵解特性有关。虽然对于糖酵解增加是肿瘤恶性转化的原因还是“症状”还存在争议，但肿瘤细胞中能量代谢的显著转变具有重要的治疗意义。尤其肿瘤细胞依赖于糖酵解提供能量及细胞增殖所需代谢中间产物的特点，为靶向糖酵解途径抑制肿瘤生长提供了生物学基础。最近的研究表明，使用一些小分子化合物或 siRNA 抑制如 HK 和 LDH 等关键酶，可以终止糖酵解途径关键步骤，选择性杀死肿瘤细胞。

乳酸和生糖氨基酸的糖异生作用增加是肿瘤患者葡萄糖转化增加的最主要特征，此过程需消耗大量能量，从而增加患者的基础能量消耗，导致恶病质产生。与宿主细胞不同，肿瘤组织的葡萄糖利用率增高。事实上，有研究发现，Cori 循环增加与机体体重丧失之间存在明显关系。此外，恶病质患者中丙氨酸、甘油转化成葡萄糖增加，恶病质患者其肝脏葡萄糖产生较对照组增加 40%，而饥饿时肝脏葡萄糖产生减少。正常情况下，Cori 循环占 20% 葡萄糖转化，而在恶病质的肿瘤患者中则增至 50%，可处理产生的 60% 乳酸。

尽管肿瘤患者葡萄糖更新加速，但机体对葡萄糖的耐受力却较差，这可能是周围组织对胰岛素的阻抗所致。由于部分肿瘤患者表现为血浆胰岛素水平低下，故又推测是周围组织敏感性和胰岛素释放量双重下降的结果。但若周围组织对葡萄糖利用障碍，这些大量生成的葡萄糖就有可能被肿瘤摄取，经无氧酵解而被大量消耗，随之释放的大量乳酸成为葡萄糖再生成的前体之一。由于每分子葡萄糖酵解仅产生 2 分子 ATP，而自乳酸再合成葡萄糖需耗费 6 分子 ATP，这种周而复始、消耗 ATP 的恶性循环成为荷瘤状态下的葡萄糖代谢特点。即 Cori 循环虽增强，却为无效代谢，成为引起癌性恶病质的原因之一。此外，对于肿瘤患者对葡萄糖耐量差和对胰岛素产生阻抗的另一解释是肿瘤患者存在高胰高糖素血症，而且即使输注葡萄糖也不能抑制胰高糖素的分泌。由于胰高糖素的作用，进展期肿瘤患者的葡萄糖更新率更趋加速。

（二）蛋白质代谢变化

骨骼肌蛋白消耗增加是恶性肿瘤患者蛋白质代谢的特征之一，也是导致恶病质的主要原因之一。恶性肿瘤患者蛋白质代谢改变主要表现为骨骼肌萎缩、低蛋白血症、瘦组织群下降、内脏蛋白消耗、蛋白质合成减少和分解增加、蛋白转化率升高、血浆氨基酸谱异常以及机体呈现负氮平衡。骨骼肌是肿瘤患者内源性氮丢失的主要场所，由于骨骼肌约占正常成人体重的 40%，是瘦组织群的主要成分，因此，骨骼肌蛋白消耗增加是导致恶性肿瘤患者恶病质的主要原因。研究发现，组织类型恶性程度高的肿瘤或当肿瘤发生转移时机体蛋白质丢失速度快，而蛋白丢失的程度与患者生存时间密切相关。恶性肿瘤患者的蛋白质消耗与单纯性饥饿所致的氮丢失不同，宿主蛋白的分解为肿瘤代谢提供底物，因为肿瘤患者肝脏合成肿瘤相关蛋白和急性相反应蛋白增加。事实上，恶性肿瘤患者肝脏急性相反应蛋白合成增加可能是对炎症的一种代偿反应，临床实践发现，胰腺癌、肺癌、肾癌、食管癌患者中急性期反应蛋白合成增加明显，且与患者的体重下降和生存期缩短显著相关。

单纯饥饿、感染性疾病和癌性恶病质营养不良三者相比，后两者所引起的代谢方式的改变更具有相似性。恶病质患者体重丢失主要是由于骨骼肌降解和脂肪组织减少，而单纯饥饿引发的体重丢失的主要原因只是脂肪组织的减少。在恶病质情况下，骨骼肌蛋白的分解代谢明显增强，从而使骨骼肌总量降低。

目前认为，肿瘤患者蛋白质降解增加至少有三条独立的机制：①溶酶体蛋白酶途径；②钙依赖的蛋白酶途径；③ATP-泛素-蛋白酶体途径；其中ATP-泛素依赖的蛋白水解途径是恶病质骨骼肌蛋白水解的最主要方式。这种加剧的细胞内蛋白水解使患者表现出明显的体重丢失，即使在没有明显体重丢失的恶性肿瘤患者，这种形式的蛋白水解也同样存在。因为在肿瘤生长早期，蛋白水解就已经被激活并将一直存在，当患者出现体重丢失时，这种作用已经存在了相当长的一段时间，而蛋白合成的速率可能略微增加或保持不变。此外，细胞因子TNF-α、IL-1、IL-6、IFN-γ以及蛋白降解诱导因子等在恶性肿瘤患者蛋白质代谢中起着十分重要的作用。

近年来的动物实验和临床实践发现，肿瘤蛋白质代谢改变可导致血浆氨基酸谱变化，其中血浆色氨酸浓度增高在进行性营养物质消耗中起关键性作用。色氨酸是大脑5-羟色胺前体物质，而5-羟色胺可刺激下丘脑饱食中枢，引起厌食。大脑中的游离色氨酸是由血浆中游离色氨酸量及游离色氨酸与中性氨基酸比值来调节的，因为游离色氨酸和中性氨基酸在脑中通过共同的载体转运。所以，血浆游离色氨酸水平或游离色氨酸与中性氨基酸比值增高，使得大脑中游离色氨酸和5-羟色胺浓度增高，从而引起厌食和恶病质。因此，提高血浆中性氨基酸浓度，降低色氨酸浓度可改善肿瘤患者的饮食状况，改善恶病质状况。

（三）脂肪代谢变化

肿瘤患者的脂肪代谢改变主要表现为内源性脂肪水解和脂肪酸氧化增强，甘油三酯转化率增加，外源性甘油三酯水解减弱，血浆游离脂肪酸浓度升高。脂肪分解和脂肪酸氧化增加导致机体体脂储存下降，体重丢失，脂肪消耗成为肿瘤恶病质的重要特征之一。研究发现，肿瘤患者的脂肪代谢变化在肿瘤发生的早期即已存在，肿瘤患者在体重丧失前就已存在游离脂肪酸活动增加现象，即使给予外源性营养支持，也不能抑制体内脂肪的持续分解和氧化。事实上，脂肪酸是荷瘤状态下宿主利用的主要能源物质，宿主和肿瘤对脂类的利用均增加。脂肪分解增加时，部分由脂肪分解而来的脂肪酸再酯化为甘油三酯，表现为甘油三酯和脂肪酸循环增强，该循环过程需要消耗能量，导致机体的能量消耗增加，也可能是间接导致机体组织消耗的诱因。

有研究发现，恶性肿瘤患者血浆游离脂肪酸浓度增加，这与内源性脂肪水解增强、氧化率增加有关。由于脂肪是个高热卡价值物质，是宿主代谢过程中主要供能物质，此外，有些多不饱和脂肪酸如亚油酸和花生四烯酸是肿瘤生长所必需的，所以恶病质时脂类的利用对宿主和肿瘤均有益处。一些临床研究发现，肿瘤患者在体重丧失前就已经存在游离脂肪酸活动增加现象，这与某些细胞因子和肿瘤代谢因子的作用有关。

肿瘤患者存在脂肪代谢障碍的原因和机制尚未完全阐明，可能机制包括：①摄入减少和营养不良；②肾上腺髓质受刺激致血儿茶酚胺水平升高和胰岛素阻抗；③肿瘤本身或髓样组织产生并释放脂肪分解因子。目前认为可能是由于机体脂肪动员激素水平升高和胰岛素抵抗、肿瘤本身或髓样组织产生并释放的瘦素（leptin）、脂连素（adiponectin）、TNF-α、IL-6、IL-8和脂裂因子LMF等细胞因子和肿瘤代谢因子等所致。此外，激素敏感性酯酶（HSL）的激活是导致肿瘤恶病质脂肪分解增强的关键机制，但对于引起HSL活化的原因仍不清楚。研究表明肿瘤恶病质患者脂肪分解激素的浓度没有显著改变，提示脂肪分解调控通路中处在膜受体或受体后水平的信号转导机制改变可能是引起HSL表达和活性增强的重要机制。我们的研究发现，肿瘤恶病质患者脂肪细胞膜上的脂肪分解通路受体ADRB1表达增加，通过抑制甘油三酯合成、刺激甘油三酯分解、抑制脂肪细胞分化，从而参与了肿瘤恶病质脂肪消耗过程。

肿瘤患者三大宏量营养物质代谢异常见表42-1-1。

（四）水、电解质变化

浸润性肿瘤患者常发生水和电解质代谢失衡，如低钠血症、低蛋白血症及高钙血症等。有严重水电解质代谢紊乱的患者可出现恶心、呕吐、腹泻等不适，更加重紊乱的程度。高钙血症可能是肿瘤患者最常见的内分泌方面的并发症，过度骨吸收是高钙血症的重要原因，晚期肿瘤患者约10%可发生此并发症，肺癌、乳腺癌、多发性骨髓瘤并发此症者多见。病情轻者症状不明显，仅在血液生化检查时发现，病情严重者可有厌食、恶心、呕吐、便秘、腹胀、口渴、多尿、心律失常甚至嗜睡、昏迷，也可有抑郁与其他精神症状。对本症患者如不采取有效药物治疗可导致患者死亡，需用降钙素皮下注射或肌内注射，肾上腺皮质激素与二磷酸盐亦有效。

表 42-1-1 肿瘤患者碳水化合物、脂肪和蛋白质代谢变化

碳水化合物	脂肪	蛋白质
葡萄糖不耐受	体脂丢失	总体蛋白质更新率增高
胰岛素阻抗	脂肪分解增强	肝内蛋白质合成率增加
胰岛素分泌异常	游离脂肪酸和甘油三酯更新增强	肌肉蛋白质合成率下降
葡萄糖清除延迟	脂肪合成减少	肌肉蛋白质持续性分解
葡萄糖生成增加	高脂血症	
葡萄糖更新增加	外源性葡萄糖不能抑制脂肪酸氧化	
Cori 循环增强	胰岛素水平正常，但血清 LPL 活性下降	

三、机体能量消耗改变

恶性肿瘤患者能量代谢改变也是导致营养不良的可能原因。早期的一些研究发现，恶性肿瘤患者机体的静息能量消耗明显高于正常人群，因此认为由于能量消耗的增加，导致患者进行性热卡缺乏，从而引起机体各组织群不断消耗，产生恶病质。有研究发现，急性白血病患者的基础能量消耗呈不同程度增高趋势，其增高程度与白细胞数和疾病严重程度相一致，当治疗有效时，机体代谢率降至正常。随后的大多数研究发现，恶性肿瘤患者并非均处于高代谢状态，即使是进展期广泛转移的患者，其能量消耗也可处于正常范围。

事实上，肿瘤患者能量消耗增加和能量利用无效是营养不良发生的重要原因之一。肿瘤患者能量消耗增加有两个原因：一是肿瘤本身在细胞迅速分裂、肿瘤生长的过程中需要大量的能量；二是肿瘤在生长过程中产生一些物质影响宿主的代谢，使能量消耗增加。肿瘤患者 Cori 循环增加，葡萄糖转化为脂肪的增加，蛋白质转化增加，糖原合成增加等均是机体能量消耗增高的原因。

近年来，随着能量消耗测定技术的进步，一些多中心、大样本的临床研究发现，恶性肿瘤患者并非均处于高代谢状态，即使是进展期广泛转移的患者，其能量消耗也可处于正常范围。早年的研究也发现，肿瘤患者处于不同的代谢水平，并非所有的肿瘤患者都处于高代谢状态。但是，最近的进一步的研究发现，早年有关恶性肿瘤患者能量消耗测定的研究存在一些科研设计上的缺陷，影响了对结果的解释。采用间接测热法测定机体恶性肿瘤患者的静息能量消耗、机体物质氧化率、呼吸商，同时应用生物电阻抗方法检测机体的各组成成分，通过大样本的对照研究后发现，恶性肿瘤患者实际测定的静息能量消耗值确实与非肿瘤的对照组无统计学差异。但是，机体能量消耗的产生组织是机体细胞总体（body cell mass，BCM）或机体瘦组织群（lean body mass，LBM）而非整个机体体重，而恶性肿瘤组患者机体的 BCM 和 LBM 显著低于对照组，用 BCM 和 LBM 校正后结果发现单位重量 BCM 和 LBM 产生的能量消耗明显高于良性对照组。用 Harris-Benedict 公式校正后发现，约 60% 恶性肿瘤患者处于高代谢状态。能量代谢的增高伴随着碳水化合物及脂肪氧化率的增加，机体组成测定也发现，恶性肿瘤患者机体的 LBM 及体脂含量明显低于对照组，与物质氧化的改变高度一致。因此，研究结果显示，恶性肿瘤患者总体上处于高代谢状态，机体细胞内水减少、细胞外水含量增高、体脂及瘦组织群含量明显下降。能量消耗增高明显的肿瘤患者，其体重下降的发生率、下降程度以及机体组成的改变也较其他恶性肿瘤患者明显，而且更容易发生恶病质。事实上，恶性肿瘤患者葡萄糖和蛋白质转化增加，脂解作用增强，糖原合成加速等耗能过程是恶性肿瘤患者机体代谢率增高的病理基础，从能量平衡的角度来说，恶性肿瘤患者的营养不良更可能是能量消耗增高所致。此外，研究还发现，机体能量消耗影响肿瘤患者能量消耗的主要因素是荷瘤时间、疾病的早晚，不同类型肿瘤之间机体能量消耗变化存在差异。一般说来，荷瘤时间长、晚期恶性肿瘤患者往往处于高代谢状况，其营养不良的发生率也较高。

由此可见，恶性肿瘤患者的物质代谢改变，伴

随着能量消耗的增加，是导致机体营养不良及组织消耗的原因之一。

四、肿瘤因子作用

肿瘤细胞主要产生促炎因子和促分解代谢因子，从而导致宿主的炎症反应。肿瘤产生的促分解代谢因子主要包括蛋白水解诱导因子（PIF）和脂肪动员因子。在存在体重丢失的胰腺癌、结肠癌、肺癌、卵巢癌、乳腺癌及肝癌的患者尿液中均证实了 PIF 的存在。在动物研究中发现，PIF 信号能激活 NF-κB 和 STAT3 通路，在骨骼肌细胞中，这些通路能引起泛素依赖的蛋白水解，而在肝细胞中则能刺激产生大量 IL-6、IL-8 和 CRP。此外，甲状旁腺激素相关肽（PTHrP）是另一类与肿瘤营养不良和恶病质发生发展相关的肿瘤因子，目前认为与溶解性肿瘤坏死因子受体水平升高和白蛋白、转铁蛋白水平降低有关。

脂肪动员因子在体重丢失的肿瘤患者体内高表达，而对于体重稳定的患者则在正常的表达范围。目前认为 LMF 通过增加外周 AMP 的产生而使得脂肪细胞对于脂解信号更敏感，从而加速脂肪水解。LMF 可能通过与 β- 肾上腺素受体结合而发挥上述作用。

恶性肿瘤状态下，大量的神经内分泌因子被降解，从而导致胰岛素抵抗、合成代谢速率下降及皮质醇水平升高。神经内分泌因子的降解可能是肿瘤和炎症反应共同作用的结果。肿瘤或宿主对肿瘤的应答可能通过合成代谢的内源性产物而介导癌性恶病质的发生发展：炎症因子如 TNF-α 和 IL-6 参与胰岛素抵抗的发生；睾酮及其衍生物能增加蛋白质的合成速率，促进骨骼肌群的增加，其被大量降解可能与恶病质的发生、发展相关；恶病质状态下胰岛素样生长因子 1 表达降低。

五、宿主 - 肿瘤相互作用

肿瘤细胞生长而产生的肿瘤微环境能诱导炎性细胞因子的产生，从而加速营养不良和恶病质的进程。小鼠肿瘤模型证实，系统炎性细胞因子的产生与体重丢失的程度成正比。在癌性恶病质的哺乳动物模型中针对系统炎症的研究发现，在肿瘤微环境中 IL-1β 和 IL-6 相互作用而双双扩增。在 Lewis 肺癌小鼠模型中应用单克隆抗体降低 IFN-γ 水平能逆转恶病质的进程。

促炎性细胞因子主要包括 TNF-α、IL-1 和 IL-6。目前尚不清楚这些细胞因子是来源于肿瘤还是宿主炎症细胞。但在恶性肿瘤或恶病质中，无论是肿瘤细胞产生的促炎因子，还是宿主炎症细胞对于肿瘤细胞作出的应答，都会导致急性期蛋白反应。胃食管癌患者肿瘤内 TNF-α、IL-1β 和 IL-6 的水平显著增高，IL-1β 的浓度与血清 CRP 水平相关（r=0.31，P=0.05；线性回归），且肿瘤组织中炎症细胞浸润的程度也与血清 CRP 升高密切相关。胰腺癌患者外周血单核细胞产生的 IL-6 也能导致急性期蛋白反应，并且血清中 IL-6 的水平升高还能进一步刺激单核细胞产生更多的 IL-6。

TNF-α 和 PIF 是恶病质患者骨骼肌萎缩的主要参与者。二者都能通过泛素蛋白酶解系统降解骨骼肌，并通过促进真核起始因子 -2α 的磷酸化而抑制蛋白质合成。研究发现，PIF 水平与恶病质程度正相关，而对于血清 TNF-α 水平与体重丢失的关系目前尚有争论。综上所有研究可以发现，肿瘤因子可能是所有影响因素中最重要的。

急性期蛋白反应（APPR）是机体针对炎症反应系统应答的结果。上皮来源的恶性肿瘤患者中，约 50% 出现 APPR 的增高。APPR 与代谢亢进相关，比如在胰腺癌患者中，APPR 就与静息能耗增加及能量摄入减少相关。另有纵向研究发现，预后不良的相关因素中，除了体重丢失以外，APPR 也是一项重要指标。C 反应蛋白（CRP）是表示系统炎症反应强度的最常用的指标。改良格拉斯哥预后评分（mGPS）通过联合 CRP 与白蛋白浓度提供一个简单的评分系统，用于预测恶病质患者的治疗效果及生存时间（表 42-1-2）。

表 42-1-2 改良格拉斯哥预后评分表

生化指标	评分
CRP≤10mg/L+ 白蛋白≥35g/L	0
CRP≤10mg/L+ 白蛋白 <35g/L	0
CRP>10mg/L	1
CRP>10mg/L+ 白蛋白 <35g/L	2

入院时 CRP 增高意味着死亡风险的增加，高 CRP 水平（>80mg/L）的肿瘤患者死亡率比 CRP

正常范围患者高出22.8倍。CRP增高其实在肿瘤患者中广泛存在，非小细胞肺癌患者中80%出现CRP增高，其中40%的患者体重丢失超过5%。而对于那些没有明显体重丢失的患者，系统性炎症反应则更多表现为疲乏虚弱。胃食管癌患者的CRP水平与体重丢失的程度正相关。对于胰腺癌、肺癌、黑色素瘤、骨髓瘤、淋巴瘤、卵巢癌、肾癌和胃肠道恶性肿瘤患者而言，若在疾病诊断初期即发现CRP水平升高，则预示着该患者预后不良。

目前尚未有精确的理论能将营养不良、恶病质、APPR和不良预后联系起来，最可能的解释是蛋白质代谢的系统性改变导致骨骼肌的大量降解，从而为APPR提供原料，而APPR需要的氨基酸量是相当庞大的：2.6g骨骼肌蛋白降解后只能合成1g纤维蛋白原。

六、肿瘤治疗的影响

对肿瘤患者采用手术、化疗、放疗或生物治疗等多种综合治疗方法，可收到较好疗效，但每一种疗法都会不同程度对患者的饮食和营养产生不利影响。手术治疗的术前准备如术前禁食、术后较长一段时间内无法正常进食均可影响营养物质的摄入。手术创伤造成患者的应激反应，加重患者已存在的氮丢失和机体组织消耗。手术切除肿瘤部位的脏器造成一系列功能障碍，也直接影响营养素的摄入和吸收。如口咽部肿瘤根治性切除术致咀嚼、吞咽障碍，进行鼻饲会引起患者不适。食管切除吻合术切断迷走神经引起胃潴留、胃酸减少、腹泻或脂肪泻。胃切除所致的倾倒综合征、吸收紊乱以及胃酸和内因子缺乏。全胃切除的患者逐渐发生维生素A、维生素B_{12}及维生素D缺乏。空肠切除致营养素吸收障碍。回肠切除致维生素B_{12}、胆盐、水、电解质等吸收障碍和腹泻。盲袢综合征可造成细菌过度繁殖及毒素吸收。大部分小肠切除致短肠综合征使消化、吸收严重障碍。胰腺切除致内分泌不足，造成吸收不良及糖尿病。肝切除致营养代谢障碍等。

化疗可在很大程度上改变机体的营养状态，这种影响可以是直接的（通过干扰机体细胞代谢和DNA合成和细胞复制），也可以是间接的（通过产生恶心、呕吐、味觉改变及习惯性厌食）。许多抗肿瘤药物可刺激化学感受器的触发区，导致患者恶心和呕吐。消化道黏膜细胞增殖更新快，对化疗极敏感，易发生炎症、溃疡及吸收能力下降，这些结果均可导致营养物质的摄取及吸收减少。由于化疗可使患者免疫损伤进一步加剧，营养消耗进一步恶化，营养不良的肿瘤患者常不能耐受化疗。

放疗可通过作用于胃肠道而影响患者的营养状态。放疗损伤的严重程度与放射剂量及组织被照射量有关。骨髓是另一个增殖更新快的器官，化疗和放疗对其的副作用表现为贫血、白细胞和血小板减少，导致患者的免疫功能损害及对感染的易感性增加。有营养不良的肿瘤患者对放、化疗药物的降解和排泄功能常有障碍，更易发生伤口愈合不良、感染率增加，术后肠功能恢复延迟及住院时间延长等副作用结果。表42-1-3总结了放射治疗、外科手术及药物治疗所造成的营养问题。

表42-1-3 由于肿瘤治疗的副作用可形成的营养问题

治疗问题	有关营养问题
放射治疗	
口、咽部放射治疗	味觉受破坏、口干、吞咽疼痛、牙齿脱落
颈部下段和纵隔放射治疗	吞咽困难，食管炎，食管纤维化、狭窄
腹部和盆腔放射治疗	急、慢性肠炎，吸收不良，腹泻，肠腔狭窄，梗阻，瘘
手术治疗	
口、咽部癌根治术	咀嚼和吞咽困难
食管癌根治术	继发于迷走神经切断术后的胃潴留、胃酸过少、脂肪泻或腹泻，早期饱食感、胃食管返流
胃癌切除术（胃次全切除或全切除）	倾倒综合征，消化吸收不良，胃酸、内因子和R蛋白缺乏，低血糖，早期饱食感
肠癌切除术	
空肠切除	多种营养物质吸收率下降
回肠切除	维生素B_{12}缺乏、脂溶性维生素吸收不良，胆盐丢失，脂肪吸收不良，伴腹泻或脂肪泻，高草酸盐尿和肾结石，钙和镁缺乏

续表

治疗问题	有关营养问题
广泛肠切除	威胁生命的营养物质吸收不良，营养不良，代谢性酸中毒，脱水
回肠造口术和结肠造口术	水、电解质失衡
盲袢综合征手术切除后	维生素 B_{12} 吸收不良
胰腺切除	吸收不良，糖尿病
药物治疗	
糖皮质激素	液体和电解质问题，氯和钙的丢失，高血糖
类性激素	液体潴留，恶心
细胞毒性化学药物	恶心、呕吐、腹泻，骨髓抑制
免疫治疗	
肿瘤坏死因子	液体潴留，低血压，恶心、呕吐、腹泻
白介素 -2	低血压，液体潴留，氮质血症
干扰素	厌食、恶心、呕吐、腹泻，氮质血症

第二节　癌性恶病质及发生机制

恶病质（cachexia）一词来源于希腊语的“kakos”和“hexis”，字面意思是“恶劣的状况”。恶病质可见于多种疾病，包括肿瘤、AIDS、严重创伤、COPD、慢性心功能衰竭、慢性肾功能衰竭及严重的败血症等，其中以肿瘤伴发的恶病质最为常见，称为癌性恶病质。癌性恶病质是一组症候群，是由多种因素导致的机体骨骼肌进行性丢失，伴或不伴脂肪质量的下降。临床表现为厌食、进行性体重下降、贫血或低蛋白血症等，晚期还会出现疼痛、呼吸困难或器官衰竭。癌性恶病质在恶性肿瘤患者中相当常见，据报道，60%~80% 的晚期肿瘤患者都存在此综合征，尤以胰腺癌和胃肠癌患者发生率最高。

癌性恶病质是恶性肿瘤常见的致死因素，直接影响肿瘤治疗效果，增加并发症发生率，降低患者的生活质量，甚至影响预后。癌性恶病质患者往往并非死于癌症本身，而是机体组织严重的消耗、衰竭。此外，恶病质的出现还严重影响患者的体力活动能力，导致患者生活质量大幅下降。因此，恶性肿瘤患者的癌性恶病质的防治已成为恶性肿瘤多学科综合治疗的重要组成部分，这已成为人们的共识。

一、癌性恶病质的定义

由于对癌症恶病质的确切发病机制尚未完全清楚，因此对恶病质的定义长期以来一直未达成确切、一致的共识。癌症恶病质最初的定义是“直接由肿瘤因素引起的，或者间接由机体对肿瘤的异常反应而引起的骨骼肌和脂肪质量下降的消耗综合征”。2009 年 ESPEN 发布的关于癌性恶病质定义的专家共识指出：癌性恶病质是由潜在的致病因素导致的一种复杂的临床综合征，其特点为慢性、进展性、无意识性体重丢失，通常伴有厌食、早饱和虚弱，常规的营养支持对其效果甚微。主要依从以下两个因素：①营养物质摄入减少，其原因可能是肿瘤导致消化道梗阻，或是由于导致食欲减退的细胞因子作用而厌食；②系统炎症反应激活导致的代谢方式的改变。

由此可见，癌性恶病质的概念包含了上述的食欲下降、体重丢失、代谢改变以及炎症状态几个方面。代谢紊乱包括胰岛素抵抗，体脂减少（脂肪水解及脂肪氧化增加），蛋白质转化增加（骨骼肌加剧分解及急性期蛋白合成增加）。这种代谢改变是由肿瘤因子（包括许多细胞因子）所介导产生的，所导致的恶病质征象无法通过常规的营养支持而恢复或纠正。同样，恶性肿瘤导致的系统性炎症反应也是食欲下降及体重丢失的重要原因。

然而上述的定义只是对于癌性恶病质主要临床和代谢特征作了描述性的综合考量，并不适用于日常的临床实践。2011 年 12 月第 6 次恶病质高峰会议对恶病质的定义达成了新的共识认为：“恶病质是由多种因素导致的机体骨骼肌质量进行性丢失，伴或不伴脂肪质量的下降，这种丢失往往不能通过传统的营养支持得到完全纠正，并且可以进一步导致机体多器官功能障碍的临床综合征。其病理生理特点是由于摄入减少和机体代谢紊乱而导致的负氮平衡和负能量平衡”。它指出肿瘤恶病质的突出特点是无意识的骨骼肌质量的下降，而降低了脂肪质量下降在恶病质中的重要性，并将恶病质与重度营养不良区分开，这无疑将推动对恶病质的进一步研究。

由此，Fearon 等人通过以下三点定义了癌性恶病质的临床特征：体重丢失≥10%，营养摄入≤1 500kcal/d，CRP 水平≥10mg/L。作为第一个用客观指标定义恶病质的方法，该理论具有很强的临床及病理生理理论及数据支持，对于判断恶病质的存在十分有效。然而该方法仍然具有局限性：虽然给出了恶病质的定义，但未对程度进行轻重分类；无法准确计算患者通过摄入食物获得的能量；需要对患者进行血液学检测，因此该方法并未在临床上得到推广。

其后，Bozzetti 和 Mariani 等人给出癌性恶病质定义如下：以严重、慢性、进展性、无意识的体重丢失为特征的一类复杂综合征，对常规营养支持效果不明显，可能伴随有厌食、虚弱和早饱。该定义主要着眼于临床特征，并强调某些特殊状态（慢性、进展性、无意识的体重丢失，对常规营养支持效果不明显）。此外该定义还包括了厌食、早饱和虚弱疲劳，不仅因为这些症状在体重丢失的恶性肿瘤患者中发生率高，还因为这些症状的病理基础都涉及相同的细胞因子（IL-6，TNF-α 等），而这些细胞因子都是导致代谢紊乱和体重丢失的重要原因。因此这些症状在一定程度上代表着癌性恶病质临床表现和代谢改变背后的共同机制。

二、癌性恶病质的诊断、分期及分级

（一）癌性恶病质的诊断

癌性恶病质长期以来一直缺乏统一的诊断标准，这给癌性恶病质的诊断、预防、治疗带来了很大不便。应用不同的诊断标准，恶病质的发病率不尽相同。一些过去恶病质常用的诊断标准包括体重下降、体力活动下降、乏力、厌食、代谢改变，但这些标准很难将恶病质与绝食、年龄相关的骨骼肌丢失、原发性抑郁症、消化吸收不良、甲亢等区分开来。

2011 年 Fearon 等人在 *Lancet Oncology* 上发表的 *Definition and classification of cancer cachexia: an international consensus* 一文给出了癌性恶病质的定义及诊断标准：癌性恶病质是一类由多因素导致的临床综合征，以进行性的骨骼肌消耗（伴或不伴脂肪消耗）为特征，常规的营养支持无法完全逆转，并导致进展性功能损害。其病理生理学特点为：进食减少和代谢异常导致的负氮平衡和负能量平衡。诊断标准：①最近 6 个月内体重丢失 >5%（排除单纯性饥饿导致的体重丢失）；②BMI<20 且体重丢失 >2%；③四肢骨骼肌指数符合少肌症（男性 <7.26kg/m²；女性 <5.45kg/m²）且体重丢失 >2%。符合以上三点中的任一条，癌症恶病质诊断即可成立。

（二）癌性恶病质的分期

最新研究认为恶病质是一个连续的临床过程，包括前恶病质期、恶病质期、顽固恶病质期（图 42-2-1）。但并非每个患者都经历整个过程。在前恶病质期，早期的临床和代谢症状，如厌食、乏力、胰岛素抵抗等的往往出现，而患者体重下降通常低于恶病质诊断标准。肿瘤的类型和分期、系统炎症、食物摄入、抗肿瘤治疗效果是影响病程进展的常见因素。符合恶病质的诊断标准但尚未进入顽固性恶病质期，即为恶病质期。顽固恶病质常见于晚期肿瘤患者或抗肿瘤治疗不理想，导致肿瘤快速进展的患者。这期患者体力活动往往严重受限，预期生存期常低于 3 个月，而且难以承受营养支持治疗。临床主要治疗的目标是提高生活质量，缓和恶病质相关并发症。

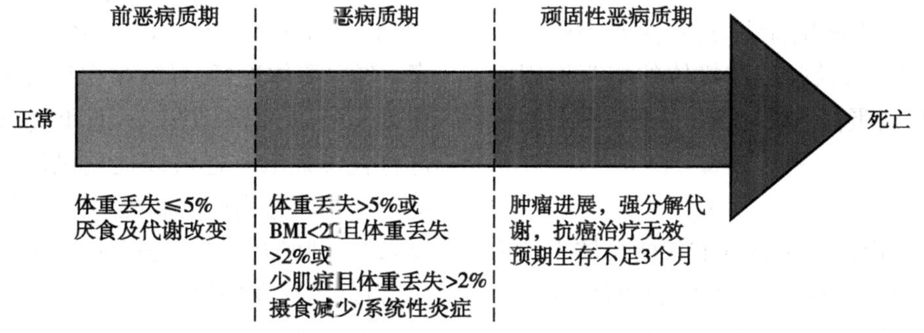

图 42-2-1 癌性恶病质分期

（三）癌性恶病质的分级

长期以来，肿瘤恶病质没有有效的评估工具，临床和实验工作者常利用营养不良的评估工具，如 PG-SGA、MNA、MST、MUST 等对恶病质进行简单的评估，但这些评估工具在肿瘤恶病质的评估中都存在不同程度的局限性，不能很好地指导临床治疗。目前认为，一种客观的、准确的肿瘤恶病质评估工具应包含以下五个方面：机体储存的消耗、骨骼肌质量和力量的改变、厌食或食物摄入减少情况、分解代谢程度、身体和心理影响。基于此，CASCO（the cachexia score）提出了最新的恶病质评估工具，通过数字评分将恶病质分为四级：轻度（0~25 分）、中度（26~50 分）、重度（51~75 分）、终末期（76~100 分）。CASCO 的评分系统分为五部分：BWC（body weight loss and composition）占 40%，IMD（inflammation/metabolic disturbance/immunosupression）占 20%，PHP（physical performance）占 15%，ANQ（anorexia）占 15%，QoL（quality of life）占 10%。CASCO 评分方法包含了恶病质评估所需要的五个方面，是一种理想的评估工具，对指导恶病质的临床治疗有一定积极意义，但其一些评分指标如 IL-2、IL-6 等并不属于临床常规检查，而且各部分分值的分布也缺乏有力的证明，另外其具体实施的复杂性也限制了它的应用。

随后 Bozzetti 等人根据大量患者数据分析，给出了恶病质营养不良的分级系统：SCRINIO 分级法则。根据体重丢失程度和是否具有上述症状，可以将恶病质患者分为 4 个等级（图 42-2-2）。该法则在欧美已经逐渐被接受，并且是恶病质营养不良分级和采取相应后续措施的理论依据。

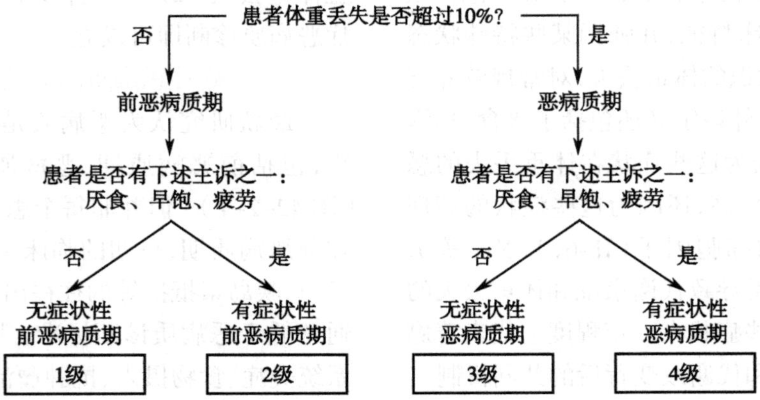

图 42-2-2　SCRINIO 分级法则

三、癌性恶病质的产生机制

癌性恶病质的原因和发生机制十分复杂，既有肿瘤的因素，也有机体对肿瘤的反应因素，还有抗肿瘤治疗的相关因素。虽然经过了多年的临床和实验研究，但是人类对癌性恶病质的发病机制仍未完全了解。目前普遍认为，癌性恶病质是由肿瘤因素、机体因素及肿瘤和机体的相互作用而导致的机体糖类、蛋白质、脂肪代谢紊乱引起的代谢综合征。

（一）蛋白质和氨基酸代谢

肿瘤患者的蛋白质和氨基酸代谢总体表现为负氮平衡，包括骨骼肌蛋白分解增加和合成减少，蛋白转换率升高，低蛋白血症，急性期反应蛋白（APP）升高等。大多数恶性肿瘤患者可能在恶病质临床症状出现前即存在蛋白质分解增加，并随着病情发展进行性加重，而蛋白质合成不变甚至增加，蛋白转换率增加。Costelli 等报告，机体质量下降 30% 时，75% 的骨骼肌蛋白贮存丢失，而结构蛋白和内脏蛋白相对保持稳定。据报告，肿瘤组织可以产生促蛋白质分解因子（PIF），PIF 可能通过 NF-κB 和 STAT3 途径主要激活 ATP- 泛素 - 蛋白酶体途径，导致蛋白质分解。此外，促炎症因子 IL-1，IL-6，TNF-α 也和蛋白质分解有关，这些促炎症因子还可以促使机体产生系统炎症，进一步推动恶病质的病程。但对这些细胞因子主要来源于肿瘤组织还是机体对肿瘤组织的炎性反应，目前尚存在争议。

在感染、炎症、组织损伤等应激原作用于机体后的短时间内，即可出现血清成分的某些变化，称为急性期反应(APPR)。C-反应蛋白(CRP)是最常用于评估系统炎症反应的指标。APPR的产生可能与肿瘤患者血浆促炎症因子(IL-1、IL-6,TNF-α)的升高有关,而肿瘤组织IL-1浓度与血浆CRP浓度成正相关。IL-6是由外周单核巨噬细胞(PBMCs)产生的,它可以诱导机体产生CRP。肿瘤组织可以增加PBMCs的敏感性,从而导致IL-6的过度表达。有研究发现,血浆CRP浓度与肿瘤患者的预后呈正相关,而且不受肿瘤分期和治疗的影响。APPR导致恶病质的准确机制目前尚未明确,APPR可能使癌症患者基础代谢率增高,增加基础能量消耗。此外,CRP的合成消耗大量的必需氨基酸,然而在膳食蛋白摄入不足的情况下,就导致了骨骼肌蛋白的大量消耗,而骨骼肌蛋白与CRP氨基酸组成的差异进一步加剧了骨骼肌蛋白储备的消耗。恶病质患者肝合成蛋白增加,使机体总的蛋白转换率和净分解率增加。

(二)脂类代谢

肿瘤患者脂类代谢改变主要是脂肪动员增加,脂肪合成减少,脂肪转换率增加、高甘油三酯血症。脂肪酸是荷瘤状态下机体的主要能源物质,即使给予外源性葡萄糖补充也不能阻止脂肪动员。机体脂肪代谢的相关酶类主要有激素敏感甘油三酯脂酶(HSL)和脂蛋白脂肪酶(LPL)。肿瘤患者脂类代谢的改变可能与某些肿瘤代谢因子和细胞因子(LMF、IL-1,IL-6,TNF-α)的作用有关。LMF由肿瘤组织产生,它可能通过促进cAMP的合成增加脂肪细胞对脂解激素的敏感性,从而使机体脂肪动员增强。高甘油三酯血症通常认为是LPL抑制的结果,这可能与炎症因子如IL-1,IL-6,TNF-α有关。

(三)糖类代谢

肿瘤患者糖代谢改变主要是糖酵解增强,葡萄糖氧化和利用降低,糖异生增强,胰岛素抵抗。Warburg效应表明肿瘤细胞主要依靠糖酵解获得能量,这可能与肿瘤细胞线粒体功能障碍和糖代谢相关酶类改变有关。肿瘤细胞糖酵解产生的大量乳酸,大都进入乳酸循环,在肝内重新合成葡萄糖,再被肿瘤细胞摄取进行糖酵解供能,这一无效循环导致了机体大量的能量消耗。有研究发现肿瘤患者血乳酸水平与肿瘤的转移和复发率成正相关,与患者的生存率呈负相关。此外,肿瘤患者早期即存在胰岛素抵抗,而且与肿瘤的类型、分期无关,可能与机体的全身炎症反应有关。

第三节 肿瘤患者营养状况对临床结局的影响

肿瘤患者同样需要通过合适的营养评价和营养风险筛查工具来确定患者是否存在营养不良,继而通过营养评估来确定营养不良的严重程度。联合上述两个方法可以有效地对有营养不良发生风险的患者进行早期发现早期治疗,而对于已经发生营养不良的患者,可以在体重丢失等严重症状出现之前,采取有效的措施防止营养不良的进一步恶化。

一、肿瘤患者营养状况评价

肿瘤患者的营养状况评价和营养风险筛查的方法与非肿瘤患者并无差别,营养筛查与评估应当满足简便、快速、低费用及无创的要求。目前关于营养评估的问卷及量表有很多,而一个完整的评估过程应当包括以下内容:①人口统计学资料(性别、年龄、工作性质、居住环境);②原发肿瘤情况(类型、部位、分期)和治疗情况(已做过的治疗和正在进行的治疗);③人体学指标测量(当前体重、BMI、平常健康时体重,疾病或首发症状出现后体重变化的情况,过去1周、1个月及6个月体重变化的情况);④临床检查,营养主观整体评估(subjective global assessment)和功能状况量表(karnofsky index);⑤生化指标:血清白蛋白、前白蛋白、总淋巴细胞计数、胆固醇、CRP、拟胆碱酯酶(PChE)。

首先应当对患者进行仔细的临床病史资料收集和细致的体格检查,这对于了解患者更多的疾病相关细节非常有帮助。随后应当详细了解患者在治疗期间(手术前后及放化疗期间)的饮食情况(菜谱和摄入量)和日常活动情况(工作能力,社会活动,个人卫生保健,卧床时间等)。只有全面而细致的了解,才能给出患者准确的营养状态评估结果。

其次,营养筛查与评估应当尽量早期进行,初次诊断或在开始抗癌治疗以前是比较合适的时间点，从而营养师可以根据患者的实际情况给出未来治疗期间的饮食建议。如果患者已经存在营养不良或属于高风险人群，则应立即开始营养支持治疗。对于恶性肿瘤患者来说，无论营养不良的存在与否，都应当每2~3周进行一次营养状态随访。临床上，随着治疗的进行，许多患者的营养状况会随之发生变化，应及时进行监测。

由于不同的营养评价方法在营养评价中的作用和价值存在差异，那么，究竟什么样的营养指标最适用于肿瘤患者呢？临床研究发现，对于肿瘤患者来说，近期体重的丢失程度、食欲状况以及近期进食量改变、主观营养评价方法（SGA）等均是肿瘤患者营养状况评价较好的指标，因为其与患者的预后有着良好的相关性。

BMI用于评估肿瘤患者的营养状态并不十分合适，因为对于那些有腹水或水肿的患者，BMI并不能反映真实情况。临床上，肿瘤患者近期内无意识的体重丢失能更好地反映营养不良的状态。血清白蛋白是应用最为广泛的临床营养指标，但由于其半衰期较长，并与疾病和应激等因素相关，使得其评价营养不良的特异性较低，比如促炎性肿瘤因子可以通过APPR促进肝脏合成白蛋白，而其他一些急性期蛋白由于炎症或组织损伤等因素导致其在外周血中的波动范围较大。“阳性”急性期蛋白如CRP可在炎症性疾病存在时升高，而“阴性”急性期蛋白如白蛋白、前白蛋白、转铁蛋白则在急性损伤及炎症时降低，而在恢复期回升至正常水平。

近期有研究发现，PChE血清水平在营养不良的肿瘤患者中明显降低，而无论该患者的肝功能是否正常，可以作为营养状态评价指标。这是由于PChE与厌食相关，在神经性厌食患者体内也明显降低，而恶性肿瘤患者常合并有厌食的发生。Bozzetti等人研究发现，肿瘤患者营养支持治疗后，PChE、体重和氮平衡能得到同步纠正。

因此，要准确评估肿瘤患者的营养状态而排除炎症及肿瘤因素的干扰，单个的营养指标是远远不够的，应当联合多个指标进行综合评估，才能得出更加准确有效的结果。

NRS 2002仍然是目前循证医学依据最充分，相对最好的营养风险筛查工具。ESPEN推荐用于肿瘤患者的营养风险评估。但NRS 2002用于肿瘤患者的营养风险筛查存在不足之处，如当患者卧床无法测量体重，或者有水肿、腹水等影响体重测量，以及意识不清无法回答评估者的问题时，该工具的使用将受到限制。对于恶性肿瘤患者这个特殊群体，NRS 2002评分对于恶性肿瘤患者的治疗与当今规范化的多学科的综合治疗理念存有较大差距，对于恶性肿瘤特殊临床结局的观察也欠精细；NRS 2002中关于疾病严重程度的评价将肿瘤划分为“肿瘤”和“血液恶性肿瘤”也有待商榷，两者评分分别为1分和2分，而对于消化道肿瘤或头颈部癌等恶病质发生率较高肿瘤与乳腺癌等相对营养状况较好肿瘤并未进行区分，对于腹部大手术等名称的概念也尚待进一步规范。

二、肿瘤患者营养不良对预后的影响

恶性肿瘤患者发生营养不良而导致恶病质的原因可以归结为两个方面：一方面是由于肿瘤自身产生的细胞因子使得机体发生炎症反应；另一方面，宿主针对肿瘤作出的免疫应答导致机体处于分解代谢亢进状态，而这种分解状态往往比肿瘤本身引发的症状更容易导致患者死亡。因此，恶性肿瘤患者营养不良将会影响患者的生存率、生存质量和机体活力。

（一）营养不良对生存率的影响

体重丢失是恶性肿瘤患者重要的预后预测指标。DeWys等人的一项著名研究强调了体重丢失与恶性肿瘤患者结局之间的关系。该多中心研究回顾性分析了超过3 000名不同肿瘤类型的患者，发现根据肿瘤类型的不同，30%~70%的肿瘤患者表现出中、重度体重丢失。体重丢失的量取决于肿瘤的位置、大小、类型和分期，年龄和治疗方法也是影响因素。实体瘤患者发生体重丢失的概率最高，比如胃癌、胰腺癌、肺癌、结直肠癌和头颈部恶性肿瘤，体重丢失的程度通常超过10%，乳腺癌和血液系统恶性肿瘤的患者发生体重丢失的概率较低。无论哪一种肿瘤类型，发生体重丢失的患者生存率要明显低于没有体重丢失的患者。体重丢失不仅意味着较短的生存时间，还预示着对化疗药物不敏感。

在其他的一些研究中同样也发现营养不良和

生存时间缩短相关。2001 年 Buccheri 和 Ferrigno 报道在 388 例非小细胞肺癌患者中，体重丢失是最敏感的预后预测因子。2007 年 Hess 等人研究卵巢癌发现，体重丢失每增加 5%，死亡风险提高 7%。2009 年 Deans 和 Wigmore 研究胃食管癌发现，没有明显体重丢失的患者中位生存期为 30.2 个月，而明显体重丢失的患者仅 7.5 个月。对于胰腺癌的研究也得出相似的结果。

目前认为，体重丢失导致生存期缩短的原因可能是手术及放化疗的并发症发生率增加所致。Andreyev 等人研究了 1 555 例消化道肿瘤患者体重丢失与预后的关系发现，对于体重丢失的患者，化疗药物的耐受剂量较低，更易发生剂量依赖性毒副反应，平均化疗时间不到 1 个月（所有 $P<0.001$）；体重丢失与下列因素相关：脏器功能正常的生存时间缩短，总生存时间缩短，生存质量下降，机体状态下降（所有 $P<0.001$）。

（二）营养不良对生活质量的影响

癌性恶病质营养不良毫无疑问地增加了恶性肿瘤患者的死亡率。疲乏、虚弱、机体状态下降等症状与营养不良密切相关，最终导致患者生存质量的下降。一项分析生存质量下降原因的研究显示，体重丢失和营养物质摄入分别占 30% 和 20%，而肿瘤的位置、存在时间及分期分别占 30%、3% 和 1%。与体重稳定的患者相比，持续体重丢失的患者生存质量和表现评分都更低。

机体活力是描述患者身体状态的一个客观而敏感的指标，在大多数恶病质营养不良的患者中都明显降低。由于耗时长，费用昂贵，要使用到同位素标记、间接热量测定等手段，该方法一直没有被完全推广，但有相关的研究显示，虽然恶病质患者的静息能耗增加，但其总能耗是减少的，这是因为体重丢失导致患者机体活力降低，日常活动减少。研究发现，恶病质营养不良患者的机体活力几乎与脊髓损伤患者相当，而要远远低于正常人群。2007 年 Dahele 等人利用改良步行检测技术研究发现，与正常对照组相比，肿瘤患者站立和行走的时间更短，而更多的时间花费在静坐和卧床方面，其步行频率只有正常对照组的 43%。而长期卧床本身即会导致机体蛋白质合成速率下降，从而降低总骨骼肌量。因此，活动能力的下降必然导致表现评分降低，日常活动能力下降，社会活动减少，甚至机体外形的改变，综合表现为生存质量下降。对此，增加机体活力的干预行为对肿瘤患者大有益处。

（三）营养不良对临床结局的影响

由于体重丢失是癌性恶病质的最主要特征，因此在许多关于肿瘤患者营养不良的研究中，体重丢失、恶病质、营养不良三者之间是等价的，用于探索与其他临床变化之间的关系。根据肿瘤的位置与分期，体重丢失的发生率从 8% 到 84% 不等。部分恶性肿瘤的恶病质发生率如下：泌尿系统恶性肿瘤 9%，妇科系统恶性肿瘤 15%，结直肠癌 33%，肺癌 46%，头颈部恶性肿瘤 67%，食管及胃肠道恶性肿瘤 57%~80%，胰腺癌 85%。

纵向研究表明，有明显体重丢失的恶性肿瘤患者预后比体重稳定的患者更差。虽然肿瘤分期和对抗癌症治疗的反应是肿瘤患者生存时间的预测因素，但有大量的研究表明，对于无法手术的恶性肿瘤患者，体重丢失的程度是残余生存时间的独立预测因子。无法手术或复发的食管癌患者，在植入金属支架以后，若仍表现为营养不良（低血清白蛋白水平），$BMI<18kg/m^2$，则预示着患者将在近期死亡。Gupta 和 Lis 的研究表明，血清白蛋白水平与患者生存率呈正相关。少肌症是转移性结直肠癌预后较差的独立预测因子，腰大肌密度和体积减少则意味着肾上腺皮质癌患者的生存期缩短。Crumley 等人证明低血清白蛋白水平（<35mg/L）及高 CRP 水平（>10mg/L）预示着无法手术的胃癌患者生存期缩短。

营养不良的恶性肿瘤患者对化疗的反应也较差，大量数据表明营养不良的恶性肿瘤患者对于化疗毒性的耐受更差，体重丢失、低白蛋白血症与化疗毒性的增强密切相关。机体总氮量是乳癌患者化疗后发生中性粒细胞减少症的独立预测因子。假设机体瘦组织群代表细胞毒性化疗药物的分布空间，Prado 等人认为瘦组织群与体表面积的比值越小，化疗毒性越大，并发现应用 5-FU 的女性结肠癌患者由于瘦组织群 / 体表面积的比值更小而更易发生剂量依赖性的毒性反应。同样，对于应用索拉非尼的转移性肾细胞癌患者，$BMI<25kg/m^2$ 伴肌肉组织减少预示着发生毒性反应的可能性极大。

Lis 等人研究了营养状态与患者的生存质量之间的关系，发现在超过 90% 的患者中，营养状态是患者生存质量的独立预测因子。营养不良的恶性肿瘤患者有较高的再入院概率和较长的住院时间，更多的不适症状主诉及更低的生存质量。Norman 等人认为，营养不良是恶性肿瘤患者肌肉力量减退和功能下降的独立危险因子。约 80% 的终末期恶性肿瘤患者因恶病质而影响生存质量，其中 30% 死于癌性恶病质。

第四节　营养支持的作用

营养支持的目的是提供适当的营养底物，维持机体的组成，增加机体瘦组织群，改善机体生理及免疫功能，缓解疲劳、厌食等症状，降低促炎性细胞因子水平，改善机体活力，帮助患者安全度过治疗阶段，减少或避免由于治疗引起的副作用，改善症状，提高生存质量。对于肿瘤患者来说，营养支持的理想目标是逆转恶病质和营养不良，进而防止与之相关的并发症和死亡。但是，这一目标只具有部分可行性，这是因为癌性恶病质与单纯性饥饿和营养不良不同，其发生机制相当复杂，是多种代谢紊乱的结果。因此，目前的观点是对于肿瘤患者，营养支持能够获得的最肯定的效果是防止机体营养状况进一步恶化。如果肿瘤进展并非十分迅速，且导致衰竭的主要原因是摄入不足，那么一定时间内的营养支持可以获得较好的远期效果，并使机体储备得到较好的恢复。但是，如果机体消耗程度严重，肿瘤已累及多个器官，那么，营养支持只不过起到缓减自身消耗的作用。

但是，在我国临床肿瘤的治疗中，尚未重视营养支持的重要性，许多大型的肿瘤专科医院还很少有专门的营养支持团队，很多肿瘤患者是在饥饿及营养不良的情况下，反复多次地进行化疗、放疗或手术治疗。由于营养不良，血浆蛋白水平降低，机体对化疗药物的吸收、分布、代谢及排泄均产生障碍，明显影响化疗药物的药动学，导致化疗药物的毒性作用增加，机体耐受性下降，抗肿瘤治疗效果也有明显影响。同样，营养不良也同样使放疗患者的耐受性下降。因此，对多数需手术治疗而又伴有营养不良的肿瘤患者而言，围手术期营养支持显得尤为必要。而对于接受化疗和放疗并伴营养不良或不能正常摄食的肿瘤患者，营养支持同样必要。

临床上，评价营养支持是否有效主要涉及宿主营养状况、生活质量的改善和对预后的影响。

一、改善宿主营养状况

临床经验提示，若在抗肿瘤治疗合并营养支持后，凡体重获得增加者，预后均较理想。对于肿瘤患者而言，营养支持能否使体重增加并得以长期维持，结论不一。由于皮下脂肪的积聚和维持需较长一段时期才能明显表现，以致营养支持前后皮下脂肪厚度改变的差异常难以明确反映和测得。实验室指标主要包括蛋白质代谢和免疫系统功能的改变。曾有报道，提供已存在营养不良的胃癌患者二周 TPN，并测定 TPN 对骨骼肌肌肉中高能磷酸化合物、肌肉内水、电解质和游离氨基酸水平的影响。TPN 前，这些患者的肌肉内总腺嘌呤核苷酸池、磷酸肌酸、肌酸和糖原减少；TPN 支持后，除肌糖原恢复正常外，其余指标无明显变化。究其原因，可能是机体对能量或蛋白质亏空产生适应性变化引起的酶代谢异常所致；其次，是 TPN 支持时间太短。但 Bozzetti 等的实验结果提示：即使应用长达 20d 的 TPN，有些指标仍不能恢复正常，尤其血浆蛋白类。该作者发现半衰期很短的胆碱酯酶（12h）和总结合前白蛋白（48h）的水平在 TPN 前均低于正常值或处于临界状态，在应用了远较它们半衰期长的 TPN 后，仍未见上升；因而推测，血浆蛋白质对营养支持的反应似乎不是单纯与蛋白质分子的半衰期有关，或不能简单地用其血浆中的水平高低来评价。从整体蛋白质代谢角度分析，TPN 具有促进其更新的作用。有研究发现，进展期上消化道癌肿患者在 TPN 后，虽未达到净蛋白质合成状态，但至少可减少部分蛋白质的分解流失，甚至于接近正氮平衡，这主要得益于机体蛋白质分解代谢减少和合成增加的综合作用。因此，到目前为止，对于短期营养支持有效改善人体测量指标的报道极少。

目前认为，营养支持对肿瘤患者效果的评价指标见表 42-4-1，可作为临床研究中常用到的作为治疗目的的指标。

表 42-4-1　评估肿瘤患者营养支持效果的指标

临床指标	功能指标	生化指标
营养状态	表现评分（ECOG；Karnofsky）	血浆脂肪酸组成
饮食耐受度	生存质量评分	促炎性细胞因子
胃肠道症状	食欲	急性期蛋白
感染	疲乏感	
生存期	机体活力	
	肌肉强度	

二、改善机体免疫功能

中、晚期肿瘤患者除营养不良外，还同时伴有明显的免疫功能低下。如 NK 活性和 Th 细胞水平低下，而 Ts 水平高于正常人。这种免疫功能低下系某些抑制因子所为。对于肿瘤患者于围手术期或荷瘤状态下的营养支持对免疫功能的改善程度较难作出确切的评价。主要原因是与肿瘤有关的免疫抑制并非经营养支持就能轻易消除。其次，较大的手术创伤亦可下调机体的免疫功能，由于这些因素的影响和干扰，往往很难分得清营养支持所起的作用。尽管如此，国内外还是有不少报道指出：术前或术后一周左右的 TPN 能增强自然杀伤细胞活性、提高 Th 和 Th/Ts 细胞比例，虽然未能达到正常值范围，部分细胞免疫功能已得到改善。但术后 Ts 细胞比例并未表现出下降趋势，说明 TPN 虽能提高 Th 细胞比例，却不能在短期内消除肿瘤或手术所致的免疫抑制作用。

由于 TPN 中缺乏免疫增强物质及 TPN 的潜在问题，如与深静脉导管有关的感染性并发症和与 TPN 有关的胃肠道黏膜屏障功能受损所致的肠源性感染等，促使临床医师考虑采用更符合生理的肠内营养支持。业已证实，术后早期肠内营养支持能维持胃肠道黏膜结构的完整性和屏障功能，调节肠道菌群，有助于防止肠道细菌移位和肠源性感染。近年，更有人尝试在标准肠内营养的基础上，增加精氨酸、ω-3 脂肪酸和核糖核酸，以期改善癌性恶病质，增强肿瘤患者的免疫功能，提高抗侵袭性治疗的能力。这些优点已在部分术后早期接受肠内营养支持的胃肠道肿瘤患者的应用中得到证实。

三、降低并发症改善预后

针对肿瘤患者炎症状态的深刻理解，研究者们发现了癌性恶病质营养不良的治疗新途径。通过治疗恶病质的营养不良状态，可以改善肿瘤患者机体活力和生存质量，从而延长生存期。采取干预措施使肿瘤患者体重不再继续丢失，同时结合化疗，能够明显延长胃肠癌患者的中位生存时间（15.7 个月 vs 8.1 个月，P=0.000 4）。

一项关于 388 例非小细胞肺癌的研究发现，体重丢失总量比体重丢失的速度更能反映患者的预后。然而体重丢失并不能完全反映营养不良对机体功能的影响，因为真正影响机体功能的是机体瘦组织群，脂肪组织则影响甚微。某些针对患者体重恢复对预后影响的研究并没有得出令人满意的结果，这是因为肿瘤患者恢复脂肪要比恢复瘦组织群容易得多，患者体重增加更多的是脂肪而非瘦组织群。因此想要改善恶病质营养不良患者的机体功能和生存质量，必须要想办法恢复患者丢失的瘦组织群。

由于恶病质营养不良对肿瘤患者的影响极大，因此在肿瘤自然病程的早期就应该开始考虑营养治疗。研究发现，在前恶病质期（体重丢失 <10%，CRP 未明显升高）营养干预的效果较好，患者更容易保持体重稳定，在此期间通过饮食指导，口服营养素补充即能使机体保持良好的营养状况。处理体重丢失患者的第一步应当是分析体重丢失的原因。34kcal/（kg·d）的能量摄入是维持体重稳定的最低标准，然而 40% 以上的肿瘤患者每日的能力摄入根本不足。ESPEN 在 2006 年的营养指南中指出：头颈部肿瘤患者接受放化疗时，应当进行营养咨询改善口服营养素结构，以预防治疗相关的体重丢失及治疗中断的风险（A 级证据）。而对于重度营养不良的肿瘤患者（体重丢失 >10%，系统性炎症，食欲极差），常规的肠内或肠外营养并不能增加患者的瘦组织群。关于肿瘤患者肠外营养的系统回顾发现，肠外营养不能改善患者的死亡率（19 项随机对照试验证实），反而增加并发症发生率（8 项随机对照试验证实）。这可能是因为肿瘤生长造成的炎症环境使得机体合成代谢速度降低，无法充分利用营养物质，而想要逆转这种状态，单靠补充热量和蛋白质是远远不够的。

对于癌性恶病质营养不良的患者，常规的营养支持治疗收效甚微。目前逐渐涌现出新型的营养制品，如免疫营养补充剂等，希望通过抑制炎症的手段改善代谢环境，最典型的代表是EPA（eicosapentaenoic acid）。

第五节 营养支持的实施

肿瘤患者营养支持的目的在于维持患者的营养和功能状况，耐受各种抗肿瘤治疗的打击，预防或延缓癌性恶病质的发生。而对于胃肠道功能严重受损的患者，它将是维持生命的唯一方法。肿瘤患者营养治疗原则上与其他非肿瘤疾病患者相同，能量与蛋白质的需求也相差不大。一般说来，20~25kcal/（kg·d）可满足大部分肿瘤患者需求。营养治疗途径选择上，只要患者胃肠道功能完整或具有部分胃肠道功能，能源物质供给的首选途径仍是胃肠道。若因局部病变或治疗限制不能利用胃肠道时，或营养需要量较高并希望在短时间内改善患者营养状况时，则选用或联合应用肠外营养。一旦肠道功能恢复，或肠内营养治疗能满足患者能量及营养素需要量，即停止肠外营养治疗。

肿瘤患者营养制剂选择上推荐采用标准型制剂，含有特殊底物如精氨酸、谷氨酰胺、ω-3脂肪酸、核苷酸等的免疫增强型营养制剂对接受大型的颈部手术和腹部手术的患者有益，可减少术后并发症并缩短住院时间。外源性胰岛素可减轻肿瘤患者存在的胰岛素抵抗，能促进肿瘤患者的合成代谢，对营养治疗可能有益。

一、营养物质需要量

肿瘤患者的营养需求应依据疾病发展的程度、肿瘤类型、肿瘤部位及患者全身情况逐一考虑。

（一）能量

静息能量消耗（REE）在大多数肿瘤患者中是升高的，但并非全部如此。在肿瘤活跃期的患者中，约25%的患者REE比正常值高出10%，而另有25%的患者则比正常值低10%，这种能量消耗的差异在单个患者身上无法预测。体重丢失的肿瘤患者约有一半处于代谢亢进状态，并且这与机体活力、身体条件和年龄等因素相关。肿瘤类型的不同也会导致REE变化，如胃癌、结直肠癌患者REE可能正常，而胰腺癌或肺癌患者的REE则通常较高。

而当考察总能量消耗（TEE）时，情况又有所变化。营养不良的肿瘤患者，虽然REE可能增高，但是由于日常活动的减少，使得TEE是降低的。有相关研究表明，体重稳定的白血病患者，TEE约在24kcal/（kg·d），而长期卧床且体重丢失的胃肠道肿瘤患者，TEE反而增高，约在28kcal/（kg·d）。Fredrix等人对比正常人群、胃肠道肿瘤患者和非小细胞肺癌患者术前及术后1年REE的变化发现，胃肠道肿瘤患者在术前REE基本正常，术后轻度上升；肺癌患者术前REE升高，术后则下降。同时，化疗也能降低患者的REE。

在临床实践时，如果无法进行个体测量，推荐的肿瘤患者TEE与健康人群相似，约25~30kcal/（kg·d）。

（二）蛋白质

目前关于肿瘤患者最佳的氮补充量并没有一致的意见，推荐意见中，蛋白质摄入的最小剂量为1g/（kg·d），目标剂量为1.2~2g/（kg·d）。由于输注氨基酸的净利用率不到100%，因此在计算热氮比时应该适当有所降低（kcal/N≤100%）。由于输注氨基酸入血可能引起高氨基酸血症，而后者会加强蛋白质的分解代谢，因此以正蛋白平衡为目的的氨基酸摄入量应当接近2g/（kg·d）。Tayek等人进行的前瞻性随机交叉研究发现，富含支链氨基酸的TPN与普通TPN相比，能促进机体蛋白质合成，提高白蛋白水平。关于谷氨酰胺的作用目前尚有争论，Kuhn等人发现，在24例评估口服谷氨酰胺对化疗毒性作用的研究中，仅有8例报道获得临床益处，而12例肠外营养补充谷氨酰胺的研究中，仅有6例报道能减轻毒性反应。ESPEN的指南中指出：绝大多数恶性肿瘤患者若只需要短期营养支持（手术患者或放化疗需要肠道休息的患者），则常规的营养方案已足够，不需要添加额外的特殊营养素。

（三）脂肪

脂肪是人体重要的供能物质。1971年，Waterhouse和Kemperman就证明在肿瘤患者，脂肪能被有效地吸收、动员、利用，作为高效的能量来源，这也是脂肪乳剂应用的基本原理。大量研究表明，无论是体重稳定还是体重丢失的肿瘤患者，都能充分利用外源性脂肪；研究长链脂肪乳（LCT）和中链脂肪乳（MCT）发现，对于健康人群、体重稳定及体重丢失的肿瘤患者，分别应用LCT和混合LCT/MCT制剂，脂肪清除率分别达到1.4 vs 2.3 vs 3.5g/（kg·d）和1.2 vs 1.6 vs 2.1g/（kg·d）；体重丢失的肿瘤患者输注LCT或LCT/MCT后，体内脂肪氧化率分别达到1.3~1.6g/（kg·d）和0.62g/（kg·d）。因此，静脉输注脂肪乳剂能被机体充分利用这一点是毫无疑问的。

然而长期输注脂肪乳剂可能带来毒副作用，有研究显示长期输注LCT剂量超过2.6g/（kg·d）会导致脂肪毒性的并发症发生。目前的推荐意见认为，对于需要长期应用脂肪乳剂的患者，剂量不应当超过1g/（kg·d）。Rubin等人在一项随机双盲交叉研究中发现，应用LCT/MCT结构脂肪乳剂组1个月内肝功能均正常，而应用常规20%大豆油的LCT组则有10%的患者出现肝功能异常，这种异常在改用结构脂肪乳剂后恢复。Simoens等人对比了两种脂肪乳剂，一种为50%MCT/40%LCT/10%鱼油的脂肪乳剂，另一种为常规的LCT/MCT，发现前者能增强血清中甘油三酯的清除率，并能增高血清中EPA的含量。

脂肪摄入对机体蛋白质合成也有影响。Shaw等人发现使用大豆油脂肪乳剂能显著降低下消化道肿瘤患者的蛋白分解速率，而对上消化道肿瘤患者无影响。

关于ω-6多不饱和脂肪酸（PUFA）的免疫抑制作用和促炎作用已经被学术界所公认，因此更多新型的脂肪乳制剂被应用于临床。LCT/MCT由于减少了ω-6 PUFA的含量而减弱了促炎作用；橄榄油脂肪乳剂则仅含20% ω-6 PUFA，而富含油酸及维生素E。由于放化疗会增加机体氧自由基的形成并削弱机体的抗氧化能力，橄榄油中的维生素E对于防止过度的脂质过氧化起到了至关重要的作用。

（四）葡萄糖

葡萄糖供能完全可以由脂肪代替。由于输注高浓度的葡萄糖所引发的高血糖可能导致感染性疾病的发生，而对于肿瘤患者来说，无论是内源性还是外源性葡萄糖，利用率都不高，而且输注葡萄糖还会引起水电解质的紊乱，因此在条件允许的情况下，可以尽量减少葡萄糖的供给量，以血糖不超过11.1mmol/L为宜。

（五）水、电解质

恶病质营养不良患者每天水的摄入应当受到严格的限制。因为恶病质患者通常会有细胞外液体空间的增加，对于腹膜有肿瘤累及的患者，过度补充水、葡萄糖和钠可能导致腹水的形成。Gamble等人首先证明了葡萄糖能降低肾脏的排钠功能，这一过程可能受胰岛素和抗利尿激素（ADH）的调节。已经有大量的研究证实，基于葡萄糖的PN会引起水钠潴留。肿瘤患者由于往往存在恶心呕吐或使用吗啡，其ADH水平会增高，而恶病质情况下，细胞内水钠会转移至细胞外，从而刺激下丘脑渗透压感受器，刺激更多ADH释放，结果是造成自由水清除率下降，从而产生水钠潴留。

ESPEN指南中指出，肿瘤患者总水摄入量应当控制低于30ml/（kg·d）。然而临床医生在碰到患者各种情况时应当根据自己的判断作出调整，按"量出为入"和"按缺补入"两个原则，使每日尿量维持在1 000~1 500ml，血清电解质维持在正常范围。老年人，有心、肺、肾等脏器功能障碍的患者需要特别注意防止液体过多。

二、营养支持的方式

肿瘤患者的营养支持途径与其他疾病一样，应按患者的具体情况而定。临床上营养支持的方式分为口服补充、肠内营养和肠外营养支持。口服营养素往往不能达到营养支持的目的，但可以增加大部分患者的热量摄入，并可以减轻患者及其家属的心理压力。如果肠道功能存在，则肠内营养支持的效果最好，并且易于在家庭中开展，尤其对于那些无法吞咽的头、颈或食管癌患者，它可以维护肠黏膜屏障和免疫功能。由于放化疗导致胃肠道功能受损、短肠综合征或不完全性肠梗阻，只要应用恰当，同样是肠内营养的适应证。在化疗时，给予EN可以增加体重，尽管主要是脂肪的积聚，也有报道有瘦组织群的增加。

PN在肿瘤患者中应用广泛，但效果不如EN理想，且并发症较多。PN可暂时维持脂肪储备，但不能保持机体无脂体重，无法提高癌性恶病质平均生存时间及远期生存，短期体重增加是水潴留所致。但在某些特定情况下使用PN仍然是有效的方法。当患者营养状况极差而无法耐受抗肿瘤治疗时，给予一定的PN是适当的。严重营养不良的胃肠道肿瘤患者术前给予PN，可以减少并发症及病死率。而术后可以维持或改善营养状况，促进伤口愈合，降低感染率。若存在消化道高位梗阻（如胃癌伴幽门梗阻）、高位或高排量肠瘘、消化道严重出血、广泛黏膜炎症、严重肠功能紊乱、治疗限制不能利用胃肠道或患者不能耐受经肠营养时，则选择肠外营养支持。对于某些无法根治的癌性肠梗阻患者，PN往往是维持生命的唯一方法。

临床上，肿瘤患者需要哪种方式的营养支持需要根据患者的具体情况而定。一般来说，营养支持的方式大致分为三种：①饮食建议咨询或口服补充；②通过管饲实施肠内营养（胃或空肠）；③通过静脉实施肠外营养。在临床实践时，3种方法可以单独使用，也可以联合使用。根据SCRINIO分级法则（图42-2-2），可以初步判断患者的营养支持途径：1、2级患者一般可以通过口服补充的方法，而3、4级患者则大多需要管饲或肠外营养支持，甚至肠外营养可能是唯一途径。

（一）口服营养补充

口服营养支持或口服营养补充（oral nutrition support or oral nutrition supplement，ONS）是肠内营养支持的一种方式，是指除了正常饮食外，为了达到特定的医学营养治疗目的经口同时给予宏量营养素和微量营养素的补充的方法。临床上，口服营养补充最常用也最简便，吞咽功能正常、具有一定消化吸收功能、无法摄入足够食物和水分以满足机体需要的患者，均为给予ONS适应对象。此外，ONS也可用于因抗癌治疗而可能出现恶心、呕吐、上消化道黏膜炎的患者，前提是患者的吞咽及消化道功能基本正常。

ONS的形式多种多样，可通过饮食指导增加高热量/高蛋白营养物质；改变进食方式（如加餐方式）；加入“富含营养饮品”；以及使用专用的口服营养补充剂（工业化生产的包含完整营养素的口服液和维生素/矿物质片）。典型的ONS是由蛋白质、碳水化合物、脂肪三种宏量营养素和微量营养物质（维生素、矿物质和微量元素）组成的配方营养补充剂，可以是粉状半固体配方，也可用浓缩型液体配方，一般可提供1.0~24kcal/ml能量。临床上还有针对不同疾病状态的ONS配方，如针对糖尿病患者的ONS制剂等。

ONS的目标是改善患者食物和液体的整体摄入状况从而最终改善患者的临床结局。Philipson回顾性分析了120万例配对ONS资料，结果显示ONS可缩短LOS，降低住院费用和再入院风险。Meta分析的结果同样提示，ONS可增加患者体重、降低并发症的发生率、缩短住院时间。目前认为，对于存在营养不良或营养不良风险患者，如果吞咽功能正常应给予ONS，手术患者应在术前或术后应用ONS，必要时可联合应用管饲和肠外营养。择期手术患者，术前2h进食400ml碳水化合物饮料，可降低术后胰岛素抵抗的程度、减轻蛋白质分解，并不增加麻醉和误吸风险。大多数术后患者，无需术后较长时间的禁食，术后早期可根据患者的耐受程度和胃肠道功能情况给予口服营养支持。

对于接受大手术后出院患者，在手术后一个相当长的时间内存在着分解代谢状态，患者无法通过日常膳食满足机体代谢所需，从而影响机体组织、细胞和器官功能。ONS对于加速伤口的愈合、恢复机体组成、减少术后并发症和再入院率、改善生活质量均有积极作用。最近有关于ONS的大型Meta分析指出：①仅饮食咨询而无口服补充营养素，无法改善患者的生存质量；②营养不良的肿瘤患者接受饮食咨询及口服补充营养素，与仅接受饮食咨询的患者相比，体重恢复更明显；③口服补充营养素能改善患者的生存质量，包括情感、社交、胃口等方面；④口服补充营养素对死亡率没有影响。

ONS的临床效果很大程度上取决于患者的依从性。Hubbard等人对于46项研究的系统分析显示：①患者平均依从性为77%，且液态的ONS对于卧床、食欲不佳及没有牙齿的患者依从性更好，因为液态ONS不容易引起厌腻，且比固态食物更容易进食；②高能量密度产品（≥2kcal/ml）依从性更好，可能与进食量缩小有关；③ONS对食欲及正常摄食的影响较小，因此结合日常饮食，相当于增加了患者摄入的能量和营养素的总量;④临床获益的能量摄入范围为250~600kcal/d(平均433kcal/d)。Wallengren等人研究发现在晚期肿瘤患者中,饮食能量密度与机体能量平衡正相关,而后者与生存率及系统性炎症反应均为负相关。

（二）肠内营养

当肿瘤患者摄食量不足以满足需要时,只要患者胃肠道功能基本正常并且能耐受肠内营养制剂,就可选择肠内营养。经肠途径应视患者消化和吸收功能情况按步进行。首先在有可能时鼓励患者口服,口服不足或不能时用管饲方式进行肠内营养。与口服营养补充相比,更多的肿瘤患者需要进行肠内营养(EN)。管饲主要用于有营养不良但无法口服补充的患者,如上消化道肿瘤,严重的口、咽及食管黏膜炎等。因为厌食或吞咽困难(肿瘤生长或黏膜炎等)等原因导致其无法进食,肠内营养是最好的选择,尤其适合Ⅲ~Ⅳ期头颈部及胃食管恶性肿瘤的患者。

在给予途径上,管饲可以通过鼻胃管或胃造瘘术实现,鼻饲简单易行,但存在有一定的并发症如误吸、鼻窦炎等。对于需长时间接受营养支持患者,胃造口或空肠造口则较鼻饲优越,尤其是近来出现内镜下胃造口、空肠造口,避免了手术造口。

经鼻胃管途径时应选择管径细,质地软但不易折曲,对黏膜刺激少的饲入管,尽可能使用带有导丝的,或管头带有钢珠等重力引导的特制营养管,使管端通过幽门进入十二指肠远端,甚至达到空肠近端,尽可能用输液泵匀速输入。

手术患者,预期手术后需较长时间营养支持者,尽可能术中经空肠造瘘置入营养管,需进行较长时间营养支持如无腹部手术机会,则尽可能采用借助于经皮内镜胃造瘘术(PEG)置入营养管于十二指肠或空肠内,以利于实施肠内营养。

经皮内镜胃造瘘术(PEG)是晚期肿瘤常见实施EN的方法,并证明是安全易耐受的。Silander等人发现,预防性PEG能使EN尽早开始并延长作用期,缩短患者的营养不良病程,改善生存质量。Salas等人发现,对于无法根治的头颈部鳞状细胞癌(Ⅲ~Ⅳ期)合并营养不良的患者,PEG能有效改善患者生存质量,结合放化疗还能帮助控制原发病灶的进一步恶化,降低死亡率。最近有比较鼻胃管和PEG的研究表明,6周内PEG改善患者体重的效果要优于鼻胃管,但对于患者自评的身体状况及生活质量方面,二者无明显差别。Sobani等人在一项回顾性分析中也得了出与上述相似的结论。一项随机对照试验研究表明,二者在总并发症发生率、胸腔感染率及生存质量等方面皆无显著差别,但二者的耐受时间有差异,PEG中位耐受时间为139d,而鼻胃管为66d。

EN能够有效地预防或改善患者营养不良的状态,并能增强机体对抗癌治疗的耐受而改善抗癌治疗效果,尤其适合头颈部恶性肿瘤的患者。在一些回顾性和前瞻性的研究中也发现,EN能减缓体重丢失的速率,提高机体对抗癌治疗的耐受力。Paccagnella等人的研究显示,头颈部肿瘤患者早期接受EN能提高抗癌治疗效果、并降低患者再次入院的频率。还有研究表明,早期PEG实施EN与IL-6、IL-8及黏膜炎的发生都有密切联系。Jenkinson等人对比了空肠造瘘实施EN和没有接受EN的上消化道肿瘤患者发现,术后10周EN组体重恢复的程度要明显优于对照组(70% vs 35%)。

（三）肠外营养

肠外营养是临床营养支持的重要组成部分,经过几十年的临床应用,肠外营养在理论、技术和制剂各方面均日趋成熟并得到很大发展,在临床治疗工作中发挥了重大作用,挽救了许多肠功能衰竭患者的生命。肿瘤患者的肠外营养支持原则上与其他疾病时相同。对于没有明显营养不良的肿瘤患者,肠外营养(PN)不仅没有益处,反而可能增加并发症的发生率。而对于营养不良的肿瘤患者,一些RCT发现PN能改善体重,提高血清白蛋白和前白蛋白的水平。Sikora等人研究了接受新辅助化疗的食管癌患者,这些患者因无法进食而接受TPN治疗,结果发现,TPN能提高患者对化疗的耐受力,并且在术后恢复等方面与能自行进食的患者相似。Richter等人运用生物电阻抗的方法,发现及时且热卡充足的PN能有效改善肿瘤患者的营养不良状态,缓解体重丢失。特别是对于晚期肿瘤患者,PN能改善生存质量并提高抗癌治疗的效果。最近一项关于急性白血病患者化疗期间PN补充谷氨酰胺(30g/d)的RCT显示,PN能增强中性粒细胞的免疫功能,有效维持患者的营养状态，且费用相对较低。

ESPEN 和 ASPEN 指南中均指出：如果肿瘤患者存在营养不良，或预期未来禁食时间超过一周，同时 EN 实施有困难者，应当接受 PN 治疗。而对于因放化疗产生消化道毒性的患者，指南中指出：短期 PN 相对于 EN，更易耐受且效果更好，有利于肠道功能的恢复及预防营养不良的进一步发展。值得注意的是，没有一种途径适合所有患者，某个患者在整个治疗过程中其营养支持途径也不是一成不变的，应视患者具体情况采用最适合的途径投给。

三、恶性肿瘤患者营养治疗指南

恶性肿瘤患者的营养治疗已成为恶性肿瘤多学科综合治疗的重要组成部分。肿瘤患者营养支持的特殊规律一直受到关注，并对其进行了广泛的研究，近年来也有很大的进展，但有很多理论尚处于假设、动物试验和临床验证阶段，目前实际临床应用于肿瘤患者的特异营养支持措施、基质和调节因子尚不多。1993 年 ASPEN 经过各方面专家长期讨论，制定了肿瘤患者营养支持原则，在目前是较合理的。肿瘤患者营养支持指导原则是：①肿瘤患者若有严重营养不良或因胃肠道障碍和其他代谢、药物、放疗等毒性因素预期患者饮食不足一周者，应给予肠内或肠外营养支持，并尽可能进行抗癌治疗；②营养状况良好或仅有轻度营养不良，并预期自然饮食足够的肿瘤患者在手术、化疗或放疗时无需特殊营养支持；③完全肠外营养支持无益于对化疗或放疗无效的进展期肿瘤患者。目前，国际上许多营养学会基于循证医学证据，提出了肿瘤患者的围手术期、放化疗期间及姑息治疗时期营养治疗指南，供临床上参考。

（一）非终末期手术肿瘤患者的营养治疗

非终末期手术治疗肿瘤患者营养治疗的目标是提高患者对手术的耐受性，降低手术并发症发生率和手术死亡率。大量临床研究表明，存在中、重度营养不良的大手术患者，术前 10~14d 的营养治疗能降低手术并发症的发生率。对无营养不良、轻度营养不良或术后 7d 内可获取足量肠内营养的患者，术前肠外营养治疗并无益处。

由于肠内营养符合生理、有利于维持肠道黏膜细胞结构与功能完整性、并发症少且价格低廉，因此，只要患者存在部分胃肠道消化吸收功能，应尽可能首先考虑肠内营养。对于由于解剖或功能的原因无法承受肠道喂养，或肠内营养无法满足机体代谢需求患者，肠外营养是重要的营养治疗手段，一旦患者肠道功能恢复时，应尽早过渡到肠道喂养。

传统的术前 10~12h 禁食准备措施可使患者过早进入分解代谢状态，不利于患者术后康复。因此，许多国家的麻醉学会已将择期手术患者术前禁食时间改为 6h，而术前禁水只需 2h。结直肠手术患者，术前口服低渗性碳水化合物饮料，可减轻术后胰岛素抵抗及骨骼肌分解，有助于患者的快速康复。

（二）非终末期化疗、放疗肿瘤患者的营养治疗

化疗、放射治疗是治疗恶性肿瘤的主要手段之一，化疗、放疗常会引起明显的毒性反应，尤其是消化道反应如恶心呕吐、腹痛腹泻和消化道黏膜损伤等，使得营养物质摄入不足或吸收障碍，导致营养不良。另一方面，营养不良会降低患者对化疗、放疗的耐受程度，影响中性粒细胞的水平，致使患者无法完成或提前中止化疗、放疗计划，从而影响患者的抗肿瘤治疗效果。因此，非终末期肿瘤化疗、放疗患者的营养治疗目标是预防和治疗营养不良或恶病质；提高患者对化疗、放疗的耐受性和依从性；控制化疗、放疗的不良反应；改善生活质量。

就临床结局来看，营养治疗对于化疗、放疗患者临床结局及生存时间影响有限。因此，对于营养状况良好的患者，不推荐常规应用营养治疗。治疗开始前已经存在中、重度营养不良患者，或在化疗、放疗过程中出现严重的不良反应，预计超过一周或以上不能进食患者，应及时进行营养治疗。肠内营养是化疗、放疗患者首选的营养治疗方式。对于消化道梗阻患者、出现胃肠道黏膜损伤、严重呕吐或者有严重放射性肠炎不能耐受肠内营养患者，推荐使用肠外营养。如果通过胃肠道每日摄入能量、蛋白质低于 60% 目标量超过 10d 时，应补充肠外营养。

临床研究显示，合理的营养治疗可改善化疗、放疗患者的营养状况，提高对治疗的耐受性和生

活质量。目前尚没有证据显示营养治疗会促进肿瘤生长,因此在决定是否采用营养治疗时无需考虑这一因素。

(三)终末期肿瘤患者的营养治疗

终末期肿瘤患者系指已经失去常规抗肿瘤治疗,包括手术、放疗、化疗和分子靶向药物治疗等指征的患者,一般来说,预计生存期不足三个月。终末期恶性肿瘤患者往往伴随有严重的恶病质,终末期患者的治疗原则是以保证生活质量及缓解症状为目的。

终末期肿瘤患者的营养治疗可提高终末期恶性肿瘤患者生活质量,而能否延长其生存期尚缺乏高标准的循证医学依据。事实上,终末期肿瘤患者的营养治疗不仅仅是一个医学问题,更多地涉及伦理、患者及家属的意愿。医生应以临床指征和社会伦理为依据,认真评估具体患者营养治疗的风险效益比,在掌握营养治疗适应证和尊重患者的权利前提下,兼顾公平合理地使用有限的医疗资源的原则,决定是否实施营养治疗。一般,终末期肿瘤患者不推荐常规进行营养治疗,对有机会接受有效的抗肿瘤药物(如时效依赖性化疗、分子靶向治疗)的患者,营养治疗会为化疗、分子靶向治疗提供机会,使失去指征的患者再获得治疗机会,有益于生存质量提高和生存期延长。对于接近生命终点患者,只需极少量的食物和水以减少饥渴感,并防止因脱水而引起的精神混乱。此时,过度营养治疗反而会加重患者的代谢负担,影响其生活质量。生命体征不稳和多脏器衰竭者,原则上不考虑系统性的营养治疗。

(吴国豪)

参考文献

1. Altomare DF, Rotelli MT. Nutritional support after gastrointestinal surgery[M]. Cham: Springer Nature Switzerland, 2019.
2. Hickson M, Smith S. Advanced nutrition and dietetics in nutrition support[M]. Oxford: John Wiley & Sons Ltd, 2018.
3. Ganesh K, Stadler ZK, Cercek A, et al. Immunotherapy in colorectal cancer: rationale, challenges and potential[J]. Nat Rev Gastroenterol Hepatol, 2019, 16(6): 361-375.

第四十三章　炎性肠病的营养支持治疗

炎性肠病（inflammatory bowel disease，IBD）包括溃疡性结肠炎（ulcerative colitis，UC）和克罗恩病（Crohn's disease，CD）。溃疡性结肠炎是结肠黏膜层和黏膜下层组织连续性炎症病变，UC的炎症损伤通常先累及直肠黏膜，逐渐向全结肠黏膜组织蔓延；克罗恩病可累及全消化道，为非连续性全层炎症，最常累及部位为末端回肠、结肠和肛周。临床上，炎症肠病患者常表现为发热、腹痛、腹泻、腹部包块、贫血、营养不良等症状。营养不良在IBD患者中很常见，发生率为16%~69.7%，CD患者营养不良较UC为常见，而且多较严重，严重影响治疗效果和疾病转归。营养不良的程度取决于病程长短、疾病分型、疾病活动度以及患病部位。近年来，营养支持治疗逐渐受到IBD临床医师的重视，大量临床研究结果和实践证据表明，营养支持治疗有助于CD诱导和维持缓解，特别在青少年患者有很好的疗效。因此，评估IBD患者的营养状况并及时给予合理的营养支持治疗是IBD诊断和治疗的重要内容之一。

第一节　IBD患者营养状况及其对疾病的影响

营养不良是IBD患者的常见临床表现，主要分为营养不足、超重以及肥胖三类。但国内IBD患者多表现为营养不足。IBD营养不良表现多样，以蛋白质热量型营养不良多见，表现为消瘦和体质量下降，病程久者多表现为混合型营养不良。国外文献报道，IBD营养不良发生率为16%~85%，85%~100%的儿童CD患者有营养不良史，疾病活动期营养不良比缓解期普遍。国内因并发症住院手术的CD患者合并营养不良的发生率高达86.7%。2017年我国IBD住院患者的营养状况调查结果表明，营养不良发生率为55%。小肠尤其是回肠是消化和吸收营养的主要部位，由于CD病变常累及小肠，而UC仅累及结直肠，所以CD营养不良比UC多见。营养不良可增加IBD患者住院率，延长住院时间，降低患者抗感染能力，妨碍手术切口和肠吻合口愈合，增加手术并发症发生率和病死率，影响机体对药物治疗的反应，降低患者生活质量。营养不良还是IBD患者发生静脉血栓事件和急诊手术的独立风险因素，是造成儿童和青少年患者生长发育迟缓或停滞的主要原因。纠正营养不良有利于改善患者营养状况，提高治疗效果。

机体由骨量（bone mass）、脂肪质量（fat mass）和瘦体重（lean body mass）3部分组成，瘦组织群又由细胞外总体与体细胞总体两部分构成。IBD患者由于营养摄入不足和疾病的影响，常出现机体组成改变，如骨骼肌减少、脂肪堆积或脂肪减少。在上述情况下，虽然患者体质量和体重指数（body mass index，BMI）可能正常，但机体组成已经发生改变，通过分析机体组成能够更准确地反映患者的营养状况。骨骼肌减少也称为少肌症（sarcopenia），临床表现为骨骼肌质量、力量及功能的进行性下降。少肌症在IBD患者中非常普遍，并受疾病活动度和治疗药物的影响。BMI正常的IBD儿童中，有93.6%的CD和47.7%的UC患儿存在少肌症；60%的成人IBD患者合并少肌症。由于骨骼肌减少和力量下降，合并少肌症的IBD患者活动量减少，容易出现疲劳、骨质疏松和脂肪堆积，手术率和术后并发症增加，生活质量降低。肥胖也可能影响IBD病程，加重炎症反应，但目前研究结果不一致。西方患者合并肥胖的比例可能更高，国内尚缺乏相应数据。肥胖症或肥胖伴少肌症在儿童IBD较多见，成人的研究相对较少。内脏脂肪含量与CD疾病活动度及炎症反应水平显著相关,并影响机体对生物制剂的反应性。内脏脂肪增多的 CD 患者术后并发症(尤其是感染并发症)发生率明显增加,且术后更易复发。

人体所需营养物质包括宏量营养素和微量营养素,宏量营养素包括水、电解质、碳水化合物、氨基酸和脂肪酸,微量营养素指维生素和微量元素。IBD 患者受膳食摄入不足、肠道(尤其是回肠)炎症反应以及药物干扰等因素的影响,容易合并微量营养素缺乏,病史长或者手术后患者尤其明显。微量营养素缺乏在 IBD 活动期和缓解期均可发生,处于疾病缓解期或宏量营养素水平正常(营养状况正常)的患者亦可能存在微量营养素缺乏。CD 常累及回肠,甚至需要切除回肠,而回肠是脂肪和脂溶性维生素吸收的主要部位,所以 IBD 患者尤其是 CD 患者常合并脂溶性维生素缺乏,其中低维生素 D 水平十分常见,表现为骨密度降低。约 22% 的 CD 患者和 25% 的 UC 结肠切除患者存在维生素 B_{12} 缺乏,80% 的 IBD 患者有叶酸缺乏。缺铁性贫血在 IBD 亦相当普遍。由于结肠溃疡失血等原因,UC 患者缺铁性贫血发生率较高,即使结肠切除术后,其贫血发生率也达 20% 以上;超过 50% 的合并储袋炎的 UC 患者有铁缺乏。贫血会导致疲劳,影响患者生活质量。IBD 患者常出现腹泻症状,造成不同程度的钾、镁、钙和磷丢失。约 10% 的 CD 患者会出现锌缺乏。儿童 CD 缺锌现象更普遍。锌缺乏的 IBD 患者预后差,补充锌能够降低 CD 风险。

第二节 IBD 患者的营养及能量需求评估与供给

营养风险(nutritional risk)是指现存或潜在的与营养因素相关的导致患者出现不良临床结局的风险,对具有营养风险的患者进行营养支持治疗能够改善临床结局。随着疾病严重程度的加剧,具有营养风险的 IBD 患者数量显著增加。故 IBD 患者在初诊时应常规进行营养风险筛查。对筛查出的有营养风险的患者应进行营养状况评定,确定营养治疗方案,并给予营养支持治疗。

营养风险筛查工具有多种,最适合 IBD 患者的筛查工具尚不明确。目前应用最广泛的是营养风险筛查工具 2002(NRS 2002)。NRS 2002 评分≥3 分提示有营养风险,需要进行营养支持治疗。营养状况评定包括主观与客观两个部分。常以患者整体营养状况评估表(scored patient-generated subjective global assessment, sPG-SGA)作为营养状况主观评定工具。sPG-SGA 将营养状况分为重度营养不良(≥9 分)、中度营养不良(4~8 分)和营养正常(0~3 分)。客观部分包括静态和动态两类测定指标。静态指标指人体测量指标,包括身高、体质量、BMI、机体组成、三头肌皮褶厚度、上臂肌围及其他用于评估慢性营养不良的指标;动态测定指标包括氮平衡和半衰期较短的内脏蛋白如前白蛋白等。血浆总蛋白和白蛋白半衰期较长,结果受多种因素影响,作为疾病急性期机体营养状况的评价指标不够敏感。氮平衡是可靠且常用的动态评价指标,有条件的医院可以使用。病情变化可以影响患者营养状况和代谢状态,合并感染或使用糖皮质激素、饥饿、肠梗阻或肠瘘等均能恶化患者的营养状况和代谢状态,因此在治疗期间应动态监测患者的营养状况,并根据监测结果调整营养支持治疗方案。

有关 IBD 能量消耗的研究不多,有研究认为,IBD 并不增加静息能量消耗(resting energy expenditure, REE),虽然疾病活动期 REE 可能增加,但由于患者活动量减少,抵消了炎症反应活动增加的 REE,因此,对缓解期和轻中度活动期疾病,可以沿用正常人的能量供给。但极度营养不良、重症 UC 或 CD 患者的 REE 有别于正常人:体温每升高 1℃,CD 患者的 REE 增加 10%~15%,合并脓毒症时 REE 约增加 20%。而儿童和青少年 IBD 患者处于生长发育期,摄入的营养除满足正常代谢需要外,还要增加追赶同龄人身高和体质量的营养需求,因此,每日提供的能量应为正常儿童推荐量的 110%~120%,以避免能量供给不足造成蛋白质分解供能。

IBD 患者蛋白质代谢受摄入量、肠道消化和吸收能力、肠道炎症反应、全身炎症反应和使用糖皮质激素等因素的影响。缓解期 IBD 患者蛋白质需要量与普通人相似[1.09g/(kg·d)],活动期蛋白供给应达到 1.2~1.5g/(kg·d)。虽然营养支持治疗能够提供一部分微量营养素,但可能不足,因此应定期评估患者微量营养素水平，对不足者予以针对性补充。每日口服或静滴复合维生素制剂能够纠正大部分患者的维生素缺乏，但对于维生素 D、锌、铁缺乏需要有针对性的纠正。相关研究表明某些微量元素的缺乏不会因为 IBD 炎症反应得到控制而自行改善。

第三节 IBD 患者营养支持治疗的目的和作用

一、营养支持治疗在 CD 成人中的目的和作用

从 20 世纪 70 年代开始，随着太空饮食（space diet），也称为要素饮食（elemental diet），的发明并应用于临床，人们发现要素饮食具有和糖皮质激素相当的诱导 CD 缓解的临床效果。后来进一步证实，无论是以氨基酸单体为氮源的肠内营养（EN）制剂（即要素饮食），还是以短肽或整蛋白为氮源的 EN 制剂均有类似的治疗作用。目前认为，全肠内营养（EEN）能够诱导成人 CD 缓解，但疗效不如糖皮质激素或生物制剂，可能是成人对 EEN 依从性差；同时，EEN 对不同部位 CD 诱导缓解的效果可能有所差别。但是，对于合并营养不良或有营养风险的患者，或不适于使用糖皮质激素或生物制剂的患者，以及围手术期患者，EEN 是最佳选择。部分患者考虑到药费和药物不良反应等因素，也倾向于选择使用 EEN 诱导 CD 缓解。EEN 诱导 CD 缓解的机制不明，可能与 EN 组成（如复杂碳水化合物、脂肪酸构成、维生素和微量元素）合理、抗原负荷少、有助于短链脂肪酸（short-chain fatty acid，SCFA）产生，以及调整肠道微生态平衡（如拟杆菌、普雷沃菌比例）改善菌群结构，保护肠黏膜屏障等机制有关。近年来，内脏脂肪在 CD 发病过程中的作用日益受到重视。EEN 能够减轻内脏脂肪堆积，改变系膜脂肪结构，或许与诱导 CD 缓解作用机制有关。长期 EN 能够维持 CD 缓解，延缓复发，但相关证据尚不充分。EN 维持 CD 缓解有效的证据多来自日本，来自西方的结果多为无效，其原因不明。

EEN 诱导 CD 缓解后，肠黏膜炎症反应消退，溃疡能够愈合，其疗效优于糖皮质激素。黏膜愈合是 EEN 治疗后 CD 长期维持缓解的重要原因，通过 EEN 达到完全黏膜愈合的患者 3 年复发率显著低于没有达到完全黏膜愈合者。EEN 达到黏膜愈合至少需要 8 周以上，治疗 12 周的黏膜愈合率可达到 47%；8 周的完全黏膜愈合率为 33%，接近完全黏膜愈合率达 19%。与此相比，6~12 周的生物治疗黏膜愈合率只有 28%。

二、营养支持在 UC 成人中的目的和作用

营养支持治疗没有诱导或维持 UC 缓解的作用，但能够纠正 UC 患者营养不良或降低营养风险。UC 营养支持治疗首选 EN，仅在 EN 失败或 UC 合并肠衰竭时使用肠道休息和全肠外营养（total parenteral nutrition，TPN）。UC 患者需要 TPN 治疗大多提示病情严重。

三、营养支持治疗在 IBD 儿童和青少年中的目的和作用

生长发育迟缓甚至停滞在儿童和青少年 IBD（尤其是 CD）中相当普遍，男孩多于女孩，约有 30% 的 IBD 儿童初发症状为生长发育迟缓。生长发育迟缓对儿童的主要影响在于身高增长较同龄人缓慢，其中约半数到成年时仍身材矮小。

营养不良是生长发育迟缓的原因之一，但不是唯一原因，单纯纠正营养不良能够改善患儿营养状况，增加体质量，但不一定促进身高增长。活动性炎症反应造成的下丘脑 - 垂体 - 性腺轴和生长激素（GH）/ 胰岛素样生长因子（IGF）-1 轴分泌减少是生长发育迟缓的直接原因，循环血中肿瘤坏死因子（TNF-α）也影响长骨骨骺端的生长。EEN 由于同时具有补充营养和诱导活动期 CD 缓解的作用，在改善营养状况的同时能够减轻 CD 炎症反应程度，促进生长发育，所以，EEN 是儿童和青少年 CD 首选的治疗手段。研究表明，12 周 EEN 能够提升 CD 患儿骨小梁密度 *Z* 分值，增加骨骼肌含量，并增加 BMI *Z* 分值。多项研究也表明，EEN 促进儿童和青少年 CD 患者生长发育的效果优于糖皮质激素，具有不可替代的优势。

四、营养支持治疗在IBD手术患者中的目的和作用

影响IBD患者术后康复的关键是手术并发症的风险因素。需要手术的IBD患者由于病情重，肠道有狭窄或穿透性并发症等原因，营养状况较一般IBD患者更差。营养不良是手术并发症的独立风险因素。IBD患者在择期手术前应进行营养风险筛查和营养状况评定，对有营养风险或营养不良的患者先进行营养支持治疗，待营养风险下降、营养状况得到纠正后再手术，能够提高手术安全性，减少手术并发症。对于存在营养不良、合并感染或使用糖皮质激素等免疫调节剂的患者，EEN在改善营养状况的同时，能够诱导CD缓解，有助于控制感染、撤除糖皮质激素以及消除糖皮质激素对手术的不利影响。上述理念也称预康复。IBD患者术后肠麻痹（ileus）发生率高，术后早期EN不仅能够促进肠道运动功能恢复，改善营养状况，而且有助于维护肠黏膜屏障功能，降低感染发生率，缩短术后住院时间。

第四节 IBD患者营养支持治疗的临床应用

一、IBD一般情况的营养支持治疗

EN不仅能够提供身体所需的营养物质，而且消化吸收途径符合生理状态，能增加门静脉血流量、维护消化道生理功能和肠黏膜屏障。通过EN提供的能量只要达到总能量需求的20%，即可发挥上述作用。因此，营养学界有句名言："只要肠道有功能，就应该使用肠道；即使部分肠道有功能，也应该使用这部分肠道"。所以，营养支持治疗首选EN。根据摄入量占营养需求总量的比例，EN分为EEN和部分肠内营养（partial enteral nutrition，PEN）。EEN指患者所需的营养素完全由EN提供，没有其他营养来源。EEN可有效诱导活动期CD缓解。在治疗过程中应及时评估CD疾病活动情况，适时添加维持缓解药物，从而转换到药物维持缓解。EEN诱导CD缓解后如何过渡到普通饮食尚无一致意见，通常在诱导缓解过程中开始服用维持缓解药物，药物起效后2~3周内逐渐撤减EN并过渡至普通饮食。EEN也可用于择期手术的CD患者预康复，从而减少术后不良事件的发生。对于儿童和青少年CD，EEN不但能够有效地纠正营养不良，促进骨密度增加和身高增长，还能提高深度缓解率和黏膜溃疡愈合率，改善预后，其效果优于糖皮质激素，与生物制剂相仿或高于生物制剂，但不良反应更少。EEN的疗效与治疗时间有关，诱导儿童和青少年CD缓解的推荐疗程为6~8周，促进黏膜愈合至少为12周，治疗生长发育迟缓需时更长。鉴于EEN的疗效及糖皮质激素和免疫抑制剂的潜在不良反应，治疗儿童和青少年CD首选EEN。PEN指在进食的同时补充EN，以达到增加能量和营养素摄入的目的。长期EEN受患者依从性的影响，很难实施，在EN用于维持CD缓解的研究报道中以PEN居多。PEN方案要求患者每日需求的总能量的50%以上由EN提供。PEN可采用以下方法：①在正常进食基础上口服营养补充（oral nutritional supplement，ONS）；②白天进食低脂饮食，夜间鼻饲；③每4个月中进行1个月的EEN；④EN联合英夫利西单克隆抗体维持CD缓解。荟萃分析结果显示，与普通正常饮食相比，PEN可以有效减少CD复发，其作用优于某些药物（如糖皮质激素和5-氨基水杨酸制剂）。

如果通过肠道供能48~72h后仍达不到总能量及蛋白质需求的60%，应给予补充性肠外营养（supplementary parenteral nutrition，SPN），当EN提供的能量超过所需目标量的60%时可以停用PN。虽然TPN相关并发症高于EN，但营养风险高（NRS 2002，≥5分）或重度营养不良的IBD患者，如EN禁忌或无法实施，应在24~48h内给予TPN；而营养风险低（NRS 2002，≤3分）或轻中度营养不良的IBD患者只有在预计营养摄入受限超过7d时才给予TPN。IBD患者给予TPN的常见临床情形有：①CD继发短肠综合征早期有严重腹泻；②高流量小肠瘘（流量>500ml/d）且EN无法维持水电解质及营养平衡；③肠梗阻无法实施EN；④高位肠内瘘（如胃或十二指肠，结肠内瘘）且无法实施EN；⑤肠瘘继发腹腔感染未得到控制，无法给予EN；⑥不耐受EN的其他情形，如重症UC或其他原因造成的严重腹胀或腹

泻，严重的肠动力障碍；⑦无法建立EN通路。

二、CD特殊情况的营养支持治疗

（一）CD合并短肠综合征

CD是导致短肠综合征的常见病因。禁食联合TPN虽然能够满足患者对营养的需求，减轻短肠综合征患者腹泻，但不利于肠功能代偿。通过EN维持CD缓解的观点虽然没有得到普遍认可，但对于合并短肠的CD患者来说，这一思路值得借鉴。根据保留小肠长度、功能和患者的耐受情况适量管饲EN，不但有利于维持患者营养状况，促进肠功能代偿，而且有助于诱导和维持CD缓解，推迟复发。对于无法耐受EEN的短肠综合征患者，可以采用PEN联合SPN的方案满足患者对营养的需求，如肠道完全无法使用时才给予TPN。

（二）CD合并肠狭窄

肠狭窄是CD最常见并发症。合并肠狭窄的CD患者多存在营养不良，需要进行营养支持治疗。肠狭窄分为炎性狭窄和纤维性狭窄。经营养支持治疗诱导缓解后，大多数炎性狭窄患者的症状可以改善，但纤维性狭窄仍需要外科处理。临床工作中很难界定炎性与纤维性狭窄，二者常共存，因此应充分评估，了解肠狭窄性质（炎性或纤维性）、程度（有无肠梗阻及梗阻程度）、部位及有无闭袢或肠绞窄等，再决定采用EN或PN。营养支持治疗过程中应动态观察病情变化，及时调整治疗方案。EN诱导炎性狭窄症状缓解后，根据具体情况可以恢复进食并使用药物维持治疗；部分患者在营养状况改善后，可行内镜或手术治疗肠狭窄。

轻度肠狭窄可以选择ONS或管饲EN，中、重度肠狭窄推荐采用肠内营养输注泵持续管饲，以免加重梗阻症状。如果通过管饲仍无法达到EEN，对于内镜可及的狭窄（如食管或幽门/十二指肠狭窄）。可以将肠内营养管送至狭窄远端给予EEN；对内镜不可及的狭窄，可以采用PEN联合SPN或者TPN联合药物（如糖皮质激素）诱导缓解，待狭窄症状改善后再向管饲EEN过渡；如TPN治疗7~10d后肠梗阻症状仍不能缓解，应权衡继续TPN还是手术建立EN途径或解除肠梗阻的风险与获益。对于高位肠梗阻可以考虑在梗阻远端行空肠插管造口，低位梗阻可以在梗阻近端肠造口，为实施EN创造条件。待营养不良得到纠正、一般状况改善后再进行确定性处理，如内镜下狭窄扩张或手术。

（三）CD合并腹腔/腹膜后脓肿及肠外瘘

腹腔/腹膜后脓肿是CD的严重并发症。腹腔/腹膜后脓肿大多是肠壁穿透性病变即肠瘘导致。肠外瘘不是EN的绝对禁忌证，其改善营养状况的疗效优于PN，在充分引流的前提下应首选EN。如果瘘口较小，可以直接进行EN，但应注意观察瘘口的变化，以免肠液增多加重腹腔感染。如果进行EN后感染加重，应调整脓腔引流管的位置、管径，或更改为负压吸引，做到充分引流脓肿，再开始EN，并逐渐过渡至EEN。

某些单纯性小肠瘘经EN或PN治疗后有可能自愈，避免手术。明确瘘口解剖部位和肠液漏出量对制定营养支持治疗方案至关重要。如果瘘口位置较高，可以将肠内营养管置入瘘口以下肠段进行EN；如果瘘口位置较低，可经鼻置管使用瘘口以上的胃肠道进行EN，原则是把尽可能多的肠管利用起来；如果瘘口在小肠中段，也可以经上消化道进行EN，并及时将排出的肠液收集起来，经瘘口再回输入远端的消化道。肠液排出量≥500ml/24h时应尽量回输，不但有利于维持水电解质平衡，而且能够有助于营养物质的消化和吸收。如果消化液无法收集或丢失过多（≥500ml/24h），应在EN的同时密切关注水电解质平衡的变化，必要时给予SPN。

轻中度营养不良的患者，如果预计感染可以在1周内得到有效引流，并耐受EN，可不必给予PN。严重营养不良或消化液丢失量大的患者，如果不能耐受EN，应禁食并及时给予TPN，不仅可以改善患者营养状况，而且能减少肠液丢失，有利于肠瘘愈合。

（四）CD合并肠内瘘

CD合并肠内瘘患者实施EN的关键在于克服肠道结构异常。通过影像学检查找到能够用于EN的肠段，再通过内镜等技术，采用适宜的管饲途径，多能够成功实施EN。

高位内瘘（如胃或十二指肠-结肠内瘘）且瘘口较大引起短路症状者，推荐置营养管至瘘口以下空肠进行EN。旷置肠段较短或瘘口较小的肠-肠内瘘者，如果短路症状不明显，可以按照一般原则给予 EN。肠 - 膀胱瘘及肠 - 阴道瘘者，如漏出量不大，症状不严重，使用低渣肠内营养制剂进行 EN，同时口服喹诺酮或咪唑类抗生素可以改善感染症状；如果症状严重，可考虑先行转流性肠造口，既有助于进行 EN，又能有效控制感染和肠道症状。肠内瘘和狭窄常同时存在，在实施 EN 过程中应避免加重肠梗阻，如果 EN 不能全量供能，可以进行 SPN。通过营养支持治疗纠正营养不良并诱导 CD 缓解后，部分肠内瘘患者瘘口能够闭合，但大多数患者仍需要手术治疗，此时进行确定性手术可显著改善手术结局。

第五节　IBD 患者营养支持治疗的实施与监测

一、营养支持治疗的执行者

建议由营养支持团队（nutritional support team，NST）执行营养支持治疗。NST 由多学科专业人员构成，包括临床医师（特别是 IBD 专科医师）、营养师、护士、药剂师等，其主要职责是承担营养风险筛查与评价，制定、实施营养支持治疗方案并监测治疗效果，指导家庭营养支持治疗等任务。研究显示，NST 的参与可以降低营养治疗相关并发症，提高营养支持治疗效果。

而对于病情相对稳定且需要长期营养支持治疗的患者可以实施家庭营养支持治疗。家庭营养支持治疗可以让患者回归家庭，提高生活质量，减少医源性感染和医疗费用，提高医疗资源的使用效率。家庭营养支持治疗分为家庭肠内营养（home enteral nutrition，HEN）和家庭肠外营养（home parenteral nutrition，HPN）。HEN 多采用管饲。导管管理不善是常见的 HEN 并发症。对于肠道耐受较好、使用 PEN 的患者也可以采用口服的方式，其优点是简便易行、符合生理特点、患者依从性好。HPN 是肠衰竭（短肠综合征）患者长期营养支持治疗、维持生命的重要途径，由于其对技术和设施的要求较高，营养液配制过程应在设施完备的医疗机构进行，接受 HPN 的患者及家属需要进行严格的培训。TPN 相关并发症是 IBD 患者死亡的重要原因，尤其在使用的最初 2 年要密切监测，积极处理。为尽量减少营养支持治疗相关并发症，提高疗效，家庭营养支持治疗需要在 NST 的监督指导下进行。

二、肠内营养

（一）EN 制剂的种类与选择

整蛋白配方、低聚肽（短肽）配方或氨基酸单体（要素膳）配方均可选择。总的来说，应用这 3 类配方进行营养支持治疗时，疗效并无明显差异，但不同个体、不同情况对不同配方的耐受性可能不同。整蛋白 EN 价格低廉，口感好，但由于氮源来自于整蛋白，适用于消化吸收功能相对健全的患者。要素饮食或短肽 EN 的氮源来自蛋白质分解，适用于消化吸收功能不全（如肠道吸收面积减少或各种原因引起的消化吸收功能减退）的患者，但由于其相对分子质量较小，对 EN 制剂的渗透压影响较大。膳食纤维不但能够给结肠黏膜提供 SCFA，而且有助于改善粪便性状，但对合并肠狭窄患者要慎用，以免加重肠梗阻症状。

低脂制剂能够提高 EN 诱导 CD 缓解的功效，但长期限制脂肪摄入可能导致必需脂肪酸缺乏。鱼油含有 ω-3 多不饱和脂肪酸，能够降低活动期 UC 的内镜和组织学评分，具有激素节省效应，并可提高临床缓解率；鱼油也能够改善活动期 CD 的炎症指标水平，但未能改善 UC 和 CD 的临床结局。目前尚缺乏足够证据证实鱼油能够维持 UC 或 CD 缓解。

（二）EN 给予方式

EN 摄入方式包括口服和管饲。口服最常用的方式是 ONS，适用于添加营养改善营养状况或采用 EN 长期维持缓解患者。当 EN 摄入量 <900ml/d 时，多数患者可以耐受 ONS；超过这一限度，患者往往出现胃肠道不耐受现象，需要管饲。管饲尤其适用于 EEN（营养液输注量大）、肠腔狭窄或吸收面积不足的患者，如不全性肠梗阻、肠外瘘或短肠综合征患者。管饲包括间歇推注、间断滴注和持续输注 3 种方式。IBD 患者由于合并肠狭窄等原因，通常采取持续输注的方式，即在 20~24h 内将每日所需的全量营养液持续输入胃肠道。与间歇推注和间断滴注相比，使用输注泵持续输注 EN 不但减少管饲护理工作量，而且能够准确控制输注速度，按时完成输注量，改

善肠道吸收情况，减少 EN 并发症，提高胃肠道耐受性。

管饲方法包括鼻胃管、鼻肠管、内镜下经皮胃 / 空肠造口术，以及手术胃 / 空肠造口等，其中鼻胃管途径最常用。鼻饲管持续放置时间不宜超过 4 周，时间过长容易压迫鼻黏膜出现溃疡、压迫鼻旁窦开口造成堵塞以及鼻窦炎等并发症。如果持续管饲时间 >4 周可选择 PEG/J，PEG/J 并不增加胃瘘风险。一般不推荐 CD 患者做空肠插管造口。

（三）EN 并发症及预防

EN 并发症包括胃肠道并发症（腹泻、腹胀、恶心、呕吐等）、代谢并发症（水电解质平衡异常、血糖波动等）、感染并发症（吸入性肺炎、营养液污染等）及导管相关并发症（鼻窦炎、鼻咽部黏膜损伤、造口旁瘘、营养管堵塞或易位、营养管错误连接等）。IBD 患者因肠道炎症反应、肠狭窄及肠瘘等原因，出现 EN 并发症的风险高于普通患者。EN 并发症重在预防，实施过程中必须遵循相关规范。

管饲是常见的营养途径，盲法放置的鼻饲管应通过 X 线等影像学手段证实位置合适后才可使用。有胃排空障碍或误吸风险（如幽门、十二指肠或高位空肠狭窄）时，推荐将导管放到狭窄以远进行管饲，从较低速度（10~15ml/h）开始输注，再根据患者耐受程度逐渐增加至目标量。为避免返流，卧床重症患者应采取头高位（15°~30°）；高危患者应定时监测胃排空情况，以免发生误吸。输注过程中缓慢增加输注量、保持营养液合适温度、防止营养液污染等措施能够减少胃肠道并发症，提高患者耐受性。

三、肠外营养

（一）PN 的配制

PN 时应避免将碳水化合物、脂肪乳剂、氨基酸等分别输注，而应将所有营养成分放在同一容器内，同时输注给患者，此为“全合一”输注方式，其优点是能够提高机体对营养物质的利用效率，减少代谢并发症，降低营养液和输注管路污染的发生率。

“全合一”的总能量构成中，碳水化合物供能应占 50%~70%，其余能量由脂肪乳剂供给，约为 30%~50%。碳水化合物比例过高容易产生糖代谢紊乱、CO_2 潴留、肝内胆汁淤积等并发症。脂肪乳剂的主要作用是提供能量和必需脂肪酸，主要成分为多不饱和脂肪酸（polyunsaturated fatty acids，PUFA），不同成分的脂肪酸具有不同的免疫调节功能。ω-6 PUFA 是脂肪乳剂的主要成分，但其代谢产物具有加剧炎症反应的作用，不宜作为脂肪酸的唯一来源，而应添加促炎作用很弱的鱼油脂肪乳剂（主要成分为 ω-3 PUFA）、橄榄油脂肪乳剂（主要成分为 ω-9 单不饱和脂肪酸，ω-9 monounsaturated fatty acids，ω-9 MUFA）或不影响炎症反应并且能够快速供能的中链甘油三酯（medium-chain triglyceride，MCT）。研究证实，添加 ω-3 PUFA 的 TPN 对活动期 CD 可能具有诱导缓解、减少术后感染风险、缩短术后住院时间的作用。短链脂肪酸（SCFA）主要包括乙酸、丙酸和丁酸，系由细菌发酵未被消化的膳食碳水化合物所产生。SCFA 可有效地被结肠细胞所吸收。其氧化过程提供了结肠细胞的主要能量来源。曾有研究认为溃疡性结肠炎可能代表了一种结肠黏膜能量缺乏状态，并同时伴有结肠内 SCFA 氧化代谢受损的过程。但最近研究证明溃疡结肠炎患者手术切除的结肠标本中分离得到的结肠细胞并不存在 SCFA 代谢障碍。临床上应用 SCFA 灌肠可减轻所谓转向性结肠炎（即进行转向性结肠造口术后因粪便流向改变所致的结肠炎）患者的远端结肠的炎症。但在静脉输注 SCFA 对改善结肠炎症方面仍存在争议。氨基酸之一的谷氨酰胺是快速增殖性细胞（如肠细胞与淋巴细胞等）的关键性能量底物。试验研究提示，无论经口服或经静脉补充谷氨酰胺后，可有益于肠道炎症与黏膜损伤的结构与功能改善，也可减少门静脉内肠毒素水平，降低结肠内白介素 -8 与肿瘤坏死因子 -α 的水平，以及减少肠内细菌易位等作用。谷氨酰胺用于 IBD 临床的机制尚待进一步研究阐明。但它作为一种重要的非必需氨基酸及良好的供能物质，可具有显著地改善氮平衡与维护肠道功能作用，也是核苷酸产生的必要物质。与胱氨酸及酪氨酸一样，因其在溶液中的不稳定性或难溶性，难于共静脉输注使用。但它的二肽合成品如 L- 丙氨酰 - 谷酰胺（国内商品名力肽，可用 20% 的溶液 100ml/d 的剂量，加入至少 500ml 氨基酸溶液中静脉输注），甘氨酰-L-谷酰胺等，可供临床应用。目前临床研究结果表明尚无证据支持静脉给予谷氨酰胺二肽对IBD活动度具有调节作用。

对于高分解代谢或TPN早期（1周内）患者，建议采用容许性低热卡、高蛋白配方[总能量≤20kcal/（kg·d）（1kcal=4.184kJ）或每日提供总能量只占预计需要量80%，蛋白质≥1.2g/（kg·d）]，以免加重脏器代谢负担。

（二）PN给予方式

根据病情和输注肠外营养液的内容，输注途径主要有中心静脉和外周静脉两种。与周围静脉通路相比，中心静脉管径粗，血流量大，不易产生静脉炎，适用于输注高浓度或大容量营养液如TPN。与锁骨下静脉穿刺置管术相比，经外周静脉穿刺中心静脉置管术（peripherally inserted central catheter，PICC）更安全，是输注TPN首选途径。颈内静脉或股静脉穿刺置管术的穿刺口容易污染，股静脉置管易形成血栓，均不建议用于输注TPN。

在B超引导下放置中心静脉导管可提高置管安全性。置管成功后应进行X线检查，确定导管尖端位置合适并排除置管并发症后才可使用。建议采用单腔静脉导管输注营养液，其优点是内径粗、阻力小、接口少和污染机会少。SPN液体量一般较小，浓度低，使用时间较短（<10d），可考虑经周围静脉输注，但也应警惕发生血栓性静脉炎。

（三）PN并发症及预防

PN并发症包括导管相关并发症（穿刺损伤、导管异位、导管堵塞或折断、空气栓塞、血栓形成等）、感染并发症（导管相关感染、营养液污染等）、代谢并发症（血糖波动、水电解质紊乱、微量元素和维生素缺乏、脂代谢异常及高氨血症等）、脏器功能损害（如PN相关性肝损害）等。部分并发症可以通过严格遵循相关规范加以预防，但有些并发症如脏器功能损害原因尚不十分清楚，防范措施是积极使用EN。

四、营养支持的评估与监测

IBD营养支持治疗的作用是多方面的，为达到不同的治疗目的，应动态监测与评估治疗效果，及时调整治疗方案。以诱导CD缓解为目的时，应在治疗开始和终止时评价CD活动度，包括CD活动指数（Crohn's disease activity index，CDAI）、血清CRP和粪便钙防卫蛋白等，各项检测指标的临床意义有所不同，但均有利于明确营养支持治疗的终点，及时切换到其他治疗方案。活动期CD是手术后并发症的风险因素。术前通过EEN进行预康复不但能够改善营养状况，而且能够诱导疾病缓解。动态监测疾病活动等相关指标有助于准确把握手术时机，减少术后并发症，推迟术后复发。由于患者对EN的依从性和肠道耐受性不同、营养摄入途径不同（管饲或ONS）等原因，治疗效果有所差别。动态评估疗效有助于及时发现问题，提高疗效。

第六节　膳食及体育锻炼对IBD的影响及建议

膳食对IBD发病及临床症状的影响一直是关注的重点，即使是孪生兄弟或姐妹，膳食结构的差异也会显著影响IBD的发生。但受到食物的多样性、食物成分相互作用以及食物与肠道微生态之间的复杂关系等多方面因素的影响，一直缺乏大规模高质量的临床研究。因此，目前对膳食与IBD关系的认识均是基于小样本或实验研究结果，临床证据尚不充分。

复杂碳水化合物是关注的焦点之一，由于双糖和多糖在小肠难以吸收，渗透压高，进入结肠后迅速被细菌发酵，某些碳水化合物如精炼糖、麦胶及某些淀粉经发酵后还会产气，刺激肠道分泌黏液，促进致炎细菌生长，因此有学者提出了剔除饮食（exclusion diet）的膳食思路，避免食人除单糖以外的其他碳水化合物膳食。文献提及较多的包括可发酵的低聚糖、双糖、单糖和多元醇（fermentable oligosaccharides，disaccharides，monosaccharides and polyols，FODMAPs）含量低的饮食、特殊碳水化合物饮食（special carbohydrate diet，SCD）和旧石器时代饮食等，有研究证实上述膳食能减轻CD症状和炎症反应程度。

膳食纤维分可溶性和不溶性两种。可溶性膳食纤维和抗性淀粉能在结肠发酵成SCFA，为结肠黏膜提供能量，并具有抗炎、调节免疫等作用，能够强化肠屏障，减少细菌易位，促进肠蠕动和益生菌生长，调节肠道免疫耐受，降低轻中度 IBD 疾病活动度及粪便炎症反应指标，预防疾病复发，膳食纤维摄入不足增加 CD 风险。不溶性膳食纤维对 IBD 的影响尚不明确，虽然能增加粪便含水量，但有可能加重肠道梗阻症状，所以对于合并肠道狭窄的 CD 患者应予限制。

膳食脂肪的摄入量及脂肪成分是影响 IBD 发病的重要因素。近年来，饮食习惯的改变尤其是饮食西方化造成动物脂肪、食用油和人造奶油等富含 ω-6 PUFA 的食品摄入过多，而 ω-3 PUFA 摄入不足，这一现象与全球 IBD 发病率升高有关。有研究表明，适当调高膳食当中 ω-3/ω-6 PUFA 的比例（比如服用富含 ω-3 PUFA 的鱼油）可能降低患 IBD 的风险，降低 UC 的疾病活动度，下调活动期 CD 炎性因子表达，延长 UC 缓解时间，减少糖皮质激素的用量。添加 ω-3 PUFA 能够提高 EN 诱导活动期 CD 缓解的疗效。

新鲜蔬菜和水果富含维生素、微量元素和膳食纤维。研究表明，蔬菜及水果摄入减少、糖和软饮料摄入过多可能与 CD 及 UC 的发病增加相关。增加水果和蔬菜等富含可溶性膳食纤维食物的摄入量，少食红肉、人造脂肪和食用油可能降低 IBD 的发病风险。

环境因素是决定 IBD 发生和发展的关键，膳食是环境因素中的最主要部分，它通过与肠黏膜长期的直接作用，也通过影响肠道微生态组成和功能对肠道发挥影响。与健康人相比，IBD 患者肠道微生态组成和功能的改变主要表现在肠黏膜菌群多样性减少（比如肠杆菌增加和梭菌减少）和微生态代谢产物的变化。肠道微生态的大多数功能通过分解膳食纤维产生 SCFA 来实现。产生 SCFA 的主要细菌普拉梭菌（*faecalibacterium prausnitzii*）丰度下降增加 IBD 发病。调整肠道微生态可以从饮食和微生态两方面着手，但从肠道微生态改变到 IBD 发病是个漫长的过程。基于目前对肠道微生态的认识和干预手段尚不足以取得治疗效果，通过口服益生菌治疗 IBD 的研究虽然很多，但疗效不确切。粪菌移植（fecal microbiota transplantation，FMT）对 CD 及储袋炎的治疗效果多来自病例报道，缺乏高水平临床研究的证据支持。尽管目前研究表明 FMT 对 UC 有诱导缓解作用，但 FMT 面临着菌液安全性和标准化、治疗方案的规范化等问题，因此，临床广泛应用尚需进一步研究支持。

因为腹部症状和疾病的影响，IBD 患者体能状况欠佳。研究显示，体能状况可能与 IBD 活动度和抑郁状态存在一定的相关性；UC 患者的体能状况与其年龄和抑郁状态独立相关；体育锻炼对 IBD 患者的情绪能产生积极影响。营养支持治疗能改善 IBD 患者营养状况，在此基础上进行适度的体能锻炼有助于提高营养支持治疗效果，增加骨密度和肌肉含量，延缓疾病复发。研究表明，经常从事体育锻炼的缓解期 CD 患者 6 个月内疾病复发的可能性明显降低。体育锻炼还能够提高 IBD 患者的生活能力及社会适应力，有助于提高生活质量。肥胖型 IBD 患者也应通过体育锻炼减少脂肪量，增加肌肉群，而不是通过限制蛋白质或能量的摄入来消耗脂肪。体育锻炼的强度要适当，高强度的体育运动可引起短暂的轻度全身炎症反应，增加促炎细胞因子的释放，对控制 IBD 病情不利。目前尚缺乏适用于 IBD 患者的可推荐的运动方案，建议采取积极、自觉、量力而行的锻炼方案。

（朱维铭　王化虹　冯登宇）

参考文献

1. Casanova MJ, Chaparro M, Molina B, et al. Prevalence of malnutrition and nutritional characteristics of patients with inflammatory bowel disease[J]. J Crohns Colitis, 2017, 11(12): 1430-1439.
2. Gajendran M, Umapathy C. Loganathan P, et al. Analysis of hospital—based emergency department visits for inflammatory bowel disease in the USA[J]. Dig Dis Sci, 2016, 61(2): 389-399.
3. Sumi R, Nakajima K, Iijima H, et al. Influence of nutritional status on the therapeutic effect of infliximab in

patients with Crohn's disease[J]. Surg Today, 2016, 46(8): 922-929.

4. Fuggle N, Shaw S, Dennison E, et al. Sarcopenia[J]. Best Pract Res Clin Rheumatol, 2017, 31(2): 218-242.
5. Bryant RV, Ooi S, Schuhz CG, et al. Low muscle mass and sarcopenia: common and predictive of osteopenia in inflammatory bowel disease[J] Aliment Pharmacol Ther, 2015, 41(9): 895-906.
6. Zhang T, Cao L, Cao T, et al. Prevalence of sarcopenia and its impact on postoperative outcome in patients with Crohn's disease undergoing bowel resection[J] JPEN J Parenter Enteral Nutr, 2017, 41(4): 592-600.
7. Thangarajah D, Hyde MJ, Konteti VK, et al. Systematic review: body composition in children with inflammatory bowel disease[J]. Aliment Pharmacol Ther, 2015, 42(2): 142-157.
8. Zhang W, Zhu W, Ren J, et al. Skeletal muscle percentage: a protective factor for postoperative morbidity in Crohn's disease patients with severe malnutrition[J]. J Gastrointest Surg, 2015, 19(4): 715-721.
9. Pedersen M, Cromwell J, Nau P. Sarcopenia is a predictor of surgical morbidity in inflammatory bowel disease[J]. Inflamm Bowel Dis, 2017, 23(10): 1867-1872.
10. Seminerio JL, Koutroubakis IE, Ramos—Rivers C, et al. Impact of obesity on the management and clinical course of patients with inflammatory bowel disease[J]. Inflamm Bowel Dis, 2015, 21(12): 2857-2863.
11. Adams DW, Gurwara S, Silver HJ, el al. Sarcopenia is common in overweight patients with inflammatory bowel disease and may predict need for surgery[J]. Inflamm Bowel Dis, 2017, 23(7): 1182-1186.
12. Pituch—Zdanowska A, Banaszkiewicz A, Dziekiewicz M, et al. Overweight and obesity in children with newly diagnosed inflammatory bowel disease[J]. Adv Med Sci, 2016, 61(1): 28-31.
13. Holt DQ, Moore GT, Strauss BJ, et al. Visceral adiposity predicts post-operative Crohn's disease recurrence[J]. Aliment Pharmacol Ther, 2017, 45(9): 1255-1264.
14. Shea W, Cao L, Li Y, et al. Visceral fat is associated withmucosal healing of infliximab treatment in Crohn's disease[J]. Dis Colon Rectum, 2018, 61(6): 706-712.
15. Ding Z, Wu X R, Remer EM, et al. Association between high visceral fat area and postoperative complications in patients with Crohn's disease following primary surgery[J]. Colorectal Dis, 2016, 18(2): 163-172.
16. Stidham RW, Waljee AK, Day NM, et al. Body fat composition assessment using analytic morphomies predicts infectious complications after bowel resection in Crobn's disease[J]. Inflamm Bowel Dis, 2015, 21(6): 1306-1313.
17. Li Y, Zhu W, Gong J, et al. Visceral fat area is associated with a high risk for early postoperative recurrence in Crohn's disease[J]. Colorectal Dis, 2015, 17(3): 225-234.
18. Weisshof R, Chermesh I. Mieronutrient deficiencies in inflammatory bowel disease[J]. Curr Opin Clin Nutr Metab Care, 2015, 18(6): 576-581.
19. Gong J, Zuo L, Guo Z, et al. Impact of disease activity on resting energy expenditure and body composition in adult Crohn's disease: a prospective longitudinal assessment [J]. JPEN J Parenter Enteral Nutr, 2015, 39(6): 713-718.
20. Zhao J, Dong J N, Gong J F, et al. Impact of enteral nutrition on energy metabolism in patients with Crohn's disease[J]. World J Gastroenterol, 2015, 21(4): 1299-1304.
21. Meckel K, Li YC, Lim J, et al. Serum 25-hydroxyvitamin D concentration is inversely associated with mucosal inflammation in patients with ulcerative colitis[J]. Am J Clin Nutr, 2016, 104(1): 113-120.
22. Kabbani TA, Koutroubakis IE, Schoen RE, et al. Association of vitamin D level with clinical status in inflammatory bowel disease: a 5-year longitudinal study [J]. Am J Gastroenteml, 2016, 111(5): 712-719.
23. Sigall BR, Sarbagili Sc, Yanai H, et al. Dietary therapy with the Crohn's disease exclusion diet is a successful strategy for induction of remission in children and adults failing biological therapy[J]. J Crohns Colitis, 2017, 11(10): 1205-1212.
24. Li Y, Zuo L, Zhu W, et al. Role of exclusive enteral nutrition in the preoperative optimization of patients with Crohn's disease following immunosuppressive therapy [J]. Medicine(Baltimore), 2015.94(5): 78.
25. Guinet-Charpentier C, Lepage P, Morali A, et al. Effects of enteral polymeric diet on gut microbiota in children with Crohn's disease[J]. Gut, 2017, 66(1) 194-195.
26. Dunn KA, Moore-Connors J, MaeIntyre B, et al. Early changes in microbial community structure are associated with sustained remission after nutritional treatment of pediatric Crohn's disease [J]. Inflamm Bowel Dis, 2016, 22(12): 2853-2862.
27. He Q, Gao Y, Jie Z, et al. Two distinct metacommunitiescharacterize the gut microbiota in Crohn's disease patients[J]. Gigascience, 2017, 6(7): 1-11.
28. Gong D, Yu X, Wang L, et al. Exclusive enteral nutrition induces remission in pediatric Crohn's disease via modulation of the gut mierobiota[J]. Biomed Res Int,

2017, 2017: 1–6.
29. Gavin J. Ashton JJ, Heather N, et al. Nutritional support in paediatrie Crohn's disease: outcome at 12 months [J]. Aeta Paediatr, 2018.107 (1): 156–162.
30. Swaminath A, Feathers A, Ananthakrishnan AN, et al. Systematic review with meta-analysis: enteral nutrition therapy for the induction of remission in paediatric Crohn's disease [J]. Aliment Pharmacol Ther, 2017. 46 (7): 645–656.
31. GroverZ, Burgess C, MuirR, et al. Earlymucosal healingwith exclusive enteral nutrition is associated with improved outcomes in newly diagnosed children with luminal Crohn's disease [J]. J Crohns Colitis. 2016, 10 (10): 1159–1164.
32. Cholapranee A, Hazlewood GS, Kaplan GG, et al. Systematic review with meta-analysis: comparative efficacy of biologics for induction and maintenance of mucosal heMing in Crohn's disease and ulcerative colitis controlled trials [J]. Aliment Pharmacol Ther, 2017, 45 (10): 1291–1302.
33. Ashton JJ, Gavin J, Beattie RM. Exclusive enteral nutrition in Crohn's disease: evidence and practicalities [J]. Clin Nutr, 2019, 38 (1): 80–89.
34. Connom J, Basseri S, Grant A, et al. Exclusive enteral nutrition therapy in pediatric Crohn's disease results in long-term avoidance of eortieosteroids: results of a propensity score-matched cohort analysis [J]. Gastroenterology, 2017, 152 (5): 202–203.
35. Luo Y, Yu J, Lou J, et al. Exclusive enteral nutrition versus infliximab in inducing therapy of pediatric Crohn's disease [J]. Gastroenterol Res Pratt, 2017, 2017: 1–4.
36. Kotze PG, Ghosh S, Bemelman WA, et al. Preoperative use of anti. tumor necrosis factor therapy in Crohn's disease: promises and pitfalls [J]. Intest Res, 2017, 15 (2): 160–165.
37. Joly F, Baxter J, Staun M, et al. Five-year survival and causes of death in patients on home parenteral nutrition for severe chronic and benign intestinal failure [J]. Clin Nutr, 2018, 37 (4): 1415–1422.
38. Nyabanga C, Kochhar G, Costa G, et al. Management of Crohn's disease in the new era of gut rehabilitation and intestinal transplantation [J]. Inflamm Bowel Dis, 2016, 22 (7): 1763–1776.
39. Li F, Liu X, Wang W, et al. Consumption of vegetables and fruit and the risk of inflammatory bowel disease: a meta-analysis [J]. Eur J Gastroentero Hepatol, 2015, 27 (6): 623–630.
40. Bilski J, Mazur-Bialy A, Brzozowski B, et al. Can exercise affect the course of inflammatory bowel disease? Experimental and clinical evidence [J]. Pharmaeol Rep, 2016, 68 (4): 827–836.
41. Klare P, Nigg J, Nold J, et al. The impact of a ten · week physical exercise program on health-related quality of life in patients with inflammatory bowel disease: a prospective randomized controlled trial [J]. Digestion, 2015, 91 (3): 239–247.
42. Houghton D, Tboma C, Hallsworth K, et al. Exercise reduces liver lipids and visceral adiposity in patients with nonalcoholic steatohepatitis in a randomized controlled trial [J]. Clin Gastroenterol Hepat, 2017.15 (1): 96–102.
43. Liao C D, Tsauo J Y, Wu Y T, et al. Effects of protein suppIementatjon combined with resistance exercise on body composition and physical function in older adults: a systematic review and meta-analysis [J]. Am J Clin Nutr, 2017, 106 (4): 1078–1091.

第四十四章　短肠综合征患者的营养支持

短肠综合征(short bowel syndrome,SBS)是指因各种原因引起广泛小肠切除或旷置后,肠道吸收面积显著减少,残存的功能性肠管不能维持患者营养需要,从而导致水、电解质代谢紊乱以及各种营养物质吸收障碍的综合征。SBS临床上主要表现为严重腹泻、脱水、吸收不良、维生素缺乏及代谢障碍和进行性蛋白质热卡缺乏性营养不良,在小儿可影响生长、发育,许多患者需要终身依赖全肠外营养(TPN)以维持生命。因此,SBS不仅严重影响患者生活质量,需要高昂的医疗费用,还是一种高病死率和死亡率的疾病。近年来,随着SBS代谢变化、残留肠道代偿机制认识的加深,SBS患者的治疗措施也日趋完善。通过合理的营养支持和肠道康复治疗,可促进残留肠道的代偿,不少患者已可能治愈或能摆脱肠外营养而长期生存。另一方面,小肠移植技术的不断成熟,同样给SBS患者带来彻底治愈的希望。

第一节　短肠综合征的病因及病理生理变化

短肠综合征是由于各种原因引起广泛小肠丧失后,肠道吸收面积显著减少,残存的肠道不能发挥消化道的功能,导致水、电解质代谢紊乱以及各种营养物质吸收障碍,无法维持机体基本需要,临床上出现严重的内环境紊乱及营养不良症候群。

一、短肠综合征的病因

成人SBS的常见原因是肠扭转,肠系膜血管性疾病(栓塞或血栓形成),腹部损伤,肠道原发或继发性肿瘤行广泛小肠切除,克罗恩病等严重的炎性肠病或放射性肠炎,内外疝绞窄,或胃回肠错误吻合等。儿童期SBS的常见原因是坏死性小肠结肠炎,先天性畸形(如先天性腹裂畸形、中肠旋转不良导致的小肠异位固定或异常扭转、小肠闭锁和肠狭窄、神经节细胞缺乏症)。较少见的有先天性巨结肠病波及小肠,系膜血管栓塞或血栓形成,放射性肠炎或克罗恩病也可导致此综合征,但主要存在于较大年龄组儿童中。

(一)急性肠扭转

肠扭转是一段肠袢沿肠系膜长轴旋转或两段肠袢扭缠成结而造成闭袢性肠梗阻,前者常见。常常是因为肠袢及其系膜过长,肠扭转后肠腔受压而变窄,引起梗阻、扭转与压迫影响肠管的血液供应,因此,肠扭转所引起的肠梗阻多为绞窄性。急性肠扭转时,由于肠系膜呈顺时或逆时钟方向扭转360°甚至720°,致肠管血供受阻。常累及全部小肠,甚至包括右半结肠。起病急骤,手术时往往肠管已缺血、坏死。因患者丧失全部小肠,后果极为严重。慢性肠扭转时如果时间过长,同样也可影响肠道血运,长时间的肠系膜血流降低可导致肠系膜上动脉血栓形成,从而导致肠道缺血性坏死。

(二)肠系膜血管病变

急性肠系膜血管病变是由各种原因引起肠系膜血管血流减少,而导致肠壁缺血、坏死和肠管功能障碍的一种综合征,临床上表现为绞窄性肠梗阻。常见下列原因:

(1)肠系膜上动脉栓塞:肠系膜上动脉栓塞是肠系膜上动脉梗塞(superior mesenteric artery occlusion,SMAO)最为常见的病因,超过一半的SMAO由肠系膜动脉栓塞导致。绝大多数栓子来源于心脏,常见的原因有长期心房颤动、心肌缺血或梗死、细菌性心内膜炎、风湿性心脏病、心肌病、心室壁瘤、心脏瓣膜病等。其他如主动脉钙化及各种肿瘤也是栓子来源的重要途径。由于肠系膜上动脉(superior mesenteric artery,SMA)与主动脉成一锐角,在腹腔干、肠系膜上下动脉三支中,以SMA栓塞最为常见,而在SMA栓塞中,15%的栓塞位于SMA起始部,50%位于SMA的第一分支血管,即结肠中动脉开口的远心端。约30%的SMA栓塞患者既往有其他部位栓塞病史,如四肢动脉、脑动脉栓塞等。

(2)肠系膜上动脉血栓形成:肠系膜上动脉血栓一般在原有的动脉硬化基础上形成,约占SMAO的30%以上,该类患者多数合并有严重的长期动脉硬化史。血栓形成的最常见部位在SMA的起始部。由于动脉硬化性闭塞是一个慢性的病理过程,该类患者多有较为丰富的侧支循环建立,可以耐受只有一支主要血流供血的情况。但是当最后一支主要血流供应中断,患者可能会出现比动脉栓塞更为广泛的肠道缺血及坏死。

(3)肠系膜上动脉瘤:肠系膜上动脉瘤(superior mesenteric artery aneurysms,SMAA)的发病率较低,其病因包括动脉硬化、链球菌或真菌感染、胰腺炎、手术损伤及发育异常等,动脉瘤内血栓形成可造成SMAO。

(4)主动脉夹层:SMAO作为主动脉夹层的一个并发症在临床上并不罕见。主动脉夹层的年发病率超过3/10万,而影响到肠管血运者占5%。患者多有长期控制不佳的高血压病史,预后较差。

(5)医源性肠系膜血管损伤:腹部手术时意外损伤肠系膜血管并不多见,一旦发生则后果严重。如胃部手术损伤结肠中动脉,胰十二指肠手术损伤肠系膜上动脉等。但此类损伤在熟悉解剖,暴露充分,谨慎操作的前提下是完全可以避免的。

(6)肠系膜上静脉血栓形成:一般继发于腹腔感染、门静脉高压和血管损伤等。

临床上导致短肠综合征的主要的肠系膜血管病变以肠系膜上动脉栓塞多见。无论是肠系膜上动脉栓塞,或是肠系膜血管血栓形成,都可导致小肠缺血及坏死。肠管受累的范围与血管病变部位有关,血管病变越是靠近主干,累及的小肠就越多。该病起病急骤,发展迅速,病情危重,由于临床上早期缺乏典型临床症状和体征,难以在发病早期明确诊断,同时该病的发病率在急腹症中少见,临床医生多对此病认识不足,加上临床上又缺乏特异性检查方法,早期诊断比较困难,疾病迅速发展为绞窄性肠梗阻,手术时机已晚,虽手术切除大量肠管,但常因中毒性休克和内环境严重失衡而死亡。此外,急性肠系膜血管病变患者且多伴有器质性心血管疾病,因此患者死亡率较高。

(三)克罗恩病

克罗恩病(Crohn's disease,CD)是一种慢性、易复发的肠道非特异性炎症疾病,可累及消化道的每一部分,主要累及小肠,结肠和直肠亦可累及,受累肠段呈节段性分布。病变发展很缓慢,受累肠管的各层均有增殖性炎症改变,管壁增厚、僵硬,可引起肠管狭窄、梗阻,也可引起肠瘘。在疾病的进展期,可有黏膜溃疡、结节样肉芽肿、炎症呈灶性伴有糜烂和裂隙状溃疡、淋巴聚集以及中性粒细胞浸润,病变波及肠壁全层。肠壁由于发生肉芽肿炎症而发生肥大、炎性息肉、萎缩、肠袢狭窄、畸形、瘘管等改变。由于该病目前尚无有效的治疗方法,当发生肠梗阻、肠瘘及消化道大出血时常需行手术,作病段小肠切除以病情缓解,但数年后又会再发作而需再手术。多次的肠切除使大部分小肠丧失,最终产生短肠综合征。本病在欧美地区多见,国内较少。但近年来已有增多趋势。为尽量避免发生SBS,在克罗恩病手术治疗时,切除的肠段只能限制在引起梗阻或有肠瘘的部分,而不是把受累肠管(但并无狭窄)全部切除。

除上述几种常见病因之外,腹部外伤、肠道或肠系膜肿瘤、肠系膜血管损伤及某些先天性疾病也可引起短肠综合征。

目前,SBS尚无统一的定义,对于SBS残留小肠长度的标准,说法也不一。把切除小肠75%作为标准显然不够恰当,因为小肠长度存在很大的个体差异,因此,很难准确定义究竟剩余多少小肠即属于短肠,而且更何况实际上也不容易算出这个百分数。有人认为残留小肠短于100cm就会导致短肠综合征,这个标准也不确切。能够保证充分营养素吸收的最短小肠长度取决于剩余肠道的状况和吸收能力,因为其中不少患者仍能维持小肠的消化、吸收功能而不出现症状。目前认为,通常情况下机体需要小肠长度的最低极限是1cm/kg,即60kg体重者至少要有60cm的小肠。但是,除了残留小肠的绝对长度之外,还有其他因素会影响消化、吸收功能。例如回盲瓣是否保留,结肠是否保留,残留的小肠是空肠还是回肠等。如果同时缺失回盲瓣和/或部分结肠,或缺失的是回肠而不是空肠，则症状会明显加重，而且代偿也会更困难。

二、短肠综合征的发病机制和病理生理变化

小肠广泛切除后，其消化道功能会发生一系列的病理生理改变，导致机体产生以营养吸收不良为主要症状的一组综合征，其严重程度取决于下列因素：切除肠管的范围及部位；是否保留回盲瓣；残留肠管及其他消化器官（如胰和肝）的功能状态；剩余小肠、大肠的代偿适应能力等。

短肠综合征对机体代谢的影响大，首先是产生水、电解质紊乱和严重的营养不良，继而可致器官功能衰竭，最终甚至危及生命。短肠综合征的主要临床表现有：严重腹泻、脂肪泻、脱水，体重下降，营养不良，宏量营养素、液体、维生素、电解质和微量营养素吸收不良，并可导致继发性低血容量、低蛋白血症和代谢性酸中毒。因此，对短肠综合征者，积极的治疗显得尤为重要。

为取得良好效果，首先必须充分认识短肠综合征产生的一系列代谢变化，了解其代偿机制及能力，然后才能针对性地采取最佳的营养支持治疗措施，使机体保持营养状态，或是使患者能平稳地度过其失代偿阶段。

治疗SBS患者首先要弄清三个问题：剩余小肠的长度、剩余小肠的类型和有功能的结肠是否存在。尽管对不同病因导致SBS的处理上差别不大，但一定的解剖学因素和患者潜在健康状况对SBS患者治疗各方面及远期预后有影响。正常小肠长度取决于测量的方法，一般成人小肠长度为300~800cm，女性通常短一些，这可能是SBS在女性的发病率较高的原因之一。足月婴幼儿出生时小肠长度为200~250cm。小肠长度变化范围之广使得这一点特别重要：在做肠段切除时，要时刻注意剩余小肠长度而不是注意切除了多长的小肠。

小肠大部分切除后是否引起严重临床症状或营养不良主要取决于切除部位、范围和手术方法。根据广泛小肠切除后肠道的解剖结构关系，Messing等将短肠综合征患者的手术方法以及术后的主要解剖类型分为以下三型：①末端空肠造口术；②空肠 - 结肠吻合（无回盲瓣保留）；③空肠回肠吻合（回盲瓣保留）（图44-1-1）。在远端小肠切除时保留回盲瓣非常重要，这是因为回盲瓣可以延长小肠运转时间，防止小肠细菌定殖，从而增加肠道对水、电解质的吸收。有研究发现，与不保留回盲瓣剩余相同长度的小肠患者相比，保留回盲瓣者其吸收能力可增加2倍。上述几种手术方式中，末端空肠造口患者最难处理，常伴有严重的水、电解质紊乱，营养素吸收障碍，更有可能需要永久肠外营养支持。

与回盲瓣相对应，结肠的存在对SBS患者大有益处：吸收水、电解质、脂肪酸；延缓小肠的传输；刺激小肠黏膜增生，刺激肠道代偿。空肠结肠吻合的患者即使剩余很短一段空肠，甚至在无空肠的情况下，也可不依赖肠外营养生存，并很少需要水和电解质的补充。有研究表明，如果换算成肠外营养，存在至少1/2的结肠相当于50cm小肠。有空肠结肠吻合、空肠长度在100cm以上的成人SBS患者往往不需要长期的肠外营养，而空肠长度在50cm以下的成人SBS患者需要肠外营

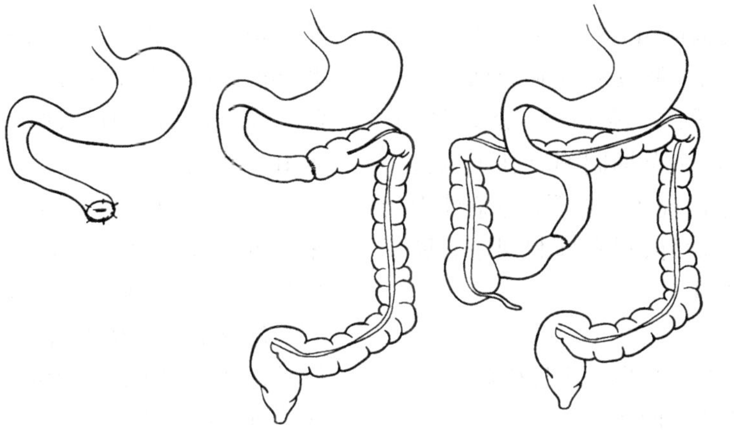

图44-1-1　短肠综合征手术解剖类型

养。同样，没有结肠，空肠长度在 100cm 以下的成人 SBS 患者往往需要永久肠外营养支持，婴幼儿小肠长度短于 30cm 很难脱离肠外营养。

SBS 患者可被分为“净吸收者”或“净排泄者”。成人“吸收者”通常有至少 100cm 空肠并且从食物中吸收更多水和钠，因此他们每天粪便排泄在 2L 或以下，绝大多数可以经口摄入补充钠和液体。相反，成人“排泄者”通常空肠少于 100cm，往往以造口作为末端，他们每天粪便排泄量在 4~8kg 左右。在近端 200cm 内空肠，消化液将食糜稀释 3~5 倍，成人“排泄者”将从造口丢失比经口摄入量还要大的液体，这些患者在进食任何食物后将产生钠和液体负平衡，并有可能接受肠外营养支持以生存。

广泛小肠切除后，消化道结构、运动、消化腺分泌及内分泌激素等相继出现变化，以适应或代偿机体的病理生理改变。

（一）胃肠道运动的改变

一般来说，部分空肠切除比部分回肠切除能更好地被耐受，短肠综合征更多见于回肠切除术后，因为空肠的功能适应能力差。胃排空和小肠传输速度在空肠造口患者是加快的，而在有结肠存在的患者是正常的，可能与循环血液中 YY 多肽在两者的水平分别是低和高有关，而 YY 多肽对胃肠道传输速度是抑制的。

（二）胃肠道分泌的改变

小肠大部分切除后，由于空肠正常分泌的抑制性激素如胃抑制性多肽、血管活性肽等的丧失，引起胃泌素增高，刺激高胃酸分泌。研究发现，小肠大部分切除后 24h 内，空肠切除比回肠切除引起的高胃酸分泌更加严重。高胃酸分泌可导致溃疡发生率增高；胃酸负荷可加重腹泻；高胃酸抑制胰脂酶的活性，从而抑制肠腔内胆盐结合而影响营养素吸收；胰酶活性下降和空肠运动增加。临床上，经静脉给予质子泵抑制剂有利于改善小肠消化和吸收营养素的能力，并可预防急性消化性溃疡所致的出血。此外，胃酸抑制剂还有助于减少小肠内的总液体量。

（三）胃肠道吸收的改变

小肠黏膜具有环形皱襞、绒毛和微绒毛等结构，这些结构使其功能面积极度扩大。黏膜细胞还含有多种酶类（如双糖酶、低聚糖酶、肽酶、ATP 酶及碱性磷酸酶等），因此具有很强的消化能力。营养物质的吸收大部分在小肠内完成，但不同物质的吸收部位有所不同。小肠近段主要吸收铁、钙、水溶性维生素（叶酸、维生素 C 及部分 B 族维生素等，但不吸收维生素 B_{12}）、脂肪酸和部分单糖。小肠中段吸收大部分氨基酸、多肽及部分单糖。小肠远段（即末段回肠）具有吸收胆盐和维生素 B_{12} 的特殊功能。上述诸多消化、吸收功能在 SBS 时均受到不同程度的损害，尤其是三大宏量营养素。

1. **糖的吸收** SBS 患者因小肠吸收面积减少和残存的二糖酶减少，使糖的吸收减少。由于短肠综合征时胃酸分泌增加，肠内容物的酸化则影响糖的吸收。

2. **氨基酸的吸收** 正常情况下，当食糜到达末段回肠时，氨基酸及多肽已被完全吸收。小肠被广泛切除后，不仅影响蛋白质的消化，氨基酸的吸收也受到明显影响。蛋白质、氨基酸消化吸收不良的程度与残留小肠长度密切相关。小肠越短，吸收越少。Winawer 等报道尚存 18cm 小肠的患者，进食的蛋白质仅有 25% 被吸收。

3. **脂肪的吸收** 脂肪的吸收主要在空肠上段进行。在碱性环境下，受胰脂肪酶等的作用，脂肪被水解成游离脂肪酸及甘油。胆盐使后者凝集而成微胶粒，被小肠吸收。在上皮细胞内通过结合胆盐和某些酶的作用，绝大部分游离脂肪酸与甘油再合成为甘油三酯。后者与胆固醇、磷脂形成乳糜微粒，进入乳糜管、胸导管，最后汇入静脉。SBS 患者不仅缺失了消化、吸收脂肪的大部分场所，还因 SBS 时经常伴有的肠肝循环中断，肠道中胆盐缺乏，加之 SBS 患者胃酸分泌亢进，小肠环境被酸化，这些都严重影响了脂肪的吸收。与此同时，脂溶性维生素（A，D，E 和 K）及钙的吸收也发生障碍。另外，回肠被切除则可影响维生素 B_{12} 的吸收。

回肠吸收维生素 B_{12} 和胆盐。对成人来说，末端回肠切除超过 60cm 往往需要维生素 B_{12} 替代治疗；超过 100cm 将破坏肠肝循环，从而导致胆盐缺乏和脂肪吸收障碍；少于 100cm 的切除可导致腹泻，是由于未吸收的胆盐引起结肠水钠分泌增加、蠕动加快。然而，这些表现在具体每一个患者往往差异很大。短肠综合征者小肠残留过短,或同时伴有部分结肠缺失,使消化液的再吸收受到影响,以致产生明显水泻,严重时每天可从大便排出液体达 3~5L 之多,从而造成水和电解质的失衡。

第二节　短肠综合征的分期和临床表现

短肠综合征主要临床表现为早期的腹泻和后期的严重营养障碍。早期的症状是不同程度的水样腹泻,多数患者并不十分严重,少数患者每天排出水量可达 2.5~5.0L,可造成脱水、血容量下降、电解质紊乱及酸碱平衡失调。数天后腹泻次数逐渐减少,生命体征稳定,胃肠动力开始恢复,但消化吸收功能极差。若无特殊辅助营养支持治疗措施,患者则会逐渐出现营养不良症状,包括体重减轻、疲乏、肌萎缩、贫血和低清蛋白血症等。短肠综合征者促胰液素、促胆囊收缩素及肠抑胃素的分泌均减少,而幽门部胃泌素细胞有增生现象,以致 40%~50% 患者有胃酸分泌亢进。这不仅可使腹泻加重,消化功能进一步恶化,并可能并发吻合口溃疡。十二指肠内 pH 降低使胰脂酶失活,从而脂肪泻增加。由于胆盐吸收障碍,影响肠肝循环,胆汁中胆盐浓度下降。加之上述肠激素分泌减少使胆囊收缩变弱,易发生胆囊结石(比正常人高 3~4 倍)。钙、镁缺乏可使神经、肌肉兴奋性增强和手足搐搦。由于草酸盐在肠道吸收增加,尿中草酸盐过多而易形成泌尿系结石。长期缺钙还可引起骨质疏松。长期营养不良,可恶化导致多器官功能衰竭。

短肠综合征的临床过程经历三个阶段:即急性期、代偿期和恢复期三个阶段。第一期为急性反应期:表现为大量腹泻导致液体和电解质丢失,酸碱平衡紊乱,严重者危及患者生命,此阶段通常发生在小肠广泛切除术后的 3~4 周。第二期是功能代偿期:此阶段一般发生在术后一月以后,临床表现为腹泻明显减轻水及电解质失衡有所缓解,但出现进行性营养不良,体重丢失,严重者出现低蛋白血症和水肿,也可因维生素和矿物质缺乏而出现相应症状,这一过程往往持续 1~2 年左右。在此期间内,随着残余肠道在结构和功能上的逐步代偿,水、电解质紊乱逐渐得到纠正,营养支持治疗是该阶段的重点。绝大多数结构和功能上的适应性变化发生在这一阶段,绝大多数肠外营养的撤离也发生在这一阶段。第三期是恢复期:是指机体达到一个平衡状态,没有新的适应性变化和进展发生。

一、急性期

正常情况下,健康成人每天分泌的肠液量约有 6~8L,其中 80% 能被吸收,余下的 20% 进入结肠,其中大部分被吸收。在短肠急性期,肠道还不能适应肠黏膜吸收面积的骤然减少,由于肠道过短,通过速度加快,患者可以出现严重腹泻,2~3 周达高峰,每日大便中丢失液体可达 2.5~5L。大量消化液的丢失不但造成体液丧失、少尿、脱水、电解质缺乏、酸碱平衡紊乱、低钙低镁抽搐等表现,而且脂肪、蛋白质和碳水化合物等营养物质吸收不良的表现也逐渐明显,使营养状况迅速恶化。由于免疫功能下降,易于发生感染。钙、镁的吸收不良可引起手足抽搐。约半数患者可能由于手术后应激状态和肠抑胃肽、胰泌素、缩胆囊素分泌减少而引起胃酸分泌在短期内显著增加,可加重吸收不良和并发消化性溃疡,临床上可表现为程度不同的吸收不良性腹泻和脂肪泻。这一阶段大约持续数周至 2 个月左右。

在治疗上此阶段应完全禁食,尤其是在小肠广泛切除后早期,如果过早进食即使是单纯饮水都会导致腹泻加重,引起水、电解质及酸碱平衡失调。因此,在该阶段应采用中心静脉导管输液,并进行肠外营养支持。同时使用生长抑素抑制消化液的分泌,控制腹泻。由于长期使用生长抑素能够抑制肠功能的代偿,因此当腹泻量明显减少、开始进食或肠内营养支持时可停用生长抑素,改用其他肠动力抑制剂治疗腹泻,提高营养素的吸收。常用药物有可待因、盐酸氯苯哌酰胺、阿片酊剂、复方苯乙哌啶或盐酸洛哌丁胺等。治疗过程中应密切监视内稳态的变化,精确计算出入量,包括胃肠引流液量和大小便量,保持每日尿量在 1 000ml 以上,避免脱水或组织水肿。血电解质和酸碱平衡的监测也十分必要,应每 1~2d 监测一次,必要时随时监测。术后 2~3d,当患者血流动力学和代谢状态稳定、电解质紊乱纠正后,就应开始全肠外营养支持。当患者水、电解质和酸碱平衡稳定，腹泻量降至 2L/d 以下，可开始口服少量等渗液体，同时放置鼻饲管，开始肠内营养支持，在营养支持的同时，可以逐渐添加碳水化合物与蛋白质混合食物。

二、代偿期

此期肠道逐渐适应肠黏膜吸收面积明显减少所带来的变化，腹泻量明显减少，但本期腹泻仍然常见，这是由胆盐性、高渗性和吸收不良性等多种因素造成的。水和电解质的吸收可因结肠功能的代偿增强而有所好转，但营养物质吸收不良的表现却趋向明显。故除腹泻外，尚有体重减轻、乏力、倦怠和全身衰弱等，其表现与吸收不良综合征相似。维生素 D 和蛋白质的吸收不良可引起代谢性骨病（骨软化和骨疏松）而导致骨痛和自发性骨折。维生素 K 缺乏可引起凝血机制障碍，产生紫癜、瘀点或全身性出血倾向。周围神经炎和水肿可分别继发于维生素 B 族的缺乏和低白蛋白血症。如十二指肠被切除，则常有贫血，这可能由于叶酸以及铁缺乏所引起。回肠是唯一能主动重吸收结合胆盐的部位，如回肠切除则胆盐吸收困难，以致脂肪吸收障碍，加之胰酶分泌减少，故可出现脂肪泻。结肠完整的短肠综合征患者常出现代谢性酸中毒，其原因是未充分消化的碳水化合物在结肠细菌作用下发酵产生大量 D- 乳酸，经结肠部分吸收导致乳酸性酸中毒。

此阶段 SBS 患者治疗的关键时期，一般说来此阶段营养治疗要将碳水化合物、蛋白质、必需脂肪酸、维生素、电解质、微量元素与液体由肠外供给逐渐改为从肠内途径供给，饮食量可以逐渐增加，营养与液体量不足的部分仍需从肠外途径补充，但某些维生素与矿物质可改为肌内注射。食物摄入量必须根据残留小肠和结肠的长度、部位与活力情况加以调整。为提高患者对肠内营养的耐受性，可使用输液泵控制输注速度，同时注意加温，避免污染，添加止泻剂如复方苯乙哌啶和盐酸洛哌丁胺通常可以控制腹泻的症状。短肠综合征代偿期从术后 2 个月左右开始，至代偿完全一般需经过 1~2 年。

三、恢复期

此期也称完全代偿期，部分患者能从肠道获得足够的营养，不再需要补充肠外营养。但是，许多患者不能依靠普通饮食满足营养需求，因此在口服普通饮食的同时仍需添加肠内营养。肠内营养与普通饮食的比例视患者对普通饮食的消化吸收情况而定，如患者依靠普通饮食不能维持营养状况，则肠内营养的比例应适当增加。即使短肠患者的吸收功能接近正常，但由于吸收面积减少，患者往往需要服用比需要量多的营养物质才能满足营养摄入的需求。如患者不能耐受普通饮食和肠内营养，则必须依赖肠外营养维持生命。

短肠综合征患者容易并发胆结石、肾结石和草酸盐肾病。

短肠综合征患者由于回肠切除和胆盐吸收不良，胆汁中胆盐浓度降低，使胆汁的正常构成改变，胆汁中胆固醇的饱和度增加而溶解力下降，容易发生胆结石，其发病危险率是正常人的 2~3 倍。此外，由于肠道长时间缺乏营养物质的刺激，消化道胆囊收缩素分泌减少，胆囊收缩功能减低，容易发生胆囊淤积，产生胆囊结石。

结肠完整的短肠综合征患者，未吸收的脂肪酸和钙结合，导致草酸盐在结肠吸收入血，产生高草酸尿，同时常伴有脱水发生，就可形成草酸盐肾病和草酸盐结石，因此短肠综合征患者合并尿路结石者很多。

第三节 短肠综合征残余肠道的代偿

短肠综合征患者残余肠道代偿、适应过程在整个治疗中起着非常重要的作用。短肠综合征患者的代偿、适应过程是指残余肠道吸收宏量营养素、微量元素、水等物质的程度逐渐恢复至肠道手术前水平，并获得自主性的过程。这一段时间长短不一，短则数月，长则需要 1~2 年。不少患者经过一段时间代偿、适应过程之后可以基本恢复小肠的消化、吸收功能，摆脱肠外或肠内营养，正常进食后能维持体重及营养状态。代偿一旦成功，不仅可节省可观的肠内、肠外营养费用，避免长期营养支持所造成的并发症，更重要的是能明显地改善患者的生活质量。因此，如何积极地促进残余肠道功能早日代偿、适应已成为治疗短肠综合征的重点。

一、短肠综合征残余肠道代偿机制

短肠综合征残余肠道代偿、适应表现在结构上和功能上，结构上表现为吸收面积的增加，功能上则表现为肠道蠕动延缓，从而使吸收时间增加。短肠综合征的代偿现象首先在动物实验中得到证实，大鼠的小肠被广泛切除之后，存留的小肠很快就发生明显的代偿性改变，小肠肠管扩张和延长，绒毛变高，隐窝变深，腺细胞增生（并非细胞肥大）。Hanson 等采用 ^{3}H- 胸腺嘧啶核苷标记细胞核的放射自显影方法，发现分别切除小肠 40% 和 70% 的大鼠，其回肠腺窝的长度和增殖细胞的数量均有增加。在 SBS 动物模型或患者中，除残留小肠发生代偿性变化外，结肠也可呈现细胞增殖、肠管增粗等代偿性改变，表现为结肠直径明显增大，结肠壁和黏膜厚度、皱襞高度以及皱襞表面积均有极明显增加。

短肠综合征残余肠道结构的代偿发生在肠壁全层。肠道在结构上不是个单纯的圆柱状管腔，小肠壁分为黏膜层、黏膜下层、肌层及浆膜层等四层，黏膜层还存在向肠腔内隆起形成多个环行皱襞，黏膜表面有大量小的突起，称小肠绒毛，这些绒毛表面覆有肠上皮，肠上皮由柱状细胞、杯状细胞和内分泌细胞所构成，其中柱状细胞约占 90%，具有吸收功能，又称吸收细胞，是肠上皮的主要功能细胞。吸收细胞的游离面有大量密集的微绒毛，构成上皮细胞的纹状缘这些环行皱襞，绒毛和微绒毛使小肠的吸收面积扩大约 600 倍。肠上皮细胞、绒毛及微绒毛等共同组成了肠道吸收面积。在小肠广泛切除后数小时，肠黏膜细胞 DNA、蛋白质合成及杯状细胞增殖增加，同时，隐窝的细胞数量、干细胞数量明显增加，绒毛及微绒毛高度增加，黏膜重量和黏膜皱襞增加。

肠黏膜细胞的代偿有其分子机制，有研究发现，在小肠广泛切除后数小时，肠上皮黏膜及隐窝细胞的基因表达发生变化，这些基因表达的变化促使肠道黏膜细胞的增殖、营养物质的吸收和转运、细胞内环境的稳定。蛋白水平的检测同样发现，在小肠切除后许多蛋白的表达上调，这些蛋白如脂肪酸结合蛋白的表达增加有助于残余肠道的代偿。上皮生长因子（EGF）及胰高糖素样肽 -2（GLP-2）等调节这些基因表达的变化。

和肠道黏膜层的代偿一样，肠壁的肌层的长度和厚度在广泛小肠切除后同样发生变化，但其代偿发生的时间要晚于黏膜的适应、代偿。肠壁的肌层的代偿的结果使得肠道长度延长，肠壁增厚，肠腔周径增加。这样，肠壁整个结构的代偿使得肠道的面积增加。

黏膜上皮的增生是肠道代偿、适应过程发生的物质基础，各种各样刺激如细胞增生、肠腔内营养物质、激素、生长因子和胆胰分泌物等可引起小肠和大肠增加它们的吸收面积和功能来满足机体代谢和生长的需要。

短肠综合征残余肠道的代偿除了结构上的改变之外，还发生在动力和功能上。短肠综合征代偿期残余小肠平滑肌的紧张性收缩、分节运动及蠕动减慢，单位面积小肠对营养物质的吸收能力增加。

临床上，SBS 患者代偿的情况也普遍存在，在 SBS 发生早期，患者会有明显的腹泻、消瘦，出现营养不良。但到后期，患者能逐渐适应，大便次数减少，营养状况逐渐改善，这是残余肠道代偿、适应的结果。人的代偿过程比较缓慢，经过一年的时间，约 90% 的绒毛才能达到最大的高度。Porus 等通过人的小肠黏膜活检证实，广泛小肠切除后，每单位长度小肠的上皮细胞数量增加。经过一段时间之后，在功能上出现功能的适应，即葡萄糖、氨基酸、脂肪、钠、水和钙的吸收增加。Schwartz 等报道脂肪吸收在术后 1~2 个月增加 40%~62%。Dowling 等采用肠段灌注检测技术，发现葡萄糖吸收可随时间的推移而增加。Weistein 等发现 SBS 患者空肠吸收钠和水的能力较正常对照组增加近两倍。

二、影响短肠综合征残余肠道代偿的因素

有许多因素影响短肠综合征患者残余肠道的代偿、适应过程，从而影响患者的临床预后。目前认为，影响短肠综合征患者残余肠道的代偿、适应过程的主要因素有以下几点。

（一）残余小肠的长度

这是影响短肠综合征预后的最关键因素，理论上残余的小肠越少，代偿也越困难，患者的临床预后也越差。如果残留的空肠长度不足 30cm，就很难存活，如果全部小肠都被切除，其代偿几乎是

不可能的，患者需要永久依赖全肠外营养维持生命。事实上，切除的小肠范围越广，对营养物质、水及电解质的吸收面积也丢失越多，无论是主动吸收还是被动弥散吸收均减少。小肠的长度有着明显的个体差异（365~700cm），正常小肠黏膜的吸收面积大大超过维持正常营养所必需的面积，有很大的功能储备，因而能够耐受部分小肠切除而不发生临床症状。但当残留小肠的长度过短时，尽管代偿非常充分，仍不能完全供给机体所需的各种营养成分以维持机体生长发育和新陈代谢的需要，可引起显著的消化、吸收不良症状，严重者可危及生命。因此，残留肠段的长度以及功能状态远较切除肠段的量更为重要，因此其决定了术后短肠综合征的发生率及死亡率的高低。目前普遍观点，经代偿后可依赖肠道来维持机体所需要的营养，残余肠道应有 100cm（最少应不小于 1cm/kg 体重）并保留完整结肠，结肠切除者则残余肠道需更长。目前认为，切除 75% 或更多的小肠，几乎均有吸收不良，处理较困难。具有正常肠黏膜的患者至少应残留小肠 50~70cm 并保留完整结肠，甚至有人认为需 35cm 空回肠，保留有回盲瓣及部分结肠，经代偿后可依赖肠道维持机体所需营养，结肠切除者则残留肠管应有 110~150cm，而有肠道黏膜病变的患者如克罗恩病，则需要残留更多的肠管。

为此，手术中术者应尽可能地避免切除过多的小肠，并具体地记录残余小肠的长度，对术后的治疗及估计其代偿能力具有非常重要的价值。

（二）年龄

年龄是影响短肠综合征患者残余肠道代偿的另一个重要因素，同样长度的残余小肠，小儿短肠综合征患者的代偿能力比成人强得多。Wasa 等比较了 12 例小儿 SBS 和 18 例成人 SBS 的代偿情况。该组的小儿患者残留小肠 0~75cm（平均 47cm），成年患者残留小肠 0~150cm（平均 47cm）。经治疗后，67% 的小儿患者能摆脱全肠外营养（TPN），但成年患者最终能摆脱 TPN 者仅占 22%。该组成年患者中，凡残留小肠不足 40cm 者，都不能达到完全的代偿。Kurkchubasche 等分析了 21 例 SBS 患儿肠道的代偿情况，发现残留小肠长度低于 10cm 短肠综合征患儿的肠道功能不能恢复，存活者需依靠终身 TPN 支持和施行小肠移植术；11 例小肠长度为 10~30cm 的短肠综合征患儿 8 例存活，其中 5 例经长期 TPN 支持后获得完全代偿；7 例小肠长度大于 30cm 的短肠综合征患儿 6 例存活，并均获得完全代偿。同时，这种肠道代偿能力与年龄密切相关，年龄愈小，代偿能力愈强，术后 TPN 支持的时间愈短。Georgenson 等发现残留小肠平均长度为 48.1cm 的 52 例在新生儿期发病的短肠综合征患儿存活了 43 例，存活率 83%，其中 39 例经平均时间为 16.6 个月 TPN 支持获得完全代偿。而成人短肠综合征患者，当残留小肠长度低于 60cm 时，肠管结构和功能的代偿已不能维持机体消化吸收功能及供给足够营养物质的需要，终生 TPN 支持治疗成为唯一有效的治疗方法。我们也有相同的资料：小儿及成人全小肠切除后长期随访的结果提示，前者的代偿能力显著优于后者。

（三）残留小肠的部位

切除小肠的部位（或残留小肠的部位）对术后代谢的影响也很重要，蛋白质，碳水化合物，脂肪及大多数水溶性维生素，微量元素吸收均与小肠切除的部位有密切关系。虽然空肠、回肠同样具有很强的消化、吸收功能，但相比之下，回肠显得更为重要。因为回肠能在结构和功能上都有适应性变化以增加吸收，而空肠往往只有功能上的适应性变化。回肠黏膜的通透性较差有利其对内容物的吸收，回肠的传输速度较慢使吸收时间延长，利于其代偿作用的发挥。当切除近端小肠后，正常的回肠将代替全部吸收功能。此外，由于近端小肠也是胆囊收缩素，促胰液素合成的释放的场所，切除该段小肠会导致胆汁分泌和胰腺外分泌物减少，进一步加重肠内容运输，吸收障碍。

回肠是吸收结合型胆盐及内因子结合性维生素 B_{12} 的特定场合，回肠对胆盐和维生素 B_{12} 的吸收可改善脂肪吸收，也减少未吸收的胆盐引起结肠水钠分泌增加、蠕动加快，切除回肠后造成的代谢紊乱明显重于空肠。一般来说，切除较短回肠（<50cm），患者通常能够吸收内因子结合性维生素 B_{12}，不会产生吸收障碍。当切除段回肠 >50cm 将导致明显的吸收障碍，此维生素的缺乏将导致巨幼红细胞贫血及外周神经炎，最终导致亚急性脊髓退行性改变。切除 100cm 回肠将导致胆盐吸收减少，未吸收的胆盐进入结肠，导致胆盐性腹泻，胆盐的肠-肝循环减少，肝脏通过增加胆盐合成补偿胆盐的丢失，以缓和脂肪吸收不良造成的脂肪泻。但如更广泛地切除回肠（>100cm），将导致严重的胆盐代谢紊乱，而肝代偿性合成胆盐的能力也是有限的（可增加4~8倍），造成严重的脂肪泻。

此外，末端回肠中的L细胞可以分泌多种激素，包括YY肽、胰高糖素样肽-1、胰高糖素样肽-2、神经紧张素，可以影响食欲、胃肠道动力、肠道的吸收功能和残余肠道的适应及代偿。

临床上，如果小肠和大肠同时切除将产生比小肠切除更严重的并发症。正常情况下，成人摄取消化液近2L/d，产生约7L内源性液体（胃液、胰液、胆汁、小肠液），仅不到2%（100~200ml）液体不被回吸收，随粪便排出。大肠是吸收水分和电解质的重要部位，此外也吸收一定的营养物质如短链脂肪酸。当大范围小肠切除术并行结肠部分或大部分切除术后，将会产生严重的水、电解质丢失。

（四）回盲瓣是否保留

短肠综合征患者是否留有回盲瓣，对其代偿能力的影响很大。回盲瓣能限制食物过快通过小肠，利于肠功能的代偿。当部分或全部结肠切除时，切除回盲瓣将导致代谢紊乱，切除回盲瓣将导致小肠内容物的停留时间缩短，影响残余小肠内细菌的繁殖和胆盐的分解，从而减少了脂肪及脂溶性维生素的吸收，进入结肠的胆盐增加。由于小肠内细菌增多，维生素B_{12}被部分代谢，进一步减少了其吸收，因此，如能保留回盲瓣，即使残留的小肠段短一些，患者也常能耐受。

（五）结肠是否保留

短肠综合征患者如果保留有完整的结肠，其代偿能力将明显增强。结肠吸收水、电解质和脂肪酸，延缓小肠的传输，刺激小肠黏膜增生，有利肠道代偿。研究发现，短肠综合征患者的结肠可有明显的形态学变化，包括代偿性细胞增殖、肠管增粗、黏膜皱襞增多、陷窝加深、肠黏膜RNA和DNA增加等。有研究表明，存在至少1/2的结肠相当于50cm小肠。临床上，结肠完整或留有结肠的SBS患者，即使残余小肠较短，代偿时间往往较短，并很少需要水和电解质的补充。反之，如大部分结肠缺失，即使残留小肠较多，代偿仍很困难。

（六）残留肠道和其他消化器官的状态

广泛小肠切除术后，残留肠管的功能对于患者的生存及健康质量至关重要，例如，患者由于克罗恩病、淋巴瘤、放射性肠炎而行小肠切除术，其本身疾病的功能性损害仍然存在，吸收功能将进一步减少，处理起来十分棘手，一旦发生短肠综合征，代偿就非常困难。此外，其他消化器官的功能也会影响短肠综合征患者残余肠道的代偿。如广泛小肠切除术后将出现胃高酸分泌状态，使小肠腔内pH下降，直接影响胰腺外分泌消化功能。胰腺的内分泌功能在营养极度不良的患者中将受到明显损害，相关酶类的分泌降低，必然影响营养物质的消化、吸收。

（七）残留肠道的适应、代偿能力

小肠部分切除后，剩余肠管形态及功能方面变化。动物实验证实，空肠切除后剩余回肠肠管周径变大，肠壁变厚，绒毛变高，细胞增殖转化的加速，细胞分裂周期缩短。在回肠切除术后空肠也发现有类似现象，但不如上者明显。在人类，肠切除术后近端小肠活检发现肠黏膜细胞增生。

动物实验同样证明，短肠大鼠回肠黏膜增生的结果导致吸收功能的增加（主要是对葡萄糖，麦芽糖，蔗糖，胆酸和钙的吸收），补偿小肠长度的丢失，吸收功能的增加是随着单位长度上皮细胞量或黏膜重量的增加而增加，而非每个细胞吸收功能的加强，甚至有人认为此状态下，部分细胞的功能尚处于不成熟阶段。

动物近端小肠切除术后，随黏膜的增生，酶和代谢也发生相应的变化，钠-钾泵的特异性活性依赖的三磷酸腺苷、水解酶、肠激酶、DNA酶、嘧啶合成酶活性均显示增加；相反，每个细胞的二糖酶活性降低，增生的黏膜内经磷酸戊糖途径的葡萄糖代谢增加。人类广泛小肠切除后，研究显示残余肠道可逐渐改善对脂肪、内因子和碳水化合物，特别是葡萄糖的吸收。

人类或动物小肠切除术后，有关结肠适应性改变的研究尚处于初级阶段，已有的资料显示，小肠切除术或病态肥胖治疗性回结肠短路术后，结肠可增加对葡萄糖和钙的吸收。

三、促进短肠综合征残余肠道代偿的物质及作用机制

小肠切除术后有以下因素可影响残余小肠的适应及代偿。①食物营养性物质及非营养性物质

与残余肠管的接触；②胆汁和胰液刺激，肠道激素或其他因子的营养作用；③肠外生长因子，激素，聚胺等的刺激作用；④剩余小肠血流的增加。

肠腔内食物的刺激对短肠综合征患者残余肠道代偿起着十分重要的作用，其机制为：①营养物质直接接触上皮细胞可刺激黏膜增生：许多因素参与了营养物质敏感性上皮细胞更新，肠内营养物不仅可增加肠上皮细胞的营养能源，还可通过体液因子等局部分泌或旁分泌机制发挥作用；②刺激胃肠道激素的分泌：肠内营养刺激胃肠道营养激素释放，后者通过血流循环到达功能障碍的肠段，刺激肠道代偿、适应；③刺激胆汁、胰液分泌：实验表明，胆汁和胰液进入远端小肠可刺激绒毛肥大，证实了胆、胰分泌液在肠道适应代偿过程中的作用。

现有资料表明，剩余肠腔内营养物质对小肠的适应性变化起重要作用，如没有营养物质对肠腔的刺激，尽管肠壁会有增生性变化（在短肠综合征接受 TPN 的患者身上可见到，此机制目前尚不清楚），但肠道不会产生适应性改变（增加绒毛高度，陷凹深度，黏膜细胞 DNA 量）。同时，动物体内实验证明混合性食物较要素饮食更能刺激小肠的适应性改变，从而证明营养性食物及非营养性食物对小肠适应性改变的协同作用。

小肠腔内营养物质尤其是较高浓度营养物质可刺激胆汁和外分泌胰液的分泌，并直接刺激黏膜的增生，当胆汁或胰液进入回肠时可明显刺激黏膜的增生，在刺激黏膜的增生中胰液产生更明显的作用，胰液同时也可改变小肠刷状缘酶的活性。然而，这些因素如何促进小肠切除术后肠黏膜的增生尚不清楚，有人认为是肠腔营养物质通过对小肠的营养作用刺激肠道营养性激素及其他因子的释放，也可能是小肠切除去除了肠道抑制性因子，导致对营养因子效应的增加。

在众多的肠道营养性激素中，胃泌素的作用已被大多数的学者公认，但胃泌素似乎仅对胃及近段小肠适应性改变有作用，而对远段肠道适应性改变作用不大。肠高血糖素（enteroglucagon）在刺激肠适应性改变中起主导作用，最近的报道认为其前体物质似乎发挥更重要的作用。Drucker 研究发现动物模型服用高血糖类肽（glucagon-like peptide）可明显刺激肠道绒毛的增生，认为其是刺激肠道适应性改变的主要激素。在全胃肠外营养中，肠外给予胰酶和胆囊收缩素可以刺激黏膜的增生，这些激素可能是通过刺激胆汁，胰液分泌而产生作用，而非直接作用。同样，前列腺素、上皮生长因子和生长激素释放因子均可刺激小肠上皮细胞增生。

与生长有关的因子如聚胺、腐胺、亚精胺、精胺对小肠切除术后残留小肠的适合性改变也越来越引起重视，最初的研究显示鸟氨酸脱羧酶在聚胺生物合成中起限速酶的作用，对肠道适应性改变起重要作用。现在认为与聚胺的水平有关的其他生物合成酶，如 s- 腺甙基蛋氨酸脱羧酶可能会有更重要的作用。

有关其他的机制，如剩余肠管神经支配或血流变化，也可能在小肠适应性变化中起重要作用，均有待进一步证实。

小肠切除后结肠的功能性适应和代偿的情况了解很少，结肠可能对葡萄糖和氨基酸的吸收增加。从目前研究来看，小肠切除术后残余肠道的适应性改变或代偿受多因素影响，一般在术后几月至 1 年内完成，这对于短肠综合征患者身体健康、营养情况以及生存都具有重要的影响。

第四节 短肠综合征的营养支持

营养支持是短肠综合征治疗中十分重要的措施之一，肠外营养挽救了许多肠功能衰竭的短肠综合征患者的生命。迄今为止，营养支持仍是大多数短肠综合征患者的首选的治疗方法，部分短肠综合征患者需要终身依赖肠外营养以维持生命。

一、短肠综合征患者营养支持方式的选择

全肠外营养支持为短肠综合征急性期的治疗赢得了宝贵时间，但长期全肠外营养不仅难以实施，且并发症多，对机体影响大，不利于残余肠道的代偿。因此，摆脱肠外营养的依赖就成为短肠综合征最主要的治疗目标，如何发挥肠内营养的作用在短肠综合征治疗及促进残余肠道代偿中起着十分重要的作用。

（一）肠外营养支持

小肠广泛切除术后早期，所有患者几乎无例

外地都需接受了肠外营养支持治疗，因为此时残留的小肠一时尚无法承担消化、吸收的任务，任何经消化道的进食甚至是饮水，均可能造成腹泻，加重内环境紊乱。因此，手术后早期，待患者循环、呼吸等生命体征稳定，水、电解质紊乱纠正后即应开始肠外营养，尽早开始肠外营养可预防营养不良的发生。由于短肠综合征患者需要肠外营养支持的时间往往相当长，因此营养液的输入以经中心静脉途径为宜，临床上常采用颈内静脉或锁骨下静脉穿刺置管的方式进行。由于导管留置的时间往往很长，为预防感染性并发症的发生，导管宜通过约 20cm 长的皮下隧道从前胸壁引出，建议选用高质量导管以避免长期使用引起导管堵塞等并发症。

短肠综合征患者肠外营养配方的基本原则与普通肠外营养计划并无明显差异，在制订肠外营养配方时应注意以下几点：①在短肠早期要补充足够的水分，若有较多的肠液丢失，应予增加营养液的液体总量。②热量的补充要恰当，避免摄入过量的热卡，以减少代谢性并发症的发生。通常按照 20~25kcal/（kg·d）供能，采用双能源系统，非蛋白热卡中糖/脂比例为 60%~70%：30%~40%，建议脂肪乳剂的使用量不宜过大，并采用中长链脂肪乳代替长链脂肪乳剂，以免加剧肝损害和免疫功能抑制。③氮的供给量为 0.15~0.20g/（kg·d），应用平衡型氨基酸作为氮源。④注意补充电解质，并根据实际情况及时加以调整。⑤补充每日正常需要量的维生素和微量元素。⑥对于需要采取家庭肠外营养的患者，应做好患者及其家属的培训工作。具体内容包括无菌概念及无菌操作技术，全合一营养液配制，导管护理，营养输注等。⑦应定期作生化指标检测、营养状况评价等。

（二）肠内营养支持

虽然肠外营养是短肠综合征患者在相当长时间内赖以生存的必要手段，但肠外营养不但费用昂贵，不利于患者残留肠道的代偿，而且容易出现各种并发症，有些并发症是不可逆的脏器损害，甚至危及患者生命。因此，临床上应尽可能使患者及早摆脱肠外营养而过渡到肠内营养甚至是经口进食。研究表明，肠内营养实施得越早，越能促进肠功能代偿。尽管如此，但短肠患者临床上实施肠内营养却有一定的难度，使用不当可能导致较明显的腹泻，患者往往不愿接受肠内营养。加之如果摄入的是普通饮食，常不易被患者吸收，最后并没有达到营养支持的目的。为此，短肠综合征患者在进行肠内营养时应在营养制剂选择和摄入方式等方面作些调整。由于短肠综合征患者残余肠道短，早期患者的消化吸收功能差，肠内营养制剂应由短肽、单糖和脂肪酸为主要成分的产品，这些制剂在肠道内几乎不需消化就能被小肠吸收。临床研究发现，短肽类肠内营养制剂较游离氨基酸的要素膳更具有促进肠道绒毛生长和代偿作用，但又不像整蛋白制剂那样需要肠道有接近完整的消化、吸收功能，因而可作为短肠综合征患者早期肠内营养首选的制剂。

肠内营养的具体实施可通过口服摄入，也可放置细的鼻饲管，用输液泵持续、缓慢输入。在肠内营养同时可以逐渐添加碳水化合物与蛋白质混合食物。肠内营养需要量仍以具体测定结果为依据，从低容量、低浓度开始，循序渐进，逐渐提高输注速度和营养液浓度，不可操之过急，否则容易加重腹泻。由于上述原因，在肠内营养早期，单纯肠内营养无法满足患者的营养需求，不足部分可从肠外途径进行补充。

二、短肠综合征患者营养支持实施

典型的短肠综合征病程需经过急性期、代偿期和恢复期三个阶段，在各个时期营养支持的侧重点各不相同。

（一）急性期营养支持

短肠综合征急性期，肠道不能适应吸收面积骤然减少，患者可出现严重腹泻，大量体液丧失，高胃酸分泌，营养状况迅速恶化，易出现水电解质紊乱、感染和血糖波动。此阶段应以肠外营养支持为主，因为此时如进食甚至是饮水，均可加重腹泻，进一步造成内环境紊乱。一般说来，在短肠术后 2~3d，当患者血流动力学和代谢状态稳定、电解质紊乱纠正后，应开始肠外营养支持。由于患者此时尚处于高代谢状态，营养需要量相差很大，此时应该采用间接测热法确定患者的能量需要量，并以测定结果作为营养支持依据。多数短肠综合征患者需接受相当长时间的肠外营养支持，不合理的肠外营养配方或反复中心静脉导管感染可在很短时间内诱发肝功能损害，使肠外营养无法实施。因此，在制定肠外营养配方时应避免过度喂养和高糖，选择具有保肝作用的氨基酸，脂肪乳剂使用量不宜过大，一般不超过总热量的 30%~40%，并采用中 / 长链脂肪乳，以免引起高脂血症、加剧肝损害和免疫功能抑制，特别对妊娠和应激状态的新生儿更应如此。婴幼儿肠外营养中葡萄糖剂量应从 5~7mg/（kg·min）开始，逐渐以 1~3mg/（kg·min）增加，直至达到目标剂量 12~14mg/（kg·min），这样可促使内源性胰岛素释放逐步增加，避免高血糖和尿糖。脂肪乳剂剂量应从 1g/（kg·d）开始，逐渐以 1g/（kg·d）增加，直至达到目标剂量 3g/（kg·d）（婴幼儿）和 1~2g/（kg·d）（儿童）。氨基酸剂量应从 1.5~2.0g/（kg·d）开始，逐步在 2~3d 内达到目标剂量。电解质的剂量应根据情况供给并作及时调整。维生素和微量元素要经常补充，并经常监测。由于短肠患者液体需求量较大，而且使用肠外营养，依靠周围静脉很难满足长期大剂量静脉营养支持需要，因此从治疗早期开始即应通过中心静脉导管进行营养支持。此外，急性期治疗过程中应密切监视内稳态变化，精确计算出入量，保持每日尿量在 1 000ml 以上，避免脱水或组织水肿。电解质和酸碱平衡应每 1~2d 监测 1 次，必要时随时监测。

另一方面，由于长期肠外营养不仅费用昂贵、易出现并发症，而且不利于残留肠道的代偿。因此，即使在急性期如有可能也应尽早过渡到肠内营养和口服进食。研究表明，肠内营养实施得越早，越能促进肠功能代偿。但是，SBS 患者能否从肠外营养过渡到肠内营养主要取决于残留肠管的长度和代偿程度，过早进食只会加重腹泻、脱水、电解质和酸碱平衡紊乱，尤其食物刺激产生的明显分泌性反应使此类问题更为明显，此时可能连胃肠分泌物也难以完全吸收。因此，短肠综合征患者在从肠外营养过渡到肠内营养时应十分谨慎。我们的经验是当短肠综合征患者水、电解质和酸碱平衡稳定，腹泻量降至 2L/d 以下，并保留有 30cm 以上的小肠时，可口服少量相对等渗液体，同时放置鼻饲管，开始肠内营养支持。肠内营养时应从低容量、低浓度开始，循序渐进，逐渐提高输注速度和营养液浓度。一般从 1/4 浓度、1/4 量开始，逐渐增至全量，不可操之过急，否则容易加重腹泻。肠内营养开始时先应用由短肽类或单糖、氨基酸、脂肪酸为主要成分的制剂，如百普素、Vivonex、Elental 等，这些制剂在肠道内几乎无需消化就能被吸收。如果患者能够耐受，再逐渐使用或添加整蛋白型肠内营养制剂及膳食纤维。在肠内营养早期，单纯肠内营养无法满足患者营养需求，不足部分可从肠外途径进行补充。随着肠内营养用量的逐渐增加而逐渐减少肠外营养用量，如果单用肠内营养能维持患者体重及其他营养指标，则停止肠外营养，同时鼓励患者经口进食，逐渐减少肠内营养用量，最终使患者恢复至正常饮食。

（二）代偿期营养支持

典型代偿期从术后 2 个月左右开始，至代偿完全一般需 1~2 年，包括小肠和结肠代偿。小肠切除后数天，残留肠段即开始代偿，表现为肠黏膜绒毛变长、皱襞增多、肠腺凹加深、黏膜上皮细胞更新速度加快、肠管增粗伸长、肠壁增厚、排空时间延长、小肠和结肠黏膜吸收能力也有提高，黏膜肽转运体 PepT1、PepT1 mRNA 表达增多。在这一阶段，肠道逐渐适应吸收面积减少所带来的变化，结构和功能代偿增强，腹泻量明显减少，应继续给予肠内营养和膳食，量可逐渐增加，加用肠外营养是为了最大限度地保证营养和水化状态，逐步将常量营养素、微量营养素与液体由肠外转变为肠内途径供给，某些维生素与矿物质可改为肌内注射。除了食物和液体改变外，长期使用抑制胃肠道蠕动和抑制分泌药物对控制排便量也很重要，这些药物通过改善肠道吸收效率间接促进了功能性代偿过程。当肠内营养供给量超过每日所需热卡的一半时，可考虑逐步停用肠外营养。

对代偿期短肠综合征患者营养评估非常重要，评价短肠综合征患者每日热量和液体需要量有助于设计个体化肠外营养或肠内营养方案。患者每日的热量需要可通过计算出的静息能量消耗来估算，同时必须考虑活动量和吸收不良因素。由于吸收不良的程度在患者之间变化很大，有人鼓励过量进食高热、高蛋白膳食，以弥补营养素丢失，强调无需限制饮食中的脂肪成分。不过，多数意见则坚持认为，过量进食可引起热能、宏量营养素以及液体、钙、镁、锌等的过度丢失。总的来说，绝大多数稳定的成人短肠综合征患者吸收大约正常能量需求的 1/2~2/3，因此食物摄入必须比正常多至少 50%,食物量的增加使得每日需进食 5~6 次。近端小肠切除的患者,由于产生肠促胰激素的肠段被切除,往往有胰腺功能不全,因而需要长期补充胰酶制剂。如果能够耐受,管饲饮食在有选择的患者中将很有用。肠内营养可通过鼻肠管或造瘘方式实施,持续长时间滴注比脉冲式滴注能更好地耐受,使用输液泵控制输注速度可提高患者对肠内营养的耐受性,营养物质吸收更多,渗透压引起的腹泻发生更少,同时注意加温,避免污染。对婴幼儿和儿童,在管饲同时必须少量经口饮食,防止将来发生不良饮食习惯。如果持续肠内营养能被耐受,可逐渐缩短肠外营养时间,转变为间断周期性肠外营养,最好控制为夜间进行 8~12h,以改善患者的生活质量。如果患者通过经口饮食,每周体重下降 <0.5kg,则表示患者残余肠道已代偿、康复,如果患者通过经口饮食无法维持体重及营养状况,我们采用每周补充 2~4 次肠外营养的方案。

短肠综合征患者脂肪吸收不良较常见,未吸收的脂肪被细菌代谢产生羟基脂肪酸具有很强的刺激肠道分泌作用,同时二价阳离子与脂肪酸结合,导致大量微量元素丢失,钙离子消耗可导致草酸盐肾结石和骨骼脱钙。草酸盐肾病在有结肠的患者中发生率为 25%。因此对保留有结肠的患者,要限制应用草酸盐。如有严重脂肪吸收不良时,应经常通过肠内和肠外途径补充钙、镁、锌。有结肠的短肠综合征患者,高碳水化合物(占总热量 50%~60%)和低脂肪饮食(占总热量 20%~30%)可减少粪便热量丢失,改善总体能量代谢。对于无结肠短肠综合征患者,高碳水化合物饮食可增加粪便排泄,不必限制脂肪的摄入。大部分短肠综合征患者常保留近端空肠,乳糖耐受性良好。如肠管大部切除后发生乳糖酶缺乏及乳糖耐受不良,患者会出现腹泻及严重胀气,可试用无乳糖饮食,经严格饮食控制一段时间后,往往会获得一定效果。食物中脂肪与碳水化合物的比例对热能吸收影响不大,高纤维、低营养饮食和浓缩糖饮食特别是果汁能产生高渗透压负担,加重腹泻,应避免食用。过多地提供简单碳水化合物可增加渗透压负担,加剧腹泻。复合碳水化合物降低渗透压,并且能促进肠道代偿。碳水化合物提供热量最好不超过总热量的 40%,特别对婴幼儿更应如此。高生物学活性的蛋白质是推荐使用的。尽管复合蛋白较氨基酸更能促进成人短肠综合征患者肠道代偿,对婴幼儿来说,仍然提倡蛋白水解物、氨基酸配方,而且婴幼儿更容易发生过敏反应。母乳与蛋白水解物相比可改善婴幼儿短肠综合征患者胃肠道的耐受性,减少肠外营养依赖。

临床经验证实,饮食治疗对于有或无结肠的短肠综合征患者都是非常重要的,但需要适当随访和依从性,可减少长期肠外营养的需要,同时能维持营养和水分。膳食中补充可溶性膳食纤维非常有用,它能促进肠道代偿和延缓胃排空,也有报道食物中加入可溶性纤维素可改善短肠综合征患者肠道对氮的吸收。膳食纤维在结肠经厌氧菌代谢产生 SCFA,被结肠黏膜作为代谢能量吸收,少量入血成为小肠的能源物质。SCFA 对小肠和结肠都有营养作用。某些纤维可与胆盐结合而有明显保留水分作用,对于腹泻有较好的治疗效果。

(三)肠道康复治疗

短肠综合征患者代偿期营养支持的另一重要措施是进行肠道促代偿和康复治疗。1995 年 Byrme 等应用谷氨酰胺、生长激素加入高碳水化合物、低脂、富含纤维膳食治疗 47 例短肠综合征患者 3 周,取得极好效果,40% 患者完全摆脱肠外营养支持,另有 40% 患者减少了肠外营养用量,随访五年后疗效良好。因此,在肠道代偿期进行一些促代偿治疗可以在一定程度上帮助残留肠道代偿提早实现,部分患者能在治疗后近期内完全摆脱肠外营养或减少肠外营养用量。

目前研究证实,许多物质能促进肠道结构及功能的代偿,充分认识这些物质的特点,并选择合适的时机恰当地应用,对短肠综合征残余肠道代偿很有意义。

1. **谷氨酰胺及生长激素** 谷氨酰胺(glutamine, Gln)是体内含量最丰富的非必需氨基酸,是肠道上皮细胞的主要能源物质之一,在肠道代偿、适应过程中起重要作用。广泛切除小肠后无论肠外或肠内途径补充 GLN 均能有效促进小肠肠道上皮增生,促进肠道吸收葡萄糖和钠,防止肠黏膜的萎缩,保护肠屏障和免疫功能。研究表明,生长激素(GH)可以促进肠黏膜增殖并导致结肠重量和生物机械力增加,促进水、钠和氨基酸的吸收,减少人结肠上皮细胞分泌氯化物,从而在结构和功能上促进肠道代偿。自从 1995 年 Byrme 等的报告以来，全球许多联合应用 GLN 及 GH 可促进短肠综合征患者残余肠道代偿临床研究，其报道的结果和疗效并不一致。我们的研究发现，短肠综合征患者残余肠道的代偿在手术后 2 年左右已达到极限，GH 及 GLN 最理想的应用时间是在代偿期内，随后的应用代偿能力增加有限。GH 及 GLN 等药物只能在短时间内促进残余肠道对单糖、脂肪酸及氨基酸吸收能力的增强，停药后不久，肠道对单糖、脂肪酸及氨基酸吸收能力回落至治疗前水平。目前，该方法正逐步被疗效更佳的方法（如胰高血糖素样肽 -2）所取代。

2. 胰岛素样生长因子 -1　胰岛素样生长因子 -1（insulin-like growth factor-1，IGF-1）主要在生长激素的作用下由肝细胞产生，肠道局部亦能少量合成，其通过内分泌和旁分泌方式作用于肠上皮 IGF-1 受体发挥促进肠上皮生长的效应。研究发现，转入 IGF-1 基因的小鼠小肠重量和长度增加，肠上皮绒毛高度及隐窝深度也增加，短肠综合征大鼠的结肠 IGF-1mRNA 表达上调，给予 IGF-1 治疗后，小肠和大肠的重量和长度增加，黏膜重量、DNA 及蛋白质含量、隐窝深度均增加，肠道吸收功能增加。

3. 胰高糖素样肽 -2　胰高糖素样肽 -2（glucagon-like peptide-2，GLP-2）是一种由 33 个氨基酸组成的多肽，来源于小肠和大肠的 L 细胞合成的胰高糖素原物质。Drucker 等最早发现 GLP-2 具有促进肠黏膜增殖和生长的作用，而且这种作用还具有器官特异性，仅限于肠道，其效果比 EGF、IGF-1、IGF-2 及生长激素更明显。随后的研究进一步发现，GLP-2 不仅能促进肠黏膜增殖，还能促进肠黏膜上皮细胞分化，促进小肠对营养物质的吸收，减少肠黏膜上皮细胞凋亡。此外，GLP-2 还能保持接受长期 TPN 大鼠的肠湿重、肠黏膜 DNA 及蛋白质含量、黏膜厚度及绒毛高度，促进短肠大鼠残余肠道黏膜的代偿性增生。Scott 等报道，外源性给予 GLP-2 可以显著促进 SBS 大鼠残留小肠黏膜增生和肠壁重量增加以及 D- 木糖吸收增加。Jeppesen 等发现，给未保留末端回肠和结肠的 SBS 患者应用 GLP-2 可以改善营养底物的吸收，使体重和瘦体重增加，而且大多数患者的肠黏膜隐窝深度和绒毛高度增加。他们首先提出 GLP-2 可以改善伴有餐后 GLP-2 分泌减少的未保留末端回肠及结肠的 SBS 患者的营养状态和残留肠道的吸收代偿，并且治疗过程中没有发现 GLP-2 的不良作用。

Teduglutide 是一种重组的 GLP-2 类似物，具有更长的半衰期、良好的耐受性和安全性，2012 被美国 FDA 批准应用于临床。在最近的两个大样本多中心随机双盲的临床研究中，Teduglutide 被证实具有良好的安全性，治疗组残余肠道绒毛高度、隐窝深度及机体瘦组织群含量均明显增加，完全摆脱肠外营养以及减少肠外营养用量的比例明显高于对照组。最近另有一项长时间的开放研究发现，无论是应用 0.05mg/（kg·d）还是 0.10mg/（kg·d）剂量的 Teduglutide，分别有 68% 和 52% 患者摆脱肠外营养，另有 20% 和 37% 患者减少肠外营养的应用量。这个临床研究的结果令人振奋，给短肠综合征患者的治疗带来光明。

4. 表皮生长因子　表皮生长因子（epidermal growth factor，EGF）EGF 是由 53 个氨基酸组成的单链多肽，其生物活性是通过与特异性受体结合而实现的。肠黏膜细胞膜的 EGF 受体分别位于刷状缘及基底膜，前者引起物质转运，后者导致细胞生长发育。因此，EGF 除促进肠上皮增生作用外，还能增加肠细胞对营养物质及电解质的转运和吸收。动物实验发现，大鼠肠腔内给予 EGF 有助于防止饥饿导致的肠黏膜萎缩，而经静脉注射 EGF 则表现为刺激小肠隐窝细胞和结肠细胞增生的效应。临床研究也发现，EGF 具有刺激肠上皮细胞增生作用。

5. 膳食纤维　膳食纤维对 SBS 残余肠道具有一定的促代偿作用，在广泛小肠切除的动物模型中，肠内营养制剂中加入膳食纤维能明显增加黏膜重量、DNA 含量、黏膜厚度，促进残余肠道的代偿和适应。研究表明，膳食纤维对 SBS 残余肠道代偿作用与纤维素在结肠细菌发酵分解后产生短链脂肪酸有关，乙酸盐、丙酸盐和丁酸盐等短链脂肪酸可作为肠细胞的能源，对结肠的黏膜生长和细胞增殖均有刺激和促进作用，并可增加粪便容积，因而具有抗腹泻作用。Byrne 等将膳食纤维、GH 及 Gln 联合应用于 SBS 患者，取得了令人鼓舞的治疗效果。

6. 其他　另一些肠道的肽类也与小肠黏膜生

长的调节有关，包括神经加压素、铃蟾肽、YY 肽、转化生长因子 α（transforming growth factor-α，TGF-α）、肝细胞生长因子（hepatocyte growth factor，HGF）、角化细胞生长因子（keratinocyte growth factor，KGF）等。动物实验发现，上述这些物质可诱导肠上皮细胞增生，增加小肠 DNA、RNA 及蛋白质含量，有助于短肠大鼠剩余肠道的代偿，并促进结肠黏膜的增生。其他对肠道代偿起作用的胃肠道激素包括：胃泌素、神经紧张素、分泌素、胆囊收缩素和瘦素。前列腺素在肠道代偿适应过程中也起重要作用。多胺是聚阳离子复合物，存在于原核细胞和真核细胞中，多胺对细胞正常的生长和分化是必需的，它在肠道代偿中的作用受到关注。

（四）恢复期营养支持

这是一个完全代偿的阶段，部分患者能从肠道获得足够营养，达到肯定的营养平衡，因而有可能成功脱离肠外营养。这一阶段由肠内营养逐渐过渡到经口饮食为主，肠内营养与普通饮食的比例视患者对普通饮食的消化吸收情况而定，如患者依靠普通饮食不能维持营养状况，则肠内营养比例应适当增加。即使短肠患者的吸收功能接近正常，但由于吸收面积减少，患者往往需要服用比需要量多的营养物质才能满足营养摄入的需求。如患者不能耐受普通饮食和肠内营养，则必须依赖肠外营养维持生命。在这一阶段，仍然需注意避免脱水、电解质紊乱、酸碱失衡、微量元素和维生素缺乏。长期随访 SBS 患者均能保持适当的体重及血清白蛋白含量，然而对一些微量物质和维生素的吸收仍有障碍，切除回肠超过 90cm，剩余的空肠不能适应性地增加对维生素 B_{12} 的吸收，需肌注维生素 B_{12} 100μg/d 或每 3~4 个月 1 000μg。对于钙缺乏，有人鼓励每天经含钙食物及钙剂补充钙 1 000~1 500mg/d，但此方法是否能稳定骨密度尚未完全证实。镁缺乏可口服或从肠外补给。铁缺乏时口服铁剂常会加重胃肠道症状，可从肌注或静注补充铁以维持血中血红蛋白的稳定，但铁并不需要经常补充，因为铁主要是在十二指肠吸收。在饮食调整治疗过程中，患者的依从性很重要，成功地实施一项饮食方案需要按具体患者的偏好、生活方式（对儿童还要按发育年龄）转换成具体的食物。研究发现，病情稳定 1 年以上并已耐受经口饮食的患者，可以不限制脂肪摄入，也不必将液体和固体食物分开。

综上所述，对短肠综合征的营养支持已积累了相当多的经验和科学依据，但目前我们对短肠综合征残余肠道代偿的研究大多数局限于组织形态学上较粗浅的认识。今后有必要对肠道代偿进行分子生物学水平的研究，更深入地揭示肠道代偿的规律和机制，从而使短肠综合征患者能够更快、更好地进行代偿，使短肠综合征的治疗更加科学。

（吴国豪）

参考文献

1. Hackam DJ, Sodhi CP, Good M. New insights into necrotizing enterocolitis: from laboratory observation to personalized prevention and treatment[J]. J Pediatr Surg, 2019, 54(3): 398-404.
2. DiBaise JK, Parrish CR, Thompson JS: Short bowel syndrome: practical approach to management[M]. Boca Raton: CRC Press Taylor & Francis Group, 2016.
3. Pironi L, Corcos O, Forbes A, et al. Intestinal failure in adults: recom-mendations from the ESPEN expert groups[J]. Clin Nutr, 2018, 37(6): 1798-1809.
4. Baxter JP, Fayers PM, Bozzetti F, et al. An international study of the quality of life of adult patients treated with home parenteral nutrition[J]. Clin Nutr, 2019, 38(4): 1788-1796.
5. Burden ST, Jones DJ, Gittins M, et al. Needs-based quality of life in adults dependent on home parenteral nutrition[J]. Clin Nutr. 2019, 38(3): 1433-1438.

第四十五章 肝病的营养支持治疗

肝脏是人体最重要的代谢器官，其中，蛋白质、脂肪和碳水化合物的代谢、维生素的储存和激活等广泛而复杂的生化过程都在肝脏进行。肝脏因为病毒感染、饮酒、高脂、高热量饮食、药物、遗传等因素而引起各种急、慢性肝病，甚至出现肝衰竭、肝硬化、肝癌等严重肝病时，患者可出现复杂的营养代谢改变，导致碳水化合物、蛋白质、脂肪、微量元素等营养物质的利用发生明显变化，并出现不同程度的营养不良（不足），营养不良一直被认为是影响慢性肝病患者结局和治疗效果的重要因素。大量流行病学及临床试验研究结果表明，通过适当的营养治疗能够改善肝病患者预后，提高患者的生存率，而营养治疗不正确或不充分则会促进疾病的发展。因此，肝病的治疗，除了积极针对相关病因治疗、对症治疗外，合理的营养治疗包括营养监测和适当的营养干预对于提高患者生命质量、改善患者长期预后至关重要。

一、肝病营养支持治疗的发展史

经过长期的实践与研究，营养治疗的理念越来越受到广泛的关注，并得到了长远的发展。肝脏作为人体营养物质代谢的核心器官，发生病变时如何进行营养干预，早在19世纪20年代就有众多的学者就肝病和营养方面的开展了大量的研究。1947年，学者WITTS LJ对肝病饮食因素营养在治疗中的应用进行综述，内容涉及急性肝坏死、感染性肝炎、肝硬化、酒精性肝病等方面。一个世纪以来，更多的学者致力于肝脏疾病与营养临床和基础的研究，研究的内容逐步深入，在营养治疗方面提供了越来越多的证据用于指导肝病患者的临床诊疗，并极大改善了肝病患者临床结局。

进入21世纪后，广大学者通过总结既往经验及研究成果制定了相关肝病患者营养指南，并不断更新和改进。2006年，ESPEN参考1985年以来所有相关文献经共识会议讨论并通过撰写了《肝病患者肠内营养指南》，2009年撰写了《肝病患者肠外营养指南》。此后更多的指南或专家共识也陆续发表，逐步改进了肝病患者营养指导意见。

（一）急性肝坏死

WITTS LJ在综述中报道了肝病最初的营养治疗是在20年代从最简单的应用葡萄糖开始的，1933年，Althausen对肝病患者应用葡萄糖治疗进行综述。研究发现，肝切除的动物未经治疗常常死于低血糖，而通过应用葡萄糖治疗可以延长生命几小时。1936年Chester Jones收集了马萨诸塞州综合医院56例急性肝功能不全患者的记录，展示了在给予患者葡萄糖疗法的一段时期，患者病死率从95%降至63%。提示急性肝坏死患者可能比正常情况需要高得多的葡萄糖，如果口服喂养不足，则需要静脉输注。此后开始尝试应用450~500g碳水化合物，通常是口服结合静脉治疗，静脉葡萄糖溶液浓度从5%~25%不等。而对于胆碱、氨基酸、蛋白质水解物和血浆等含氮物质的治疗价值和应用一直存在较大争议。1976年，Fischer JE报道在急性重型肝炎肝昏迷患者中应用特殊氨基酸葡萄糖溶液治疗，其效果差于肝硬化患者。1980年，Watanabe A. etal对32例严重肝病（如急性重型肝炎和肝硬化）患者的蛋白质-能量营养不良进行管理，通过使用2种合成氨基酸溶液（Hep-OU和Fischer溶液）进行静脉和肠内营养，并监测患者的营养状态，发现可以改善患者的氮平衡并使异常的血清氨基酸正常化。此后更多的研究表明支链氨基酸对重症肝功能衰竭患者的营养支持作用及治疗肝性脑病取得较好效果。

（二）急性感染性肝炎

严格的休息比严格的饮食更重要，碳水化合物已经成为肝脏代谢活动的重要能量来源，对营养物质葡萄糖、胰岛素、胆碱、氨基酸（蛋氨酸、半胱氨酸）、蛋白质水解物、脂肪等应用的研究持续了好多年。1944年，Witts认为感染性肝炎时脂肪和蛋白质用量都不应该太低。此后有学者应用不同饮食进行了各种实验，观察对于肝炎严重程度的影响，Darmady应用高热量、高蛋白、高维生素饮食和经典的低脂肪饮食对比，Hardwick观察每天摄入180g蛋白质和摄入50g蛋白质之间的差异，Wilson等人观察每天脂肪摄入在202g和68g之间的差异，结果均发现不同饮食对疾病的影响未见差异。1946年Stevenson建议高蛋白、高热量饮食推荐用于人类康复期，并推荐用于感染性肝炎。总之，治疗急性肝炎的基本原则是，液体和食物的摄入应足以保护患者免于因营养不良导致的脱水、酸中毒和组织破坏。

（三）亚急性和慢性肝炎

1947年WITTS LJ在综述中报道了35例不同营养方案治疗的病例，其中22例患者接受了高蛋白饮食治疗，蛋白质摄入量平均为每天125g，没有使用蛋氨酸，少数短时间接受胆碱或蛋白质水解产物，大多数情况下患者摄入高碳水化合物和低脂肪，同时补充维生素A和D浓缩物、合成维生素K和食物酵母，13例患者接受了相对较低蛋白质饮食和利尿剂的经典治疗。结果发现无论是比较死亡率还是各个亚组的平均寿命，两组之间没有显著差异。1976年，Morgan AG等在对80名非酒精性慢性肝病患者进行营养状况分析时发现，除维生素C外，脂溶性维生素缺乏症（维生素A，E和胡萝卜素）的发病率（40%）高于水溶性维生素。不到10%的患者表现出维生素B_{12}、烟酸、硫胺素或核黄素缺乏症的证据，17%的患者有叶酸缺乏的证据。缺乏的存在与患者的年龄或脂肪吸收无关，并且饮食摄入不足不是主要原因。1976年Long RG等人发现在胆汁淤积性肝病中血清25-羟基维生素D浓度降低。

（四）肝硬化营养治疗

适当蛋白质的补充对肝硬化患者有益，长期以来人们一直认为，牛奶是肝硬化的理想饮食。1942年，Fleming和Snell发现，在150名接受高碳水化合物和低蛋白饮食加利尿剂治疗的患者中，30%的患者中取得了良好的效果，而在50名接受350~500g碳水化合物、110g蛋白质（主要是牛奶和植物蛋白）饮食治疗的患者，加上维生素补充剂，效果良好提高到44%。WITTS LJ在综述中报告了每天给予甲硫氨酸6g、肌醇600mg治疗有效的病例以及每天10~25g大剂量的胆碱治疗肝硬化无效的病例。也详细报告了1946年Morison治疗的三组肝硬化病例，每组约20名患者，约一半患者有腹水。第一组给予高碳水化合物饮食和利尿剂，第二组给予高碳水化合物、高蛋白饮食、肝脏提取物和维生素，第三组给予最大摄入蛋白质、肝脏提取物和维生素、蛋氨酸和每日2g胆碱，方案是每天2 500~4 000kcal的饮食，包含200~300g蛋白质、300~500g碳水化合物、50~100g脂肪，每天包括6杯脱脂牛奶。结果发现，在没有腹水的患者中，第三组中的强化联合治疗后的7例患者（7/11）所有体征和症状得到缓解，而第一组（对照组）中只有1例（1/11）缓解。在腹水患者中，第三组中有9例（9/9）症状体征完全缓解，而第一组中有12例（12/12）均无缓解。治疗后第三组的死亡率大大降低，第二组居中。Homburger的观点认为，高蛋白治疗方案中病情稳定的患者，通过等热量的碳水化合物替代蛋白质治疗会伴随着临床和生化状态的恶化。1976年，Fischer JE为了验证肝硬化肝昏迷患者存在氨基酸紊乱的假说，对肝硬化肝昏迷患者应用计算好的特殊的氨基酸葡萄糖溶液治疗，发现患者异常血浆氨基酸比例得到改善，肝昏迷缓解，从而提示了特殊氨基酸的治疗作用。此后，大量研究支持对肝硬化患者进行支链氨基酸的治疗。而1983年Wahren J等人进行的关于静脉输注支链氨基酸（BCAAs）对肝硬化急性肝性脑病患者脑功能影响的双盲随机研究结果表明，BCAA的使用降低了患者血中芳香族氨基酸的浓度，但既不改善脑功能也不降低肝性脑病患者的死亡率。1989年，Swart GR等研究了傍晚餐对肝硬化患者氮平衡的影响。研究发现，一日三餐和一日四餐或六餐之间氮损失没有差异。然而，一日四餐和六餐比一日三餐氮平衡改善更明显。与一日四餐相比，一日六餐的氮平衡没有明显改善，结论是晚餐似乎提高了氮代谢的效率，但需要进行长期研究来评估。长期以来,评估营养状况的方法较多,包括人体测量(体重指数,肱三头肌皮褶厚度和中臂肌肉区域)、24h 肌酐排泄、生物电阻抗分析、通过间接量热法等,但都存在一定的局限性。

(五)酒精性肝病的营养问题更加突出

1979 年,Galambos JT 等人研究发现通过增加酒精性肝炎患者的肠内营养,患者自发性食物摄入增加,氮平衡增加,临床症状改善。结果表明超过最大可耐受的口服营养、静脉营养可以有效地用于有临床表现的黄疸的酒精性肝炎患者。同一时期,Patek AJ 对酒精摄入、营养不良和酒精性肝硬化的关系进行了综述。此后更多的研究发现,急性和慢性酒精摄入可导致肝脏氨基酸摄取受损和蛋白质合成受损,如脂蛋白,白蛋白和纤维蛋白原,蛋白质合成和肝脏分泌减少,细胞再生增加导致肠道分解代谢增加,多种微量营养素(包括水溶性和脂溶性维生素以及微量元素)的摄取和代谢受到显著影响。在重度饮酒者中,由于原发性和继发性的营养不良使患者整个营养状况受损,包括厌食症、食欲下降、肠黏膜形态学和功能改变导致的消化不良和吸收不良等。几乎所有慢性酒精性肝病患者都表现出一种或多种营养不良的迹象。根据退伍军人事务医院的一项大型美国试验评估,严重酒精性肝炎患者的营养不良率达 100%。在肝硬化患者中,蛋白质能量营养不良与患者的肝病严重程度以及生存率密切相关。关于营养不良与短期和长期生存率之间的相关性研究较多,结果存在较大差异。酒精性肝炎 / 肝硬化通过口服和 / 或肠内营养治疗的研究众多,不同研究结局对死亡率的影响差异较大,越来越多的证据表明存活率提高,特别是在酒精性肝炎患者中。在肠外营养的研究中,试验均显示通过血清白蛋白水平评估内脏蛋白的改善,但没有一项研究表明存活率有所提高。因此,建议只要有可能,营养治疗应该口服或通过肠管喂养。在 90 年代末期,各种国际营养协会制定了针对酒精性肝病的营养治疗的建议,针对酒精性肝病的每个阶段定义治疗目标,内容包括热量、三大营养物质及微量元素的摄入等。

(六)肝癌营养

1949 年,Tannenbaum 研究发现含硫的氨基酸 - 半胱氨酸和蛋氨酸浓度的降低伴随急性肝细胞瘤发生率较低。1957 年 Tannenbaum、Silverstone 研究认为高蛋白饮食使肝脏储存和利用核黄素更有效率,对肝细胞瘤可能有保护性。1979 年,Lieber CS 等人分析了酒精滥用和酒精相关疾病可能促进癌症发展的可能机制。Knox LS 等人研究表明肝癌的持续时间可能对能量代谢产生重大影响。近期研究认为,围手术期营养支持可以减少与肝硬化相关的肝细胞癌的主要肝切除术后的并发症。而口服支链氨基酸的营养补充有益于增加血清白蛋白水平,降低发病率并改善对无法手术的肝细胞癌并进行化学栓塞的患者的生活质量。

(七)营养治疗的相关问题

随着对营养在疾病治疗中的认识不断提高,研究者发现了较多的营养治疗相关的问题和治疗并发症。营养治疗重在能量和不同营养物质、营养素的合理供给及利用,并非越多越好。大量证据支持营养不正确或不足导致疾病发展的观点。1937 年,Patek 报道了不当治疗导致的肝硬化病例,原因是患者被长时间持续应用“完全”富含蛋白质和复合维生素 B 的饮食,最终发生了严重肝硬化。1975 年,Y Koga etal 在幼犬中应用 10% 脂肪乳剂 2~4g/(kg·d)的完全肠胃外营养 4~8 周,发现其肝脏的脂质含量是对照动物的两倍,而在脂肪乳剂中断后短时间内可以恢复到近似正常值,表明长时间每天输注 2~4g 脂肪乳剂是安全的。然而在 1976 年,Brown RS 报道了全胃肠外营养(TPN)过度营养后出现胆汁淤积的病例。1981 年,Shike M 等研究了接受长期肠外营养的 11 名患者,尽管血浆 25- 羟基维生素 D 水平正常,但骨组织学研究显示骨骼组织过渡未经矿化,3 名患者还有骨痛和骨折以及严重的尿钙和磷酸盐损失。而从肠外营养液中去除维生素 D 与所有患者的骨组织学改善有关,表现为类骨质组织减少和四环素摄取增加。在 3 名有症状的患者中,骨痛消退,骨折愈合,尿钙和磷酸盐流失减少。因此认为,维生素 D 可能是肠胃外营养诱导的代谢性骨病的发生因素。1994 年,Klein GL 对全胃肠外营养及其对骨代谢的影响进行综述,提出全胃肠外营养(TPN)可能以多种方式影响骨代谢,这些可能包括潜在的间接影响,例如对胃肠激素分泌、肝功能，尤其是细胞色素 P450 同工酶，已建立的代谢生物节律，以及与间歇性营养供应相比的持续性。有更多实质性证据表明 TPN 患者的骨形成、甲状旁腺激素分泌和骨化三醇产生减少以及高尿钙排泄。该综述考虑了铝负荷和维生素 D 敏感性作为病因因素，并表明铝可能在骨和矿物质代谢的这些异常的发病机制中起主要作用，但维生素 D 可能加强了铝的有害作用。TPN 患者中低骨量的持续存在是一个已经反复发现的问题，需要进一步研究。

二、最新的肝病营养支持治疗及研究进展

21 世纪以来，随着人们对营养的认识的进一步提高，对肝病营养的研究和认识的同样不断深入，营养治疗相关内容包括营养风险筛查、营养评价、营养干预等方面不断更新和发展。2002 年，营养风险筛查工具 NRS 2002 被 ESPEN 推荐为住院患者营养风险筛查的首选工具。此后我国中华医学会肠外肠内营养学分会推荐使用 NRS 2002 作为营养筛查工具。各国的学会制订了相关的指南和专家共识用于指导临床营养治疗，并不断加以改进。

2006 年，ESPEN 参考 1985 年以来所有相关文献经共识会议讨论并通过在撰写了《肝病患者肠内营养指南》，本指南对肝脏疾病患者给出了经口营养剂补充和管饲方面的循证建议。2009 年，ESPEN 又进一步撰写了《肝病患者肠外营养指南》，给出了肠外营养总体意见。2017 年北京医学会肠外肠内营养学专业委员会在组织肝病、感染、营养等相关领域的专家，撰写了我国第一部《慢性肝病患者肠外肠内营养支持与膳食干预专家共识》，该共识从营养风险筛查、营养评估、膳食干预等方面进行了系统阐述和分析，并提出了相应的意见。2018 年，欧洲肝脏病学会发表了《慢性肝病营养临床实践指南》，共列出了 51 条推荐意见，而且首次提出了合并骨代谢异常的肝硬化患者的营养支持意见，另外也指出了目前存在的一些问题和困惑。2018 年，中华医学会肠外肠内营养学分会首次成立了肝病营养协作组，开启了我国肝病营养快速发展的新旅程。我国已经开始制定肝病患者特殊医学用途配方食品的国家标准和相关临床试验技术指导规范等，进一步规范和完善相关产品的临床准入标准和原则，能够为肝病患者提供更确切可靠的营养配方食品。2019 年，ESPEN 肝病临床营养指南针对急性肝衰竭、严重酒精性脂肪肝炎、非酒精性脂肪肝、肝硬化、肝脏手术以及肝移植等的营养和代谢管理共提出了 85 条建议，将现有的证据和专家观点转变为推荐意见，为成人肝病患者最佳营养和代谢管理多学科团队提供指导。

目前，中国、欧洲、美国的学会指南均推荐“筛查 - 评定 - 营养干预”是启动营养支持的基本步骤。首先采用 NRS 2002 工具对肝脏疾病患者进行营养风险筛查，对有营养风险的患者需进行营养评定，营养评定方法包括脏器功能评定及血液生化学指标、人体组成评定、复合型营养评定（主观全面评定、患者参与的主观全面评定、英国皇家自由医院全面评定法）、肝病营养评定及其他营养评定方法（握力、第三腰椎骨骼肌质量指数）。根据营养风险筛查和营养评定资料，对有营养风险的患者或已有营养不良的患者进行营养干预。

（一）最新的肝病营养支持治疗

2006 年欧洲《肝病患者肠内营养指南》对肝脏疾病患者给予经口营养剂补充和管饲方面的循证建议。本指南首先从营养工具评价酒精性脂肪性肝炎、肝硬化及急性重型肝衰竭患者的营养不良风险，进而针对不同疾病状态从营养支持方式及建议补充葡萄糖、脂肪乳、蛋白质三大营养物质具体用量方面对如何进行营养支持加以详细指导。指出慢性肝病患者营养不足非常常见，建议采用经口摄入营养补充剂的肠内营养方式。经口摄入营养补充剂可以改善有严重营养不良的酒精性脂肪性肝炎（alcoholic steatohepatis，ASH）患者的营养状况和生存率。管饲对大多数急性肝衰竭患者是可行的，可以改善肝硬化患者营养状况和肝功能，减少并发症发生率和延长存活时间。肝移植后早期开始管饲在减少并发症发生率、减少花费方面优于肠外营养。ESPEN 在 2009 年又进一步撰写了《肝病患者肠外营养指南》，指南选择了 ASH、肝纤维化和急性肝衰竭（ALF）作为代表性肝病进行详述。先给出了总体意见，认为肠外营养可改善营养不良的 ASH 患者营养状况和肝

功能，对于患有肝纤维化和严重肝性脑病的患者是安全的，并可改善其精神状态，对于围手术期（含肝移植）是安全的，并可减少并发症，对于肠内营养不足或禁忌的急性肝衰竭患者，也是安全的二线选择。

1. 酒精性脂肪性肝炎 ASH 患者肠内营养治疗方案 2006 年《肝病患者肠内营养指南》指出应用简单的床边方法，如主观全面评价法（SGA）和人体测量学参数评价患者的营养不良风险，建议每天能量摄入 35~40kcal/（kg·d），蛋白质摄入 1.2~1.5g/（kg·d），当正常饮食不能满足热量需求时且无肠梗阻等禁忌证时，应给予肠内营养补充剂，通常建议经口给予，如果患者不能保持足够的口服摄入，推荐管饲。由于存在腹水或静脉曲张，经皮胃镜下胃造口术（PEG）有较高的并发症风险，故不建议使用。通常建议整蛋白质配方。腹水患者最好使用浓缩的高能量配方。肝性脑病的患者建议富含支链氨基酸的配方。2009 年，《肝病患者肠外营养指南》指出了 ASH 患者应用肠外营养的指征和时机：推荐对于中度或者重度营养不良 ASH 患者，经口或肠内营养方法不能满足需求，应立即开始肠外营养支持；如果 ASH 患者能够经口或经肠道获取足够营养，但必须禁食 12h 以上的（包括夜间禁食），应当给予葡萄糖每日 2~3g/kg 静注。如果禁食超过 72h，须给予全胃肠外营养支持。能量摄入推荐给予基础代谢率的 1.3 倍。完全肠外营养时的营养素摄入推荐以葡萄糖作为患者碳水化合物来源，应占 50%~60% 的非蛋白质能量需求，脂肪乳占 40%~50% 的非蛋白质能量需求，对轻中度营养不良患者，氨基酸供应量为每日 1.2g/kg，严重营养不良患者则为每日 1.5g/kg，水溶性和脂溶性维生素、矿物质、微量元素必须从肠外营养开始时即每日给予。

2. 肝硬化患者肠内营养治疗方案 2006 年《肝病患者肠内营养指南》指出增加人体成分分析评估营养不良和个体化营养建议，其余同酒精性脂肪性肝炎患者肠内营养治疗方案。2009 年《肝病患者肠外营养指南》指出肝硬化的能量摄入推荐患者的整体能量消耗测量值大约为基础代谢率的 130%，能量需求是基础代谢率的 1.3 倍。如果可能，应采用间接测热法测量静态能量消耗（REE）值，并按照 1.3 倍 REE 提供能量。如果肠外营养是唯一的营养来源，从一开始就应静脉给予大分子和小分子营养素，以葡萄糖作为患者碳水化合物来源，应占 50%~60% 的非蛋白质能量需求；应尽力避免肠外营养相关性高血糖；如果发生高血糖，将葡萄糖输入量降低为每日 2~3g/kg，并给予静脉胰岛素；脂肪乳中 ω-6 不饱和脂肪酸的含量应低于传统纯大豆油乳剂，并占 40%~50% 的非蛋白质能量需求。氨基酸供应量对于无营养不良的代偿性肝硬化患者应为每日 1.2g/kg，对于伴有严重营养不良的失代偿性肝硬化患者则为每日 1.5g/kg；轻度肝性脑病患者（≤Ⅱ度）可以直接使用标准氨基酸制剂；重度肝性脑病患者（Ⅲ ~ Ⅳ度）则应使用含较多支链氨基酸和较低芳香族氨基酸、甲硫氨酸、色氨酸的制剂。水、电解质、维生素、微量元素推荐必须从肠外营养开始时即每日给予。2011 年，ASPEN 指南指出，肝硬化患者每天能量摄入可在 25~40kcal/kg，但不同肌肉质量、疾病严重程度及其他合并症都会影响患者的能量需求。2013 年《国际肝性脑病和氮质代谢共识》建议有肝性脑病的肝硬化患者能量摄入为 35~40kcal/kg；对于肥胖患者需适当减少能量摄入量，BMI30~40kg/m^2 的患者建议能量摄入为 25~35kcal/kg，BMI>40kg/m^2 的患者建议能量摄入为 20~25kcal/kg。2017 年《慢性肝病患者肠外肠内营养支持与膳食干预专家共识》指出患者在有营养支持适应证时，采用营养支持疗法。其能量供应量、蛋白质的摄入量同前无改变，肝性脑病患者蛋白质的摄入量为 0.5~1.2g/（kg·d），推荐增加口服 BCAA 供给。能够经口进食的患者建议改变饮食摄入模式，少量多餐，每日 4~6 餐，包括睡前加餐 LES。LES 应以富含碳水化合物食物为主。对于经口摄入不能达到目标能量或营养素摄入不够全面时，建议给予 ONS 或管饲肠内营养。肠内营养无法接受或达不到目标量 60% 时，给予补充性肠外营养。建议补充多种维生素制剂、微量元素制剂和水分，临床上明显的维生素不足需要特别治疗。2018 年，欧洲肝脏病学会《慢性肝病营养临床实践指南》对于筛查结果显示高风险营养不良的肝硬化患者，建议门诊患者每隔 1~6 个月进行 1 次评估和记录，住院患者在入院时和住院期间定期进行评估和记录。指出肝硬化患者每日最佳能量摄入量和蛋白质摄入量不应低于推荐的最低剂量，能量摄入量不应低于 35kcal/（kg·d）。每日最佳蛋白质摄入量不应低于推荐的 1.2~1.5g/（kg·d），在营养不良的失代偿期肝硬化患者的饮食方案中包括傍晚口服营养补充剂和早餐。肝硬化患者肥胖者实施营养和生活方式干预方案，使其体质量进行性减轻（>5%~10%）。患者维生素 D 水平 <20ng/ml 时需补充维生素 D，以达到血清维生素 D［25（OH）D］>30ng/ml，在钠限制下仍有腹水的肝硬化患者［根据 EASL 指南，建议每天摄入 80mmol 钠（等于 2g 钠），相当于每天向饮食中添加 5g 食盐］。肝硬化患者、胆汁淤积性肝病患者、长期接受皮质激素治疗的患者及肝移植前患者均应测量骨密度。慢性肝病和 T 值评分低于 -1.5 的患者需补充钙剂（1 000~1 500mg/d）和 25（OH）D（400~800IU/d 或 260ug/2 周），合并骨质疏松症和等待肝移植的肝硬化患者推荐使用双膦酸盐类治疗，患有血色素沉着症和性腺功能减退症的男性应考虑睾酮补充和静脉注射。

3. 肝移植和其他手术患者的肠内营养治疗方案　2006 年《肝病患者肠内营养指南》指出评估营养不良方法和术前营养建议同肝硬化，等待肝移植的儿童建议给予支链氨基酸，肝移植患者建议术后 12~24h 内给予正常饮食或肠内营养，其他手术患者术后早期开始正常饮食或肠内营养。肠外肠内营养学分会指南与规范编委会在 2008 年发表终末期肝病肝移植与营养支持推荐意见，对肝移植术后患者进行长期的营养状况检测和饮食指导。指出肝移植术后 1~4d 推荐蛋白质补给量为 1.5~2.0g/（kg·d），给予整蛋白型肠内营养制剂和含益生菌（如乳酸杆菌）的纤维制剂，而术后远期营养方案依活动量大小调整热量摄取以维持健康体重。研究表明，在不增加激素剂量时，按 1.0g/kg 供给蛋白质即可满足机体需求。饮食中碳水化合物供能应当占总热量的 50%~70%，需要包括多糖而限制单糖。脂肪供能比例应控制在 30% 以下，控制钠盐摄入在 6g 以下，每天摄取钙盐 1 000~1 500mg，如果有发生骨质疏松的高风险因素存在，应当补充雌激素和维生素 D，应定期检测血清镁和磷浓度，必要时应限制饮食中高钾盐摄入，建议补充基础量的复合维生素和矿物质。2018 年，欧洲肝脏病学会《慢性肝病营养临床实践指南》仍指出肝移植患者最好在术后 12~24h 内或尽快开始正常饮食和 / 或肠内管饲，以减少感染率的发生。术后急性期，推荐能量摄入量为 35kcal/（kg·d），蛋白质摄入量为 1.5g/（kg·d）。在其他外科手术后，慢性肝病患者可以根据加速康复外科协议进行管理。

4. 爆发性肝衰竭肠内营养治疗方案　2006 年《肝病患者肠内营养指南》指出低血糖是一种常见的代谢紊乱，值得特别关注和治疗，可经肠内或肠外给予补充葡萄糖。急性肝功能衰竭患者应经鼻十二指肠接受肠内营养，没有针对疾病特异的肠内配方组成的建议。因为缺乏足够的数据支持，故对爆发性肝衰竭患者的营养支持疗法没有任何明确具体建议。2009 年《肝病患者肠外营养指南》指出，急性肝衰竭时能量摄入推荐：急性肝衰竭患者静息能量消耗相对于健康人群升高了 1.2~1.3 倍；只要可能，应使用间接测热法测量个体能量需求，葡萄糖供应每日 2~3g/kg，可同时给予脂肪每日 0.8~1.2g/kg。急性肝衰竭和亚急性肝衰竭患者，则应给予氨基酸（每日 0.8~1.2g/kg，肠外营养）或者蛋白质（每日 0.8~1.2g/kg，肠内营养）。我国 2012 年肝衰竭指南推荐肝衰竭患者能量摄入为 35~40kcal/kg。建议每日葡萄糖的供给量同前，同时监测血糖情况，预防和治疗低血糖。建议适量蛋白饮食，肝性脑病患者需限制经肠道蛋白摄入，进食不足者，每日静脉补给足够的热量、液体和维生素。2017 年《慢性肝病患者肠外肠内营养支持与膳食干预专家共识》指出肝衰竭患者在有营养支持适应证时，采用营养支持疗法。其能量供应、葡萄糖、蛋白质或氨基酸的供给量上较前均无改变。指出对急性肝衰竭慎重使用静脉氨基酸制剂，推荐应用肠内营养补充蛋白质、糖、维生素。能够经口进食患者建议改变饮食摄入模式，少量多餐，每日 4~6 餐，包括 LES。LES 应以富含碳水化合物食物为主。对于经口摄入不能达到目标能量或营养素摄入不够全面时，建议给予 ONS 或管饲肠内营养。肠内营养无法接受或达不到目标量 60% 时，给予补充性肠外营养。建议补充多种维生素制剂、微量元素制剂和水分，临床上明显的维生素不足需要特别治疗。

（二）营养相关的肝胆并发症

营养治疗不正确或不足均可导致相应疾病。2000年，Angelico M对与全胃肠外营养相关的肝胆并发症进行了综述。包括最常见的肝内胆汁淤积、肝脏脂肪变性和胆泥沉积。胆汁淤积主要发生在婴儿，成人主要发生脂肪变性和胆泥沉积。其他不太常见的并发症是脂肪性肝炎和胆结石。肝胆并发症在全胃肠外营养时间越长越可能发生，并且可以通过给予肠内途径供给营养物来预防。

（三）肝病营养研究进展

1. 非酒精性脂肪性肝病研究进展　据相关研究数据统计，非酒精性脂肪性肝病（NAFLD）患者的发病率在逐年增加。NAFLD的超声诊断患病率在印度为17%，中东和南美洲分别为31%和32%，非洲为13.5%，来自韩国、中国和日本研究报告的患病率均在11%~45%之间。Younossi ZM等人对过去30年来美国慢性肝病的流行病学调查结果显示，慢性乙型肝炎和酒精性肝病的患病率保持稳定，慢性丙型肝炎的患病率几乎下降了两倍，非酒精性脂肪性肝病（NAFLD）的患病率从20.0%（1988—1994）增加到31.9%（2013—2016）。多变量回归分析显示，肥胖和T2DM是NAFLD的主要独立预测因子。

NAFLD相关研究急剧增加。意大利学者Gabbia D等人通过动物实验观察到在脂肪变性发展之前，西方饮食早期诱导肝脏脂质和药物代谢的变化显著，这种变化与循环胆汁酸的特殊改变有关，这可能代表非酒精性脂肪肝病（NAFLD）发展的早期标志。Arab A. etal研究营养教育计划对超重/肥胖NAFLD患者的影响，发现营养教育干预可以减少总能量和糖摄入量，显著降低血清TC和TG水平，但不影响其他代谢标志物，这项研究可能有助于将这一教育计划用于NAFLD患者。Reddy AJ. et al进行系统性文献综述，共纳入19项研究，共有874名参与者，结果提示单独的低热量或等热量饮食，或包含营养药物或药理学补充剂的共同干预，似乎可改善NAFLD患者的炎症特征。因此，抗炎饮食可能具有改善潜在的慢性炎症的潜力。一个10年的回顾性队列研究发现，年龄和肌肉衰减同样增加脂肪肝的发生率。非酒精性脂肪肝可增加心脑血管疾病、内分泌疾病等多种疾病患病风险，2018年，有相关研究发现其也可导致骨密度减低风险增加。

美国一项全国前瞻性队列研究发现，非酒精性脂肪性肝病患者适量饮酒能够降低其全因病死率，但是对来自全球83个前瞻性研究的599 912例饮酒者进行研究，发现很难界定安全的饮酒量范围。适量有氧运动联合低升糖地中海饮食能够降低非酒精性脂肪性肝病患者红细胞膜花生四烯酸/二十碳五烯酸的比值，增强抗氧化功能。从饮食调整和运动结合等多方着手，逐渐降低发病率，进而改善预后，无论对于患者健康，还是降低医疗经济负担都有着不可估量的益处。

2. 从不同角度研究蛋白质补充的问题　支链氨基酸（BCAA）的应用和睡前加餐能够纠正肝病患者血液的中支链/芳香族氨基酸比例失调的问题，减轻肝性脑病患者的临床症状，明显改善蛋白质代谢，已经在不同指南中得到推荐，是肝病营养治疗方案中必不可少的组成之一。

系统综述显示富含BCAA的LES补充剂是一种适当的营养干预措施，可以改善异常的能量底物代谢，从而改善肝硬化患者的营养不良。Hsu CS对肌肉减少症和慢性肝病进行综述，认为肌肉减少症已被证明在肝移植或不肝移植的肝硬化患者的预后中起着至关重要的作用，但其对非肝硬化患者的影响仍不明确，值得进一步研究。补充BCAA可能有助于肝病患者改善肌肉力量，减轻患者腹水和水肿的症状，但是其进入体内究竟如何代谢尚不明确。体内同位素示踪技术显示健康小鼠大多数组织将BCAA快速氧化成三羧酸循环，其中以肌肉、棕色脂肪、肝脏、肾脏和心脏中含量最高。慢性胰岛素抵抗小鼠脂肪组织和肝脏中的BCAA氧化减缓，BCAA氧化向肌肉方向转移。患者性别不同，肝脏能量代谢可能也有差异。肝脏存在雌激素受体，小鼠性别不同，肝脏氨基酸代谢方面也不同，主要是通过芳香酶依赖性的睾酮转化为雌二醇而启动，对于指导不同性别患者的饮食和医疗干预有参考价值。合理的蛋白质补充固然重要，如何提供更加合理的氨基酸补充比例也是需要认真研究和思考的。

3. 微量营养素对肝病患者补充的合理性　维

生素D缺乏在慢性肝病患者中常见，尤其是在患者存在胆汁淤积时。患者肝功能受损时，维生素D相关结合蛋白合成下降是维生素D缺乏因素之一，但是实际摄入不足也是非常重要的原因。其不但影响慢性丙型肝炎和非酒精性脂肪性肝病患者的治疗效果，而且涉及肝癌的发生。2018年，在209例经肝脏病理证实的自身免疫性肝炎患者中发现，维生素D缺乏比较常见，而且影响到患者的治疗效果、病情进展和预后。McClain C等人报道了锌在ALD疾病进展中具有重要作用，脂溶性维生素缺乏和锌缺乏在ALD及等待肝移植的肝硬化中非常常见，且与病情严重程度和白蛋白水平密切相关。Szabo GMM进行的一项多中心随机双盲安慰剂对照临床试验结果表明，IL-1受体拮抗剂联合己酮可可碱和锌治疗重度酒精性肝炎与单用甲基强的松龙比较，联合治疗对6个月生存率的影响趋势好于单用组（70% vs 56%，P=0.28）。

然而，补充维生素不一定全部有益。有研究发现，给小鼠补充维生素K_2反而会阻断IFN-α-2b在肝癌早期的抗肿瘤作用。脂溶性维生素补充过量容易导致蓄积，产生不利作用，动态监测调整尤为重要。澳大利亚的随机对照研究发现慢性肝病患者口服牛磺酸2g/d能够减低发生肌肉痉挛的频率、持续时间和强度。补充白藜芦醇能够降低血脂浓度，一些辅助营养物质在调整肝病患者营养状态是否有益尚待继续研究。

4. 肝癌营养方面的最新研究进展　研究涉及氨基酸的内容较多，存在不同观点。2013年，Yamada K等人对35例HCC病例住院前后估计膳食摄入量。在氮平衡、非蛋白呼吸商（npRQ）、神经精神病学测试和HCC治疗的恢复速度中评估病理状况。结果发现HCC侵入性治疗的恢复速度与入院后npRQ改变呈显着负相关（P=0.000 2，r=-0.73），表明较低的脂肪摄入导致HCC患者的能量状态恶化，这与侵入性治疗的不良恢复和各种病理表现相关。2015年日本学者Tada T等人对接受过或未接受过BCAA治疗的HCC患者进行了多变量分析，结果表明BCAA治疗与HCC患者预后良好独立相关，BCAA治疗的干预改善了HCC患者存活率，低支链氨基酸（BCAA）与酪氨酸的比率BTR与未接受BCAA治疗的患者预后不良有关。然而，最近研究出现不同观点，Ericksen RE等人在人肝细胞癌和肝癌动物模型中，BCAA分解代谢酶表达的抑制导致BCAA在肿瘤中积累，酶抑制程度与肿瘤侵袭性强烈相关，并且是临床结果的独立预测因子。此外，调节BCAA积累调节体外癌细胞增殖，以及体内肿瘤负荷和总体存活。人类膳食中BCAA的摄入量也与癌症死亡率风险相关。2019年Fang AP等人研究发现未治疗的肝癌患者在诊断时较低的血清叶酸浓度与较差的HCC存活率独立相关，提示是否可以在具有较低叶酸水平的HCC患者中用叶酸补充剂进行治疗尚待进一步开展研究。

2014年，学者Li WQ等人进行了大型前瞻性队列研究，前瞻性地评估了两个膳食指数与HCC发病率和CLD死亡率的关联，即健康饮食指数-2010（HEI-2010）和替代地中海饮食评分（AMED），结果发现，高AMED评分也与较低的HCC风险和较低的CLD死亡风险相关，因此，坚持饮食建议可以降低发生HCC和死于CLD的风险。2019年，Ma Y等人前瞻性地评估了三种常用的常用膳食模式：2010年替代健康饮食指数（AHEI-2010），替代地中海饮食（AMED）和停止高血压的饮食方法（DASH）与HCC事件风险的关联。研究结果表明，更好地坚持AHEI-2010可以降低美国成年人患HCC的风险。以上结果均提示饮食与HCC相关，但需要进一步开展研究阐明潜在的机制。

（四）未来在以下方面仍需进一步探索

1. 积极探索合理的营养评价工具　营养风险评估是临床营养工作的第一步，临床上应用的评估方法较多，各有特色，可以相互借鉴和补充。主观全面营养评估法是通过询问病史和临床检查来进行的一种营养评定方法。由于缺少客观的评价指标，且肝病患者营养不良发生大多较为缓慢，容易低估肝病患者营养状态。营养风险筛查表2002（NRS 2002）目前应用最为广泛，但是在ICU患者中，重症患者营养危险（NURTIC）评分可能更优于NRS 2002。而肝病患者营养评价方法，值得临床应用验证。在肝硬化、肝癌和等待肝移植患者中，虽然各种营养评价指标不同的文献报道均具有各自的优势，但是在肝病患者中大规模、前瞻性的研究仍然缺乏,提高筛查工具、各种营养评价指标的可操作性和简单快捷性,仍需积极进行探索。

2. 精准地进行营养干预 营养干预具体实施过程中会面临许多实际问题:比如最普遍的营养指导方针是每日营养摄入量,因为人们实际上吃的是完整的食物而不是孤立的营养素,因此,掺入食物基质中的营养素的生物利用度可能受其对消化和吸收的影响,这也受到基质效应或肠道微生物群的作用的调节。此外,许多食物的成分尚不完全清楚,食物成分表往往不完整或过时,有些化合物无法测量或未知。因此,在评估营养素或食物时也可能出现差异(例如,与评估乳制品中饱和脂肪摄入量与健康结果之间的关联相比,在替代研究中用多不饱和脂肪替代饱和脂肪)。这些因素使得营养干预也很难精准完成,这也增加了使用食物研究得出的结论的不确定性。因此,需要针对不同肝病患者的基质效应或肠道微生态进行研究,对不同种类食物进行细化分类研究。

3. 逐步调整肝病营养工作方向 近年来,随着新药的开发和临床的广泛应用,据预测未来肝病疾病谱将发生较大的变化。如乙型和丙型病毒性肝炎临床治愈率大幅度提高,相关的肝硬化和肝癌的发生率较前有很大变化;伴随人们生活节奏的加快,人们的饮食结构也在发生着变化,非酒精性脂肪性肝病的人群有逐渐增高的趋势;伴随着酒精和药物的滥用,酒精性肝病和药物性肝病较前发病明显增高。伴随着肝癌治疗的新药的研发和新技术的开展,肝癌的治疗在手术、介入治疗基础上,出现了精准放疗、靶向药物治疗、免疫检查点治疗等单个或联合治疗方案。因此,需要根据不同肝病变化调整肝病营养工作的重点,并对药物性肝病、非酒精性脂肪性肝病、肝癌等营养问题进行研究并加以干预。推广健康的饮食习惯,促进脂肪肝、肝纤维化、肝硬化的逆转,并降低肝癌的发生或延长肝癌患者的生存期,最终降低肝病患者的病死率。

4. 解决目前出现的问题和困惑 目前虽然有众多的营养评估方法、众多的营养干预指导方案,但因为营养治疗过程中影响因素复杂,仍有较多的困惑和问题需要去解决。比如患者营养治疗后,是否需要配合运动?肌肉组织是否增强了?增强肌肉组织与临床预后的关系怎样?肝硬化患者锻炼方式的如何选择?如何逆转患者的代谢状态?营养检测中的生物学敏感指标有哪些?目前还存在较多的未知问题需要未来继续研究探索。

（孟庆华 李 娟）

参 考 文 献

1. 北京医学会肠外肠内营养学专业委员会《慢性肝病患者肠外肠内营养支持与膳食干预专家共识》专家委员会. 慢性肝病患者肠外肠内营养支持与膳食干预专家共识[J]. 中华临床营养杂志,2017,25(1):1-11.
2. European association for the study of the liver. EASL clinical practice guidelines on nutrition in chronic liver disease[J]. J Hepatol, 2019, 70(1): 172-193.
3. Gabbia D, Roverso M, et al. Western diet-induced metabolic alterations affect circulating markers of liver function before the development of steatosis[J]. Nutrients, 2019, 11(7): E1602.
4. Reddy AJ, George ES, Roberts SK, et al. Effect of dietary intervention, with or without co-interventions, on inflammatory markers in patients with nonalcoholic fatty liver disease: a systematic literature review[J]. Nutr Rev, 2019, 77(11): 765-786.
5. Hsu CS, Kao JH. Sarcopenia and chronic liver diseases[J]. Expert Rev Gastroenterol Hepatol, 2018, 12(12): 1229-1244.
6. Tada T, Kumada T, Toyoda H, et al. Impact of the branched-chain amino acid to tyrosine ratio and branched-chain amino acid granule therapy in patients with hepatocellular carcinoma: a propensity score analysis[J]. J Gastroenterol Hepatol, 2015, 30(9): 1412-1419.
7. Ericksen RE, Lim SL, et al. Loss of BCAA catabolism during carcinogenesis enhances mTORC1 activity and promotes tumor development and progression[J]. Cell Metab, 2019, 29(5): 1151-1165.
8. Fang A P, Liu Z Y, Liao G C, et al. Serum folate concentrations at diagnosis are associated with hepatocellular carcinoma survival in the Guangdong liver cancer cohort study[J]. Br J Nutr, 2019, 121(12):

1376–1388.

9. MaY, Yang W, Simon TG, et al. Dietary patterns and risk of hepatocellular carcinoma among U. S. men and women [J]. Hepatology, 2019, 70(2): 577–586.
10. Canales C, Elsayes A, Yeh DD, et al. Nutrition risk in critically ill versus the nutritional risk screening 2002: are they comparable for assessing risk of malnutrition in critically ill patients? [J]. Journal of parenteral and enteral nutrition, 2019, 43(1): 81–87.
11. Plauth M, Bernal W, Dasarathy S, et al. ESPEN guideline on clinical nutrition in liver disease[J].Clin Nutr, 2019, 38(2): 485–521.

第四十六章 胰腺炎的营养支持治疗

急性胰腺炎（acute pancreatitis，AP）是多种病因导致的胰酶在胰腺内被激活后引发的胰腺组织自身炎症反应，伴或不伴有其他器官功能改变的疾病，是临床常见的急腹症之一。根据2012亚特兰大分类和定义修订的国际共识，对急性胰腺炎又有了新的分类标准。修订后的急性胰腺炎分类明确了疾病的两个阶段：早期和后期，严重程度分为轻症、中重症及重症。

轻症胰腺炎是最常见的类型，无器官衰竭、局部或全身并发症，通常能在发病1周内恢复。中重症急性胰腺炎定义为存在短暂的器官功能衰竭、局部并发症或共存疾病的加重。中重症急性胰腺炎在不干预的情况下可能会恢复（如短暂性器官功能衰竭或急性液体积聚），或可能需要更长时间的专科治疗（如有广泛的无菌坏死但无器官功能衰竭）。中重症急性胰腺炎的死亡率远低于重症急性胰腺炎。重症急性胰腺炎定义为存在持续性器官功能衰竭，即器官功能衰竭 >48h。局部并发症包括胰周液体积聚，胰腺及胰周组织坏死（无菌性或感染性），假性囊肿及包裹性坏死（无菌性或感染性），应按照重症急性胰腺炎进行治疗。重症急性胰腺炎临床表现凶险、预后不良、治疗棘手且并发症多，病死率可高达20%~30%。目前的治疗共识是建立多学科综合诊疗体系，早期内科综合治疗，控制和减轻全身炎症反应综合征（SIRS）对器官的损伤，适时介入或外科干预，根据病程分期选择个体化治疗方案的综合性治疗模式。

急性胰腺炎的营养支持疗法已经是急性胰腺炎治疗中很重要的组成部分，尤其是对重症急性胰腺炎患者，通常于患者入院后进行评估，一旦明确患者数周内不能经口摄食，易出现营养不良或营养不良风险（nutrition risk）时则应开始营养支持。临床营养支持（clinical nutrition support）方式包括肠内营养（enteral nutrition，EN）和肠外营养（parenteral nutrition，PN）。EN是指经消化道管饲较全面的营养素。PN即经静脉输注氨基酸、脂肪和糖等三大类营养素、维生素及矿物质。

一、AP患者营养代谢

急性胰腺炎会发生许多特异性和非特异性的代谢改变。各种促炎细胞因子增加基础代谢率，导致能量消耗的变化，这些改变与疾病严重程度和病程密切相关。

（一）碳水化合物、蛋白质、脂肪代谢

急性胰腺炎患者的糖代谢由能量需求增加而决定。内源性糖原异生增加是严重炎症反应的结果。葡萄糖可以部分抵消因蛋白质降解而产生的内源性糖异生，一定程度上减少蛋白质分解的有害和不必要的影响。高血糖是感染和代谢性并发症发生的危险因素，因此有必要监测血糖。急性重症胰腺炎患者常存在蛋白质需要量增加和负氮平衡，一些急性胰腺炎患者氮的丢失达到20~40g/d。应尽量减少蛋白质的丢失，尤其有并发症和病程较长的患者。高脂血症在急性胰腺炎的患者中较常见，脂肪代谢改变的具体机制目前尚不完全清楚。急性发作后，血清脂肪浓度回到正常水平，一些严重高脂血的患者会发生急性胰腺炎。

（二）液体紊乱

急性早期，轻型与将向重型发展的胰腺炎之间的界线并不明显。尤其是在这一时期，大量液体进入组织间隙导致血容量减少，虽然临床上不一定有血压下降，但研究证明胰腺和内脏器官微循环已出现障碍。甚至有研究显示，胰腺炎起始阶段，胰腺血流就锐减73%，由此产生的局部缺血可能会导致胰腺炎发展为胰腺实质坏死。内脏血流灌注不足的另一个后果是肠道损伤。屏障功能受损可能会导致随后的感染并发症和多器官功能衰竭发生。

（三）急性胰腺炎与肠道免疫及胃肠道功能紊乱

由于肠道的免疫损伤往往导致多器官功能衰竭（multiple organ dysfunction syndrome，MODS），近年来急性胰腺炎与肠道免疫的关系成为研究热点。许多研究表明由于肠道的免疫损伤，使得肠道细菌移位，最终导致了胰腺的感染以及败血症。事实上，肠外感染往往晚于肠内免疫作用的发生，但是 MODS 常在 1~2d 内就急剧恶化，患者往往必须接受 ICU 的治疗。并且在外周血采用 PCR 的方法并不能检测出肠道细菌的核酸。近几年大量的研究揭示了急性胰腺炎引发恶化性的系统免疫级联反应与肠道缺血再灌注（intestinal ischemia reperfusion，IIR）有关。与重度溃疡性结肠炎不同，AP 期间 IIR 诱发肠道免疫反应，导致 MODS。免疫 - 神经调节 - 内分泌网络的调控作用近来受到更多的关注。

（四）急性胰腺炎对肠道屏障的作用

AP 一旦发生，疾病的进程通常分为三个连续的阶段：胰腺自身免疫，系统免疫应答以及最后一个阶段败血症。系统免疫应答影响着 AP 的转归，常常受肠道免疫的影响而进一步恶化。

1. 缺血再灌注损伤　AP 发生时第三空间的水分大量丢失，患者出现低血容量，机体优先保证重要器官如心脑肾的供血，肠黏膜对肠道缺血非常敏感，迅速发生了肠黏膜屏障的损伤。当体液复苏时，内脏器官往往是最后灌注的。再灌注又激发了炎症级联反应，导致了进一步的损伤，这种损伤往往比最初的缺血损伤更严重。

2. 氧化应激　再灌注后，氧分子急剧增加，释放出大量氧自由基，损伤细胞膜。氧化应激激活 NF-κB 信号转导通路，释放大量因子，如肿瘤坏死因子 α，白介素 -1，白介素 -6 等。

3. 多种抗炎因子生成减少　例如，由肠黏膜分泌的多功能肠肽生长激素抑制素（somatostatin，SST），SST 可以抑制胰酶的分泌，减少大量炎症因子，抑制 TLR-NF-κB 信号通路的激活。在肠道缺血再灌注时 SST 血清水平显著下降。褪黑素有保护胰腺组织免遭炎症及氧自由基损伤的作用。正常情况下胃肠道的褪黑素浓度远远高于血液中的含量。胃肠道的褪黑素由胃肠道神经内分泌细胞分泌。SAP 患者的褪黑素受体较 MAP 患者显著下降。

4. 肠道细菌过度繁殖　IIR 损伤后肠道蠕动减慢，使得大量肠道细菌过度生长，改变了肠道菌群，激活 LPS/TLR4 信号转导通路。肠上皮过度凋亡，肠黏膜渗透性增加，使得过度生长的肠道细菌渗透到血液中，导致了细菌移位和菌血症。

5. 胰管压力增加　IIR 时 Oddi 氏括约肌持续痉挛，导致胰管压力增加。增加的胰管压力已被证实可以促发或者激化胰腺炎。

（五）肠内营养与黏膜屏障

既往认为，由于肠内营养可以刺激胰腺和肠内的分泌，胰腺休息的概念长期以来在重症急性胰腺炎的治疗中处于主导地位。然而，肠管的休息往往导致肠道的衰竭，细菌的过度生长，并能导致内毒性以及细胞因子的升高，细菌移位以及诱发 SIRS。这是导致坏死性胰腺炎、感染性胰腺脓肿的高危因素。因此，由于肠内营养的对肠黏膜以及内脏血流的益处，肠内营养作为重胰腺炎的治疗手段越来越受到重视。

EN 可以改善肠黏膜屏障。EN 可维持胃肠相关淋巴样组织以及肠道屏障功能，促进胆汁、黏液、免疫球蛋白 A 的产生，并维持血液的流动。EN 通过降低肠上皮细胞的凋亡和坏死，增强肠上皮细胞的存活，同时，能够抑制由活化的黏膜 T 细胞释放出来的肿瘤坏死因子 α、白介素 -10 等炎症因子，从而平衡促炎因子和抗炎因子之间的平衡。早期肠内营养（early enteral nutrition，EEN）可以减少胰腺炎患者的并发症，改善临床结局。动物模型不但发现 EEN 较 TPN 明显降低死亡率及并发症，同时发现，EEN 可以显著上调肠道淋巴结中 $CD4^+$ 和 $CD8^+$T 淋巴细胞的表达。肠道的免疫屏障在阻止肠道细菌移位及感染方面发挥着重要的作用。有报道在 SAP 发病的 24h 内，肠黏膜中的 $CD4^+$ 和 $CD8^+$T 淋巴细胞显著下降，肠道的 $CD4^+$ 和 $CD8^+$T 淋巴细胞在 SAP 的进展中发挥着重要的作用。EEN 显著增加了 SAP 小鼠模型中远端肠道淋巴结中 $CD4^+$ 和 $CD8^+$ 的表达，同时减少了肠道病态的损伤以及降低了内毒素和细菌移位的血清学水平。

二、AP 患者的营养评估

早期对患者进行营养评估是 AP 患者治疗

的重要步骤，因此，国内外肠内肠外营养学会指出在进行营养治疗之前，首先应使用合适的筛查工具（如NRS 2002、NUTRIC score、MNA、PG-SGA等）对患者进行营养筛查以指导临床营养治疗。目前临床上常用的营养筛查工具中，NRS 2002是基于128项随机临床研究指定的，通过综合分析患者的营养状况、疾病严重程度以及年龄因素的干扰，循证医学证据充分，客观反映患者的营养风险。在治疗过程中亦需要反复进行营养评估及监测，用间接能量仪进行测定可以避免过度喂养和喂养不足。对肠内和肠外营养而言，推荐25~35kcal/（kg·d），以避免过度喂养和高血糖出现。

三、营养支持治疗方式

临床营养支持治疗方式包括肠内营养（EN）和肠外营养（PN）。现阶段没有证据表明营养支持（肠内或肠外）对轻度胰腺炎有益。肠内营养对5~7d可以恢复正常饮食的患者是不必要的（ESPEN指南，等级B）。但早期肠内营养对已经存在重度营养不良和5~7d不能恢复饮食的患者是重要的。大多数轻症胰腺炎一般于3~7d内症状减轻，全面评估患者病情好转后即可尽早开始经口进食。在中重症胰腺炎尤其是重症急性胰腺炎的营养支持疗法已经是急性胰腺炎治疗中重要的组成部分，营养支持疗法可减少SAP并发症及降低死亡率，急性胰腺炎患者入院后即进行分期及营养风险评估，一旦明确SAP患者1周内不能经口进食或存在较高营养风险或营养不良风险时应尽快开始营养支持治疗。

（一）EN与PN的选择

目前共识意见多认为早期的EN有益于维持肠道黏膜屏障，减少细菌移位，减少细菌异位及内毒素吸收，降低感染、脓毒血症等的发生，只要肠道有功能就首先选择EN支持治疗。EN对胃肠道的机械和化学刺激能显著改善内脏的血流供应，改善肠黏膜和黏膜下缺氧，有助于肠道黏膜细胞分泌sIgA，保证肠道的免疫及化学屏障作用，可减少内毒素的释放，阻断和减少内源性炎症介质的释放。PN作为SAP的补充性营养治疗，可为机体提供氨基酸、脂肪、糖及维生素、矿物质等营养素。近期一项大型随机对照试验比较了348名SAP患者的肠内营养与肠外营养的作用，结果提示EN治疗组全身感染率低，住院时间短。

（二）EN、PN的时机

指南及共识意见多认为SAP患者48h可开始EN支持治疗。一项对1 200例重症急性胰腺炎患者回顾性分析，比较了早期（<48h）与晚期（>48h）肠内营养治疗的疗效，结果显示早期营养组SAP患者脏器衰竭等并发症优于晚期EN治疗组。为验证早期肠内口服营养是否比延迟营养更好，新近一项前瞻性随机对照试验（Python研究）比较了重症急性胰腺炎患者24h内口服喂养与72h后按需肠内营养的治疗效果，结果显示24h内口服喂养与72h后按需肠内营养组两组SAP患者重大感染、死亡率无显著差异。营养风险筛查NRS 2002≤3分或NUTRIC Score≤5分的低营养风险SAP患者，如果1周内EN未能达到60%目标能量及蛋白质需要量时，应启动补充性肠外营养（SPN）支持治疗。NRS 2002≥5分或NUTRIC Score≥6分的高营养风险SAP患者，如果EN在48~72h内无法达到60%目标能量及蛋白质需要量时，推荐早期实施补充性肠外营养（SPN）。

（三）EN、PN营养支持途径的选择

有关鼻胃管（NG）和鼻空肠管（NJ）两种途径营养支持方式选择的研究较多，并无统一意见。以往认为，经空肠给予营养可减少对胰腺外分泌的刺激，有利胰腺恢复；但基础研究发现，AP状态下胰腺外分泌功能明显降低，没有必要通过空肠给予营养。最近一项前瞻性试验结果显示NG途径较NJ更安全、可耐受及有效。NJ营养避免了头相、胃相和食物在十二指肠及空肠上端对胰腺的刺激，不增加胰腺的分泌，同时也被大多数SAP患者所应用。PN多采用中心静脉（central parenteral nutrition，CPN）营养支持和周围静脉营养支持（peripheral parenteral nutrition，PPN）方式进行。

（四）EN、PN营养配方

营养支持疗法EN的配剂类型目前多分为要素型、半要素型、非要素型。早期肠内营养成分可从口服5%葡萄糖盐水开始，逐渐给予易消化的谷类食物及预消化的要素营养剂。多数患者经口摄入预消化的营养剂的依从性好。患者对半要素饮食、聚合物配方或免疫营养（谷氨基酸、精氨

酸、ω-3 脂肪酸和益生菌）耐受性相当，营养配方的差异对 AP 患者感染发生率和病死率无明显影响。日本一项回顾性分析表明，急性胰腺炎患者给予要素型营养支持与半要素型营养支持相比并无显著益处。免疫增强型的 EN 可以减轻免疫应答、提高免疫功能，改善临床结局。包含精氨酸、谷氨酰胺、ω-3 脂肪酸、抗氧化剂、核苷酸。谷氨酰胺是体内最丰富的一种氨基酸，但是在很多重症疾病中往往生成不足。谷氨酰胺是巨噬细胞、淋巴细胞以及肠上皮细胞的主要原料来源，它的缺乏往往导致免疫功能受损以及肠上皮屏障功能的损伤。无论是 EN 还是 PN 联合谷氨酰胺均能抑制肠上皮细胞的凋亡，维持肠黏膜屏障的完整性。ASPEN 推荐烧伤和外伤患者使用谷氨酰胺 EN，可以降低感染并发症，但是在死亡率方面无作用。不适用于所用的危重患者。ω-3 脂肪酸可以降低炎症反应，提高免疫功能。PN 给予 ω-3 脂肪酸可以 SAP 升高 IL-10 以及 HLA-DR 的表达，而 IL-10 和 HLA-DR 是 SAP 急性期免疫应答的关键启动子。益生菌通过减少小肠细菌的过度生长，预防感染的发生，恢复肠道屏障功能，调节免疫系统。研究发现 SAP 患者，益生菌的使用并没有减少感染并发症，反而增加死亡率。故目前不主张 AP 患者补充益生菌。但是最近 2 项系统性回顾分析了 EN 制剂的情况，发现免疫增强型 EN 对于结局的作用和安全性发挥很少的作用，因此，目前尚没有足够的证据支持使用特殊类型的 EN 制剂。另一项 meta 分析结果显示免疫调节型肠内营养与标准剂型肠内营养制剂在降低感染并发症、全身炎症反应综合征或器官损伤方面无明显差异。PN 配方应根据患者实际情况来制定，营养处方须考虑与其他药物或液体治疗、营养素之间以及营养素与疾病之间的配伍与禁忌，通常采用全营养液混合（total nutrient admixture，TNA）或称为全合一（all in one，AIO）的方式将各种营养素混合后输注。

四、营养支持预后评价

早期的 EN 有益于维持肠道黏膜屏障，减少细菌移位，减少细菌异位及内毒素吸收，降低感染、脓毒血症等的发生。而 PN 作为 SAP 的补充性营养治疗，可为机体提供营养素。急性胰腺炎中及时恰当的营养治疗可显著缩短住院时间，显著改善患者预后。

现阶段没有证据表明营养支持对轻度胰腺炎有益。一些研究对重症急性胰腺炎患者应用肠内营养和肠外营养进行比较，结果与轻中度胰腺炎不同。研究显示：肠内营养优于肠外营养；肠内营养对疾病并无不良影响，EN 可以减轻急性胰腺炎的急性相反应，改善疾病严重程度和临床结果；肠内营养组的患者感染性并发症、总并发症发生率均低于全肠外营养组，单个或多器官衰竭和死亡率低。且 TPN 患者的治疗费用是肠内营养患者的 3 倍。

综上，急性胰腺炎尤其是 SAP 患者推荐营养支持疗法，营养支持疗法中 EN 较 PN 能减少并发症及死亡率，优于 PN，高营养风险 SAP 患者推荐早期实施补充性肠外营养治疗，对于不能耐受 EN 的患者可适时使用 SPN。EN 营养方式推荐使用 NJ 方式，虽有研究表明 SAP 患者使用 NG 是可行的，但 NG 和 NJ 以及早期（48h 内）和晚期的 EN 哪种方式更具有良好的安全性及有效性，还需大规模的多中心研究来证实。半要素或要素型 EN 的临床研究尚不充分，谷氨酰胺、免疫增强型 EN 营养制剂、益生菌及促动力药物作用亦需大样本、多中心、高质量随机对照试验研究验证。

五、慢性胰腺炎

慢性胰腺炎（chronic pancreatitis，CP）是指由于各种不同原因所致的胰腺局部、节段性或弥漫性的慢性进展性炎症，导致胰腺组织和/或胰腺功能不可逆的损害。临床表现为反复发作性或持续性腹痛、腹泻或脂肪泻、消瘦、黄疸、腹部包块和糖尿病等。我国的 CP 主要与嗜酒和长期胆道疾病有关，CP 的治疗原则为去除病因、控制症状、改善胰腺功能和治疗并发症。营养物质的消耗（酒精中毒、疼痛、炎症引起的代谢增加）及吸收不良是导致 CP 营养不良的主要原因，CP 营养治疗的目的是纠正患者的营养不良状态，改善患者的临床症状，控制原发病及并发症的进展。研究表明约 80% 的 CP 患者可以通过止痛剂、饮食建议和胰酶补充剂的联合治疗获得好转，仅 10%~15%CP 患者需要口服营养补充剂，5% 的 CP 患者需要肠内营养，约 1% 的 CP 患者需要肠外营养。CP患者的静息能量消耗增加，需要充足的能量补偿体内高分解代谢的消耗、维持正氮平衡和增加抗病能力，CP患者建议每日需供给10.5~12.6MJ（约2 500~3 000kcal）能量为宜。胰腺是脂肪酶分泌的唯一场所，CP患者脂肪吸收不良的临床表现最为明显，多为大便中带有多量未消化肌肉纤维的腹泻，伴有脂溶性维生素及微量元素的缺乏。高营养风险CP患者需戒酒、避免暴饮暴食，发作期间严格限制脂肪摄入，给予肠外或肠内营养治疗，对长期脂肪泻患者，应注意补充维生素及各种微量元素。胰腺外分泌功能不全（exocine pancreatic insufficiency，EPI）是CP严重的并发症之一，由于胰酶分泌不足，导致机体不能充分吸收脂肪、蛋白质和碳水化合物，引发脂肪泻，并最终出现腹部不适、体重下降和营养不足。对于胰腺外分泌功能不全目前主要应用外源性胰酶制剂替代治疗（pancreatic enzyme replacement therapy，PERT），并辅助饮食疗法。建议根据每餐的脂肪含量应用脂肪酶的剂量，一般正餐建议服用脂肪酶的剂量为25 000~75 000U，非正餐时推荐脂肪酶剂量为10 000~25 000U。PERT的主要目标是阻止体重的下降、减少EPI相关症状、纠正维生素缺乏以及提高营养状态。体重是治疗效果主要临床监测指标，实验表明大多数患者经过一年的PERT治疗体重都会有所增加，建议推荐进餐时服用胰酶制剂，进餐时服用可使胰酶颗粒与食糜充分混合，在十二指肠内发挥消化作用，但新近也有研究认为餐前服用更佳。患者应限制脂肪摄入并提供高蛋白饮食，脂肪摄入量限制在总热量的20%~50%，一般不超过50~75g/d，严重脂肪泻患者可静脉给予中长链甘油三酯（MCT/LCT）。

（田宇彬　荆　雪）

参考文献

1. Roberts KM, Nahikian-Nelms M, Ukleja A, et al. Nutritional aspects of acute pancreatitis[J]. Gastroenterol Clin North Am, 2018, 47(1): 77-94.
2. Krishnan K. Nutritional management of acute pancreatitis[J]. Curr Opin Gastroenterol, 2017, 33(2): 102-106.
3. Bakker OJ, van Brunschot S, van Santvoort HC, et al. Early versus on-demand nasoenteric tube feeding in acute pancreatitis[J]. New Engl J Med, 2014, 371(21): 1983-1993.
4. Garg V, Singh T, Nain PS, et al. Nutritional support in acute severe pancreatitis-nasojejunal vs. nasogastric feed[J]. J Evol Med Dent Sci-JEMDS, 2018, 7(5): 588-591.
5. Endo A, Shiraishi A, Fushimi K, et al. Comparative effectiveness of elemental formula in the early enteral nutrition management of acute pancreatitis: a retrospective cohort study[J]. Ann Intensive Care, 2018, 8(1): 69.
6. Sikkens EC, Cahen DL, Kuipers EJ, et al. Pancreatic enzyme replacement therapy in chronic pancreatitis[J]. Best Pract Res Clin Gastroenterol, 2010, 24(3): 337-347.
7. DiMagno MJ, DiMagno EP, et al.. Chronic pancreatitis[J]. CurrOpin Gastroenterol, 2010, 26(5): 490-498.

第四十七章　糖尿病的营养支持治疗

第一节　糖尿病概述

糖尿病（diabetes mellitus，DM）是遗传因素和环境因素长期共同作用所导致的一种慢性、全身性、代谢性疾病。它主要是体内胰岛素分泌不足或者对胰岛素的需求增多，引起血糖升高、尿糖出现，发生糖类、脂肪、蛋白质代谢紊乱而影响正常生理活动的一种疾病。如果得不到满意的控制，可能并发心血管、肾脏、眼部及神经等慢性并发症，以及酮症酸中毒、高渗性昏迷等急性并发症，以致威胁生命。但如果能及时治疗，使病情得到控制，则能够从事正常的工作与生活。

1997 年美国糖尿病协会（American diabetes association，ADA）和 1999 年世界卫生组织均根据病因将糖尿病分为 1 型糖尿病（胰岛素依赖型糖尿病）、2 型糖尿病（非胰岛素依赖型糖尿病）、特殊类型糖尿病（继发于胰腺炎和药物等）和妊娠糖尿病等类型。其后，ADA 和 IDF（international diabetes foundation，IDF）不断完善和修订相关诊疗指南。

糖尿病的治疗需要药物治疗、营养支持治疗和运动治疗的综合作用，其治疗目的为：①纠正代谢紊乱，使血糖、血脂达到或接近正常值并消除症状；②防止或延缓血管或神经系统并发症的发生和发展；③维持成年人的正常体重，使肥胖者减重、消瘦者补充营养；④保证儿童和青少年的正常发育并能维持较强的体力活动。

第二节　糖尿病患者的营养代谢变化

胰岛素不足或缺乏，或组织对胰岛素的生物反应性减低，可引起碳水化合物、脂肪、蛋白质、水与电解质等代谢紊乱。

一、碳水化合物代谢改变

血糖升高是糖尿病患者的主要临床特征。血糖增高的机制有：①糖尿病患者胰岛素分泌不足或胰岛素抵抗，肝脏葡萄糖激酶和糖原合成酶下降，肝糖原合成减少；②碳酸化酶活性加强，糖原分解增加，糖异生作用增强；③转运入脂肪组织和肌肉组织的葡萄糖减少，这些组织对糖的利用减少；④肌肉中磷酸果糖激酶和肝组织中 L- 型丙酮酸激酶合成减少，糖酵解减弱，肌糖原合成减少而分解增加；⑤还原型辅酶Ⅱ生成减少，磷酸戊糖途径减弱。在应激（感染、手术、创伤等）状况下，糖尿病前期患者或糖尿病血糖控制不佳的患者体内升糖激素（胰高血糖素、肾上腺素和肾上腺皮质激素）显著升高，这些升糖激素可增加肝脏葡萄糖释放并减少外周组织（肌肉、脂肪组织）对葡萄糖的摄取和利用（胰岛素抵抗效应），从而产生严重的高血糖。持续高血糖则易产生葡萄糖毒性，加重葡萄糖氧化过程的损伤、阻止葡萄糖信号转导、减少前胰岛素原的合成与分泌、加重损害胰岛 β 细胞功能。

二、脂质代谢改变

病情控制不良的糖尿病患者脂质代谢紊乱常表现为血浆甘油三酯（TG）和极低密度脂蛋白（VLDL）显著升高，并伴有血浆总胆固醇（TC）、低密度脂蛋白（LDL）、载脂蛋白 B（Apo B）、载脂蛋白 E（Apo E）、乳糜微粒（CM）水平升高，而高密度脂蛋白（HDL）和载脂蛋白 A1（ApoA1）水平则明显降低。临床上将血 TG 和 LDL 增高、HDL 降低称为血脂异常三联征。血脂异常三联征是动脉粥样硬化的一种表现形式，出现血脂异常三联征的患者易发生冠心病。持续 TG 和游离脂肪酸升高,则产生脂毒性,损害前胰岛素原的合成和葡萄糖的氧化,改变胰岛 β 细胞基因表达,促使 β 细胞凋亡。糖尿病患者血浆脂蛋白的改变主要决定于血糖控制情况及胰岛素水平。

糖尿病患者由于磷酸戊糖通路减弱,还原型辅酶Ⅱ生成减少,脂肪合成减少。由于肝糖原合成和贮存减少,在脑垂体和肾上腺激素调节下,脂肪转入肝脏沉积,导致脂肪肝。高血糖超过肾糖阈导致大量葡萄糖从尿中丢失,引起能量供应不足,促使脂肪组织大量分解和转化形成酮体,再加上因胰岛素不足所致酮体氧化利用减慢,过多的酮体积聚产生酮血症和酮尿。乙酰乙酸和 β 羟丁酸经肾脏流失,大量碱基亦随之流失,造成代谢性酸中毒。同时大量酮尿、糖尿加重多尿和脱水,严重者表现为酮症酸中毒、高渗性昏迷。为防止酮血症和酮症酸中毒,糖尿病患者也需适量供给碳水化合物,减少体脂过多动员氧化。

三、蛋白质代谢改变

由于能量供应不足,蛋白质分解供能增加;胰岛素缺乏,肝脏和肌肉中蛋白质合成减慢,分解代谢亢进,易发生负氮平衡。严重者血中含氮代谢废物增多,尿中尿素氮和有机酸浓度增高,干扰水和酸碱平衡,加重脱水和酸中毒。儿童糖尿病患者易出现生长发育受阻。患者表现为消瘦、抵抗力减弱、易感染和伤口愈合不良等。

四、维生素、微量元素和矿物质代谢改变

(一)维生素代谢

维生素是调节机体生理功能和物质代谢的重要辅酶。B 族维生素(维生素 B_1、B_2、PP)参与糖类代谢。糖尿病患者糖异生作用旺盛,B 族维生素消耗增多,如果供给不足,会进一步减弱糖酵解、有氧氧化和磷酸戊糖通路,加重糖代谢紊乱。抗氧化维生素 E、维生素 C、β- 胡萝卜素能清除体内积聚的自由基,可预防和延缓糖尿病慢性并发症的发生。与正常人相比,糖尿病患者需要更多的抗氧化维生素。

(二)微量元素和矿物质代谢

多尿使糖尿病患者体内微量元素和矿物质丢失增加,加重糖尿病患者物质代谢紊乱,影响急慢性并发症的发生。微量元素硒参与合成谷胱甘肽过氧化物酶的辅酶,具有清除过氧化脂质的作用。缺锌会引起胰岛功能降低,减少胰岛素分泌,组织对胰岛素的抵抗作用增强;但锌过多也可能损伤胰岛素分泌,导致葡萄糖耐量降低,并可加速老年糖尿病患者的下肢溃疡。低镁血症减弱 2 型糖尿病患者组织对胰岛素的敏感性,且与视网膜病变和缺血性心脏病有关。三价铬是葡萄糖耐量因子的组成成分,是胰岛素作用的辅因子,有增强葡萄糖利用和促进葡萄糖转变为脂肪的作用。锰是羧化酶的激活剂,参与碳水化合物和脂肪的代谢,锰缺乏可加重糖尿病患者的葡萄糖不耐受。糖尿病患者行营养支持时必须注意补充上述物质。

第三节 糖尿病的营养支持治疗

一、糖尿病营养支持治疗的目的

糖尿病营养支持治疗的目的是在保证机体正常生长发育和正常生活的前提下,纠正已发生的代谢紊乱,减轻胰岛 β 细胞负荷,提高患者生活治疗,改善临床结局。具体包括:

1. 纠正代谢紊乱　糖尿病的代谢紊乱,可通过摄入有针对性的合理膳食,达到控制血糖、血脂、补偿蛋白质及其他营养成分缺乏的目的。

2. 减轻胰岛负荷　糖尿病患者都存在不同程度的胰岛功能障碍,合理的饮食可以使胰岛细胞得到休息,部分功能得以恢复。

3. 改善整体的健康水平　在确保正常的生长发育的前提下,提高消耗大于摄取者的营养,促进青少年的生长发育,满足妊娠、哺乳期妇女代谢增加的需要。并保证一般糖尿病患者有充沛的体力。

4. 有利于减肥　肥胖是糖尿病的危险因素,低能量膳食可以促进自身消耗,减少过剩的脂肪,有利于增强胰岛素敏感性和降低血脂。

5. 降低餐后高血糖　合理进食富含膳食纤维的食物,降低餐后高血糖,反馈减轻对胰岛的刺激,有利于胰岛功能的恢复。

6. 有利于防治并发症　由于血糖控制改善,血脂降低等而有利于防治糖尿病并发症。

为实现上述目标,广泛宣传和使用中国居民膳食营养素参考摄入量(Chinese dietary reference

intakes，CDRIs）、中国居民膳食宝塔（Chinese food guide pyramid）及中国糖尿病食品交换份（Chinese diabetes food exchange lists）是极为必要的。

二、糖尿病的控制目标

中国糖尿病防治指南关于2型糖尿病的控制目标见表47-3-1。

表47-3-1 中国糖尿病防治指南关于2型糖尿病的控制目标

		理想	良好	差
血糖/（mmol·L^{-1}）	空腹	4.4~6.1	≤7.0	>7.0
	非空腹	4.4~8.0	≤10.0	>10.0
HbA1c/%		<6.5	6.5~7.5	>7.5
血压/mmHg		<130/80	130/80~140/90	≥140/90
BMI/（kg·m^{-2}）	男性	<25	<27	≥27
	女性	<24	<26	≥26
TC/（mmol·L^{-1}）		<4.5	≥4.5	≥6.0
HDL-C/（mmol·L^{-1}）		>1.1	1.1~0.9	<0.9
TG/（mmol·L^{-1}）		<1.5	1.5~2.2	>2.2
LDL-C/（mmol·L^{-1}）		<2.6	2.6~3.3	>3.3

三、糖尿病营养支持治疗原则

ADA糖尿病防治指南定义医学营养支持治疗（medical nutrition support therapy）的具体组成部分包括：能量均衡、超重和肥胖的管理、膳食结构调整、体力活动管理和行为矫正等。任何糖尿病及糖尿病前期患者都需要依据治疗目标接受个体化的营养支持治疗，如果能在熟悉糖尿病的注册家庭营养师的指导下完成，则效果更佳。具体营养支持治疗原则包括：

（一）合理控制总能量，能量摄入量以达到或维持理想体重为宜

肥胖者体内脂肪细胞增大、增多，胰岛素敏感性降低，不利于治疗。减少总能量摄入、降低体重后往往可以改善血糖，减轻胰岛素抵抗。消瘦者对疾病的抵抗力降低，影响健康，也不利于治疗。孕妇、乳母和儿童要增加能量摄入以维持其特殊的生理需要和正常的生长发育。

理想体重可以应用简单的公式：身高（cm）-105=标准体重（kg）计算获得。标准体重的±10%即为理想体重，超过20%视为肥胖，低于20%为消瘦。糖尿病患者的每日供给量应结合患者的体形（肥胖、消瘦或者理想）、体力活动、病情等参考表47-3-2进行计算。

表47-3-2 成人糖尿病患者每日能量供给量

单位：kcal/kg 标准体重

劳动（活动）强度	消瘦	理想	肥胖
重体力活动（如搬运工）	45~50	40	35
中体力活动（如电工安装）	40	35	30
轻体力活动（如坐式工作）	35	30	20~25
休息状态（如卧床）	25~30	20~25	15~20

在临床实践中，对中至重度肥胖的糖尿病患者，使其体重达到并维持“理想状态”往往难以实现。为此，ADA提出了“合理体重”（reasonable weight，RW）的概念。RW指糖尿病患者及其主管医师或营养医师认为可在短期内实现并长期维持的体重水平。该水平对有效控制血糖、血压和血脂有确定的意义。与传统的理想体重相比，合理体重似更为现实。

（二）平衡膳食，选择多样化、营养合理的食物

所谓平衡膳食是指一种科学、合理的膳食。这种膳食所提供的能量和各种营养素不仅全面，而且膳食的供给和人体的需要应保持平衡，既不过剩也不欠缺，并能照顾到不同年龄、性别、生理状态及各种特殊的情况。平衡膳食是中国居民膳食指南的中心内容，同时也是糖尿病营养支持治疗的基础。每日应均衡摄入谷薯类，蔬菜水果类，

肉、禽、鱼、乳、蛋、豆类，油脂类共 4 大类食品，不绝对偏食哪一种食物，搭配合理。应做到主食粗细搭配；副食荤素搭配。

（三）限制脂肪摄入量、适量选择优质蛋白质

脂肪常常容易被糖尿病患者忽略并超量选食。每克脂肪产热 9kcal，应使之占饮食总能量的 25%~30% 甚至更低。脂肪按照其不饱和键的有无分为饱和脂肪酸和不饱和脂肪酸，应控制饱和脂肪酸的摄入，使其不超过总脂肪量的 10%~15%。胆固醇入量应控制在每日 300mg 以下。蛋白质是生命的物质基础，同时也提供一定的能量。每克蛋白质产热 4kcal，但这不是主要功能。糖尿病患者每日蛋白质消耗量大，摄入应接近正常人的标准，成年患者约为 1g/（kg·d），孕妇、哺乳期妇女为 1.5g/（kg·d），儿童为 2~3g/（kg·d）。要求蛋白质占总能量的 12%~20%，其中至少 1/3 来自动物类优质蛋白质和大豆蛋白。

（四）放宽对主食类食物的限制，减少或禁忌单糖及双糖的食物

在合理控制总能量的基础上适当提高碳水化合物的进量，对提高胰岛素的敏感性和改善葡萄糖耐量均有益处。碳水化合物是我国膳食中能量的主要来源，每 1g 碳水化合物产热 4kcal。结合我国居民的膳食特点，碳水化合物的供给量应占总能量的 50%~60%。主食类食品富含淀粉多糖、膳食纤维、维生素和矿物质。合理主食选用可以很好地控制糖尿病，并且由于它们体积大，饱腹感强，可能对控制体重有利。单糖和双糖在肠道不需要消化酶，可被直接吸收入血液，使血糖迅速升高。还可能导致周围组织对胰岛素作用的不敏感，从而加重糖尿病的病情。因此糖尿病患者应减少或禁忌单糖和双糖的摄入。如果喜欢甜食可以适当选用一些蛋白糖、糖精、甜菊糖等甜味剂食品。

（五）无机盐、维生素、膳食纤维要合理充足

对于病情控制不好的患者，糖异生作用旺盛，应补充糖异生过程消耗的 B 族维生素。应限制钠盐的摄入，每日食盐 5~6g，防止高血压难以控制。病程长的老年患者应注意钙供给充足，保证每日 1 000~1 200mg 摄入，防治骨质疏松。多项临床研究表明，膳食纤维可以增强胃肠蠕动，吸收水分，以利于大便排出，治疗便秘；使粪便中胆汁酸排泄增多，血胆固醇水平降低；延缓食物在胃肠道的消化吸收，可以控制餐后血糖上升幅度，尤其是可溶性纤维功效较大。因此提倡糖尿病患者的膳食中增加膳食纤维量，每日 20~35g，供给方式以进食天然食物为佳，并应与含高碳水化合物的食物同时食用。供给充足的铬、锌、锰等微量元素对于糖尿病的治疗有一定帮助。

（六）餐次安排要合理

为了减轻胰岛负担，糖尿病患者一日至少保证三餐。按早、午、晚餐各 1/3 的能量，或早餐 1/5，午、晚餐各 2/5 的主食量分配。在活动量稳定的情况下，要求定时定量进食。注射胰岛素或容易出现低血糖者要求在三次正餐之间增加 2~3 次加餐，晚上睡前半小时加餐更加重要。加餐食品可以由正餐中匀出约 25g 的主食即可。

四、糖尿病营养素摄入量

各权威机构对糖尿病营养素推荐量见表 47-3-3。

表 47-3-3 糖尿病三大营养素推荐量　　单位：% 能量

营养素	ADA	EASD	Diabetes UK	CDA
蛋白质	15~20	10~20	≤1g/kg	15~20
脂肪	个体化	25~35	<35	≤30
饱和脂肪酸	<7	<10	<10	≤10
单不饱和脂肪酸	个体化	60~70 CHO+ 顺式 MUFA	10~20 顺式 MUFA	饮食摄取
多不饱和脂肪酸	个体化	≤10	*n*-6，<10 *n*-3，鱼 2 次 / 周	<10
碳水化合物	高纤低 GI	45~60 CHO+fat 高纤低 GI 食物	45~60 低 GI 食物	50~60 低 GI 食物

ADA：美国糖尿病学会；EASD：欧洲糖尿病研究学会；Diabetes UK：英国糖尿病学会；CDA：加拿大糖尿病学会

1. 蛋白质　目前尚无足够证据确定糖尿病患者每日蛋白质摄入量较正常人增高或降低。现仍采用健康成人每日膳食供给量标准，即1.0g/(kg·d)，能量比为10%~20%。一旦肾小球滤过率（glomerular filtration rate，GFR）降低或确诊糖尿病肾病（diabetic nephropathy），则需限制蛋白质入量为0.6g/(kg·d)。小规模临床研究表明，该水平蛋白质入量可延缓GFR的降低。

2. 总体脂肪和糖类　若蛋白质供能比为10%~20%，则80%~90%的能量来自脂肪和糖类。SFA和PUFA供能比均应小于10%，余60%~70%的能量来自MUFA和糖类。

（1）对于体重和血脂正常者，ADA推荐采用美国国家胆固醇教育方案（the national cholesterol education program，NCEP）的标准，限制脂肪产能比小于30%。其中，SFA和PUFA的产能比均应少于10%，剩余部分由MUFA提供（约为10%~15%）。每日胆固醇摄入量不超过300mg。

（2）对于低密度脂蛋白胆固醇（LDL cholesterol）增高者，进一步限制SFA供能比小于7%，且胆固醇摄入量小于200mg/d。

（3）对于甘油三酯和极低密度脂蛋白胆固醇（VLDL cholesterol）增高者，适量增加MUFA的摄入量，限制SFA供能比小于10%，同时，减少糖类供能比至50%以下。

3. 膳食纤维　虽有研究表明摄入足够量的经选择的可溶性膳食纤维（soluble dietary fibers）可抑制小肠黏膜对葡萄糖的吸收，但尚无证据表明从多种自然膳食中摄取同等量的混合型膳食纤维（包括可溶性和不溶性膳食纤维）具有降低血糖的临床意义。故糖尿病患者的膳食纤维摄入量与普通住院患者似无不同。ADA推荐量为20~35g/d。亦有主张增至50g/d，但目前无论自然膳食或商品肠内制剂尚难以提供这样高的膳食纤维量。

4. 钠　对血压及肾功能正常的糖尿病患者，每日钠量应小于2 400mg/d；伴高血压者，为1 000~2 000mg/d；伴高血压和肾病者，应小于1 000mg/d。

5. 矿物质和维生素　对于能充分摄取平衡膳食（well-balanced diet）的糖尿病患者无需额外补充矿物质和维生素。在理论上，补充适量的抗氧化剂对改善预后有益，但目前仍无有力的临床证据证实这一点。

五、糖尿病患者的食物选择

营养支持治疗的原则最终还需落实到食谱的安排和食物的选择方面。合理、便捷地选择食物有助于控制血糖，并且提高患者的生活质量。

（一）谷类食物

碳水化合物的主要来源，其他淀粉类食物如土豆、山药、芋头、粉条、凉粉等含有的碳水化合物也较多，选用时应注意其所含能量。提倡多选用粗杂粮，如玉米面、荞麦、燕麦等代替部分米面。富含植物纤维的藻类和豆类食品食后吸收慢，血糖升高缓慢。粗粮、酵母中含铬较多。

（二）鸡、鸭、鱼、虾、猪、牛、羊肉、蛋、豆及豆制品等

富含蛋白质的食品，应按照规定量选用精瘦肉和豆制品，少选肥肉和内脏等富含饱和脂肪酸、胆固醇的食品。牛奶及奶制品含有较多的钙和维生素B_2，有条件的患者最好每日选用250~500ml。

（三）蔬菜

富含无机盐、维生素、膳食纤维，除了胡萝卜、蒜苗、豌豆、毛豆等含能量较高的蔬菜之外，常见的叶类、茎类、瓜类蔬菜可以任意食用。

（四）水果

含有一定量的单糖、双糖，按照每150~200g带皮橘子、梨、苹果等可以换成25g主食适当选用。但如果食后血糖升高，则最好将血糖控制好以后在适量选用。红枣、香蕉、柿子、红果等含糖量较高的水果或干果应限量使用。

（五）烹调用动植物油以及花生、核桃等硬果类

富含脂肪的食物，应严格限量食用。大约15粒花生米或30粒瓜子及2个核桃就相当于10g油脂。由于动物油中含有较高的饱和脂肪酸，因此提倡尽量使用植物油。但是植物油仍然含有很高的能量，也需要限量使用。肥胖患者必须严格控制油脂类（包括花生、核桃）。非肥胖者可适当选用花生、核桃作为加餐充饥食品。

（六）酒类

每克酒精产热7kcal。酒精代谢虽然不需要胰岛素，但是含有高能量，而且长期饮用容易引起

高脂血症。另外,注射胰岛素和口服磺脲类降糖药的患者空腹饮用容易引起低血糖,故不饮或少饮为好。

六、血糖指数和血糖负荷

血糖指数(glucose index,GI)是一个衡量各种食物对血糖可能产生多大影响的指标。测量方法是吃含100g葡萄糖的某种食品,测量吃后几个小时内的血糖水平,计算血糖曲线下面积,和同时测定的100g葡萄糖耐量曲线下面积比较所得的比值称为血糖指数。

血糖指数的高低与各种食物的消化、吸收和代谢情况有关,一般来说,食物导致血糖升高越少,其血糖指数就越低;反之就越高。上述概念只是医学名词的解释,但是根据血糖指数会有助于指导选择日常食物。

根据血糖指数的数值,各种豆类及豆制品,燕麦、麦麸,荞麦、莜麦、各种杂和面或各种面食,糙米等食物对血糖控制有利。

血糖负荷(glucose load,GL)是食物GI值与其糖类含量的乘积。目前认为,GL是定量评定某具体食物或某总体膳食模式升高餐后血糖能力的标准方法。研究显示,GL是成年男性和女性发生2型糖尿病的危险因子,是绝经后女性发生缺血性心脏病的危险因子。美国第三次国家健康和营养研究(NHANES Ⅲ)的研究结果表明,高GL与血浆低HDL水平呈正相关。

七、糖尿病食谱的设计方法

糖尿病饮食是一种需要计算和称重量的饮食。具体操作时会比较麻烦,看起来比较烦琐,应用食品交换份方法可以快速简便地制定食谱。所谓食品交换份是将食物按照来源、性质分成几大类。同类食物在一定重量内所含的蛋白质、脂肪、碳水化合物和能量相似,不同类食物间所提供的能量也是相同的。食品交换份的应用可以大大丰富糖尿病的日常生活,并使食谱的设计趋于简单化。

北京协和医院食品交换份将食物分成四大类(细分可分成八小类),每份食物所含能量大致相仿,约90kcal,同类食物或含有营养素比例相近的食物可以任意互换,见表47-3-4。

表47-3-4 食品交换份四大类(八小类)内容和营养价值

组别	类别	每份重量/g	能量/kcal	蛋白质/g	脂肪/g	碳水化合物/g	主要营养素
谷薯组	谷薯类	25	90	2.0	—	20.0	碳水化合物 膳食纤维
菜果组	蔬菜类	500	90	5.0	—	17.0	无机盐 维生素 膳食纤维
	水果类	200	90	1.0	—	21.0	
肉蛋组	大豆类	25	90	9.0	4.0		蛋白质 脂肪
	奶制品	160	90	5.0	5.0	6.0	
	肉蛋类	50	90	9.0	6.0	—	
油脂组	坚果类	15	90	4.0	7.0	2.0	脂肪
	油脂类	10	90	—	10.0	—	

注:1kcal=4.184kJ 举例:患者张××,男性,56岁,身高170cm,体重85kg,职业:会计。患糖尿病4年,采用单纯饮食治疗,未出现明显并发症。

制定食谱步骤:

第一步:计算标准体重:170−105=65(kg)实际体重85kg,比标准体重超30%,属肥胖,会计属轻体力劳动。

第二步:计算每日所需总能量:按照成人糖尿病能量供给标准表(表47-3-3),每日应摄入能量标准为20~25kcal/(kg·d)。则全天所需总能量:65×(20~25)=1 300~1 625kcal

第三步:计算食品交换份份数:(1 300~1 625)/90=15~18份

第四步:参考下表分配食物,根据自己习惯和嗜好选择并交换食物(表47-3-5)。

表 47-3-5 不同能量糖尿病饮食内容举例

能量/	交换	谷薯类		菜果类		肉蛋豆类		浆乳类		油脂类	
kcal	单位	重量	单位	重量	单位	重量	单位	牛奶	单位	重量	单位
1 200	14	150g	6	500g	1	150g	3	250g	1.5	20g	2
1 400	16	200g	8	500g	1	150g	3	250g	1.5	20g	2
1 600	18	250g	10	500g	1	150g	3	250g	1.5	20g	2
1 800	20	300g	12	500g	1	150g	3	250g	1.5	20g	2
2 000	22	350g	14	500g	1	150g	3	250g	1.5	20g	2
2 200	24	400g	16	500g	1	150g	3	250g	1.5	20g	2

注：1kcal=4.184kJ

第四节 糖尿病的肠内营养支持

一、肠内营养支持原则

对不能经口摄取自然膳食而胃肠道功能又允许的糖尿病患者，往往需要营养配方进行肠内营养支持。

中华医学会肠内肠外营养分会指南推荐：糖尿病患者使用营养支持的适应证与非糖尿病患者无区别。首先应对糖尿病患者进行营养筛查，判断是否存在营养风险，对营养风险筛查阳性，即存在营养风险的患者，应进行营养状况评定，详细了解近期内体重下降的百分比（最近3~6个月）、是否存在应激、患者无法经口进食的时间以及营养支持的需要量等。一般来说，近期体重下降小于10%是可以耐受的。对于营养状况较好和非应激状态（无发热、正常白细胞计数）或者轻度应激但在未来7~10d可以恢复正常进食的患者，提供充足的含糖液体和电解质就可以了，而不必进行额外的营养补充。对于近期体重丢失10%~20%的患者，如伴随中重度应激就应接受营养支持。对于持续7~10d以上急性重度应激患者（如闭合性头颅损伤、大面积烧伤、多重外伤或急性脓毒血症），且有20%以上体重丢失，应迅速及时进行肠内或肠外营养支持。

二、肠内营养支持制剂选择

中华医学会肠内肠外营养分会指南推荐：对于需要肠内营养支持的糖尿病患者，有条件时，可选用适用性肠内营养制剂。相对于标准配方膳，糖尿病患者专用的肠内配方中碳水化合物含量降低而脂肪含量增高。相对于标准配方，糖尿病专用配方的血糖波动较小。Meta分析结果表明，高膳食纤维配方（≥20g/d）能够有效改善餐后血糖、降低糖基化血红蛋白A_{1C}、血浆TG、TC和LDL-C水平，因而可有效降低心血管疾病发生。单不饱和脂肪酸一方面有助于控制血糖，另一方面使空腹TG和VLDL-C水平分别降低19%和22%，使HDL-C轻度升高，而对LDL-C没有明显影响。因而对糖尿病患者，增加膳食纤维（25~50g/d或15~25g/1 000kcal）和单不饱和脂肪酸（占总脂肪含量的12%~15%）对糖尿病患者是十分有益的。糖尿病患者行营养支持时应特别注重选用糖尿病专用营养配方。

三、肠内营养支持途径选择

糖尿病患者肠内营养途径应根据胃肠道情况、预计持续时间和最适合患者的途径而定。对于糖尿病性胃麻痹患者，可能需要部分或完全由空肠管饲来提供营养。管饲喂养应掌握等渗低速原则（20ml/h），逐渐增加。这类患者管喂速度不宜增加太快，否则可能导致不耐受。使用可减压的双腔鼻肠管可以减轻糖尿病患者的胃麻痹症状。鼻饲管可以借助内镜或手术放置。重度胃麻痹患者需进行空肠造瘘或减张胃造瘘来置管。对于假性梗阻的糖尿病患者和因为胃肠道淤滞而产生严重而持续的症状，常常不必进行药物治疗，依靠胃肠减压就可以显著减轻症状。

持续喂饲法是将配方营养品在相当长时间内（通常为16~24h）滴注。一般使用肠内营养泵或重力滴注，可以减少吸入肺内的危险性。间歇喂饲法是采用慢速重力滴注或喂饲泵喂饲肠内营养品或口服摄入。一般每次250~400ml，分5~8次灌注，每次时间为20~40min。间歇喂饲与进餐方式类似，因此使用这种方法的患者能够像进餐患者一样给予胰岛素或口服降糖药。但此法不适合咽反射受损或精神状态差的糖尿病患者，可能增加吸入性肺炎的危险性。一次大剂量喂饲每天5~8次快速喂饲250~400ml肠内营养制剂。一般来说，糖尿病患者耐受性较差，易引起腹泻、腹部膨胀或吸入肺内，临床上较少采用。选择适当的喂饲技术有助于保证糖尿病患者对配方的耐受性，满足糖尿病患者对能量和营养素的需要，维持血糖稳定。应根据患者的临床情况、喂饲部位以及降糖药或胰岛素给予剂量、时间等因素来确定管饲方法和喂饲时间的选择。

糖尿病肠内营养支持应严格监测血糖。所有接受肠内营养支持的糖尿病患者均需常规、定期进行血糖监测，及早发现高血糖或低血糖，指导肠内营养支持处方及降糖药的调整。同时还应该经常评估患者的体液和电解质状态。

第五节　糖尿病的肠外营养支持

对于进食困难或无法进食的糖尿病患者，肠外营养支持对改善其营养状况，纠正代谢失衡，保证原发疾病治疗的顺利进行，改善患者的临床结局均具有重要的实际意义。

通常情况下，肠外营养需要静脉输注较大量葡萄糖，势必对糖尿病患者的血糖控制造成不利影响；同时，外源输入的脂肪乳剂也可能对糖尿病患者脂代谢造成干扰。因此，如何在肠外营养治疗中既达到纠正营养不良的目的，又保证糖尿病患者的糖代谢和脂代谢平衡少受影响是营养支持治疗的一大难点。在接受肠外营养支持的患者中却有30%存在不同类型和不同程度的糖尿病。这类患者有的本身就存在糖尿病，但大部分是在手术、创伤、感染等应激状态下，由于体内激素变化和特殊细胞因子的相互作用引起胰岛素抵抗及应激所致的糖尿病。应激状态下，糖尿病患者代谢紊乱明显加重，体内能量物质被过度消耗，蛋白质分解明显增加，常导致或加重糖尿病患者的营养不良。

糖尿病肠外营养支持的能量和三大产能营养素比例等仍存在争议。目前，应激性糖尿病肠外营养支持配方与非糖尿病相似。在严重感染、手术、创伤和烧伤等应激状态下，如提供高能量，机体往往无法有效地利用大量营养底物而出现高血糖等代谢并发症，导致不良结局。因此，高分解代谢状态下糖尿病患者短期营养支持的目的，并非寻求能量平衡，而更应提倡低能量摄入，允许在一定时间内摄入能量低于其消耗能量。在创伤、感染等应激最初几天内，平均能量摄入为20~25kcal/（kg·d）是比较适宜的。为避免因葡萄糖摄入过量所致的代谢不良反应，在脂质代谢（脂肪廓清率）基本正常时，可以增加脂肪所占能量比例。中长链混合脂肪乳剂血浆廓清率明显优于单纯长链脂肪乳剂，能更好地维持血甘油三酯水平。对伴有高甘油三酯血症的2型糖尿病患者有利。为减轻外源性脂肪对体内血脂代谢的影响，严密监测血浆脂质代谢变化是十分必要的。如血浆TG水平在2~3mmol/L之间，脂肪乳剂量应减半；达到4~5mmol/L，应停用脂肪乳剂。外源性葡萄糖最大输注剂量为4~5mg/（kg·min），此剂量可最大程度抑制肝脏葡萄糖生成，同时外周组织对葡萄糖氧化利用率最大。一般来说，糖尿病肠外营养配方中非蛋白质热能由糖和脂肪共同提供，葡萄糖和脂肪各占总能量50%，蛋白质占总热能的15%~20%。以60kg体重患者为例，肠外营养提供能量为1 200~1 500kcal/d，葡萄糖125~162.5g/d，脂肪50~65g/d。肠外营养应以“全合一”混合持续输注最优。

糖尿病患者围手术期肠外营养支持原则为：①患者无高渗性昏迷或酮症酸中毒。②降低总能量供给，一般为20~25kcal/（kg·d），维持最基本的能量供给，避免能量过多所致的代谢紊乱。③葡萄糖和脂肪乳剂提供非蛋白质能量，供给依赖糖供能的红细胞、中枢神经细胞等利用，减少糖异生和糖原消耗，防止血糖过高，减少脂肪、蛋白质分解。脂肪乳剂量为0.6~1.0g/（kg·d）。④氮

0.15~0.20g/(kg·d)以促进蛋白质合成，减轻代谢负荷；对糖尿病肾病或伴肾功能不全的患者氮供给量可减少至0.1~0.12g/(kg·d)。⑤依据血糖和尿糖情况，及时调整胰岛素用量。⑥补充适量维生素、微量元素，纠正水、电解质及酸碱失衡，防治各种并发症；若存在肾功能不全时慎用磷制剂。⑦尽快恢复饮食。长时间肠外营养支持，既使肠道屏障功能受损，肠道细菌移位，增加感染发生率，又不利于血糖的调控。

（于　康）

参考文献

1. 于康. 重视糖尿病患者的医学营养管理[J]. 中华健康管理学杂志，2015，9(6)：395-397.
2. 安奇志，陶鑫，于康，等. 老年糖尿病患者体质量、人体脂肪和肌肉状况[J]. 中华临床营养杂志，2018，26(3)：170-175.
3. Cornell S. Comparison of the diabetes guidelines from the ADA/EASD and the AACE/ACE[J]. J Am Pharm Assoc, 2017, 57(2): 261-265.
4. Davies MJ, D'Alessio DA, Fradkin J, et al. Management of hyperglycemia in type 2 diabetes 2018-A consensus report by the American Diabetes Association (ADA) and the European Association for the Study of Diabetes (EASD)[J]. Diabetes Care, 2018, 41(12): 2669-2701.
5. Jayedi A, Mirzaei K, Rashidy-Pour A, et al. Dietary approaches to stop hypertension, mediterranean dietary pattern, and diabetic nephropathy in women with type 2 diabetes: A case-control study[J]. Clin Nutr ESPEN, 2019, 33(2): 164-170.
6. Elke G, Hartl WH, Kreymann KG, et al. Clinical nutrition in critical care medicine-guideline of the German Society for Nutritional Medicine (DGEM)[J]. Clin Nutr ESPEN, 2019, 33(2): 220-275.
7. 中华医学会. 临床诊疗指南肠外肠内营养学分册(2008版)[M]. 北京：人民卫生出版社，2009.
8. Singer P, Blaser AR, Berger MM, et al. ESPEN guideline on clinical nutrition in the intensive care unit[J]. Clin Nutr, 2019, 38(1): 48-79.

第四十八章　呼吸功能衰竭的营养支持治疗

一、定义

呼吸衰竭（respiratory failure）是指各种原因引起的肺通气和/或换气功能严重障碍，以致在静息状态下也不能维持足够的气体交换，导致低氧血症伴（或不伴）高碳酸血症，进而引起一系列病理生理改变和相应临床表现的综合征。检测血气分析，即在海平面、静息状态下，平静呼吸室内空气，动脉血氧分压 <60mmHg，伴或不伴动脉血二氧化碳分压 >50mmHg，提示呼吸衰竭。

二、病因

多种病因可导致呼吸衰竭。呼吸系统疾病有：①阻塞性通气功能障碍，如 COPD 急性发作、哮喘急性发作、异物阻塞气道等；②限制性通气功能障碍，神经肌肉疾病、弥漫性肺间质纤维化、胸廓畸形、手术创伤、气胸和胸腔积液等；③肺实质病变，急性呼吸窘迫综合征（ARDS）、肺炎、心源性水肿、重度肺结核、肺气肿等；④肺血管疾病，肺血管栓塞、肺梗死等，使部分静脉血流入肺静脉，发生缺氧；⑤神经中枢及其传导系统呼吸肌疾患，脑血管病变、脑炎、脑外伤、药物中毒等直接或间接抑制呼吸中枢；脊髓灰质炎以及多发性神经炎所致的肌肉神经接头阻滞影响传导功能；重症肌无力等损害呼吸动力引起通气不足。

三、营养代谢特点

慢性呼吸衰竭多见于慢性阻塞性肺病（chronic obstructive pulmonary disease，COPD）患者，这类患者因为自身代谢的原因，常常伴随营养不良。导致营养不良的原因主要有：①能量消耗增加：这是由于肺顺应性下降、气道阻力增加、呼吸肌收缩效率降低，从而使 COPD 患者的呼吸频率增加，每天的呼吸消耗能量较正常人高出 10 倍。同时食物特殊动力学效应（DIT）增加，因为 COPD 患者对营养物质的利用率降低，DIT 较正常增加 14%~20%。静息能量代谢消耗较正常增加 10%~20%，基础能量消耗增加 30%。故整体能量消耗增加。②摄入减少：因为进食时呼吸困难加重，动脉饱和度下降和胃充血后导致呼吸困难加重有关。同时长时间运用激素、抗生素、平喘类药物也可刺激胃黏膜，影响进食。③其他：炎症及细胞因子作用，内分泌等因素也可影响进食及代谢。COPD 患者的实际体重低于理想体重 10%，三头肌皮褶厚度及上臂肌围均显著低于正常人。

急性呼吸衰竭或慢性呼吸衰竭急性加重的患者，往往需要机械通气，甚至体外膜肺（extracorporeal membrane oxygenation，ECMO）来维持生命。这类患者常常为合并多系统疾病，甚至存在多器官功能衰竭的危重患者。机体分解代谢大于合成代谢，导致蛋白质过度消耗。在应激或 SIRS 状态下机体代谢出现紊乱，儿茶酚胺、胰高糖素、肾上腺皮质激素等促进分解代谢的激素大量分泌，导致肌肉蛋白质和脂肪分解、糖异生增加，胰岛素的效应降低，糖耐量下降，血糖增高，大量氮丢失，出现负氮平衡。这个时候的代谢特点与其他疾病的危重症相似。当 COPD 患者病情加重，需要机械通气后，因创伤、焦虑、恐惧等刺激，使机体处于应激状态，大大加强了机体内的分解代谢，加重了营养不足。

重度营养不足的患者气道中可发现更多的异型细胞，易受到铜绿假单胞菌的感染，营养不足可使得呼吸道的黏蛋白减少，上皮细胞复制受到限制，而增加感染的机会。营养不足还可以损伤 T 细胞的功能，表现为对李斯特菌的清除能力下降，同时还使免疫球蛋白的更新能力受到损害，并影响损伤组织的修复能力。营养不足使呼吸肌贮备能力下降及易于疲劳，同时还影响通气驱动能力，降低呼吸中枢对氧的反应。由于蛋白不足，使得肺泡及支气管上皮细胞的复制功能受到损害，插管套管压迫部位更易于发生溃疡和出血，增加了并发症发生的概率。此外，某些电解质及微量元素，如钾、镁、磷等不足也可能引起呼吸肌无力。当血清白蛋白 <26g/L 时，经常发生腹泻，加重营养不足，病死率明显提高。

四、营养支持原则

对呼吸衰竭合并多器官损伤的危重症患者，应积极维持生命体征和水盐电解质平衡为主要任务。病情相对平稳后（生命体征平稳）可行营养支持，尽管目前有部分专家共识指出这类患者给予早期的营养支持是安全的，但临床工作中仍需根据具体情况给予。营养支持以减轻呼吸负荷、减少含蛋白组织的分解为目的，以给予高脂肪、低碳水化合物和适宜的优质蛋白质为营养治疗原则。应注意合理选用产能营养素，以满足代谢为准，不能增加已有功能不全，或已衰竭器官的负担。

（一）能量

为维持或增加体重，应供给足够的能量。

COPD 患者能量公式计算：能量 =BEE × C × 1.1 × 活动系数，机械通气患者的能量供给也可参照执行。

C：校正系数，用于校正较高的基础能量消耗，男性为 1.16，女性为 1.19。1.1：使 COPD 患者体重减轻得到纠正，增加了 10%BEE。活动系数：卧床状态为 1.2，轻度活动为 1.3，中度活动为 1.5，剧烈活动为 1.75。

对于急性危重病机械通气患者营养支持时，每天能量的供应量可参考危重病的营养治疗的原则，即在急性应激期营养支持的能量目标为每天 20~30kcal/kg，而在应激与代谢状态稳定后，能量供给量可适当增加到每天 30~35kcal/kg。有条件的单位，应使用人体代谢车测量能量消耗。

（二）各种营养物质需要量

1. 蛋白质　蛋白质供能比例应在 15%~20% 或 1.0~1.5g/（kg·d），危重患者可适当增加至 1.5~1.8g/kg，也可以根据 24h 尿素氮的排出量来评价其分解代谢的情况，计算每日蛋白质需要量。优质蛋白质比例应在 50% 以上。根据患者基本的肝肾功能适当调整剂量。

2. 脂肪　呼吸衰竭患者能量消耗增加，若非蛋白热卡 80% 以上由葡萄糖提供，氧化产生的大量二氧化碳将显著增加呼吸负荷，导致呼吸困难加重。而脂肪的呼吸商较低，高脂饮食能相对减少 CO_2 的产生，从而减少呼吸负荷。故针对呼吸衰竭患者，可适当增加脂肪的供能比例至 40%~50%。

3. 碳水化合物　由于碳水化合物的呼吸商在三大营养物质中最高，故在急性期碳水化合物的供给量可限制在总能量的 40% 以下，随病情好转逐渐增加至 50%~60%。

4. 矿物质　磷、镁、钾对维持呼吸肌收缩很重要，低血磷可参与或加重急性呼吸衰竭。一些必需微量元素铜、铁、硒等具有抗氧化作用，可抑制肺部炎症反应，应注意补充。

5. 维生素　注意维生素尤其是具有抗氧化作用的维生素 A、维生素 C、维生素 E 及 β- 胡萝卜素的补充以应对机体高代谢状态。

6. 水　当出现水潴留、心肺功能障碍时应限制水的入量。

（三）营养支持途径

慢性呼吸衰竭的患者，首选肠内营养。机械通气患者一般为危重症患者，参照危重症患者营养治疗方案实施。患者应尽早给予营养支持，首选肠内营养。ESPEN 强烈推荐在机械通气 24~48h 开始肠内营养。可通过放置鼻胃管、鼻空肠管、胃造口及空肠造口方式进行肠内营养。

肠内营养可选择高脂肪、低碳水化合物、适宜蛋白质配方的制剂，可以改善患者的血气指标，并显著改善肺功能（FEV_1）。EN 并联合二十碳五烯酸（EPA），γ- 亚麻酸（GLA）以及一些抗氧化物质，可以提高体内的抗氧化水平，防止脂质过氧化损害，减少 BALF（支气管肺泡灌洗液）中中性粒细胞数量，减低肺泡的通透性，改善气体交换，缩短机械通气时间和 ICU 停留时间，减轻器官功能的进一步损伤。营养支持中添加鱼油和抗氧化剂，有助于降低肺血管阻力与通透性，改善肺功能，降低死亡率，缩短机械通气时间与住 ICU 时间等。监测血磷，注意补充磷制剂，纠正低磷状态。

若胃肠道功能障碍，存在肠内营养支持禁忌，可选择肠外营养。肠外营养应尽量通过中心静脉进行输注。如果患者胃肠道功能恢复，应尽早过渡至肠内营养。若肠内营养启动困难，不足以满足机体所需，可需采用肠内营养联合部分肠外营养。

五、机械通气营养治疗的注意事项

营养治疗目的是为机体提供适宜的能量，要掌握适度的原则，故在通气储备功能较差的患者补充营养时应注意通气负荷情况。过多的蛋白质摄入会使呼吸中枢的通气驱动作用增强，每分通气量增大，增加呼吸负荷，不利于患者恢复。肠外营养给予过多的脂肪摄入则不仅可造成肺通气/血流失调，导致动脉血氧饱和度和二氧化碳弥散能力降低，而且严重者还可以导致肝功能损害或脂肪肝。

控制糖脂比有利于降低通气负担，减少二氧化碳的生成。近期研究发现，每日摄入150~250g葡萄糖，而脂肪供能占总热量的30%~50%是接近理想比例的方案。而当需要肠外营养时，包含中链和长链脂肪酸的混合乳剂更佳（脱机时间短，细菌感染概率减少）。

肠内营养实施时需注意：床头抬高30°~45°，避免误吸；尽量采用持续滴注或肠内营养泵泵入；监测胃内容物，大于100ml时需考虑减量或停用；必要时采用幽门后喂养；给予胃肠动力药物、益生菌等药物进行辅助。

肠外营养时脂肪输注速度过快会导致肺功能恶化，应保持低速输注，输注时间12~15h时。在临床营养支持的过程中，一旦患者突然出现循环呼吸衰竭，应立即暂停全量营养支持。如发生导管感染、严重水电解质紊乱、难以控制的高血糖和氮质血症等，应考虑暂停营养支持治疗。

（陈 伟）

参考文献

1. 吴国豪．临床营养治疗理论与实践［M］．上海：上海科学技术出版社，2015.
2. Jochum F, Moltu SJ, Senterre T, et al. ESPGHAN/ESPEN/ESPR/CSPEN guidelines on pediatric parenteral nutrition: Fluid and electrolytes［J］. Clin Nutr, 2018, 37(6): 2344-2353.
3. Haney A, Burritt E, Babbitt CJ. The impact of early enteral nutrition on pediatric acute respiratory failure［J］. Clin Nutr ESPEN, 2018, 26: 42-46.
4. Reintam Blaser A, Starkopf J, Alhazzani W, et al. Early enteral nutrition in critically ill patients: ESICM clinical practice guidelines［J］. Intensive Care Med, 2017, 43(3): 380-398.

第四十九章　神经疾病临床营养支持

一、神经疾病临床营养支持历史

临床营养支持的理念始于20世纪60年代，直至2002年，ASPEN在《成人与儿童患者肠外肠内营养应用指南》中提及神经疾病营养支持；2018年，ESPEN在《神经疾病营养支持共识》中专题阐述了神经疾病患者的临床营养支持问题。

中国神经疾病临床营养支持的理念始于20世纪末，其与中国神经重症监护病房（neuro-intensive care unit，NCU）的创建几乎同步。从此，NCU医师开始接受危重神经疾病患者营养代谢障碍理论和临床营养支持的理念，管饲喂养开始放弃传统的牛奶、米汤、肉汤和菜汤，而选择了现代化工业研发的营养配方混悬液。不过，从接受新的理念到付诸临床实践，从临床实践到理论升华，至少走过十年的路程。2009年、2011年和2019年，分别有3版基于询证的《神经疾病营养支持中国专家共识》发表；2015年，又推出了《神经系统疾病经皮内镜下胃造口喂养中国专家共识》；其标志着中国临床营养支持领域的快速发展与变化。覆盖全国24个省、自治区、直辖市的34个神经疾病营养支持培训基地，践行了黎介寿院士研究基金支持项目——中国神经疾病管饲喂养操作规范实践与推广。神经疾病营养支持"并非重要"和"并非主流"的陈旧观念，已经开始被"营养代谢支持就是生命基础支持"和"改变营养代谢状态就可改变疾病转归"的共识替代。

二、神经疾病临床营养支持现状

2012年，一项中国大城市三级甲等医院神经内科的调查显示：营养支持相关仪器设备配置已经基本满足需求；医师、护士、临床营养师和药师组成的临床营养支持团队（nutrition support team，NST）高达89%；按《神经疾病营养支持操作规范》推荐意见制定临床营养支持方案的近80%。但中国地域之大，地区差异之大，各级医疗单位之多，医护人员之多，难免临床营养支持存在良莠有别的问题，后续的普及与提升工作"任重而道远"；此外，在神经疾病临床营养支持过程中，还遗留了很多尚未解决问题，临床研究和基础研究仍需深入。

（一）临床营养支持适应证的伦理争议

对脑卒中、颅脑外伤和神经系统变性疾病等神经系统疾病伴吞咽障碍患者、痴呆等神经系统疾病伴认知障碍患者、各种原因引起的意识障碍患者，予以早期营养支持已经达成专家共识，但在疾病的终晚期，是否予以营养支持，科学依据和伦理道德所发出的声音不同。中国受传统文化的影响，无论患有什么疾病，无论应用什么方法，均有将营养支持"进行到底"的意愿。虽然这并不仅仅是医学专业技术问题，但始终困扰着所有相关人员。在中国，如何展开营养支持伦理问题的讨论与研究，合理运用研究结果指导临床实践，成为不可回避的问题。

（二）神经疾病营养支持的精确评估

应用NRS 2002对住院患者进行营养风险筛查，应用饮水吞咽试验对吞咽功能障碍患者进行分级评估，应用急性胃肠损伤（acute gastrointestinal injury，AGI）标准对管饲喂养患者进行分级评估，已经达成专家共识。但仍存在临床应用并不普遍（如NRS 2002）和评估结果并不精确（如AGI）的问题，尤其是围绕神经疾病患者这一特殊群体的研究，还需获取大样本优质研究的支持。

（三）神经疾病营养支持热量的合理计算

专家共识推荐了两种热量计算方法，即按体重估算值提供热量，或按间测热法（代谢车）的测算值提供热量。中国多数医疗单位条件有限，很多危重症患者和接受特殊治疗的患者并未得到合理的热量供给。而哪些患者需要经代谢车“精确”测算，实现热量供给的个体化；哪些患者适合体重估算，由此避免不必要的人力、物力浪费；目前仅获得少数单中心小样本研究结果，而缺乏证据充分的多中心大样本研究。

（四）神经疾病营养支持的营养配方选择

近20年来，营养产品的多样化丰富了临床应用范围。高血糖专用配方、低血浆蛋白专用配方、血脂代谢障碍专用配方、整蛋白标准配方、短肽预消化配方的多种可选择性，既满足了不同疾病患者的需求，又方便了医护人员的临床操作。因此，专家共识根据不同疾病推荐了不同营养配方。然而，部分危重症患者病情复杂，高血糖、低蛋白血症、高血脂、胃肠不耐受等多种病症并存，某一专用营养配方很难解决所有问题。因此，更大的挑战是如何合理搭配或调整营养配方，从而实现营养支持的个体化。

（五）神经疾病营养支持的管饲喂养时长

虽然神经疾病的管饲喂养普及率很高，鼻胃管或鼻肠管喂养已经成为管饲喂养的首选。但不可回避的问题是：部分患者因持续昏迷或吞咽功能障碍而需要长期管饲喂养，而中国接受经皮内镜下胃造口（percutaneous endoscopic gastrostomy，PEG）喂养的患者很少，远低于欧美、日韩等发达国家。2015年，学组发表了《神经系统疾病经皮内镜下胃造口喂养中国专家共识》，以加大规范化PEG喂养的推广力度，但效果并不理想。可能除了共识的解读或宣教，促进患者和医务工作者接受最新理念外；更重要的是开展相关临床多中心研究，以最具说服力的证据解决长期管饲喂养/PEG问题。

（六）神经疾病营养支持的管饲喂养方式

专家共识推荐的管饲喂养方式，包括床头持续抬高≥30°，喂养量从少到多，喂养速度从慢到快，喂养液持续匀速泵注等。但这些推荐意见（C级推荐），更多地来自临床经验和低级别（3~4级）证据。而改变推荐意见级别的唯一途径是开展更多、更严谨、更合理的临床研究。

（七）神经疾病营养支持的管饲喂养监管

在管饲喂养过程中，每1~2h或4h检测血糖1次，每周检测血脂、血清白蛋白和前白蛋白1次，每24h至少检测血清电解质和肾功能1次，每4h检测胃肠安全1次，每4h抽吸胃残留液1次，每4h测量鼻胃管深度1次等，均为专家根据医疗常规和临床经验达成的共识。然而，这些监测方法是否合理并获益，并不清楚。因此，需要临床验证，以提高临床应用的推广力。

（八）神经疾病营养支持的管饲喂养调整

在喂养过程中，如果出现呕吐、腹胀、腹泻、便秘、消化道出血和胃肠动力不全时，应有相应的处理对策，因为胃肠道功能障碍，将中断管饲喂养，使营养支持目标难以实现。对此，专家共识予以了详尽的监测与调整方案建议，如减慢营养液输注速度和/或减少营养液输注总量；必要时暂停管饲喂养，改为肠外营养；调整抗生素种类和剂量，防治抗菌药物相关腹泻；加用甲氧氯普胺、红霉素等胃动力药物，改善胃肠动力不全等。已经证实，经管饲喂养方案的调整，绝大多数患者能够达到喂养目标，并使营养代谢功能和预后改善。然而，这一目标的实现，取决于营养支持团队（医师、护士、营养师、药师）建设。

三、神经疾病临床营养支持前景

神经疾病患者发生营养代谢问题的概率很高。无论神经疾病发生急骤还是徐缓、神经系统受损广泛还是局限、神经功能障碍严重与否，一旦出现意识障碍、精神障碍、认知障碍、神经源性吞咽障碍、神经源性胃肠功能障碍、神经源性呼吸衰竭以及系统并发症，均可增加患者营养风险（nutritional risk）或营养不足（undernutrition）。2013年，中国一项多中心调查发现：神经内科住院患者营养不良风险率高达40%，但仅有半数高风险患者获得营养支持。这一如此庞大的需要临床营养支持的疾病群体，该如何受到关注和照料值得思考。此外，由营养不足而导致的原发疾病加重，系统并发症增多，住院时间延长，医疗费用增加和病死率增高，将造成沉重的个人、医疗和社会负担，该如何减负并改变这一状况更值得进一步探究。每一神经疾病的研究者（包括研究生）应更加关注和投入临床营养相关研究。

（宿英英）

参考文献

1. ASPEN Board of Directors and the Clinical Guidelines Task Force. Guidelines for the use of parenteral and enteral nutrition in adult and pediatric patients[J]. JPEN J Parenter Enteral Nutr, 2002, 17(4): 1SA-138SA.
2. Burgos R, Bretón I, Cereda E, et al. ESPEN guideline clinical nutrition in neurology[J]. Clin Nutr, 2018, 37(1): 354-396.
3. 中华医学会肠外肠内营养学分会神经疾病营养支持学组,中华医学会神经病学分会神经重症协作组,中国医师协会神经内科医师分会神经重症专业委员会. 神经系统疾病肠内营养支持中国专家共识(第二版)[J]. 中华临床营养杂志, 2019, 27(4): 193-203.
4. 中华医学会肠外肠内营养学分会神经疾病营养支持学组. 神经系统疾病经皮内镜下胃造口喂养中国专家共识[J]. 肠外与肠内营养, 2015, 22(3): 129-132.
5. Su Y Y, Gao D Q, Zeng X Y, et al. A survey of the enteral nutrition practices in patients with neurological disorders in the tertiary hospitals of China[J]. Asia Pac J Clin Nutr, 2016, 25(3): 521-528.
6. 宿英英,曾小雁,姜梦迪,等. 重症神经疾病病人肠内营养能量预测目标值与实际供给值比较[J]. 肠外与肠内营养, 2016, 23(4): 193-197.
7. 曾小雁,宿英英,刘刚,等. 神经疾病机械通气病人的间接能量测定与经验能量估算比较[J]. 肠外与肠内营养, 2016, 23(4): 198-202.
8. 崔丽英,陈海波,宿英英,等. 北京大医院神经科住院患者营养风险、营养不足、超重和肥胖发生率及营养支持应用状况[J]. 中国临床营养杂志, 2009, 17(2): 67-70.

第五十章　肌肉减少症的营养支持治疗

一、概述

（一）肌肉减少症的定义

1. 肌肉减少症概念　肌肉减少症（sarcopenia），又称肌少症，最早于1980年由Rosenberg IH提出，用以描述老年人瘦肉组织的减少，以及其继发的相关后果如肌力下降、骨折以及胰岛素抵抗等。随着研究的深入，肌肉减少症的概念已不局限于老年人，可涉及几乎所有年龄段。其后续概念的发展主要有两个重要事件：一是2010年欧洲老年肌肉减少症工作组（the European Working Group on Sarcopenia in Older People，EWGSOP）首次对肌肉减少症做出明确定义并提出诊断标准（表50-0-1）：肌肉减少症是以进行性全身广泛性的骨骼肌质量（含量）下降和力量（强度）降低为特点的一类综合征，并且是导致身体残疾、生活质量下降甚至死亡等不良预后的重要风险因素。因此，肌肉减少症的诊断要点即包括骨骼肌质量的减少以及功能的下降。二是2016年9月WHO将肌肉减少症编入疾病和相关健康问题的国际统计分类（international statistical classification of diseases and related health problems，ICD）中，其编码为ICD-10-CM（M62.84），从此肌肉减少症成为一种独立的疾病并在国际上有了标准化的认同。

表50-0-1　EWGSOP2肌肉减少症的诊断标准（2019版）

	男性	女性
握力/kg	<27	<16
四肢骨骼肌质量/身高^2/（$kg \cdot m^{-2}$）	<7	<0.5
步速/（$m \cdot s^{-1}$）	≤0.8	≤0.8
计时起走测验/s	≥20	≥20

2. 肌肉减少症的分类与分期　临床上，依据病因常将肌肉减少症分为原发性以及继发性两大类（表50-0-2）。原发性是指与年龄相关而无其他病因证据的肌肉减少症，但在老年患者中，肌肉减少症常由多种因素导致，无法归因于单一因素，因此临床上很难明确其是原发性还是继发性。

表50-0-2　肌肉减少症的病因学分类

原发性肌肉减少症	
年龄相关性	除年龄以外无其他病因学证据
继发性肌肉减少症	
活动相关性	长期卧床、久坐、失重等
疾病相关性	器官功能衰竭，炎症性疾病，恶性肿瘤，内分泌疾病等
营养相关性	能量和/或蛋白摄入不足，吸收障碍，胃肠功能紊乱，药物导致的厌食等

肌肉减少症分期的目的为反映其的严重程度，EWGSOP建议将其分为“肌肉减少症前期”“肌肉减少症期”以及“重度肌肉减少症期”（表50-0-3）。肌肉减少症前期的主要表现是骨骼肌质量减少，但尚未影响骨骼肌力量或者活动能力；肌肉减少症期的特点是骨骼肌质量减少，并伴有肌肉力量降低和活动能力降低两项中的一项；而重度肌肉减少症期则符合定义要点中的所有三项。

表50-0-3　EWGSOP肌肉减少症的临床分期

分期	肌肉质量	肌肉力量		活动能力
肌肉减少症前期	降低			
肌肉减少症期	降低	降低	或	降低
重度肌肉减少症期	降低	降低	且	降低

3. 肌肉减少症的鉴别诊断 肌肉减少症通常需要与以下三种情况相鉴别，即营养不良、恶病质以及虚弱症。这几种情况有明显的共同点，即机体在物质代谢上分解代谢大于合成代谢。但各自又有不同的侧重点，不能一概而论。

（1）营养不良：常见的营养不良包括蛋白质能量营养不良及微量养分营养不良。这其中，蛋白质能量营养不良是由于身体内能量和蛋白质的可利用量或吸收量不足导致。2018 年全球临床社区营养共识报告中，骨骼肌质量降低已被列入营养不良的三条诊断标准之一，这是肌肉减少症与营养不良的共同点。但在 2019 年 EWGSOP2 对肌肉减少症的定义中，肌肉减少症的诊断标准更侧重于肌肉功能的降低。因此，骨骼肌质量降低，而骨骼肌功能未受影响的患者更倾向于营养不良，而两者均降低的话则符合肌肉减少症的诊断。该侧重点的改变不仅仅有助于肌肉减少症与营养不良的鉴别，也有助于同恶病质以及虚弱相鉴别。

（2）恶病质：多由癌症和其他严重慢性消耗性疾病引起，包括肿瘤、获得性免疫缺陷综合征（acquired immunodeficiency syndrome，AIDS）、严重创伤、手术后、吸收不良及严重的败血症等，其中以肿瘤伴发的恶病质最为常见，称为肿瘤恶病质。恶病质与肌肉减少症有很多共同点，某些恶病质的患者同样符合肌肉减少症的诊断。但恶病质往往有着更加复杂的发病机制，如过度分解代谢、炎症、神经内分泌的改变，这些特点与肌肉减少症互相区别（表 50-0-4）。在 2017 年的一项临床研究中，研究者认为，相较于肌肉减少症，炎症及细胞因子对机体物质的损耗与恶病质的关系更密切。

表 50-0-4 肌肉减少症与恶病质的关系

	肌肉减少症	恶病质
体重降低	不明显	明显
BMI	不变或增加	降低
机体脂肪质量或比重	增加	降低
骨骼肌质量	降低	降低
骨骼肌功能	降低	降低
基础代谢率	降低	增加
厌食	不明显	明显
促炎因子	无明确数据	增加

（3）虚弱症：因各生理系统的功能退化，造成生理储备量降低与抗压能力减弱。虚弱症的诊断要点包括体重降低、无力、行动迟缓、费力以及体能活动度不足。虚弱症与肌肉减少症可相互包含，大多数虚弱症的年老患者符合肌肉减少症，而一些肌肉减少症患者也表现为虚弱症。需要注意的是，通常意义上的虚弱症，不仅包括身体功能的虚弱，也包括认知功能的退化，其与肌肉减少症的关系如图 50-0-1 所示。

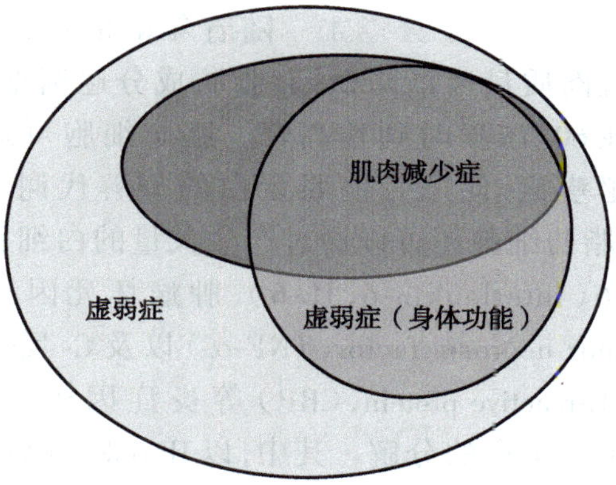

图 50-0-1 肌肉减少症与虚弱症之间关系示意图

（二）肌肉减少症的病理生理学

肌肉减少症是增龄性疾患，其发生发展过程中有多种机制的参与。对于个体而言，可能同时涉及多种机制，且随着时间变化，不同机制间的主次关系也会发生改变。从 30 岁开始，肌肉总量以每 10 年 3%~8% 的速度在损失。且随着年龄的增加，损失的速度逐渐加快。骨骼肌的肌纤维包括Ⅰ型肌纤维和Ⅱ型肌纤维，肌肉减少症主要是以Ⅱ型肌纤维的损耗为主，包括纤维体积的萎缩以及数量的减少。这是因为Ⅱ型肌纤维主要参与高强度活动，而身体功能的减退主要表现为高强度活动及运动能力的降低。

1. 神经-肌肉功能减退及运动单位重塑 电生理技术以及运动单元测量技术（motor unit number estimation，MUNE）显示肌肉减少症患者的四肢近端和远端肌肉运动单元功能受损，并伴有骨骼肌组织病理学改变和支配神经系统的改变。这表明 α-运动神经元及其支配的骨骼肌纤维功能受损参与了年龄相关性肌肉减少症的进程。

2. 骨骼肌营养不良 骨骼肌营养不良主要包括营养来源不足以及骨骼肌蛋白合成障碍两方面。饮食中营养底物摄入不足、营养配比不均以及消化吸收功能减退都会导致骨骼肌蛋白合成营养底物来源不足。而骨骼肌合成代谢障碍的原因包括：胰岛素抵抗或不足、支链氨基酸合成障碍、胰岛素样生长因子（insulin-like growth factor，IGF）不足以及促合成代谢的相关激素分泌不足。骨骼肌合成代谢与分解代谢失衡，最终导致骨骼肌蛋白合成量相对不足，骨骼肌量减少。

3. 脂质成分增加 随着年龄的增加，人体肌肉质量逐渐降低，而脂肪成分逐渐增加，并在60~75岁时到达高峰。脂肪细胞可通过分泌瘦素，促进骨骼肌蛋白的分解代谢。此外，脂肪细胞还可以通过产生大量的白细胞介素-6（interleukin-6，IL-6）、肿瘤坏死因子-α（tumor necrosis factor，TNF-α）以及C-反应蛋白（C-reactive protein，CRP）等炎症因子，加速骨骼肌蛋白的分解。其中，以IL-6对STAT3信号通路的激活研究较为明确。STAT3信号通路被激活后，磷酸化的STAT3（pSTAT3）进入细胞核可以通过：一是激活下游基因如生肌决定因子-1（myogenic determination gene，MYOD-1）、细胞因子信号转导抑制物-3（supressors of cytokine signaling-3，SOCS-3）促进骨骼肌的萎缩；二是激活泛素-蛋白酶体系统（ubiquitin-proteasome system，UPS），促进骨骼肌细胞内蛋白质的降解。

4. 胰岛素抵抗 胰岛素的促合成作用可促进肌肉蛋白的合成，并抑制蛋白的分解。当发生胰岛素抵抗时，其促合成作用减弱，肌肉蛋白逐渐损失。有研究表明，随着年龄的增加，胰岛素抵抗是机体瘦肉组织损耗的重要原因之一。且胰岛素抵抗和肌肉减少症之间存在相互作用，互为因果。

5. 性激素水平 睾酮可以增加肌肉蛋白的合成、降低肌肉蛋白的分解、促进多能间叶细胞向肌源性细胞系转化，并促进运动神经元的活性。此外，硫酸脱氢表雄酮（DHEA-S）可被骨骼肌转化为活性雄激素，并刺激胰岛素样生长因子，从而促进肌肉的生长和修复。因此，性激素水平的降低在肌肉减少症的发生中起到重要的作用。

6. 其他因素 研究证实，中枢神经系统及其分泌的摄食、厌食神经肽在骨骼肌蛋白代谢中起到调控作用。此外，表观遗传学的改变通过microRNAs调控骨骼肌蛋白相关基因的表达，可能也在骨骼肌代谢中发挥一定作用。肌肉内生的相关促蛋白合成肽如apelin肽，随年龄的增加而减少，也可通过不同的调节机制调控骨骼肌蛋白的代谢。

二、肌肉减少症的干预措施

（一）肌肉减少症的非药物干预措施

1. 身体锻炼 身体锻炼，特别是有规律的、渐进式的阻抗训练，被认为是对抗肌肉减少症最有效的治疗措施。有氧运动可以提高肌肉纤维线粒体的数量以及酶的活性，不仅可以促进骨骼肌蛋白合成，增加骨骼肌的肌量和肌力，也能提高身体的整体功能。这方面相关的临床证据不断增加，且证据强度也在逐步提高。例如，两项系统回顾观察了机体锻炼对发生肌肉减少症老年人的作用，结果均显示，锻炼可以显著的肌力、肌量以及老年人的运动平衡能力。另一项系统回顾在发生肌肉减少伴肥胖的人群中，也观察到了同样的结果。

2. 增加蛋白质摄入

（1）现状：大多数老年人蛋白质摄入不足，导致机体非脂肪组织消耗，并增加机体功能损伤。国际上推荐按身体质量摄入1.0~1.5g/（kg·d）的蛋白质，但约40%的70岁以上老人尚未达到这一目标，即使达标也会因消化吸收功能或者其他疾病状态导致蛋白质摄入不足或者利用障碍。此外，饮食中不仅要保证足量的蛋白摄入，更要建立一种健康的饮食模式，即其他营养成分，包括脂类（特别是ω-3 PUFA）、碳水化合物等与蛋白质的合理搭配。

（2）摄入蛋白质类型：关于摄入蛋白质的类型，乳清蛋白优于酪蛋白、乳蛋白优于豆蛋白。这是因为乳清蛋白或乳蛋白口服后血浆胰岛素、支链氨基酸及亮氨酸水平更高。特别是亮氨酸，是哺乳动物雷帕霉素靶向蛋白（mammalian target of rapamycin，mTOR）通路的主要营养调节物质，而mTOR主要下游产物p70S6激酶，负责启动蛋白质翻译，与肌肉大小的长期变化有关，是肌肉纤维细胞内蛋白质合成的标志性信号。

（3）摄入蛋白质剂量：需要注意的是，增加蛋白质摄入的最终目的是扭转机体的负氮平衡。并且，身体锻炼与健康饮食之间并不冲突，而是应该结合起来发挥作用。有临床证据显示，身体锻炼的基础上合理饮食，要比单纯的只进行身体锻炼或者只给予充足营养摄入更能增加肌量以及肌力。而关于蛋白质的摄入量，D'Souza RF 等观察发现，单纯身体锻炼降低了肌肉组织内支链氨基酸的水平，而口服 10g、20g 乳清蛋白阻止了支链氨基酸的下降，大剂量（30g、40g）乳清蛋白则显著增加了肌肉支链氨基酸水平，且肌肉内亮氨酸含量与乳清蛋白摄入量呈显著正相关。

（二）肌肉减少症的药物干预措施

1. 维生素 D　维生素 D 通过与骨骼肌细胞表面的维生素 D 受体结合，促进骨骼肌蛋白合成及钙离子内流。维生素 D 水平降低可导致Ⅱ型肌肉纤维发生明显的萎缩，相关证据也充分证实其与肌肉减少症的发生密切相关。但外源性补充维生素 D 能否改善肌肉功能，因研究设计、观察指标不同，相关结论存在争议。2015 年的一项较大规模（n=380）临床研究发现：维生素 D 联合亮氨酸口服，即便不进行身体锻炼，也能显著改善老年人骨骼肌萎缩的情况。另有研究认为：小剂量维生素 D 长期口服有助于防止Ⅱ型肌肉纤维萎缩，从而增强肌力，进而防止跌倒及髋关节骨折，见表 50-0-5。但也有相关研究持反面意见，例如早在 2003 年便有研究表明，维生素 D 补充及高强度身体锻炼并不能提高肌肉减少症老人的康复效果，高强度身体锻炼反而增加了损伤风险，因此不支持常规使用维生素 D 及高强度的身体锻炼。

鉴于补充维生素 D 可降低老年患者骨折风险，同时对心血管系统有潜在改善作用，故维生素 D 的使用并无严重受限。因此在 2010 年，肌肉减少、恶病质及消耗性疾病学会发布的专家共识中，对维生素 D 的补充概括了三条意见，分别是第一，维生素 D 补充应该成为肌肉减少症的联合治疗措施之一，维生素 D 的剂量应该足以提高 25- 羟维生素 D 水平到 100nmol/L 以上。第二，维生素 D_2 或 D_3 均可。第三，每周补充维生素 D 50 000IU 是安全的。

表 50-0-5　维生素 D 长期小剂量治疗肌肉减少症的效果

	安慰剂组	维生素 D 组	P 值
肌力改变 /%	−28.2 ± 12.1	56.5 ± 40.5	<0.01
Ⅱ型肌纤维直径改变 /%	−22.5 ± 6.7	96.5 ± 26.7	<0.001
Ⅱ型肌纤维所占比例改变 /%	−24.8 ± 9.0	202.4 ± 65.0	<0.001

2. 激素替代　肌肉减少症的激素替代治疗主要包括雄激素、雌激素以及生长激素。当前这几种激素在临床实验或者动物实验中均被证实可以增加骨骼肌蛋白的合成代谢。例如有系统评价显示：老年人雄激素替代治疗有效。另有研究显示给予雄激素受体调节剂可以改善老年人肌肉减少症状况。雌激素对老年女性肌肉减少症的发生、发展也可能起作用。此外，生长激素用于改善肌肉力量、肌肉功能、机体功能的研究数据也不断增加，有证据支持生长激素替代治疗生长激素低分泌的肌肉减少症患者。

需要注意的是，上述激素若长期使用均有很大负面影响。例如雄激素治疗的不良反应包括增加前列腺体积、增加液体潴留、乳房发育和红细胞增多。雌激素替代治疗可能减缓肌肉减少，但是益处微弱，反而增加乳腺癌患病风险。生长激素治疗的不良反应包括液体潴留、男性乳房发育和直立性低血压。另外，激素替代治疗的效果也存在争议。因此，相关临床指南或者专家共识并不推荐常规使用上述激素用于肌肉减少症的治疗。

3. 其他药物疗法　目前，可能成为对抗肌肉减少症的药物还包括胃饥饿素（阿拉莫林）、肌生成抑制蛋白拮抗剂、血管紧张素酶抑制剂（培哚普利）、β_1 或 β_2 受体拮抗剂等等。但总体上来说，上述药物仍处于临床实验中，且结果存在争议，不足以支持其常规用于肌肉减少症的治疗。因此，当前尚无相关临床指南或者专家共识推荐用于肌肉减少症的治疗。

（龚剑峰）

参考文献

1. Rosenberg IH. Sarcopenia: origins and clinical relevance [J]. J Nutr, 1997, 27(3): 337-339.
2. Muscaritoli M, Anker SD, Argiles J, et al. Consensus definition of sarcopenia, cachexia and pre-cachexia: joint document elaborated by Special Interest Groups (SIG) "cachexia-anorexia in chronic wasting diseases" and "nutrition in geriatrics" [J]. Clin Nutr, 2010, 29(2): 154-159.
3. Cruz-Jentoft A J, Baeyens J P, Bauer J M, et al. Sarcopenia: European consensus on definition and diagnosis: report of the European working group on sarcopenia in older people [J]. Age Ageing, 2010, 39(4): 412-423.
4. Cruz-Jentoft AJ, Bahat G, Bauer J, et al. Sarcopenia: revised European consensus on definition and diagnosis [J]. Age Ageing, 2019, 48(4): 601.
5. Anker SD, Morley JE, von Haehling S. Welcome to the ICD-10 code for sarcopenia [J]. J Cachexia Sarcopenia Muscle, 2016, 7(5): 512-514.
6. Cederholm T, Jensen GL, Correia M, et al. GLIM criteria for the diagnosis of malnutrition-A consensus report from the global clinical nutrition community [J]. Clin Nutr, 2019, 38(1): 1-9.
7. Baracos VE, Martin L, Korc M, et al. Cancer-associated cachexia [J]. Nat Rev Dis Primers, 2018, 4: 17105.
8. Peterson SJ, Mozer M. Differentiating Sarcopenia and Cachexia Among Patients With Cancer [J]. Nutr Clin Pract., 2017, 32(1): 30-39.
9. Dodds R, Sayer AA. Sarcopenia and frailty: new challenges for clinical practice [J]. Clin Med (Lond), 2016, 16(5): 455-458.
10. Ziaaldini MM, Marzetti E, Picca A, et al. Biochemical pathways of sarcopenia and their modulation by physical exercise: a narrative review [J]. Front Med (Lausanne), 2017, 4: 167.
11. Kalinkovich A, Livshits G. Sarcopenic obesity or obese sarcopenia: A cross talk between age-associated adipose tissue and skeletal muscle inflammation as a main mechanism of the pathogenesis [J]. Ageing Res Rev, 2017, 35: 200-221.
12. Matsubara Y, Furuyama T, Nakayama K, et al. High intramuscular adipose tissue content as a precondition of sarcopenia in patients with aortic aneurysm [J]. Surg Today, 2018, 48(12): 1052-1059.
13. Bian A L, Hu H Y, Rong Y D, et al. A study on relationship between elderly sarcopenia and inflammatory factors IL-6 and TNF-alpha [J]. Eur J Med Res, 2017, 22(1): 25.
14. Kawada T. Insulin resistance and sarcopenia are closely related to metabolic syndrome in male and female adolescents [J]. Public Health Nutr, 2016, 19(8): 1528.
15. Brown DM, Goljanek-Whysall K. MicroRNAs: modulators of the underlying pathophysiology of sarcopenia? [J]. Ageing Res Rev, 2015, 24: 263-273.
16. Vinel C, Lukjanenko L, Batut A, et al. The exerkine apelin reverses age-associated sarcopenia [J]. Nat Med, 2018, 24(9): 1360-1371.
17. Hita-Contreras F, Bueno-Notivol J, Martinez-Amat A, et al. Effect of exercise alone or combined with dietary supplements on anthropometric and physical performance measures in community-dwelling elderly people with sarcopenic obesity: A meta-analysis of randomized controlled trials [J]. Maturitas, 2018, 116: 24-35.
18. Deutz NE, Bauer JM, Barazzoni R, et al. Protein intake and exercise for optimal muscle function with aging: recommendations from the ESPEN expert group [J]. Clin Nutr, 2014, 33(6): 929-936.
19. Smith GI, Julliand S, Reeds DN, et al. Fish oil-derived ω-3 PUFA therapy increases muscle mass and function in healthy older adults [J]. Am J Clin Nutr, 2015, 102(1): 115-122.
20. Ilha J, Do EC, de Freitas GR. mTOR signaling pathway and protein synthesis: from training to aging and muscle autophagy [J]. Adv Exp Med Biol, 2018, 1088: 139-151.
21. Zdzieblik D, Oesser S, Baumstark MW, et al. Collagen peptide supplementation in combination with resistance training improves body composition and increases muscle strength in elderly sarcopenic men: a randomised controlled trial [J]. Br J Nutr, 2015, 114(8): 1237-1245.
22. Bauer JM, Verlaan S, Bautmans I, et al. Effects of a vitamin D and leucine-enriched whey protein nutritional supplement on measures of sarcopenia in older adults, the PROVIDE study: a randomized, double-blind, placebo-controlled trial [J]. J Am Med Dir Assoc, 2015, 16(9): 740-747.
23. Yoshimura Y, Wakabayashi H, Yamada M, et al. Interventions for treating sarcopenia: a systematic review and meta-analysis of randomized controlled studies [J]. J Am Med Dir Assoc, 2017, 18(6): 551-553.

第五十一章　肾功能衰竭的营养支持治疗

第一节　急性肾衰竭

一、急性肾衰竭定义

急性肾衰竭(actute renal failure, ARF)是指由各种原因引起的肾功能在短时间(几小时至几周)突然下降而出现的氮质废物滞留和尿量减少综合征。广义的急性肾衰竭一般可分为肾前性、肾性和肾后性三类。狭义的急性肾衰竭是指急性肾小管坏死(acute tubular necrosis, ATN)。肾前性 ARF 的常见病因包括血容量减少、有效动脉血容量减少和肾内血流动力学改变等。肾后性 ARF 的特征是急性尿路梗阻。肾性 ARF 有肾实质损伤,常见的是肾缺血或肾毒性物质(包括生物毒素、化学毒素、抗菌药物、造影剂等外源性毒素和血红蛋白、肌红蛋白等内源性毒素)损伤肾小管上皮细胞(如 ATN)。肾小球病(如狼疮性肾炎、IgA 肾病等)、血管病和小管间质病也可导致 ARF。

二、急性肾衰竭的分期

(一)起始期

疾病初期,尚未发生肾脏实质性损伤,若及时治疗可预防发生 ARF。一般时间很短,常随着 GFR 突然下降,快速进入维持期。

(二)维持期

又称少尿期或无尿期。典型的为 7~14d,但也可短至几天,长至 4~6 周。肾小球滤过率保持在低水平。许多患者可出现少尿(<400ml/d),少数甚至出现无尿(<100ml/d)。(部分患者可无少尿,尿量在 400ml/d 以上,称为非少尿型 ARF,其病情大多较轻,预后较好)。不论尿量是否减少,随着肾功能减退,临床上均可出现消化、呼吸、循环、神经和血液等系统症状以及水、电解质和酸碱平衡紊乱。

(三)恢复期

肾小管细胞再生、修复,肾小球滤过率逐渐回复正常或接近正常范围。少尿型患者开始出现尿量逐步增多,每日尿量可达 3 000~5 000ml,或更多。通常持续 1~3 周,继而逐渐恢复。肾小管细胞再生、修复,肾小管完整性恢复。肾小球滤过率逐渐恢复正常或接近正常范围。

三、急性肾衰竭的分期营养治疗

急性肾衰竭所处疾病阶段不同,病理生理代谢特点有所差异,营养治疗的重点也有区别。因为导致急性肾衰竭的病因常常与炎症、感染、中毒等有关,患者基础代谢旺盛,分解代谢增加。同时由于毒物的蓄积导致胃肠道不适明显,影响进食,导致摄入不足。故能量一般建议稍高于常规摄入量。三大营养物质代谢及维生素、矿物质需求量根据分期有所区别。

初始期分解代谢明显增加,需提供足够的能量和蛋白质,保证机体的消耗。不必过于限制蛋白。随着疾病进展,若已伴随肾功能的改变,出现少尿甚至无尿,就需要无蛋白饮食,由糖和脂肪提供所有的热卡,或者低蛋白饮食。需要肾脏替代的患者需要补充足够的水溶性维生素。随着肾功能的恢复,恢复期蛋白质给予量逐渐增加,以优质蛋白为主(表 51-1-1)。

表 51-1-1 急性肾衰竭分期营养治疗的推荐

分期	蛋白质	热量	维生素和矿物质
初始期	1.3~1.8g/(kg·d)	25~30kcal/(kg·d)	保证容量,维持电解质平衡
少尿期/无尿期	无蛋白饮食,糖和脂肪提供所有的热量	1 000~1 500kcal	钠摄入 <500mg/d,补充水溶性维生素
恢复期	0.5~0.8g/(kg·d),逐渐增加至1g/(kg·d),优质蛋白占比至少50%	30~35kcal/(kg·d)	每 1 000ml 尿补氯化钠 3g,根据血钾水平调整钾的摄入。补充富含维生素 A、B_2、C 和 E 丰富的食物。

注:1kcal=4.184kJ

第二节 慢性肾衰竭

一、慢性肾衰竭定义

肾脏损伤(结构或功能损害)超过三个月,伴或不伴有肾小球滤过率(GFR)下降,临床上表现为:①病理学检查异常或肾脏损害;②GFR<60ml/(min·1.73m²),超过三个月,有或无肾脏损害证据。CKD 进行性进展引起肾单位或肾功能不可逆性丧失,导致以代谢产物或毒物潴留、水电解质、酸碱平衡紊乱以及内分泌失调为特征的临床综合征称为慢性肾衰竭(chronic renal failure, CRF)。

二、慢性肾脏病的分期

慢性肾脏病按肾功能损伤程度的不同,分为 5 期。(表 51-2-1)

表 51-2-1 慢性肾脏病的分期

GFR 分期 /ml/(min·1.73m²)	1	正常或增加	>90
	2	轻度	60~89
	3a	轻~中度	45~59
	3b	中~重度	30~44
	4	重度	15~29
	5	肾衰	<15

三、慢性肾脏病的营养治疗

根据疾病分期和是否有肾脏替代治疗而有所不同。非透析慢性肾脏病患者总的营养治疗原则为充足热量,优质低蛋白,钾、磷、钠、维生素平衡膳食。低蛋白质膳食(low protein diet, LPD)是治疗的核心,它是一种限制饮食中的蛋白质,补充或不补充酮酸/氨基酸,保证能量摄入充足的同时,减少多余的蛋白质摄入,从而减轻肾脏排泄负担和代谢产物的蓄积,延缓肾脏功能损伤。透析患者因营养素的代谢特点改变,治疗会有所不同。

国内外均有慢性肾脏病相关的营养治疗指南,例如我国 2005 年制定的中国慢性肾脏病专家共识,主要按是否糖尿病肾病,是否透析,针对热量、蛋白质使用量给予了具体的建议(表 51-2-2)。

(一)非透析患者低蛋白、充足能量膳食方案的具体建议

1. 主食 慢性肾脏病患者在低蛋白的同时还会强调低脂饮食,故提供足够能量的食物主要在主食,也就是碳水化合物。普通主食中均含有一定量的非优质蛋白,建议选用低蛋白淀粉作为主食,包括麦淀粉、玉米淀粉、藕粉、粉皮、低蛋白米粉。这一类主食经过处理后蛋白质含量极低,提供足够的碳水化合物的同时减少非优质蛋白的摄入。

2. 蛋白质 蛋白质总量上面表格中已经详细列出,对于食物种类可选择动物蛋白为主,如鸡肉、鸭肉、鱼肉、牛奶、鸡蛋等。适当配合大豆制品。因为这一类食物中优质蛋白含量较高,生物利用度高。按照食物交换份的概念计算出每日需要量即可。

3. 脂肪 减少饱和脂肪酸和胆固醇的摄入,饱和脂肪酸供能不超过总能量的 7%,多不饱和脂肪酸供能达到总能量 10%,单不饱和脂肪酸供能达到总能量 10%。膳食纤维可减少脂肪吸收,故建议摄入膳食纤维 20~30g/d。胆固醇摄入低于 200mg/d,烹调方法以蒸、烩、煮为主,少用油煎、油炸。

表 51-2-2　2005 年中国慢性肾脏病蛋白营养治疗专家共识

类别		分期	蛋白质	酮酸	热量
透析前	非 DN	CKD1，2 期	0.8g/(kg·d)	—	30~35kcal/(kg·d)
		CKD3 期	0.6g/(kg·d)	0.12g/(kg·d)	
		CKD4，5 期	0.4g/(kg·d)	0.2g/(kg·d)	
	DN	显性蛋白尿	0.8g/(kg·d)	—	30~35kcal/(kg·d)（2 型糖尿病肥胖患者热量适当减少）
		GFR 开始下降	0.6g/(kg·d)	0.12g/(kg·d)	
透析后	维持性血液透析		1.2g/(kg·d)	0.12g/(kg·d)	30~35kcal/(kg·d)
	维持性腹膜透析		1.2~1.3g/(kg·d)	0.12g/(kg·d)	

4. 维生素和矿物质

（1）维生素：CKD 常伴有维生素缺乏，这一方面与饮食限制有关，另一方面与疾病引起的代谢异常有关。此外，慢性肾病患者常因促红细胞生成素的减少而并发贫血症状，因而患者饮食上应注意富含维生素并及时补充各种维生素，尤其是促进红细胞合成和代谢的维生素如叶酸、维生素 B$_6$、B$_{12}$ 等。这些维生素大多存于水果蔬菜中，如西红柿、油菜、韭菜、柑橘、山楂等，应在每日饮食中添加新鲜蔬菜和水果。建议补充维生素 B$_1$ 1.2mg/d，维生素 B$_2$ 1.3mg/d，泛酸 5mg/d，烟酸 16mg/d，盐酸吡哆醇 5mg/d，维生素 B$_{12}$ 2.4mg/d，维生素 C 90mg/d，叶酸 1mg/d，维生素 E 15mg/d。钙、维生素 D 水平依据具体情况予以补充，为预防血管钙化，每日钙的总摄入量应 <1 500mg。其他维生素和微量元素由于目前缺乏相应的临床证据，不推荐补充。

（2）矿物质

1）钠：不管分期如何，均应限制钠的摄入，不高于 100mmol/d。故限制食盐摄入，每日小于 6g。这包含烹饪用食盐以外的所有可能含有钠的食物，比如包装食品、腌制食物、咸菜、营养品等等。若同时合并水肿和高血压者，限盐 2~3g/d，水肿严重时，<2g/d 或无盐饮食。

2）磷：从 CKD3 期起，应限磷 600~800mg/d。

3）钾：当 GFR 降至 20~25ml/(min·1.73m^2) 或更低时，肾脏排钾能力下降，易出现高钾血症，需严密监测，当 GFR<10ml/(min·1.73m^2) 或血清钾水平 >5.5mmol/L 时，则应更严格限制钾摄入，可通过减少水果的摄入量、蔬菜焯水等方法去除饮食中部分钾。在限制钾摄入的同时，还应注意及时纠正酸中毒，并适当应用利尿剂，增加尿钾排出。少食高钾蔬菜和水果，如紫菜、香菇、木耳、冬笋、盐腌制的菜、榨菜、雪菜、泡菜、哈密瓜、奇异果、香蕉、番茄、草莓、榴梿等。

（二）有肾脏替代治疗的患者的膳食治疗具体建议

肾脏替代治疗包括血液透析、腹膜透析和肾脏移植。血液透析（hemodialysis，HD）和腹膜透析（peritoneal dialysis，PD）。透析会增加了组织蛋白和体内营养素的消耗，故相比非透析患者，营养素的需求有所不同。与透析种类、透析次数、透析时间长短和患者病情程度及本人身体条件等因素相关。膳食种类的选择跟非透析患者的原则一致，但是能量需求更高，不再严格限制蛋白质的量。

1. 蛋白质　其中维持性血液透析蛋白质建议给予 1.2g/(kg·d)，α- 酮酸 0.12g/(kg·d)；维持性腹膜透析膳食蛋白给予 1.2~1.3g/(kg·d)，α- 酮酸给予 0.12g/(kg·d)。以优质蛋白质为主，如鱼、瘦肉、牛奶、鸡蛋、豆制品等含必需氨基酸丰富的蛋白质。尽量少摄入植物蛋白，如花生，因其含非必需氨基酸多。

2. 维生素与矿物质

（1）维生素：透析治疗主要影响体内水溶性维生素的代谢，透析可导致其浓度严重下降，如 B 族维生素、维生素 C 等，其中叶酸、维生素 B$_6$ 及维生素 C 尤为重要，故必须及时加以补充。可选择如新鲜蔬菜、水果等。脂溶性维生素如维生素 A，一般不必补充；维生素 E 可少量补充；活性维生素 D 可在医师指导下给予补充。

（2）矿物质：因透析时丢失过多，常常发生电解质紊乱，常见低钾、高钠、高磷和低钙血症。

1）钠：限制钠的摄入，避免食用含钠高的食物，如盐、咸猪肉、佐料、酱油、泡菜、火腿、咸菜、梅菜、榨菜等，而且豉油、味精、蚝油及各种现成酱料等高钠调味品也应尽量少用。可用胡椒粉、醋、糖、五香粉、八角、葱、姜、蒜、辣椒等低钠调味品，增加菜的色、味。如果患者进食含钠高的食品，将导致过多的液体潴留在体内，这时可用高渗透析液加强超滤。但长期使用高渗透析液会加快腹膜的老化，影响患者的远期透析效果。所以最好限制含盐饮食的摄入。

2）钾：钾摄入量每日约为 75~90mmol（3 000~3 500mg），人体血钾维持在 3.5~5.5mmol/L 比较合适。有尿的患者不必过于限制食物中钾的摄入，如果患者蛋白质摄入低，食欲减退，容易发生低钾血症，需要进食高钾饮食或给予钾制剂，含钾高的食物有蘑菇、红枣、香蕉、柚子、西红柿、牛奶、土豆、橘子、干果、巧克力、坚果等。

3）磷：磷摄入量均应维持在 1~1.2g/d，以防止血磷升高，血钙降低。经口摄取的磷过多是造成高磷血症的原因之一，富含蛋白质高的食物往往含磷也高，因此要求患者不吃或少吃零食、动物内脏和含磷高的水果，并且餐中嚼服磷结合剂。多吃富含膳食纤维的食物如苋菜、芹菜或适量的魔芋等则可以保持大便通畅，减少磷的吸收。含磷高的食物如坚果、菇类、动物内脏、虾米（虾皮）、豆类、芝麻酱等。相对含磷少的食物如新鲜蔬菜、新鲜水果、酸牛乳、新鲜牛乳、湿海带、鸡肉、鸡蛋、马铃薯、山药、芋头、红薯等。建议补充磷/蛋白质比例低的食物。透析治疗前血磷最好维持在 4.5~5.0mg/dl。

4）铁、锌及其他：维持性血液透析患者普遍存在铁缺乏，一方面是由于透析本身造成的铁损耗，一方面由于促红细胞生成素治疗动员了铁储备，需要适当补充铁剂。锌和硒也是维持性血液透析患者普遍缺乏的两种微量元素，锌会随透析液流失，而硒缺乏可能是由于摄入不足。需要适当补充。

（三）慢性肾脏病的肠内营养治疗

当患者出现有严重的恶心、呕吐等胃肠功能障碍，或其他原因导致膳食摄入不足时，可考虑给予肠内营养治疗。对于肠内营养的方式，指南建议当慢性肾功能衰竭患者发生营养不足时，首先使用口服营养补充剂增加营养摄入，若经口进食和口服营养补充剂仍不能提供足够能量，建议给予管饲。有胃轻瘫时（糖尿病肾病患者好发），建议给予鼻空肠管。对于需要长期管饲的患者，可以有选择地行经皮内镜下胃造瘘术（PEG）或经皮内镜下空肠造瘘术（PEJ）。

配方的选择：透析前选用肾病专用配方，这些配方具有高能量密度、限蛋白和电解质的特点，同时还包含其他营养物质如维生素 B_1、肉碱和酪氨酸等。透析患者则需要选择透析患者专用配方，这些配方能量密度较高（1.5~2.0kcal/ml），有助于限制液体入量；蛋白质含量更高，富含高生物效价的寡肽和游离氨基酸；减少了钾和磷的含量；添加了组氨酸、牛磺酸、酪氨酸和肉碱等；并且提供不同口味供患者选择。随着病情改善，逐渐过渡至膳食。

（陈 伟）

参 考 文 献

1. 顾景范，杜寿玢，郭长江．现代临床营养学［M］. 2 版．北京：科学出版社，2015.
2. Mitch WE, Ikizler TA. Handbook of nutrition and the kidney［M］. 6th ed. New York: Wolters Kluwer health, 2010.
3. 吴国豪．临床营养治疗理论与实践［M］. 上海：上海科技出版社，2015.

第五十二章　心功能衰竭患者的营养支持治疗

心力衰竭（heart failure，HF）是由于各种原因引起的心脏结构和功能的变化，导致心室泵血功能低下的一种临床综合征，其主要特点是呼吸困难、乏力、运动耐量下降及体液潴留造成的肺淤血和外周水肿。

包括饮食模式在内的现代生活方式的改变，造成高血压、糖尿病和肥胖等疾病发病率长期上升，世界范围内HF的发病率也由此呈上升趋势。2003年我国35~74岁成年人中约有400万HF患者，而且，由于我国冠心病和高血压发病仍有上升趋势，预计我国HF的发病会呈明显升高趋势。

一、HF患者营养代谢的特征

当患者发生心力衰竭时，体内会发生包括心肌能量代谢障碍、水及电解质紊乱、营养素代谢紊乱和利用障碍等一系列代谢变化，最终组织器官氧合灌注不足、代谢废物累积，造成全身多脏器损害。

心力衰竭患者一般分为肥胖、营养不良、微量元素缺乏和恶病质四类不同的营养状况，但无论是营养过剩还是营养缺乏，对HF均有不同程度的不良影响。

营养过剩导致的肥胖、高脂血症、糖尿病和高血压是心血管疾病的主要危险因素。长期营养过剩会对HF患者心血管系统造成持续的负担，进而加重HF。

营养不良则是慢性HF的一个不良预后因素。营养不良影响心室射血，导致肌力减退进而影响血流动力学参数和交感神经活动，甚至引起免疫功能受损、感染概率增加，进一步加重心血管系统负担。

慢性心力衰竭患者微量元素的缺乏是一种普遍现象。众多临床研究表明，慢性HF患者体内的微量元素如维生素B_1、维生素B_6、叶酸、吡哆醇、辅酶Q_{10}、钙、镁、钾、锌等电解质等存在缺乏。

随着HF病程的进展，患者逐渐出现消瘦、乏力、运动耐量下降，最终呈恶病质状态，称为心力衰竭恶病质综合征。HF恶病质患者的自然死亡率及术前死亡率均高于单纯HF患者。近年来较为广泛接受的定义为：心力衰竭病程超过6个月，体重较原来的体重减轻7.5%，同时除外恶性肿瘤、甲状腺疾病及严重的肝疾病。

一般而言，控制肥胖被认为对心力衰竭的预防具有重要意义，但针对HF患者肥胖管理的系统性的膳食、药物及干预策略较为少见。HF患者的饮食质量往往较差，这可能会增加患者的发病率和死亡率，目前的HF管理指南较为强调饮食中钠和液体的摄入量限制，但几乎没有针对HF患者的适当膳食组成或最佳营养方案指导。虽然有一些证据支持改变饮食以预防HF，但对已确诊的HF患者进行的特定营养干预的严格研究很少。同时，HF恶病质是HF患者死亡的独立预测因子，但可用于指导HF恶病质临床管理策略的研究数据也很少。因此，本章会就此尽量收集关于膳食质量、微量元素补充、肥胖或恶病质管理的现有相关证据，为临床实践提供相应的建议。

二、目前心力衰竭的饮食指南和实践

（一）钠和液体摄入量的限制

心力衰竭患者的传统饮食指南主要关注钠和液体的摄入量限制。如，大部分进展型HF患者钠的摄入量应控制在2~3g/d、晚期HF和低钠血症患者摄入的液体应<2L/d等建议目前广泛应用于临床。但美国心力衰竭协会（Heart Failure Society of America，HFSA）在2019年发布的相关指南里认为，这些限制科学证据有限。

如患者处于急性心力衰竭的发作期，应严格进行液体出入量管理。无明显低血容量因素者，应保持液体出入量的负平衡 500ml/d，有严重肺水肿者负平衡可在维持在 1 000~2 000ml/d 甚至到 3 000~5 000ml/d 以减少水钠潴留。在负平衡控制下，同时应当注意防止低血容量、低血钾和低血钠的发生。

除了限制钠的摄入量，如果患者正在服用华法林进行抗凝治疗，还应当限制维生素 K 的摄入量；如果患者患有冠心病，应当限制饱和脂肪酸的摄入；如果患者患有糖尿病，则应当限制精制糖的摄入。

需要注意的是，不规范的限制性饮食有可能导致微量元素缺乏，甚至有营养不良和恶病质的风险。因此，在执行控制水钠的 HF 患者饮食方案时，应注意提供足够满足个体需要的、整体全面的膳食指导方案以满足患者个性化营养需求。

（二）整体全面的膳食指导

目前还没有针对 HF 患者的全面膳食方案指南，但营养专家们普遍认可糖尿病患者和慢性肾病患者的饮食模式，并认为它们均可应用于 HF 患者。美国糖尿病协会推荐基于停止高血压的饮食（dietary approaches to stop hypertension，DASH）、地中海饮食、植物性饮食的饮食模式。其中，DASH 饮食的优点是限制钠的摄入量，且饮食结构中富含植物性食物和抗氧化剂，并能和糖尿病饮食、慢性肾脏病饮食共存。目前已有小型临床试验表明 DASH 饮食可能改善左心室舒张功能、血压、动脉硬度、氧化应激标志物水平和代谢状况；在 HF 患者中，DASH 饮食评分越高死亡率越低、患者再入院的趋势越少。需要注意的是，由于长久以来的生活方式影响，改变并坚持任何推荐饮食模式都是不容易的，因此，专业营养师的咨询和支持显得尤为重要，临床医生应鼓励患者加入相关膳食管理支持计划并寻求专业支持。

一般人群每天的蛋白质推荐摄入量为 0.8g/kg，这个摄入量标准也可以满足大多数 HF 患者的需要。但也有研究表明，对于营养不良或恶病质的 HF 患者，1.1g/kg 或者更高的蛋白质摄入量可能是必要的。

（三）营养补充剂的说明

无论心力衰竭患者的 BMI 如何，均可能存在微量营养素摄入不足的状况，因此，均应评估其潜在的营养不足。表 52-0-1 提供了如何筛选 HF 患者营养不良或营养素缺乏的建议。

表 52-0-1 筛选心力衰竭患者营养不良或营养素缺乏的建议

指标		工具	宏量营养素	微量元素
病史	可指示营养不良和炎症的病史和慢性病	确定吸收不良史：既往胃肠道手术史包括减重手术，肠切除 胃肠道症状包括：味觉丧失，味觉障碍或厌食症，反胃，呕吐，腹泻，便秘，吞咽困难 口腔健康 慢性病史：糖尿病史，胃瘫 用药史：包括过敏史，草药和其他保健品 社会史：包括因为经济原因造成的食物不卫生，日常活动需要援助，民族或社会习惯导致的饮食偏好，药物滥用	脂肪吸收不良，整体能量摄入不足	脂溶性维生素（A，D，E，K），B_{12}，包括铜、钙、铁、锌和硒在内的矿物质摄入不足
体检	皮下脂肪和/或骨骼肌的减少 微量元素缺乏的特定身体信号		恶病质：眼眶、三头肌区域和肋骨上的皮下脂肪流失 恶病质/肌少症：颞肌，胸肌，三角肌，骨间肌，背阔肌，斜方肌，四头肌，腓肠肌肌肉质量	指甲，头发和皮肤变化显示出维生素 A、B、C、K 或锌，铁缺乏的特征

续表

	指标	工具	宏量营养素	微量元素
人体数据	BMI	对于容量负荷过重的患者使用干体重	可反映能量摄入不足或过量	
	体重变化百分比:(平时体重 - 当前体重)/平时体重)×100	与患者确认是否故意减重,以及是否有利尿	5%,7.5%,10% 和 20% 的非自愿体重降低阈值	
实验数据	筛查炎症,预后指标和铁缺乏指标	结合实验数据的评分,旨在帮助确认营养不良 老年人营养风险指数(GNRI):使用白蛋白、体重和身高,是一个用于诊断的简单工具	白蛋白和前白蛋白:并无足够证据表明其变化与营养干预有关 C 反应蛋白(CRP)或中性粒细胞(NLR)是炎症指标	血红蛋白、铁饱和度和铁蛋白用于筛选铁元素静脉注射的适应证
膳食评估	营养风险评估工具	简明营养评估调查表,SNAQ		
	膳食摄入评估	收集饮食摄入信息和分析,可通过饮食记录手机软件完成		
功能评估	握力	男性握力 <27kg,女性握力 <16kg		

虽然目前的指南更新支持心功能分级为Ⅱ~Ⅲ级(NYHA 纽约心功能分级)的 HF 患者和缺铁患者静脉补铁以改善功能状态和生活质量(ⅡB 类推荐),但考虑到缺乏疗效证据、对补充剂纯度的担忧以及药物潜在相互作用等因素,营养补充剂的常规使用临床上不被鼓励,微量元素的补充通常推荐由食物途径提供,应尽量为患者提供营养全面的饮食。当患者存在低钾或者低镁时,在药物补充电解质之外,也可以增加摄入富含这些电解质的食物来解决。比如,菠菜、土豆、西红柿、豆类和香蕉等食物富含钾,南瓜籽则富含镁。

三、心力衰竭患者的营养评价工具

HF 患者的营养状态与其预后息息相关,HF 患者一旦进入恶病质阶段,疾病进程将不可逆转,预后极差。因此,应尽早确定 HF 患者的营养状况并进行营养干预。营养评价是营养干预的第一步,可以尽早发现营养不良和营养不良风险的患者,确定营养干预对象,从而改善临床预后。

临床常用的营养评价方式主要有单项营养指标和综合营养评价工具两类。单项营养指标通常包括人体测量指标如身高、体重和 BMI,三角肌和肩胛下皮褶厚度,上臂围及小腿围等;实验室营养指标如白蛋白、总胆固醇、低密度脂蛋白和前白蛋白;膳食评估方法如 24h 回顾法和饮食史法。

单项营养指标均能在一定程度上反应 HF 患者的营养水平,可以对营养不良的 HF 患者进行初步的筛选,但仍无法综合判断指导营养干预方案。因此,营养师通常更倾向于使用综合营养评价工具以指导临床。综合营养评价工具包括人体成分分析、微型营养评价(MNA)、营养风险筛查(NRS)、营养风险指数(NRI)、短期营养评估问卷(SNAQ)、营养不良普遍筛查工具(MUST)、危重症营养风险评分(NUTRIC)和主观全球评估(SGA)等。

四、心力衰竭患者的膳食营养治疗

(一)急性心力衰竭的营养治疗要求

1. 严格的液体出入量管理 有明显的 HF 发作体征(肺循环及体循环淤血表现)的患者应严格限制饮水量和静脉输液量,在不发生低血容量、低血钾、低血钠的前提下保持每日 500ml 的液体负平衡,HF 急性发作伴有容量符合过重的患者,限制钠摄入 <2g/d。

2. 发作 2~3d 内应以流质食物为主,每天总热量 500~800kcal,液体量约 1 000ml。流食应避免过分油腻,可以由碳水化合物、蛋白质和富含维生素的蔬菜、水果泥等组成。

3. 少量多餐 每日4~5餐，防止一次进食过多引起胃肠过度充盈而增加心脏负担。

4. 不宜食用 可能引起胀气或刺激性的流质食物均不宜食用，如豆浆、牛奶、浓茶、咖啡等。

5. 电解质 结合血中电解质的变化调整饮食中的钾、钠供给。

6. 膳食过度 随着病情好转，可从流食过渡到半流食、再到软质清淡饮食。推荐每天总热量1 000kcal左右，注意少量多餐。

（二）慢性心力衰竭的营养治疗原则

心力衰竭的营养治疗与药物治疗是彼此联系而又相辅相成的。制订营养治疗方案前，应了解患者用药情况，了解患者血钠血钾水平、肾功能情况、补液量及电解质种类、数量等，了解患者膳食史、膳食习惯及患者可接受的价格等。食品制作方法要合理、要适宜，修改营养治疗方案要随访，征求主管医生和患者意见，根据病情和患者接受情况进行。

1. 适当的能量摄入 既要控制体重增长，又要防止心脏疾病相关性营养不良发生。HF患者的能量需求取决于目前的干体重、活动受限程度以及HF程度，一般给予25~30kcal/kg理想体重。活动受限的超重和肥胖患者，必须减重以达到一个适当体重，以免增加心肌负荷，对于肥胖患者，低能量平衡饮食（1 000~1 200kcal/d）可以减少心脏负荷，有利于体重减轻，并确保患者没有营养不良。但严重的HF患者，应按照临床实际情况需要进行相应的饮食治疗。

2. 控制液体量 控制液体摄入，减轻心脏负担。国内学者主张对一般患者的液体摄入量限为1 000~1 500ml/d，但应根据病情及个体的习惯而有所不同。

3. 限制钠盐的摄入 为预防和减轻水肿，应根据病情选用低盐、无盐、低钠饮食。低盐饮食指烹调用食盐的量在2g/d以内，或相当于酱油10ml（一般每5ml酱油含食盐1g）。若大量利尿时应考虑会丢失钠，可以适当增加食盐量或选用一些含钠量高的食物以预防低钠血症。

4. 适当限制蛋白质 一般来说，对蛋白质的摄入量不必限制过严，每日蛋白质摄入为0.8~1.1g/kg即可，其中优质蛋白质应占总蛋白的2/3以上。

5. 碳水化合物的摄入 对于慢性HF患者建议给予300~350g/d的谷类食物。

6. 控制脂肪摄入 肥胖者应限制脂肪的摄入量，宜按40~60g/d供给。每日烹调用油量控制在25g以内。同时，应给予ω-3 PUFA（1g/d）以降低血中甘油三酯水平、预防房颤及降低HF病死率等。

7. 补充维生素。

8. 控制电解质平衡。

（1）钾：钾的平衡失调是充血性心力衰竭中最常见的电解质紊乱之一。成人每日约需钾3~4g，必要时应进行补钾治疗，或将排钾与保钾利尿剂配合应用。

（2）钙：钙与心肌的收缩性密切相关，给予适量的钙可以维持正常的心肌活动。HF患者每日需钙量以600~800mg为宜。

（3）镁：镁能帮助心肌细胞消除毒性物质，维持正常节律，增加镁的摄入对治疗有利，可适当选择富含镁的膳食进行补充。

9. 少食多餐 食物应以软、烂、细为主，易于消化。

10. 戒烟、戒酒。

（三）HF恶病质和肌肉减少症的营养支持建议

HF恶病质、肌肉减少症、胰岛素抵抗、低血清胆固醇和低白蛋白都是HF恶病临床不良结局的预测因子。针对HF的骨骼肌减少症诊断标准尚不明确，最新的肌肉减少症指南支持采用简易五项评分（SARC-F）问卷（得分≥4）、步态速度（≤0.8m/s）或握力（男性<27kg，女性<16kg）进行筛查。

终末期HF患者表现为明显的全身代谢紊乱，并有较高的恶病质风险。目前还没有大型的随机试验来研究饮食或药物干预能否纠正HF中的恶病质和肌肉减少症，但有研究证实，急性心力衰竭入院后的重点营养咨询可以改善营养不良HF患者的预后。

由于恶病质与临床不良解决之间存在很强的相关性，HF患者每年至少进行一次全面营养评价。符合恶病质标准的HF患者，或根据有效的营养不良筛查工具筛查出营养风险升高的HF患者，应推荐进行专业营养咨询。对于有营养不良、恶病质或有较高营养风险的HF患者，每天摄入至少1.1g/kg的蛋白质是合理的。在危重疾病或预期的心脏手术中出现恶病质或营养不良的患者，应对肠内或肠外营养支持进行专门评估，其营养目标包括：白蛋白≥3.0g/dl、前白蛋白≥16g/dl、BMI≥18.5~20kg/m^{2}和血清铁饱和度≥20%或铁蛋白≥300ng/ml。

米氮平，醋酸孕酮和ω-3多不饱和脂肪酸可在不良反应的范围内考虑应用于厌食症患者。

对于不能利用肠道的患者，可选择肠外营养(parenteral nutrition，PN)：给予非蛋白质热量20~30kcal/kg·d，糖脂比为6：4，热氮比为100~150kcal：1g。据患者的应激程度可适当调低非蛋白热量的摄入量；可选择含谷氨酰胺的PN配方。配方中可选用高浓度的葡萄糖、脂肪乳剂及氨基酸，以减少输入的总液量。对于肠外营养支持来说，外周静脉营养输注的渗透压应低于600mOsm/L，中心静脉渗透压应低800mOsm/L。

若患者的肠道能被利用，则应尽量首选肠内营养(enteral nutrition，EN)：可采用高能量密度(1.5kcal/ml)的EN配方，也可适当添加谷氨酰胺、ω-3脂肪酸、维生素C、维生素E等抗氧化剂和免疫调节剂。高热量密度配方能减少输入的液体总量，有利于减轻心脏的负荷。渗透压最好控制在400mOsm/L以内，一般渗透压超过320mOsm/L就会出现胃排空延缓；超过550mOsm/L，可导致胃潴留、恶心、呕吐和严重的腹泻。

当肠道功能未恢复或不能耐受肠内营养时可选择部分或全部使用肠外营养。肠内营养支持应在血流动力学稳定后实施。HF患者从PN过渡到EN应关注的以下几个方面：

1. 关注渗透压和液体负荷。

2. 围绕营养需求和机体耐受的平衡点制定计划。

3. 联合喂养统一考虑能量、营养素和喂养容量。

4. 视病情及胃肠功能恢复情况尽早进行EN。

5. 先增加EN量，患者耐受良好，再减少PN。

6. 减少PN时，先减氨基酸，后减糖，每日减糖量<50%。

7. 完全肠内营养(total enteral nutrition，TEN)选用高能量密度配方，能量及营养素参照完全肠外营养(total parenteral nutrition，TPN)可逐步提高。

8. EN 首选优质整蛋白配方：如果病情需要，可从氨基酸配方过渡到多肽，然后到整蛋白配方。

（四）心力衰竭肥胖的预防与管理

1. 预防心力衰竭肥胖的建议

(1)饮食运动：通过饮食控制与运动训练相结合的方式来维持正常体重可降低HF的发病率，因此，积极建议全年龄段的人们积极促进此类方式。

(2)超重患者适当减重：如果患者的BMI指数≥25kg/m^2，个人推荐目标是至少减重5%~10%。

(3)制订饮食计划：通常不做特定的减肥饮食推荐，但建议咨询营养师以制订个性化减肥营养方案。一般建议女性的能量负平衡为500~750kcal/d或绝对摄入热量为1 200~1 500kcal/d，男性为1 500~1 800kcal/d，目标是每周减0.5~1kg。

(4)减肥药物治疗：针对BMI≥30kg/m^{2}或≥27kg/m^{2}同时有1项肥胖相关性并发症的患者的药物减肥治疗，目前没有证据表现减肥药物可以预防HF。但考虑到减肥功效和预防心血管事件的作用，可选择3mg/d的利拉鲁肽。

(5)减肥手术：对于BMI≥40kg/m^2、BMI≥35kg/m^{2}同时有1项肥胖相关性并发症及BMI≥30kg/m^{2}并同时有2型糖尿病的患者，通常在使用最佳的药物治疗的前提下血糖仍控制不佳，可以考虑减肥手术以预防心力衰竭和心血管相关死亡。

2. 心力衰竭的肥胖管理建议

(1)建议体重指数≥35kg/m^{2}的患者至少减重5%~10%，并在HF症状允许的范围内采用运动训练在内的多种方式。

(2)通常不做特定的减肥饮食推荐，但建议咨询营养师以制定个性化减肥营养方案。一般建议女性的能量负平衡为500~750kcal/d或绝对摄入热量为1 200~1 500kcal/d，男性为1 500~1 800kcal/d，目标是每周减重0.5~1kg。

(3)减肥药物治疗：理论上讲，HF患者使用药物进行减肥是有好处的，尤其是射血分数保留的心力衰竭患者。但目前有关这些药物疗效和安全性的大规模临床数据尚缺，因此，临床上应谨慎使用。

（4）减重手术：BMI≥35kg/m²、NYHA Ⅱ～Ⅲ级、使用或不使用左室复制装置的 HF 患者，其心脏移植的资格取决于减重情况，可在经验丰富的多学科团队中考虑减重手术。

五、未来的研究重点

目前，有关心力衰竭的饮食质量、微量元素补充、肥胖管理和 HF 恶病质等四个重要营养领域的科学文献存在数量偏少、规模偏小、范围不全等诸多不足，心力衰竭相关营养疾病互相之间的进展机制也尚不明确，阻碍了相关营养干预措施的发展。但考虑到心力衰竭巨大的公共卫生负担和已有饮食摄入可影响临床结果的累积证据，营养策略应当是未来心力衰竭研究的一个关键组成部分。饮食和外科手术减肥的方法还有待设计完善的前瞻性临床试验来进行进一步研究；针对心力衰竭的微量元素和营养药物的试验则必须谨慎进行以提供比目前更可靠的证据。总之，在这个几乎没有新药物疗法的领域，营养干预有可能在未来十年内显著改善成千上万 HF 患者的临床预期。

（冯　雪　李四维）

参 考 文 献

1. Vest AR, Chan M, Deswal A, et al. Nutrition, obesity, and cachexia in patients with heart failure: a consensus statement from the Heart Failure Society of America Scientific Statements Committee[J]. J Card Fail, 2019, 25(5): 380-400.
2. Ponikowski P, Voors AA, Anker SD, et al. 2016 ESC Guidelines for the diagnosis an d treatment of acute and chronic heart failure[J]. European Heart Journal, 2016, 37(27): 2129-2200.
3. Yancy CW, Jessup M, Bozkurt B, et al. 2017 ACC/AHA/HFSA focused update of the 2013 ACCF/AHA guideline for the management of heart failure: A report of the American College of Cardiology/American Heart Association Task Force on Clinical Practice Guidelines and the Heart Failure Society of America[J]. Journal of Cardiac Failure, 2017, 136(6): 628-651.
4. Mathew AV, Seymour EM, Byun J, et al. Altered metabolic profile with sodium-restricted dietary approaches to stop hypertension diet in hypertensive heart failure with preserved ejection fraction[J]. Journal of Cardiac Failure, 2015, 21(12): 963-967.
5. Hummel SL, Karmally W, Gillespie BW, et al. Home-delivered meal s post discharge from heart failure hospitalization[J]. Circulation: Heart Failure, 2018, 17(4): 599-608.
6. Lennie TA, Andreae C, Rayens MK, et al. Micronutrient deficiency independently predicts time to event in patients wit h heart failure[J]. Journal of the American Heart Association, 2018, 7(17): e007251.
7. Dent E, Morley JE, Cruz-Jentoft AJ, et al. International clinical practice guidelines for sarcopenia(ICFSR): screening, diagnosis and management[J]. The Journal of Nutrition Health and Aging, 2018, 22(10): 1148-1161.
8. Cruz-Jentoft AJ, Bahat G, Bauer J, et al. Sarcopenia: revised European consensus on definition and diagnosis[J]. Age Ageing, 2019, 48(1): 16-31.
9. Pineda-Juárez JA, Sánchez-Ortiz NA, Castillo-Martinez L, et al. Changes in body composition in heart failure patients after a resistance exercise program and branched chain amino acid supplementation[J]. Clin Nutr, 2016, 35(1): 41-47.
10. Jensen MD, Ryan DH, Apovian CM, et al. 2013 AHA/ACC/TOS guideline for the management of overweight and obesity in adults: a report of the American College of Cardiology/American Heart Association Task Force on Practice Guidelines and The Obesity Society[J]. Circulation, 2014, 129(25): S102-S138.
11. Bohula EA, Wiviott SD, McGuire DK, et al. Cardiovascular safety of lorcaserin in overweight or obese patients[J]. New England Journal of Medicine, 2018, 379(12): 1107-1117.
12. Sundström J, Bruze G, Ottosson J, et al. Weight loss and heart failure: a nationwide study of gastric bypass surgery versus intensive lifestyle treatment[J]. Circulation, 2017, 135(17): 1577-1585.
13. Benotti PN, Wood GC, Carey DJ, et al. Gastric bypass surgery produces a durable reduction in cardiovascular disease risk factors and reduces the long-term risks of congestive heart failure[J]. Journal of the American Heart Association, 2017, 6(5): e005126.

第五十三章　重度肥胖症的营养支持治疗

肥胖症是一种由多因素引起的慢性代谢性疾病，以体内脂肪细胞体积和数目增加、体脂百分比异常高，并在某些局部过多沉积脂肪为特点，是包括2型糖尿病、心脑血管疾病和多种恶性肿瘤在内的多种慢性病的主要危险因素。目前，超重和肥胖已成为威胁全球人类健康的公共卫生问题，其患病率在全球范围内持续增长。NCD Risk Factor Collaboration（NCD-RisC）报告全球肥胖人数已从1970年的1.05亿激增至2014年的6.41亿，其中我国肥胖人口数量居全球第一，男性4 320万，女性4 640万。

2017年 *the New England Journal of Medicine* 有研究分析全球疾病负担（global burden of disease，GBD）数据发现，近25年来的高BMI与全球400万人口死亡有关，占全因死亡数的7.1%，导致1.2亿的伤残调整寿命年（disability adjusted of life years，DALYs）。因此，预防和治疗国民的超重/肥胖，不仅能产生巨大的经济学效益，还是刻不容缓的社会问题。

一、肥胖程度的评价

超重和肥胖是一种多因子引起的复杂状况，是包括遗传、环境及生活方式等多种因素间的相互作用，造成能量的摄入超过消耗导致体内脂肪过多蓄积的结果。若脂肪在腹壁和腹腔内蓄积过多，则称为“中心型”或“向心性”肥胖，是多种慢性病的最重要危险因素之一。

当前在临床实践和流行病学调查中，最常用的估计肥胖程度的人体测量学指标是BMI和腰围；其他还有可以通过人体生物电阻测量（bioelectrical impedance，BIA）法、影像学方法（如CT、MRI）等测定的体脂百分比，能有助于更准确地判断患者的肥胖程度。

以BMI对肥胖程度的分类，国际上通常用世界卫生组织（WHO）制定的BMI界限值，即BMI在25.0~29.9kg/m^{2}为超重，≥30kg/m^{2}为肥胖，其中分为三级：肥胖Ⅰ级30.0~34.9kg/m^2，Ⅱ级35.0~39.9kg/m^2，Ⅲ级≥40kg/m^2。2002年中国肥胖问题工作组根据对我国人群大规模测量数据，汇总分析了BMI与相关疾病患病率的关系，提出对中国成人判断超重和肥胖程度的界限值：BMI在24.0~27.9kg/m^{2}为超重，≥28kg/m^{2}为肥胖；腰围男性<85cm，女性<80cm。由于国内尚缺乏针对肥胖症分级的标准，国际指南均建议可以在WHO制定的BMI界限值的基础上减2.5，用来作为东南亚和东亚地区成年人群肥胖分级的BMI参考标准。

尽管流行病学统计分析BMI20~24.5是18~65岁男性女性人群全因死亡率较低；但在急性病或慢性患者中，“理想的”BMI却差异很大，保持健康优于保持理想体重。特别是BMI25~27kg/m^{2}生存期更长（死亡率低）、功能状况更好；有调查显示：住院重症患者（高龄老人、ICU患者、肾透析病、心脏疾病、癌症患者、外周血管患者）预后更好的理想BMI在28~33kg/m^2。肥胖作为保护因素可能的机制在于慢性病和老年降低瘦体重（lean body mass），减少氧化应激和炎症，分泌脂联素保护心血管。

肥胖肌少症是肥胖症与肌肉减少并存，即体脂过多和肌肉减少共存的类型，导致生理功能受损。这类患者可以发生在任何年龄，最常见于老年患者，如2型糖尿病（type 2 diabetes mellitus，T2DM）合并慢性阻塞性肺疾病（COPD），肥胖患者合并恶性肿瘤，以及器官移植后的患考。这些肥胖肌少症患者在患感冒或流感诱发肺炎、或患SARS或新型冠状病毒肺炎时，极易并发急性呼吸窘迫综合征（acute respiratory distress syndrome，ARDS），呼吸功能衰竭甚至死亡。

通常肌肉的测定可以选择任何准确的技术手段，临床可以选择双能源X线吸收测定仪（dual energy X-ray absorptiometry，DEXA）或生物电阻抗仪器（bioelectrical impedance analysis，BIA）。但肥胖人群的无脂细胞群指数（fat-free mass index）可能不同于瘦人群，尚未确定其正常范围（其计算公式为：无脂细胞群指数 = 去脂体重 × 身高 $^{-2}$）。

二、肥胖症的综合管理

肥胖是多种慢性疾病包括2型糖尿病、高血压、血脂紊乱、冠心病、呼吸睡眠暂停、抑郁症、骨关节病、乳腺癌、子宫内膜癌、结直肠癌、前列腺癌等一系列健康、社会和心理问题的危险因素。因此对肥胖患者的全身及合并症评估是肥胖症综合诊治过程中的重要环节，2016年美国内分泌医师协会和美国内分泌学会联合发布的《肥胖症综合管理临床实践指南》中明确提出，肥胖症的诊治应以肥胖相关并发症为中心综合评估并给予个体化的建议和指导（表53-0-1）。

表53-0-1　肥胖相关合并症评估

BMI≥25.0kg/m² 超重/肥胖者或男性腰围>85cm/女性腰围>90cm	评估肥胖相关并发症 → ← 评估超重或肥胖	代谢综合征
		2型糖尿病
		血脂异常
		高血压
		心血管疾病
		非酒精性脂肪性肝病
		阻塞性睡眠呼吸暂停
		哮喘或其他气道反应性疾病
		骨关节炎
		胃食管反流
		情感障碍
		多囊卵巢综合征
		女性不孕症
		男性性腺功能减退症

（1）体重管理目标：无论青少年儿童（5~18岁）还是成年（19~65岁）肥胖患者的认知指数均弱于体重正常人群；但对于老年人群（66~95岁）的肥胖与认知功能关系尚不明确。总之，肥胖可能预计认知功能下降，但体重变化也不能预计认知功能改变。

对于中、重度肥胖患者在外科手术前或减重代谢手术前进行减肥，并保持瘦体重，有利于手术操作和降低手术并发症。

关于器官移植患者，肥胖与排异率相关性更高；另外，器官移植后的患者体重增长很常见，医疗团队应该予以营养计划干预，避免体重增长。

在制定减体重的目标时需要注意，对于一些患者，尤其是超重者（BMI 24.0~27.9kg/m²），控制体重的进一步增加（通过饮食建议和增强体力活动）而不是体重的减轻，可能是更适宜的目标。通常来说，6个月内减少5%~10%的体重是一个可实现的、且被证实对改善整体代谢有效的目标，中重度肥胖患者（BMI≥32.5kg/m²），则应考虑更大程度的减重。

肥胖症管理的目标不仅在于控制体重（和BMI）本身，当前认为更应被关注是健康状况，以及作为肥胖的重要指标－腰围（或腰臀比，尤其女性）的下降和体成分的改善。理想状况是在保持或增加机体组成成分中的去脂体重，同时降低脂肪所占的百分比。同时，适当的体重管理目标强调长期保持减重状况，以实现健康风险的降低，即加强和维持减重，以及防止体重反弹。所有的肥胖患者都应清楚地认识到肥胖是一种慢性病，因此体重管理需要终生维持。

（2）热卡与蛋白质摄入量：目前国际上的数据对于是否满足或限制肥胖症患者热量需求还在争论中。已有研究显示低热量高蛋白摄入与高蛋白等热卡摄入临床结局相似。研究病例数量较少；尽管血糖控制、呼吸机时间缩短和抗生素使用减少等临床指标趋势较好，保持氮平衡与标准膳食相同，但死亡率无差别。

对照研究根据目前体重（current body weight，CBW）和理想体重（ideal body weight，IBW），给予低热卡膳食[<15kcal/（kg·d）CBW]与正常热卡[25~36kcal/（kg·d）IBW]，同时给予高蛋白[1.8~2.2g/（kg·d）IBW]，结果显示低热卡膳食稍

具优越性，包括胰岛素用量减少、伤口愈合更好、ICU 住院时间和抗生素应用天数减少。

低热卡摄入量：可以从预计热卡需求的 50%~70% 起步［或 11~14kcal/（kg·d）CBW 或 22~25kcal/（kg·d）IBW］

高蛋白摄入量：可从 1.2g/（kg·d）CBW 或 2~2.5g/（kg·d）IBW 开始，（氮平衡监测调整蛋白需要量）

但必须强调的是，低热卡、低蛋白导致患者临床预后不良。对于肾病、肝功能不全患者，推荐提供充足的蛋白质。早期肠内营养可以让肥胖患者获益等同普通患者。如果允许性低热卡喂养［11~14kcal/（kg·d）CBW］，应首选肠内营养途径，理想的肠内营养途径可以选择经幽门后空肠营养途径，益生元和益生菌有益于改善患者的肠道菌群。

（3）综合管理模式：肥胖症的综合管理应该由一个多学科的肥胖管理团队来完成，该团队由不同专业的人员组成，以便能够规范处理肥胖及其相关合并症的各个方面。目前一致认为肥胖症多学科团队（multidisciplinary team，MDT）应以减重外科医师、内分泌科医师、临床营养师、精神心理科医师为核心成员，根据患者具体情况请麻醉科、呼吸内科、心内科、重症医学科等专科医师联合会诊。

内分泌科：①对肥胖症进行鉴别诊断：目前根据病因将肥胖症分为单纯性肥胖、继发性肥胖或单基因缺陷 / 伴发肥胖的临床综合征所致的三大类型，需评估患者甲状腺功能，1mg 地塞米松过夜抑制试验，泌乳素、LH/FSH、E2、孕酮、睾酮、IGF-1 等水平；先天性因素导致的肥胖症，可见于瘦素基因缺陷、普拉德 - 威利综合征、巴尔得 - 别德尔综合征等疾病；②综合评估肥胖症风险，尤其是相关的内分泌代谢性评估，如胰岛 β 细胞功能，糖尿病相关并发症情况，血压、血脂及血尿酸水平等；③评估非手术治疗的方法对体重减轻和合并症控制的疗效，判定其是否具备手术指征；④对拟行减重手术的患者，协助围手术期管理，对于肥胖合并 T2DM 患者应优化代谢调控为减重手术做准备，目标水平：糖化血红蛋白（HbA1c）6.5%~7%，空腹血糖（FBG）<8mmol/L（140mg/dl）；对于部分病程长、有并发症和血糖控制不良的患者，可放宽至 HbA1c≤8%。

营养科：①全面营养评定，包含膳食调查、运动评估、身体成分分析、维生素和微量元素水平测定；②指导患者科学饮食和规律运动，对于不符合手术指征的患者，联合内分泌科医师共同制定内科减重方案；对于符合手术指征的患者，利用术前 8~12 周时间进行生活方式和进食行为的纠正，为患者制定符合其能力的术前身体活动与锻炼计划（应包含不少于 8 周的增肌训练和耐力训练），期间门诊随诊，持续鼓励患者完成预康复计划并监测营养指标的变化；③低脂、低能量减重饮食（能量 800~1 000kcal/d），鼓励患者尝试少量多次进食，增加餐次至全日 5~6 餐，以适应术后容量限制状态下的进食方式；④术前检查有微量营养素缺乏、贫血或蛋白质不足的患者，需要通过补充维生素、微量元素或增加蛋白质摄入等方式纠正营养不良状态。

减重代谢外科：评估患者减重手术指征，充分考虑可能影响手术的因素；详细了解患者减重动机及目标，家属意见及可能的社会支持；讨论减重手术的必要性；充分告知患者手术的风险和获益、术式选择、医疗花费、术后长期随访的必要性、维生素及微量元素的补充等问题；提供患者教育材料。

心理医学科：对患者进行包括环境、家庭及行为因素在内的心理社会行为评估。存在已知或疑似精神疾患、滥用药物或依赖的任何患者均应在术前接受正规心理健康评估和 / 或治疗。

其他科室，如呼吸科、麻醉科、消化科、心血管科、妇产科、骨科等，针对患者的具体情况阶段性参与多学科协作平台工作。

三、肥胖症干预策略

2003 年我国颁发的《中国成人超重和肥胖症预防控制指南》中明确指出，肥胖症必须防治，必须坚持预防为主，从儿童、青少年开始，从预防超重入手，并须终生坚持。干预措施分为三个层次：一般人群的普遍性干预，高危人群的选择性干预和对肥胖症和伴有并发症患者的针对性干预。在此我们主要就肥胖症干预的三阶梯策略进行阐述。

（1）生活方式干预：改变环境和生活方式

是预防超重/肥胖的关键，也是所有肥胖症患者的基础治疗。包括合理膳食、加强体力活动和锻炼、矫正引起过度进食或活动不足的行为和习惯。①合理的减重膳食应在膳食营养素平衡的基础上减少每日摄入的总热量。既要满足人体对营养素的需要，又要使热量的摄入低于机体的能量消耗，让身体中的一部分脂肪氧化以供机体能量消耗所需。②体力活动方面，应该将有氧运动训练作为生活方式干预的一部分，将运动量和强度逐步递增。最终要求是中等强度运动、总运动时间300min/周（最少是150min）、每周3~5次训练，其中包括有氧运动和每周2~3次的抗阻训练。③行为干预：包括体重的自我监督、食物摄入和体育运动，明确且合理的目标设定，关于肥胖、营养和体育运动的教育，面对面会议和小组会议，刺激控制法，解决问题的系统化处理方法，调整认识法［例如，认知行为治疗（cognitive behavioral therapy，CBT）］，动机性访谈，减少压力，行为约束，心理咨询，社会支持机构的动员等方法。所有超重/肥胖患者的生活方式治疗应该包含加强对低热卡饮食计划和增加体育运动处方的依从性的行为干预，这可以通过包含营养学家、护士、教育学家、体育运动训练员或教练、临床心理学家在内的多学科团队有效地落实（表53-0-2）。

表53-0-2　生活方式治疗

针对肥胖的生活方式治疗应该包括3个组成部分		
饮食计划	体育活动	行为干预
•减少热卡的健康饮食计划 •每日减少500~750kcal •基于个人和文化偏好的个体化方案 •饮食计划可以包括： 地中海饮食、DASH、低热卡饮食、低脂肪饮食、高容量饮食、高蛋白饮食、素食 •替代饮食 •极低能量饮食，只针对某些特定人群，需医学专业人员的指导和监管	•主动的有氧运动逐步增至>150min/周，每周3~5d •抗阻训练：包括主要肌肉群的单组重复，每周2~3次 •减少久坐 •个体化方案需根据个人意愿和考虑体力限度	行为干预方案： •自我监督（摄食、运动、体重） •目标设定 •教育（碰面、小组聚会、远程技术） •解决问题策略 •刺激控制 •行为约束 •减少压力 •必要时，进行心理评估、咨询和治疗 •调整认识法 •动机性访谈 •运用社会支持组织
团队成员或专家： 营养学家、健康教育者	团队成员或专家： 运动训练员、体育运动教练、理疗师/职能治疗师	团队成员或专家： 健康教育者、行为学家、心理科医师、精神科医师

（2）药物治疗：作为生活方式治疗的辅助治疗手段，联合应用时可达到减重更多、减重维持时间更长的效果，对于存在可通过减重改善肥胖相关合并症的患者，生活方式治疗与药物治疗应考虑同时开始。临床医生在为每一位患者选择最合适的减重药物时，需要考虑到药物在疗效、副作用、注意事项和用于慢性肥胖管理时已被证实的副作用等方面的差异性，同时需考虑患者存在的体重相关的并发症及病史，这些因素是个体化减重药物治疗的基础。目前研究认为短期（3~6个月）应用减重药物治疗对长期健康并未产生获益，当评估患者的潜在获益大于风险时，药物治疗应作为肥胖患者的长期治疗手段。目前奥利司他是国内唯一批准上市的非处方减肥药，其作用机制是在胃肠道中抑制脂肪酶活性，减少肠腔黏膜对饮食中脂肪的吸收和利用。另一个药物是人胰高糖素样肽-1（GLP-1）类似物—利拉鲁肽，在国内被批准用于治疗成人2型糖尿病，能提高胰岛β细胞敏感性、促进胰岛素合成和分泌，同时降低胰高血糖素分泌，减少肝糖原输出、减弱胃肠道蠕动，并且对心脏也有一定的保护和改善功能。在2015年获得FDA批准用于减肥治疗，仍需更多

的证据支持。目前研究结果发现，利拉鲁肽减重效果可能略优于奥利司他，能平均减轻体重 6% 左右，有将近一半的患者可达到体重减轻 5%，20% 的患者体重减轻 10%。

（3）手术治疗：对于大部分中重度肥胖症患者来说，非手术治疗的效果有限且容易反弹，越来越多的高质量临床研究已证实减重手术是对中重度肥胖或病态肥胖患者实现长期大量减重、减轻或减少合并症、提高生活质量、降低病死率和延长寿命的唯一有效的治疗措施。当前最常用的两种减重手术方式是腹腔镜下 Roux-en-Y 胃旁路术（laparoscopic Roux-en-Y gastric bypass，LRYGB）和腹腔镜下袖状胃切除术（laparoscopic sleeve gastrectomy，LSG）。两者相比，LSG 术式更简单、手术并发症风险更低且保留幽门，同时近年来陆续有研究结果表明其治疗肥胖症及肥胖相关代谢性疾病的疗效确切，2018 年发表在 *JAMA* 上的 SLEEVEPASS 研究比较了手术后 5 年的长期随访结果：两种术式在术后减重效果［多余体重减轻百分比（excess weight loss percent，EWL%）］、合并症治疗（T2DM、血脂异常和高血压）方面无明显差异。LSG 的量从 2010 年的 9.3% 迅速增加至 2014 年的 58.2%，已逐渐超过 LRYGB 成为应用最多的术式。减重手术后一年平均 EWL% 60%~80%，T2DM 和血脂异常缓解率约 60%~90%、高血压缓解率 50%~70%。

四、减重手术管理

目前，就减重手术本身而言，技术难度不大且已相对成熟，其围术期并发症发生率并不高于腹腔镜胆囊切除术，2016 年 IFSO 数据显示，欧洲较成熟的肥胖诊疗中心的术后 30d 死亡率已降至 0.012%。但对于肥胖患者本人来说，减重手术的风险仍可能会很高，这一方面由于肥胖症常合并肝脏、肾脏、心脏、呼吸、循环、免疫等多器官系统损伤，使手术总体风险增加；另一方面由于目前无论何种手术方式均涉及对胃肠道解剖学和生理学的改建，饮食习惯需要适应手术后新的胃肠生理状态，术后要面临营养、手术和心理并发症发生风险增加，以及远期的减重失败、复重和合并症复发等问题。这些问题的潜在危害要求肥胖患者术后应接受终生的、以营养为核心的 MDT 的随访和管理，因此要求减重手术应该在有资质的、能为患者提供术前多学科评估和术后长期 MDT 随访的中心内开展。

1. **围手术期管理策略**　患者入院后，由营养师进行患者本人及其家属的围手术期饮食指导和手术后需长期补充的维生素和微量元素，并发放指导手册。

血糖管理：围手术期空腹血糖控制在 11.1mmol/L 以下，术前 24h 停用格列酮、格列奈等促胰岛素分泌类药物和 DDP-4 抑制剂类降糖药；将基础胰岛素用量减至 0.3U/kg；手术当天停用二甲双胍。可使用短效胰岛素维持手术日血糖水平 <8mmol/L，可参考的计算方法：高出 8mmol/L 的部分按每 2.2mmol/L 为单位使用 1U 胰岛素。从术后第一天直至出院，与常规住院患者的血糖管理无异，目标血糖水平 8~10mmol/L。若血糖控制复杂时，请内分泌科医生会诊。

呼吸管理：已经接受治疗的 OSA 患者，术前应明确睡眠呼吸监测的结果及气道正压治疗的压力设置，携带自己的气道正压设备入院，手术前后坚持使用，不应因手术而中断。诊断明确、但拒绝 OSA 治疗或对 OSA 的正压通气治疗依从性差的患者，需要充分评估患者是否存在未控制的全身疾病或影响通气和气体交换的心肺疾病，包括低通气综合征、肺动脉高压等，并进行充分的心肺功能评估，可考虑行心肺运动检查；经过与患者充分沟通及多科会诊，讨论手术带来的收益和并发症后再决定手术。

麻醉管理：由麻醉师术前看患者，评估气道管理（包括面罩通气和插管）及麻醉并发症风险。

术后常规监测呼吸、心率、血压及体温变化；重度肥胖患者，监测血清肌酸激酶水平和尿量，以排除横纹肌溶解。

术后控制疼痛、恶心和/或呕吐等，尽早下地活动，积极预防深静脉血栓。

术后饮食过渡：术后 24h 内患者开始进食少量低糖清流质，然后出院前接受由营养师根据方案指导阶段性饮食变化及进行健康饮食教育，该方案是临床营养师与手术医生充分探讨后、基于其手术方式个体化制定的。

2. **减重术后的营养干预和长期随诊**　减重

手术患者可能在手术后会面临一些新的、特殊的、多方面的临床问题。因为通过手术产生的胃肠道解剖结构和功能的改变需要患者适应新的胃肠生理学，此过程可能发生手术方式特异性的营养问题和症状。饮食习惯需要适应手术后新的胃肠生理状态，不同的减重手术类型发生的营养问题也可能有差异。营养和微量营养素缺乏是减重术后常见的并发症，需要终身筛查。微量营养素缺乏有多种机制，包括膳食摄入减少、营养物质吸收路径改变，以及胃肠道解剖学 / 生理学改变。此外，有研究结果表明患者不遵守营养素补充建议也是减重手术后营养缺乏的一个重要原因。除吸收不良型手术以外，限制型手术如 SG，也有微量营养素缺乏的报道。这些应为临床所重视，因为手术后随时间延长，营养素缺乏和营养不良的程度会越来越重。某些营养素不足会导致严重后果，如周围神经病变（叶酸、维生素 B_{12}），韦尼克脑病（维生素 B_1），代谢性骨病（维生素 D、钙）和缺铁性贫血。因此，术后肥胖患者的营养管理和长期饮食咨询需要具有特定的营养技能且经验丰富的营养医生和营养师的干预。

（1）术后短期饮食过渡：大部分减重手术方式涉及缩减胃容量和 / 或形成胃小囊，因此手术后第一天时很难摄入固体食物，同时为避免或减少术后近期的反流和呕吐（这些症状可能会导致手术切口或吻合口瘘或严重的维生素 B_1 缺乏），术后短期内应当逐步改变食物性状，在营养师的指导下做好饮食过渡。通常情况下的术后饮食过渡计划从术后 24h 内以低糖清流质开始，然后指导患者在术后 2~4 周内逐步、依次改变食物性状，在从清流食过渡到软食或糊状食物，最后是可咀嚼的固体食物。应训练患者充分咀嚼并在出院前接受由经验丰富的肥胖症管理营养师提供的有关术后饮食启动和进阶的明确指导方案。目前对于大部分的减重术式都有相应的饮食进阶方案，但减重中心可以根据不同区域或个人的饮食偏好设计个体化的方案。

完成术后短期的饮食过渡后，患者应该定期接受营养师提供的关于长期饮食改变的营养咨询，以便达到减重手术的最佳效果并降低术后远期复重的风险。在一项随机临床试验中发现，手术后的前 4 个月接受定期饮食咨询的患者体重减轻略高于接受标准术后护理的患者，虽然该差异没有统计学意义。饮食咨询组患者报告了一些饮食行为的显著变化，而这些行为被认为有助于成功长期维持体重。饮食咨询的重点应该是帮助患者建立新的饮食行为以适应手术恢复过程以及满足健康营养膳食的原则。需要重点强调的是，胃容量限制的患者应学会吃“小餐”（可分成 3~6 餐），吞咽前充分咀嚼食物，进餐时不要同时饮用饮料（间隔超过 30min）。

（2）蛋白质的摄入和额外补充：足量的蛋白质补充被认为是在任何情况下的体重快速减轻时对抗瘦体组织丢失的保护性因素。然而，减重手术后患者的蛋白质摄入量通常会减少。调查发现，所有涉及限制胃容量的减重手术方式后，尤其是在容易对高蛋白食物不耐受的手术后最初几个月，患者普遍更偏好选择低蛋白的食物。通常，术后大部分的食物不耐受症状会随着时间推移而减轻，同时蛋白质摄入量趋于增加，但即使如此，术后第一年的蛋白质摄入量可能仍低于指南的推荐量，而该阶段是大部分的体重减轻时期。因此，膳食咨询时应着重解决蛋白质摄入问题，尤其是在手术后的第一个月。当前指南推荐每天最低蛋白质摄入量 60g/d，可高达 1.5g/（kg·d）IBM（以理想体重计算），个别情况下可能需要更高的蛋白质摄入量［2.1g/（kg·d）IBM］。术后早期饮食过渡阶段，可补充液体蛋白质（30g/d）以保证足够蛋白质摄入。预防蛋白质营养不良包括定期评估蛋白质摄入量，鼓励摄入富含蛋白质的食物（>60g/d），分为几餐和使用模块化蛋白质补充剂。在严重的无反应蛋白营养不良的情况下，补充肠外营养是必需的；如果患者需要依赖肠外营养或反复发作蛋白质耗尽，可考虑通过延长共同通道来减少吸收不良的修正手术。

（3）微量营养素补充：RYGB 和 SG 术后患者的每日推荐补充：包括两种成人多种维生素加矿物质补充剂（含铁、叶酸和硫胺素），1 200~1 500mg 元素钙（在饮食和柠檬酸盐补充剂中分开剂量），至少 3 000IU 维生素 D（滴定至治疗性 25- 羟基维生素 D 水平 >30ng/ml），维生素 B_{12} 维持正常水平。术后初期（3~6 个月），患者每日营养补充全部以可咀嚼的形式给予，包括 2 种成人多种维生素制剂加上矿物质补充剂（每种包括铁、叶酸、维生素 B_1), 1 200~1 500mg 钙(以饮食及柠檬酸盐的形式补充),至少 3 000U 维生素 D(25- 羟基维生素 D 滴度 >30ng/ml),维生素 B_{12} 可舌下含服、皮下注射、肌内注射给药来维持正常水平。

需要注意的是,术后维生素和微量元素的常规补充方案,并不能保证能完全预防营养素的缺乏,主要是由于个体间存在对微量营养素的吸收、需求和顺应性的差异。因此,建议定期进行营养素缺乏情况的实验室监测,并相应地对有明显微量营养素不足或缺乏的患者进行个体化补充。RYGB 患者在手术前应进行双能 X 射线吸收法(dual-energy X-ray absorptiometry, DEXA)检查骨密度,术后每两年监测一次。然而,对于极度肥胖的患者,在手术前进行的可行性及其结果的可靠性,可能都是有风险的。

(4)充足规律的运动:减重手术后体重减轻的量和体育锻炼水平之间呈正相关关系,而且规律运动被认为是维持体重的关键因素。因此应鼓励患者在减重手术恢复后应立即开始进行规律的体育锻炼,建议患者运动方式以有氧运动为主,目标运动时间为每周 300min,最低运动时间为每周 150min;同时每周进行 2~3 次力量训练。

(5)术后复重的预防和处理:大多数手术后的患者都会面临复重的问题,研究发现有 20%~30% 的患者在 10 年内未能维持 20% 的减重效果。有些患者可能会有过量的体重反弹,但仍缺乏明确的标准来判定何时的复重才达到病态肥胖。虽然目前很少有研究旨在比较减重手术后不同管理策略对复重的有效性,但对复重的医学管理已成为关注焦点。最近的一项研究表明,全程坚持体重管理技能(特别是自我定期测体重的患者)与减重手术后成功的体重结果相关。一项回顾性研究报告了一个多学科专业医学肥胖治疗中心在减肥手术后控制复重的早期结果(6 个月),发现抑制食欲的药物可能对重新开始减肥有效。

另一种方法建议针对术后复重的患者,远程提供基于接受的行为干预。尽管样本量小且随访期短(3 个月),但作者报告了这种方法的初步疗效,临床有显著的减重效果。另一项研究显示,SG 术后 12 个月复重的患者与术后长期成功减重的患者相比,其在追求目标(外部驱动的动机)方面似乎更不自主。复重患者中,在第一个月内手术可能有效,因为有一个受控制的环境,其中饮食行为的变化"更容易"执行。作者建议在术后治疗中促进自我调节和动机变量,以防止不合适的饮食行为。

体育活动被认为可以防止术后复重。英国国家健康和护理卓越研究所(NICE)建议减重手术后 2 年的随访护理包中应包括身体活动的建议和支持。关于减重手术后的运动干预试验的文献数量有限,且这些研究主要针对术后短期(3~4 个月)效果。有研究发现,在明显的体重恢复期使用受监督的 12 周运动干预(减重手术后 12~24 月)对于改善该人群的身体功能、身体成分和质量变化是有效的。

(于健春 陈伟 李子建)

参考文献

1. 中国肥胖问题工作组 . 中国成人超重和肥胖症预防与控制指南(节录)[J]. 营养学报, 2004, 26(1): 1-4.
2. Afshin A, Forouzanfar MH, Reitsma MB, et al. Health Effects of Overweight and Obesity in 195 Countries over 25 Years[J]. N Engl J Med, 2017, 377(1): 13-27.
3. NCD Risk Factor Collaboration(NCD-RisC). Trends in adult body-mass index in 200 countries from 1975 to 2014: a pooled analysis of 1698 population-based measurement studies with 19.2 million participants[J]. Lancet, 2016, 387(10026): 1377-1396.
4. Bray GA. Contemporary diagnosis and management of obesity[M]. Newton: Handook in Health Care Co., 1998.
5. Sheng B, Truong K, Spitler H, et al. The long-term effects of bariatric surgery on type 2 diabetes remission, microvascular and macrovascular complications, and mortality: a systematic review and meta-analysis[J]. Obes Surg, 2017, 27(10): 2724-2732.
6. Mechanick JI, Youdim A, Jones DB, et al. Clinical practice guidelines for the perioperative nutritional, metabolic, and nonsurgical support of the bariatric surgery

patient——2013 update: cosponsored by American Association of Clinical Endocrinologists, the Obesity Society, and American Society for Metabolic & Bariatric Surgery[J]. Surg Obes Relat Dis, 2013, 9(2): 159-191.
7. Yumuk V, Tsigos C, Fried M, et al. European Guidelines for Obesity Management in Adults[J]. Obes Facts, 2015, 8(6): 402-424.
8. 中华医学会肠外肠内营养学分会营养与代谢协作组, 北京协和医院减重多学科协作组. 减重手术的营养与多学科管理专家共识[J]. 中华外科杂志, 2018, 56(2): 81-90.

第五十四章 器官移植的营养支持治疗

器官移植已成为目前各种器官终末期病变患者的首选治疗方案，随着围手术期处理技术的提高和免疫抑制剂的不断改进，器官移植手术的成功率及患者的生存率有了大幅度的提高。据统计，2018 年我国完成的肝脏移植手术 6 279 例，肾移植手术 13 029 例，心脏移植手术 490 例，肺移植手术 403 例，而每年需要器官移植手术的患者约 30 万人。器官移植已成为临床标准治疗方式，移植患者和移植器官的存活率大大提高。

但是由于各类器官终末期病变常导致不同程度的营养不良和代谢紊乱，不仅增加了移植患者的术后感染率、并发症发生率和死亡率，且延长了患者住院或滞留 ICU 的时间，增加了医疗费用。因此，营养支持在器官移植患者中的作用越来越受到重视。ESPEN 相关指南明确指出营养不良是影响器官移植预后的主要因素之一，良好的营养状态维持非常重要。

第一节 供受体营养状态的判定

每一个准备提供活体器官的供体和准备接受器官移植的受体都必须进行营养评估和营养风险筛查。营养状态评估和营养风险筛查的目的是：首先是判断器官移植供体或受体的当前营养状态，是否存在营养不良状况；其次是通过目前的状态推测将来的状态，评估发生营养不良的风险，为制定合适的营养治疗措施提供依据。ESPEN 指南推荐，移植前被列入等待移植名单的患者应定期进行营养状态评估。由于营养不良影响到器官移植的预后，因此，应该对存在营养不良状况供体或受体进行营养干预，以预防和解决营养问题。

人体营养状况的评价内容由两部分组成：营养评价和代谢评价。营养评价包括客观和主观指标的变化。前者主要通过体格检查、人体测量和实验室检查获知，后者则主要通过病史、主诉等获得。代谢评价包括对人体各脏器功能的检查和分析，及人体对营养干预后产生的代谢反应。营养评价也是对营养支持后临床效果评价的主要指标。

一、营养评价内容

营养评估是通过病史采集、体格检查、人体基础指标、生化检验、人体组成测定及综合性营养评估指标等多种临床方式，评估患者的营养状况，确定营养不良的类型和程度，并可评估营养支持治疗的效果。具体方式包括：详细的病史采集、合并疾病情况、既往膳食及用药史；测量患者的身高体重、计算患者 BMI；测量患者皮褶厚度、上肢臂围，测量患者肌肉的力量（比如手的握力、呼吸功能）；通过化验白蛋白、前白蛋白、尿素氮、肌酐、微量元素、淋巴细胞计数等指标，进一步了解患者蛋白质营养状况、氮平衡、免疫功能状态；通过生物电阻抗分析法、双能 X 线吸收法及总体水法了解患者机体体液含量及化学成分的改变；通过预后营养指数（prognostic nutritional index）、主观全面评估（subjective global assessment，SGA）、简易营养评估（mini nutritional assessment，MNA）等综合性评估指标，提高患者营养状态评估的敏感性及特异性。

因饮食不足引起的营养不良很容易通过营养支持来纠正。但在疾病的分解代谢期，能量的负平衡和负氮平衡无法单独通过营养支持来改善，需要结合代谢调理，才有可能纠正营养不良。因此上述营养评估中的单一指标，如 BMI、血浆白蛋白、血浆前白蛋白、血红蛋白等，均有一定的局限性，临床需要采用能反映疾病严重程度的检测指标来进一步评估患者的营养风险。临床上还可以进行代谢评价，①氮平衡的测定：有助于判断体内蛋白质合成与分解代谢程度；②重要脏器功能，尤其肝、肾的代谢；③葡萄糖和脂肪的代谢，当营养干预后，应严密监测血糖水平和脂肪廓清情况。

二、营养风险的筛查

营养风险（nutritional risk）是指现存或者潜在与营养因素相关的导致患者出现不得临床结局的风险，其中临床结局主要指生存率、病死率、感染性并发症、住院时间、住院费用、成本/效益比以及生活质量。

目前NRS 2002被广泛应用，并被中国肠外与肠内营养学会（CSPEN）和ESPEN指南推荐。NRS 2002包括3方面内容：疾病严重程度评分（0~3分）；营养受损状况评分（0~3分）；年龄评分（年龄大于70岁者加1分），总分为0~7分。评分≥3，作为存在营养风险指标，<3分表示不存在营养不良风险。对于存在营养风险的患者，需根据患者的临床情况，制订个体化的营养支持计划，进行营养干预。

三、营养不良的诊断

营养不良的诊断须将所得的人体测量和实验室检测指标的结果经综合分析后才能明确（表54-1-1）。

表54-1-1　营养不良的诊断

参数	正常范围	营养不良		
		轻度	中度	重度
体重（理想正常值的%）	>90	80~90	60~79	<60
体质指数	18.5~23	17~18.4	16~16.9	<16
三头肌皮褶厚度（正常值的%）	>90	80~90	60~80	<60
上臂肌围（正常值的%）	>90	80~90	60~79	<60
肌酐身高指数（正常值的%）	>95	85~94	70~84	<70
白蛋白/（$g \cdot L^{-1}$）	>30	30~25	24.9~20	<20
转铁蛋白/（$g \cdot L^{-1}$）	2.0~4.0	1.5~2.0	1.0~1.5	<1.0
总淋巴细胞计数/（$\times 10^9/L$）	>1 500	1 200~1 500	800~1 200	<800
氮平衡/（$g \cdot d^{-1}$）	±1	−10~−5	−15~−10	<−15

根据前述检测结果，营养不良可分为以下三类：

1. 成人消瘦型营养不良（adult marasmus） 为能量缺乏型。表现为人体测量指标值下降，但血清蛋白水平可基本正常。

2. 低蛋白血症型营养不良（hypoproteinmal nutrition） 又称水肿型或恶性营养不良（Kwashiorkor disease），为蛋白质缺乏型。主要表现为血清蛋白水平降低和组织水肿、细胞免疫功能下降，但人体测量指标值基本正常。

3. 混合型营养不良（mixed malnutrition） 兼有上述两种类型的特征，属蛋白质－能量缺乏型。这是一种重的营养不良，可伴有脏器功能障碍，预后较差。

需要指出的是器官移植患者术前存在慢性脏器功能衰竭，术后应用免疫抑制剂等特殊情况，在进行营养状态评估、营养风险筛查和营养不良诊断时应加以考虑，如器官功能衰竭的患者常合并胸腔、腹腔积液和组织水肿，体重作为营养状态评估指标的准确性受到影响；又如器官移植患者体内常存在水钠潴留、细胞外液增加等改变，白蛋白、前白蛋白、转铁蛋白等内脏蛋白作为评估指标时的意义受到影响；再如终末期肝病患者由于肝脏合成蛋白质能力下降，机体内脏蛋白浓度较低，影响内脏蛋白作为肝移植患者的营养评估的诊断价值。此外，还有一些器官移植的特殊状态影响营养状态评估：因移植术后使用免疫抑制剂而不出现迟发性变态反应；肾功能不全导致氮质血症，肝功能不全会阻碍氨基酸转化为尿素，严重腹泻或大量引流液丢失等均可导致氮平衡和3-甲基组氨酸指标的营养评估价值。

第二节 器官移植围手术期机体代谢与营养支持特点

器官移植患者的营养不良发生率相当高。Hasse 等报道 1 224 例肝移植患者中营养正常者占 25%，中度营养不良占 60%，重度营养不良占 15%；Pikul 等报道肝移植患者营养正常和轻、中、重度营养不良分别为 21%、19%、34% 和 26%；Stephenson 等报道肝移植患者营养正常和轻、中、重度营养不良分别为 36%、31%、34% 和 33%。终末期肾病患者，44% 为中、重度蛋白质能量营养不良，50% 以上血液透析和腹膜透析的患者存在中、重度脂肪、肌肉、转铁蛋白消耗和体重减轻。

营养不良对免疫功能、感染和伤口愈合有影响，因此会导致器官移植患者术后并发症发生率、感染率和死亡率上升，且滞留 ICU 或住院时间延长。Frazier 报道，在 52 例心脏移植患者中，营养不良患者的死亡率明显增高，严重营养不良患者中死亡率高达 50%，轻度营养不良患者中死亡率为 23%，而在营养状态正常的患者中死亡率仅为 21%。Muller 观察了 123 例接受肝移植的肝硬化病，发现机体细胞总体的丢失与术后死亡率密切相关。在另外 68 例接受肝移植患者中，中度至重度营养不良患者常导致机械通气时间延长、气管切开率增加、重症监护时间和住院时间延长以及死亡率增加。Becker 等发现在 232 例胰肾联合移植的患者中，血清白蛋白 <35g/L 的患者巨细胞病毒感染率（RR=2.5）、移植肾功能衰竭（RR=2.4）和移植胰腺功能衰竭（RR=3.66）的相对危险度均明显增加，且患者的生存率有下降趋势。Harrison 等发现 102 例肝移植患者中营养不良者占 79%，其细菌感染率和术后 6 个月生存率分别为 32% 和 87%，而在营养正常的患者中细菌感染率和术后 6 个月生存率分别为 8% 和 100%。Hasse 等评价了 500 例肝移植患者，发现严重营养不良可延长重症监护和住院时间。Madill 等根据 BMI 大小将肺移植患者分为 <17kg/m^2、17~20kg/m^2、20~25kg/m^2、25~27kg/m^2 和 >27kg/m^2 五组，与营养正常组（17~20kg/m^2）患者相比，其他四组患者术后 90d 病死率分别是正常组的 3.7、1.6、3.5 和 5.0 倍，其中 BMI<17kg/m^2、25~27kg/m^2、>27kg/m^2 三组患者术后 90d 病死率明显增加。Ploch 等将肺移植患者分为营养正常组（BMI>23.6kg/m^2）和营养不良组（BMI=19~23.6kg/m^2），结果证实，营养不良组滞留 ICU 时间较营养正常组长 5d。Snell 等研究证实，肺移植患者 BMI<18kg/m^2，在等待肺移植期间 1 年的生存率仅为 21%，这样的患者术前应迅速给予营养支持。有文献总结 2 238 例骨髓移植患者体重与预后的关系，低体重成年人（<95% 理想体重）和儿童（85%~90% 理想体重）移植术后 150d 病死率明显增加。同时也证实，低体重（<80% 理想体重）骨髓移植患者术后早期病死率增加。综上所述，严重营养不良的器官移植患者滞留 ICU 和总住院时间明显延长、气管切开率增高、依赖呼吸机支持通气时间延长、应用血液制品更多，且住院费用增加。所以，ESPEN 指南明确表明营养不良是影响器官移植愈后的主要因素之一，良好的营养状态维持非常重要。

营养不良影响器官移植患者的预后，但是肥胖同样也对器官移植患者产生不良影响，对其预后的影响研究较少。肝移植术中、重度肥胖的发生率为 6.5%~31.5%，肺移植患者中肥胖发生率约为 20%。肥胖（BMI>30）是导致肾移植患者移植物功能延迟恢复的重要原因，导致有功能移植肾存活率降低。Hasse 等认为肥胖是导致肝移植患者病死率增加的主要原因之一。Madill 等在肺移植研究中证实体重过重（BMI>27kg/m^2）术后 90d 的死亡可能性是正常体重的 5 倍。骨髓移植研究证实，异种骨髓移植患者预后与体重相关，体重 >120% 理想体重的患者存活率较低。

器官移植患者营养不良的原因很多，不同脏器功能衰竭所致的营养障碍的原因可以有所不同，但所有接受移植患者的营养障碍也有其共性。如脏器功能衰竭及治疗相关疾病的药物常可导致厌食、味觉障碍、恶心、呕吐、摄食困难和腹泻等症状，造成营养素的吸收和利用障碍或营养素丢失。慢性疾病引起的压抑症状也会降低患者的食欲、疲劳，许多脏器功能衰竭患者需要控制饮食，如限制蛋白质、碳水化合物、脂肪、电解质、矿物质和水的摄取，从而导致营养物质摄入不足。此外，手术创伤导致的高分解代谢状态也可引起营养不良。

各种脏器功能衰竭患者可引起特定的代谢改变和营养障碍。①终末期肾功能衰竭患者：糖耐量下降、血脂升高、蛋白质营养不良和钙、磷、铝、维生素D的代谢异常；肾脏移植患者还可出现氮质血症、蛋白质和电解质异常，氮质血症会阻碍胰岛素刺激的蛋白质合成，增加肌肉蛋白质分解。②心脏移植患者：常合并有心源性恶病质和体液失衡，营养物质摄入减少或经大、小便丢失、胃肠道吸收功能受抑以及由于心肺能量代谢增高引起的高代谢。此外，由于心功能衰竭引起的肝脏充血可引起腹水和早期饱食感；循环功能减退可影响代谢物质的清除，使组织营养物质供给减少。③肝功能衰竭患者：常有蛋白质、体液和电解质的代谢异常以及营养物质的吸收不良，腹水可引起早期饱食感；肝脏疾病可使肠道蛋白质丢失增加、肝脏蛋白质合成受抑、营养底物中间代谢受抑和能量代谢升高。在肝功能衰竭患者，胆盐水平下降、门静脉高压或淋巴淤滞所致的肠道功能不全、药物营养素的相互反应以及胰腺功能不全均可引起营养吸收不良；门静脉高压、食管静脉曲张所致的反复上消化道出血可造成严重贫血。④肺脏移植患者：由于呼吸功能增加使其能量代谢增加，肺脏移植患者的过度通气会引起早期饱食感；囊性纤维化的患者还会出现体重丢失，这主要与慢性肺部感染有关。⑤需行胰腺移植的糖尿病患者：常伴有神经病变、肾脏病变、胃轻瘫、心血管疾病和视觉障碍。⑥小肠移植患者：术前因肠功能衰竭而需依赖肠外营养支持维持生存。长期全胃肠外营养（TPN）可引起代谢性骨病、微量元素缺乏、胆汁淤积、胆道结石、肝脏功能不全、甚至肝功能衰竭以及尿路结石等。

器官移植术后早期，患者处于分解代谢状态，面临排斥、感染及各种手术并发症的威胁，因此这一时期营养支持的主要目的是给患者提供足够的营养物质以满足机体分解代谢的需要，促进伤口愈合，监测和纠正水、电解质紊乱以及控制血糖，另外还可补充已丢失的营养储备和调节免疫反应。近年研究发现，移植术后早期合理的营养支持能减轻组织损伤，促进移植器官的功能恢复，对于患者的康复至关重要。

器官移植术后的患者有其独特的代谢改变的特点：器官移植术后机体代谢变化由两个因素决定，一是患者原有的终末期疾病状态，如果移植脏器功能良好，移植术后可迅速改善患者的原有脏器功能终末期状态；二是移植手术后机体处于严重应激状态和移植器官的功能尚未完全恢复的影响，这两个因素导致机体出现一系列代谢变化。移植手术后早期，机体处于严重应激状态，各种促分解激素分泌增加，致使机体对糖、蛋白质及脂肪代谢发生明显影响，主要表现为糖代谢紊乱、肝糖原储存减少、糖耐量下降、糖异生明显增强、机体蛋白质分解增强和合成减少、机体瘦组织明显消耗及负氮平衡。一般来说，器官移植手术后机体代谢率增高，蛋白质和碳水化合物作为能量被优先利用。总体而言，如移植脏器功能良好，移植术后患者的代谢病理生理改变与腹部大手术后患者相似。

高血糖是移植术后急性期的常见表现，由于手术应激、感染和皮质激素（目前大多数器官移植术后早期的免疫抑制方案均包括大剂量激素）的应用，改变了神经激素和细胞因子介导的代谢反应，造成血糖升高。另外，抗排斥药物（环孢素A、他克莫司）及激素等均可抑制胰岛细胞功能和胰岛素释放，从而导致胰岛素抵抗。另一方面，由于移植器官功能尚未恢复，也可影响机体代谢。如肝移植术后早期，由于移植肝受热缺血、冷缺血和灌洗保存的影响，使肝脏代谢功能受到严重损害，尤其是术后的前6h，移植肝的肝细胞内线粒体功能未恢复，利用葡萄糖的能力受限，优先利用脂肪酸的氧化物生成ATP。随着移植肝功能的恢复，机体开始由利用脂肪转换到利用葡萄糖，肝脏的甘油三酯合成增加。在肝移植进入代谢合成期时，各种分解激素水平降低，胰岛素阻抗现象被清除，移植肝功能开始全面恢复，机体对葡萄糖、脂肪乳剂的利用增加。

移植术后免疫抑制方案中的大剂量皮质激素会导致蛋白质分解代谢增加，即使给予蛋白质2.0g/（kg·d），负氮平衡仍不可能避免。Plevak等发现，肝移植术后早期即使患者蛋白质摄入量达到1.2g/kg，机体仍将处于负氮平衡状态。在肾脏移植患者中，蛋白质分解率与皮质激素的用量呈正相关，患者需摄入高蛋白饮食方可获得正氮平衡。尽管随着新型免疫抑制剂（如他克莫司）的应用，减少了皮质激素的需要量，但当发生排斥反应时，大剂量激素治疗仍会加速蛋白质的分解代谢。

肝移植患者术后，14%~43%的患者出现高脂血症，而且主要是Ⅱb型高脂血症，原因是由于激素导致肝分泌极低密度脂蛋白（VLDL）增加，环孢素A能减少VLDL胆固醇的摄入，导致细胞内胆固醇的积聚、降低肝细胞LDL受体调节，与环孢素A相比，他克莫司对器官移植患者脂肪代谢影响较小，Snell等以观察他克莫司为主要免疫抑制剂的肝移植患者，术后脂肪代谢的变化，结果证实肝移植术后胆固醇和甘油三酯无明显变化。

小肠移植的营养支持不同于其他器官移植的营养支持，有其独特性，而且小肠移植围手术期的营养支持在小肠移植治疗过程中占据十分重要作用。作为吸收营养物质的主要器官——移植小肠，经历了缺血再灌注、去神经、淋巴回流中断以及排斥反应，其功能恢复是一个漫长、渐进的过程。在移植肠功能恢复前，TPN维持患者的主要营养需求，随着移植肠功能的逐渐恢复，患者逐步过渡到肠内营养维持，并最终口服普通饮食而维持生存。

第三节　营养支持治疗

根据移植的时间将营养支持分为移植前期、围手术期和手术后期。在各个时期内，应按病情的特点进行合理的肠外或肠内营养支持。

一、器官移植术前营养支持

等待器官移植期间，患者的生理和营养状况常呈现恶化趋势。因此，术前营养支持的原则是改善营养状况，增强手术耐受性，其次是对于器官终末期患者症状的治疗。术前营养支持的首要目的是维持或改善营养状况，增加热量和蛋白质摄入，抑制脂肪和肌肉丢失。根据不同患者不同脏器终末期的病理生理改变，限制钠的摄入，减少水钠潴留；强化支链氨基酸（BCAA）的配方，有助于肝昏迷患者恢复；适当补充铁离子、叶酸和维生素B族，能预防和治疗贫血；骨质疏松和肾性骨营养障碍的患者，应补充适量的钙、维生素D；而脂肪性腹泻和中链脂肪酸吸收不良的患者应补充中链脂肪乳剂；小肠移植术前患者必须依赖全肠外营养维持生存。

特别应指出的是，除小肠移植患者外，其他器官移植患者在术前均能进食，只有当患者不能进食时，才考虑放置鼻肠管或进行胃、肠造口。肠外营养（PN）适合肠梗阻、胰腺炎、乳糜腹水或肠功能衰竭患者。营养成分的选择取决于患者营养状况、体重、年龄、性别、代谢状态、器官衰竭类型和级别，是否存在感染、吸收不良或额外丢失（如穿刺术和透析）等。蛋白质和能量的需要量见表54-3-1，维生素和电解质的需要量因移植器官的不同而有所差异。

表54-3-1　术前营养支持能量和蛋白质需要量

营养素	营养需要量
热量	
体重正常的患者	（1.2~1.3）× BEE 或 146.4kJ/kg
体重减轻的患者	1.5 × BEE 或 146.4kJ/kg
体重过重的患者	根据最近的摄入计算出每天摄入量再减去 2 092~4 184kJ/d，维持至器官移植或患者能正常活动止
蛋白质	
体重正常的患者	0.8~1.2g/（kg·d）
体重减轻的患者	1.3~2.0g/（kg·d）
透析患者	血液透析患者 1.2~1.5g/（kg·d） 腹膜透析患者 1.5g/（kg·d）
肝性脑病的患者	增加蛋白至患者能耐受的量，应用含BCAA强化的营养处方

二、器官移植术后营养支持

器官移植患者术后早期病理生理特点是此期同时存在排斥、感染和外科并发症风险，此外，胃肠道并发症、胰腺炎、代谢紊乱、移植脏器功能恢复缓慢、机械通气时间过长、心理状态改变，以及免疫抑制药物的不良反应都会影响营养物质摄取。器官移植术后围手术期营养支持的主要目的是提供足够的营养物质，减轻分解代谢，促进伤口愈合，监测和处理水、电解质紊乱，控制血糖，其次是补充已丢失的营养贮存，调节免疫反应。此外，术后早期营养支持还能减轻组织损伤，促进移植器官的功能恢复。移植患者营养物质需要量是一个十分复杂的问题，不同种类的器官移植、移植器官的功能恢复情况及移植后不同阶段对营养物质的需要量和成分各不相同。一般来说，在移植初期机体能量的需要量约为125.5~146.4kJ/（kg·d）或为（1.3~1.5）×BEE（BEE为基础能量消耗）。BEE可由Harris-Benedict公式计算，当然有条件单位最好采用间接测热法实际测定移植术后患者每日的能量消耗值，再根据实际能量消耗情况给予，以防过度喂养。因过高的能量供给会造成高血糖等代谢不良反应，也可导致脂肪在体内沉积、肝功能损害和肺功能不全。供能物质中糖类占非蛋白质热量的50%~70%，脂肪占30%~50%，蛋白质供给为1.5~2.0g/（kg·d），根椐机体生理需要量和丢失量，补充水、电解质、微量元素和维生素。器官移植术后早期营养需求量见表54-3-2。

另一方面，手术应激及皮质激素、免疫抑制剂的应用也影响营养物质的供给，移植术后常用的免疫抑制剂可影响机体代谢的病理生理改变及营养支持（见表54-3-3）。皮质激素及免疫抑制剂具有促进分解代谢的作用，移植术后氮的排泄增加。研究表明，氮的丢失量与术后并发症（如感染、出血、经切口的氮丢失）和皮质激素的量有关。对于急性细胞型排斥反应，传统的方法是使用皮质激素的冲击治疗。在排斥反应的治疗过程中，蛋白质的需要量增加，蛋白质摄入量增加可获得蛋白质的摄入与排出的平衡。在移植术后恢复期，营养支持的目的是提供合理的营养物质以促进愈合，此时营养物质的需要量与非移植患者基本相同。

表54-3-2 器官移植患者术后早期营养素需要量

营养素	推荐量	理由
蛋白质	1.5~2.0g/（kg·d）	1. 创伤应激和大剂量激素使蛋白质分解代谢增加 2. 伤口愈合和预防感染需要足够的蛋白质 3. 外科引流、瘘、创面和透析等额外丢失的蛋白质
热量	（1.3~1.5）×BEE	1. 低体重患者给予上限BEE，超重患者给予下限BEE 2. 间接能量测定仪更为合理
糖类	占非蛋白质热量的50%~70%	1. 激素、环孢素A、他克莫司、分解代谢、感染诱导血糖增高 2. 需要TPN支持的高糖血症或糖尿病患者，营养支持开始时，葡萄糖<200g/袋，血糖正常后每天增加葡萄糖50g 3. 恢复饮食后糖类稍限制
脂肪	占非蛋白质热量的30%~50%	1. 只有在严重高血糖，而胰岛素又不能控制时，才推荐较大剂量的脂肪 2. 器官移植术后患者脂肪氧化降低 3. 慢性恢复期高血脂会导致血管病变 4. 鱼油能诱导长期功能性移植耐受，但可能增加免疫抑制
液体	1ml/kcal，根据出量调整	1. 监测尿液、引流液、创面、鼻胃管引流、瘘、腹腔/胸腔穿刺丢失的液体 2. 胰腺移植患者胰腺外分泌2~3L/d 3. 小肠移植患者肠造口丢失液体4L/d 4. 低钠血症或水过多的患者应限制水摄入

表54-3-3 常用免疫抑制剂的代谢副作用

代谢副作用	免疫抑制剂	代谢副作用	免疫抑制剂
糖尿病	激素、他克莫司、环孢素A	高钾血症	环孢素A、他克莫司
高脂血症	西罗莫司、激素、环孢素A、他克莫司	低镁血症	环孢素A、他克莫司
骨量减少	激素	水钠潴留	环孢素A、他克莫司、激素
高尿酸血症	环孢素A、他克莫司		

器官移植术后的营养支持途径取决于移植器官的种类、移植器官的功能、肠道的功能和患者饮食的能力等因素。肾移植患者术后第2天即可恢复饮食，其他器官移植患者，术后3~5d即可正常饮食。小肠移植由于存在移植小肠功能恢复的问题，移植术后营养支持非常复杂，将在本章后面专门叙述。因此，多数患者能够耐受肠内营养，肠内营养支持是器官移植术后营养支持途径的首选。管饲是器官移植患者优先选用的营养支持方法，可以术后早期进行肠内营养，对于严重营养不良的肝、胰移植患者可以术中置管，术后数小时即可EN。但是当发生不能耐受或无法进行肠内营养的并发时，如肠梗阻、胰腺炎、乳糜腹水和肠瘘，则需TPN支持。此外，存在严重恶心、呕吐、厌食等消化道症状也需肠外营养支持。

器官移植术后常见的并发症有排斥、感染、外科并发症、切口愈合不佳、高血糖及肾功能不全等，一旦出现并发症，由于机体病理生理、代谢和免疫抑制剂的应用均出现了变化，因而营养支持也应做相应的调整，详见表54-3-4。

表54-3-4 出现术后并发症时的营养支持

移植并发症	临床表现特点	建议的治疗方案
排斥	营养不良患者排斥发病率降低 抗排斥的药物对受体营养有不良反应 激素能增加蛋白质分解代谢，而且呈剂量依赖性 排斥治疗时，蛋白质分解代谢增加	提供蛋白质1.5~2.0g/(kg·d) 监测每天摄入量是否足够 监测和治疗药物不良反应
感染	免疫抑制剂增加感染机会 营养不良使感染发生率增加 抗生素会扰乱胃肠道功能、影响饮食摄入或导致腹泻	提供足够的蛋白质和其他营养成分，以抵御感染 监测每天摄入量是否足够
伤口不愈合	严重营养不良或肥胖患者，伤口并发症的危险性增加	提供足量的蛋白质、维生素A和维生素C、铁、铜、镁，以促进伤口愈合
肾功能不全	如需肾功能替代疗法，透析中丢失氨基酸至少5~10g/d 超滤患者24h可以从富糖的替代液吸收葡萄糖300g 连续血液透析患者自透析液中可吸收43%~45%的糖	在肾功能受损而不能施行替代疗法时，需要限制液体和电解质摄入
高血糖	由于代谢应激、激素引起的胰岛素抵抗、胰岛细胞功能受到抑制 胰岛素释放受环孢素A、他克莫司的抑制，器官移植患者高血糖并不少见 糖尿病患者感染的发生率增加	限制糖摄入，并应用降糖药
外科并发症	血管并发症、术后出血或需要外科治疗的并发症，延缓饮食恢复 严重胰腺炎和肠梗阻是TPN的指征 水肿和腹水需要限制水摄入量 肠道并发症如腹泻、溃疡等，需要改变营养支持途径和成分	尽可能恢复饮食 如果饮食量不足，肠内营养优于肠外营养

三、各种主要实体器官移植营养支持的要点

各种实体器官移植由于术前功能衰竭的脏器不同，全身代谢的病理生理改变各有其特点，术后移植脏器官功能的恢复、术后重要脏器病理生理的改变、产生并发症的特点、免疫抑制剂对全身代谢的影响均不尽相同，营养支持的要点也不完全一样。

（一）肝移植的营养支持

肝移植术后数天，患者虽然能开始进食，但鉴于其代谢特点，部分肠外营养支持是必要的，而提供的能量和氮源必须与其代谢特点相适应。肝移植术后最初几天，机体处于应激状态，对葡萄糖、脂肪乳剂的利用和耐量均减少，此时移植肝细胞线粒体的氧化功能正在恢复，对葡萄糖的利用力

有限，氨基酸的糖异生增加，易于出现高血糖和糖尿情况，故只能输注少量葡萄糖以供应能量，每日输注葡萄糖的量不可过多，以3~5g/（kg·d）为宜。脂肪乳剂是另一种重要的非蛋白热卡能源底物，多数学者不主张常规应用长链脂肪乳剂（LCT），因其输注后，可使库普弗细胞发生脂肪变性，有的患者可并发胆汁淤积。近年来，普遍应用中链和长链混合的脂肪乳剂（LCT/MCT）已收到良好的临床治疗效果。LCT/MCT突出优点是MCT在胞质内不需要活化，也不会再酯化成甘油三酯，其穿过线粒体膜进入线粒体内的过程不需肉毒碱转运，不与胆红素和色氨酸竞争白蛋白上的结合点，在肝内和肝外组织中的氧化率多于LCT。因此，混合性的脂肪乳剂对肝脏损害小，引起淤胆现象较轻。又因混合脂肪乳剂中含有LCT，除了供能外，还能提供必需脂肪酸。脂肪乳剂提供总热量的40%，每公斤体重给予1.5g/d的LCT/MCT不会影响网状内皮系统的功能，也不会引起肝细胞的脂肪变性。

氨基酸可为肝移植后的患者提供氮源，用于组织合成。但氨基酸合成到有关组织蛋白中需要时间。在肝移植后的应激状态下，可通过输入血浆和白蛋白来纠正低蛋白血症。在肠外营养支持时，主张应用含BCAA较多的氨基酸。不仅因为它是机体合成蛋白质的重要底物，而且因它主要在肌肉中代谢，而不是在肝内代谢，故对肝功能尚未完全恢复的肝移植患者尤为适用。

当机体经过应激分解期后，进入合成代谢阶段，机体对于葡萄糖、脂肪乳剂的耐量增强，利用率也提高。因而在此阶段各种营养素的供给量也应逐步增加，可输入浓度较高的葡萄糖和脂肪乳剂，氨基酸的输入量也需适当增加。

对于肝移植患者，肠内营养与肠外营养同样重要，而且肠内营养可减少移植术后感染的发生率。与标准的肠内营养制剂相比，结合选择性肠道去污，并应用高膳食纤维肠内营养制剂及益生菌（乳酸杆菌）可显著减少移植后感染发生率。移植术后早期就给予富含膳食纤维并混有益生菌的肠内营养制剂，与仅添加膳食纤维的肠内营养制剂相比，显著降低细菌感染的发生率。另外，对有营养不良高风险的患者，肝移植术中放置肠内营养管是非常明智的。

（二）肾移植的营养支持

肾移植后多数患者在短期内即可恢复肾功能，而且也能恢复正常饮食，因此术后早期，主要是维持内环境稳定，调节水电解质平衡，不必施行正规的肠外与肠内营养支持，只有在存在营养适应证时才需进行营养支持。肾移植患者在对不同特殊病理生理状态下（如多尿期，少尿或无尿期）的患者进行营养支持时，应注意其病理生理的特殊性。

多尿期：这类患者由于术后尿量多达10 000ml，因此需要补充等渗葡萄糖和平衡液，适当输入白蛋白和新鲜血浆以减轻移植肾水肿。在监测电解质的前提下，应合理补充钾和钠，以防低钠血症和低钾血症的发生。此时进行营养支持时，应特别注意水电解质的平衡问题。

少尿或无尿型：肾移植术后每日尿量少于500ml和100ml者，分别称为少尿和无尿。在此期间，可发生水、盐代谢紊乱，进而出现高血钾和代谢性酸中毒。在此情况下，可允许患者少量低盐饮食，也可输注250ml的LCT/MCT以提供能量。此外，可输入平衡氨基酸500ml/d，一方面提供必需氨基酸，另一方面体内蓄积的尿素分子上的氮可转移至不同的碳链上形成非必需氨基酸，进而参与蛋白质的合成，这样将有利于移植肾功能的恢复。

（三）胰腺移植的营养支持

胰腺移植后，过早进食刺激移植胰腺分泌胰液增多有可能影响肠肠吻合口（或肠膀胱吻合口）的愈合而导致胰瘘发生，同时会加重功能尚未恢复的移植胰腺的负担。因此，在术后1~20d内宜施行肠外营养支持。同样，应以葡萄糖和脂肪乳剂提供非蛋白热卡，氨基酸作为氮源底物。为减少移植胰腺的分泌，术后应使用生成抑素。为预防血糖升高，常规应用胰岛素。胰岛素可加入营养液中，也可用微泵经静脉缓慢匀速注入。肠外营养支持后，若吻合口愈合可靠，则可逐渐恢复经口摄食；若血糖较高，可食入糖尿病专用型肠内营养制剂。移植胰腺并发急性胰腺炎时，需禁食，减少葡萄糖供能，增加脂肪乳剂供能。当患者丢失大量蛋白质时，营养支持应采取低热量高氮量的配方［供氮0.25~0.3g/（kg·d）］，其中氮源主要依赖氨基酸提供，必要时输入新鲜血浆和白蛋白，对维持机体内环境稳定与胆红素和氧自由基等物质相结合具有极为重要作用。急性移植胰胰腺炎历经2~3周的肠外营养支持后病变可被控制。此时，可改TPN为PN+EN，最终全部恢复经口普食。

（四）心、肺移植的营养支持

心、肺移植（或心肺联合移植）由于不涉及消化吸收功能，而且术后仅通过维持体内环境的稳定和调节水电解质平衡的治疗后即可开始进食，所以TPN支持是短暂的，而PN则应根据患者营养状况进行合理支持。但是，心、肺移植患者术后出现胃肠道并发症或严重感染时，仍需施行较长时间的肠外营养或肠内营养支持。

（五）小肠移植的营养支持

营养支持在小肠移植中具有十分重要的意义。由于移植术前肠功能衰竭，移植术后移植肠功能恢复有一个渐进的过程，此外还存在排斥反应营养支持的问题，因此，不同于其他器官移植，营养支持是小肠移植治疗的一个重要部分，因而将小肠移植的营养支持问题单列一段叙述。

经过近二十年的发展，小肠移植已成为肠衰竭患者的最为理想的临床标准治疗方式。尤其是2003年以来，小肠移植术后生存率大大提高，目前全球先进的小肠移植中心移植术后患者的一年和二年生存率可达90%和80%。这固然与近年来抗排斥治疗方案、移植脏器获取技术、外科技术、围手术期处理、移植术后感染防治等主要技术的进步有关，但是营养支持策略进步也是其中重要的因素之一。小肠移植围手术期营养支持的策略和实施方法对于小肠移植患者和移植肠功能恢复发挥着重要影响。

根据全球的小肠移植登记中心（intestinal tansplant registry，ITR）数据，从1985年4月—2013年3月全球共有82个移植中心对2 699例受者完成了2 887次小肠移植。根据里程碑式关键技术出现的时间，ITR将这2 887次小肠移植分为3个阶段：第1阶段（1985—1995）152例、第2阶段（1995—2001）588例、第3阶段（2001—2013）2 147例。其中第3阶段（2001—2013）完成的2 147例小肠移植中，单独小肠移植1 000例（占46.6%），肝小肠联合移植572例（占26.6%），改良腹腔多器官簇移植117例（占5.5%），腹腔多器官簇移植458例（占21.3%），第3阶段完成2 147例小肠移植的患者实际1年生存率77%、5年生存率58%、10年生存率47%，移植物1年生存率71%、5年生存率50%、10年生存率41%。

在小肠移植围手术期，患者需经历术前肠功能衰竭、术后移植肠功能恢复、手术创伤对全身及重要脏器功能影响、可能发生的手术并发症、感染及排斥反应，以及抗排斥和抗感染药物对生理功能影响等复杂的病理生理变化。因此，在此期间营养支持目的首先是维持患者术前和术后的营养状态，帮助患者平稳度过病理生理受到严重影响的围手术期，其次是促进移植肠功能恢复，维护移植肠黏膜屏障功能，减少细胞易位的发生，尽快摆脱TPN，并通过移植肠摄取营养维持生存，最终口服正常饮食，实现小肠移植的最终目标。

移植术前患者因肠功能衰竭已行较长时期的TPN支持，因此在小肠移植准备阶段，患者TPN的所需能量根据间接能量代谢仪测定给予，可避免不适当地给予过高TPN的能量或氮量，导致肝功能障碍。由于超短肠综合征特殊病理生理改变，极易发生水、电解质及酸碱平衡紊乱，应注意在移植前加以纠正。此外，应尽量避免在临近移植手术前发生腔静脉导管感染。

移植术后移植小肠经历了缺血再灌注损伤、去神经、淋巴回流中断，以及运动功能，激素分泌功能，免疫功能，营养素、水、电解质吸收功能，黏膜屏障功能的变化，其功能恢复是一个漫长、渐进的过程。在移植肠功能恢复前，TPN维持患者的主要营养需求，随着移植肠功能的逐渐恢复，患者逐步过渡到EN维持。EN也应以短肽类营养制剂开始，随着移植肠消化、吸收功能的恢复，再转变为整蛋白类营养制剂。因此，有一个TPN→PN+EN→EN+口服饮食→正常饮食过渡过程中。在此过程中可通过监测移植肠的形态学变化、木糖吸收试验、氮平衡、粪便脂肪、口服他克莫司后血药浓度，了解移植肠形态和功能的恢复。对EN的耐受（无严重腹胀或腹泻发生）是PN向EN安全转化的前提。在EN开始实施时，严格控制营养输注浓度和速度，以对提高对EN耐受性。一旦术后肠道动力恢复，并确信无吻合口漏的发生，便可开始口服饮食。营养状态指标（如体重、血浆内脏蛋白及肌体组成测定监测）的维持或改善，是小肠移植围手术期营养支持疗效的最终检验。

移植术后在生命体征平稳便开始肠外营养支持，TPN 的所需能量根据间接能量代谢仪测定给予，并于其中添加甘氨酰谷氨酰二肽。在肠蠕动恢复后（通常在术后 3~4d），经移植肠插管造口给予 5% 葡萄糖液，如患者无明显不适，则开始给予短肽类肠内营养制剂，从低浓度和低输注速度（5~10ml/h）开始，逐渐增加浓度和速度。随着移植肠功能的恢复，在患者肠道能够耐受（无严重腹胀、腹泻）、营养状态维持良好的前提下，逐渐增加 EN 量，相应减少静脉营养量，并由短肽类预消化的 EN 制剂转换成含膳食纤维的完整蛋白 EN 制剂。临床观察或口服造影剂证实无消化道吻合口漏及消化道动力障碍时，便可开始口服饮食，在患者耐受的前提下逐渐增加口服低脂饮食的量，相应减少肠内与肠外营养的量，并最终摆脱静脉营养。在营养状态维持良好的前提下，逐渐增加口服饮食量，减少 EN 量。在发生中、重度排斥反应期间，应行 TPN，使肠道彻底休息，并能减少细菌易位的发生，等排斥反应控制后，再逐渐过渡到肠内营养，并最终恢复口服饮食。

术后早期给予前列腺素 E 以改善移植物的微循环。肠道内给予谷氨酰胺、肠外营养液中添加甘氨酰谷氨酰二肽以促进移植肠功能的恢复。在移植术后早期可应用生长激素，促进移植肠黏膜绒毛增生和功能恢复。移植术后早期，由于移植肠去神经，蠕动较快，再加上吸收功能尚未完全恢复，移植肠肠液量较多，经移植肠液体丢失量大，可口服膳食纤维、复方苯乙哌啶和洛哌叮胺以减少经移植肠丢失的液体量，并增加肠液的稠厚度。

2000 年以前，小肠移植术后摆脱 TPN 的时间较长，一组 50 例患者的资料显示小肠移植术后摆脱 TPN 时间在儿童平均为 66d，而在成人平均为 53.8d。我们在 1994 年完成的国内首例小肠移植，在术 4 个月时才完全停止肠外营养。随着小肠移植技术的进步，小肠移植术后摆脱 TPN 时间越来越短，据小肠移植登记中心（ITR）资料显示，2000 年以后，国际上单独小肠移植平均住院时间已降至 40d 以内，说明小肠移植术后患者很快病情平稳，摆脱 TPN，并达到出院标准。

肠内营养通道的建立也是小肠移植术后开展成功的营养支持的关键。由于小肠移植受体自身肠残存的消化道往往存在肠动力障碍，有时高度扩张并伴肠内容物淤滞，甚至极易发生残存消化道与移植肠近侧的吻合口漏。如在小肠移植受者自身残存的胃、十二指肠或空肠建立空肠喂养管，可能因消化道重建的外科并发症（吻合口漏、吻合口狭窄、残存消化道内容物淤滞），使得肠内营养喂养管在移植术后早期不能使用，进而无法尽早开展肠内营养支持。因此，应将肠内营养的喂养造口管建立在移植肠近段上，只要移植术后移植肠动力恢复就可使用该喂养管，无需顾及吻合口漏及自体残存消化道动力障碍等问题，为术后尽早开展 EN 建立通道。

（李元新）

参考文献

1. Abu-Elmagd KM, Bond G, Matarese L, et al. Gut rehabilitation and intestinal transplantation[J]. Therapy, 2005, 2(6): 853-864.
2. Becker BN, Becker YT, Heisey DM, et al. The inpact of hypoalbuminemia in kidney-pancreas transplant recipients [J]. Transplantation, 1999, 68(1): 72-75.
3. Grant D, Abu-Elmagd K, Mazariegos G, et al. Intestinal transplant registry report: global activity and trends[J]. Am J Transplant, 2015, 15(1): 210-219.
4. Harrison J, McKiernan J, Neuberger JM. A prospective study on the effect of recipient nutritional status on outcome in liver transplantation[J]. Transpl Int, 1997, 10(5): 369-374.
5. Hasse JM, Gonwa TA, Jennings LW, et al. Malnutrition affects liver transplant outcomws[J]. Transplantation, 1998, 1(5): 129.
6. Hasse JM. Nutrition assessment and support of organ transplant recipients[J]. JPEN, 2001, 25(3): 120-131.
7. Lenssen P, Bruemmer B, Aker SN, et al. Nutrition support in hematopoietic cell transplantation[J]. JPEN, 2001, 25

(4): 219-228.

8. Madill J, Gutierrez C, Grossman, et al. Nutrition assessment of the lung transplant patient: body mass index as a predictor of 90 day mortality following transplantation [J]. J Heart Lung transplant, 2001, 20: 288-296.

9. Nour B, Reyes A, Tzakis S et al. Intestinal transplantation with or without other abdom inal organs: nutr itional and dietary management of 50 patients [J]. Transplant Proc, 1994, 26(3): 1432

10. Pikul J, Sharpe MD, Lowndes R, et al. Degree of preoperative malnutrition is predictive of postoperative morbidity and mortality in liver transplant recipients [J]. Transplantation, 1994, 57(3): 469-472.

11. Ploch W, Pezawas L, Attemiou O, et al. Nutritional ststus, ICU during and ICU mortality in lung transplant recipients [J]. Intensive Care Med, 1996, 22(11): 1179-1185.

12. Sheean PM. Nutrition support of blood or marrow transplant recipients: how much do we really know [J]? Pract Gastroenterol, 2005, 29(1): 84-97.

13. Silver H, Castellanos V. Nutritional complications and management of intestinal transplant [J]. J Am Diet Assoc, 2000, 100(6): 680-684.

14. Snell G, Bennets K, Bartolo J, et al. Body mass index as a predictor of survival in adults with fibrosis referred for lung transplantation [J]. J Heart Lung transplant, 1998, 17(11): 1097-1103.

15. Stephenson GR, Moretti EW, Hoalem EI, et al. Malnutrition in liver transplantation patients: Pro-operative subjective global assessment (SGA) is predictive of outcome following liver transplantation [J]. Transplantation, 2001, 72(4): 666-670.

16. Weimanna A, Bragab M, Harsanyic L, et al. ESPEN guidelines on enteral nutrition: surgery including organ transplantation [J]. Clinical Nutrition, 2006, 25(2): 224-244.

17. 蔡威. 临床营养基础[M]. 上海: 复旦大学出版社, 2002: 10-20.

18. 李幼生, 黎介寿. 器官移植患者的营养支持[J]. 肠外与肠内营养, 2003, 10: 110-114.

19. 何晓顺, 成守珍, 朱晓峰. 器官移植临床护理学[M]. 广州: 广东科技出版社, 2012: 71-85.

20. 李元新, 黎介寿, 李宁, 等. 小肠移植术后肠内营养支持[J]. 解放军医学杂志, 1997, 22(3): 218-219.

21. 李元新, 李宁, 倪小冬, 等. 小肠移植围手术期的营养支持[J]. 肠外与肠内营养杂志, 2008, 15(11).

22. 李元新, 李宁, 李幼生, 等. 小肠移植围手术期处理的改进[J]. 中华外科杂志, 2008, 46(8): 636-637.

23. 李元新, 李宁, 倪小冬, 等. 小肠移植围手术期的营养支持[J]. 肠外与肠内营养杂志, 2008, 15(11): 335-338.

第五十五章　儿科疾病的营养支持治疗

儿童疾病与成人存在差异，营养支持治疗方法也有所不同。儿童单位体重的基础代谢率、液体需要量均高于成人，因此营养支持治疗既需要考虑基础代谢状况，也要了解疾病本身营养损耗，同时还需关注生长发育需要。

营养不良在住院患儿中普遍存在，且营养状态与疾病预后关系密切。通过营养筛查和评估，可以尽早发现营养问题，进而指导临床治疗及营养治疗。针对儿科患者的特点，合理的营养干预不仅仅是支持手段，更是综合治疗的基础环节。

第一节　儿科常见疾病营养问题

一、腹泻

婴儿和儿童慢性腹泻或迁延性腹泻是比较严峻的问题，据WHO估计，全球有13%儿童死于腹泻，其中慢性腹泻占50%。

（一）急性腹泻

急性腹泻导致的脱水是儿童病死的主要原因之一。腹泻期间除积极的内科治疗：寻找原因，补液（口服补液盐）外，饮食治疗也是关键组成部分。合理的喂养对减少排便量，缩短腹泻时间均有潜在影响，可以更好地维持婴幼儿的食欲，促使肠道功能修复。

母乳喂养的婴儿应继续母乳喂养，人工喂养的婴儿可给予稀释的配方粉或无乳糖配方粉进行喂养，肠道损伤严重者可予短肽配方喂养。

（二）慢性腹泻

慢性腹泻的分类形式很多，临床也可根据是否存在发育障碍进行分类。

因为发病机制不同，治疗亦不相同。需要在临床明确腹泻原因后完善营养治疗。例如：囊性纤维化患儿病变累及胰腺，导致胰腺外分泌功能不足，进食普通饮食就有可能出现脂肪消化不良，导致大便次数增多，长期腹泻导致营养不良。饮食治疗原则应给予低脂饮食，配合使用中链脂肪酸，必要时加用胰酶进行治疗，可有效地改善患儿腹泻症状，纠正营养不良。

二、食物过敏

食物过敏分为IgE介导和非IgE介导以及二者共同介导。

牛奶蛋白过敏是婴幼儿最常见的食物过敏。严重牛奶蛋白过敏（过敏性休克，便血，嗜酸性粒细胞胃肠炎等）应立即停止奶制品的摄入及任何形式的接触，婴幼儿换用氨基酸奶粉喂养。轻中度的牛奶蛋白过敏（皮炎，湿疹，呕吐等）可换用深度水解配方进行替代喂养。

其他食物过敏应进行饮食回避治疗。

三、消化道畸形

先天性食管闭锁是儿科较常见的出生缺陷。生后主要表现为进奶困难，需手术治疗。手术治疗后随着患儿生长发育，局部可出现再狭窄或食管气管瘘，需要长期反复治疗，营养支持治疗贯穿始终。当经口喂养困难时，可予鼻空肠置管喂养，喂养时间大于6周者，应考虑给予胃造瘘空肠置管，进行长期空肠喂养。喂养形式、泵入速度以及制剂的选择可参照危重症患儿部分。

四、遗传代谢性疾病

遗传代谢性疾病在儿科相对常见，病因是机体某种特定的酶或复制因子的缺乏或活性减低。某些遗传代谢性疾病在需要药物治疗的同时还需要医学营养治疗。医学营养治疗的目的是维持受影响途径的生化平衡，提供充足的营养素，以支持儿童基本的生长和发育需求，同时支持个体的社交和情感发育。遗传代谢病种类繁多，常见的有500~600种，总数可能达数千种。随着医学的发展，可诊断的遗传代谢性疾病越来越多，分类也根据标准不同而有所不同。

一般根据代谢物分类，包括：氨基酸代谢异常，碳水化合物代谢异常，脂肪酸氧化障碍，尿素循环障碍，有机酸代谢异常，核酸代谢异常，金属元素代谢异常，内分泌代谢异常，骨代谢病，其他一些小分子代谢异常等。也可根据受累细胞器进行分类：溶酶体病，线粒体病，过氧化物酶体病等。

遗传代谢病患儿部分因缺乏有效的治疗很难存活至成人。根据代谢的变化以及临床类型给予特定的医学营养治疗，可在一定程度上缓解疾病的进展，起到积极的治疗作用。

第二节　危重症患儿营养支持治疗

儿童危重症患儿病因复杂，疾病瞬息万变，良好的营养支持是疾病恢复的关键措施之一。专业的营养筛查及营养评估是营养治疗的基础。

一、营养筛查

儿童处于生长发育阶段，不同的年龄阶段生长发育本身存在差异，故儿科不适合应用固定的人体测量学参考值的营养筛查工具。理想的儿科营养筛查工具应针对不同年龄段加以区分。

危重症儿童营养评估及支持治疗指南（2018，中国）中共纳入7篇准确性研究，结果显示营养筛查量表准确性以PYMS最高；在营养不良中度风险组中，确诊营养不良准确性最高的为PYMS，STAMP和STRONGkids的诊断价值近似。

二、营养评定

营养评定（nutrition assessment）：营养评定是所有急慢性疾病患儿病情评估和治疗的重要组成部分，同时也是儿童生长发育判定的主要步骤和方法。

临床营养评定一般分为4大部分。人体测量主要通过基本的测量了解患儿现存的营养状态以及生长发育情况。实验室检查的目的是从生化指标方面反映机体的营养状态。膳食调查可以确定近期患儿的营养摄入情况（此部分内容与成人操作相同）。认识临床疾病可以进一步明确疾病对营养的影响及需求。

三、营养状态判定

中华医学会肠外肠内营养分会儿科协作组制订的《中国儿科肠内肠外营养支持临床应用指南》提出的营养不良判断标准见表55-2-1。

表55-2-1　判定营养不良的标准（中位数百分比）

分级	年龄别体重	年龄别身高	身高别体重
正常	90~110	>95	>90
轻度营养不良	75~89	90~94	80~90
中度营养不良	60~74	85~89	70~79
重度营养不良	<60	<85	<70

四、能量、液体量及蛋白质需求

（一）能量

危重患儿应及时制定个体化能量摄入方案。主观判定危重症患儿能量需求往往导致能量供应与需求间存在差异；条件允许时应经间接能量测定法评估危重患儿实际能量需求，间接能量测定法是目前测定机体能量代谢的“金标准”。条件不足时可考虑Schofield公式（表55-2-2）计算基础能量消耗。危重症儿童营养评估及支持治疗指南（2018，中国）推荐：1~8岁儿童和5~12岁儿童急性期REE参考值为50kcal/（kg·d）和880kcal/（kg·d），该推荐为无条件测量体重和身高的危重患儿营养供给提供了初步参考。

表55-2-2　Schofield公式计算基础能量消耗

单位：kcal/d

年龄	性别	通过体重计算	通过身高及体重计算
<3岁	男	59.48W−30.33	0.167W+1517.4H−617.6
	女	58.29W−31.05	16.252W+1023.2H−413.5
3~10岁	男	22.7W+505	19.59W+130.3H+414.9
	女	20.3W+486	16.97W+161.8H+371.2
10~18岁	男	17.7W+659	16.25W+137.2H+515.5
	女	13.4W+696	8.365W+465H+200

注：H=height（m）；W=weight（kg）

（二）蛋白质

危重症状态下蛋白质分解及尿氮排出增加，机体器官肌肉分解增加。在急性应激反应缓解后，每日蛋白质摄入应补足消耗量和生长所需量。

尿氮测定可评估每日氮平衡情况，进而评估蛋白质摄入是否充足。不能进行氮平衡测定的单位，可参照危重患儿总尿氮丢失量为170~347mg/（kg·d）进行大致计算评估。但需注意，在尿毒症和/或肾衰患儿，胃肠道及皮肤是排氮的重要途径；消化道术后患儿经粪便、鼻胃管、肠造口及伤口引流排氮也会增加；此类患儿通过现有检测手段难以对其氮平衡进行准确评估。

危重症患儿营养评估及支持治疗指南（2018，中国）和2017年美国公布的危重儿科患者营养评估和支持治疗指南均推荐蛋白质摄入量不低于1.5g/（kg·d），入住PICU7d内通过肠内营养达到2/3的目标能量以及10d内>60%的目标蛋白质，可以有效地改善负氮平衡，显著降低60d病死率。

（三）液体量及电解质

受疾病本身、药物（如利尿剂）及其他因素的影响，危重患儿易发生电解质紊乱，应定期监测并进行纠正。儿童生理性液体量及电解质需要量见表55-2-3、表55-2-4，对于每日摄入电解质量在正常范围内的危重患儿，若出现反复或持续性电解质紊乱，应注意寻找潜在病因。

表55-2-3 儿童每日液体需要量（根据体重）

体重/kg	所需液量/ml
1~10	100×体重
~20	1 000+50×（体重-10）
>20	1 500+20×（体重-20）

表55-2-4 儿童生理性电解质需要量

单位：mmol/kg

营养素	每日需求量		
	早产儿	婴幼儿、儿童	青春期儿童
钠	2~5	2~5	1~2
钾	2~4/kg	2~4	1~2
磷	1~2/kg	0.5~2	10~40
钙	1~2	0.25~2	5~10
镁	0.15~0.25	0.15~0.25	5~15

五、营养支持方式

营养支持方法的选择主要取决于患儿的胃肠道功能。胃肠道功能良好者选用完全肠内营养（total enteral nutrition，TEN），胃肠道功能严重障碍者选择完全肠外营养（total parenteral nutrition，TPN），部分肠道存在功能或肠道存在部分功能时，可利用部分肠道功能，能量不足部分可给予补充性肠外营养（partial/supplementary parenteral nutrition，PPN/SPN）。

（一）肠内营养

肠内营养同样是危重患儿营养支持首选的方式。早期肠内营养具有防止肠道菌群移位、提高肠道屏障功能，刺激胃肠道蠕动，以及刺激肠道激素分泌等诸多积极作用，可以降低病死率、改善预后。如果患儿肠道存在全部/部分功能，且无肠内营养禁忌证时，应该尽早开始肠内营养。但当患儿胃肠功能严重受损或基本丧失时则需行肠外营养。关于何时开始肠外营养，目前仍有争议。最新指南不推荐在入PICU 24h内开始肠外营养。若PICU住院患儿1周无法达到肠内营养目标量，第8天添加PN不增加病死率，并减少新发感染、缩短住PICU时间，但易发生低血糖事件。对严重营养不良或存在营养恶化风险患儿应根据病情和营养风险决定添加PN的时间。

目前市售的EN配方均不是针对重症或创伤患儿设计。肠内营养制剂及肠内营养的途径均需结合患儿病情、营养状态以及耐受情况等综合考虑后作出选择。

1. 肠内营养制剂 目前市售的肠内营养制剂按蛋白质类型分要素型和非要素型两大类。儿科肠内制剂的特点包括：碳水化合物主要来源于葡萄糖浆和麦芽糊精；蛋白质更加富含乳清蛋白，蛋白质供能占9%~12%，较成人制剂略低；植物油作为脂肪的来源，1岁以内的肠内营养配方脂肪供能占45%~50%。部分肠内制剂添加了中链脂肪酸（MCT），中链脂肪酸占脂肪供能的20%~50%不等。

（1）非要素配方（多聚配方）：作为肠内营养的标准配方，营养素全面且由完整的营养素组成。多聚配方能量密度大部分为0.67~1.0kcal/ml。成人制剂一般可用于较大年龄儿童，具体适用儿童情况详见产品说明书。

多聚配方的优点是营养全，渗透压低，口感好，对肠黏膜屏障功能有较好的保护作用。由于营养素均未水解，渗透压接近食物水平，用于胃肠功能相对较好的患者。

（2）要素配方

1）短肽配方（低聚配方）：氮源为蛋白质水解后短肽和一些游离氨基酸，碳水化合物主要也是葡萄糖浆和麦芽糊精。脂肪来自一定配比的长链脂肪酸和中链脂肪酸。多数制剂为免乳糖配方。相对于单体配方，渗透压更低。其特点是营养素可被肠道完全吸收，因不含蛋白质和大的肽段，抗原性小，不易发生过敏反应。但口感欠佳（口感明显优于成人短肽配方），应尽量采用管饲。低聚配方标准配制条件下，能量密度约为0.67kcal/ml；部分产品可以进行高卡路里冲配，能量可达到0.8~1.0kcal/ml，适用于限制液体、追赶生长以及各种原因摄入不足的患儿。

2）氨基酸配方（单体配方）：以左旋氨基酸为氮源，较多聚配方和短肽配方渗透压更高，口感差，不含有乳糖。主要适用于一些牛奶蛋白严重过敏、各种原因超敏反应综合征以及部分肠衰竭患儿。能量密度为0.67kcal/ml。

2. 输注方式及输注量的调整　分为一次性推注、间歇重力滴注和持续滴注三种方法。

（1）一次性推注：将肠内营养液于5~10min内经喂养管缓慢注入。部分患儿初期不易耐受，常发生恶心，呕吐，腹胀，腹痛与腹泻，但长期应用后，可逐渐适应。

（2）间歇重力滴注：将肠内营养置于特定肠内营养输注袋中，经输注管与喂养管相连，缓慢滴入。间歇滴注方法简便，可安排为类似正常的餐次，多数患者可耐受。

（3）持续滴注：通过营养输注泵控制肠内营养液滴注速度，使每日营养液在16~24h滴注完毕。适用于危重患者、十二指肠或空肠近端置管喂养的患儿。注意喂养速率要逐步增加，以使患儿在初期有足够的时间适应肠内营养，一般需要3~4d。若开始肠内营养前接受肠外营养2周以上，适应期要相应延长。在此期间不足的热量和营养素由肠外营养补足。持续输注时，评估较困难。当胃内残留量增加或出现腹胀、腹泻时，考虑减量和减慢输注速度。

肠内营养的浓度、喂养量和速率须从低值逐渐调节至能为患儿耐受又可满足需要。对喂养有困难的患儿开始肠内营养时，从1~2ml/（kg·d）的速度开始，根据患儿耐受情况逐渐增加速度（表55-2-5）。

表55-2-5　肠内营养输入方法和速度

方式	年龄	初始速度	增加速度	最终速度
持续输注	0~12月	1~2ml/（kg·h）	1~2ml/kg，每2~8h1次	6ml/（kg·h）
	1~6岁	1ml/（kg·h）	1ml/（kg·h），每2~8h1次	4~6ml/（kg·h）
	>7岁	25ml/h	2~4ml/kg，每2~8h1次	100~150ml/h
间歇输入	0~12月	5~10ml/kg，每2~3h1次	每次1~2ml/kg	20~30ml/kg，每4~5h1次
	1~6岁	8~10ml/kg，每3~4h1次	每次30~45ml	15~20ml/kg，每4~5h1次
	>7岁	90~120ml/h，每4~5h1次	每次60~90ml	300~500ml，每4~5h1次

（二）肠外营养

1. 葡萄糖　为危重患儿配制营养液时，除需考虑血管对糖浓度的耐受能力外，更要关注患儿对输入葡萄糖速度的耐受情况。如存在应激性高血糖，则需适当降低葡萄糖的输注速率，以维持血糖正常，避免高血糖。随输注时间延长和病情好转时，患儿对葡萄糖耐受能力增加，可逐渐提高输注速度，直至实现目标能量需求。对糖耐受能力特别低的患儿，加用小剂量胰岛素可改善组织对糖的利用，加快输注葡萄糖的速度，增加热量摄入，以及早达到患儿所需热量，但应注意监测血糖（表55-2-6）。

表 55-2-6 静脉输注葡萄糖推荐量

单位：g/(kg·d)

年龄	第1天	第2天	第3天	第4天
1~3岁	6	8	10	12~14
3~6岁	4	6	8	10~12
>6岁	3	5	8	<10

2. 氨基酸 因为生长发育所需，婴幼儿比成人需要更多的必需氨基酸。小婴儿的必需氨基酸还应包括组氨酸、牛磺酸、胱氨酸/半胱氨酸、酪氨酸、脯氨酸和甘氨酸。3岁以下患儿必须选用小儿氨基酸制剂。

危重症患儿每天最需摄入1.5g/kg以上的蛋白质才有可能维持正氮平衡，同时应保证充分的能量摄入。对肠外营养患儿，氨基酸首次用量为0.5~1.0g/(kg·d)，若患儿耐受良好，增加0.5~1g/(kg·d)。(表55-2-7)

3. 脂肪乳剂 长链脂肪乳对预防危重患者脂肪酸缺乏十分关键。脂肪供能占总热卡的30%~40%。剂量一般从0.5~1.0g/(kg·d)开始，若患儿耐受良好，可每1~2d增加0.5g/kg，最大剂量不超过3g/(kg·d)。脂肪酸的氧化代谢在线粒体内进行，长链脂肪酸必须在肉毒碱参与下才能进入线粒体，中链脂肪酸进入线粒体不需肉毒碱参与，但不能提供必需脂肪酸。故推荐使用含长链和中链脂肪酸的混合制剂作为营养物质。除非存在肉碱缺乏，肠外营养制剂一般无需额外添加肉碱。脂肪乳剂能量密度高，在肠外营养配方中非蛋白能量以碳水化合物和脂肪共同提供，可促进蛋白质利用，改善氮平衡，并减少 CO_2 生成。

应用脂肪乳剂应①常规监测血甘油三酯浓度，若婴儿超过227mg/dl或较大儿童超过400mg/dl，应考虑慎用；②血总胆红素>170μmol/L(10mg/dl)时慎用脂肪乳剂；肠外营养时有高胆红素风险的婴儿应该监测血脂、血胆红素和白蛋白水平，必要时调整脂肪用量；③严重呼衰时不推荐使用高剂量[>2g/(kg·d)]脂肪乳剂，但应保证必需脂肪酸摄入量；④严重血小板减少症患者应慎用脂肪乳剂；⑤建议使用20%脂肪乳剂；肝功能异常以及需长期使用脂肪乳剂的患儿，建议选择中/长链脂肪乳剂，如有条件，也可选择SMOF脂肪乳。

为避免在限制脂肪乳使用的情况下出现必须脂肪酸缺乏，一般需保证脂肪乳摄入量达到0.5g/(kg·d)(表55-2-7)。

表 55-2-7 儿童肠外营养能量、氨基酸和脂肪推荐用量

年龄	能量	氨基酸 g/(kg·d)	脂肪 g/(kg·d)
0~1岁	60~70kcal/(kg·d)	2.0~3.0g/(kg·d)	2.0~3.0g/(kg·d)
>1~3岁	50~70kcal/(kg·d)	1.5~2.5g/(kg·d)	1.5~2.5g/(kg·d)
>3~6岁	40~60kcal/(kg·d)	1.0~2.0g/(kg·d)	1.0~2.0g/(kg·d)
>6岁	30~50kcal/(kg·d)	1.0~2.0g/(kg·d)	1.0~2.0g/(kg·d)

(钱素云 杨炯贤)

参考文献

1. 钱素云，陆国平，许峰，等．危重症儿童营养评估及及支持治疗指南[J]．中国循证儿科杂志，2018，13(1)：1-29.
2. Mehta NM, Skillman HE, Irving SY, et al. Guidelines for the provision and assessment of nutrition support therapy in the pediatric critically ill patient: Society of Critical Care Medicine and American Society for Parenteral and Enteral Nutrition[J]. Pediatric Critical Care Medicine, 2017, 18(7): 706-742.
3. Mikhailov TA, Kuhn EM, Manzi J, et. al. Early enternal nutrition is associated with lower mortality in critically ill children[J]. JPEN J ParenterEnteralNutr, 2014, 38(4): 259-466.
4. Susan H, Janusz K, Christine P, et. al. ESPGHAN/ESPEN/ESPR/CSPEN guidelines on pediatric parenteral nutrition: Home parenteral nutrition[J]. Clin Nutr, 2018, 37(6): 2401-2408.

第五十六章　妇产科疾病的营养支持治疗

第一节　妊娠剧吐

一、概述

孕妇妊娠5~10周频繁恶心呕吐，不能进食，排除其他疾病引起的呕吐，体重较妊娠前减轻≥5%、体液电解质失衡及新陈代谢障碍，需住院输液治疗者，称为妊娠剧吐（hyperemesis gravidarum，HG），发生率0.5%~2%。妊娠剧吐严重者可导致肾前性急性肾衰竭、韦尼克综合征甚至孕妇死亡，最近几年还有脾撕裂、食管破裂、气胸和急性肾小管坏死等严重报道。

（一）病因

病因至今未明，可能与以下因素有关：

1. 内分泌因素绒毛膜促性腺激素（hCG）水平升高　鉴于早孕反应出现与消失的时间与孕妇血hCG水平上升与下降的时间一致，加之葡萄胎、多胎妊娠孕妇血hCG水平明显升高，剧烈呕吐发生率也高，提示妊娠剧吐可能与hCG水平升高有关。甲状腺功能改变，60%的HG患者可伴发短暂的甲状腺功能亢进，呕吐的严重程度与游离甲状腺激素显著相关。

2. 上消化道运动异常　孕期雌激素水平升高导致平滑肌松弛、贲门括约肌功能下降，食管、胃和小肠运动受损，出现恶心、呕吐和胃灼热。

3. 幽门螺杆菌　幽门螺杆菌感染引起的胃炎，主要表现为恶心、呕吐。呕吐症状轻重也可能与感染幽门螺杆菌有关。

4. 神经因素　妊娠早期大脑皮质的兴奋性升高而皮质下中枢的抑制性降低，从而使丘脑下部的自主神经功能紊乱，易发生妊娠剧吐。

5. 营养不良　目前认为微量元素的缺乏可能是妊娠剧吐的原因之一。许多研究证实，剧吐孕妇体内维生素B_6缺乏。由于妊娠期蛋白代谢改变，磷酸吡哆胺辅酶的需要量增加，导致孕妇体内缺乏维生素B_6。也有研究证实妊娠剧吐患者存在维生素B_1、B_2，维生素A等营养素缺乏。

6. 精神心理因素　在精神压力大、情绪紧张、对妊娠恐惧或厌烦、情绪不稳定、生活不安定、社会地位低下和经济条件差的孕妇中该病的发病率高。可能与大脑皮质及皮质下中枢功能失调，导致下丘脑自主神经系统功能紊乱有关。妊娠剧吐常见于心理未成熟、依赖性强、癔症、沮丧、焦虑的孕妇。剧吐是孕妇抵制妊娠的一种保护性反应，是心理斗争的结果。妊娠剧吐的消失和复发往往与患者脱离和重新回到家庭环境有关，并可通过暗示等方式使症状得以缓解。

（二）临床表现

主要症状包括以下几种：

1. 妊娠剧吐多见于年轻的初孕妇，一般在停经40d左右出现早孕反应，逐渐加重直至频繁呕吐不能进食，呕吐物中有胆汁或咖啡样物质。

2. 严重呕吐引起失水及电解质紊乱，动用体内脂肪，其中间产物丙酮聚积，引起代谢性酸中毒。

3. 体重较妊娠前减轻≥5%，面色苍白，皮肤干燥，脉搏细数，尿量减少，严重时血压下降，引起肾前性急性肾衰竭。

4. 一些孕妇，会出现短暂的肝功能异常。近期研究发现妊娠剧吐患者常存在促甲状腺素的抑制状态，如无甲状腺本身疾病证据，不诊断甲状腺功能亢进。

（三）营养代谢特点

1. 孕妇进食总数量减少，有的甚至不能进食，使人体处于饥饿状态，导致能量摄入不足，体内脂肪动员以供给能量，脂肪氧化增多，体内酮体积累，尿中出现酮体，易发生代谢性酸中毒。

2. 进食不足,加之呕吐导致患者丢失大量电解质,极易出现电解质紊乱。

3. 机体对部分营养素需求增加,孕妇除了维持自身所需能量外,还要负担胎儿的生长发育以及胎盘和母体组织增长所需要的能量。

4. 营养丢失增加,妊娠期间,为了排出母体和胎儿代谢所产生的含氮或其他废物,导致肾脏代谢负担加重。肾小球滤过率增加,而肾小管重吸收能力不能相应增高,导致部分孕妇尿中葡萄糖、氨基酸、水溶性维生素的排出量增加。

二、营养治疗原则

妊娠是女性的特殊阶段,营养对胎儿和孕妇都很重要。目前妊娠剧吐的常规治疗包括:静脉补液、纠正水及电解质平衡紊乱、补充维生素、止吐和激素治疗。经上述治疗后,患者症状仍无好转或患者的体液紊乱被纠正后,处于稳定期,应尽早给予营养治疗。营养治疗的主要目的是获得与正常进食孕妇相同的理想体重增长率。

(一)肠内营养

妊娠剧吐患者的胃肠道功能正常,是肠内营养治疗的一个绝对适应证,根据孕妇的需要量特点,强化乳清蛋白粉、维生素组件、微量元素组件等,补充孕妇日常生理功能所需的能量及营养素,添加应激状态下肠道必需的谷氨酰胺,保护和修复由于剧烈呕吐引起的胃黏膜损伤。

(二)肠外营养

肠功能严重障碍或者严重妊娠反应者,酌情考虑静脉供给营养素,包括葡萄糖氯化钠溶液、维生素 C、维生素 B_6 和氯化钾,同时给予肌注维生素 B_1;补充色氨酸,氨基酸中的色氨酸能促进肝细胞合成蛋白,而且是神经递质 5- 羟色胺(5-HT)的前体。补充色氨酸和加糖可以选择性的提高脑组织中色氨酸含量,使 5-HT 水平上升,从而缓解紧张情绪。

(三)日常膳食

当孕妇能适当进食时,供给低脂肪、高蛋白、高维生素和矿物质的食物,采用少量多餐的方式。早孕反应期应尽量吃些清淡易消化的食物,适量食用含膳食纤维丰富的食物,如春笋、芹菜、黄豆芽、藕等,以免影响微量元素的吸收;少吃油腻食物,不喝含酒精和咖啡因的饮料。

(四)中医食疗

必要时可采用中医食疗的方法:①生姜 10g,橘皮 10g,加红糖调味,煮成糖水作茶饮,对妊娠呕吐有缓解作用;②甘蔗压汁,加生姜汁少许,作茶饮,有缓解孕妇口干、心烦、恶心、呕吐的作用;③青果(橄榄)捣烂,用水煎服,可缓解早期食欲缺乏、心烦、恶心等不适。

(五)强化营养素补充

多摄入富含叶酸的食物如动物肝脏、豆类、坚果、深绿色叶类蔬菜及水果等,再每日补充叶酸 400μgDFE/d。可适当补充维生素 B_1、B_2、B_6 及 C 等以减轻早孕反应的症状。

(六)食物选择

1. 清淡爽口的干性食品。晨起前可吃一些干食,如饼干、烤面包、烤馒头片等,不吃稀粥和汤菜。晚餐可丰富些,以供给营养。

2. 酸味食品。如多选择青苹果、杨梅、石榴、樱桃、葡萄、酸枣、橘子等新鲜水果以改善食欲。

3. 液态食品。呕吐频繁的孕妇,应增加液体摄入,以避免脱水,可选择西瓜汁、酸梅汤、苹果汁等,以增加水分和维生素摄入。

4. 忌油腻、辛辣及腌制食品。

第二节 妊娠糖尿病

一、概述

妊娠合并糖尿病有两种情况,一种为原有糖尿病(diabetes mellitus, DM)的基础上合并妊娠,又称糖尿病合并妊娠;另一种为妊娠前糖代谢正常,妊娠期才出现的糖尿病,称为妊娠糖尿病(gestational diabetes mellitus, GDM)。糖尿病孕妇中 90% 以上为 GDM,糖尿病合并妊娠者不足 10%。高龄、多产、家族史、产科疾病、肥胖、胎儿过重、不明原因的死胎、死产、流产史等是 GDM 的主要危险因素。GDM 患者糖代谢多数于产后能恢复正常,但将来患 2 型糖尿病机会也会大大增加。糖尿病孕妇的临床经过复杂,对母儿均有较大危害,必须引起重视。

(一)病因

妊娠糖尿病的高危因素包括:

1. 孕妇因素年龄≥35岁、妊娠前超重或肥胖、糖耐量异常史、多囊卵巢综合征。

2. 家族史糖尿病家族史。

3. 妊娠分娩史不明原因的死胎、死产、流产史、巨大儿分娩史、胎儿畸形和羊水过多史、GDM史。

4. 本次妊娠因素妊娠期发现胎儿大于孕周、羊水过多；反复出现念珠菌病者。

（二）临床表现

妊娠期有三多症状（多饮、多食、多尿），或外阴、阴道念珠菌感染反复发作。孕妇体重>90kg，本次妊娠并发羊水过多或巨大胎儿者，应警惕合并糖尿病的可能。但大多数妊娠期糖尿病患者无明显的临床表现。

（三）营养代谢特点

1. 糖代谢变化在妊娠早中期，随孕周增加，胎儿对营养素物质需求量增加，通过胎盘从母体获取葡萄糖是胎儿能量的主要来源，孕妇血浆葡萄糖随妊娠进展而降低，空腹血糖约降低10%。是因为：①胎儿从母体获取葡萄糖增加；②妊娠期肾血浆流量及肾小球滤过率均增加，但肾小管对糖的再吸收率不能相应增加，导致部分孕妇自尿中排糖量增加；③雌激素和孕激素增加母体对葡萄糖的利用。因此，空腹时孕妇清除葡萄糖的能力较非妊娠期增强。孕妇的空腹血糖较非孕妇低，这也是孕妇长时间空腹易发生酮症的病理基础。到妊娠中晚期，孕妇体内拮抗胰岛素的物质增加，如肿瘤坏死因子、瘦素、胎盘生乳素、雌激素、孕酮、皮质醇和胎盘胰岛素酶等使孕妇对胰岛素的敏感性随孕周增加而下降，为维持正常糖代谢水平，胰岛素需求量必须相应增加。对于胰岛素分泌受限的孕妇，妊娠期不能代偿这一生理变化而使血糖升高，使原有糖尿病加重或出现GDM。

2. 身体代谢变化妊娠期，母体和胎儿对营养物质的需求增加，而部分孕妇长期摄入高能量、高脂肪、低膳食纤维的膳食，引起某些维生素和矿物质摄入不足，导致组织对营养物质的储存不足。

二、营养治疗原则

（一）合理控制总能量

在妊娠的前4个月与非妊娠时相似，每日给予126kJ（30kcal）/kg，妊娠中晚期根据中国居民膳食营养素参考摄入量，每日能量可增加840kJ（200kcal），也可按理想体重的130~160kJ（31~38kcal）/kg计算，肥胖的孕妇（BMI>30kg/m²），避免限制过度，早期能量不低于1 500kcal/d，中晚期不低于1 800kcal/d，整个妊娠期不要迅速减轻体重，需制订个体化体重增重计划。

（二）碳水化合物

碳水化合物提供的能量占总能量的50%~60%，不低于150g/d，应避免蔗糖等精制糖的摄入，等量碳水化合物食物选择时可优先选择低血糖生成指数食物。无论采用碳水化合物计算法、食品交换份法或经验估算法，监测碳水化合物的摄入量是血糖控制达标的关键策略，但当仅考虑碳水化合物总量时，血糖生成指数和血糖生成负荷可能更有助于血糖控制。

（三）蛋白质

蛋白质提供的能量占总能量的15%~20%，以满足孕妇妊娠期生理调节及胎儿生长发育之需。

（四）脂肪

脂肪提供的热量占总热量的20%~30%，适当限制饱和脂肪酸含量高的食物，如动物油脂、红肉、椰奶、全脂奶制品，饱和脂肪酸的摄入量不超过总能量的7%，而单不饱和脂肪酸如橄榄油、茶油等，应占脂肪总量的1/3以上，减少反式脂肪酸的摄入。

（五）膳食纤维

膳食纤维是不产生能量的多糖，水果中的果胶、海带紫菜中的藻胶、某些豆类中的胍胶和魔芋粉等具有控制餐后血糖上升程度、改善葡萄糖耐量和降低血胆固醇的作用，推荐每日摄入25~30g。

（六）维生素及矿物质

妊娠期铁、叶酸和维生素D的需要量增加了约1倍，钙、磷、维生素B_1、维生素B_6的需要量增加了33%~50%，锌、维生素B_2的需要量增加了20%~25%，维生素A、B_{12}、C，硒，钾，生物素和烟酸的需要量增加了18%左右，因此需增加以上营养素食物的摄入。

（七）非营养性甜味剂

目前，相关研究非常有限，允许这5种甜味

剂：乙酰磺胺酸钾、阿斯巴甜、纽甜、食用糖精和三氯蔗糖，孕妇可适量食用。

（八）少量多餐、定时定量

餐次安排在GDM的饮食中发挥非常重要的作用，每日5~6餐，定时定量的进食能够有效控制血糖，早、午、晚三餐能量为每日总能量的10%~15%、30%、30%，每次加餐能量占5%~10%。

（九）调整进餐顺序

可以先喝蔬菜清汤，再吃蔬菜，接着再吃肉蛋豆类，最后吃谷薯类，细嚼慢咽。

（十）食物选择

1. 谷薯类是碳水化合物、植物蛋白质、矿物质的主要来源。主要包括米、面、玉米、小米、荞麦、燕麦等细粮和粗粮；山药、土豆等薯类。在食物选择中要粗细搭配，谷薯搭配，可以每日50~100g粗粮，100~200g薯类。

2. 蔬果是维生素、矿物质和膳食纤维的主要来源，可以每日500g蔬菜，尤以绿叶菜为好，不少于50%，多选择含糖量为3%以下的蔬菜如：大白菜、圆白菜、菠菜、油菜、油麦菜、韭菜、芹菜、莴笋、西葫芦、西红柿、冬瓜、苦瓜、黄瓜、茄子、丝瓜、芥兰、瓢菜、苋菜、龙须菜、绿豆芽、鲜蘑菇、水浸海带等。在餐后2h血糖控制在10mmol/L以下，可每日选择100~200g水果。

3. 肉蛋奶类是优质蛋白质、矿物质和脂肪的主要来源。多选择精瘦肉、家禽类、鱼虾、鸡蛋、牛奶、豆制品等。可每日保证1个鸡蛋、100g瘦肉、2盒牛奶、1杯豆浆。

4. 少选择高能量、高糖、高脂肪、高钠、低纤维食物。

第三节 妊娠期高血压疾病

一、概述

妊娠期高血压疾病是妊娠与血压升高并存的一组疾病，发生率约5%~12%。该组疾病严重影响母婴健康，是孕产妇和围产儿病死率升高的主要原因，包括妊娠期高血压（gestational hypertension）、子痫前期（preeclampsia）、子痫，以及慢性高血压并发子痫前期和慢性高血压合并妊娠。

（一）病因

至今病因不明，因该病在胎盘娩出后常很快缓解或可自愈，有学者称之为“胎盘病”，但很多学者认为是母体、胎盘、胎儿等众多因素作用的结果。关于其病因主要有以下学说：

1. 免疫机制 妊娠被认为是成功的自然同种异体移植。胎儿在妊娠期内不受排斥是因胎盘的免疫屏障作用、胎膜细胞可抑制NK细胞对胎儿的损伤、母体内免疫抑制细胞及免疫抑制物的作用，其中胎盘的免疫屏障作用最重要。

2. 胎盘浅着床 妊娠高血压疾病常见于子宫张力过高及合并有全身血管病变的孕妇，其发生可能与导致“胎盘浅着床”有关。“胎盘浅着床”可能是孕早期母体和胎盘间免疫耐受发生改变导致子宫螺旋小动脉生理重铸过程障碍，胎盘灌注减少，滋养细胞缺血，当其表面黏附分子表型转换障碍时可致滋养细胞浸润能力受损和浅着床；胎盘生长因子和胎盘血管内皮生长因子基因表达下降，可能也是影响胎盘浅着床的因素。

3. 血管内皮细胞受损 细胞毒性物质和炎性介质如氧自由基、过氧化脂质、肿瘤坏死因子、白细胞介素-6、极低密度脂蛋白等可能引起血管内皮损伤。

4. 遗传因素 妊娠高血压疾病具有家族倾向性，提示遗传因素与该病发生有关，但遗传方式尚不明确。

5. 营养缺乏 已发现多种营养失衡，如以白蛋白减少为主的低蛋白血症、钙、镁、锌、硒等缺乏与先兆子痫发生发展有关。有研究发现，饮食中钙摄入不足者，血清钙下降，导致血管平滑肌细胞收缩。硒可防止机体受脂质过氧化物的损害，提高机体的免疫功能，避免血管壁损伤。锌在核酸和蛋白质的合成中有重要作用。维生素E和维生素C均为抗氧化剂，可抑制磷脂过氧化作用，减轻内皮细胞的损伤。这些证据需要核实。

6. 胰岛素抵抗 近来研究发现妊娠高血压疾病患者存在胰岛素抵抗，高胰岛素血症可导致NO合成下降及脂质代谢紊乱，影响前列环素E_2的合成，增加外周血管的阻力，升高血压。因此认为胰岛素抵抗与妊娠高血压疾病的发生密切相关，但尚需进一步研究。其他因素如血清抗氧化剂活性、血浆高半胱氨酸浓度等的作用正在研究之中。

7. 高危因素　流行病学调查发现孕妇年龄≥40岁；子痫前期病史；糖磷脂抗体阳性；高血压、慢性肾炎、糖尿病；初次产检时BMI≥35kg/m²；子痫前期家族史（母亲或姐妹有子痫前期病史）；本次妊娠为多胎妊娠、首次怀孕、妊娠间隔时间≥10年以及孕早期收缩压≥130mmHg或舒张压≥80mmHg等均与该病发生密切相关。

（二）临床表现（表56-3-1）

表56-3-1　妊娠期高血压疾病与临床表现

分类		临床表现
妊娠期高血压		BP≥140/90mmHg，于产后12周内恢复正常；尿蛋白（-）；产后方可确诊。少数患者伴有上腹部不适或血小板减少
子痫前期	轻度	BP≥140/90mmHg；妊娠20周后出现，蛋白尿≥0.3g/24h，或随机尿蛋白（+）；可伴有上腹部不适、头痛等症状
	重度	BP≥160/110mmHg；蛋白尿≥2.0g/24h或随机蛋白尿≥（++）；血肌酐>106μmol/L；血小板呈持续性下降并低于100×10⁹/L；微血管病性溶血（血LDH升高）；血清ALT或AST升高；持续性头痛或其他脑神经或视觉障碍；持续性上腹部不适
子痫		子痫前期基础上发生不能用其他原因解释的抽搐
慢性高血压并发子痫前期		慢性高血压孕妇妊娠前期无蛋白尿，妊娠后出现蛋白尿≥0.3g/24h；或妊娠前有蛋白尿，妊娠后蛋白尿明显增加或血压进一步升高或出现血小板减少<100×10⁹/L
妊娠合并慢性高血压		BP≥140/90mmHg，孕前或孕20周以前或孕20周后首次诊断高血压并持续到产后12周后

（三）营养代谢特点

1. 糖　胰岛素抵抗是指胰岛素在促进糖摄取及利用方面功能受损，表现为高胰岛素血症，糖、脂肪代谢紊乱，称为胰岛素抵抗综合征（insulin resistance syndrome，IRS）。正常妊娠时由于胎盘激素的影响，存在胰岛素受体对胰岛素敏感性降低；胎盘亦有降解胰岛素的酶存在，机体为克服胰岛素抵抗而产生代偿性高胰岛素血症。随孕周增加，胰岛素抵抗程度加重，在孕16~26周增加的程度最为明显，在妊娠高血压综合征的发生发展中具有重要的生理作用。大量研究表明，胰岛素抵抗对原发性高血压的发病起重要作用。Joffe等通过对3 689例孕20周初产妇的研究说明，患妊娠糖尿病的孕妇在孕期中发展为妊高征的危险性增加。高胰岛素血症、胰岛素抵抗可能通过以下几个方面导致妊高征的发生：①高胰岛素血症导致一氧化氮生成下降；②高胰岛素血症可通过抑制前列环素（PGI_2），前列腺素E_2（PGE_2）的产生来增加外周血管阻力和升高血压；③胰岛素抵抗存在脂代谢紊乱，同时人体内血浆脂蛋白的水平又影响前列腺素的生成；④胰岛素抵抗伴随脂代谢增强，血游离脂肪酸水平升高。

2. 脂肪　妊娠高血压疾病时，孕妇体内甘油三酯和低密度脂蛋白胆固醇升高，高密度脂蛋白胆固醇下降，TC/TG比值<1。过多的低密度脂蛋白胆固醇沉积在血管壁上，致动脉血管弹性降低，血压升高。另外，孕妇体内过氧化脂质升高，对细胞膜正常结构功能造成损害，引起胎盘血管动脉粥样硬化。

3. 蛋白质　低蛋白血症是妊娠高血压疾病的主要诱发因素。另外，蛋氨酸和牛磺酸，可通过影响血压调节机制，使尿钠排出增加，抑制钠盐对血压的影响。大豆蛋白可以降低血胆固醇水平，保护血管壁。

4. 碳水化合物　对于妊娠高血压疾病患者，碳水化合物仍是主要供能物质。妊娠晚期，胎儿生长发育需要能量较多，孕妇的摄入量也应增加。足够的碳水化合物可以保证能量供给，节约蛋白质。但过量则会引起孕妇能量过剩，体内脂肪堆积、肥胖，加重血压升高。

5. 矿物质

（1）钙：一般认为，缺钙会使机体血压升高，妊娠高血压疾病的发生与缺钙有关。妊娠期间，钙消耗量增加，母体易缺钙，孕期补钙，可使妊娠高血压发生率下降。

（2）钠：钠可促进动脉壁对血浆中某些血管收缩物质致敏，血管收缩；高钠水平时，管壁结合钠量增加，吸收水分也增加，管腔缩小；另外，钠可使血管平滑肌细胞膜对钙离子的通透性增加，细胞内钙离子增高，加强血管平滑肌收缩，血压升高。但长期低盐膳食又可引起低钠血症，导致产后循环衰竭。

（3）锌：在核酸和蛋白质的合成中发挥重要作用，参与体内多种酶的代谢。早孕时低锌易引起分娩异常和乏力性产后出血。正常妊娠时，由于胎儿发育的需要，大量的锌自母体输送给胎儿，孕母血锌浓度降低。通常情况下，先兆子痫患者血清锌的含量显著低于正常孕妇。

（4）硒：是谷胱甘肽过氧化酶的重要组成部分，此酶可防止机体受脂质过氧化物（LPO）的损害。并提高机体免疫功能，维持细胞膜的完整性，从而改善LPO对血管壁的损伤，而且血硒下降时，前列环素合成减少，血栓素增加，导致血管收缩，血小板聚集。研究表明，正常妊娠时硒的需要量增加，孕妇血硒含量下降，妊高征妇女体内缺硒，随病情进展而加重。每日补充硒元素50μg，可预防妊高征的发生。

二、营养治疗原则

（一）限制钠盐摄入

对轻度高血压者及无水肿者，每日食盐摄入量3~5g；中度高血压，每日1~2g食盐；重度高血压者，应给予严格的无盐膳食。也可选用低钠盐。

（二）矿物质

应摄入充足的钾、镁、钙、锌和硒等。蔬菜、水果中含有丰富的钾；粗粮、豆制品、坚果类、绿叶蔬菜、肉类、海产品是镁的良好来源；奶制品和豆制品是钙的主要来源，其含量和吸收率均高；贝壳类海产品、坚果和肝脏等是锌的良好来源。

（三）蛋白质

补充适量的蛋白质，每日1~1.5g/kg左右，可多选食豆制品、脱脂奶、酸奶、鱼虾、鸡鸭、瘦肉等。如高血压并发肾功能不全，则应限制植物蛋白质的摄入，给予富含优质蛋白质的动物类食品。

（四）脂肪

脂肪摄入量占总能量的25%以下，饱和脂肪酸摄入量应占总能量的6%~10%，多不饱和脂肪酸及单不饱和脂肪酸摄入量应占总能量的8%~10%。烹调方式多选择蒸、煮、炖、凉拌等烹饪方法。胆固醇每日摄入量应限制在300mg以下，少选择动物内脏、鱼子、鱿鱼等含胆固醇高的食品。

（五）碳水化合物

应占总能量的50%~60%。主食除白米面外，还要多选择各种杂粮及豆类，如小米、玉米、燕麦、高粱、芸豆、红豆、绿豆等，它们含有丰富的膳食纤维。少选择葡萄糖、果糖、蔗糖及各类甜点心，含糖饮料。

（六）维生素及膳食纤维

维生素E和维生素C作为抗氧化剂，抑制磷脂过氧化作用，减轻内皮细胞的损伤。孕期补充维生素E和维生素C可预防和中断内皮细胞的损伤和先兆子痫的发展。多选择杂豆、粗粮、坚果、蔬菜和水果，它们富含多种维生素及膳食纤维。

（七）禁食

腌制食品除严格控制食盐摄入外，还要控制其他钠盐的食物来源，如咸蛋、咸鱼、腊肉、咸菜、酱菜、火腿肠等。

第四节 多囊卵巢综合征

一、概述

多囊卵巢综合征（polycystic ovarian syndrome，PCOS）是最常见的妇科内分泌疾病之一。在临床上以雄激素过高的临床或生化表现、持续无排卵、卵巢多囊改变为特征，常伴有胰岛素抵抗和肥胖。其病因至今尚未阐明，研究认为，其可能是由于某些遗传基因与环境因素相互作用所致。育龄期PCOS的发病率可达5%~10%。该病是导致生育期女性月经失调的最常见疾病之一。

（一）病因

关于PCOS的病因已经进行了大量的研究，但是PCOS的真正病因尚不明确，仍需进一步的研究，目前关于PCOS的病因普遍认为是遗传、环境、表观遗传等多因素互相作用的结果。研究结果表明，饮食结构、生活方式、精神、心理因素及生活质量在PCOS的发生发展中具有重要作用。

（二）临床表现

PCOS多起病于青春期、生育期，以无排卵、不孕和肥胖、多毛等典型临床表现为主；中老年则出现因长期的代谢障碍导致的高血压、糖尿病、心血管疾病等。

1. 月经失调 患者的初潮年龄多为正常，但常在初潮后即出现月经失调，主要表现为月经稀发、经量少或闭经。少数患者表现为月经过多或不规则出血。

2. 不孕 PCOS 患者由于持续的无排卵状态，导致不孕。异常的激素环境可影响卵细胞的质量、子宫内膜的容受性，甚至胚胎的早期发育，妊娠后易发生流产。

3. 多毛、痤疮 在高雄激素的影响下，PCOS 女性呈现不同程度的多毛，阴毛呈男性型分布、浓密，发生率为 17%~18%。过多的雄激素转化为活性更强的双氢睾酮后，刺激皮脂腺分泌过盛，可出现痤疮。另外，还可有阴蒂肥大、乳腺萎缩等。极少数病例有男性化体征，如声音低沉、喉结突出。

4. 肥胖 PCOS 患者中 40%~60% 的 BMI≥25kg/m^2，且常呈腹部肥胖型（腰围 / 臀围≥0.80）。35%~60% 的肥胖者伴有无排卵和多囊卵巢，其可能与外周组织雄烯二酮转化的雌酮过多等有关。内脏器官间也出现脂肪堆积，易导致代谢异常、心血管疾病等远期合并症。

5. 黑棘皮病 PCOS 伴胰岛素抵抗患者可出现黑棘皮病（acanthosis nigricans），表现为局部皮肤或大或小的天鹅绒样、角化过度、灰棕色病变，常分布在颈后、腋下、外阴、腹股沟等皮肤皱褶处。

（三）营养代谢特点

1. 糖代谢异常 多囊卵巢综合征患者多伴有胰岛素抵抗及 2 型糖尿病。

2. 脂代谢异常 多囊卵巢综合征患者会出现较高血脂和激素水平，且肥胖患者症状最为突出，临床应高度重视并采取相应治疗措施，以提高患者生存质量。

二、营养治疗原则

PCOS 患者摄入能量过高，高血糖生成指数食物摄入过高，脂类、碳水化合物摄入量过多，蛋白质构成比相对不足，此饮食结构可能是导致 PCOS 患者代谢紊乱及肥胖患病率较高的直接原因，因此，能量限制及饮食结构调整应该成为 PCOS 重要的临床干预手段之一。

（一）限制总能量摄入

限制总能量摄入即可减轻 PCOS 患者体重，并降低血睾酮和低密度脂蛋白胆固醇水平。对于超重或肥胖的 PCOS 患者限制总能量摄入较单纯调节营养素比例更关键。超重和肥胖的 PCOS 患者在减重时应以限能量平衡膳食方案为首选治疗。有研究表明，限能量平衡膳食可改善肥胖 PCOS 女性的代谢及激素水平，每日饮食总能量中减少 500~1 000kcal，即在 6~12 个月减少 7%~10% 的原体重。

（二）降低碳水化合物

低碳水化合物或低血糖生成指数饮食可更明显降低胰岛素抵抗，改善脂代谢，也明显改善月经周期和生活质量。中国营养学会在普通人每日膳食推荐量中提出碳水化合物应占成人每日摄入总能量的 55%~65%。已有研究表明，无糖尿病的 PCOS 患者摄入碳水化合物占能比为 44% 的饮食可减轻 IR 并预防 PCOS 患者发展为糖尿病。

（三）控制脂肪

PCOS 妇女脂肪摄入量高于平衡膳食脂肪推荐量（脂肪供能≤30%）。有研究显示，在发生 PCOS 之前已存在糖脂代谢动力学异常，低脂饮食是 PCOS 早期干预的靶点。脂肪供热比占总热量的 20%~30%。脂肪酸按其饱和程度分为饱和脂肪酸（SUFA）、多不饱和脂肪酸（PUFA）和单不饱和脂肪酸（MUFA）。SUFA 可以加剧胰岛素抵抗及破坏脂代谢平衡，其供热比应小于总热量的 10%。饮食中高水平的 ω-6 PUFA 和高的 ω-6：ω-3 比例与 PCOS 患者高雄激素有关；补充长链 ω-3 PUFA 明显减少生物活性的雄激素浓度。因此，建议 PCOS 适当提高 PUFA、ω-3 PUFA 摄入比例。

（四）适量蛋白质

根据膳食营养素参考摄入量（DRIs）的推荐，可接受的蛋白质摄入量范围占总能量摄入 15%~20%，以植物蛋白、乳清蛋白为主。短期内适量增加蛋白质摄入有助于改善胰岛素敏感性、增加肝糖原分解并减轻体重。总能量不变前提下高蛋白膳食组（>40% 蛋白）相较于标准蛋白膳食组（<15% 蛋白）体重下降、体脂减少、血糖下降。也有研究认为高蛋白膳食可明显改善抑郁和

增强自尊。目前尚无充分研究明确高蛋白饮食对能量摄入、体重、PCOS长期调节的影响。

（五）饮食指导

1. 适宜清淡饮食，避免食用刺激性强的食物，甜食，还要少吃富含饱和脂肪酸与氢化脂肪酸的食品。

2. 注意微量营养素的补充，尤其是B族维生素、叶酸、烟酸、维生素C、钾、镁、锌等的补充。

3. 改变不良的饮食习惯、减少精神应激、少酒、少咖啡。

第五节 妇科恶性肿瘤患者的营养支持

一、概述

妇科恶性肿瘤（gynecologic malignant tumor，GMT）占妇科疾病中的一大部分，宫颈癌、子宫内膜癌和卵巢癌是妇科肿瘤发病率较高的三类疾病。宫颈癌的发病率，尤其是年轻妇女的发病率明显增加，据统计全球每年约50万妇女被诊断为宫颈癌，并有25万死于宫颈癌。卵巢癌因就诊时多属晚期，是妇科恶性肿瘤中死亡率最高的肿瘤。妇科恶性肿瘤患者由于肿瘤代谢异常，以及肿瘤本身或其所产生的腹水对消化道的压迫引起进食减少，从而导致患者多出现营养问题，20%的妇科恶性肿瘤患者死亡原因与营养不良直接相关。

（一）病因

就目前来说，妇科恶性肿瘤的病因、发病机制等尚未完全清楚，所以只能从其发病的高危因素着手，对其在早期采取相应的预防措施，降低其发病率。

1. 宫颈癌 宫颈癌的高危因素包括性混乱、吸烟、口服避孕药、人乳头状瘤病毒（humanpapillomavirus，HPV）感染等，HPV感染是目前明确的宫颈癌高危因素，在目前发现的70余种HPV型别中，约有20余型与女性生殖道病变有关。其中HPV16、HPV18、HPV31等为高危型，宫颈腺癌中以HPV18型最常见，HPV16与宫颈鳞癌关系最大。

2. 子宫内膜癌 主要危险因素包括：未孕、晚绝经、超重、糖尿病、高血压等。

3. 卵巢癌 卵巢癌在不育或生育能力较低的妇女中发病率较高，此外月经初潮早及绝经晚，排卵年长，相对危险性增加。

（二）营养代谢特点

1. 患者的代谢异常，表现为葡萄糖生成和利用异常、氨基酸的糖异生、三羧酸循环增强脂肪分解及游离脂肪酸的流出和蛋白质分解增加。

2. 肿瘤本身对机体造成的直接影响或其介导的单核细胞释放的恶病质素作用于下丘脑喂养中枢导致味觉改变，患者常合并厌食、味觉异常、恶心、呕吐、消化道吸收功能障碍，甚至梗阻，导致营养物质摄入量明显减少。

3. 抗肿瘤治疗对机体的营养状况也可产生不良影响。手术治疗可导致高代谢，氮大量丢失，同时机体对能量的需求进一步增加。

二、营养治疗原则

中国抗癌协会肿瘤营养专业委员会推荐进行营养干预阶梯疗法。

（一）营养不良的规范治疗应该遵循五阶梯治疗原则

首先选择营养教育，然后依次向上晋级选择口服营养补充、全肠内营养、部分肠外营养、全肠外营养。参照ESPEN指南建议，当下一阶梯不能满足60%目标能量需求3~5d时，应该选择上一阶梯。

（二）对营养不良患者实施营养治疗时

起始给予能量（非目标需要量）一般按照20~25kcal/（kg·d）（此处体重为非肥胖患者的实际体重，下同）计算。营养不良程度越重、持续时间越长，起始给予能量越低，如10~15kcal/（kg·d），以防止再喂养综合征。患者的目标需要量应该根据患者的年龄、活动、营养不良严重程度、应激状况等调整为个体化能量需求。蛋白质目标需要量一般可按1~1.2g/（kg·d）计算，严重营养不良者可按1.2~2g/（kg·d）给予。如果条件具备，用代谢仪间接测热法检测患者的实际能量消耗可能更为准确。

（三）补充所缺的微量元素

对于妇科恶性肿瘤患者，硒、锌含量明显低于良性肿瘤和非肿瘤者，铜、铁含量明显增高，与良性肿瘤和非肿瘤者差异显著。高浓度的血清锌对宫颈病变具有保护作用，可减少发病风险研究认为，微量元素硒的添加，对改善卵巢癌的预后有积极作用。

（李增宁）

参考文献

1. 谢幸，苟文丽．妇产科学［M］. 8 版．北京：人民卫生出版社，2017.
2. 中华医学会妇产科学分会产科学组，中华医学会围产医学分会妊娠合并糖尿病协作组．妊娠合并糖尿病诊治指南（2014）［J］. 中华妇产科杂志，2014，49（8）：561-569.
3. 中国医师协会内分泌代谢科医师分会．多囊卵巢综合征诊治内分泌专家共识［J］. 中华内分泌代谢杂志，2018，34（1）：1-7.
4. 李晖，宁艳辉，许常娟，等．营养干预在围术期妇科肿瘤患者中的应用［J］. 肿瘤代谢与营养电子杂志，2018，5（4）：337-341.

中英文名词对照索引

D

E

F

G

H

J

K

L

X

Y

Z

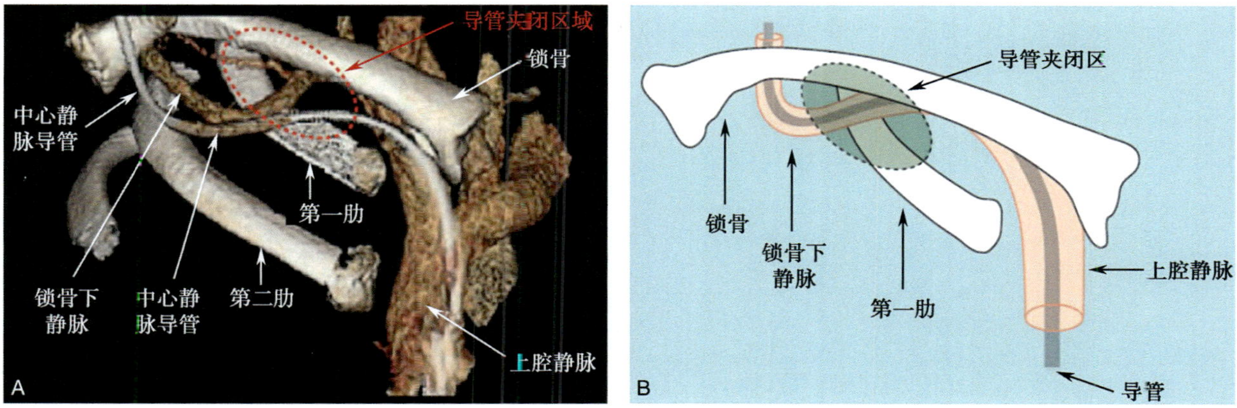

图 20-C-1 Pinch-off 综合征示意图

A. 3D-CT 成像图，红色区域为 pinch-off 区；B. 示意图，导管在锁骨下静脉内通过 pinch-off 区时被夹闭

图 26-1-2 鼻肠管的种类

A. 螺旋形鼻肠管；B. 带重力头的鼻肠管；C. 双腔鼻肠管

68